STAMPED FROM THE BEGINNING

The Definitive History of Racist Ideas in America

This edition arranged with Ayesha Pande Literary
through Andrew Nurnberg Associates International Limited

让 我 们 甲骨文 一 起 追 寻

天生的 | 标签

美国种族主义思想的历史

IBRAM X. KENDI

〔美〕伊布拉姆·X. 肯迪　著
朱叶娜　高鑫　译

社会科学文献出版社
SSAP
SOCIAL SCIENCES ACADEMIC PRESS (CHINA)

本书获誉

2016 年美国国家图书奖

《纽约时报》畅销书

《华盛顿邮报》和《波士顿环球报》年度最佳图书

美国国家图书评论协会非虚构类奖项入围作品

全美有色人种促进会杰出文学作品（非虚构类）形象奖入围作品

“一部引人入胜、毫不留情的美国种族主义思想史……肯迪的最大贡献就是无情地控诉美国人的种族观念，这种观念导致了紧张、矛盾和意想不到的后果。”

——《华盛顿邮报》（*Washington Post*）

“这是对美国种族历史的综合观察，它认为许多善意的美国进步人士无意中被带着种族主义传统的信仰体系操控。”

——《时代周刊》（*Time*）

“这是一部深刻（也往往让人难堪）的编年史，讲述反黑人思想是如何通过无知和将制度上的不平等合理化而根深蒂固地存在于美国社会结构中的。”

——《大西洋月刊》（*Atlantic*）

“美国国家图书奖指引我们走向我们想要的美国，而不是我们现在拥有的美国。”

——《纽约杂志》（*New York Magazine*）

“肯迪做了一件几乎不可能的事：以非学术的写作方式，写了一本关于种族主义的书，开辟了新的领域。如果你对种族主义思想是如何在美国传播的感兴趣，那这本书值得一读。”

——《根》（*The Root*）

“令人震惊的美国种族主义思想史，既严谨又……好读。”

——《新共和国周刊》（*New Republic*）

“一本引人入胜、发人深省、令人不安的必备读物。”

——沃克斯（*Vox*）

“这是一篇优秀的历史论文……《天生的标签》是一部引人注目（文笔也颇吸引人）的作品，获得国家图书奖是实至名归。”

——《陌生人》（*The Stranger*）

“肯迪颠覆了许多关于种族主义如何运作的普遍看法，探索了我们最棘手的社会和文化问题背后的思想和思想家。”

——《波士顿环球报》(*Boston Globe*)

“必读书。”

——《喧闹》杂志（*Bustle*)

“雄心勃勃，研究全面，值得任何想要了解种族主义的人花时间看。”

——《西雅图时报》(*Seattle Times*)

“我真心希望每个美国人都读一下这本书，尤其是那些没有接触过我们的公共政策中公然、透明的种族主义历史的人。”

——《芝加哥书评》(*Chicago Review of Books*)，2016年度最佳图书

“这可能是2016年最重要的一本书，这本国家图书奖获奖作品清晰易懂、可读性强，讲述了美国种族主义思想的起源。”

——《每日科斯》(*Daily Kos*)

“雄心勃勃……肯迪详尽的研究基于一个中心思想：种族主义观点……在历史上都源自种族主义政策和统治阶级的自我保护。政策导致意识形态的产生，而不是反过来。”

——《达拉斯晨报》(*Dallas Morning News*)

“这本书应该放在每个年轻领导者的书架上。它并不美好，而事实也往往如此。”

——福布斯网（*Forbes Online*）

“讲述了从清教徒到现在的美国种族主义思想和做法的完整历史……在这部力作中，肯迪探索了美国历史上的种族主义思想及其与种族主义做法之间的关联……种族主义是美国人意识中的永久伤疤。在这本构思宏大、极具权威性的书中，肯迪揭示了这道伤疤有多深，为何难以愈合，而且指出其皮下疼痛仍然会加剧。”

——《科克斯书评》（*Kirkus Review*），星级书评

“这本书基于翔实的研究但又简单易懂，它探讨了种族主义在美国的根源和影响。本书对整个历史的叙述非常流畅，并且在结尾宣告，2008 年贝拉克·奥巴马当选美国总统后媒体曾宣称美国已然成为一个后种族国家，这正是我们所希望的，然而如今的美国远非如此。希望通过学习和记住历史的教训，我们能够迈向公平社会。”

——《图书榜单》（*Booklist*）

“肯迪富有煽动性的平等主义观点结合了大量阅读和研究的成果，以及对压制多样性认识的种族主义意识形态操纵力量的敏锐洞察。这是想要切实了解美国历史、政治或社会思想的读者的必读书目。”

——《图书馆杂志》（*Library Journal*）

“它自称为美国种族主义思想的权威历史，这部详尽的、百科全书式的著作担得起这个称号。肯迪的巨著令人惊叹，其内容……既值得一读，又非常……重要。”

——《选择》(*CHOICE*)

“正如副标题所暗示的那样，这是一部了不起的作品……如果肯迪只讲历史，《天生的标签》将在文学上做出有意义的贡献，但它远不止于此。它号召所有美国人关注内部。”

——《奥尔巴尼时报》(*Albany Times Union*)

“这本书不懈探索美国特有的偏见的形成……肯迪通过揭露种族主义思想的发展及其与我们整个历史中的种族主义行为和政策的联系，挑战了我们对种族主义的假设。”

——斯蒂芬妮·利文斯顿（Stephenie Livingston），佛罗里达大学

“我们经常说一本好书‘激动人心’或者‘改变生活’，其实很少会这样。但这两个形容词放在伊布拉姆·X. 肯迪这本《天生的标签》上都很准确……读完这本精彩绝伦、雄心勃勃而又视角清晰的书以后，我再也不会去看其他关于种族歧视的书了。”

——乔治·桑德斯（George Saunders），《金融时报》(*Financial Times*) 2017 年度最佳图书的作者

“这是一部关于种族主义思想如何形成、如何经久不

衰的历史。如果我们想要取得任何进展，了解这段历史就是必不可少的。这本书将永远改变我们思考种族的方式。”

——图雷（Touré），《谁害怕后黑色时代》（*Who's Afraid of Post-Blackness*）作者

“在这本构思宏大、富有启发性、令人着迷的书中，肯迪巧妙地整合了从科顿·马瑟到安吉拉·戴维斯，从大觉醒到‘黑人的命也是命’，从《一个国家的诞生》到嘻哈文化的所有材料，向我们展示了美国人思想的核心不仅是种族，而且是种族主义观点。”

——保拉·J. 吉丁斯（Paula J. Giddings），史密斯学院E·A. 伍德森教授，《艾达：一剑敌群狮——艾达·B. 威尔斯和反私刑运动》（*Ida: A Sword among Lions: Ida B. Wells and the Campaign Against Lynching*）作者

“这本书不仅是一本精辟的专著，而且是一部极易理解的思想史著作，《天生的标签》揭示了否认种族和痴迷种族这一现代辩证法背后的思想遗产。通过将我们根深蒂固的种族差异逻辑进行历史化，肯迪向我们展示了为什么‘我不在乎肤色’（I don't see color）和后种族主义的其他宣言仍然是白人至上主义无情的借口。《天生的标签》为反种族主义事业做出了巨大贡献。”

——罗素·里克福德（Russell Rickford），

康奈尔大学副教授，
《我们是非洲人民：独立教育、黑人权力和激进的想象力》
(*We Are an African People*: *Independent Education*,
Black Power, *and the Radical Imagination*) 作者

"伊布拉姆·X. 肯迪在非洲思想史和社会史上发出了重要的新声音。这本书是一部关于种族主义的思想史，有望为对美国种族主义构建感兴趣的学者和普通读者开辟出重要的新领域。"

——潘尼尔·E. 约瑟夫 (Peniel E. Joseph),
《斯托克利：一生，一直等到午夜》
(*Stokely*: *A Life and Waiting 'Til the Midnight Hour*) 作者

"伊布拉姆·X. 肯迪的《天生的标签》资料翔实、内容精彩，是非常通俗易懂但又颇具挑战的研究，试图让我们对种族主义思想及其产生原因进行更复杂的思考理解。"

——尤胡鲁·威廉斯 (Yohuru Williams),
费尔菲尔德大学历史教授、文理学院院长

"《天生的标签》及时而大胆地纠正了种族主义和反种族主义思想的历史，打破了我们对目前所知的反黑人暴力根源的理解。肯迪对从科顿·马瑟到安吉拉·戴维斯等重要思想家的敏锐分析，说明了种族思想，尤其是关于种族差异的辩论，是如何跨越时空形成的，并且影响着种族政策和种族歧视的长期存在。这本书是那些有兴趣发掘出阻碍真正种族

进步的思想和实践基础的人的必读之书。”

——凯莎-卡恩·Y. 佩里（Keisha-Khan Y. Perry），

布朗大学副教授，《黑人妇女反抗土地掠夺：

巴西种族争议斗争》（*Black Women Against the Land Grab: The Fight for Racial Justice in Brazil*）作者

献给那些他们不在乎的人

前　言

我开始做这个项目时正值贝拉克·奥巴马（Barack ix
Obama）总统时代的中期。2012 年，没人能想到，那个吐槽奥巴马出生证明真实性的真人秀明星会接任他入驻白宫。但是正如我们所知，唐纳德·特朗普（Donald Trump）的“出生地阴谋论”被证明是他成功的偏执总统竞选的开始。事实证明，奥巴马的时代结束了，而人们原以为它将随着美国历史上第一位女总统的当选而继续下去。

特朗普的当选让很多美国人感到震惊，让他们为自己严肃的问题寻找严肃的答案。唐纳德·特朗普怎么能继贝拉克·奥巴马之后成为总统呢？这位愤怒的偏执者候选人、三K 党候选人、拦截盘查候选人、边境墙候选人，一个说过拉美裔法官不可能客观以及“非裔美国人和西班牙裔”生活在“地狱”的候选人——这样一个出生地阴谋论者怎么会在第一位黑人总统之后当选？特朗普是怎么崛起的，尤其是在奥巴马的崛起使之似乎变得不可能之时？

奥巴马时代的两种流行的种族史叙述都没有让为唐纳德·特朗普的到来感到震惊的美国人做好准备。他的当选既

不符合共和党关于种族历史终结的后种族主义叙述，也不符合民主党关于种族进步进程的叙述。他的当选既不符合 20
x 世纪 60 年代之后的到来叙事，也不符合 20 世纪 60 年代以来进步叙事所称的歧视性政策变得更加隐蔽，种族主义思想变得更加含蓄。特朗普的当选不符合这些历史叙述是因为它们都基于政治意识形态——和种族主义观点——而不是严格的学术研究。

特朗普引起的突如其来的风暴已经将这两种叙事中的信仰连根拔起——应该说正在连根拔起。美国人需要一种新的种族史，它要源于细致的研究，解释这一令人困惑的现状，并在特朗普当选之后的国家和世界为种族未来做好准备。

《天生的标签》展现了这一新的历史。书中没有用显性和隐性，或者外显或内隐这样的术语来描述种族的历史演变。它没有展示一个后种族主义故事并以奥巴马的当选作为结尾。它没有展示一个种族进步的故事，描述出我们已经走了多远，以及我们还要走多久。它甚至没有展示一个向前两步（体现在奥巴马身上），然后倒退一步（体现在特朗普身上）的种族进步故事。

当我仔细研究美国的种族往事时，我没有看到一支**单一**的历史力量抵达一个后种族时代的美国。我没有看到一支**单一**的历史力量随着时间的推移变得越来越隐蔽和含蓄。我没有看到一支**单一**的历史力量在种族问题上不断前进和后退。我看到**两支**不同的历史力量。我看到种族进步和种族主义同时发展的**双重的、相互斗争的**历史。我看到反种族主义的平等力量和不平等的种族主义力量正在前进，在修辞、战术和政策方面都取得了进展。

当这个国家的奥巴马们打破种族隔阂时，这个国家的特朗普们并没有退休前往他们在佛罗里达阳光下的庄园。他们创造并间或成功设置了更复杂的新障碍，比如《吉姆·克劳法》的曾孙——新时代的《选民身份法》正在剥夺21世纪美国黑人的权利。而这个国家的特朗普们发展出新一轮的种族主义观点来为那些政策辩护，将对种族不平等的指责从那些新的歧视性政策上转向所谓的黑人病态。

我在特朗普作为美国第45任总统任职第100天的前夜
写下这篇序言。但我不太关心特朗普的头100天——或者其 xi
任期的最后100天——我更关心特朗普的当选为美国种族历史揭示了什么。

如果说贝拉克·奥巴马体现了美国种族进步的历史，那么唐纳德·特朗普就体现了美国种族主义发展的历史。并且，种族主义始终与种族进步如影随形。

我在《天生的标签》中提出的正是这种双重对决，它消解了特朗普当选带来的震惊，并显示了其在美国历史上惊人的一致性。特朗普的当选让我震惊，但是同样也完全不感到震惊。这段历史让我为特朗普，以及在偏执时代有朝一日可能崛起的所有其他特朗普们做好了准备。

伊布拉姆·X. 肯迪

2017年4月28日

目　录

第三部分　威廉·劳埃德·加里森

第四部分　W. E. B. 杜波依斯

第五部分　安吉拉·戴维斯

序　章

每个历史学家都是在一个特定的历史时刻写作，并同时受这一历史时刻的影响。我本人写作这本书的时刻，正值美国风雨如晦的暗夜，执法人员杀死手无寸铁的人们，如流星般的生命带出热门话题“黑人的命也是命”（Black Lives Matter）。有些事件得到了揭露报道，有些则没有。特雷沃恩·马丁（Trayvon Martin）、瑞吉娅·波义德（Rekia Boyd）、迈克尔·布朗（Michael Brown）、弗雷迪·格雷（Freddie Gray）、桑德拉·布兰德（Sandra Bland），以及查尔斯顿教堂9名受害者的遭遇让人痛心，而我正是在这一时期完成了此书的写作。这些让人痛心的事件是美国种族主义思想史的产物，就如同这本关于种族主义思想的历史书也是这些痛心事件的产物一样。 1

根据联邦统计局数据，2010年至2012年，黑人年轻男性被警察杀死的可能性是白人年轻男性的21倍。受到致命警力侵害的女性受害者的数据未经记录和分析，其揭示的种族差异可能更大。联邦统计局数据显示，白人家庭的财富中位数甚至达到了黑人家庭的13倍，而且黑人入狱的可能性是白人的 5 倍。[1]

不过，这些统计数据应该也并不让人感觉意外。大多数美国人可能都知道在警察射杀人数、财富数量、入狱人数上的种族不平等——几乎美国社会各个方面都是如此。我说的种族差异是指在统计数据中，各种族群体的表现情况与各自的人口数并不对应。如果黑人在美国人口比例中占 13.2%，那么在所有被警察射杀的美国人中，黑人的比例应该也大概占 13%，在监狱中黑人的比例应该也接近 13%，同时黑人
2 拥有的财富应该也占美国财富总量的大约 13%。但是在当今的美国社会，种族平等还很遥远。非裔美国人拥有的财富仅占美国国家财富的 2.7%，但在入狱人数上占据了 40%。这些是种族不平等的表现，而种族不平等的历史比美国历史还要久远。[2]

2016 年正值美国建国 240 周年。但在托马斯·杰斐逊（Thomas Jefferson）及其他创始人宣布独立之前，美国人已经就什么是种族不平等、为何种族不平等存在并一直持续至今、为何美国白人群体比美国黑人群体更成功等内容进行了两极分化的讨论。历史上，这一激烈争论共有三方观点。一方可以被称为种族隔离主义者，他们将种族不平等归咎于黑人本身；另一方可以被称为反种族主义者，他们将种族不平等指向种族歧视；还有一方可以被称为主张社会同化者，他们试图探讨上述两种观点，认为种族不平等是黑人和种族歧视共同造成的。正在进行的关于警察射杀黑人的讨论充分展示了这三种观点。种族隔离主义者指责被警察射杀的黑人有鲁莽的犯罪行为。他们认为迈克尔·布朗是一个可怕凶险的

小偷，所以达伦·威尔逊（Darren Wilson）有理由感到害怕并向他开枪。反种族主义者指责警察可怕的种族主义行为，认为达伦·威尔逊不在乎这位18岁黑人的生命。主张社会同化者则试着指责双方，他们认为威尔逊和布朗都是不负责任的罪犯。

最近几年听到的这三方观点就像是《天生的标签》一书中贯穿始终的三种不同观点。在将近六个世纪中，反种族主义观点一直与两种种族主义观点对立：种族隔离主义观点和主张社会同化观点。之后的种族主义观点史也是这三种不同声音的历史——种族隔离主义者、主张社会同化者和反种族主义者——以及它们如何论证种族不平等的合理性，证明为什么白人可以活在胜利的一端而黑人却在死亡和失败的那
一端。书名《天生的标签》来自密西西比州参议员杰斐 3
逊·戴维斯（Jefferson Davis）1860年4月12日在美国参议院的一次演说。这位南部邦联的未来总统否决了一项华盛顿哥伦比亚特区资助黑人教育的法案。戴维斯向同事发表演讲，称“政府不是由黑人组成的，也不是为黑人服务的”，而是“由白人组成的，并且为白人服务的”。他宣称该法案建立在种族平等的错误观点之上。“白人和黑人的种族不平等”是“天生的标签”。[3]

杰斐逊·戴维斯的观点并不令人意外。他认为黑人在生物学上就和白人不同且比白人低等，认为黑色皮肤就像是正常人美丽的白色皮肤上的丑陋标签，而这一黑色标签是黑人永远低等的记号。这种种族隔离主义思想可能更容易被识别——也更容易被谴责——为明显的种族主义。可是有很多

杰出的美国人，他们的进步思想和行动让人鼓舞，他们拥有良好的意愿，却同意社会同化的主张并同样抱有黑人低等的种族主义信仰。我们记得主张社会同化者为反对种族歧视所做的辉煌斗争，并且把他们将种族不平等归咎于黑人低等行为的不光彩部分隐藏起来。为拥抱生物学上的种族平等，主张社会同化者指出是环境——炎热气候、歧视、文化和贫穷——造成了黑人行为的低等性。他们的结论是丑陋的黑色标签是可以去除的——如果给予合适的环境，低等的黑人是可以进步的。如是种种，主张社会同化者不断鼓励黑人汲取白人文化特征和/或以白人身材为追求目标。瑞典经济学家、诺贝尔奖得主冈纳·缪尔达尔（Gunnar Myrdal）在 1944 年进行了划时代的种族关系研究，该研究被公认为是民权运动的诱因。他写道："美国黑人作为个体和群体融入美国文化，获得占主导地位的美国白人所尊崇的特质，对他们都是好事。"他还在《美国的困境》（*An American Dilemma*）中声称："从几乎所有的分歧来看，美国黑人文化都是……美国大众文化的扭曲发展或病态情况。"[4]

4 但这个国家也一直存在反种族主义的思想，挑战社会同化主张和种族隔离主义思想，给予真理以希望。反种族主义者一直认为种族歧视在美国形成之初就被打上了标签，这也就解释了种族不平等为什么存在并一直存在。与种族隔离主义者和主张社会同化者不同的是，反种族主义者意识到黑人和白人的不同肤色、发型、行为以及文化方式处于相同层面，所有的区别都是平等的。传奇黑人同性恋诗人奥德丽·罗德（Audre Lorde）在 1980 年发表演说称："我们没有一种可以将人类的差异平等联系起来的范式。”[5]

种族主义思想及其历史既复杂迂回，又不可预测。坦白地说，种族主义思想已经成了一代又一代美国人的常识。种族主义思想逻辑简单，多年来左右了数百万人，一次又一次地压制了更复杂的反种族主义事实。因此，在面对读者时，这段历史不应被简单地视为荒谬的种族主义者与理智的反种族主义者的冲突的描述，这段历史也不像非黑即白的好莱坞动作片，有明显的好人和坏人，并且最终好人获得胜利。从一开始，这就是一场三方战役，反种族主义思想同时与两种种族主义思想对垒，有善良有邪恶，最后有失败也有成功。种族隔离主义和社会同化主张都用吸引人的观点将自己包装得很善良，然后都将反种族主义思想重新包装得很邪恶。在将自己的思想包装成善良的时候，种族隔离主义者和主张社会同化者很少承认其种族主义公共政策和观点。他们怎么会承认呢？认罪并不符合种族主义者的自身利益。更聪明的做法是不把他们的言行定义为种族主义，这也更能使他们免受责备。犯罪分子从不承认其反人类罪行。那些狡猾而有权势的反黑人罪犯将他们的罪行合法化，并且设法将其进行的奴隶交易、奴役他人、歧视和杀戮等罪行排除在刑法之外。同 5
样，狡猾而有权势的种族主义理论家也绞尽脑汁将其观点排除在种族主义观点之外。事实上，主张社会同化者在 20 世纪 40 年代首先使用“种族主义”这一术语并将之推广。一直以来，他们拒绝将自己认为黑人**文化**和**行为**低等的这一观点定义为种族主义。这些主张社会同化者仅仅将种族隔离主义者所持的黑人生物性低等的观点定义为种族主义。同样，种族隔离主义者也一直拒绝被贴上“种族主义”的标签。他们声称自己仅仅是在阐述上帝的话语、自然的设计、科学的计划，或者一般性的常识。[6]

所有这些有权有势的派系都自私地将其种族主义说辞定义为非种族主义，这使得美国人彻底产生了分歧，并且不懂什么才是真正的种族主义思想。这让一些美国人一边认为黑人有问题，一边觉得自己并不是种族主义者。但当你说一个群体某方面有问题的时候，其实就是在说那个群体某方面更低等。不管美国人有没有意识到或者愿不愿意承认，这种说法都在逻辑上相关联。任何关于种族主义思想的通史都必须努力克服持续的操控和困惑，都必须澄清谁在支持种族主义思想而谁不支持。我自己对种族主义思想的定义很简单：以任何方式认为一个种族比另一个种族低等或优越的想法都是种族主义。我对反黑人种族主义的定义——也是本书主题——是任何认为黑人或任何黑人团体比另一种族低等的想法。

与其他可以识别的种族一样，黑人事实上也是一个群体集合，其中有性别、阶层、民族、性倾向、文化、肤色、职业、国籍的区别——还有一系列其他标识，包括混血儿，他们可以被识别为黑人，也可以不被识别为黑人。每个可被识别的黑人团体都经历了批判性种族理论家金伯利·克伦肖（Kimberlé Crenshaw）所说的“交叉性”——交叉在一起的种族主义思想和其他形式的偏执（如性别歧视、阶层歧视、民族中心主义和恐同症）所带来的偏见。例如，性别歧视
6 观点认为真正的女人是虚弱的，而种族主义观点认为黑人妇

女不是真正的女人，这两种观点交叉产生了对强壮的黑人妇女的**性别种族歧视**，认为她们劣于顶级女性，即虚弱的白人妇女。换言之，称女性群体愚蠢是性别歧视，称黑人群体愚蠢是种族歧视，称**黑人**妇女群体愚蠢则是性别种族歧视。这种交叉性也导致了阶层种族歧视（贬低**黑人**穷人和**黑人**精英）、酷儿（queer）种族歧视（贬低**黑人**女同性恋、男同性恋、双性恋和跨性别者），以及民族种族歧视（捏造**黑人**族群的等级制度），诸如此类。笼统的种族主义思想史传统上都关注对黑人总体的种族歧视，而忽略了特定黑人群体的交叉概念——甚或是黑人空间，如黑人社区、黑人学校、黑人企业以及黑人教堂。《天生的标签》一书关注两者——既有总体，也有社会同化主张和种族隔离主义思想的具体形式。[7]

《天生的标签》一书叙述了种族主义思想的整个历史，从其 15 世纪在欧洲大陆的起源，到殖民时代英国早期殖民者将种族主义思想带到美国，最后到 21 世纪当前对身边发生的事件的讨论。全书五个部分的主要人物会如导游一般引导我们探索种族主义思想在美国历史上五个时期的面貌。在美国成立的第一个世纪中，种族主义理论对支持美国奴隶制的发展并让基督教会接受它起了非常关键的作用。这些思想在美国早期最伟大的传教士和知识分子——波士顿牧师科顿·马瑟（Cotton Mather，1663—1728）的布道中至关重要，他是我们的第一位导游。科顿·马瑟的名字取自新英格兰知识分子的先驱约翰·科顿（John Cotton）和理查德·马瑟（Richard Mather），并且他是后面两位的孙辈。这两人是清教徒牧师，他们从大西洋对岸将欧洲两百多年的种族主义思想带入美国。为了实现美国奴隶制度并转变人们的信仰，科顿·马瑟宣扬种族不平等，并且坚称被奴役的非洲人如果信仰基督教，那么他们的黑色灵魂就能变成白色。他的著作
7 和布道在殖民地和欧洲受众广泛，在那里，科学革命先驱——以及之后的启蒙运动——正在对欧洲人、自由、文明、理性和美进行种族化和白人化。在美国独立战争时期及之后，美国奴隶制在几年中发展惊人，政治家和世俗知识分子都加入了为奴隶制辩护的大军。这些辩护者中有一位最具权威的政治家和新美国的世俗学者，也是本书的第二位导游——反对奴隶制的废奴主义者托马斯·杰斐逊（Thomas Jefferson，1743—1826）。

杰斐逊在 19 世纪奴隶解放运动和民权运动前夕去世。该运动部分是由《解放者报》（*The Liberator*）编辑威廉·劳埃德·加里森（William Lloyd Garrison，1805—1879）牵头，而他也是我们的第三位导游。和他的同僚一样，加里森极具利用价值的强烈的反奴隶制思想让美国人思考废除奴隶制和追求民权，然而这些思想通常并不是反种族主义思想。他推广了社会同化主张，认为奴隶制——或者更广泛意义上的种族歧视——使黑人“变得野蛮”；这种压迫使他们的文化、心理和行为变得低等。反种族主义思想认为歧视者把黑人当作野蛮人来对待，而种族主义思想认为歧视确实将黑人变成了野蛮人。全国第一位受过专业训练的伟大学者，W. E. B. 杜波依斯（W. E. B. Du Bois，1868—1963）是我们

的第四位导游，他最初接受了加里森的种族主义思想，但后来还是站到了反种族主义思想的前沿，挑战19世纪晚期高涨的种族主义思潮。杜波依斯漫长而传奇的职业生涯持续到20世纪，他对种族主义和反种族主义的双重意识神奇地变成了单一的反种族主义。然而在这个过程中，他的影响力也减弱了。在20世纪50年代和60年代，种族主义思想再次成为最有影响力的观点并将美国人吸引至民权运动。之后，民权运动和“黑人权力”运动的发展——以及耸人听闻的黑人单亲家庭“危机”、福利“女王”、平权行动、暴力反抗和犯罪分子——都使20世纪60年代的种族进步遭到种族主义者的强烈抵制，包括对反种族主义活动家的司法迫害，其中最著名的事件就是加州大学洛杉矶分校一位年轻哲学家的遭遇。安吉拉·戴维斯（Angela Davis，1943—）于1972 8
年被免除所有死刑指控，在接下来的40年中，她致力于反对那些学会了隐藏自己意图的种族歧视者，抨击那些一边宣扬终结种族主义童话，一边又拥护两党严厉打击犯罪并建立大规模监禁、殴打和杀害黑人的监狱工业复合体政策的人。她将是我们的第五位也是最后一位导游。

这五位主要人物——科顿·马瑟、托马斯·杰斐逊、威廉·劳埃德·加里森、W. E. B. 杜波依斯和安吉拉·戴维斯——分别都是最突出或最有争议的种族理论家，他们终其一生著书、演讲并传授种族（和非种族）思想，这些思想迷人、新颖、影响深远又互相矛盾。不过，《天生的标签》并不是关于他们的五篇传记。他们复杂的生活和影响深远的思想已处于主张社会同化者和种族隔离主义者，或者种族主义者和反种族主义者之间辩论的最高点，因此为我们了解这些辩论和这一错综复杂的历史打开了一扇窗。

《天生的标签》并不只是一部种族主义由明显变得隐蔽的历史；也不是种族进步史，或者无知和仇恨史。《天生的标签》通过揭发这三种人们普遍接受的历史故事线的不完整性，重写了种族主义思想史。种族主义的目的——不是政策——在20世纪60年代之后变得隐蔽。新旧种族主义政策仍然明显，每当我们去看21世纪从财富到健康各个方面的种族差异时，我们都可以看到这些政策的影响。那并不是说过去这些年中，反种族主义改革者在揭发和去除种族主义政策方面毫无建树。种族主义改革者也取得了进展。1865年废除奴隶制度就是种族进步。然后，19世纪晚期歧视黑人的合法化则是种族主义政策的进展。1964年法律禁止歧视黑人则带来了种族进步。然后，20世纪晚期表面上无意识的歧视的合法化又是种族主义政策的进展。

9 为了充分解释种族主义思想的复杂历史，《天生的标签》必须同时记录种族进步和种族主义政策的进展。美国的种族主义思想史并不是由仇恨和无知驱使的，而是由种族主义政策驱使着。当我们去检视种族主义思想产物背后的原因，而不是消费种族主义思想时，这一事实就显而易见。在1837年，是什么让美国南卡罗来纳州参议员约翰·C. 卡尔霍恩（John C. Calhoun）在明知奴隶制的痛苦恐怖后，仍产生奴隶制是“一件好事”的种族主义思想？在1885年，是什么让亚特兰大新闻编辑亨利·W. 格雷迪（Henry W.

Grady）在明知南方社区几乎并不隔离也不平等的情况下，仍认为种族主义思想“隔离但平等”？在2008年，又是什么让智库在贝拉克·奥巴马当选总统后产生了后种族社会这一种族主义思想，而他们明明知道这些研究记录的都是歧视？一次又一次，种族主义思想都不是从无知和仇恨中而来。一次又一次，有权又聪明的男男女女炮制出种族主义思想来为自己所处时代的种族主义政策辩护，并且将对他们时代的种族不平等的责备从政策上推脱开，嫁祸给黑人。

我知道一个关于种族主义很流行的民间说法：无知又充满仇恨的人们炮制种族主义思想，并且这些种族主义者制定种族主义政策。但当我研究很多美国最有影响力的种族主义思想产生背后的动机时，我发现尽管这个说法合乎情理，但它显然并没有建立在坚实的历史证据之上。无知/仇恨→种族主义思想→歧视：这一因果关系很大程度上与历史无关。事实上应该是相反的关系——种族歧视导致种族主义思想，然后导致无知和仇恨。种族歧视→种族主义思想→无知/仇恨：这才是推动美国种族关系历史的因果关系。

歧视政策在美国历史进程中影响了数百万黑人，在制定、支持和容忍歧视政策时，美国人自身的种族主义思想一般并**不**听命于最有权力的人的决定。种族歧视政策一般源自经济、政治和文化的自身利益，而自身利益会不停地变化。 10
想要升官的政客制定并为歧视政策辩护是为了自己的政治利益——而不是种族主义思想。寻求利润增长的资本家制定并为歧视政策辩护是为了自己的经济利益——而不是种族主义思想。文化人才，包括神学家、艺术家、学者和记者寻求个人职业和文化的发展，他们制定并为歧视政策辩护是为了自己的专业利益——而不是种族主义思想。

当我们回头看自己的历史时，常常惊讶于为什么如此多的美国人没有反对奴隶贸易、奴役、种族隔离以及现在的大规模监禁。其理由仍然是种族主义思想。美国历史上种族主义思想的主要功能是镇压对种族歧视及其造成的种族不平等的反抗。奴隶制、种族隔离和大规模监禁的受益人制造出种族主义思想，认为黑人最适合或者应该受奴隶制、种族隔离或监狱牢房的约束。这些种族主义思想的支持者趋于相信是黑人本身有点问题，而不是奴役、压迫和约束了如此多黑人的政策有问题。

种族主义思想对我们都有影响。在整个国家甚至整个世界范围内，我们都很难识别出种族歧视是种族不平等的唯一原因。我说**我们**是有原因的。在开始写这本书的时候，我正为特雷沃恩·马丁和瑞吉娅·波义德的遭遇心情沉重，但我必须承认我自己也抱有不少种族主义思想。尽管我是一名从事非洲研究的历史学家，一生都在平等的氛围中接受教育，在研究和写作这本书之前，我还是抱着黑人低等的种族主义观点。种族主义观点是一种观点，并且任何人都可以制造或消费它，正如《天生的标签》中制造和消费这种观点的不同种族阵容所显示的那样。任何人——白人、拉美人、黑人、亚洲人、美洲印第安人——都可以表达观点说黑人低等、黑人有点问题。任何人都可以同时相信种族主义和反种族主义观点，认为黑人在某些方面有点问题，但在其他方面大家是平等的。受种族主义观点愚弄，我没有完全意识到黑

人唯一有问题的地方就是我们认为黑人有问题。我没有完全 11
意识到白人唯一特别的地方就是他们自认为白人有些地方很特别。

我并不是说黑人（或者白人、拉美人、亚洲人或美洲印第安人）中的每一个个体在所有方面都是平等的。我是想说黑人作为一个群体并没有任何问题，其他任何种族群体也都没有任何问题。那才是真的用反种族主义者的方式思考：相信黑人没有问题，相信种族群体都是平等的。非洲人里有懒惰、愚笨和无良的个体，欧洲人里也有懒惰、愚笨和无良的个体；欧洲人里有勤奋、聪明、善良的个体，非洲人里也有勤奋、聪明、善良的个体。但没有哪个种族群体垄断某一种人类特质或基因——现在不会有，将来也永远不会有。除了我们不同的发色和肤色外，医生都无法分辨我们身体、大脑或者血管中流淌的血液的区别。所有文化，虽然有各种行为差别，但仍处在同一水平。美国黑人的被压迫史让黑人的机会——而不是黑人本身——低人一等。

如果你真的相信种族群体是平等的，那么你就会相信种族不平等必定是种族歧视的结果。在坚持群体平等的反种族主义观点后，我得以自我批判、发现并摆脱我前半生接受的种族主义思想，同时发现和揭露美国历史上其他人生产的种族主义思想。我知道真正坚持种族平等的读者会加入我的质询之旅，并摆脱我们的种族主义思想。但如果说我从研究中学到了什么，那就是种族主义思想最大的生产者和辩护者不会加入我们的行列。没有任何逻辑、事实或者历史书可以改变他们，因为首先逻辑、事实和学问与他们为什么要表达种族主义思想毫不相关。《天生的标签》写的就是这些闭目塞听、狡诈、诱惑人的种族主义思想生产者，但并不是为他们而写。

在写这本书的时候，我开放的思想得到解放。我希望其他开放的思想也可以在阅读本书的过程中得到解放。

第一部分

科顿·马瑟

第 1 章
人类的阶层

清教徒们挺过了冬季的严寒，经受了疾病的折磨，学会 15
了与抵制他们的美洲印第安人共处。但这些都比不上 1635 年那场大飓风对他们殖民地的破坏。1635 年 8 月 16 日，一场按今日标准大约为三级的飓风席卷大西洋海岸，在詹姆斯敦肆虐并横穿长岛东部。暴风眼扫过普罗维登斯向东进入内陆，把无数大树像杂草一样卷起。在这个已经设立 7 年的马萨诸塞湾殖民地，飓风在到达大西洋并将惊涛骇浪一直推向新英格兰海岸之前，像碾压蚂蚁一样摧毁了英国人的家园。

运送人员和补给的英国大船成了活靶子。水手将“詹姆斯”号（*James*）停在新罕布什尔海岸边避风，但一波突如其来的巨大海浪像一把无形的刀切开了船锚和锚索。情急之下，水手猛拉第三根锚索，扬帆返航至相对安全的海域。著名的清教徒牧师理查德·马瑟在他的日记中写道，风将新的船帆撕成了“破布”。人们的希望也随着这些破布消失在海洋中。

船只被飓风裹挟，驶向一块巨石。似乎一切都结束了。理查德·马瑟和其他乘客呼求主的拯救。之后马瑟宣称，上

帝用“他自己施恩的手”引导船只绕过巨石。海面平静下来。船员匆忙装上新的船帆。主吹来“一阵大风”，让船长
16 将船驶出危险地带。1635 年 8 月 17 日，破破的“詹姆斯”号到达波士顿。船上一共 100 名乘客，他们都感谢上帝拯救了自己。理查德·马瑟将这次拯救视为一种责任，“只要我们活着，就要在上帝面前行事正直”。[1]

作为一名清教徒牧师，理查德·马瑟行事正直，在遭受英国人迫害 15 年后他踏上了横渡大西洋的危险之旅，要在新英格兰开始全新的生活。在那里，他将要和杰出的牧师朋友约翰·科顿重聚。约翰·科顿在英格兰波士顿遭受英国人迫害长达 20 年。1630 年，科顿面向新英格兰各社区的清教创始人进行了告别布道并祝福他们实现神的预言。作为英国国教的异议者，清教徒们相信自己是上帝的选民，是一类特别的、更优越的人，而新英格兰就是他们的以色列，是他们的特殊之地。[2]

大飓风后一周内，理查德·马瑟被任命为多彻斯特北教堂的牧师，附近就是新波士顿著名的北教堂，约翰·科顿在那里担任牧师。之后，马瑟和科顿着手进行一项神圣使命，去创造、表述并捍卫**新**英格兰方式。他们既布道讲经又撰写文章，同时也使用自己的权力。他们所做的努力还包括拟写了殖民地的第一本成人和儿童读物。马瑟极有可能引导亨利·邓斯特（Henry Dunster）在 1640 年创办了殖民地时期美国的第一所大学——哈佛大学的前身。邓斯特按照他们母校剑桥大学的方式设置哈佛的课程，掀起意识形态潮流，而科顿对此并不介意。与剑桥和哈佛的创立者一样，之后 8 所

殖民地时期大学——威廉玛丽学院（1693 年）、耶鲁大学（1701 年）、宾夕法尼亚大学（1740 年）、普林斯顿大学（1746 年）、哥伦比亚大学（1754 年）、布朗大学（1764 年）、罗格斯大学（1766 年）和达特茅斯大学（1769 年）——的创立者都将古希腊和拉丁文学视为普遍真理，认为它们值得被记住而不是被批评。英格兰和新英格兰希腊图书馆中心都颂扬亚里士多德思想的复兴，而中世纪基督教的一些派别却曾怀疑他威胁教义。[3]

清教徒通过研究亚里士多德的哲学得出了存在人类阶层 17
合理性的结论，并且开始相信某些群体比其他群体更优越。亚里士多德认为，古希腊人要比所有非希腊人都优越。清教徒认为自己比美洲印第安人、非洲人甚至英国圣公会教徒都优越，也就是比所有非清教徒都优越。亚里士多德生活在公元前 384 年到前 322 年，他编造了气候理论来论证希腊人的优越性。该理论认为生活在极端炎热或寒冷气候下的人在智力、身体、道德上都更低劣，他们长相丑陋，缺乏自由和自我管理的能力。亚里士多德给非洲人贴上了“晒焦的脸”这一标签，这也是希腊语中“黑人”（Ethiopian）的原意，他还认为苍白或深色皮肤极其“丑陋”，是极端寒冷或炎热的气候造成的。所有这些都是为了使希腊的蓄奴行为和对西地中海的统治正常化。亚里士多德认为希腊人生活在不冷不热的最佳气候下，是全世界最具天赋的统治者和奴役者。亚里士多德说：“人类分为两种：主人和奴隶；或者看个人喜好，可以称其为希腊人和野蛮人，有些人有权发号施令而其他人生而服从。”对他而言，被奴役的人“天生不理智，生活纯靠感觉，比如文明世界边缘的某些部落，或者那些患上癫痫和发疯之类疾病的人”。[4]

到了基督诞生或者公元纪元之初，罗马人用亚里士多德的气候理论为自己的蓄奴行为辩护，不久后，新出现的基督教开始为这些观点做贡献。早期基督教神学家认为——这是清教徒在研究亚里士多德之外的研究——上帝规定了人类的阶层。在公元 1 世纪，圣保罗指出了奴隶关系的三层等级——天上的主人（上）、肉身的主人（中）、被奴役者（下）。“作为自由之人蒙召的，就是基督的奴仆，”他在《哥林多前书》（Covinthians）中如此说明，“你们作仆人的，要凡事听从你肉身的主人，不要只在眼前侍奉，象是讨人喜欢的，总要存心诚实敬畏主。”在《加拉太书》（Galatians）3：28 的一段重要告诫中，圣保罗将主人和奴隶的灵魂视为平等，因为“在耶稣基督里都成为一了”。

18 总而言之，种族、宗教和肤色偏见在古代世界就已存在。种族结构——比如欧洲白人、非洲黑人——却不是，因此种族主义思想也不是。但关键在于，种族和种族主义思想的基础已经形成。平等主义、反种族主义和反奴隶制的基础也在古希腊罗马时期形成。亚里士多德在雅典的对手阿尔西达马斯（Alkidamas）曾写道：“上帝赋予所有人自由，大自然没有让任何人成为奴隶。”希罗多德（Herodotus）是古希腊最重要的历史学家，当他沿着尼罗河向上旅行时发现了努比亚人（Nubians），他认为他们是“最英俊的人”。第一位基督教罗马皇帝君士坦丁一世的顾问拉克坦提乌斯（Lactantius），在 4 世纪早期宣称：“上帝创造并激励人类，希望他们都是公平的，也就是平等的。”4世纪和5世纪的非洲教父圣奥古斯丁坚称：“无论是谁，出生在什么地方，只要是人类，是理性的人，那么不管在感官上他的体型、肤色、动作、说话方式，或者任何身体机能、本性的某个部分或者性格，无论什么，有多么奇怪，真正的信徒都不要怀疑他也是上帝最初创造的那个人的后裔。”但是，这些反奴隶制和平等主义支持者没有伴随亚里士多德和圣保罗来到现代，没有影响新的哈佛大学教程或新英格兰寻求为奴隶制及其产生的种族等级辩护的人。[5]

约翰·科顿在1636年草拟了新英格兰第一部宪法——《摩西之法制》（*Moses his judicials*），将对正义战争中的俘虏和“那些自愿出售自己或者被出售的陌生人”进行奴役的行为合法化。在奴隶制上，新英格兰模仿了英格兰的方式。科顿复制了或远或近的英国同行的政策。1636年，巴巴多斯官员宣布“来到这里被出售的**黑人**和**印第安人**应服务终身，除非在这之前有截然不同的约定”。[6]

爆发于1637年的佩科特人战争是新英格兰殖民者和当地原住民之间第一场大型战争。威廉·皮尔斯（William Pierce）船长强迫一些原住民战俘前往“欲望”号（*Desire*），这是离开英属北美的第一艘奴隶贩卖船。这艘船从尼加拉瓜驶往普罗维登西亚岛（Isla de Providencia），那里的“黑人”据说“是……被当作永远的仆人”。马萨诸塞 19
总督约翰·温思罗普（John Winthrop）记录了皮尔斯船长1638年到达波士顿的历史性时刻，并且备注了他的船运送的是“盐、棉花、烟草和黑人”。[7]

第一代清教徒开始将对“黑人”的奴役合理化，这并没有超出基督教的框架。噩梦般的迫害并不是随着清教徒的思想穿越大西洋带到美国的唯一幻象。从1607年到达弗吉尼亚的第一批船只到1635年经历了大飓风的船只，再到第一艘奴隶贩运船，一些美国殖民地的英国殖民者给大洋这边带来了清教徒、《圣经》、科学和亚里士多德对奴隶制和人类等级的合理化论证。一些清教徒从西欧及拉丁美洲的新殖民地带来了认为很多非洲人是低等人的观点。他们带来种族主义思想——优先于美国奴隶制的种族主义思想，因为对非洲奴隶制的辩护需求优先于对美国殖民地的辩护需求。

在7世纪阿拉伯穆斯林征服了北非、葡萄牙和西班牙的部分地区后，几个世纪以来，基督徒和穆斯林一直在争夺地中海霸主地位。同时，在撒哈拉沙漠以南，西非的加纳王国（700～1200年）、马里王国（1200～1500年）和桑海王国（1350～1600年）位于利润丰厚的黄金和盐的贸易路线的交叉口。这里形成了强大的跨撒哈拉贸易，允许欧洲人通过穆斯林中介获得西非商品。

加纳、马里和桑海建立了可以与当时世界上任何国家的规模、权力、学术和财富相匹敌的王国。廷巴克图（Timbuktu）和杰内（Jenne）大学的学者提供了大量奖学金，源源不断地吸引着大量来自西非地区的学生。桑海发展成为最大的王国。马里可能是最杰出的王国。14世纪世界上最伟大的旅行家——摩洛哥人伊本·白图泰（Ibn Battuta），从北非漫游到东欧和东亚，并且在1352年决定去

马里看看。“那个国家非常安全，”他在自己的旅行笔记中惊叹道，“不管是游客还是居民都无须担心强盗或施 20
暴者。”[8]

在摩洛哥非斯（Fez）的伊斯兰知识分子中，伊本·白图泰是个怪人——一个让人憎恨的怪人。学者们几乎都没有远离过家门，所以白图泰的游记威胁到他们自己在描述外国人时纸上谈兵的可信度。白图泰的对手中最有影响力的是突尼斯人伊本·赫勒敦（Ibn Khaldun），他是当时伊斯兰世界中学者的中流砥柱。当白图泰从马里王国回来时，赫勒敦也恰好来到非斯。“王朝的人（官员）在私底下说他肯定是个骗子”，赫勒敦在1377年著的《历史绪论》（*The Muqaddimah*）里这样写道，这本书是前近代世界最重要的伊斯兰教史。赫勒敦之后在《历史绪论》中对撒哈拉以南的非洲进行了截然不同的描绘：“一般来说，黑人国家是采用奴隶制的，”赫勒敦猜测道，“因为（黑人）几乎（在本质上）与人类不同，同时，他们拥有的属性和那些愚蠢的动物非常相似。”而且“斯拉夫人也是一样”，这位亚里士多德的门徒这样认为。赫勒敦沿袭了古希腊和罗马辩护者的思路，用气候理论去主张伊斯兰对撒哈拉以南的非洲人和东欧的斯拉夫人的奴役——这两个群体只有一个共同的明显特征：地处偏远。赫勒敦说：“他们都处在人类环境的偏远地区，靠近蛮荒之境。”但是，他们的恶劣环境既不是永久的，也不是遗传的。赫勒敦强调，“黑人”移居到比较凉快的北方后“就会生下肤色逐渐变白的后代”。深色人种在较冷气候中具有体质趋同的能力。之后，主张文化同化主义者会假设说，文化上低人一等的非洲人生活在适当的欧洲文化环境中，可以或者应该接受欧洲文化。但像赫勒敦这样最早的身体同化主义者猜想，如果把身体上低人一等的非洲人放到合适的寒冷环境，他们可以或者应该与欧洲人的身体特点趋同：变为白皮肤和直发。[9]

伊本·赫勒敦不仅打算将非洲人贬为低人一等的，而且想要贬低所有不同长相的非洲人和斯拉夫人，而穆斯林把他
21 们都作为奴隶进行交易。非但如此，他还加深了种族主义思想的概念基础。在15世纪即将来临之际，赫勒敦帮助巩固了社会同化主义思想和“环境使非洲人低人一等”这一种族主义观点的基础。奴役者要做的仅仅是停止用气候理论去论证斯拉夫的奴隶制及其低等性，并且将这个理论应用聚焦到非洲人上，作为对深色人种的种族主义态度的补充。

当时有一种关于黑人的奴役理论已在流传，该理论源自《创世记》9：18—29，其观点为“黑人是诺亚的儿子含的子孙，他们被挑出来成为黑人是因为诺亚的诅咒，这也导致了含的肤色和上帝对他子孙处以奴隶制的惩罚”，赫勒敦如此解释。这一“含的诅咒”理论的来源要从伟大的波斯学者泰伯里（Tabari，838—923）回溯到伊斯兰和希伯来源头。诅咒理论认为上帝诅咒非洲人肤色永远为丑陋的黑色、永受奴役。作为一个严格的气候理论者，赫勒敦抛弃了“含的诅咒”这一“愚蠢的故事”。[10]

尽管诅咒理论明显支持黑人低等的观点，但这个理论就像中世纪一位未当选的政客。穆斯林和基督徒中的奴役者基本不相信诅咒理论：他们奴役了太多闪和雅弗的非黑人后

裔，而闪和雅弗是含的兄弟，他们可没有受到诅咒。但中世纪的诅咒理论者为种族隔离主义思想和黑人基因低人一等的种族主义观点打下了基础。运用“含的诅咒”理论为单独奴役黑人进行辩护的转变在那时即将发生。一旦这一转变发生，没有影响力的诅咒理论就会获得影响力，而种族主义思想就真正形成了。[11]

第 2 章

种族主义思想的起源

22 理查德·马瑟和约翰·科顿从他们这一代英国思想家那里继承了古老的种族主义思想，他们认为非洲奴隶制是自然、正常而神圣的。这些种族主义思想已经存在了将近两个世纪之久，清教徒们在 17 世纪 30 年代为新英格兰奴隶制度进行了合法化辩护并编制法典，弗吉尼亚人在 17 世纪 20 年代也做了同样的事。回溯到 1415 年，亨利王子和他的兄弟们说服父亲——葡萄牙的约翰王，占领了西地中海的主要穆斯林交易仓库，即位于摩洛哥东北角的休达（Ceuta）。这几位兄弟觊觎穆斯林的财富，想要消除伊斯兰中间人以获取南方的金矿资源和黑人俘虏。

战后，摩尔人战俘详细介绍了从撒哈拉以南进入分崩离析的马里王国的贸易路线，这让亨利王子着迷。因为穆斯林仍控制着这些沙漠路线，亨利王子决定“通过海洋寻找陆地”。他直到 1460 年去世时还在寻找那些非洲土地，以自己葡萄牙富有的基督军事修道会（圣殿骑士团的继承者）大团长的名义来为非洲探险募集风险投资和忠心耿耿的成员。

1452 年，亨利王子的侄子——国王阿方索五世委托戈梅斯·埃亚内斯·德·祖拉拉（Gomes Eanes de Zurara）为他“最爱的叔叔”的生活和奴隶交易工作写一部传记。祖拉拉曾是亨利王子基督军事修道会中博学又顺从的指挥官之一。在记录和纪念亨利王子的一生时，祖拉拉还含蓄地掩盖了大团长垄断非洲奴隶贸易的财政决策。1453 年，祖拉拉 23
完成了对非洲奴隶贸易的首次辩护，写成了第一本关于非洲人的近代欧洲书籍。《发现和征服几内亚编年史》（*The Chronicle of the Discovery and Conquest of Guinea*）开始记录反黑人的种族主义思想史。换言之，祖拉拉创立的种族主义思想是亨利王子关于非洲奴隶贸易的种族主义政策的产物，而不是其生产者。[1]

如祖拉拉在书中所述，葡萄牙开创了历史，成为欧洲第一个沿大西洋航行，越过西撒哈拉的博哈多尔角，将奴役的非洲人带回欧洲的国家。1444 年 8 月 6 日，6 艘快帆船载着 240 个俘虏到达葡萄牙的拉各斯（Lagos）。亨利王子将奴隶拍卖活动做成了一场精彩的表演，以显示葡萄牙人已经加入欧洲严肃的非洲奴隶贸易联盟。一段时间以来，意大利的热那亚人、西班牙北部的加泰罗尼亚人和西班牙东部的瓦伦西亚人，突袭加纳利群岛或从摩洛哥商人手中购买非洲奴隶。祖拉拉把葡萄牙人与之区别开，把他们的非洲奴隶贸易项目视作传教士的探险。亨利王子的竞争者们无法把思想游戏玩得像他那么好，很有可能是因为他们仍然在大量交易东欧人。[2]

但是，市场在不断变化。当葡萄牙人打开通往新的奴隶出口地区的海上路线时，旧的奴隶出口地区开始关闭。在伊本·赫勒敦时代，大多数在西欧买卖的俘虏都是东欧人，他们在黑海附近被土耳其入侵者抓获。绝大多数被抓的俘虏是“斯拉夫人”（Slavs），所以这个民族称谓成为大多数西欧语言中“奴隶”（slave）一词的词根。到15世纪中期，斯拉夫社区建立起反抗奴隶商入侵者的堡垒，导致斯拉夫人在西欧奴隶市场上的供应量突然下降，而同时非洲人的供应量不断增长。结果，西欧人开始不再认为白人是天生的奴隶（斯拉夫人），黑人才是。[3]

根据祖拉拉的编年史，1444年的俘虏离开船只，行进
24 到一片城市外的开阔场地。亨利王子视察奴隶拍卖，他骑在马背上，喜气洋洋。祖拉拉写道，有些俘虏“皮肤够白，容貌俊美，比例匀称”，而另一些则“像是黑白混血儿”。还有其他一些人“像阿比西尼亚人一样黑，非常丑陋”，看起来就好像是来自地狱的访客。俘虏中包括肤色深浅不同的图阿雷格摩尔人（Tuareg Moors），也有图阿雷格摩尔人奴役的深色人种。尽管他们属于不同的民族和肤色，祖拉拉只把他们看成一种人——低人一等的人。[4]

祖拉拉提醒读者，亨利王子通过抓住46个最有价值的俘虏获得“主要财富”是“有自己的目的：因为他在拯救这些曾经迷失的灵魂时获得了巨大的快乐”。为了建立亨利王子狂热鼓吹的奴役非洲人的正当性，祖拉拉将这些俘虏降格为急需宗教和文明拯救的野蛮人。“他们像野兽一样生活，没有任何合理的习俗”，他这样写道。更有甚者，“他们不懂面包和酒，衣不蔽体，住无房屋；最糟糕的是，他们

不理解什么是好，只知道过着野蛮懒散的生活”。在葡萄牙，他们的命运“和之前的完全不同”。祖拉拉认为，他们在葡萄牙的奴隶生活要比他们在非洲的自由状态更好。[5]

祖拉拉的叙事横跨1434年至1447年。在这期间，祖拉拉估算有927名被奴役的非洲人被带到了葡萄牙，“他们中绝大一部分人走上了真正的救赎之路”。祖拉拉没有提及亨利王子得到了1/5的皇室分利［royal fifth（*quinto*）］，即大约185名俘虏，积累了他自己的巨大财富，这与他完成的使命并不相关。因为祖拉拉说服读者、历任教皇和欧洲学术界，使他们认为亨利王子的葡萄牙没有为了金钱而参与奴隶贸易，他被慷慨授予了葡萄牙首席皇家编年史作家的地位，并且被授予了基督军事修道会中两个有油水的领导岗位。祖拉拉的老板迅速在奴隶贸易中获得回报。1466年，一名捷克旅行者发现葡萄牙国王向外国人兜售俘虏所得的利润“多于对整个王国征收的税收之和”。[6]

祖拉拉让《发现和征服几内亚编年史》的手稿在宫廷、 25
学者、投资人和船长之间流传，他们阅读后又将之传遍葡萄牙和西班牙。1474年祖拉拉在里斯本去世，但是他关于奴隶制的观点随着奴隶贸易的扩展而得到延续。到15世纪90年代，葡萄牙探险者沿着西非海岸来到南方，环绕好望角后进入印度洋。随着港口网络、代理商、船只、船员和资本家的增长，葡萄牙奴隶贸易和探险家先驱们将祖拉拉书中的种族主义思想四处传播，其速度和范围超过书本自身能达到的极限。葡萄牙人成为西班牙、荷兰、法国和英国最初的奴隶贸易者和奴役者对未知非洲和非洲人最主要的知识来源。当德国印刷商瓦伦丁·费尔南德斯（Valentim Fernandes）1506 年在里斯本印刷出祖拉拉著作的节略本时，被奴役的非洲人——以及种族主义思想——已到达美洲。[7]

1481 年，葡萄牙人开始建一座大城堡，即圣乔治矿（São Jorge da Mina），简称为埃尔米纳（Elmina）或者“矿山”（the mine），作为他们收购加纳黄金计划的一部分。完工时，这座欧洲建筑是已知的第一座伫立在撒哈拉以南地区的欧洲建筑，它成为西非最大的奴隶交易场所，是葡萄牙在西非的经营中心。一名仅有 30 岁的热那亚探险家可能见证了埃尔米纳堡的建立。克里斯托弗·哥伦布（Christopher Columbus）当时刚刚与亨利王子手下一位热那亚门客的女儿结婚，他想要成就自己的故事——但不是在非洲。他期望前往东亚的香料产地。在葡萄牙王室拒绝赞助其大胆的向西探险计划之后，西班牙女王伊莎贝拉——亨利王子的侄孙女——同意了这一请求。于是在 1492 年，在海上航行了 69 天后，哥伦布的 3 艘小船踏上了欧洲人此前从不知晓的海岸：先是闪闪发光的巴哈马群岛，然后在第二天晚上到达了古巴。[8]

几乎是在哥伦布到达的时候，西班牙殖民者就开始削弱和奴役美洲印第安人，称他们为“陆地上的黑人”（*negros da terra*），将他们对非洲人的种族主义建构放到美洲印第安
26 人身上。在接下来的几年里，他们用枪炮和《圣经》的力量造成了人类历史上最可怕、最突然的屠杀之一。数千名美洲印第安人死于抵抗奴役，更多人死于欧洲疾病、被迫耕种时遭受的痛苦，以及寻找和开采金矿的死亡之旅。西班牙人

在发财后冲进殖民地，将成千上万的美洲印第安人赶出了他们的土地。1502 年，西班牙商人佩德罗·德·拉斯·卡萨斯（Pedro de Las Casas）定居在伊斯帕尼奥拉岛，在这一年，第一批被奴役的非洲人乘坐一艘葡萄牙奴隶船出发。佩德罗·德·拉斯·卡萨斯带着 18 岁的儿子巴托洛梅（Bartolomé）一同前往，而巴托洛梅将在所谓的新世界中奴隶制的发展方向上发挥巨大作用。[9]

1510 年，巴托洛梅·德·拉斯·卡萨斯积累了领地和俘虏，拿到了他作为美国第一位牧师的任命文件。1511 年，他为欢迎多明我会修道士们（Dominican Friars）来到伊斯帕尼奥拉岛而感到自豪。修道士们厌恶泰诺人被奴役的状态，这让拉斯·卡萨斯不知所措，他们开了废奴主义者的先河，拒绝西班牙人关于“通过基督教泰诺人可以从受奴役状态中获益”的谎话（来自葡萄牙人的说法）。国王费迪南德及时召回了多明我会修道士，但是他们反奴隶制的训诫一直留在巴托洛梅·德·拉斯·卡萨斯心里。1515 年，他动身前往西班牙，在那里，他将终身参加为减轻美洲印第安人的痛苦而组织的活动，也许更重要的是，解决居民的极端劳动力短缺问题。1516 年，在他的首批书面请愿中，拉斯·卡萨斯建议进口非洲奴隶来取代急速减少的美洲印第安人劳动力，两年后他再次提出这个请求。萨拉曼卡大学的一名律师阿隆索·德·苏亚索（Alonso de Zuazo）在 1510 年也提出过类似建议。“应该给黑人提供通用执照，该［种族］① 体

① 直接引文中的引者注均使用方括号表示，后文不再特别说明。——编者注

格强壮可以劳动，原住民则相反，他们身体太虚弱，只能胜任要求不高的工作。”苏亚索这样写道。一些原住民及时听到了这一新种族主义思想的风声，欣然认同进口非洲劳动力这一政策更好。一个墨西哥的原住民群体抱怨处理糖作物的“困难艰苦的工作”是“只给黑人做的，而不是瘦弱的印第
27 安人”。拉斯·卡萨斯和他的公司诞下了一对双胞胎——种族主义思想的双胞胎，一些美洲印第安人和非洲人也接受的一对观点：一是认为非洲人身体强壮的迷思，一是认为美洲印第安人身体虚弱、从事重体力活很容易死去的迷思。[10]

尽管拉斯·卡萨斯的思想一开始不受重视，但是他的论述后来迅速成为西班牙不断扩张的（殖民）帝国及其在美国奴隶制投资上的有用工具。主教塞瓦斯蒂安·拉米雷斯·德·富恩列奥（Sebastián Ramirez de Fuenleal）在 1531 年的报告中说，“西班牙、圣胡安和古巴……的总人口决定了他们需要黑人来挖金矿”以及种植作物。拉斯·卡萨斯带头在 1542 年通过了历史性文件《妥善对待和保护印第安人的印第安新法》（“New Laws of the Indies for the Good Treatment and Preservation of the Indians”）。在这难忘的一年里，他还完成了经典著作《印第安人毁灭述略》（*A Short Account of the Destruction of the Indies*）并送给王子菲利普（后来的腓力二世），同时第三次建议奴役非洲人来代替美洲印第安人。

那之后，拉斯·卡萨斯读了戈梅斯·埃亚内斯·德·祖拉拉的书。读得越多，他越无法让非洲奴隶贸易符合基督耶稣的教义。在他去世前 5 年发表的《印第安人历史》

(*History of the Indies*, 1561）一书中，拉斯·卡萨斯后悔“自己曾建议国王”进口非洲奴隶。他在祖拉拉的书中看到揭露奴隶贸易“让人恐惧”的证据。拉斯·卡萨斯哀叹祖拉拉试图“用上帝的仁慈和善良来模糊［奴隶贸易］”。在为众多西班牙奴隶主打开非洲奴隶制的大门后，拉斯·卡萨斯尝试关闭它。然而，他失败了。一位强大的改革家在他最后的日子里给他打上极端激进分子的标签——就像对他之后每个反种族主义者一样——拉斯·卡萨斯死后受到西班牙的谴责，他的书也被禁了。天主教西班牙的新教竞争对手一再印刷出版他那本灾难性的书《印第安人毁灭述略》——用荷兰语（1578 年）、法语（1578 年）、英语（1583 年）和德语（1599 年）——给西班牙王国打上腐败和道德败坏的标签，这都是为了让自己取代西班牙成为欧洲的超级大国。[11]

尽管西班牙崛起了，葡萄牙对非洲奴隶贸易仍保持着压 28
倒性优势。而戈梅斯·埃亚内斯·德·祖拉拉的种族主义思想仍然是欧洲奴隶贸易无可争议的辩护者，直到另一个非洲人继承了其志向。1510 年前后，阿尔－哈桑·伊本·穆罕默德·阿尔－瓦赞·阿尔－法西（Al-Hasan Ibn Muhammad al-Wazzan al-Fasi)，一位有教养的摩洛哥人，在陪同叔叔参加一项外交活动时来到桑海王国。8 年后，他在另一次沿地中海外交航行中被俘。逮捕他的人将这位 24 岁的学者介绍给了意大利的学术教皇利奥十世。教皇于 1521 年去世前释放了这位年轻人，令他改信基督教，改名为约翰尼斯·利奥

（Johannes Leo），并且有可能委托他写了一份非洲调查。他后来被称为非洲人利奥或者利奥·阿非利加努斯（Leo Africanus）。他在 1526 年写出了欧洲第一本非洲学术调查《非洲纪行》（*Della descrittione dell'Africa*），满足了意大利人的好奇心。

利奥·阿非利加努斯讨论了非洲的词源，然后调查了非洲的地理、语言、文化、宗教和疾病。他总结道："天下没有哪个国家比它更容易纵欲［性放纵］。"非洲人"过着野蛮的生活，完全不适用理性、智慧或任何艺术"，阿非利加努斯这样写道，"他们……表现得就好像他们一直和野兽一起生活在丛林里一样"。

非洲人利奥没有忽略明显的事实。他问自己，当"我感恩于［非洲］既生我"又教育我时，"我该如何描述这个如家一般的非洲"？他认为自己是个"历史学家"，致力于讲"每个地方的普遍真理"。尽管非洲人被诋毁，阿非利加努斯也并不介意。他相信自己准确地描述了非洲人。[12]

利奥·阿非利加努斯通过《非洲纪行》使自己成为世界上第一位著名的非洲种族主义者，第一位杰出的制造种族主义思想的非洲人（正如祖拉拉是第一位杰出的制造种族主义思想的欧洲人一样）。任何人都可以消费或制造关于非洲人低人一等的种族主义思想——任何欧洲人、任何
29 亚洲人、任何美洲印第安人、任何拉美人和任何非洲人。利奥的非洲血统没能阻止他相信非洲人低等而欧洲人优越，也没能阻止他试图用这一种族主义"真理"去说服其他人。

利奥·阿非利加努斯可能从未到访过他声称自己见过的15个非洲地区。他可能用葡萄牙旅行者的游记改写了一下。但是否精准并不重要。当1526年这本书的手稿完成时，1550年在意大利出版时，以及1556年被翻译成法语和拉丁语时，整个西欧的读者都为之痴迷并给非洲人打上了性欲亢奋、动物、没有理性的标签。没有人知道非洲人利奥——这位仅次于祖拉拉的在有关非洲的书籍中读者最多、最有影响力的作家——在16世纪初经历了什么。他让无数欧洲人感觉他们了解他，或者甚至说了解非洲。

当非洲人利奥的书在欧洲大行其道时，理查德·马瑟的父母出生了，英国人开始要求打破葡萄牙人对非洲奴隶贸易的垄断，他们想要获得利益并扩大帝国。1554年，一支由约翰·洛（John Lok）——他是哲学家约翰·洛克（John Locke）的祖先——带领的探险队从“几内亚”返回英国。洛和他的同胞罗伯特·盖尼士（Robert Gainish）及威廉·托尔森（William Towerson）装载了450磅黄金、250根象牙和5名非洲奴隶。在好奇心旺盛的英国人眼里，这3个英国人成了关于非洲和非洲人的新权威。他们的观点似乎既受到葡萄牙人和法国人的影响，又加上了自己的观察。盖尼士给非洲人的标签是“像野兽一样生活，不信仰上帝，没有法律、宗教或共同财富”，听起来和利奥·阿非利加努斯或祖拉拉描述的很像。他和船员带回英国的5个“野兽”都学了英语并被送回非洲为英国贸易者做翻译。[13]

随着英国人和非洲人的联系逐渐增多，他们也越来越渴望解释巨大的肤色差异。像盖尼士这样的作者采用气候理论

来解释非洲的深色皮肤和欧洲的浅色皮肤。这一流行理论在
欧洲、地中海和非洲都讲得通，但在世界其他地方又如何
30 呢？在 16 世纪的最后 10 年，英国文学的一个新流派采纳了
一种不同的理论。作家们把精彩的故事带入英国国教家庭
中，带到理查德·马瑟和约翰·科顿这样的清教徒家庭中，
也带到其他未来的美国殖民地领袖家中。这些世俗故事如种
族主义一般令人感到惊奇。

第 3 章

来到美洲

探险家们写下他们的冒险故事，而这些故事深深地吸引 31
了欧洲人。这些新颖的游记为坐在家中的欧洲人打开了一扇窗，让他们看到遥远土地上不同样貌的人及其充满异域风情的古怪文化。但是探险家们提供的非洲大陆文学片段一般被探险支持者的自身利益所掩盖，他们最大的目标是满足自己殖民和奴隶贸易的欲望。甚至有一名孤单的废奴主义者，法国哲学家让·博丹（Jean Bodin），发现自己的想法被两个同一时间的发现之间的联系所困扰：一个是西非人，一个是深色无尾猿在西非像人类一样行走。博丹在 1576 年推论，非洲的高温导致非洲人性欲高涨，而且“人和野兽之间的亲密关系……还在非洲生下了怪兽”。气候理论认为非洲的炎热日照将人变成未开化的野兽，这仍然是带着种族主义的观点。但是，这不会持续太久了。[1]

英国游记作家乔治·贝斯特（George Best）1577 年到北极航行，他看到加拿大东北地区的因纽特人的肤色比住在更热的南方地区的人的肤色还深时，气候理论就在他心中崩溃了。在 1578 年的探险报告中，贝斯特在解释“黑人的黑肤色”时避开了气候理论。他找到了一个替代品：《圣经》，或者说诅咒理论。这是当时秘鲁的一位多明我会修道士和几位法国学者在不久前提出的，这个理论对奴隶主更具有迷惑性。贝斯特对《创世记》的解读异想天开，他说诺亚命令他“天使般的”白人儿子们和他们的妻子在方舟上戒绝性
32 行为，并且告诉他们洪水过后第一个出生的孩子将生为泥土。当邪恶、残暴又好色的含在方舟上发生性行为后，上帝决定让含的后裔变得“又黑又讨人厌”，在贝斯特看来，“这可能是向世间展示其不顺从”。[2]

种族主义者之间的第一次大争论成为英国人的讨论话题。人们对黑色低等的原因所进行的争论——诅咒理论或者气候理论，天生的还是后天的——盛行了几十年，最后影响了美国的殖民者。诅咒理论者是已知的第一批种族隔离主义者。他们认为黑人天生并且永远低人一等，完全不可能成为白人。气候理论者是已知的第一批主张社会同化者，他们认为黑人是后天经过炎热日晒而暂时低人一等的，但如果他们搬到更凉快的气候下生活就能够变成白人。

乔治·贝斯特在1578年创造了他的诅咒理论，这是亨利七世和奥利弗·克伦威尔（Oliver Cromwell）的时代，对海外冒险和国内控制的热情正如滚雪球般在英国国内激情碰撞，或者用历史学家温思罗普·乔丹（Winthrop Jordan）的话说，是“海外发现之旅”和“向内发现之旅”的碰撞。国外的商业扩张、国内逐渐商业化的经济、惊人的利润、激动人心的冒险故事，以及阶级斗争都动摇了伊丽莎白时代英国的社会秩序，而这种社会秩序正受到清教徒的密切关注，

后者对道德的要求严格、高度服从命令、虔诚，并且人数不断增加。

用乔丹的话说，乔治·贝斯特把非洲人当作“社会镜子”，在里面能看到他在英国“首先发现”“但是不能说”的性欲、贪婪和缺乏纪律——魔鬼的诡计。让负面行为在遥远的非洲人身上正常化使得作者们得以将白人的负面行为非正常化，将他们在对自我和国家进行严格评估时看到的东西非正常化。

在英国可能没有其他人像理查德·哈克卢特（Richard Hakluyt）这样热心收集和阅读游记了。1589年，他出版了自己的系列游记《在英语国家的主要航行、航海和发现》（*The Principall Navigations, Voyages, and Discoveries of the English Nation*）。在发布了几乎所有能找到的描写英国海外 33
冒险的大量文献后，哈克卢特敦促探险者、商人和传教士履行他们的卓越使命，去让这个世界变得文明、基督教化、资本化并掌控全世界。[3]

清教徒同样相信应该让世界文明化和基督教化，但他们达到目的的方法和大多数探险家和探险赞助商有细微差别。对其他人来说，目的在于经济回报或者政治权力。对清教徒牧师来说，目的是将社会秩序带到这个世界。剑桥教授威廉·珀金斯（William Perkins）依赖16世纪晚期英国清教主义的理论基础。“尽管在信仰和人的灵魂上，仆人和主人是平等的，但是在外形上……主人要优于仆人”，他在1590年出版的《家庭排序》（*Ordering a Familie*）中如此解释道。

通过对圣保罗观点的诠释，珀金斯成为早期主要的英国理论家之一——更准确地说，应该是主张社会同化的理论家——把剥削性的主仆或主奴关系粉饰为相亲相爱的家庭关系。因此，他对祖拉拉的葡萄牙奴隶主驯化了非洲野兽这一理论进行了补充辩护。接下来的几个时代，从理查德·马瑟所在的新英格兰到伊斯帕尼奥拉岛，主张社会同化的奴隶主都精明地用这一相亲相爱的家庭面具来掩盖奴隶制度的剥削性和残酷。一代人之后，清教徒领袖，比如约翰·科顿和理查德·马瑟，使用柏金斯的家庭排序在马萨诸塞支持奴隶制。柏金斯声称的平等的灵魂与不平等的身体导致科顿和马瑟这样的清教徒牧师去照顾非洲灵魂而不是试图解放他们被奴役的身体。[4]

理查德·马瑟 1596 年出生于英格兰东北部，时值威廉·珀金斯影响的顶峰。珀金斯 1602 年去世后，剑桥的清教徒保罗·贝恩斯（Paul Baynes）接替了他。理查德·马瑟仔细研究了贝恩斯的著作，他可能引用了其最著名的论述《以弗所书注释》（*Commentary on Ephesians*）。在注释中，贝恩斯说奴隶制一部分是罪的诅咒，一部分是“文明情况”或者说野蛮的结果。他说“黑色”有“奴性”，而且他敦促奴隶心甘情愿地服从。主人要通过善良和展现“白人真诚的心”来显示其优越性。[5]

34 当理查德·马瑟成年后，理查德·哈克卢特将自己塑造为英国最伟大的海外殖民推广者。哈克卢特将大量的游记作者、翻译、探险家、商人、投资者和殖民者——他们都可能在世界殖民化进程中起作用——聚集到自己周围，并开始指导他们。1597 年，哈克卢特催促刚从剑桥毕业的学员约翰·波里（John Pory）完成在他单子上列了很久的一本书的翻译。1600 年，波里把利奥·阿非利加努斯的《非洲地理历史》（*Geographical Histories of Africa*）翻译成英语。英国读者像几十年来其他欧洲读者一样快速接受了它，并且同样对其印象深刻。在一篇很长的引言中，波里辩称气候理论不能解释肤色上的地理差异。波里认为，它们一定是“遗传的”。非洲人是“诺亚受诅咒的儿子含的后代”。[6]

不管他们选择通过诅咒理论还是气候理论来阐述黑色标签，当时的游记作者和翻译者都有一个更大的共同目标，他们也实现了这一目标，即开辟英国的冒险时代。很快另一群人紧随其后，他们是剧作家。在英国人识字水平比较低时，更多英国人的想象力被剧作家而不是游记作家搅动起来。在世纪之交，一位来自埃文河畔斯特拉特福的受人尊敬的剧作家将英国观众带回古代世界和近代欧洲，从苏格兰（《麦克白》）到丹麦（《哈姆雷特》），再到意大利（《奥赛罗》）的低等黑人和优越白人。威廉·莎士比亚（William Shakespeare）的《奥赛罗》中的种族政治并没有让 1604 年观看首演的英国观众感到吃惊。16 世纪晚期，剧作家已经习惯了将黑人塑造为撒旦在俗世的代理人。莎士比亚塑造的第一个黑人角色是《泰特斯·安德洛尼克斯》中邪恶纵欲的亚伦，他于 1594 年第一次登上舞台。在西班牙，剧作家频繁在舞台上把黑人角色塑造成残忍的白痴，这个流派称为黑人喜剧（*comedias de negros*）。[7]

莎士比亚的奥赛罗是威尼斯军队中一位信仰基督教的摩尔人将军，角色灵感来自 1565 年的意大利故事《寓言百篇》（*Gli Hecatommithi*），而且很可能来自利奥·阿非利加努斯这位蔑视自己黑肤色且信仰基督教的意大利摩尔人。深受奥赛罗信任的旗官伊阿古憎恨奥赛罗和威尼斯的苔丝狄蒙娜结婚。伊阿古这样解释："因为我疑心这好色的摩尔人已
35 经跳上了我的坐骑。"伊阿古在苔丝狄蒙娜的父亲面前将奥赛罗说成"一头老黑羊在跟您的白母羊交尾呢"。伊阿古操控奥赛罗，让他相信自己的妻子背叛了他。奥赛罗在扼死苔丝狄蒙娜前这样说："她的名誉本来是像狄安娜的容颜一样皎洁的，现在已经染上污垢，像我自己的脸一样黝黑了。"在这出戏的高潮，奥赛罗意识到他死去的妻子是无辜的并向苔丝狄蒙娜的女仆爱米利娅忏悔。"啊，那么她尤其是一个天使，"爱米利娅回应说，"你尤其是一个黑心的魔鬼了！"奥赛罗自杀了。[8]

热衷戏剧的伊丽莎白女王没有看《奥赛罗》，但她看过莎士比亚早期的一些戏。她于 1603 年去世。在 1604 年的致命瘟疫消退后，她的继任者国王詹姆斯一世来到伦敦策划其盛大的加冕典礼。国王詹姆斯一世和妻子丹麦女王安妮看了《奥赛罗》。但国王詹姆斯一世请莎士比亚的对手、剧作家本·琼森（Ben Jonson）为他的加冕典礼创作了一场迷人的假面剧来标志伊丽莎白时代的自我隔离已经终结。安妮女王提出用非洲主题来折射新国王的国际视野。利奥·阿非利加努斯、游记和《奥赛罗》激发了女王对非洲的兴趣。为了满足女王，琼森写出了《黑色的面具》（*The Masque of Blackness*）。

1605年1月7日，《黑色的面具》在伦敦闪亮的白厅宫首演，白厅宫俯瞰泰晤士河上白雪皑皑的河岸。这部戏剧成为伦敦有史以来最昂贵的剧作，它有精致的服装、激动人心的舞蹈、感人的合唱、阵容强大的交响乐队、异域风情的场景和豪华的宴会，让所有到场的人惊叹不已。受到气候理论的启发，这个故事讲的是12个丑陋的非洲尼日尔河神公主的故事，她们得知自己可以“变漂亮”，只要她们去“不列颠尼亚”，那里的太阳“日夜闪耀光芒，能够把黑人变白，让尸体复活”。安妮女王自己和11位宫女扮演黑人，出演剧中的非洲公主，开创了在皇家舞台上使用黑漆的先河。[9]

《黑色的面具》呈现了国王詹姆斯一世、查尔斯王子、理查德·哈克卢特和英国投资者、商人、传教士和探险家组成的强大阵容的帝国愿景。它帮助英国恢复了向美国扩张不列颠的决心。国王詹姆斯一世1606年特许建立伦敦公司， 36
使他能关注北美——一方面是弗吉尼亚，另一方面是新英格兰。虽然新英格兰公司运营得并不顺利，但是弗吉尼亚方面的情况要好得多。1607年4月26日，理查德·哈克卢特的一位学员，船长约翰·史密斯（John Smith）协助指挥3艘载有大约150名探险队志愿者的船驶入切萨皮克湾。尽管困难重重——多亏土著波瓦坦人的支持——北美洲的第一个永久英国殖民地幸存下来。约翰·史密斯完成了使命，在1609年10月作为英雄返回了英国。[10]

在殖民弗吉尼亚（和之后的新英格兰）时，英国人已经开始构思不同的种族。**种族**（race）这个词最早出现在法国人雅克·德·布雷泽（Jacques de Brézé）1481年发表的诗歌《捕猎》(“The Hunt”)中，指的是猎犬。到下一个世纪，这个词的意义扩展到人类，主要用于鉴别、区别非洲人并将他们动物化。这个词直到1606年才进入字典，法国外交官让·尼科(Jean Nicot)增加了这个条目。他解释说，“种族……指的是血统”，并且“它是说一个人、一匹马、一只狗或者其他动物是来自好的或坏的种族”。由于西欧这一可塑性很强的概念，英国人可以将多民族的美洲印第安人和多民族的非洲人放到同一个种族群体中去。随着时间的推移，尼科的解释变得像他引入法国的烟草一样让人上瘾。[11]

约翰·史密斯船长再也没有回过詹姆斯敦。他余生都作为理查德·哈克卢特的伟大文学学员，推动英国人移民美国。数千人受到史密斯振奋人心的游记故事感召而穿越大西洋，故事中还有1624年波卡洪塔斯(Pocahontas)救他一命的故事。波卡洪塔斯是“文明的野蛮人”，她那时候改信基督教，嫁给了一个英国人并拜访了伦敦。她被英国人接受了。尽管美国移民们读着他的世俗——或者不如说是种族主义的——观点，并且把它们当成自己的观点，但是在史密斯看来，黑人的表现并不好。1631年，在他去世的那年，他的最后一本书发表，史密斯告诉“缺乏经验的”新英格兰初期移民，那些被奴役的非洲人“和在世界任何地方一样又懒散又
37 邪恶”。很显然，史密斯认为这一知识对初期移民会有用，可能他知道把被奴役的非洲人带到新英格兰只是时间问题。[12]

但史密斯只是加工了自己在英国听到的观点，它们来自《黑色的面具》、弗吉尼亚的成立和新英格兰的成立，这些英国学者的观点则可能来自西班牙奴役者和葡萄牙奴隶贸易

者。“鼻孔低平的人和猿一样好色”，传教士爱德华·托普塞（Edward Topsell）1607 年在《四足兽史》（*Historie of Foure-Footed Beastes*）中如是解释。后来会成为国王的詹姆斯在他 1597 年写的书《恶魔学》（*Daemonologie*）中将猿类和恶魔普遍联系起来。《暴风雨》（*The Tempest*，1611）是莎士比亚最后几部戏剧之一，在其中，他利用猿、恶魔和非洲人的关联来塑造卡利班，这个角色是恶魔和非洲女巫所生的好色的私生子，来自“邪恶的种族”。1614 年，英国第一位著名工人阶级诗人约翰·泰勒（John Taylor）说“黑人国家”崇拜“黑色”恶魔。在 1615 年对爱尔兰和弗吉尼亚初期移民的演讲中，教士托马斯·库珀（Thomas Cooper）说，诺亚三个儿子中的白人闪在非洲“是被诅咒的含族（指诺亚的儿子含的后裔）的主”。后来的弗吉尼亚政治家乔治·桑兹（George Sandys）也用诅咒理论来贬低黑人。后来的政治家托马斯·佩顿（Thomas Peyton）1620 年在对《创世记》的释义中写道，该隐（Cain）或者“南方人”，是“黑色畸形的恶毒之人”，而“北方的白人，就像上帝自己”。5 年后，牧师塞缪尔·珀切斯（Samuel Purchas）发表了 4 卷本的鸿篇巨制《哈克卢特最后的作品》（*Hakluytus Posthumus*）①，这是他的导师理查德·哈克卢特留给他的旅行手稿。珀切斯痛斥“肮脏的同性恋、懒鬼、愚昧、残忍

① *Hakluytus Posthumus* 为拉丁语，该书全名为 *Hakluytus posthumus, or Purchas his pilgrimes : contayning a history of the world in seavoyages and lande travells by Englishmen and others*，可以被译为《哈克卢特最后的作品：珀切斯与其他英国人的海外旅行史》。——译者注

的含的信徒……黑暗的黑色永远为他们存留”。这些关于非洲人的观点流传于英国和英国的殖民地，此时非洲人正源源不断地被奴隶船拉到不列颠。[13]

1619 年，理查德・马瑟在距离未来英国奴隶贸易的中心利物浦港不远处开始了他的牧师生涯。彼时，英国的奴隶贸易还很少，不列颠也几乎没有非洲人。但是，这种情况很
38 快就要发生变化了。奴隶贩子的船在西非心脏地带越走越远，特别是在 1591 年由英国武器武装的摩洛哥人镇压了桑海王国之后。英国商船在弗吉尼亚也越行越远，此时英国商人正在和西班牙人、葡萄牙人以及正在崛起的荷兰帝国和法兰西帝国竞争。[14]

与我们原来的认识相悖，有记载的第一艘运载非洲人到达美洲殖民地的奴隶船其实并不属于英国殖民者。1619 年 7 月，西班牙船只“圣胡安包蒂斯塔”号（*San Juan Bautista*）从安哥拉出发，载着 350 名俘虏，很可能是前往墨西哥的维拉克鲁斯。拉丁美洲奴隶主用种族主义思想给他们当时所持有的 25 万名非洲人精心炮制了永久奴隶制。可能有两艘海盗船在墨西哥湾袭击了这艘西班牙船，抢夺了大约 60 名俘虏后向东行驶。几周之后，在 1619 年 8 月，海盗在詹姆斯敦将 20 名安哥拉俘虏卖给了拥有 1000 英亩土地的弗吉尼亚总督乔治・亚德利（George Yeardley）。[15]

约翰・波里将非洲人利奥的书翻译成英语，他本人则是亚德利的表兄，他 1619 年冒险来到詹姆斯敦成为亚德利的秘书。1619 年 7 月 30 日，亚德利在殖民地美国召开了民选

政治家的就职会议，其中包括托马斯·杰斐逊的曾祖父。立法者们任命约翰·波里为代言人。这位非洲人利奥的书的英语译者、诅咒理论的辩护者，因此成为美洲殖民地美国第一位立法领袖。[16]

约翰·波里确定了北美第一种经济作物烟草的价格，并且意识到需要劳动力去种植烟草。而即将成为奴隶的安哥拉人也在 8 月恰逢其时地到达了。我们有理由相信乔治·亚德利和其他最初奴役者用和其他英国学者一样的方式——和拉丁美洲奴隶主也一样——为了使他们对非洲人的奴役合理化，认为非洲人从一开始就被打上了标签，是不同种族的人，比自己要低等，与人口众多的白人契约仆人相比，他们的规模更小。1625 年的弗吉尼亚人口普查没有列出大多数非洲人的年龄或到达日期。人口普查也没将他们列为自由人——尽管他们已事实上在弗吉尼亚居住了 6 年。非洲人和 39
白人仆人是分开登记造册的。亚德利在 1627 年去世，他把“货物、债务、动产、仆人、黑人、牛或其他任何东西”作为遗产留给了他的继承者。“黑人”在社会等级中降到“仆人”之下，这也反映了其经济等级。这种阶层划分在弗吉尼亚第一个明确提出种族的司法判决中得到确认。1630 年法院命令一名白人男子“在一群黑人和其他人的面前接受狠狠的鞭笞，因为他和一个黑人一起睡，玷污了自己的身体，让上帝和基督教蒙羞”。法院认为污秽的黑人女性和纯洁的白人女性截然相反，和白人女性一起睡就不会玷污自己的身体。这是美国第一个有记载的性别种族歧视实例，认为黑人女性的身体是污秽的物体，可以通过接触来玷污白人男性。[17]

理查德·马瑟于17世纪20年代在托克斯泰斯（Toxteth）担任牧师，在此期间他从没见过一艘奴隶船离开利物浦码头。直到18世纪40年代，利物浦才成为继伦敦和布里斯托尔之后英国主要的贩奴船站点。和所有受英国国教迫害的清教徒不同，英国奴隶贸易者在17世纪20年代慢慢扩展他们的活动。1625年，詹姆斯一世的去世和他儿子查理一世的加冕掀起了迫害清教徒的热潮。威廉·珀金斯的弟子威廉·埃姆斯（William Ames）流亡到荷兰，以《神学的骨髓》（*The Marrow of Sacred Divinity*）让理查德·马瑟、约翰·科顿以及无数其他清教徒变得坚强。这篇文章在1627年从拉丁文翻译成英文，描述了“自由人和仆人之间”精神平等的神圣神性、“下等人服从上等人”的神圣神性、要“给予我们的亲属比陌生人更多的爱”的神圣神性。《神学的骨髓》中的阐述成为17世纪20年代和30年代晚期，马萨诸塞湾的马瑟这一代清教徒的指导原则。清教徒用这些教条来评估如何对待美洲印第安人和陌生的非洲人，造成了从宽容之地开始的不宽容。[18]

从1642年开始，英国圣公会的君主主义者和不信奉国教的国会议员在英国国内开战。当新英格兰清教徒欢迎不信奉国教的国会议员到来时，弗吉尼亚的保皇派正在为撤退的
40 查理一世（King Charles I）祈祷。但到了1649年，国王查理一世被处死了。3年后，弗吉尼亚被迫向新的执政议会投降。

尽管彼此的政治和宗教信仰并不相同，但是弗吉尼亚出

现的经济等级与威廉·埃姆斯提出的、清教徒在新英格兰建立的一样。大农场主、牧师和商人站在最顶端——比如弗吉尼亚北部的约翰·莫特伦（John Mottrom）——用自己的权力收购肥沃的土地，招揽生意，获取劳动力，并且使合法的自由人——比如伊丽莎白·基（Elizabeth Key）——沦为奴隶。[19]

伊丽莎白·基的母亲是无名的非洲女人，父亲是纽波特纽斯议员托马斯·基（Thomas Key）。托马斯去世前，曾安排他的混血女儿在15岁时获得自由。但是，她的继任主人仍奴役了她。在某一时刻，她信仰了基督教。她生了一个孩子，孩子的父亲威廉·格林斯帝德（William Greenstead）是一位英国契约佣人和莫特伦农场的业余律师。1655年莫特伦去世后，基和格林斯帝德成功为她和孩子的自由起诉了农庄。

弗吉尼亚的大农场主们像关注英国内战一样密切关注着基的案例。他们意识到英国不奴役基督徒的习惯法，以及父亲的地位决定孩子的地位这一规定，取代了诅咒理论、气候理论、野兽理论、福音派理论以及其他所有论证黑人及奴役黑人的种族主义理论。伊丽莎白·基破坏了农场主们对非洲奴隶制度非官方的约束。[20]

对弗吉尼亚农场主来说，基的案例发生的时点糟糕透顶。在17世纪60年代，劳动力需求已然增长。弗吉尼亚人迫使更多原住民离开他们的社区以扩展农地。地主不断指望非洲劳动力来从事劳动，因为他们的死亡率更低，所以比临时合同工更值钱也更长久。同时，血腥的英国内战将很多人从英国驱赶到美国，现在内战已接近尾声，英国出现了新的41 社会经济机会，这也减缓了志愿签约移民的流动。白人仆人和被奴役的非洲人合作逃跑或反叛的事情时有发生，他们可能都有类似的一同被捕的故事——在非洲或欧洲的西海岸被诱捕上船。[21]

农场主对劳动力需求和劳工团结的回应是购买更多非洲人并引导白人远离黑人。1660 年（1661 年的措辞更严厉），在对弗吉尼亚第一个奴隶制度的官方许可中，立法者们规定，“和任何黑人一起”逃跑的任何白人仆人的服务时间为“该黑人逃掉的”时间——即便是一辈子。1662 年，弗吉尼亚律师们堵上了基获得自由案中的一个漏洞，以解决“人们关于英国人和非洲女人生的孩子到底是奴隶还是自由人的疑问”。他们宣布“这个国家中诞生的所有孩子”的地位由“母亲的身份”决定。他们破坏了英国法律，重新使用“出生源自子宫”（*partus sequitur ventrem*）这一罗马原则，即“驯化家畜的幼崽属于母方所有者”。[22]

有了这项法律，白人奴役者现在可以从“和黑人女人”的关系中获得经济回报。但是，他们想要阻止人数有限的白人女人进入类似的跨种族关系中去（因为他们的混血婴儿将成为自由人）。1664 年，马里兰的立法者宣称“英国女人……和黑人奴隶通婚”是“我们国家的耻辱”。17 世纪末，马里兰和弗吉尼亚立法者对白人女人与非白人男人发生关系制定了严厉的惩罚。[23]

在这种情况下，异性恋的白人男人通过种族主义法律使自己可以自由地与所有女人发生性关系。然后，他们的种族主义文学又编纂了其性特权。1668 年，前英国国会议员亨利·内维尔（Henry Neville）出版了一本离奇的短篇小说《派因斯的岛》（*The Isle of Pines*），带给读者一个非常诛心的故事。故事有意开始于 1589 年，这一年理查德·哈克卢特的《主要航海》（*Principal Navigations*）第一版问世了。主人公乔治·派因斯（George Pines）在印度洋的海难中幸存，发现自己在一座无人岛上，和他在一起的有一个 14 岁的英国人、一个威尔士女佣、一个白人特质很明显但是种族未知的女佣，以及“一个黑人女奴隶”。对派因斯来说，“懒惰和充实让我有享受这些女人的欲望”。他说服两位女 42
佣和他同寝，然后说那位 14 岁的英国人“也很乐于和我们一样做”。黑人女性“看到我们做的事，也渴望享受同样的待遇”。一天晚上，这位性欲特别强的黑人女性趁派因斯睡觉时在黑暗中行动了。[24]

《派因斯的岛》是最早描写非洲女性性欲过度的英国文学作品之一。这些描写既能赦免白人男性残忍的强奸行为，又能给他们对所谓兽性十足的女性的吸引力戴上面具。然后，这些描写就像贩奴船一样，源源不断地出现。同时，美洲奴役者在 18 世纪公开让非洲妇女卖淫（之后变为私下进行）。在 1736 年的一封书信往来中有关于“非洲女士们”无法解决的性欲问题和性服务的内容，《南卡罗来纳公报》（*South-Carolina Gazette*）建议单身白人男性“等待来自几内亚海岸的下一艘船”，因为“那些非洲女士体格强壮，不易疲劳，可以日夜不停地伺候他们”。在殖民地时期美国的派因斯岛上，白人男子继续描述非洲女人性欲旺盛，将他们自已的性渴望责任转移到这些女人身上。

从 1728 年到 1776 年，9 个北美殖民地的 21 份报纸大约报道了 100 起强奸或强奸未遂事件，而没有一件是对黑人妇女被强奸进行的报道。无论黑人妇女被哪个种族的男人强奸，都被认为是没有新闻价值的。和被强奸的妓女一样，黑人妇女的信誉荡然无存，因为种族主义观点认为她们纵欲过度。对黑人男性，故事也差不多。殖民地时期没有一篇文章报道过黑人男性强奸犯被无罪释放。在强奸案中所提到的白人男性，有 1/3 承认至少有一次指控被判无罪释放。不仅如此，“报纸上关于强奸的报道将白人被告作为个体犯罪者，而将黑人被告视为其种族群体的失败代表”，新闻历史学家沙伦·布洛克（Shavon Block）说。[25]

美国人在思想上已经完成了支持种族主义思想的人不可
43 或缺的思维活动：将白人的负面性个体化，而将黑人的负面性普遍化。任何一个黑人的负面行为都成为黑人群体有问题的佐证，而任何一个白人的负面行为只说明这个人自己有问题。

人们认为黑人妇女积极追求白人男性，而黑人男性积极追求白人妇女。种族主义神话认定没有什么可以改变这两种现象。黑人自然地渴望更优越的白人。黑人妇女拥有“火爆和淫荡的脾气，毫无顾虑地向欧洲人卖淫赚取微薄利润，她们是如此偏爱白人”，1744 年出版的《几内亚的新航程》（*New Voyage to Guinea*）的作者威廉·史密斯（William Smith）如此幻想道。该理论还继续说，所有这些黑人男女的淫荡都源自他们相对较大的生殖器。早在 1482 年，意大利制图师雅伊梅·贝特兰德（Jayme Bertrand）画的马里皇帝曼萨·穆萨（Mansa Musa）几乎赤身裸体地坐在他的宝座上，他拥有超大的生殖器。[26]

一些白人男子还是诚实的，表明他们受到吸引，通常用主张社会同化的思想来证明自己。保皇党人理查德·利根（Richard Ligon）在巴巴多斯被驱逐出英国议会，因为他在一场晚宴上对殖民地统治者的“黑人情妇”表达了爱慕之意。在17世纪中期，巴巴多斯比其他所有英国殖民地加起来都更富裕。糖料作物就种在家里的台阶上，居民吃新英格兰食物而无须耕种。对利根来说，这位黑人情妇具有“最伟大的美与威严：我从未在一个女人身上看到过”，超越了丹麦的安妮女王。晚宴过后，利根送她一个礼物。她报之以“我见过最可爱的微笑”。利根无法分辨是她的牙齿“还是她的眼白”更白。

这只是构成利根1657年出版的《真实准确的巴巴多斯岛历史》(*A True and Exact Historie of the Island of Barbadoes*)的众多小故事中的一个。这一年，伊丽莎白·基的案子也终于尘埃落定。在一个故事中，一个名叫“桑博”的顺从奴隶告发同伴正在准备奴隶起义，并且拒绝接受奖赏。在另一个故事中，利根将桑博想要“成为一个基督徒”的愿望告诉了一位“冷酷的”主人。主人回复说，按照英国法律， 44
我们不能“让基督徒成为奴隶”。“我的请求和那截然不同，”利根回答说，“我希望他能让一个奴隶成为一个基督徒。”如果桑博成为基督徒，他就不能再被奴役了，主人说，而且这将打开“一道口子”让“所有岛上的农场主”感到烦恼。利根哀叹，桑博被教堂拒于门外。但与此同时，他给了奴役者一个新的理论来为自己的计划辩护：黑人天生温顺，奴隶们可以也应该成为基督徒。农场主害怕改变奴隶信仰，因为他们认为如果奴隶成了基督徒，他们可能不得不给他们自由——伊丽莎白·基诉讼成功说明法律支持这一想法。利根使“把基督徒变成奴隶”和“把奴隶变成基督徒”两种观点之间产生区别，因为他把因果颠倒了过来。虽然花了不少时间，但是最终它成为填补伊丽莎白·基案暴露出来的宗教漏洞的基础。利根将《圣经》的法律中皈依未改宗者的内容提升到英国法律中禁止奴役基督徒的规定之上。他通过桑博这个顺从的形象提出对被奴役的非洲人施洗，而几乎可以肯定农场主和知识分子能够抓住重点：顺从的、忏悔的桑博渴望基督教，并且应该允许他得到。事实上，基督教只会让奴隶更顺从。利根建议将奴隶基督教化，以便使他们更顺从，这一想法出现在知识创新的关键时刻。随着知识观点的丰富，对奴隶制的辩护也大量涌现。

1660 年 11 月 28 日，十几个人聚集在伦敦成立了所谓的英国皇家学会。欧洲的科学革命到达了英国。意大利人 1603 年创立了林琴学院，法国人 1635 年建立了法兰西学院，德国人 1652 年建立了国家科学院——利奥波第那科学院。1660 年，国王查理二世将英国皇家学会作为他恢复反清教君主制的第一步。英国皇家学会最早的领导人之一是英国最著名的年轻学者，他是《怀疑论的化学家》（*The*

Sceptical Chymist, 1661）的作者和英国化学之父——罗伯特·波义耳（Robert Boyle）。1665年，波义耳催促其欧洲 45
同行以理查德·利根的《真实准确的巴巴多斯岛历史》为种族主义原型，编写更多关于外国土地和人民的“未加修饰的”历史。[27]

在此前一年，波义耳以《白和黑的本质》（*Of the Nature of Whiteness and Blackness*）加入了种族主义辩论的圈子。他否定了诅咒理论和气候理论，唤醒了一个基本的反种族主义观点：他说，人类色素的“分布位置”“似乎只是薄薄的表皮，或者外表皮”。但肤色是肤浅的这一反种族主义观点并没有阻止波义耳评价不同肤色。他认为，黑皮肤是正常白色的“丑陋”缺陷。波义耳还辩称，光的物理性质说明，白色是“最重要的颜色”。他声称自己忽略了个人“观点”，而只是“清楚诚实地”展示真理，正如其英国皇家学会所为。当波义耳和英国皇家学会促进种族主义思想的创新和传播时，他们也在所有作品中声称其客观性。[28]

1664年，从日内瓦到波士顿的学者，包括理查德·马瑟最小的儿子英克里斯·马瑟（Increase Mather），都认真阅读了波义耳的作品并为之大声欢呼。一位来自农民家庭的平凡的22岁剑桥学生抄写了波义耳的全部论断，他就是艾萨克·牛顿（Isaac Newton）。他在接下来40年中成长为世界上最有影响力的科学家，证明了波义耳的颜色法：“光是白色的”成为一种标准。1704年，牛顿担任英国皇家学会会长一年后，发表了近代最著名的书籍《光学》（*Opticks*）。他写道：“**白色**是所有颜色的集合产生的。”牛顿创造了一个色环来证明他的论点。“中心”是“最高级的白色”，然后所有其他颜色的位置都根据它们“与白色的距离”来定。在即将到来的欧洲知识复兴的基础书籍中，牛顿假设出“完美的白色”。[29]

罗伯特·波义耳没能活到《光学》出版的那一天。他在 1691 年去世，度过了长寿而有影响力的一生。他在世的时候，不仅发现了化学、把光变成白色、壮大了英国皇家学会，而且激励了牛顿、马瑟一族，还聚集了大西洋两岸的学
46 者。波义耳在 1660 年成为外国种植园委员会的创始成员，这个委员会与英国皇家学会一起，集中管理查理二世继承的庞大帝国，并就此提出意见。

1661 年，波义耳的理事会首次正式向巴巴多斯、马里兰和弗吉尼亚的种植园主提出请求，让他们允许被奴役的非洲人入教。理事会确保“这一行动……将［不会］……阻碍、压抑或损害”主人的权力。由于种植园经济大规模涌入西半球，同时一群强大的英国牧师在竞争获取非洲人心灵的服从，而种植园主也争相获得非洲人身体的服从，因而理事会的这一请求所引发的回响越来越大。牧师极力扩大上帝的王国而种植园主极力扩大利润。基督教同奴隶制的结合几乎是注定的。但是，被奴役的非洲人踌躇不前。早期美国的大多数非洲人坚决拒绝他们主人的宗教信仰，而他们的主人也遇到了阻碍。奴役者不会或者说不能去听使他们奴隶皈依的布道。每年拯救庄稼作物比拯救灵魂更重要，但他们当然不能冒着激怒牧师的风险那么说。奴役者一般对自己不作为的辩护是声称被奴役的非洲人过于野蛮，无法皈依。

关于黑色成因的种族主义辩论——气候或者诅咒——又加入了新的关于黑人是否能够信仰基督教的种族主义辩论。种族隔离主义者认为被奴役的非洲人不应该或者不能受洗礼，这一观点被广泛接受，对其的讨论也被回避——就像理查德·利根在巴巴多斯的发现——以至于实际上在17世纪初，没有一位奴役者写文章来为之辩护。这并没有阻止主张社会同化者，他们相信那些信奉所谓动物性宗教的卑微的非洲奴隶也可以被培养为基督徒。17世纪60年代出现了一场传教士运动，他们向反抗的奴隶主和奴隶宣传神圣职责。理查德·马瑟的孙子在整个成年期都致力于将这一运动带到新英格兰的教堂里，但是马瑟并没有活到那一天。

第 4 章

拯救灵魂，而非身体

47 当查理二世 1660 年重新登上英国王位时，他也恢复了对清教徒的宗教迫害。大约 2000 名清教徒牧师被迫在大驱逐中离开英国的教堂。在新英格兰，理查德·马瑟的听力和一只眼睛的视力受损，但是他仍然像年轻时一样蔑视国王，而且像他 30 多年来一样熟练地领导着新英格兰的非国教者。他的同伴、神学队长约翰·科顿于 1652 年去世。马瑟的第一任妻子也去世了，他娶了科顿的遗孀，萨拉·汉克里奇·斯托里·科顿（Sarah Hankredge Story Cotton）。他最小的儿子英克里斯·马瑟和萨拉的女儿玛利亚·科顿（Maria Cotton）——现在是他的继姐妹——结婚，进一步使著名的科顿和马瑟之间关系交错。就像是为了给家庭纽带打三重结，英克里斯和玛利亚给他们的第一个儿子取名为科顿·马瑟，他出生于 1663 年 2 月 12 日。

孙子出生后，理查德·马瑟又活了 6 年。他去世后，英克里斯·马瑟为了纪念父亲，给他写了传记并加入了理查德·马瑟从 1635 年大飓风中得到神助而脱险的内容，这个故事对马瑟家族来说和《圣经》中的故事一样意义重大。

1664 年，英克里斯·马瑟接管了约翰·科顿著名的波士顿北教堂，他告诉自己的 10 个孩子，他们和祖父一样，都能接收到神谕。英克里斯特别跟科顿·马瑟表达了这种特殊性。最终，科顿让他父亲成了先知。他结合了科顿和马瑟家族中最好的特质，让其他人在美国历史记忆中相形见绌。到 48
17 世纪末，非洲奴隶制在殖民者听起来就像“科顿·马瑟”这个名字一样自然，没有学者比科顿·马瑟自己更应对这种关联负责了。但是，科顿·马瑟并不是这些观点唯一的创始人。他受到与他同时代人撰写的书籍的影响。即便有，也很少有书比理查德·巴克斯特（Richard Baxter）的《基督徒指南》（*A Christian Directory*）对科顿·马瑟的种族主义思想产生的影响更深远的了。

理查德·巴克斯特在基德明斯特（Kidderminster）担任英国牧师时，就在他广为流传的著作《基督徒指南》（1664～1665 年）中敦促奴隶主漂洋过海追随上帝的法令将奴隶变成基督徒。他告诉他们要“把购买和使用奴隶作为你的首要目标，为基督教赢得他们，拯救他们的灵魂”，要确保“让他们的救赎远比他们的服务更有价值”。尽管巴克斯特是传教运动的带头人，但在劝服非洲人改变宗教方面他并不孤独。早在 1657 年，对英国国教持异议的乔治·福克斯（George Fox）在他新成立的宗教教友会，或者叫贵格会，就已经在劝服改变被奴役者的宗教信仰。贵格会回避了教会的等级制度，并且宣扬人人都能接触到“上帝的内心之光”。贵格会似乎已经准备好了有朝一日孕育出废奴主义者和反种族主义者。[1]

为了使他的基督教信仰——或者他国家的基督教信仰——与奴隶制相符合，巴克斯特试图证明有可能存在某种仁慈的奴隶制，这将有助于非洲人。将被奴役的非洲人基督徒化和文明化的这种主张社会同化的观点尤其危险，因为它们使得奴隶制是合理的且不应被反抗的这一观点变得很有说服力。因此巴克斯特，这位不信奉英国国教的清教徒，遵照——也让信奉他的清教徒遵照——查尔斯二世不断扩张的蓄奴帝国中的虽然肯定不是全部但也是大部分的种族主义政策。可以奴役“被剥夺生命或自由”的人，巴克斯特说，但是，“做海盗追赶可怜的黑人……则是世上最差劲的偷窃行为之一”。奴役者“购买他们并向牲畜一样使用他们……忽视他们的灵魂，更应该被称为恶魔的化身而不是基督徒”。巴克斯特天真地认为奴隶贸易中存在大量他所谓的
49 “志愿奴隶”。他希望会出现一个世界，在那里充满爱心的主人买下志愿奴隶来拯救其灵魂。巴克斯特的世界就是戈梅斯·埃亚内斯·德·祖拉拉很久以前编织的梦。但是即便那是个梦中的世界，也被奴役者视为一种威胁。美国奴役者仍然害怕对非洲人进行洗礼，因为基督徒奴隶比如伊丽莎白·基，是可以起诉获得自由的。[2]

殖民地快速地将理查德·巴克斯特这样的传教士的劝服需求合法化，并且掩盖基督徒奴隶对自由的呐喊。1667 年，弗吉尼亚规定“接受施洗不会改变个人的处境及其奴隶身份”。纽约在 1664 年也做了同样规定，1671 年马里兰也如此。弗吉尼亚立法者说，“愿更多的”主人，“小心地努力将基督教传播给”奴隶们。主人们应该关心他们俘虏的灵

魂是否顽固反抗，但是他们身体的反抗又该如何呢？1667年，英国议会授权主人“必须严格地”控制被奴役的非洲人“野蛮、残暴、粗鲁的本性”。1669年，安东尼·阿什利·库珀（Anthony Ashley Cooper）勋爵的私人医生，也是卡罗来纳的议员领主之一，在他起草的《卡罗来纳基本宪法》（*Fundamental Constitution of the Carolinas*）原始稿中，授予创建该殖民地的种植园主们对俘虏的“绝对权力和权威”。[3]

约翰·洛克1667年搬到伦敦，成为库珀勋爵的私人医生，他对英国政治殖民地化的贡献比他的医术贡献要多得多。他结束了牛津的学习生涯后在罗伯特·波义耳门下学习，最后他海量的个人图书馆中收集得更多的是游记而不是哲学书。库珀勋爵让洛克起草了卡罗来纳宪法并成为领主们的秘书（很快又成为贸易和种植园理事会以及贸易和种植园委员会秘书）。洛克对英国殖民主义和奴隶制的知识之广而怜悯之少，在英国没有太多人能够超越他。“你应该对他人的不幸无动于衷”，洛克在1670年对一位朋友提出这样的建议。[4]

洛克在殖民和医务工作之外，于1671年7月写出了自 50
己传世的哲学纪念碑式作品《人类理解论》（*An Essay Concerning Humane Understanding*）的第一稿。接下来20多年中，他不断修改和扩充这篇文章直到1689年它以4本书的篇幅隆重问世。那一年，洛克还发表了《政府论》（*Two Treatises of Government*）来攻击君主制，要求建立一个“被治者同意的政府”，并且区分暂时的“仆人”和“奴隶，他们在正义战争中被俘，自然应服从他们主人的绝对统治和专制权力”。就像理查德·巴克斯特在自由基督徒社会中推行其“志愿奴隶”理论为奴隶制度辩护一样，约翰·洛克在自由文明社会推行他的“正义战争”理论为奴隶制度辩护。

在任何社会中，人类的意识“最初……都是一块白板”，洛克在《人类理解论》中写下了这句名言。如果人们出生时没有先天智力，那么就不会有自然的智力等级。但是洛克的平等主义思想有一个警告，就像波义耳和牛顿绘制了毫无瑕疵的白光一样，洛克多多少少绘制出毫无瑕疵的头脑白板。洛克更多地使用“白纸”这个词而不是“空白状态”或者“一块白板”来描绘儿童“尚且毫无偏见的思维”。[5]

洛克在《人类理解论》中还谈到物种起源。猿类，不管“它们是不是**人类**，所有**人种**”都取决于对“人这个词的定义”，因为“如果历史没有说谎”，那么西非女人和猿类生出了婴儿。洛克因此在一篇文章中强调非洲女性的性欲亢奋，这篇文章在英语世界广泛传阅。“从这个意义上说，这样的产物在自然界中究竟是什么**物种**将会是个新问题。”洛克的新“问题”反映出另一个新的种族主义辩论议题，大多数辩论者不敢公开加入辩论。主张社会同化者支持人种单源论：全人类都是欧洲伊甸园一个人类的后代，是同一物种。种族隔离主义者支持人种多源论：多种人类种族具有多种起源。

欧洲人在1492年第一次见到美洲印第安人，《圣经》中没有提到他们，自那时起，欧洲人开始质疑《圣经》的创世故事。有人推测美洲印第安人应该是“一个不同的亚当”的后代。16 世纪末，欧洲思想家将非洲人添加到“一个不同的亚当”产生的后代物种中。1616 年，意大利自由思想家卢奇利奥·瓦尼尼（Lucilio Vanini）说——洛克后来也这样建议——黑人和猿类一定有相同祖先，和欧洲人不同。但是没有人像法国神学家伊萨克·拉佩雷尔（Isaac La Peyrère）在 1655 年的《前亚当时代》（*Prae-Adamitae*）中那样坚定地支持多源论。在 1656 年被翻译成英语后，《亚当之前的人》（*Men Before Adam*）在巴黎被公开焚烧，在欧洲被禁（在洛克获得一本之后）。基督徒把拉佩雷尔扔进监狱，而瓦尼尼因为违背了基督教亚当和夏娃的人种单源论故事而被烧死，但他们无法阻止人种多源论的趋势。 51

根据摩根·戈德温（Morgan Godwyn）的观察，为了对奴役黑人的行为进行辩解，巴巴多斯的种植园主实际上“更喜欢”人种多源理论而不是含的诅咒理论。戈德温在 1680 年的一本小册子里将之揭露，批判种族主义种植园主让“两个词——黑人和奴隶”成为同义词，而“白人”指的是“欧洲人的总称”。这位英国国教徒在 17 世纪 70 年代将他的传教热情从弗吉尼亚带到巴巴多斯。他模仿一位叫作威廉·埃德蒙森（William Edmundson）的贵格会教徒，立于自己教派的前沿，努力给被奴役的非洲人施洗。[6]

1675 年，一场比 1635 年的大飓风更具破坏性的战争摧残了新英格兰。在菲利普国王之战中，3000 名美洲印第安人和 600 名殖民者被杀死，无数城镇和新兴经济都被摧毁。

曾在爱尔兰建立贵格会的威廉·埃德蒙森在大屠杀中来到罗得岛，他正因未能劝服巴巴多斯被奴役的非洲人信仰基督教而心烦意乱。当他在罗得岛再次失败时，他开始明白奴隶制度阻碍了他的使命，他在1676年的一封信中如此告诉拥有奴隶的贵格教友们。埃德蒙森具有主张社会同化者的视野，“控制和改造”非洲人民，让他们从“他们习惯的污秽、不洁净行为”中脱离出来，不互相玷污。教友会对人类财产的“自我剥夺”应该“为大众所知悉”。

52 十几年后废奴主义思想再次出现在费城日耳曼敦（Germantown）的门诺派和贵格会创始人中，这一次没有埃德蒙森主张的社会同化思想了。门诺派是脱胎于宗教改革的重浸派，分布在欧洲中部的德语和荷兰语地区。在16世纪和17世纪早期，正统教派对门诺派教徒进行了致命迫害。门诺派教徒们也不打算离开一个受压迫的地方而去美国再建一个。

因此，门诺派在1688年4月18日开始传阅一份反奴隶制度请愿书。“有一种说法是，我们应该对所有人像对我们自己那样；不管他们的出身、血统或肤色是什么”，他们这样写道。因为宗教，“欧洲有很多人受迫害”，而因为“皮肤黑”，“他们在这里受到迫害”。两种迫害都是错误的。事实上，作为压迫者的美国“超越了荷兰和德国”。非洲人有“权利为他们的自由而战”。

1688年日耳曼敦反奴隶制度请愿书是美国殖民地时期欧洲殖民者的第一本反种族主义宣传册。从此开始，黄金法则将永远激励白人反种族主义者的事业。所有种族的反种族主义者——不管是出于利他主义还是聪明的利己主义——都始终知道，保存种族等级的同时也保存了民族、性别、阶层、性、年龄和宗教等级。他们知道，任何种类的人类等级只会压迫全人类。

但是有权有势的费城贵格会奴隶主出于自身经济利益而扼杀了这份日耳曼敦请愿书。十几年前，威廉·埃德蒙森也曾因为提倡反奴隶制度观点而遭受痛苦。新英格兰的贵格会奴隶主禁止埃德蒙森参加会议。美国浸信教教堂的创建者——罗得岛年老的罗杰·威廉斯（Roger Williams）称埃德蒙森“无知”。没有几个新英格兰人读过埃德蒙森给贵格教奴隶主写的信，也没有太多人注意到它的重大意义。大家都在关注菲利普国王之战。[7]

1676年8月初，英克里斯·马瑟——他在父亲死后成
为新英格兰的神学传人——整天都在祈求上帝砍倒菲利普国 53
王或者美洲原住民的战争领袖梅塔科米特（Metacomet）。形势在一年多的冲突里每况愈下，清教徒们失去了家园和几十名士兵。马瑟的祈祷活动进行了不到一周后，梅塔科米特被杀，这或多或少结束了战争。清教徒像切猪肉一样将他的尸体切碎。即将14岁的科顿·马瑟把梅塔科米特的下巴从头骨上分离出来。然后清教徒拖着国王的遗体在普利茅斯附近游行。[8]

在弗吉尼亚，总督乔治·伯克利（George Berkeley）正在试图避免与邻近的美洲印第安人进行一场完全不同的战争，这有一部分也是为了避免中断他利润可观的皮毛贸易。29岁的边远地区种植园主纳撒尼尔·培根（Nathaniel

Bacon）则另有打算。17 世纪 60 年代通过的种族法丝毫没有减少阶级冲突。1676 年 4 月前后，培根动员了一群边远地区的白人劳工，让他们将愤怒从白人精英转移到萨族人（Susquehannocks）身上。培根的心理游戏奏效了。“因为我和志愿者在一起，人们的话语和热情都是冲着印第安人的”，培根洋洋得意地写信给伯克利。伯克利以叛国罪起诉培根，他更担心全副武装而没有土地的白人——“乌合之众”——而不是萨族人和附近的奥克纳奇人（Occaneechees）。但是培根不会那么轻易停止。到了夏天，边远地区的战争很快演变成一场内战，或者对一些人来说是阶级战争。培根和他的支持者们反抗伯克利，而伯克利雇用雇佣兵组成了自卫队。

在 1676 年 9 月，培根挑衅地“宣布所有仆人和黑人获得自由”。对于伯克利州长富有的白人核心圈子而言，贫穷的白人和被奴役的黑人携手预示了巨变的到来。培根带领 500 人烧毁了詹姆斯敦并迫使伯克利逃离。培根 10 月死于痢疾，这让反抗行动的前景黯淡下来。伯克利用赦免引诱白人，用自由引诱黑人，其部队说服培根部队的大部分人放下武器。他们在接下来的几年中继续镇压了剩余的反抗者。

富裕的种植园主从培根的反抗中认识到必须将贫穷的白人和被奴役的黑人永远隔离开。他们通过创设更多的白人特权去分裂和征服这一组合。1680 年，立法者只赦免了白人
54 反抗者，同时向每个“对任何基督徒”（基督徒现在指的是白人）动手的奴隶处以 30 下鞭刑。现在，所有白人都掌握了绝对权力去虐待任何非洲人。到 18 世纪早期，每一个弗

吉尼亚的县都有一个由无土地的白人组成的民兵组织，“用于防备突然爆发的印第安人或黑人暴动”。贫穷的白人在奴隶社会中的卑微地位上升为种植园主的武装守卫者，这个位置将在他们和被奴役的非洲人之间播种仇恨。[9]

当科顿·马瑟把梅塔科米特的下巴从头骨上卸下来并听说培根的反抗运动时，他还在上大学。回顾 1674 年夏天，英克里斯·马瑟穿过查尔斯河去推荐 11 岁的科顿·马瑟入学成为哈佛历史上最年轻的学生。科顿·马瑟在新英格兰早就作为智力神童而出名了——或者说，从清教徒的立场来看，他是被选中的人。科顿·马瑟可以说流利的拉丁语，一天可以浏览 15 章《圣经》，还有着赤子般的虔诚。[10]

科顿·马瑟走进这个小校园时比一个六年级小学生还要小一些，就像一个自命清高的政客走进腐败的国会。十几个 15 ~ 18 岁的学生图谋去挑战这个 11 岁孩子的道德意志力，直到英克里斯·马瑟责怪他们捉弄新生的行为。于是，这些少年们不再诱导他去犯罪，但是负罪感仍然困扰着他。负罪感就像影子一样让他无法摆脱。最微不足道的事也会引发他的焦虑。有一天，他牙疼。“我有没有对我的牙齿犯罪?”他闪过这样的念头。“怎么回事? 是罪恶、粗俗的过度饮食，还有讲过的恶言。”科顿·马瑟开始结巴，而不断的自我反省和不想辜负名字中两个著名姓氏的沉重负担可能也让他的情况更糟。这位年轻的受训牧师因为反思受挫而转向墨水和笔。[11]

科顿·马瑟在发表演讲时很不安，但是写作时就像变了

个人——自信、聪明、极具美感。他的父亲允许他起草许多重要的教会和政府文件。科顿在13～32岁一共在笔记本上
55 写了7000多页布道辞，比任何其他美国清教徒的布道辞都要多得多。他在1681～1725年的日记篇幅也是所有美国清教徒中最长的。[12]

科顿·马瑟从他既让人焦虑又让人安心的父亲那里得到鼓励。不久之后，科顿就下定决心要找到一条绕过（自身）障碍的路。这个年轻人不断练习，用唱圣歌和慢慢讲话来摆脱口吃。终于，他在即将从哈佛大学毕业时已经学会控制口吃。他解脱了。

科顿·马瑟在1678年参加一年一度的波士顿毕业典礼。哈佛校长尤里安·奥克斯（Urian Oakes）为他授予学位。“好一个厉害的名字！”奥克斯笑着说，“我承认我犯了个错误：我应该说，好一个厉害的家族！”[13]

科顿·马瑟15岁毕业时，英国正在形成日益成熟的将非洲奴隶制度合理化的种族主义思想。英国科学家和殖民者似乎正在交换理论。1677年前后，英国皇家学会的经济学家威廉·佩蒂（William Petty）起草了人类的等级“量表”，将“几内亚黑人”定位在底层。他写道，中欧人在“自然举止和思维的内在品质”这些方面上都与非洲人不同。1679年，英国贸易委员会批准了巴巴多斯残酷的种族主义奴隶制度，以保护商人和种植园主的投资，随后产生了一个种族主义观点来论证这个批准的合法性：非洲人是“粗野的”。[14]

1683年，英克里斯和科顿·马瑟成立了殖民地美国第

一个正式的知识分子团体——波士顿哲学学会。波士顿哲学学会参照英国皇家学会的模式，但只维持了 4 年。马瑟家族没能发表期刊，否则可能也是参照皇家学会的《哲学学报》(*Philosophical Transactions*) 或者巴黎的《学者期刊》(*Journal des Sçavans*)。这都是西欧科学革命的组织，而关于种族的新观点也是革命的一部分。法国医生和游记作家弗朗索瓦·贝尼耶（François Bernier）是约翰·洛克的朋友，他 1684 年在法国期刊上匿名发表了一篇《新的世界划分》("New division of the earth")。[15]

通过这篇文章，贝尼耶成为第一个受欢迎的把全人类按种族划分的分类者，他根据人们的表形特征做基础区分。对贝尼耶而言，存在“四到五种人类物种或种族，他们彼此差异巨大，大概可以作为对世界进行新的公平划分的基础”。作为人种单源论者，他认为“全人类是同一个人的后代”。他区分出四个种族：“第一”种族是最初的人类，包括欧洲人；然后依次是非洲人、东亚人和“十分可怕”的芬兰北方人——“拉普人”。贝尼耶将欧洲人和北非人、中东人、印度人、美洲人以及东南亚人都划归到“第一”种族，这给后世分类学家开展修正主义工作留下了余地。 56

把欧洲人——除了拉普人——作为“第一”种族是西方思想的一部分，几乎从种族主义思想的一开始便是如此。这种思想基于气候理论的概念核心：被太阳晒成深色皮肤的非洲人可以通过住到比较凉快的欧洲而回到原初的白肤色。为了推进白色的原始性和常态性，伯尼耶将“第一”种族作为“衡量其他种族的标尺”，正如历史学家西佩·斯图尔曼（Siep Stuurman）后来解释的那样。伯尼耶同时对白人进行了掩饰和规范化、筛选和标准化，并对非洲女性进行色情化。“那些樱桃红的嘴唇，那些象牙白的牙齿，那些大而有神的眼睛……那胸脯和其他，”贝尼耶赞叹道，“我敢说这世界上没有比这更让人愉悦的景色了。”

这里存在一种微妙的矛盾——黑人在性方面的人性增加的同时，黑人总体（作为种族）的人性在减少，这是反黑人种族主义中内在的矛盾。贝尼耶重视理性并用理性作为优越性的标尺，而不管体质如何。优秀的体质将非洲人与那些拥有最强壮身体力量的生物——动物，联系在一起。弗朗索瓦·贝尼耶提出两个人类灵魂的概念：一个是遗传的、敏感的、非理性的、动物般的；另一个是神赐的、精神上的、理性的。“在脑力上表现杰出的人……［应该］指挥那些仅仅靠蛮力胜出的人，”贝尼耶总结道，“就像是灵魂支配身体，人类控制动物。”[16]

57 我们并不清楚科顿·马瑟是否阅读了贝尼耶的《新的世界划分》。与他的父亲类似，他很可能比其他任何说英语的新英格兰人都更懂一点法语并读过《学者期刊》。在他毕业后的几年中，他收集藏书并建立了新英格兰最大的图书馆之一。但是17世纪70年代和17世纪80年代晚期是新英格兰精英的紧张时期。人们很难保持平和心态来悠闲地看书。

1676年，英国殖民地行政长官爱德华·伦道夫（Edward Randolph）来到新英格兰，看到菲利普国王之战带来的灾难。伦道夫支持严格的皇室控制，他告知国王查尔斯二世新英格兰很脆弱，建议是时候从殖民者手中夺取皇家任命的马萨诸塞自治主席职位（在珍贵的 1629 年宪章中授予）了。接下来几年，当科顿·马瑟完成大学学业并开始为教士职务做准备时，伦道夫不断往返于大西洋。他的每一次旅行都引起了关于即将实行的宪章的新传闻，以及关于是否要认输、妥协或藐视国王的新一轮辩论。一些新英格兰人对失去地方统治的这一前景感到愤怒。“上帝不准我让出祖辈们的遗产”，英克里斯·马瑟在 1684 年 1 月的一次镇上集会中怒吼道。

在科顿·马瑟于波士顿北教堂成为他父亲的助理牧师一年后，伦道夫回来了，他带来皇室废除宪章和一名皇室长官埃德蒙·安德罗斯（Edmund Andros）爵士就职的消息。1686 年 5 月 14 日，许多新英格兰人沮丧地服从了。但英克里斯·马瑟这位新就职的哈佛校长没有屈服。1688 年 5 月，他在英国游说查尔斯二世的继承人——詹姆斯二世，詹姆斯二世给予了天主教徒和不从国教者宗教自由。但是在那一年晚些时候的“光荣革命”中，詹姆斯二世被荷兰王子威廉和詹姆斯的女儿玛丽推翻。新英格兰人没有坐视不理。1689 年，他们起来反抗了。

第 5 章

追捕黑人

58 1689 年 4 月 17 日晚上，26 岁的科顿·马瑟大概在自己的房子里召开了会议。精英商人和牧师密谋抓住保卫波士顿港口的皇家军舰舰长，逮捕保皇党人，并且迫使投降的保皇党分队去希尔堡（Fort Hill）。他们希望控制和遏制暴动，避免流血事件并等待英国指示。在那里，英克里斯·马瑟正在对威廉和玛丽进行游说。他们不想革命，他们只想重建有皇室支持的地方政权。科顿·马瑟解释说，但是“如果国民，通过任何不可抑制的暴力”推动革命，那么为了平息“不受管制的活动”，他们会发表一份《绅士和商人宣言》（*Declaration of Gentleman and Merchants*）。

第二天早上，同谋们按计划抓住了军舰舰长。这一事件的消息引发了整个波士顿地区的反叛活动，这正是精英密谋者担心会发生的事。骚动的工人阶级聚集在镇中心的市政厅，“激动又愤怒”，渴望让皇室流血并获得独立。马瑟赶到市政厅。中午，他很可能在走廊里向革命者们宣读了《绅士和商人宣言》。根据家族记载，马瑟镇静而令人放心的牧师声音“让大众的热情回归理性”。到傍晚，埃德蒙·

安德罗斯爵士、爱德华·伦道夫和其他有名的保皇党人被捕，清教徒商人和牧师再次统治新英格兰。[1]

即便如此，民众在接下来的几周中仍然难以管束。科 59
顿·马瑟在 5 月的一次会议上发表演讲，会议旨在解决对独立、军队统治或旧宪法的各种诉求。他没有在不同的诉求上看到民主；他看到的只有一片混乱。他在会议上说，“我有资格去呼吁和平！以上帝的名义，我这样做了”。第二天，镇代表选举同意重启旧宪章并重新任命了原来的行政长官西蒙·布拉德斯特里特（Simon Bradstreet）。在和平，或者说旧的社会秩序中，民众没有像马瑟希望的那样重新服从牧师和商人。几乎所有人都知道布拉德斯特里特政府是非官方的，没有得到皇室支持。1689 年 7 月，国王召回安德罗斯、伦道夫和其他保皇党人士，这并没能平息民众的混乱。“所有困惑都还在”，一位新英格兰人报道说。“每个人都是行政长官”，另一个人证实道。[2]

《绅士和商人宣言》——很可能是马瑟执笔的——与一个世纪后弗吉尼亚另一位著名学者的一份宣言很相似。在第六篇文章（一共十二篇）中作者声称：“新英格兰人都是奴隶，他们和奴隶唯一的区别在于他们没有被买卖。”在统一新英格兰人的过程中，马瑟试图将平民对当地精英的抵抗转移到英国主人身上。事实上，他认为清教徒和奴隶之间存在更大的差别，迹象是马瑟在 1689 年发表的其他言论，这个差别要大于当地新英格兰人和英国主人之间的区别。在布道集《在荒野中为神龛服务的小提议》（*Small Offers Toward the Service of the Tabernacle in the Wilderness*）中，马瑟首次提出了他对种族的看法，他称呼清教徒殖民者为“英国希伯来民族”——神选之民。马瑟论证到，清教徒必须在宗教上指导所有奴隶和儿童，他们是“低等的”。但是主人并没有好好照顾非洲人的灵魂，“和其他国家的人一样，他们的灵魂也是白色的，也很好，但是因为没有知识而被破坏了”。科顿·马瑟的思想建立在理查德·巴克斯特的神学种族观点之上。非洲人和清教徒的灵魂是平等的：他们的灵魂是白色的，是好的。[3]

60 在马瑟写下所有人类都有同一种白色灵魂的那一年，约翰·洛克声称所有没有瑕疵的思想都是白色的。罗伯特·波义耳和艾萨克·牛顿早已向人们普及了光是白色的。米开朗琪罗（Michelangelo）已经在梵蒂冈西斯廷教堂里把最初的亚当和上帝描绘成白人。对所有这些白人而言，白色象征着美，这是一位英国女作家写的第一部流行小说中运用的修辞。

阿芙拉·贝恩（Aphra Behn）1688 年出版的《奥鲁诺克：王奴生涯》（*Oroonoko*：*or*，*The Royal Slave*）是第一本反复使用“白人男子”、“白人”和“黑人”这些词的英国小说。故事发生在荷兰的南美殖民地苏里南，讲的是年轻的英国女人和她的丈夫奥鲁诺克（Oroonoko）——一位非洲王子——被奴役和抗争的故事。奥鲁诺克“俊美、随和又英俊”的身体特征看起来更像欧洲人而不是非洲人（“他的鼻子高耸像**罗马人**，而不是**非洲人**那种扁平的鼻子”），他的行为“根据欧洲模式来看比其他任何人都更文明”。贝恩把奥鲁诺克塑造为一个英勇的“高尚的野蛮人”，他的无知、天真、无害和向欧洲人学习的能力都优于欧洲人。一个角色带着真正的社会同化主义坚持认为：“黑人可以改变肤色；因为我见过他们经常脸红并脸色苍白，这一点和我在最美的白人身上看到的一样明显。”[4]

理查德·巴克斯特支持科顿·马瑟于 1689 年出版的另一部作品的伦敦版本，这是后者的第一本大部头作品并成了畅销书：《应牢记的关于巫术和财产的上帝旨意》（*Memorable Providences, Relating to Witchcrafts and Possessions*）。巴克斯特很高兴自己能影响到年轻的马瑟，认为他“很可能会证明神之杰出设计的伟大”。马瑟的论文概述了巫术的表征，反映出他对白色灵魂的敌人的对抗。他不停地宣称存在魔鬼和巫师。或许是 1689 年起义后平民的不安激发了科顿·马瑟的困扰。事实上，这场起义不仅激起了公众与远方英国国王的
对抗，也让公众与马瑟这样的清教徒统治者形成了对抗。可 61
能马瑟有意试图将公众的愤怒从精英身上转移到看不见的恶魔身上。他坚持定期宣讲，任何批评英国希伯来民族的人和事肯定都受到了魔鬼的指引。早在美国开始将平等主义反抗者当作极端分子、罪犯、激进分子、外来者、共产主义者或恐怖分子而抛弃之前，马瑟的牧师们已经将平等主义反抗者斥为魔鬼和巫师。[5]

科顿·马瑟在 1691 年发问：“有多少悲哀的可怜人被巫术引诱啊？”他的父亲英克里斯 1693 年从英国带着马萨诸塞州新宪章回来，进行了一系列冗长的关于魔鬼的宣讲。一位

萨勒姆牧师塞缪尔·帕里斯（Samuel Parris）不停地宣称他们中间有魔鬼。在1692年2月一个阴沉的日子里，帕里斯焦虑地看着自己9岁的女儿和11岁的侄女遭受窒息、抽搐和刺痛之苦。他们的情况每况愈下，牧师的状态也同样每况愈下。帕里斯恍然大悟：女孩儿们中了巫术。[6]

当萨勒姆和周边城镇的祈祷者的数量像风筝一样上涨时，萨勒姆猎巫行动拉开了序幕。在接下来的几个月里，受折磨和被指控的人数不断增加，引起了公众的骚动并将公众的注意力从政治转向宗教冲突。几乎在每个例子中，折磨无辜的白人清教徒的魔鬼都被描述为黑人。一位清教徒原告形容魔鬼是“一个留着黑胡子的人”；另一个人看到“一个相当大的黑色的东西”。一个黑色的东西跳进一个男人的窗户。“那身体就像只猴子，”这位观察者补充说，“脚像是公鸡，但是脸更像一个人。”因为魔鬼代表了犯罪行为，又因为新英格兰的罪犯被称为魔鬼的操作人，萨勒姆猎巫行动将黑色的面孔归因于犯罪——直到今日仍是如此。[7]

科顿·马瑟的朋友们被任命为法官，其中包括刚刚主持了马瑟婚礼的商人约翰·理查德（John Richards）。在1692年5月31日写给理查德的一封信中，马瑟表达了他对死刑判罚的支持。理查德法庭6月10日处决了布里奇特·毕晓普（Bridget Bishop），他是20多名被指控的巫师中第一个被处死的。[8]

62 来自马萨诸塞州安多弗北部的被告供认说，黑人魔鬼强迫他们放弃洗礼并和他们签订誓约。被告承认他们骑着杆子飞去开会，会上500名巫师密谋摧毁新英格兰。听到这些，科顿·马瑟察觉出“蛊惑人心并毁灭我们家园的可怕计划”。1692 年 8 月 19 日，马瑟冒险来到萨勒姆第一次见证了处决行刑。马瑟来见证乔治·布尔福斯（George Burroughs）的行刑，布尔福斯被认为是黑魔鬼在新英格兰巫师大军中的领袖。布尔福斯在北部边境宣扬宗教平等的重浸派思想，这种思想在日耳曼镇孕育了反种族主义思想。马瑟看着布尔福斯在刑场为自己的无罪辩护，当他背诵主祷文时在“大量”观众中引起轰动，法官说巫师不可以念主祷文。[9]

“黑人站好、服从命令！”布尔福斯的原告喊到，试图让群众冷静下来，但是失败了。马瑟听到观众们像定时炸弹一样爆发，听起来很像 1689 年起义时不受约束的民众。布尔福斯刚被处以绞刑，马瑟就试图重新解释统治阶层的执行政策符合上帝的法则以平息人们的激愤。记住，他布道说，魔鬼常常把自己变形成光明的天使。马瑟非常相信宗教（和种族）转变的力量，从黑人魔鬼到白人天使，无论初衷好坏。

对巫师的狂热（迫害）很快便消失了。但是即使马萨诸塞当局在 18 世纪初道歉、翻案并提供了赔款，马瑟还是从未停止为萨勒姆女巫审判辩护，因为他从未停止为被审判强化的宗教、阶级、蓄奴、性别和种族等级辩护。这些等级让他这样的精英获益，或者说，随着他继续宣讲，这些等级就和上帝的法则一致了。科顿·马瑟把自己看作——或者说把自己展现为——上帝法则的辩护人，对任何藐视上帝法则，不遵守服从规则的非清教徒、非洲人、美洲印第安人、穷人或女人进行迫害。[10]

女巫审判之后的某个时候，可能为了将黑人的面孔从邪恶和犯罪的指控中拯救出来，一群被奴役的非洲人在波士顿
63 成立了一个“黑人宗教社团”。这是已知的在殖民地美国的第一个非洲人组织。1693 年，科顿·马瑟起草了社会规则清单并以一句神誓为序：“亚当和诺亚可怜的孩子们……自愿地下定决心……成为那荣耀的主的仆人。”马瑟有两条规则很有启发性：成员接受一些具有“聪明的、英国人的”血统的人的建议，并且他们不为任何“逃离主人”的人“提供”任何“庇护”。成员们每周开会，一些组织成员可能很高兴听到马瑟视他们的灵魂为白色，而另一些成员可能对这些种族主义观点感到排斥并利用组织来动员反抗奴役。“黑人宗教社团”没能持续办下去。那个时候几乎没有非洲人想要成为基督徒（尽管几十年后这一切就变了），而且也没有很多主人愿意让他们的俘虏成为基督徒，因为和其他殖民地不同，这里没有马萨诸塞州那样的法律来保证不必释放受洗的奴隶。[11]

在整个 17 世纪 90 年代的社会动荡中，马瑟都痴迷于维持社会等级制度，他让那些地位卑微的人相信是上帝和出身使他们身处该等级中，不管是女人、孩子、被奴役的非洲人，还是穷人。在《一位被精心服侍的好主人》（*A Good Master Well Served*，1696）一书中，他认为出身创造了丈夫和妻子之间的“夫妻社会”、父母和孩子之间的“家长社会”，以及主人和仆人之间“最低等的”“主仆社会”。他说，当儿童、女人和仆人拒绝接受他们的地位时，社会就变

得不稳定。马瑟把平等主义反抗者比作野心勃勃的魔鬼，他想成为全能的上帝。这种思维方式成为马瑟对社会等级制度持久的辩护：充满野心的低等人就像撒旦；他这样的精英就像上帝。

马瑟在《一位被精心服侍的好主人》一书中告诉被奴役的非洲人，“到目前为止，和你们做自己的主人相比，你们吃得更好、穿得更好、被管理得更好”。他坚持认为优雅的美国奴隶制度比野蛮的非洲自由更好，这和戈梅斯·埃亚内斯·德·祖拉拉的观点并无不同，后者认为非洲人在葡萄牙做奴隶比在非洲生活更好。马瑟警告说，不要作恶并
“让自己黑上加黑”。通过顺服，你的“灵魂就会‘在羔羊 64
的血中被洗白’”。如果你不能做一个“有纪律的仆人”，那么你将永远经受来自恶魔——“你的监工”——“无法忍受的打击和伤害”。总而言之，马瑟给被奴役的非洲人两种选择：正当的被白人同化并成为上帝及上帝仆从的奴隶，或者做种族隔离的黑人罪犯并成为魔鬼及魔鬼仆从的奴隶。[12]

马瑟关于奴隶制的文章在殖民地广泛传播，影响着从波士顿到弗吉尼亚的奴役者。到18世纪，他比任何其他美国人出版的书都要多，他的出生地波士顿已经成为殖民地美国蓬勃发展的知识中心。波士顿当时位于蓬勃的奴隶社会的边缘，而其中心在马里兰、弗吉尼亚和卡罗来纳沿海地区。大西洋中部的温和气候、肥沃土壤和水路交通是烟草种植的理想条件，那里种植了大量烟草。为了满足欧洲的巨大需求，该地区的烟草出口从1619年的2万磅飙升至1700年的3800万磅。对俘虏（和种族主义思想）的进口也随着烟草的出

口量而猛增。17 世纪 80 年代，被奴役的非洲人取代白人仆人成为主要劳动力。1698 年，国王终止了皇家非洲公司的垄断并放开了奴隶贸易。购买被奴役的非洲人成了投资热点。[13]

不过经济热潮并没有带来宗教狂热。种植园主们仍然无视马瑟的观点，回避对被奴役的非洲人进行改造。一位女士询问说："有没有可能我的奴隶中也有人上天堂，而我必须在那里见到他们？"一个种植园主抱怨说，基督教知识"会让奴隶变得……更邪恶"。与科顿·马瑟类似，弗吉尼亚的苏格兰牧师詹姆斯·布莱尔（James Blair）试图引导种植园主们意识到基督教的顺从性。1689 年，33 岁的布莱尔被任命为弗吉尼亚代理主教——最高级别的宗教领袖——反映了国王威廉和女王玛丽对帝国人口最多的殖民地出现了新的兴趣。1693 年，布莱尔用奴隶劳役所得的利润成立了威廉玛丽学院，这是殖民地的第二所大学。[14]

65 1699 年，布莱尔向弗吉尼亚州议会提出了"一项关于鼓励对印第安人、黑人和黑白混血儿童进行基督教教育的建议"。立法者的回应相当含糊，认为"在这个国家出生的黑人一般都受洗礼，并且在基督教中成长"。对于输入的非洲人，立法者声称："他们行为充满兽性而粗鲁，语言多样又古怪，头脑浅薄而肤浅，使得他们在改造中不可能有任何进步。"而在其他更加复杂困难的生产工作中，种植园主却克服了"古怪的"语言，在其他事上也毫无问题地教导起这些"头脑浅薄、举止粗鲁的野兽"。当种植园主向输入的非洲人教导奴隶制理论的复杂性、种族主义观点、烟草生产、技术贸易、家务和种植园管理时，种植园主所谓的不可能突然都变成了可能。[15]

马里兰代理主教是有牛津学习背景的托马斯·布雷(Thomas Bray)，他1700年的马里兰之行在转化黑人这方面做的也没有比布莱尔好太多。他在1701年很苦恼地回到伦敦，组织了国外的福音传播会（SPG）。在威廉国王许可后，一群全明星阵容的牧师签约成为英国圣公会的创始成员，并且第一次在殖民地系统地传播其观点主张。科顿·马瑟没有签署SPG，他在各个层面都不信任英国国教信徒。虽然马瑟开始嘲笑那是“国外的福音骚扰会”，但他仍然和英国国教的传教士以及贵格会传教士团结在一起，试图说服反抗的奴役者们去对反抗的非洲人传教。说服种植园主们极其困难。然而，说服他们让自己的奴隶成为基督徒，还是要比起马瑟的朋友在1700年试图说服他们所做的事容易得多。[16]

第6章
大觉醒

66 伴随新的世纪而来的是殖民地美国关于奴隶制的第一次公开大辩论。新英格兰商人约翰·萨芬（John Saffin）在他的黑人契约仆人亚当的7年契约到期后拒绝释放他。波士顿法官塞缪尔·休厄尔（Samuel Sewall）得知萨芬决定在几乎可以预见的未来要一直奴役亚当，感到非常气愤。众所周知，休厄尔是萨勒姆女巫审判后第一位公开道歉的法官，1700年6月24日他再一次公开表明自己立场，发表了《在售的约瑟》（*The Selling of Joseph*）一文。"最初，实际上，是没有奴隶制这种东西的"，休厄尔写道。他驳斥了流行的支持奴隶制的论断，比如诅咒理论，比如认为基督教的"好的"结果导致奴隶制这一"邪恶"方法被合理化这样的观念，以及约翰·洛克的正义战争理论。休厄尔反对这些支持奴隶制的理论，却陷入另一种种族主义的流沙。新英格兰人应该摆脱奴隶制和非洲人，休厄尔坚称。非洲人"很少能用好自己的自由"，他说。他们永远无法"和我们一起生活并组成秩序井然的家庭"。[1]

人们不能像对待无能的日耳曼敦请愿者一样轻易将塞缪

尔·休厄尔的意见扔到一边。休厄尔是科顿·马瑟的亲密朋友，他的听众中有英格兰国王，而且他是波士顿最高法院法官。他有望在 1717 年成为清教徒的首席法官。当休厄尔认定奴隶制不好时，他应该解放了很多人的思想。但是支持奴隶制的种族主义几乎一直都是思想保守的。在思想开明的地方，思想保守人士用“皱眉和严词”大肆抨击了这位 46 岁 67
的法官。

约翰·萨芬对于休厄尔攻击他的商业往来尤为恼火。他本人也是一名法官，拒绝被剥夺他自己参与亚当恳请自由之诉的权利。他在 1701 年已经 75 岁了，美国早期的资本主义塑造了他对有影响力之人的看法。“这个世界上，友谊和慷慨形同陌路，”萨芬曾经发表过这一想法，“利息和利润是所有人左右摇摆的原则。”没有人抨击萨芬，或称他为“绑架犯”，他侥幸逃脱了。[2]

在 1701 年年底前，约翰·萨芬发表了《对最近印发的〈在售的约瑟〉一文简短直白的回答》（*A Brief and Candid Answer, to a Late Printed Sheet, Entitled, The Selling of Joseph*）。“上帝给世界上的人设定了不同的秩序和等级”，萨芬宣称。不管休厄尔说什么，“把［非洲人］从他们自己野蛮的国家带出来”并且使他们信仰基督教，都不是一件“邪恶的事”。萨芬被文学历史学家认为是 17 世纪著名的诗人，他以“黑人特征”结束了他的小册子：“那些黑人天生怯懦而残忍，易于报复，是怀有深仇的鬼怪。”[3]

萨缪尔·休厄尔赢得了这场战斗——在经历了漫长痛苦的审判后，亚当于 1703 年被释放——却输了这场战争。美国没有摆脱奴隶制度或者释放黑人。报纸上关于休厄尔－萨芬冲突的辩论中，波士顿人似乎觉得萨芬的种族隔离主义观点比休厄尔的观点更有说服力。休厄尔在这场败仗中受到的最后一击是伦敦雅典学院的质疑：奴隶贸易是否“与基督教的伟大法则相悖”？1705 年，休厄尔用一本 14 页的小册子做了肯定的回答。他指出，所谓非洲人的正义战争事实上是欧洲奴隶交易者因对俘虏需求的增加而煽动的。[4]

与此同时，被奴役的人口明显持续增长，使得人们开始害怕暴动，然后在 1705 年出现了新的种族主义法规来阻止暴动并保护整个大西洋海岸的人民财产安全。马萨诸塞州当局禁止跨种族联系，开始对输入的俘虏征税，并且不顾萨缪尔·休厄尔的反对，在一次修订税法时将印第安人和黑人与
68 马和猪并列。弗吉尼亚的立法者们强制要求奴隶为没有奴隶的白人巡逻；这些白人市民群体被赋予监控奴隶、强制管教和警戒逃跑路线的职责。弗吉尼亚立法机构还否定了黑人担任公职的能力。弗吉尼亚立法者反复强调“基督教的白人仆人”并定义其权利，将白人和基督教完全结合起来，团结了富裕的白人奴隶主和没有奴隶的白人穷人。为了保证统一（及种族忠诚），弗吉尼亚白人立法者夺取了“任何奴隶”拥有的财产并将之进行出售，“所得的利润用于该教区的穷人”。这个故事将在美国历史上被多次提及：黑人财产被合法或非法夺取，由此产生的黑人贫困被归咎于黑人低人一等，怪罪黑人的时候故意忽略过去的歧视。弗吉尼亚 1705 年法典规定，种植园主需为获得自由的白人仆人提供 50 英亩土地。由此产生的白人繁荣则归因于白人的优越性。[5]

1706年3月1日，科顿·马瑟问上帝，如果他“［写］一篇关于我们的黑人和其他奴隶的基督教精神的论文”，上帝是否仍会保佑他为“好仆人”。马瑟希望这个册子只关注这个主题并能有助于改变拒绝对奴隶进行施洗的奴隶主的想法。到此时为止，他毫无疑问是美国首屈一指的牧师和学者，刚刚出版了新英格兰历史、美国例外论杰作——《美国风物志》（*Magnalia Christi Americana*），该书被认为是新英格兰首个世纪最伟大的文学作品。[6]

马瑟于1706年6月发表了《基督徒化的黑人》（*The Negro Christianized*）。“上帝”让非洲人成为奴隶并来到信奉基督教的美国，让他们能够从主人那里学习“荣耀的福音”。他们“是人，而不是野兽”，马瑟强调反对种族隔离主义者的观点。“实际上他们的愚蠢是一种气馁。去教导和施洗”非洲人可能看起来毫无意义。“但是他们越愚蠢，我们的用处就越大”，他声称。不要担心施洗会导致自由。 69
“基督教法规……允许奴隶制”，他解释说。他引用了其他清教徒神学家的文章，比如圣保罗。[7]

1706年12月13日，马瑟由衷地相信上帝已经为他写的《基督徒化的黑人》奖赏了他。马瑟教会成员——“我完全没有请求他们做这件事”——在“一个很可能是奴隶的人”身上花了四五十镑，他很高兴地在日记里写道。新英格兰教会惯例将俘虏送给牧师。马瑟以圣保罗养子的名字给一个已经转信基督教的逃跑者命名，称“它”为阿尼西姆（Onesimus）。马瑟对阿尼西姆抱着密切的种族主义关注，不停地怀疑他盗窃。[8]

在新英格兰，马瑟对基督徒奴隶的看法要比萨缪尔·休厄尔或者约翰·萨芬的看法更具有代表性。但是不断有其他人在文章中附和萨缪尔·休厄尔的看法。1706 年，约翰·坎贝尔（John Campbell）在《波士顿新闻通信》（*Boston News-Letter*）这一殖民地美国第二大报纸上发表了他第一篇真正意义上的论文，敦促输入更多的白人仆人来降低殖民地对被奴役的非洲人的依赖，因为这些非洲人“沉迷偷窃，谎话连篇”。美国人读着早期的殖民地报纸，学会了关于黑人有两条重复的教训：他们可以像买牲畜一样被买到，他们是像巫师一样危险的罪犯。

非洲人从 1619 年前后到来时起，就以非法方式抵抗合法的奴隶制。因此他们从一开始就被打上罪犯的标签。在美国殖民地时期全部 50 起报纸上报道的疑似或真实的奴隶起义中，非洲人的反抗几乎总是被视为暴力犯罪，而没有被看作对奴隶主日常暴行做出的反应，也没有被视为对最基本的人类欲望——自由——的追求。[9]

当 1712 年 4 月 7 日太阳点亮天空时，大约 30 名被奴役的非洲人和 2 名美洲印第安人在纽约大楼纵火，并且埋伏袭击前来灭火的“基督徒”，故事是这么说的。9 名“基督徒”被杀死，5 人或 6 人重伤。这些自由斗士跑到附近的森林里。恐惧和复仇的情绪在城市里郁积。24 小时之内，6 名反叛者自杀（相信他们死后将回到非洲）；剩下的被军人
70 “找出”并公开处决，大多数被活活烧死。纽约殖民地总督罗伯特·亨特（Robert Hunter）督导了搜捕、审判和行刑，

他是托马斯·布雷的国外福音传播会和英国皇家学会成员。他诬陷奴隶起义为“一些奴隶的野蛮企图”。不管非洲人做了什么，他们都是野蛮的野兽或者和野兽一样残暴。如果他们不叫嚣自由，那么他们的顺从就说明他们天生就是来做牛做马的。如果他们采用非暴力来反抗奴役，那么他们就会被残暴对待。如果他们为了自由而杀人，那么他们就是野蛮的杀人犯。

他们的“野蛮”需要“严苛的”奴隶法典，类似于弗吉尼亚和清教徒 1705 年通过的法律。纽约立法者剥夺了黑人拥有财产的权力，然后他们诋毁“殖民地的自由黑人”是“游手好闲、懒惰成性的人”，加重了“公共负担”。[10]

就在非洲人不间断地进行反抗、贵格会日益发声反对奴隶制之时，英国奴隶贸易者的业务仍然很好，而且处于增长向好态势。1713 年，英国得到可以向所有的西班牙美洲殖民地提供俘虏的特权，这使得英国紧随法国、荷兰和葡萄牙先驱的脚步，很快成为 18 世纪最大的奴隶贸易者。新英格兰已经成为欧洲和加勒比地区商品进入殖民地的主要入口。从殖民地出发的船只主要来自波士顿和罗得岛的纽波特，载着英属加勒比海的种植园主、管理员及劳工所需要的食物。回程的船只运送糖、朗姆酒、俘虏和糖浆，这些都服务于美国革命前新英格兰最大的制造业——酒。[11]

波士顿是殖民地的核心港口之一，因此很容易爆发疫病。1721 年 4 月 21 日，HMS“海马”号（*Seaborse*）从巴巴多斯航行至波士顿港。一个月后，科顿·马瑟在日志中记下“天花引发的严重灾难现在已经殃及城镇”。1000 名波士顿人，将近全镇人口的 10%，逃到农村以逃离上帝的审判。[12]

71 15 年前，马瑟问过阿尼西姆一个问题，这是波士顿奴隶主对新来的家庭奴隶提出的标准问题：你有没有得过天花？“得过也没得过”，阿尼西姆是这样回答的。他解释说，在非洲，当他被奴役前，人们用一根刺从天花病人的脓包中取出微量脓液刺进他的皮肤，这是一种流传了几百年的老方法，用于增强健康的受体对疾病的免疫力。这种类型的接种——现代疫苗接种的前身——是一种创新方法，在西非、疾病肆虐的奴隶船，以及大西洋的各个港口预防了无以计数的死亡。种族主义的欧洲科学家起初拒绝承认非洲医生居然取得了这样的进步。实际上，在英国医生爱德华·詹纳（Edward Jenner）这位所谓的免疫学之父验证接种之前，人类可能还要多花几十年时间、面对更多人的死亡。

科顿·马瑟在 1714 年英国皇家学会的《哲学学报》（*Philosophical Transactions*）上读到关于接种的论文时就接受了这个看法。随后他通过采访波士顿附近的非洲人来确认。非洲人通过分享他们的接种故事，向马瑟打开了一扇了解西非知识和文化的窗户。马瑟不太能理解这些内容，并且抱怨“他们把故事讲得支离破碎又很浮躁，像笨蛋一样”。[13]

1721 年 6 月 6 日，马瑟从容地向“波士顿的医生呈文”，恭敬地请求他们考虑接种疫苗。如果说在危难时刻还有哪个人有这样的公信力来建议如此新奇的事件，那一定是科顿·马瑟了，他是第一位在美国出生的伦敦皇家学会会员，学会当时仍在艾萨克·牛顿的领导下。马瑟从 17 世纪

90年代起每年发表15～20本书和小册子，而此时其作品数量即将达到其整个职业生涯的庞大总数——388篇，这可能比和他同时代的新英格兰的其他牧师加起来的还要多。[14]

唯一对马瑟做出回应的医生是扎巴蒂尔·博伊尔斯顿（Zabadiel Boylston），他是约翰·亚当斯总统的叔祖父。当博伊尔斯顿在1721年7月15日宣布他成功为自己6岁的儿子和2名非洲奴隶接种了疫苗时，地方上的医生和议员都吓坏了。人们把疾病注射给自己却是为了从这种疾病中拯救自己，这一说法太胡扯了。波士顿唯一持有医学学位的医生， 72
迫切想要保持自己的职业合理性，煽动起了这座城市的恐慌。威廉·道格拉斯（William Douglass）医生策划了阴谋论，说非洲人有一场大阴谋，他们达成一致意见要通过说服自己的主人接种疫苗来杀死他们。“地球上没有哪个种族的人比非洲人更会骗人”，道格拉斯厉声道。[15]

像道格拉斯这样的反接种者找到了一个友好的媒体，那就是24岁的詹姆斯·富兰克林于1721年创办的殖民地最初的独立报纸之一《新英格兰报》（*New England Courant*）。詹姆斯·富兰克林15岁的契约仆人和弟弟本是报纸的排字工。科顿·马瑟感觉该报纸对他不尊重，于是他像一个陈腐的大学教授一样要求其学术上的服从。公众忽视了他的意见并不再追随他（的意见）。这场疫病夺去842条人命，在1722年年初才结束，波士顿人对马瑟和博伊尔斯顿的反感到此时才有所消解。[16]

1722年4月，本·富兰克林决定自己不能只是为哥哥的报纸排字。他开始匿名写一些有趣的社会建议，把它们塞进印刷店的门缝，让他哥哥在《新英格兰报》上发表。本以笔名“沉默行善者”（Silence Dogood）发表文章，灵感来自马瑟 1710 年出版的《为善散文集》（*Bonifacius, or Essays to Do Good*），书中的观点是通过善行来维持社会秩序。这本书“让我转变思维，也影响了我一生的行为”，本杰明·富兰克林后来向马瑟的儿子这样解释。在发表了 16 篇受欢迎的文章之后，本把“沉默行善者”的真实身份透露给充满嫉妒又专横的哥哥。詹姆斯立刻谴责了本。1723 年，本满心只想着离开这里。[17]

在逃到费城之前，本被唤到船街（Ship Street）的一户人家。他很紧张地敲了门。一个仆人出来把他领到书房。本进去以后见到的可能是北美最大的图书馆。科顿·马瑟原谅了本的笔战，就像一位父亲原谅一个做错事的小孩。没人知道 60 岁的马瑟和 17 岁的本还谈论了些什么。

73 本·富兰克林可能注意到了科顿·马瑟的忧郁。马瑟深爱的父亲当时 84 岁，生了病。1723 年 8 月 23 日，英克里斯·马瑟在他大儿子的臂弯中离世。这场悲剧结束了科顿·马瑟疲惫不堪的几年，这几年中他经历了婚姻纠纷、财务问题、与英国圣公会牧师意见不合、两次错失哈佛校长职位，并且艾萨克·牛顿管理下的英国皇家学会不再出版他的作品。虽然马瑟非常成功，但是他已经开始担心自己的知识遗产了。

如果马瑟在 18 世纪 20 年代及时关注殖民地的时事，那么他就不必担心自己的传教遗产。自 17 世纪 80 年代以来，没有任何美国人比马瑟更热衷于敦促奴隶主为被奴役的非洲人施洗，并且敦促被奴役的非洲人放弃其祖先的宗教。他慢慢地、小心地向上爬，在几年中取得了长足的进步。与他志同道合的英国圣公会传教士，比如詹姆斯·布莱尔、托马斯·布雷，以及他在国外福音传播会的代理人都将这一点发扬光大。不管马瑟有没有意识到，也不管他是不是鄙视英国圣公会传教士，他的祷告终于在他生命的最后几年中得到了回答。

著名的伦敦圣公会主教埃德蒙·吉布森（Edmund Gibson）决定消除种植园主挥之不去的对于他们到底是否可以拥有基督教俘虏的疑虑。在 1727 年致弗吉尼亚人的两封信函中，他赞赏并认证了 1667 年拒绝给予受洗俘虏自由的法规创新。他谈到如何让俘虏成为“极其勤勉和忠诚”的人，这正是马瑟多年来强调的观点。英国国王和英国首位首相罗伯特·沃波尔（Robert Walpole）爵士的助手都附和了主教。全英国的宗教、政治和经济力量都团结起来，使传教士和种植园主可以不必释放改变宗教信仰的基督徒，因此重振了宣教运动并宣判了奴隶解放的失败。[18]

越来越多的奴隶主开始听从传教士的论证，认为基督徒
的顺从可以成为他们对非洲人暴力镇压的补充。事实上，传 74
教士们关注的是顺从，同时对暴力事件保持沉默。传教士休·琼斯（Hugh Jones）是威廉玛丽学院的教授，他在 1724 年发表了极具影响力的文章《弗吉尼亚现状》（*Present State of Virginia*）。“基督教”，琼斯写道，“鼓励并要求”非洲人“成为更谦卑更好的仆人”。但是，他们不应该学习读书写字。他们“天生适合艰苦劳动和杂务”。詹姆斯·布莱尔在

其1722年大受欢迎的布道集中宣称，黄金法则并不意味着“上等人和下等人”之间是平等的。秩序需要等级。等级需要责任。布莱尔宣讲说，主人要对奴隶施洗并友善对待他们。[19]

奴隶主们越来越接受这些观点，直到在18世纪30年代由康涅狄格州的原住民乔纳森·爱德华兹（Jonathan Edwards）引领的第一次大觉醒席卷了整个殖民地。他的父亲蒂莫西·爱德华兹（Timothy Edwards）在哈佛求学于英克里斯·马瑟门下，所以他认识也尊敬科顿·马瑟。1718年爱德华兹在耶鲁大学读大三，这一年科顿·马瑟获得威尔士商人伊莱休·耶鲁（Elihu Yale）的捐赠，这也使得美国第三所学院（原名为大学学校）更名。

1733年前后，爱德华兹所在的北安普敦马萨诸塞教区的复兴运动发起了第一次大觉醒。在这场唤醒灵魂的运动中，像爱德华兹这样充满激情的福音派教徒谈到人类（灵魂上）的平等以及每个人都能够转化信仰。“我是上帝的仆人而他们是我的仆人，我的身份低于上帝的程度远大于我仆人的身份低于我的程度”，奴隶主爱德华兹在1741年做出这样的解释。但支持奴隶制度的大觉醒并没有延伸到休·布莱恩（Hugh Bryan）在南卡罗来纳的种植园，他被反奴隶制度的思想唤醒。布莱恩在1740年散播“各类狂热预言，比如查尔斯敦的毁灭以及将黑人从奴役中解救出来”。他那虔诚祈祷的俘虏停止了劳动。有人偶然听到一个女人“在水边唱圣歌”，就像那么多其他身份不明的反种族主义者、反奴隶制度基督徒男女一样，他们在这些年里开始了歌唱。南卡罗来纳当局斥责了布莱恩。他们想要福音传教士宣扬为了顺从的种族主义基督教，而不是为了自由的反种族主义基督教。[20]

休·布莱恩是第一次大觉醒传教时期的一个例外，而科顿·马瑟则没能活着看到这一幕。马瑟尽管卧床不起，却还是很高兴地在 1728 年 2 月 13 日度过了自己 65 岁的生日。第二天早上，马瑟叫他教会的新任牧师约书亚·吉（Joshua Gee）进房间祈祷。马瑟感到一身轻松。“现在我在这里什么也不用做了”，马瑟和吉说。几小时后，科顿·马瑟去世了。[21] 75

1728 年 2 月 19 日是马瑟的葬礼日，《新英格兰周刊》（*New-England Weekly Journal*）称赞“他可能是**最为**我们国家**增光添彩的人**和有史以来最伟大的学者”。这是对约翰·科顿和理查德·马瑟的孙子非常准确的悼词。科顿·马瑟实际上已经超越了祖父们的名字，这两位传教巨人所生活的知识界还在不断争论着到底是非洲的高温还是含的诅咒导致了非洲野兽的产生，还在认为他们丑陋得像猿并从被奴役中受益。如果说他的祖父们沉迷于英格兰的种族主义观点，认为非洲人可以且应该被奴役，那么在科顿·马瑟的带领下产生的基督教种族主义观点，同时征服并振奋了被奴役的非洲人。他在种族主义欧洲发源地与其他殖民帝国的种族主义观点的生产者一道，使殖民主义和奴隶制度的扩张正常化和合理化。简言之，这些种族主义生产者声称欧洲人正在接管和征服西方世界，作为人类伟大的标准确立他们的统治地位。1728 年马瑟去世时，英国皇家学会会员已经完全构建起人类的白人统治标准。基督教、理性、文明、财富、善良、灵魂、美、光、亚当、耶稣、上帝和自由这些都被建构起来，并且作为欧洲白人的领地。唯一的问题是卑微的非洲人是否有能力提升自己并符合这些标准。作为美国第一位伟大的主张社会同化者，科顿·马瑟宣扬非洲人的灵魂可以成为白色的。

1729 年，萨缪尔·马瑟完成了对他已故父亲充满崇敬的传记，就像科顿·马瑟为自己的父亲所做的那样，也像英克里斯·马瑟为理查德·马瑟所做的一样。“当他**走在街**
76 **头，**”萨缪尔描写科顿·马瑟，“他仍在为那些永远不知道（他在祈愿）的人默默祈愿。”他为黑人祈祷，深深的祈祷“上帝，请涤荡那可怜的灵魂，通过洗涤他的灵魂让他变成白色的”。[22]

第二部分

托马斯·杰斐逊

第 7 章
启蒙运动

他镇定自若、遇事不惊。他骑着疲惫不堪的骡子。他坚 79
定地前进，即使同伴晕倒在地。他杀死野兽时镇定得仿佛是夜晚在树上休息。彼得·杰斐逊（Peter Jefferson）在 1747 年有项工作要做：测量白人殖民者以前从未见过的土地，为了勘定弗吉尼亚和北卡罗来纳之间的边界而穿过危险的蓝岭山脉。他受托去证明美洲殖民地的最西端并没有像牙买加的蓝山一样，成为逃跑者的天堂。[1]

在一段时间之后，彼得·杰斐逊在测量之旅中令人着迷的毅力、力量和勇气为家族所传颂。最先听到这些故事的就有当时才 4 岁的托马斯，当父亲终于在 1747 年年底回家时他万分欣喜。托马斯是彼得的长子，出生于 1743 年 4 月 13 日，这是值得纪念的一年。在托马斯出生 16 天后，科顿·马瑟在弗吉尼亚州的同行传教士詹姆斯·布莱尔去世了，这标志着几乎由神学家控制的美国种族话语时代的终结。这一年还是新知识时代的开端。在托马斯·杰斐逊的时代，启蒙思想家开始在整个殖民地推动种族主义话语的世俗化并对其进行扩展，教导未来的反奴隶制、反废奴主义和反皇室的革命者。而科顿·马瑟最伟大的世俗弟子成了这一切的引路人。

80 “安置新殖民地这第一个苦差事现在已经做好了，”本杰明·富兰克林在1743年注意到，“每个殖民地都有了许多让人们安逸的、培养艺术和增加常识的闲暇时光。”37岁的富兰克林肯定度过了一段安逸的时光。在逃离波士顿以后，他在费城建起了一个由商店、历书和报纸构成的帝国。对他这样有钱有闲的人而言，他对安逸生活的评论无疑是对的。富兰克林于1743年在费城建立了美国哲学学会（APS）。APS遵循了英国皇家学会的模式，成为自马瑟17世纪80年代的波士顿学会之后学者在殖民地的第一所正式协会。富兰克林的学术萌芽在初期夭折了，但在1767年又复活了，他承诺：“所有的哲学实验都将让光明直达事物的本源。”[2]

17世纪初的科学革命让位于18世纪初更浩大的学术运动。基督教欧洲一直以来都在质疑世俗知识和认为人类都在向前发展的观念。在一个新时代到来时，这种情形发生了改变，这个时代在法国被称作“les Lumières”，在德国被称作“Aufklärung”，在意大利被称作“Illuminismo”，在英国和美国被称作“Enlightenment”（启蒙运动）。

对启蒙思想家来说，光明的隐喻一般有双重含义。欧洲人在1000年的宗教黑暗之后再次恢复了学习，他们的洞察力犹如明亮的大陆灯塔一般，照亮了尚未被光触碰的“黑暗”世界。彼时，光明成为欧洲性的隐喻，亦即白人的隐喻，本杰明·富兰克林和他的哲学学会兴奋地接受了这一概念并将之传入殖民地。富兰克林在《关于这些地区人口增长的观察》（*Observations Concerning the Increase of Mankind*，1751）中断言，白人殖民者“让地球的这一边反射出更明亮的光芒”。让我们废除不经济的奴隶制、禁止奴役黑人，富兰克林如此建议。“但是也许，”他想，“我更钟爱我们国民的肤色，这种倾向性是人的本性使然。”启蒙运动的观点 81
给予了这种长期存在的种族主义“倾向”合法性，一方面在浅色人种、白人和理性之间建立联系，另一方面，也在深色人种、黑人和无知之间建立联系。[3]

在西欧跨大西洋三角贸易蓬勃发展之际，这些启蒙运动的对应观点适时出现。英国、法国、美洲殖民地主要是提供船只和生产商品。这些船只航行至西非，商人通过交易这些商品并因贩卖人口而获利。人造布是18世纪非洲最受欢迎的物品，理由和欧洲对布的渴求是一样的——非洲（和欧洲一样）几乎每个人都穿衣服，非洲（和欧洲一样）几乎每个人都想要穿更好的衣服。只有最穷的非洲人一件上衣都不穿，但是这些少数人成了欧洲人印象中的非洲人代表。这是那个年代极为讽刺的事：奴隶贩子知道布匹在两个地方都是最受欢迎的商品，但是他们中的一些人同时持有种族主义观点，认为非洲人像动物一样赤身裸体到处行走。这种种族主义观点的编造者知道他们的故事是假的，但是他们仍继续编造这些观点来为他们获利颇丰的贩卖人口行为进行辩护。[4]

贩奴船从非洲行至美国，在这里商人用新奴役的非洲人交换长期被奴役的非洲人生产出来的原材料，以获取另外的利润。船只和商人回到家乡再重复这一过程，这给欧洲商业提供了“三重刺激”（也是对非洲人的三重剥削）。西方世界几乎所有的沿海制造业和贸易城镇在18世纪都通过跨大西洋贸易加深了联系。英国的主要港口，也是理查德·马瑟旧日布道的场所——利物浦，随着奴隶贸易的增长和繁荣，利润激增。在美国最大的奴隶交易港口，罗得岛的纽波特，利润产生的巨大财富直到今日仍能从那些散布于海滨的历史悠久的大厦中窥见一斑。

著名经济学作家马拉奇·波斯尔思韦特（Malachy Postlethwayt）于1745年著书支持从事奴隶贸易的皇家非洲公司，他在书中定义大英帝国是“建造在非洲基础上的、
82 基于美国商业和海军力量的恢宏上层建筑”。但在这基础之下还有另一个基础：极其重要的种族主义思想制造者，他们确保让潜在的抵抗者认为这一恢宏的上层建筑是理所当然的。启蒙思想家的种族主义观点是，英国和塞内冈比亚、欧洲和非洲、奴役者和被奴役者之间日益增长的社会经济不平等是上帝或天生或后天的意志。种族主义思想混淆着歧视，将种族不平等合理化，将被奴役者作为问题人群定义为奴役者的对立面。反种族主义思想在启蒙运动中几乎无法进入种族思想的字典。[5]

卡尔·林奈（Carl Linnaeus）是瑞典启蒙运动先驱，他跟随弗朗索瓦·贝尼耶的脚步，带头在新的学术和商业时代将人类按种族等级进行分类。在1735年首次出版的《自然系统》（*Systema Naturae*）一书中，林奈将人类置于动物王国的顶端。他将人属（*Homo*）区分为智人（*Homo sapiens*）

(人类) 和穴居人 (*Homo troglodytes*) (猿) 等，并且进一步将智人分为四类。在他的人类王国顶端，占统治地位的是欧洲智人："非常聪明，有创造力。穿贴身服装。法治。"然后是美洲智人 ("习惯法统治") 和亚洲智人 ("舆论统治")。他把人类的最低点非洲智人放在最后，说这个群体"懒散、懒惰……狡猾、迟钝、鲁莽，油脂覆体，反复无常"，还特别指出"女人生殖器下垂，乳房细长"。[6]

卡尔·林奈在动物王国里建立起等级制度，在人类王国里也建立起等级制度，而这种人类等级制度是建立在种族的基础之上的。他的"启蒙"同伴们同样在创设人类等级。在欧洲王国里，他们将爱尔兰人、犹太人、罗姆人和南欧人、东欧人置于底层。奴隶主和奴隶贸易者在非洲王国内也建立起类似的种族等级制度。北美被奴役的非洲人主要来自七大文化－地缘政治地区：安哥拉 (26%)、塞内冈比亚 (20%)、尼日利亚 (17%)、塞拉利昂 (11%)、加纳 (11%)、科特迪瓦 (6%) 和贝宁 (3%)。等级建立的基础一般是看哪个祖先群体被认为是最好的奴隶，或者谁最像 83
欧洲人，不同的奴隶主具有不同的需求和文化，因此就有不同的等级制度。通常，安哥拉人被划分为最低等的非洲人，因为他们在奴隶市场上的标价很低（因为他们的供应量大）。林奈把南非的科伊人（或称霍屯督人）划分为人类的偏离分支——怪异的单睾丸人 (*Homo monstrosis monorchidei*)。自 17 世纪晚期开始，科伊人被视为"人类和猿类之间缺失的一环"。[7]

在非洲王国内给黑人种群划分等级制度可以被称为民族

种族主义，因为这是民族中心主义和种族主义概念的交叉点，而将所有欧洲人置于所有非洲人之上的等级制度则是纯粹的种族主义。最后，两者都将黑人族群划分为低等级。非洲等级制度中对各个族群的衡量标准是基于欧洲的文化价值观和特质的，而等级制度的形成是为一项政治任务服务的：奴役。塞内冈比亚人被认为比安哥拉人更高等，是因为据说他们是更好的奴隶，以及据说他们的作风更接近欧洲人的作风。输入美国的非洲人无疑意识到了这种非洲人等级制度，输入的白人奴隶也同样很快意识到更广泛的种族等级制度。如果塞内冈比亚人认为自己比安哥拉人要高一等，并且以此来为他们得到的所有相对特权辩护的话，那么塞内冈比亚人就是在支持民族种族主义思想，就像白人用种族主义思想来为白人特权辩护一样。无论何时，当一个黑人或群体用白人作为衡量标准并认为另一个黑人或群体比自己低等，这就是另一种种族主义例证。卡尔·林奈和他的同伴精心设计了一个极为成功的种族和种族之间族群的等级制度。整个阶梯及其所有层级——从顶层的希腊人或英国人一直到最底层的安哥拉人和霍屯督人——每一件事情都预设了民族种族主义。一些“高等的”非洲人认同对非洲人的民族中心主义阶层集合，但否认将他们自己视为比白人低等的种族主义阶梯。他们抨击种族主义的鸡肉却享受着种族主义的鸡蛋。[8]

84 每个被贩卖的非洲族群都像一种商品，奴隶贸易者对这些民族商品的增值和减值评估似乎是基于供求关系。对被奴役者强加民族种族主义以分裂和征服他们是一个宏大的计划，林奈看起来并不是其中的一分子。但不管民族种族主义何时与美国种植园成为天生的盟友，就像种族主义与美国穷人成为天生盟友一样，奴役者根本不关心。他们通常愿意利用任何工具——知识或以其他方式——来镇压奴隶反抗并确保投资回报。

法国启蒙大师伏尔泰在 1756 年出版的 50 万字的《风俗论》(*Essay on Universal History*)① 一书，并且在增补部分使用林奈的种族主义阶梯理论来进行补充。他认同物种之间存在永久的自然秩序。他问："自然用花朵、果实、树木和动物覆盖了大地的表面，她最初难道只是在一个地方种植，以便它们可以传播到世界的其他地方吗?"不是的，他勇敢地宣布。"黑人来自和我们不同的人种，就像猎犬的品种来自灰狗……即使他们的理解与我们没有本质上的不同，那至少也是很差的。"非洲人就像动物，他补充说，他们活着只是为了满足"身体的需要"。然而，作为"好战、强壮而残酷的人"，他们是"优秀"的战士。[9]

随着《风俗论》的出版，伏尔泰成为近一个世纪以来首位敢于提出多源论的著名作家。各种族独立产生的理论与主张社会同化者的单一起源论相反，单一起源论认为所有人类都是白人亚当和夏娃的后裔。伏尔泰成为 18 世纪种族隔

① 该书的英文全名为 *An Essay on Universal History, the Manners and Spirit of Nations from the Reign of Charlemaign to the Age of Lewis XIV*，国内一般将其译为《风俗论：论各民族的精神与风俗以及自查理曼至路易十四的历史》，简称《风俗论》。——译者注

离主义观点的主裁判，宣扬种族在根本上是分离的，这种分离不可改变，而低等的黑人种族没有能力被社会同化、变正常，或者变成文明的白人。启蒙思想转向世俗思想，从而为更多的种族隔离主义思想的产生打开了大门。而种族隔离主
85 义观点认为黑人永远低等，这很吸引奴隶主，因为这种观点支持了他们对永久奴役黑人的辩护。

伏尔泰在学术上和自然科学家乔治·路易斯·勒克莱尔（Georges Louis Leclerc）有分歧，后者化名布冯（Buffon）。布冯通过他的百科全书《自然史》（*Histoire naturelle*）引领了法国启蒙运动的主流温和派，该书从 1749 年开始并在 55 年间出版了 45 卷。几乎每个欧洲学者都读过这套书。当伏尔泰宣传种族隔离主义思想时，布冯仍然奉行社会同化主义思想。

伏尔泰人种多源论和布冯的单一人种论之间的争论只是启蒙运动时期更大范围的科学分歧中的一个方面。他们深爱的艾萨克·牛顿爵士将自然世界想象成一个运行在“自然法则”中的组装起来的机器。牛顿没有解释它是如何组装起来的。这对伏尔泰来说没问题，他相信自然世界——包括种族——是不会发生变化的，即使是来自上帝的力量（也不会让其变化）。但和他相反，布冯看到的是一个不断变化的世界。布冯和伏尔泰在一件事情上达成共识：他们都反对奴隶制度。事实上，大多数主要的启蒙思想家都产生了种族主义思想和废奴主义思想。[10]

布冯定义的一个物种是“可以不断延续的共同繁殖后代的相似个体”。而因为不同种族可以共同繁殖，所以他们

肯定是同一物种，他争论道。布冯对第一批诋毁混血儿的种族隔离主义者中的一些人做出了回应。多源起源论者质疑或否认混血儿的繁殖能力是为了证明种群是不同物种。如果黑人和白人是不同物种，那么他们生的孩子将无法生育后代。这也是穆拉托（mulatto，黑白混血儿）这个词的由来，它来自“骡子”（mule）一词，因为骡子是马和驴的后代，无法生育。18 世纪英语国家中的谚语“黑得像恶魔”和“上帝创造白人，魔鬼创造混血儿”在受欢迎程度方面不相上下。[11]

布冯仅在人种之下就划分了六个种族或种类（他把南非的科伊人和猴子归为一类）。他将非洲人置于“野蛮和文明的极端之间”。布冯说，他们对“艺术和科学”几乎“一 86
无所知”，他们的语言“没有规则”。作为气候理论者和单一起源论者，布冯不相信这些特征是固化的。如果非洲人被输入欧洲，那么他们的肤色会逐渐变得“可能和欧洲本地人一样白”。在欧洲，“我们看到的人类形态是最完美的”，而且“我们应该根据人真实和自然的肤色来形成观点”。布冯的言论听起来很像现代欧洲艺术史的奠基思想者、德国人约翰·约阿希姆·温克尔曼（Johann Joachim Winckelmann）。温克尔曼于 1764 年在他的学科经典《古代艺术史》（*Geschichte der Kunst des Alterthums*）中说，“美丽的身体会变得更美丽更白”。本杰明·富兰克林的美国哲学学会和年轻的托马斯·杰斐逊着迷于这些关于种族的“启蒙”思想，并且在美国革命的前夜将之引入美国。[12]

天生的标签

彼得·杰斐逊在弗吉尼亚的阿尔伯马尔县获得了大约1200英亩的土地，并且继续在弗吉尼亚的立法机构下议院中担任县代表。他的烟草种植园沙德韦尔位于距离夏洛茨维尔现在的中心以东大约5英里处。杰斐逊家是附近的切诺基人和卡沃巴人去威廉斯堡开展日常外交之旅时常去的休息站。年轻的托马斯·杰斐逊“对他们产生了既喜欢又同情的印象，并且一直没有忘怀”，他多年后如此回忆道。[13]

托马斯成长过程中常见到优雅高贵的美洲印第安人访客，而他一般将非洲人视为照顾他各种需求的佣人和照顾烟草的农民。1745年，有人带着两岁的托马斯·杰斐逊离开沙德韦尔的大房子。托马斯被一个骑在马背上的妇女抱上马，放在固定在马身的枕头上。骑手是个奴隶，他带着男孩去一个亲戚的种植园。这是托马斯·杰斐逊最早的儿时记忆。这种记忆将奴隶制和舒服联系在一起。奴隶被托付照顾
87 他，而柔软的鞍座让他觉得安全可靠，后来他回忆那个女人，觉得她“友善又温柔”。[14]

当托马斯几年后和非洲男孩一起玩时，他对蓄奴的了解就更多了。他回忆说：“孩子们注视着父母亲狂怒，捕捉到愤怒的面容，并且在小奴隶们的圈子里摆出同样的姿态，让他最坏的怒气得到释放，他们在专制暴政中被照料长大、接受教育和进行日常练习，也就不得不被这些可恶的特质打上标签。”[15]

在家里，他的周围没有人觉得专制有任何问题。奴隶制度就像今天的监狱一样让人习以为常。人们很难想象一个没有奴隶制度的有序世界。到了18世纪50年代，彼得·杰斐

逊已经累积拥有大约 60 个奴隶，这让他成了阿尔伯马尔县的第二大奴隶主。彼得还向他的孩子们宣扬自力更生的重要性——无视这之间的矛盾——他将自己的成功归因于此。

然而，彼得没有向儿子宣扬宗教的重要性。事实上，当弗吉尼亚第一次大觉醒到来时，它绕过了沙德韦尔种植园。萨缪尔·戴维斯（Samuel Davies）几乎一手促成了弗吉尼亚的觉醒，彼得不允许戴维斯向他的孩子或奴隶传教。有可能彼得认为——与许多他的奴隶主同伴们一样——“让黑人基督徒化会让他们骄傲无礼，并且引诱他们认为自己和白人是平等的”，戴维斯在 1757 年他最著名的布道中如此描述。一些美洲种植园主热衷于戴维斯的观点，即“有些人应该是主人，有些人应该是仆人”，但有更多人愿意转化他们的奴隶。然而，这些都不足以满足那些与科顿·马瑟志同道合的传教士，他们赞同戴维斯的观点“一个**好的基督徒**永远是一个**好仆人**”。18 世纪 40 年代晚期一位前来拜访的瑞典人彼得·卡尔姆（Peter Kalm）观察发现，奴隶主通常“让［奴隶们］生活在异教徒的黑暗中”，害怕基督教会激起他们的反抗。20 年后，暴躁的弗吉尼亚种植园主兰顿·卡特（Landon Carter）怒斥黑人是“魔鬼”，并且补充说：“让他们不再做奴隶就是让魔鬼获得自由。”[16]

在 18 世纪中期，并不是所有的基督教传教士都通过宣扬基督教的顺从来保护奴隶制。1742 年，新泽西本地店员 88
约翰·伍尔曼（John Woolman）被要求开具一份贩卖一位不知姓名的非洲妇女的账单。他开始质疑这一制度，并且很快开始成为一位传奇的巡回牧师，传播贵格会教义并反对奴隶制度。1746 年伍尔曼在奴隶生活悲惨的南方第一次进行贵格会布道之后，草草写下《关于黑奴制的一点思考》（*Some Considerations on the Keeping of Negroes*）。[17]

“我们站在高处，比他们享有更大的恩惠”，伍尔曼的理论如此认为。上帝赋予白人基督徒“杰出的才能”。但美国支持奴隶制度是“滥用了他的才能”。伍尔曼在种族主义土壤上种下了他开创性的反奴隶制度之树，一个世纪前，科顿·马瑟这样支持奴隶制的神学家也在同一片土壤上宣扬神圣的奴隶制度。他们在奴隶制度上的分歧掩盖了他们类似的政治种族主义，这一种族主义否认黑人的自主权。马瑟支持奴隶制度的神学文章声称，主人的神圣职责就是照顾低等种族那些天生的仆人。伍尔曼的反奴隶制度文章声称，基督徒的神圣职责是用“更大的恩惠”去解放、基督徒化和照顾低等的奴隶。但是，不管他们是处在永久的奴隶制中还是得到最终的解放，被奴役的非洲人都会被当作充满依赖的孩子，他们的命运依赖于白人奴隶主或者废奴者。[18]

约翰·伍尔曼在把文章提交给费城年会出版社前一直等待时机。伍尔曼知道贵格会教友们关于奴隶制的争论和废奴主义者干扰会议和被驱逐的历史。他关心反奴隶制度的程度和他关心贵格会牧师和贵格会团结的程度一样。1752 年，废奴主义者安东尼·贝内泽（Anthony Benezet）入选了出版社编委会，伍尔曼知道发表他 8 年前写的论文的时机来了。1754 年早期，本杰明·富兰克林的《宾夕法尼亚公报》（*Pennsylvania Gazette*）为新书《关于黑奴制的一点思考》做了广告。

当年年末，一些贵格会教徒在贝内泽、伍尔曼以及基督教关于奴隶制的矛盾推动下，前所未有地开始反对奴隶制。贝内泽编辑了伍尔曼的论文。如果说伍尔曼私下里获得了成功，那么贝内泽就公开获得了成功，这两位革命者组成了充满活力的反奴隶制积极二人组。1754 年 9 月，费城年会批 89
准出版了《关于买卖和保留奴隶的提醒建议》（*Epistle of Caution and Advice Concerning the Buying and Keeping of Slaves*）一书。在书中，反奴隶制革命者们达成一致，敦促贵格会教徒不要再买奴隶。在日耳曼敦请愿书第 66 个周年纪念日上，作者们使人们想起黄金准则。贝内泽开始写上述一书并加入了伍尔曼的观点。几百本书被送到特拉华谷的季度会议上。北美贵格会的大门正式向反奴隶制度打开。但是贵格会的奴隶主们很快关上了他们自己的门。70% 的人拒绝释放自己的俘虏。伍尔曼 1757 年进入马里兰、弗吉尼亚和北卡罗来纳时亲身经历了他们的顽强拒绝。[19]

奴隶制的拥护者们产生了大量的种族主义观点，从黑人是落后的人，到他们在美洲比在非洲生活得更好，再到含的诅咒。这让伍尔曼“感受他们想象力的黑暗”时感到非常“困扰”。他从不退缩，冷静而有同情心。他强调，在上帝的眼中，没有谁是低人一等的。输入非洲人并不是为了非洲人自己好，他们持续被虐待、过度劳作、饥饿和衣不蔽体就能证明这一点。[20]

1760 年，伍尔曼曾去罗得岛一些北美殖民地最富有的奴隶贸易者的家里拜访。他们“圆滑的行为”和“肤浅的友情”几乎引诱他远离了反奴隶制度。他回到新泽西的家中，就像他几年前从南方回来一样——带着沉重的思绪。多年来他一直在反对奴隶制，他发现自己其实是反对非洲人的低等，而这就是在反对他自己。他不得不重新思考白人是否真的“站在高处”。1762 年，他更新了《关于黑奴制的一点思考》。[21]

伍尔曼在册子的第二部分公开宣称，我们必须“基于对公平的热爱”站出来反对奴隶制。他放弃了种族意义上所说的更大的“恩惠”这一说辞，尽管它在宗教意义上被保留了下来。他的反种族主义思想开始发出光芒。伍尔曼说：“给人冠以耻辱的奴隶称号，让他们穿着不得体的衣服，从事奴隶劳动……会逐渐让一个民族的头脑中形成定
90 式，认为他们天生是比我们低等的一类人。”白人更不应该将奴隶制与“黑色”联系起来，“也不应将自由与白色”联系起来，因为“当错误的思想扭曲地进入我们的头脑之后，我们就很难公正地将其区分出来”。关于权利和公平，“人的肤色是没有任何意义的”。[22]

伍尔曼的反种族主义思想领先于他的时代，他充满激情地布道宣讲反对贫穷、反对虐待动物、反对征兵制和战争。18 世纪 50 ~ 60 年代，伍尔曼反对奴隶制时正好赶上了美国革命时期，这场政治剧变迫使托马斯 · 杰斐逊这一代的自由战士去处理他们与奴隶制的关系。[23]

托马斯 · 沃克（Thomas Walker）医生的疗法没有奏效，他 49 岁的病人，托马斯 · 杰斐逊的父亲，于 1757 年 8 月 17 日去世，所有听说过家庭传说中彼得 · 杰斐逊如何强壮的人都很难相信这一情况。14 岁的托马斯不得不自己生活了。

作为家中最年长的男性，根据弗吉尼亚的父权信仰，他现在要领导家庭。但是，据说 37 岁的简·伦道夫·杰斐逊（Jane Randolph Jefferson）既没有指望她 14 岁的弟弟来指导，也没有依赖财产监管人沃克医生。她管理 8 个孩子、66 名奴隶和超过 2750 英亩土地。简·杰斐逊善于交际，享受奢侈，并细心保留了种植园记录——她将这些特质也赋予了托马斯。[24]

1760 年，托马斯·杰斐逊就读于威廉玛丽学院，他在那里全身心地沉浸于启蒙思想中，包括反奴隶制的观点。他在学院新聘的 26 岁苏格兰启蒙思想家威廉·斯莫尔（William Small）门下学习，学到了应该用理性而不是宗教来控制人类事务，这一课教会了杰斐逊关于管理的观点。杰斐逊还读了布冯的《自然史》，研究了弗朗西斯·培根、约翰·洛克和艾萨克·牛顿，后来他称这三个人是“世界上最伟大的三个人”。

杰斐逊 1762 年毕业后进入了弗吉尼亚杰出的律师乔 91
治·威思（George Wythe）的非正式法律学校，乔治·威思因法律意识和对奢侈品的品位而出名。1767 年杰斐逊 24 岁，到了可以进入酒吧的年龄，他步入下议院，参与了一场政治风波，并且像他父亲一样代表阿尔伯马尔县。议员们抗议英国最近的征税，敦促弗吉尼亚皇家总督在 1769 年 5 月 17 日结束统治。杰斐逊一直在那里坐了 10 天。[25]

即使在失去了席位之后，杰斐逊仍积极参与日益加剧的对英国和奴隶制的抵制（活动）。他代理了 27 岁的逃亡者萨缪尔·豪威尔（Samuel Howell）的自由之诉。弗吉尼亚法律规定，自由人父母生下的第一代混血儿要接受30年奴役，“以防止白人男女和黑人或者黑白混血儿的可恶结合”。豪威尔是第二代（混血），杰斐逊告诉法庭，延长奴隶制是邪恶的，因为“在自然法中，所有人生而自由”。对方律师威思起立刚准备开始反驳。法官命令威思坐下并驳回了杰斐逊的请求。殖民地法律仍坚定地支持奴隶制度，种族主义法律坚定地支持种族隔离主义。但就在那个时代，一个波士顿的裁判专家咨询组却突然反转了社会思潮。[26]

第 8 章

展览黑人

1772 年 10 月托马斯·杰斐逊正在夏洛茨维尔附近监督 92
种植园的建设，而同一时间，沿海有一个 19 岁的女奴正焦虑地盯着 18 位被公认为"波士顿最受尊重的人"。这些人受委托来判断这个女人是不是真的写出了著名的诗歌，特别是诗中那些地道的希腊和拉丁意象。她看到了熟悉的面孔：马萨诸塞总督托马斯·哈钦森（Thomas Hutchinson）、后来的州长詹姆斯·鲍登（James Bowdoin）、大奴隶主约翰·汉考克（John Hancock），以及科顿·马瑟的儿子萨缪尔，他是继理查德、英克里斯和科顿之后马瑟家最后一个名人。把案情摆到萨缪尔·马瑟和其他波士顿人面前的这位诗人——菲莉丝·惠特莉（Phillis Wheatley），现在被认为是伟大的非裔美国人作家第一人。[1]

她受奴役的故事开头和很多其他非洲人并不相同。1761 年，裁缝、金融家约翰·惠特莉的妻子苏珊娜·惠特莉（Susanna Wheatley）来到波士顿西南最新的库房，这里距离科顿·马瑟曾经住的地方不远，库房里都是被锁链锁住的人。"菲利斯"号（*Phillis*）的彼得·格温（Peter Gwinn）

船长刚刚带着 75 名俘虏从塞内冈比亚来到波士顿。苏珊娜·惠特莉想找一名家庭佣工，她的目光扫过“几个强壮、健康的女性”，将目光定在一个病态的裸体小女孩身上，她身上裹着一条脏地毯。这个 7 岁俘虏刚长出前面的几颗乳牙，这可能让惠特莉想起了她已经去世的 7 岁女儿。苏珊娜·惠特莉正在哀悼萨拉·惠特莉逝世 9 周年。[2]

93 在她还没成为西方最著名的黑人展示者时，这个年轻的非洲女孩很可能是苏珊娜和约翰买来纪念萨拉·惠特莉的。不管她讲沃洛夫语的亲人给她起了什么名字，现在都丢失在灰色的锁链、血腥的海洋和潦草的历史中了。奴隶船将她带来后，惠特莉夫妇重新给她起了名字。一位早期传记作家说，从一开始，菲莉丝·惠特莉在惠特莉的“家里和心里”都占据着“一个孩子的位置”。科顿·马瑟的孙女汉娜·马瑟·克罗克（Hannah Mather Crocker）说，菲莉丝在家里接受教育，“从未被看作一个奴隶”。[3]

在到达 4 年后，11 岁的菲莉丝写下了第一首英文诗。这是一首四行诗，献给 1764 年著名清教徒家庭撒切尔家死于（天花）的 17 岁女儿。这是菲莉丝无意中听到惠特莉家人哀悼萨拉·撒切尔后深受感动而写下的诗作。

12 岁时，菲莉丝可以阅读拉丁语和希腊语经典著作、英文文学作品和《圣经》。她 1767 年 12 月在《纽波特水星报》（*Newport Mercury*）上发表了她的第一首诗《胡塞先生和棺木》（“On Messrs. Hussey and Coffin”）。一场暴风雨几乎导致两位当地商人在波士顿海岸沉船失事。惠特莉夫妇邀请其中一位或者两位商人来家中吃晚餐。菲莉丝仔细聆听了商人讲述“他们九死一生”的故事。

1767年，15岁的她创作了《去剑桥大学》（“To the University of Cambridge”），这首诗表明她渴望进入全是白人男子的哈佛大学。她早就接受了对自己的种族进行社会同化的主张，这可能是惠特莉家庭带给她的，比如，写出“但是即便现在我离开故土/错误的暗夜漆黑之地”这样的话。主张社会同化者制造出闭塞的非洲这样的种族主义观点，告诉惠特莉和其他黑人，美国之光是一种天赋。第二年，惠特莉继续惊叹于她的同化，并在诗歌《从非洲到美洲》（“On Being Brought from Africa to America”）中攻击种族隔离主义的诅咒理论。

> 我们黑色人种曾遭人白眼， 94
> “他们的肤色被魔鬼漂染”，
> 记住，基督徒们，黑人虽黑如该隐，
> 也能高尚典雅，登上天堂快车。

1771年，菲莉丝·惠特莉开始收录自己的作品，其中包括一些描述18世纪60年代英国和美国殖民地之间关系日益紧张的诗歌，非常鼓舞人心。这些诗歌使她成名。惠特莉夫妇想到未来的出版商和买家会想要确认菲莉丝的真实性。这就是约翰·惠特莉在1772年召集这个由波士顿精英组成的强大阵容的原因。[4]

这18个人很难相信一位被奴役的黑人女孩可以理解希腊语和拉丁语，他们可能要求她描述她诗歌中的典故。不管他们问什么，惠特莉都让这18位男士组成的充满怀疑的审判团感到迷惑。他们签了以下这份主张社会同化的宣誓："我们在下方签署了自己的名字，向世界保证，下页中指明的诗句，（我们的确认为）是一位年轻非洲女孩菲莉丝所写，她在几年前还仅仅是从非洲来的未开化的原始人。"[5]

惠特莉夫妇很高兴。但即便有这份誓词在手，因为担心出版这些知名的诗歌会疏远奴隶主消费者，仍然没有一家美国出版社愿意出版她的诗歌，这些诗歌成了革命时代废奴主义文学的开端。波士顿的同化主义继承者们面试了菲莉丝·惠特莉，证明了黑人的能力。但是和出版商不同，这些人并不会有什么损失。

菲莉丝·惠特莉并不是被测试和展示的第一位所谓的"未开化的原始人"。整个18世纪的种族启蒙运动中，社会同化主义者四处奔走寻找人类实验——来证明种族隔离主义者是错的，有时候也去证明奴隶主是错的。在种族主义的马
95 戏团里，黑人就像训练有素的奇特生物，可以用来展示黑人的白人能力，展示人类平等，展示奴隶制度之外的一些东西。总有一天他们可以展示他们有能力获得自由。很少有人像英国第四代三明治伯爵[①]约翰·孟塔古（John Montagu）那么热情地提供人证或者在实验中投入那么多的金钱。

早在18世纪初，公爵在牙买加第一批获得自由的黑人

① 原文为"Second Duke of Montagu"，然而经查约翰·孟塔古并无这一头衔，他继承的是其祖父——第三代三明治伯爵的爵位称号。——译者注

中最小的男孩身上做实验，想看看他是否能达到同龄白人的智力水平。公爵把弗朗西斯·威廉斯（Francis Williams）送到英国学院和剑桥大学，在那里，弗朗西斯在知识上的造诣和接受相似教育的同龄人不相上下。

1738年到1740年之间有段时间，威廉斯回到家乡，可能在他的黑皮肤和社会同化思维上都戴上了白色卷曲的假发。他给奴隶主的孩子们开了一所语法学校，并且给牙买加每位殖民地总督都写了谄媚的拉丁语颂歌。1758年他给总督乔治·霍尔丹（George Haldane）写了一首反黑人的诗歌："即使是黑色的溪流也是在恭敬流淌，/无关肤色，而是发自内心。"[6]

著名苏格兰哲学家大卫·休谟（David Hume）听说了在剑桥读书的弗朗西斯· 威廉斯的事迹。但不管是威廉斯，还是越来越多在英国成为仆人的黑人男孩，还是布冯的气候理论，都不能改变他脑子里天生的人类等级和黑人不能够获得白人特质的立场。休谟着重强调自己的种族隔离主义立场。1753年，他更新了自己广受欢迎的对气候理论的批评——《自然因素》（"Of Natural Character"），在种族主义观点史上增加了最臭名昭著的注脚：

> 我倾向于怀疑黑人以及大体上所有其他物种的人（因为有四五种不同类型）天生比白人低等。其他肤色的人没有比白人更文明的国家，也没有任何在行动或思想上更杰出的个人。另外，最粗鲁野蛮的白人……身上仍然有一些杰出的地方……这种始终如一的持续差异不

> 可能在如此多的国家和时代中出现，如果不是自然在人
96 的种类上做了初始区分……在牙买加，的确，人们在谈论一个黑人多才多艺、学识渊博；但是很可能人们称赞他只是因为他微小的成就，就像鹦鹉只能简单地说几个词一样。[7]

休谟强烈反对奴隶制度，但是和很多启蒙运动时期其他废奴主义者一样，他从没觉得自己的种族隔离主义思想与自己的反奴隶制度立场自相矛盾。后面几十年中赞成奴隶制度的理论家忽视了大卫·休谟的反奴隶制立场，并且把他作为典范，把他在《自然因素》中添加的注脚当作他们的国际颂歌。[8]

美国也进行了类似的教育年轻黑人男子的实验，尽管一些种族隔离主义者开始接受社会同化主义的思想甚至反对奴隶制度，但是几乎没有美国白人完全拒绝种族主义思想。本杰明·富兰克林在欧洲大陆居住了20多年后于1763年回到家乡，他看到托马斯·布雷医生（Dr. Thomas Bray）公司经营的费城学校在展示黑人。这一创建于伦敦的教育集团在1731年以已故的国外福音传播会组织者命名。通过对小学生的评估，富兰克林“对黑人种族的才能做出了更高的评价”。一些黑人可以“接受我们的语言或习俗”，他承认。但那似乎就是富兰克林可以做出的所有让步了，可能承认种族主义观点的产生对于维系奴隶制是至关重要的。7年后，在向国王游说通过佐治亚州严苛的奴隶法规时，富兰克林称“大多数”奴隶“策划阴谋，黑暗、沉闷、恶毒、充满仇恨

并且残忍至极”。[9]

对富兰克林这样的种族主义者来说，他们很难相信有很多黑人都能成为另一个弗朗西斯·威廉斯或者菲莉丝·惠特莉。种族主义者通常认为少数有才华的黑人是“非凡的黑人”。约瑟夫·杰基尔（Joseph Jekyll）从1805年开始成为大受欢迎的非裔英国作家，孟塔古的门生伊格内修斯·桑丘（Ignatius Sancho）写传记时称他为“这个非凡的黑人”。这 97
些非凡的黑人被认为是违反了自然或后天的规律，那些规律将黑人衰落视为标准。他们不像“大多数”（黑）人一样普遍低等。这种思维游戏让种族主义者在个别非洲人有悖其论断后仍能保持其种族主义观点。展示优秀的黑人来改变种族主义思想这种策略从一开始就注定失败，但是这种说服策略持续了很久。[10]

孟塔古在1749年逝世后，人称亨廷顿伯爵夫人的赛琳娜·黑斯廷斯（Selina Hastings）代替他成为英语国家中展示黑人的主要带头人。如果她是一位男性清教徒的话，科顿·马瑟应该会崇拜这位为基督教黑人写的书做推广并将之作为黑人能够被转化的实证的卫理公会先驱。1789年，在伯爵夫人去世前两年，她赞助奥拉达·埃奎亚诺（Olaudah Equiano）出书，书名《有趣的生活叙事》（*Interesting Narrative*）非常贴切，讲述了他在尼日利亚出生、被俘虏、被奴役、受教育和被解放的故事。伯爵夫人第一次也是最有潜在收获的一次活动就是引导宇嘉索·格伦宁索（詹姆斯·艾伯特）［Ukawsaw Gronniosaw（James Albert）］在1772年出版了最早的奴隶叙事。几乎可以肯定伯爵夫人喜欢格伦宁索的社会同化主义情节：他越是遵循奴隶制度、优越的欧洲文化和基督教，将他在西非的异教徒信仰和低等教育抛在身后，他就会变得越幸福、越虔诚。因为自由已经被染成白色，格伦宁索相信要真正获得自由，他必须放弃他的尼日利亚传统，成为白人。[11]

英国首席大法官曼斯菲尔德勋爵比孟塔古和赛琳娜·黑斯廷斯走得更远，他释放了一位弗吉尼亚逃亡者詹姆斯·萨默塞特（James Somerset），让格伦宁索的先锋奴隶叙事和惠特莉1772年的波士顿裁决都为之失色。英国不能有人被奴役，曼斯菲尔德规定，提出反奴隶制度的英国法对抗赞成奴隶制度的殖民地法。害怕曼斯菲尔德的规定可能会在某一天延伸到英国殖民地，萨默塞特案例刺激了支持奴隶制的理论家纷纷公开化，并且唤起了跨大西洋的废奴运动。宾夕法尼亚大学教授、美国医学先驱本杰明·拉什（Benjamin Rush）在1773年2月匿名发表了一本尖刻的反对奴隶制度的册子，将菲莉丝·惠特莉的作品作为推动美国废奴的论据。

98 拉什赞扬了惠特莉的“独特天才”（但没有点名）。所有归咎于黑人的缺点，从懒散到背叛再到偷窃，都是“奴隶制度的产物”，拉什写道。事实上，那些未经证实的归咎于黑人的缺点是不合逻辑的种族主义思想的产物。奴隶们真的比他们的奴隶主更懒惰、更狡诈、更不诚实吗？明明是后者强迫其他人为自己工作，如果他们不工作就诡诈地鞭打他们，如果他们工作就偷偷夺取他们的劳动所得。在任何情况下，拉什都是第一个将虽然带有种族主义但很有说服力的废奴主义理论商业化的活动家，他认为奴隶制度让黑人低等。

不管是否仁慈，任何观点如果认为黑人作为一个群体是低等的，如果认为黑人有问题，那就是种族主义观点。奴隶制度杀戮、折磨、强奸、剥削人民，拆散家庭、攫取宝贵的时间并将奴隶锁在社会与经济的凄凉之地中。奴役的限制使得黑人在智力、心理、文化和行为上变得不同，而不是低等。

本杰明·拉什在他的小册子里击倒了诅咒理论，推翻了一个世纪以来从科顿·马瑟到萨缪尔·戴维斯的美国神学（理论）。他主张“基督教奴隶是一个自相矛盾的词”，要求美国“给奴隶制度画上句号”！拉什的论著不断再版并在纽约、波士顿、伦敦和巴黎流传，还在 1774 年推动了宾夕法尼亚废奴协会的成立，这是北美第一个并非由非洲人组成的反奴隶制协会。[12]

惠特莉为了给自己的《多主题诗集》（*Poems on Various Subjects*）找出版商，不得不在 1773 年夏天来到伦敦——在那里她受到欢迎、参加游行和展示，就像个国外的摇滚明星。也是在那里，她得到了亨廷顿伯爵夫人的经济支持。为表达感谢，惠特莉将自己的书献给伯爵夫人，这是第一本非洲裔美国女人写的书，也是第二本美国女人写的书。她的诗在 1773 年 9 月出版，在这一年前英国宣布奴隶制不合法，而在这几个月前，拉什的废奴主义小册子流传到了英国。她的诗 99
引发了伦敦社会的震动。伦敦人谴责美国的奴隶制度，而美国的奴隶主则抵制伦敦人。随后大西洋两岸的废奴主义者更坚定地抵制殖民地奴隶主的统治。1773 年 12 月，波士顿倾茶事件引发了政治地震，随后英国出台了《强制法案》，而爱国者们则随之反抗英国在殖民地的统治。随着美国革命的萌芽，英国评论员猛烈抨击波士顿人的虚伪，一方面吹嘘惠特莉的聪明才智，另一方面又奴役她。诗人很快便获得了自由。[13]

乔治·华盛顿赞扬了菲莉丝·惠特莉的才能。在法国，伏尔泰不知怎么得到一本《多主题诗集》。伏尔泰承认，惠特莉证明了黑人能够写诗歌。这个男人几年前还无法决定到底黑人是从猴子演变来的，还是猴子是从黑人演变而来。尽管如此，不管是惠特莉还是本杰明·拉什，或者任何启蒙运动中的废奴主义者都无法改变支持奴隶制度的种族隔离主义者的立场。奴隶制度存在了那么久，所以就会有种族主义观点来将它合理化。除了终结奴隶制之外，惠特莉和拉什没有其他任何办法阻止支持奴隶制的种族主义观点的产生。

1773 年 9 月，身在加勒比的费城种植园主理查德·尼斯比特（Richard Nisbet）抨击本杰明·拉什“仅凭一个黑人女孩写了几首蠢诗这一个例子，就想证明黑人在理解力方面和我们没有差距”。1773 年 11 月 15 日，《宾夕法尼亚邮报》（*Pennsylvania Packet*）上刊登了一篇短小的讽刺文章，里面重写了《圣经》章节来证明上帝使非洲人适合奴隶制度。几周后，有人发表了《建立个人奴隶制》（*Personal Slavery Established*）。这位匿名作者抨击了拉什（或者讽刺尼斯比特），抄袭了大卫·休谟的注脚并写下“非洲人”的“五个等级”：“第一等级，黑人；第二等级，猩猩；第三等级，猿；第四等级，狒狒；第五等级，猴子。”[14]

托马斯·杰斐逊在1773年远离法律，花了更多的时间来监督他的蒙蒂塞洛种植园的建造。但他和很多殖民地有钱人的想法一样，仍关注着建立一个新的国家。他们受着英国 100
的债务、税收和帝国内部贸易授权的影响。他们能够从独立中获得最大益处，而在英国殖民主义之下则损失最大。政治上，他们情不自禁地恐惧所有的英国废奴主义者，后者反对美国的奴隶制、向菲莉丝·惠特莉致敬并释放弗吉尼亚逃亡者。经济上，他们情不自禁地垂涎所有英国以外的市场，以及所有英国以外地区提供的消费产品，如闻名世界的糖，它是法国奴隶主强迫非洲人在现在的海地生产的。1774年，弗吉尼亚反对派立法者在威廉斯堡（Williamsburg）会晤。

一位弗吉尼亚最坚定的反对派立法者发表了一份措辞严厉的自由宣言——《英美权利概述》（*A Summary View of the Rights of British America*）。“有没有理由可以解释为什么16万名［英国］选民”有权为400万与他们平等的美国人制定法律？作者说，陛下已经拒绝我们废除奴隶制度和奴隶贸易的“伟大目标”，因此对“人性的权利被这种臭名昭著的行为深深伤害”视而不见。一些政客厌恶地将其束之高阁，因为他们接受了托马斯·杰斐逊对奴隶制度的口诛笔伐。但是“几个作者的仰慕者”喜爱他聪明的转向：他把美国奴隶制度怪罪给英国。经过印刷和传播，《英美权利概述》将杰斐逊的观点提升到国家认同的高度。[15]

英国人（和一些美国人）立刻开始质疑奴隶主向全世界抛出自由宣言的真实性。没有人会质疑菲莉丝·惠特莉在1774年说的话的真实性——“在每个人的胸膛里，上帝都植入了一个原则，我们称之为对自由的热爱”——或者是康涅狄格黑人几年后声称的“我们通过自己的思考感知，我们被赋予了与我们的主人相同的才能，没有什么能使我们相信或认为，我们比他们更有义务去服务他们，而不是他们来服务我们”。在整个美国革命中，非洲人都拒绝种族主义条约所声称的他们天生要被奴役。[16]

爱德华·朗（Edward Long）在他牙买加的大型糖类种植园中关注着废奴主义和反种族主义浪潮的上涨。他意识到
101 急需一种新的种族主义正当性来使奴隶制度免于被废除。所以在 1774 年，他出版了大部头著作《牙买加历史》（*History of Jamaica*），给多源起源论注入了新的活力。他提问说，为什么到现在人们仍然很难明白，黑人构成了“一个不同的物种”？猿类“在形式上和黑人种族的相似度要比后者与白人的相似度更高”。就像黑人对白人怀着热爱一样，猿类“对黑人女人也怀着热爱”，朗的解释和约翰·洛克曾经说过的话很像。

朗专门用整整一个章节来质疑牙买加的老弗朗西斯·威廉斯的能力，以他保证的“我与生俱来的公正性”。他说威廉斯的才能是欧洲“北部空气”带来的结果，然后又自相矛盾地质疑威廉斯的才能，引用了休谟的注脚。朗抨击威廉斯“完全蔑视自己的黑人同胞”，仿佛朗自己没有蔑视黑人一样。朗形容威廉斯自认为是一个“披着黑色皮肤的白人”。朗认为如果用一个谚语来说威廉斯，那就是“给我一个黑人，我就会还给你一个小偷”。[17]

在那一年年底，苏格兰法官、哲学家和苏格兰启蒙运动

的引擎——凯姆斯勋爵（Lord Kames）通过《人类史纲》（*Sketches of the History of Man*）延续了朗的《牙买加历史》。这篇毁灭性的论文攻击了社会同化主义思想并撕裂了认为所有种族源自同一物种的单一起源论。凯姆斯的书比朗的书破坏力更大。1774 年，西方国家很少有思想家拥有凯姆斯勋爵那样的学术传承。他改述了另一位多源起源论支持者伏尔泰的观点并解释说，“人有不同的［物种］，就跟狗一样：藏獒和西班牙猎犬的区别并没有比白人和黑人的区别更大”。凯姆斯坚持认为气候创造了物种，但是他们不能从一种肤色变为另一种肤色。凯姆斯抛弃了亚当夏娃的故事，将自己的天地万物构建在《创世记》中的巴别塔故事之上。[18]

多源起源论者喜欢《人类史纲》。基督教单一起源论者对这种渎神的言行感到愤怒。但在 18 世纪末，越来越多的人在试图理解种族差异时，开始觉得不同创造物的故事和不同物种的概念讲得通。不然还能怎么解释那么明显的肤色、文化、财富，以及人们享有的自由程度上的差别呢？

如果有人告诉凯姆斯勋爵一位比他年轻 56 岁的德国博 102
士生将领导对他的多源起源理论的首次发难，这位老法官可能会哈哈大笑。凯姆斯勋爵以幽默感出名。大胆的年轻人约翰·弗里德里希·布卢门巴赫（Johann Friedrich Blumenbach）在《人类的自然类别》（*On the Natural Variety of Mankind*）中声称，和凯姆斯勋爵不同，“我写这本书时完全没有抱有任何偏见”。这个德国人在 1775 年写下，是环境——而不是独立的创造——造成了“人类不同的类别”。布卢门巴赫追随林奈设置了四种“居民等级”，或者说种族等级。“对我们而言最首要和最重要的……是欧洲，”他的理论如此认为，“这个整体中所有国家的人都是白皮肤的，并且如果和其他人相比，他们的体型也更美。”[19]

在美国革命期间，欧洲爆发了对人类起源的全面大讨论。支持布卢门巴赫反对朗和凯姆斯勋爵的正是德国哲学家伊曼努尔·康德（Immanuel Kant），很快他就因为著作《纯粹理性批判》（*Critique of Pure Reason*）而广为人知。康德讲述了“布冯规则”，即所有人类都是来自“同一自然属”的一个物种。欧洲是人类的摇篮，“在那里，人……一定与其原生构造偏差最小”。欧洲居民具有“更美的身体，工作更努力，更诙谐，更能控制自己的激情，比世界上任何其他种族的人更聪明”，康德在演讲中说，“人性在白人种族身上得到了最完美的体现”。[20]

美国学者效仿了这场单一起源论与多源起源论之间的争论，就像学生会效仿教授的争论一样。在继续这场种族主义争论时，美国学者也效仿了种族主义的辩论家。美国奴隶主和世俗知识分子很可能支持凯姆斯勋爵和其他多源起源论者。废奴主义者和神学家可能更支持康德和其他单一起源论者。但是这些并不妨碍美国单一起源论者和多源起源论者一起煽动民众反抗英国的情绪，并且忽视他们自己对非洲奴隶的暴行。

很快，有个叫塞缪尔·约翰逊（Samuel Johnson）的人指出了美国人的虚伪。约翰逊可能是英国历史上最著名的文豪。当他对公众辩论发表意见时，美国和英国的学者都会关

注。乔治·华盛顿、托马斯·杰斐逊和本杰明·富兰克林都 103
很仰慕约翰逊的文才。约翰逊没有回应他们的仰慕。他厌恶美国人仇恨权威、贪婪追求财富、依赖奴役，以及他们用基督教让黑人顺从的方式。“我愿意爱所有的人类，除了美国人”，他曾经这样说。[21]

本杰明·富兰克林曾经用好几年的时间游说一水之隔的英国政权放宽其殖民政策。他认为英格兰正在奴役美国，他还经常使用一个类比——英国正在让“美国人成为白皮肤的黑人”。塞缪尔·约翰逊向来讨厌这种种族主义类比。在 1775 年美国独立战争爆发时，富兰克林乘船返回美国，当时约翰逊发表了《税收不是暴政》（*Taxation No Tyranny*）。他为《强制法案》辩护，认定美国人比英国人低等并且支持给被奴役的非洲人提供武器。约翰逊指出：“我们怎么会听到奴役黑人的人在大声疾呼对自由的诉求呢?”殖民地需要有个人对伟大的塞缪尔·约翰逊做出官方的回应。这个人就是托马斯·杰斐逊。[22]

第 9 章

生而平等

104 1776 年 6 月 7 日，在费城召开的第二届大陆会议上，代表们决定起草一份独立文件。这个任务落到一位 33 岁的非核心代表身上，他认为自己有才华和热情去完成这份文件的撰写。比他年长的更出名的代表认为自己还有更重要的事情要做：在会议上发言、起草国家宪法和战时计划。[1]

很多年来，欧洲知识分子比如法国的布冯和英国的塞缪尔·约翰逊都认为美国人的生活方式、土地、动物和美国人本身天生就比欧洲的一切低等。托马斯·杰斐逊不同意这种推断。在《独立宣言》的开头，他转述了弗吉尼亚宪法，写下了流芳百世的名句："人人生而平等。"

我们不可能准确知道杰斐逊指的"人人"是否包含他自己奴役的劳动者（或女人）。他是不是只是强调美国白人和英国人是平等的？文件的后面，他确实骂英国人"煽动那些人武装起义"——那些"人"指的是反抗的非洲人。杰斐逊插入"生而平等"这句话是不是为了向单一起源论和多源起源论之间的纷争点头致意？即便杰斐逊相信所有群体"生而平等"，那他也从不相信反种族主义者的信条，即所有人类群体都是平等的。但他提出的“人人生而平等”仍是革命性的；这甚至推动了佛蒙特和马萨诸塞废除奴隶制度。为了支持多源起源论和奴隶制度，6个南部蓄奴殖民地 105
在他们的宪法中插入了“所有**自由**人生而平等”。[2]

杰斐逊在宣言中继续写道：“造物主赋予他们若干不可让与的权利，其中包括生存权、自由权和追求幸福的权利。”作为拥有近200名奴隶并无意释放他们的人，托马斯·杰斐逊撰写了美国自由哲学来临的预告。对杰斐逊而言，一边奴役着人，一边把“自由”称为一种“不可让与的权利”到底是什么意思呢？我们不难理解美国印第安人、被奴役的非洲人和契约白人奴隶在1776年所要求的自由是指什么。但是像杰斐逊以及其他和他一样的奴隶主，他们的财富和权力依赖于他们的土地和奴隶，那么他们的自由是指什么呢？他们是否渴望对奴役和剥削无拘无束的自由呢？他们是否认为他们权力的减少是对其自由的削减呢？对这些有钱人来说，自由不是做选择的权力，自由是创设选择的权力。英国创设了选择，他们创设的政策使美国精英们必须去遵守，就像是种植园主们创设了让劳动者们必须去遵守的选择和政策一样。只有权力能让杰斐逊和其他富裕的白人殖民者从英国得到自由。对杰斐逊来说，权力来自自由。事实上，是权力创造了自由，而不是其他的方式——没有权力的人受到这样的教导。

“为了保障这些权利，”杰斐逊继续写道，“人民便有权……建立一个新的政府……新政府所依据的原则和组织其权利的方式，务使人民认为唯有这样才最有可能使他们获得

安全和幸福。”杰斐逊坐在他的温莎椅上写下这些激动人心
的革命行动号召，与此同时，数千名非洲人也自发地采取行
动，逃离种植园、在边境上建立自己的政府，或者和英国人
抗争——都是为了“获得安全和幸福”。在南卡罗来纳，2
万名非洲人为维护自己的利益而参与了三方冲突。据估计，
佐治亚州2/3被奴役的非洲人都逃跑了。根据杰斐逊自己的
计算，弗吉尼亚在一年里失去了大约3万名被奴役的非洲
人。当然，种族主义的种植园主并不会承认黑人逃跑后就能
106 自力更生获得他们自己的安全和幸福，获得自由。南卡罗来
纳的种植园主怪罪英国士兵“偷走”黑人或者是说服他们
“逃离”主人。[3]

托马斯·杰斐逊只给富有的白人男性革命者颁发了革命许可证。他在《独立宣言》中将逃亡者定为罪犯，并且对女人只字不提。波士顿代表约翰·亚当斯（John Adams）给家中的妻子阿比盖尔（Abigail）写了一封信，来“取笑”她对女性权利的奋斗。亚当斯说有人告诉代表们，“我们抗争”的结果造成了白人“儿童和学徒不听话”。“印第安人轻视他们的监护者，黑人对他们的主人无礼。”现在她告诉他，女人也“不满意”。[4]

杰斐逊在宣言中为独立列出更多的理由之后，列上了英国单一起源论者“滥用职权和强取豪夺的行为”，比如“切断我们同世界各地的贸易”。美国商人和种植园主不能与英帝国之外的商人和种植园主做生意，这限制了他们在买卖非洲人、从非英国渠道购买更价廉物美的商品、在英国以外的地区出售奴隶种植的庄稼和生产的产品，以及摆脱英国商人

和银行的压迫方面的自由。1776 年，杰斐逊以及他那野心勃勃的国际自由贸易者组成的为自由而战的阶级收获了一位强大的盟友。苏格兰哲学家亚当·斯密（Adam Smith）在他甫一出版即成为畅销书的《国富论》（*The Wealth of Nations*）一书中谴责英国的贸易行为是为了限制“自由”市场。对这位资本主义经济理论之父而言，国家的财富来自国家的生产力，这种生产力是非洲国家所缺乏的。“非洲所有内陆地区，”他写道，“似乎在这世界的任何时代都处在和现在一样的野蛮和未开化的状态。”同时，斯密赞扬美国“为广阔的帝国创设出一种新式的政府，……很可能成为全世界最伟大也是最强大的政府”。国父们读到亚当·斯密的预言而面露微笑。杰斐逊后来称《国富论》是“现存最好的”关于政治经济学的书。[5]

杰斐逊把对国王糟糕行为的控诉留到宣言的最后。身为 107
律师和语言大师，他回击了塞缪尔·约翰逊认为美国人虚伪的指控。杰斐逊写道，英国国王曾经阻止美国废除奴隶制度，现在却释放了非洲奴隶并将他们武装起来保持英国对美国人的奴役，“这意味着，为了偿还之前对一个民族的**自由**犯下的罪，［国王］敦促他们侵犯另一个民族的**生存**权利”。[6]

罗得岛的牧师塞缪尔·霍普金斯（Samuel Hopkins）是一位反奴隶制清教徒，他觉得杰斐逊的文章很可笑。他刚刚向国会提交了《关于非洲奴隶制度的对话》（*A Dialogue concerning the Slavery of the Africans*）的文件。霍普金斯认为，美国人所谓的英国人对他们的奴役，和美国人对非洲人的奴役相比，简直“轻于鸿毛”。与这本激动人心的反种族主义册子相比，1776 年贵格会要求全体教友释放他们的奴隶，否则将面临驱逐的事实几乎黯然失色。“我们接受的教育让我们对他们充满强烈偏见，”霍普金斯说，“让我们考虑一下他们，不是作为我们的同胞，或者任何跟我们一样的水平；而是作为另一种动物物种，天生只是来为我们和我们的孩子服务的。”霍普金斯是贵格会之外第一位强烈反对奴隶制度的重要基督教领袖，但是 1776 年只有他独自一人处于反奴隶制阵营。其他牧师都远离这个阵营，即使宣布独立的代表亦是如此。没有人告诉他们，他们的革命宣言自相矛盾。没有什么可以说服蓄奴的美国爱国者们终止他们煽动的关于英国奴隶制度的宣言，或者他们对非洲人不断加深的奴役。忘了什么自相矛盾吧。两者都是他们的政治经济私利。[7]

1776 年 7 月 2 日，会议通过了宣布独立的决议。然后代表们仔细阅读着杰斐逊的草稿，就像理发师审视着满头头发。每次他们删减、改变或者增加点内容，过分敏感的杰斐逊就更深地陷入他的椅子。本杰明·富兰克林就坐在他旁边，却没有办法让他振作起来。代表们删掉了杰斐逊大篇幅称英国人为伪君子的内容。显然，来自南卡罗来纳和佐治亚的代表不喜欢杰斐逊将奴隶制度描述为“对抗人类天性的
108 残酷战争”这一说法，这样的措辞威胁到他们庞大财产的根基。1776 年 7 月 4 日，代表们完成了对《独立宣言》的修改。[8]

接下来的 5 年中，斗争仍然激烈。英国人镇压反抗失败。1781 年 1 月 5 日，英国军人到里士满郊区做最后的努

力。英国军人像搜捕逃犯一样搜捕弗吉尼亚总督。总督托马斯·杰斐逊拥有1万英亩土地可以藏身，他把家人藏在蒙蒂塞洛西南大约90英里的一处继承房产中。在藏匿在那里的时期，杰斐逊终于有时间回答法国外交官弗朗索瓦·巴尔贝-马尔布瓦（François Barbé-Marbois）1780年发给13位美国总督的23个“问题”。

法国人问了每个殖民地的历史、政府、自然资源、地理和人口信息。只有很少的人做出回复，但没有人像托马斯·杰斐逊回答得那么全面。杰斐逊是费城美国哲学学会的新成员，他在自己蒙蒂塞洛的图书馆中收集了上千本书并乐于接受学术挑战。他把他的答复命名为《弗吉尼亚笔记》（*Notes on the State of Virginia*）。这本书是他写给法国外交官、学者和美国的好朋友的。他在1781年末把书的手稿寄给了巴尔贝-马尔布瓦。

因为没想要发表，所以杰斐逊毫不掩饰地表达了他对黑人的看法，尤其是对可能被释放的黑人的看法。“他断言，将［自由的］黑人纳入国家”是不可能的。“白人对其抱有的根深蒂固的偏见、黑人受迫害的种种往事和面临的新挑衅、天生的确实存在的差异，以及很多其他情况，会将我们分化成持不同意见的团体并产生社会动乱，这些可能永不会终结，直到一个或另一个种族灭绝。”这种大杂烩思想是很经典的杰斐逊风格，采用了经典的反奴隶制和反废奴制度理论——既用上了种族隔离主义者的自然差异观，也体现了反 109
种族主义者对白人偏见和歧视的承认。[9]

美国独立战争将军乔治·华盛顿对偏见有不同看法。

1785年有人邀请他参加一个反奴隶制请愿活动，他觉得时机不对。“在一种偏见刚开始减少时就发起正面进攻是很危险的”，华盛顿建议。偏见在1785年刚开始减少吗？不管华盛顿将军是如何得出这一结论的，这位即将成为第一任总统的人听起来是第一批提倡所谓种族进步的人，他的声音盖过了反种族主义的激烈争论。[10]

托马斯·杰斐逊在《弗吉尼亚笔记》中建议对奴隶制度发起正面进攻，他一辈子都赞同这一计划：回到非洲对非洲人进行大众教育、解放和殖民。杰斐逊自己在蒙蒂塞洛奴役黑人，列出“自然带来的真正区别”，即他相信那些特质让自由黑人不可能融入新的国家。他写道，白人更美丽，就像黑人“偏爱的那样”。他在文章中重述了爱德华·朗（和约翰·洛克）的观点——但是很讽刺的是，这种观察竟出自一个早就喜欢上一位黑人女性的男人笔下。[11]

黑人有和白人一样的记忆，杰斐逊继续说，但是“在逻辑思维上要差一些”。然后他暂停下来用科学中立性来掩盖其种族主义观点：“如果跟随他们到非洲来进行调查将有失公平。我们就在这里观察他们，在和白人一样的舞台上，这里人们形成判断基于的事实不是杜撰出来的。”在这个“同样的舞台上”，他“永远不会……发现一个黑人能表达出超过基本叙述水平的想法；不会看到绘画或雕塑的基本特点”。“宗教，”他说，“确实培养出了菲莉丝·惠特莉；但是它无法造就一个诗人。”[12]

托马斯·杰斐逊因为《弗吉尼亚笔记》一书成为代表黑人智力低下观点的美国著名权威。这一地位将在之后持续

50年。杰斐逊并未提及不计其数被奴役的非洲人通过学习成了非常有智慧的铁匠、鞋匠、砖匠、木工、木匠、工程 110
师、制造商、工匠、音乐家、农民、助产士、医生、监工、管家、厨师以及双语和三语翻译——所有的工人们让他和其他很多人在弗吉尼亚的种植园几乎可以完全自给自足。杰斐逊不得不忽视他自己发出的对技能高超的逃亡者的公告以及很多其他种植园主召唤他们重要的高技能俘虏回来的公告，他们"非常聪明务实"，并且"在任何工作上都很有独创性"。有人怀疑杰斐逊是不是真的相信他自己说的话。杰斐逊是不是真的认为黑人在奴隶制度下是聪明的，而在获得自由时是愚蠢的呢？[13]

《弗吉尼亚笔记》还充斥了其他关于黑人自相矛盾的观点。"他们至少和白人一样勇敢并且更爱冒险"，因为他们无法预见"危险，直到真的遇到"，杰斐逊写道。非洲人更能感受到爱，但又不太能感到疼痛，他说，而且"他们的生活方式似乎更多是来自直觉而不是深思熟虑"。这也是为什么他们更愿意"从消遣中抽身以及在不劳动的时候睡觉。动物们如果身体放松，又不思考，肯定也愿意睡觉"。但在前一页，杰斐逊又认为黑人需要"更少睡眠。一个黑人，在一天的辛勤劳动后，即便只有最轻微的娱乐也会坐到半夜"。在杰斐逊栩栩如生的想象中，懒惰的黑人比白人更**渴望**睡眠，但是，因为优秀的身体素质，他们又只**需要**更少的睡眠。[14]

杰斐逊自信地将被奴役的非洲人打上了比罗马奴隶更低等的标签，但对于美洲印第安人，他又呼吁这种比较"不公平”。杰斐逊在充满自信地对比区分黑人和白人的同时，又将美洲印第安人和白人视为平等的。弗朗索瓦－让·德·沙特吕（François-Jean de Chastellux）是独立战争期间美国和法国军队联络员，杰斐逊告诉他，美洲印第安人“在身体和头脑上都和白人平等”。他“认为黑人在目前的情况下可能不是这样”，“但是很难断言经过几代人的平等培养后，他们是否还无法变得平等”。对杰斐逊而言，说到种族观点
111 时他总是模糊不清。这本笔记已经是他对自己社会同化主义思想最清晰的表达了。

杰斐逊认为美洲印第安人的孩子比白人少的原因“不是天性上的差别，而是因为环境”。对黑人则相反。“黑人，”他说，“不管是因为原初就是一个不同种族，还是因为被时间和环境变成了不同种族，在身体和头脑的天赋上都不如白人。”这位雄心勃勃的政治家可能是害怕疏远潜在的朋友，可能是他的观点在启蒙运动反奴隶制度和美国支持奴隶制度之间被撕裂，可能只是不确定，所以没有在单一起源论和多源起源论、种族隔离主义与社会同化主义、奴隶制和自由之间做出选择，但是他确实选择了种族主义。[15]

1782 年，杰斐逊并不准备出版《弗吉尼亚笔记》。他正忙于让生活重回正轨，在这之前他的生活因 13 年的政府部门工作和英国人对他为期几个月的搜寻而撕裂。战争粉碎了杰斐逊的过去。玛莎·杰斐逊在当年 9 月 6 日的去世又粉碎了他的未来。他计划退休，在蒙蒂塞洛的妻子墓边隐居，做一个种植园主和学者并慢慢老去。到了晚上，蒙蒂塞洛庇护

所就变成了环绕着受伤记忆的蒙蒂塞洛牢笼。他必须逃离。他在国会的朋友帮他想了个办法。[16]

1784 年 8 月 6 日，杰斐逊因为新的外交工作来到巴黎，期望在未来的货物采购、演出、文化和贸易等方面获得优势。在联系法国外交部部长的那周，杰斐逊就发指令到蒙蒂塞洛要求加速生产。他认为在可以预见的未来，他的奴隶还有他们国家的奴隶将要为法国商人生产足够多的烟草来偿还英国债权人的债务。同时，杰斐逊还忙着告诉废奴主义者："没有人［比我］更殷切希望看到奴隶制被废除。"杰斐逊对奴隶制度的厌恶程度相当于他害怕失去美国人在英国银行有账户的自由，或者失去他在蒙蒂塞洛养尊处优的生活方式
的程度。他对自由和奴隶制度既喜欢又厌恶，而且一直未能 112
将自己从两者之一中脱离出来。[17]

经济外交是杰斐逊的官方工作。他的爱好是科学，他和同在巴黎的本杰明·富兰克林组成搭档以抵御法国人对美国人低人一等的攻击。杰斐逊的行李里带着他尚未出版的《弗吉尼亚笔记》和"一张大得不同寻常的豹皮"。1785 年他印刷了 200 本英文版的《弗吉尼亚笔记》。他把手稿发给了法国的学者、本杰明·富兰克林、约翰·亚当斯（John Adams）、詹姆斯·麦迪逊（James Madison）和詹姆斯·门罗（James Monroe）。1786 年，一位狡猾的印刷商得到了一本，未经杰斐逊同意便将之翻译成了法语。杰斐逊在 1787 年夏天按自己的计划安排在伦敦出版了英文版本。从那以后，《弗吉尼亚笔记》成为最畅销的美国非虚构类图书，直至 19 世纪中期。

康斯坦丁·沃尔内伯爵（Count Constantine Volney）作为希罗多德式的传记作家而被法国人所知，他在给《叙利亚和埃及游记》（*Travels in Syria and Egypt*）做收尾工作时读到了《弗吉尼亚笔记》并结识了该书作者。当沃尔内第一次在埃及看到狮身人面像时，他想起了希罗多德——古希腊最著名的历史学家——描述古代埃及人的“黑色卷发”。联系到现在，沃尔内沉思，“黑人种族，现在是我们的奴隶和极度轻视的对象，我们应该感激他们给予了我们艺术、科学甚至语言的使用本身”。1796 年沃尔内访问美国时，美国的种族主义者嘲笑他是黑人的无知崇拜者。但杰斐逊没有嘲笑他。他邀请沃尔内带着他的反种族主义观点和黑人古埃及历史来到蒙蒂塞洛。杰斐逊——这位认为黑人智力低人一等的权威——怎么会将沃尔内视为古埃及权威呢？显然，科学事实一直与他的个人利益紧密相连。[18]

托马斯·杰斐逊在 1787 年 2 月拜访了法国南部和意大利北部。“如果我死在巴黎，我会请求你把我埋葬于此”，杰斐逊对普罗旺斯埃克斯（Aix-en-Provence）的美丽乡村充满敬畏。在他 6 月回到巴黎时，他可能注意到一份美国哲学学
113 会（APS）的年度演说文件，这是普林斯顿神学家塞缪尔·斯坦霍普·史密斯（Samuel Stanhope Smith）寄来的。年度 APS 演说是这个新国家最受追捧的学术讲座，而 APS 成员也都是美国有权有势的名人，如宾夕法尼亚州的本·富兰克林、纽约州的亚历山大·汉密尔顿，以及弗吉尼亚州的杰斐逊、詹姆斯·麦迪逊和乔治·华盛顿。史密斯在 APS 的演讲实际上是美国国内对杰斐逊《弗吉尼亚笔记》的首次大挑战。[19]

史密斯已经对社会同化主义的气候理论思考了一段时间。他可能从布冯那里第一次听到了这一理论，又或者是从詹姆斯·鲍登（James Bowdoin）1780年5月4日在波士顿新成立的美国文理科学院的公开演说上。作为学院的创立者和第一任院长，以及马萨诸塞州的政治领袖之一，鲍登在波士顿对国家的杰出学者和政治家的讲话可能流传到了史密斯所在的新泽西州。如果欧洲人和非洲人的“自然能力”是“不平等的，很可能这就是事实”，鲍登声称，我们知道的理由是气候。炎热的气候摧毁了头脑和身体。在美洲和欧洲北部的温和气候下，人类“可以在开发头脑和身体上做出更大努力”。塞缪尔·斯坦霍普·史密斯有可能从宾夕法尼亚大学医学院的创立者约翰·摩根（John Morgan）那里听说了气候理论。摩根在1784年向APS成员展示了两位变白的两岁孩子。“我们几乎没遇到过这么美的黑人”，摩根当时这样说道。[20]

塞缪尔·斯坦霍普·史密斯把他1787年的演讲起名为《论人体肤色与形象变异原因的论文》（“An Essay on the Causes of the Variety of Complexion and Figure in the Human Species”）。他描述了两种人类变异的原因：气候和社会状况。炎热的气候导致身体紊乱，比如卷曲的头发，这是“最不符合自然法的”；寒冷天气“带来相反的效果”，它治愈了这些疾病。史密斯从布冯那里得到启发，他如是说道。

史密斯坚称，除了变化的气候，社会状态的改变也会消除黑人的特征。看看那些家庭奴隶，他们靠近白人社会，得到文明社会“令人愉快而常规的特征”——浅肤色、直发、

114 薄嘴唇。“欧洲人和美国人是世界上最美丽的人，主要是因为他们的社会状态是最完善的。”最后，这位主张社会同化者一定要把自己与凯姆斯勋爵和多源起源论者分离开。唯一的“一对”——欧洲的亚当和夏娃——“诞生了地球上所有的家庭”，史密斯以此结束了演讲。[21]

史密斯用欧洲人的特征作为衡量标准，判定浅肤色和薄嘴唇在黑人身上比深肤色和厚嘴唇更美丽。他还区分了“好的头发”和“坏的头发”：越直越长就越好，越卷曲越短就越糟糕。他认为混血儿的地位要高于非洲人。

在奴隶和自由民中，混血儿一般是种植园主的孩子，他们通常受益于比非洲血统的人更高的社会地位，通常他们也更少受到歧视。混血儿可能从事更多的家庭内繁重工作，通常比田地里的奴隶受到种植园主更严密的监管，即使不算上性虐待，这在某种程度上也是另一种形式的苦累。虽然他们的地位较高，但是他们仍然对奴隶主感到恐惧。有些反种族主义的混血儿和非洲人一起抵抗白人霸权，而其他人则和白人种族主义者在思考方式上无异，他们歧视深肤色的黑人，通过他们自己的优越感将这种歧视和自己较高的地位合理化。18 世纪末，查尔斯敦的混血儿禁止深肤色的人进入他们的生意网络——棕色兄弟会（Brown Fellowship Society）。作为回应，那个南卡罗来纳小镇出现了自由黑人协会（the Society of Free Park Men）。[22]

美国哲学学会在会议记录里感谢塞缪尔·斯坦霍普·史密斯“具有独创性并展现其博学的演讲”。在概括了气候理论家的立场——似乎是北方精英中主流的种族思想流派——

之后，史密斯在已经出版的小册子中添加了一份很长的附录来攻击凯姆斯勋爵和多源起源论者。史密斯主张种族并不是固化的和“适应不同气候的”。“哥特人、莫卧儿人和非洲人通过改变曾被认为是他们天生最适合的环境而得到不断的改良。”史密斯激动地断言奴隶贸易——百万人死亡的根 115
源——显著改善了非洲人的状况。[23]

塞缪尔·斯坦霍普·史密斯与波士顿的美国文理学院和费城的美国哲学学会的杰出学者们一起通过回顾美国的气候理论来攻击多源起源论者。他对《圣经》的学术辩护很快在费城、伦敦和凯姆斯勋爵的后院爱丁堡印刷出版。1795 年当他坐上普林斯顿的院长之位时，他已经积聚了国际学术声誉。

杰斐逊在巴黎的家中密切关注着——但不是密切影响着——制宪会议。会议于 1787 年 5 月 25 日在费城召开，那是在塞缪尔·斯坦霍普·史密斯向一些代表就种族问题发表演说的几个月之后。杰斐逊强有力的《独立宣言》导致了对英国多年的暴力斗争并形成了一个软弱无力的各州联盟。国库空虚、贸易政策不稳定、在国际上不受尊重，以及害怕联盟的分崩离析让美国领袖们重聚到国家建设的圆桌上来。代表中的一些人是美国哲学学会的成员，史密斯的年度演讲成为那年费城制宪会议对种族和奴隶制的唯一严肃讨论。

事实上，代表们清楚地表示了奴隶制不在讨论范围内。在作者们起草人类自由的终极宪法时，居然禁止就反对奴隶制进行讨论。但是只用了几个星期，奴隶制及其条条框框就进入了宪法议题。一旦奴隶制这个话题开始了，它就永远不会停止。

对宪法的争论集中在联邦立法机构的各州代表的问题上。在炎热的 1787 年 6 月 11 日，南卡罗来纳州州代表约翰·拉特利奇（John Rutledge）在独立大厅起身。这位前南卡罗来纳州州长和未来美国最高法院的首席大法官再次提出
116 代表数量要基于税收的请求（因为蓄奴州要支付高到不成比例的税，他们将因此垄断政治权力）。拉特利奇再次得到其同胞——南卡罗来纳少校皮尔斯·巴特勒（Pierce Butler）的支持，巴特勒在 1793 年拥有 500 名奴隶。来自宾夕法尼亚州的詹姆斯·威尔逊（James Wilson），另一位未来最高法院法官，实际上预测到了拉特利奇的动机并制定了一个计划。拉特利奇可能已经身处算计中了。

威尔逊提出另一个方案："代表要与白人、其他自由公民以及居民的人数……加上其他未含在上述人群中的人数的 3/5 的总数成比例，不包含不交税的印第安人。"唯一对 3/5 这一"让步"提出批评的是马萨诸塞州代表，他是废奴主义者，也是未来的副总统埃尔布里奇·格里（Elbridge Gerry）。"黑人是财产，他们［在南方］的用途就像［北方的］马和牛一样，"格里结结巴巴地说，"为什么南方的代表数量要因为奴隶数量而增加，而北方代表数量却不是基于马和牛的数量呢？"

格里环视四周。大家沉默以对。没有人想过怎么回答这个无法回答的问题。大家在沉默中投票：以 9 票赞成 2 票反对的

结果通过了 3/5 这一条款。陷入僵局的马萨诸塞州投了弃权票。只有新泽西州和特拉华州投票反对威尔逊的妥协。[24]

将被奴役的黑人等同于其他所有（白）人的 3/5 的这一观点与种族主义者的意识形态相匹配。但是主张社会同化者和种族隔离主义者以不同的前提和结论提出，黑人既是人，同时又是准人类。主张社会同化者高调宣布，低于白人、低于人类的黑人总有一天能够成为完全的、100% 的白人。对种族隔离主义者来说，3/5 提供了一个固有而永久的黑人低等性的数学近似值。他们可能在基本原理和永久问题上有分歧，但是似乎都接受了黑人的低等，并且在这个过程中，在国家的建国文献中加强了奴隶主的权力和种族主义思想。

1787 年 9 月 17 日，费城的代表们把“奴隶”和“奴隶制”从已经签署的美国宪法中摘了出去，以掩盖他们的种族主义奴役政策。这些政策很难适用于保证“我们自己和后代得享自由的保佑”。而且，对代表们而言，奴隶制带来 117
了自由。而其他美国宪法的政策，比如授权联邦军队镇压奴隶起义并将逃亡者作为“罪犯”交出，确保了奴隶制的延续。这种立场来自这一年早些时候发布的西北法令。西北法令禁止黑人，不论是奴隶还是自由人，出现在俄亥俄州和密西西比以东的地区。经过激烈辩论，费城的代表们提出了 20 年后废除奴隶贸易的条款，这是一个小小的胜利，因为在 1787 年夏天只有佐治亚州和北卡罗来纳州允许奴隶进口。[25]

1787 年 7 月 15 日，8 岁的波莉·杰斐逊（Polly Jefferson）和 14 岁的萨莉·海明斯（Sally Hemings）来到杰斐逊巴黎住所的门口。1773 年，还是个小婴儿的萨莉·海明斯就来到了蒙蒂塞洛，算是玛莎·杰斐逊从父亲那里继承的遗产的一部分。约翰·韦尔斯（John Wayles）和他的混血奴隶伊丽莎白·海明斯生了 6 个孩子。萨莉是其中最小的。据说她“非常俊俏，长长的直发垂在背后”，是她 1787 年陪伴波莉去了巴黎，而不是一个“老保姆”。[26]

当杰斐逊的同僚写美国宪法时，他开始和萨莉·海明斯发生性关系。与此同时，她的哥哥詹姆斯在巴黎接受厨师培训以满足杰斐逊的口腹之欲。海明斯多多少少是被迫接受了这个 44 岁男人提出的性侵犯（杰斐逊当时还在追求一位已婚的法国当地女人）。杰斐逊追求海明斯时安排在伦敦出版《弗吉尼亚笔记》。他没有修改他之前关于黑人的观点，也没有删去关于白人比黑人更美丽的章节。[27]

杰斐逊一直抨击白人女人和黑人或混血男人的跨种族关系。在来到巴黎之前，他曾游说，要求放逐（而不仅仅是罚款）怀了黑人或混血男人的孩子的弗吉尼亚白人女性，但没有成功。即便他的办法失败了，即便他开始了和海明斯的关系，也即便这种关系逐渐成熟让他有时间反省自己的虚
118 伪，杰斐逊仍没有停止在公开场合宣扬他的观点。“没有一个热爱国家、热爱优秀人性的人会天真地同意，与其他肤色的人融合所产生的堕落”，他在 1814 年写道，那时他已经是几个混血孩子的父亲。就像很多公开声称反对“融合”，公开贬低黑人或混血女性之美的男人一样，杰斐逊把他的真实

想法隐藏在思想和卧室之中。[28]

1789年，杰斐逊亲眼看到引发了法国大革命的巴黎反皇室骚乱。他帮朋友拉法耶特侯爵（Marquis de Lafayette）撰写的《人权与公民权利宣言》（“Declavation of the Rights of Man and of the Citizen”）在8月被采用，几周后他离开了巴黎。但是在法国大革命的开头和美国独立战争的最后，杰斐逊不得不处理来自16岁的萨莉·海明斯的反抗。她怀了他的孩子，拒绝回到奴隶制中去，并且计划向法国官员请愿获得自由。杰斐逊做了自己唯一能做的事：“他承诺给予她特权，郑重承诺她的孩子会获得自由。”据说海明斯这样告诉他们的儿子麦迪逊。“因为她绝对信赖他的承诺，她跟他一起回到弗吉尼亚”，麦迪逊在日记里写道。海明斯和杰斐逊生了至少5个孩子，可能最多生了7个，由DNA测试和文献确认的亲子鉴定证明萨莉每个孩子出生前9个月他们都在一起，有些孩子很小的时候就夭折了，但是杰斐逊信守诺言，让其他孩子成年后都获得了自由。[29]

杰斐逊从巴黎回来后，经过一些犹豫后同意在乔治·华盛顿的就职典礼上宣布担任美国第一任国务卿。杰斐逊于1790年3月22日开始任职，他很快因为身边围绕着美国首个政党——联邦党人的那些贵族、反共和党的内阁成员而感觉到不自在。副总统约翰·亚当斯对“平等法律”的有效性提出质疑。财政部部长亚历山大·汉密尔顿（Alexander Hamilton）暗中呼吁实行君主制，他想把经济控制权交给金融家，并且推动与英国发展紧密的（或者说，在杰斐逊看来是从属的）经济关系。杰斐逊从观察法国大革命中得到 119

了安慰，但那是在革命蔓延到海地以前。1790年，海地的奴役者把《人权宣言》（第一条："在权利方面，人们生来是而且始终是自由平等的"）视为他们追求独立和要求新的贸易关系以增加财富的绿灯。自由富裕的混血激进分子（大约为3万人，稍微少于白人的人口）开始追求他们的公民权利。近50万被奴役的非洲人在这个世界上最赚钱的、生产了大约全世界一半的糖和咖啡的欧洲殖民地上，听到岛上的自由民对权利和自由的好奇呼声。1791年8月22日，被奴役的非洲人发动起义，他们受到来自多方面的鼓舞，其中不仅仅有伏都教牧师迪蒂·博克曼（Dutty Boukman）的声音。他们成为内战的第四个阵营，其余三个分别是白人保皇派、白人独立派和自由的混血激进分子。[30]

没有一位奴隶主，包括托马斯·杰斐逊在内，希望被奴役的非洲人赢得这场内战。如果这些黑人自由战士宣布独立并在美国最富裕的土地上赢得胜利，那么他们的国家将成为自由半球的象征，而不是杰斐逊的美国。每个地方被奴役的人都将受到这个象征的鼓舞而为自己的自由而战，这样一来，种族主义观点就再也无法阻止他们了。

第 10 章 劝善

当海地获得自由的人们与法国再次实施奴役的人交战 120
时，马里兰一位著名的自由黑人坐下来给托马斯·杰斐逊写信。他的祖母玛丽·威尔士（Mary Welsh）在 17 世纪 80 年代来到马里兰成为契约用人。契约结束后，她买了一些土地和两个黑人奴隶，释放了他们并和其中一人结婚，后者的名字是班纳卡（Bannaka）。这一跨种族家庭无视了白人男性坚持的白人女性不能和黑人男性结婚的观点。他们的混血女儿玛丽和一个叫罗伯特的奴隶结婚。玛丽和罗伯特在 1731 年生下一个自由的男孩，给他取名为本杰明。本杰明成年后“最喜欢的就是埋头读书”，一位目击者说。友善的白人邻居经常借书给他。他继承的农场种植烟草所得的收入——就像他精于其他事一样，他也是个熟练的农民——使本杰明·班纳克（Benjamin Banneker）有时间去阅读、思考和写作。[1]

在本杰明的年代，很少有自由黑人有休闲时间来读书写作。一旦他们摆脱了奴隶制的枷锁，他们又会被歧视的枷锁束缚住。北方各州在革命时期逐渐废除了奴隶劳动，在终结种族歧视和种族观点方面却没有做出任何努力——渐进或者其他方式的都没有。有人提议要确保前主人对非洲人的可管理性，就好像他们天生更多是奴隶而不是自由人，这为废奴的提议蒙上阴影。歧视政策几乎是每一部解放奴隶法的特点。[2]

国会和杰出知识分子之间都对奴隶制度的未来和黑人奴
121 隶的特征进行了辩论，这只能加强种族主义和歧视的气氛，并且困扰着像班纳克这样的自由黑人。本杰明·富兰克林已经是宾夕法尼亚废奴协会主席，在生命的最后时光里他试图解决世界上最大的政治矛盾：美国的自由和奴隶制度。在1790 年年初，这位 84 岁的老人吃力地走到国会前，讲述者称他发表了一封“备忘录”。基督教和“美国人的政治信条”要求除去这种“自由之地中的矛盾”，富兰克林恳切地说。他承认黑人很多时候低于“人类物种的普遍标准”，但是他敦促同僚们“走到自己被赋予的权力的最前沿”。

富兰克林的演讲和贵格会滔滔不绝的解放请愿信在第一届美国国会中掀起了关于奴隶制度的激烈论战。1790 年 4 月 17 日富兰克林去世后，论战仍然持续了好几个月。一位为依赖奴隶劳动力的南方种植园主的利益辩护的议员主张，黑人“懒惰、没有远见、厌恶劳动；如果获得解放，他们要么挨饿要么抢劫”。黑人是“比印第安人还要低等的种族”，另一位议员坚称。一位北方的国会议员认为，南方人绝不会在没有内战的情况下接受普遍的解放。在议员们就奴隶制进行争论时，他们在 1790 年 3 月 26 日暂停下来一致同意了第一部《归化法》（Naturalization Act），将公民身份限制在“品德良好”的“自由的白人”。[3]

国会的奴隶制度辩论进入了社会其他领域。主张社会同化者挑战种族隔离主义者，强调如果黑人没有经受残忍的奴隶制奴役，是具有平等能力的。宾夕法尼亚州废奴主义者查尔斯·克劳福德（Charles Crawford）批评大卫·休谟，引用塞缪尔·斯坦霍普·史密斯的观点，并且拉出一系列黑人展示者，从桑丘到菲莉丝·惠特莉，他宣称“黑人在每个方面都和我们相似”。1791年，贵格会教友摩西·布朗（Moses Brown）在普罗维登斯学校将黑人展示者们作为证据来证明“如果他们拥有同样的优势，就有能力和我们取得同样的进步”。本杰明·拉什可能是富兰克林去世后全国首屈一指的废奴主义者，他提出了成年人展示：新奥尔良州医生詹姆斯·德勒姆（James Derham）和马里兰州的“黑人计算机”托马斯·富勒（Thomas“Negro Calaclator”Fuller）。 122
传说富勒只用几分钟就可以算出一个70岁又17天12小时的人一共活了多少秒。但是，这些对杰出黑人成人和孩子的出色展示丝毫不能改变支持奴隶制的人的想法。奴役者们可能比谁都更了解黑人拥有自由后的能力，然而他们只关心黑人给他们挣钱的能力。[4]

作为可能是所有展示中最杰出的例子，本杰明·班纳克简直就处在支持社会同化的废奴主义者和支持种族隔离的奴役者的辩论中间。托马斯·杰斐逊也同样，对两方的观点既同意又反对。1791年年初，在给杰斐逊写信的几个月前，班纳克协助测绘了国家的新首都——华盛顿特区。

班纳克在信的开头“自发而愉快地”承认他是“非洲

种族”。如果杰斐逊对于天性的观点灵活、对黑人友好并愿意帮助他们，班纳克写道，那么“我理解你会拥抱每个机会，来消除那些荒谬错误的想法和观点”。杰斐逊和他的奴隶主同胞们曾“用欺诈和暴力拘留了我很多兄弟”，但是他们又抨击英国的压迫，这是言行自相矛盾。班纳克在信的结尾介绍了他附上的尚未出版的年历，这“是我亲笔写的”。班纳克在信中坚定地反对种族主义，与这个年轻国家里种族主义思想的主要传播者直接对抗。[5]

大约两周后，在 1791 年 8 月 30 日，托马斯·杰斐逊给班纳克回信，对反奴隶制和反种族主义做出了标准回答。他说，“没有人比我更希望”看到偏见和奴隶制的终结。他告诉班纳克他把年历发给了孔多塞先生（Monsieur de Condorcet），他是巴黎科学院秘书，因为“你的肤色有权利为他们抱有的疑问进行辩护”。杰斐逊回避了他的自相矛盾。但是他又能说什么呢？在他写给孔多塞的信中，杰斐逊称班纳克为一个“非常让人尊敬的数学家”。在《弗吉尼亚笔记》中，他声称黑人不能做出“简单叙述层面以上的”思考。班纳克
123 改变了杰斐逊的思想吗？是，也不是。杰斐逊将班纳克标记为杰出的黑人。“我将很高兴看到这些品行端正的名人的例子是如此之多”，他这样告诉孔多塞。[6]

从被奴役者的角度来看，最深刻的品行端正的名人的例子正在海地形成。杰斐逊在 1791 年 9 月 8 日听说了黑人起义。在两个月内，10 万名非洲自由战士杀死了 4000 多名奴隶主，摧毁了大概 200 个种植园，控制了整个北部省。正如

历史学家C. L. R. 詹姆斯（C. L. R. James）在20世纪30年代解释的：“他们在用最明显的方式寻找救赎，摧毁他们所知道的造成他们苦难的根源；如果说他们摧毁了很多，那是因为他们遭受的痛苦也很多。”[7]

杰斐逊和其他奴隶主一直以来害怕的事情已经发生了。作为回应，国会在1793年通过了《逃亡奴隶法》（Fugitive Slave Act），让奴隶主有权利并利用法律机构来追回逃跑的非洲人并将窝藏他们的人定罪。举例来说，托马斯·杰斐逊觉得海地革命和美国独立战争或者法国大革命都不一样。“从来没有给人感觉如此深刻的悲剧”，他在1793年7月写道。对杰斐逊来说，奴隶反抗奴隶主的起义比起数百万死于美国种植园的非洲人给人的感觉要更加罪恶和悲情。杰斐逊很快就将杜桑·卢维杜尔（Toussaint L'Ouverture）将军和其他海地领袖称为“可怕的共和国食人族”。[8]

那一年海地起义给杰斐逊带来的麻烦还发生在离家更近的地方。一两艘载着痛苦的奴隶主和奴隶的船只在7月末从海地来到费城。一周后，费城的人开始死去。到1793年8月20日，本杰明·拉什决定性地发现了黄热病的蔓延模式。但是它还没有成为流行病，所以拉什还有时间在夏末做其他事情。他可能给全国的废奴主义者写了信。第二年，他在费城欢迎22位来自美国各地的废奴协会代表，他们来这里是为了“美国促进废除奴隶制度和改善非洲种族状况公约”。 124
会议在之后的数年定期召开，在之后的30年中断断续续地召开，要求逐渐推进解放、反对绑架立法，以及保障被指控为逃亡者的人的民事权利。

随着自由黑人在18世纪90年代激增而被奴役的黑人数量在北方开始下降，种族话语从奴役的问题转移到自由黑人的处境和能力上。美国公约的代表相信废奴主义未来的发展取决于黑人如何使用他们的自由。大会定期发表建议并将其印制为传单分发给自由黑人。废奴主义者敦促自由黑人定期去教堂，掌握英语读写能力，学习数学，经商，避免恶习，合法结婚并维持婚姻，规避诉讼，避免奢侈的享乐，远离喧闹和混乱行为，始终以文明和体面的方式行事，培养勤奋、节制和节俭的习惯。废奴主义者推断，如果黑人表现得令人钦佩，他们就可以颠覆奴隶制的正当性并证明认为黑人低等的观念是错误的。[9]

这一政策被称为**劝善**，其观念基础是如果白人看到黑人改善了行为，从其在美国社会所处的卑微地位提升了自己，那么就可以说服白人抛开种族主义观点。种族关系的重担完全落在了美国黑人的肩上。废奴主义者坚信，积极的黑人行为会颠覆种族主义观点，而负面的黑人行为将强化种族主义观点。

劝善并不是废奴主义者在1794年的费城会议上构思的。它潜藏在展示菲莉丝·惠特莉和弗朗西斯·威廉斯以及其他“杰出”黑人这一风靡一时的现象背后。所以美国公约提高了赌注，要求将每一个自由的黑人都作为黑人展示。非洲人在18世纪90年代及以后加入自由的行列，在每个州，废奴主义者都公开或私下将这种理论灌输到非洲人的头脑中。

这一破坏种族主义观点的政策实际上是基于另一种种族主义观点。那个观点认为，“负面的”黑人行为要为种族主
125 义观点的存在和持续担负部分或者全部责任。相信黑人的负

面行为要对种族主义观点负责就是相信黑人低等的观点多少有点正确，而相信黑人低等的观点多少有点正确就是带有种族主义的观点。

从一开始，劝善就不仅仅是种族主义，而且黑人也不可能去执行。自由黑人无法永远展示积极的特质，贫穷的移民和富裕的种植园主也同样无法做到这一点：因为自由黑人也是人，是人就有缺点。此外，劝善假定了种族主义观点是合乎情理的并且能够通过情感上的吸引来解除。但是，种族主义思想不是基于逻辑产生的，而是基于一种普遍的政治愿望，即为证明种族不平等的合理性而产生的。劝善也无法解释对杰出黑人的普遍看法，这一看法在美国社会同化和废奴主义思想中占据主导达一个世纪之久。向上流动的黑人通常被放到一边，作为独特的人，不同于普通、低等的黑人。

白人和黑人废奴主义者的观点一样，都认为劝善似乎在 18 世纪 90 年代奏效了。它会一直都看起来奏效。种族主义观点的持有者有时候在看到黑人挑战刻板印象时会改变观点（然后有时候看到有人符合其刻板印象时又变回来）。再一次，向上流动的黑人似乎在造成仰慕的同时也产生了怨恨。“如果你穿得体面，他们会因此羞辱你，而如果你穿得破烂，你肯定会因此被羞辱”，一位罗得岛黑人居民在 19 世纪初的传记中如此抱怨。这就是种族主义残酷的不合逻辑之处。当黑人改善时，种族主义者要么暴力打倒他们，要么把他们作为例外而忽略。当黑人堕落时，种族主义者称这就是他们天生或后天发展后所处的位置，并且否认自己扮演了在一开始就将他们打倒的角色。[10]

劝善没能让种族隔离主义的奴役者或者主张社会同化的
126 废奴主义者去除种族主义观点。即便是废奴主义的传人本杰明·拉什，也没能改变这种情况。到 1793 年 8 月末，他忙于研究黄热病病例，并且用种族主义观点来请求援助。9 月，拉什在费城的《美国每日广告报》（*American Daily Adwertiser*）上插入一篇编者按，告诉黑人他们对黄热病免疫。他得出这一研究结论是基于他相信黑人像动物一样的体质优越性。在拉什意识到自己的巨大错误之前，很多黑人护士都受到了严重折磨。流行病到 11 月平息，在这之前一共有 5000 人死去，联邦官员这时回到了城市中。[11]

托马斯·杰斐逊在流行病期间不在费城，这段时间里他购买了自己计划退休以后用的科学设备。他对财政部部长亚历山大·哈密尔顿转向君主制和金融投机感到痛苦，这也让他心生退意。我们“每天都像在橱柜里的两只公鸡”，杰斐逊哭诉。在杰斐逊担任国务卿的最后一段日子里，他收到一份来自伊莱·惠特尼的专利申请书，这位受过耶鲁教育的马萨诸塞本地人正在佐治亚州寻找发财的机会。惠特尼发明了一种高质量的轧棉机，可以很快将棉花纤维从种子中分离出来。杰斐逊知道美国棉花在国外的需求不断上涨，也知道手工去籽的过程是成本高昂的劳动密集过程。英国蒸汽动力和美国东北部水力的引入大幅降低了将棉纺成纱并将纱线织成布料的成本。给我们寄一个机器的模型，你“立刻”就能收到专利证书，杰斐逊给惠特尼写了这样的回信。惠特尼 1794 年收到专利证书时，杰斐逊已经退休了。[12]

轧棉机让棉花称王，也让南方的土地价值飙升，并且迅速废黜了大米和烟草。棉花国王不断要求更多的东西以维护统治：更多被奴役的非洲人、更多的土地、更多的暴力，以及更多的种族主义观点。棉花年产量从 1790 年的最高 3000 包蹿升到 1810 年的 178000 包，到了内战前夜更是超过了 400 万包。棉花成了美国首屈一指的出口产品，超过了所有出口产品的美元价值，它让美国摆脱了英国银行的束缚、扩张了北方的工厂系统，并且推动了美国的工业革命进程。棉 127
花——比任何人或任何事都更大程度地——使美国奴隶主从英国手里获得了经济自由，并且拉紧了美国奴隶制度中非洲人的锁链。劝善不可能挤走棉花国王。[13]

1796 年，轧棉机还没有开始大显身手——供给棉花生产需要更多非洲奴隶——本杰明·拉什觉得自己找到了最终的废奴主义者疗法。这位好医生相信他已经找到一个方法来治愈奴隶们不正常的黑色特性。两位总统候选人——托马斯·杰斐逊和现任副总统约翰·亚当斯——和一位自由的“白色黑人”共同沐浴在费城夏天的阳光下。不为美国人所熟知的亨利·莫斯（Henry Moss）得了白癜风，这种皮肤病会导致人失去肤色，让人的深色肤色变浅。42 岁的莫斯在费城的酒馆和美国哲学学会成员面前展示自己变白的身体。早在“黑脸”的白人演员迷住美国人之前，“白脸”的黑人让对黑人皮肤可以变白这一理论的信仰者和怀疑论者着了迷。莫斯“几乎和约翰·亚当斯、托马斯·杰斐逊或者麦迪逊一样被新闻和其他期刊读者所熟悉”，一位观察者说。与此同时，被称为“淡色”的约翰·波比（John “Primrose” Boby）在英国展示了他变白的身体。和他一样，莫斯对一些人来说是个怪胎，但对另一些人来说，比如本杰明·拉什，他就是种族进步的未来。1796 年后，亨利·莫斯淡出了历史，直到 1803 年，来自普罗维登斯的废奴主义者摩西·布朗对他做了仔细检查并看到“人性同一性的证据”。1814 年，莫斯重新出现在《新英格兰医学与外科杂志》上，杂志将他描述为一个“皮肤几乎失去了本色并成为完美的白色”的黑人。[14]

1796 年夏天，乔治·华盛顿总统、塞缪尔·斯坦霍普·史密斯、本杰明·拉什和其他要人察看了莫斯。“被衣
128 服覆盖而出汗的地方最快变白，脸是最慢的，”拉什在他的笔记本上匆匆写道，“他的皮肤完全像个白人。没有摩擦使之加速。黑色皮肤没有脱落，但是改变了。”托马斯·杰斐逊显然没有见到莫斯。杰斐逊确实拥有几个“白色的黑人”，他在《弗吉尼亚笔记》中称他们为“天生异常”。他们都是“由没有混合白人血统的父母所生”，杰斐逊写道，小心翼翼地为他的同伴们开脱罪行并支持他自己对跨种族通婚的错误观点。杰斐逊可能知道“白化病人”（albino）这个词来自拉丁语中的“白色”（*albus*）一词，意思是缺乏色素的动物、植物或人。但是他们的肤色——“一种苍白、惨白的白色”——是不同的，杰斐逊写道，并且他们“卷曲的”头发就是“黑人那样”。难怪杰斐逊从来没有瞄准身体同化主义者，他甚至不承认颜色从黑到白的变化。[15]

令杰斐逊沮丧的是，其他美国知识分子都非常严肃地对

待变白的黑人。1797 年 2 月 4 日，美国哲学学会副主席本杰明·拉什告诉杰斐逊他正“准备写一篇论文，在里面我想要证明黑人……黑色的肤色是一种皮肤病导致的”。1797 年 7 月 14 日，拉什在一个特殊的美国哲学学会会议上提交了论文。他赞扬了同为同化主义者的塞缪尔·斯坦霍普·史密斯所提交的“优雅而巧妙的论文”，说他的研究成果领先了 10 年。但是，拉什不同意史密斯关于如何让黑人重新变白的观点。他否决了气候理论并声称所有的非洲人都患过麻风。这种皮肤病可以解释为什么他们都有丑陋的黑色皮肤，拉什这样告诉美国哲学学会成员。他们的皮肤变得越白，他们就越健康。[16]

他的理论称，这种皮肤病是由不良饮食引起的，以及“高热量、更野蛮的生活方式，以及胆汁发热”。然后他列出皮肤病的其他副作用：黑人的优越体质、“毛茸茸的头”、懒惰、亢奋性欲，以及痛感迟钝。“他们比白人更能经受外科手术，”拉什引用了一位医生的说法，“我给很多黑人做过截肢，他们能自己抓住肢体的上半部分。”

本杰明·拉什将自己作为费城黑人的朋友，一位种族平等主义者和废奴主义者。他试图在演讲的最后维护自己的形
象。“所有基于肤色就认为白人比黑人优越的想法，都是无 129
知且毫无人性的，”他强调，“如果黑人的肤色是疾病的副作用，不但不该邀请我们对他们进行专制统治，反而应该让他们加倍拥有我们的人性。”拉什对黑人的能力、对未来和对潜在的治疗非常乐观：自然已经开始治愈黑人了。这位著名的社会同化主义者提到了亨利·莫斯和他“从黑色变成

自然的白色肤色”的光荣事迹。他的“羊毛”，拉什满意的声称，“已经变成了头发”。[17]

本杰明·拉什的麻风理论和塞缪尔·斯坦霍普·史密斯的气候理论在北方主张社会同化者和废奴者中有多受欢迎，托马斯·杰斐逊就有多不受欢迎。杰斐逊在1796年的总统大选中输给了亚当斯，但他在1800年再次竞选总统。与上次竞选时一样，联邦党人和记者们试图用他的《弗吉尼亚笔记》作为证据来说服选民相信杰斐逊的无神论和反黑人观点。“你已经将黑人从上帝给予他们的级别中降级了!”一位联邦党时事评论员写道。大选中，杰斐逊的捍卫者中有些人曾被亚当斯政府根据1798年的《煽动叛乱法》(Sedition Act) 关入监狱，比如詹姆斯·卡伦德 (James Callender)。1800年杰斐逊赢得大选后赦免了卡伦德，卡伦德显然要求杰斐逊资助他以作为他服务杰斐逊的报偿。杰斐逊总统拒绝了他。这一举动激怒了卡伦德，他曝光了杰斐逊的秘密。[18]

1802年9月1日，里士满《记录者报》(*Recorder*) 的读者们知道了托马斯·杰斐逊总统和萨莉·海明斯的关系。“我们的总统和萨莉这个荡妇生了好几个孩子”，卡伦德写道。他们的关系是在法国时开始的，“当时他正努力贬低非洲种族”。(讽刺的是，卡伦德也贬低非洲种族。“荡妇”通常指的是滥交的女人，隐含了非洲女性追求白人男性这一普遍观点。)[19]

如果卡伦德认为他的一系列文章会摧毁杰斐逊的政治命运，那么他错了。卡伦德的报道不管在弗吉尼亚还是在全国

各地，都没有让许多白人男性选民感到意外。如果说有什么 130
感觉的话，那也是卡伦德让他们感到心烦，因为他们中的一些人自己也和黑人女性有秘密关系——或者强奸——而他们不想要这种事情被公之于众。全国范围内的白人男性选民在 1802 年的中期选举中选择支持杰斐逊的政党，而且他们在 1804 年压倒性地支持他连任总统。

当杰斐逊的女儿帕奇（Patsy）给他看了卡伦德的文章，杰斐逊笑了笑。他的嘴唇没有说出任何词来确认这件事的真实性。约翰·亚当斯私下里称这是“他性格的一个污点”并且“是人类性格中污秽的传染病——黑人奴隶制所产生的天然且几乎不可避免的后果”。杰斐逊可能私下里为他和萨莉·海明斯的关系辩护过，告诉自己每个人都这样做或者试图这样做。这似乎很“自然”，从青少年结束自己（和他们的受害者的）童贞，到成为已婚男人后偷情，或成为有长期私通伴侣的单身或丧偶男人——主/奴强奸或者性交，同时奴役一个人的孩子，这些在蓄奴的美国看起来也是正常的。

甚至杰斐逊年迈的法学老师，他“最早和最好的朋友”，也参与了跨种族的私通。鳏夫乔治·威思（George Wythe）和年轻的混血儿迈克·布朗（Michael Brown）以及一位黑人“管家”莉迪娅·布罗德纳克斯（Lydia Broadnax）在威廉斯堡住了一段时间。威思在遗嘱中把房屋给了布罗德纳克斯，他让杰斐逊监督布朗的教育。大概是对这个安排感到愤怒，威思的白人侄孙乔治·斯威尼（George Sweeney）很可能在 1806 年的某一天对威思、布罗德纳克斯和布朗投了毒。只有布罗德纳克斯幸存下来。在杰斐逊的第二任总统任期中，他公开回避了威思丑闻，用他自传里的话说就是试图建立尽可能多的“想象距离”。[20]

主/奴性行为基本上承认了黑人和混血女性的人性，但是它同时也将这种人性降低到了他们的性欲范畴。在基督教世界，人们认为性欲是人类的动物特性。1800 年法国画家贝诺瓦夫人（Marie-Guillemine Benoist）的《女黑人的肖像》（*Portrait d'une negresse*）很快成为当时黑人女性的标志性形象。一位非洲女性凝视着观众，她的头包裹着，乳房暴露在外。包着她的头部和下身的白色衣服和她的黑皮肤形成鲜明
131 对比。这幅画被认为是欧洲女性画的第一张黑人女性肖像。[21]

杰斐逊的职业生涯没有受到卡伦德揭发丑闻的影响，这一点都不奇怪。在他的总统任期内，很多美国人开始认为奴隶制（及其性政治）是他们生活和经济中不可改变的事实。杰斐逊在 1801 年第一次就职演说中称这个国家为“世界上最有希望”和“地球上最强的政府”，但它并没有满怀希望地期待奴隶制的终结。从日耳曼敦请愿者口中第一次听到的反奴隶制呼声在美国独立战争期间达到高潮，但是随后就开始减弱。剩下的废奴主义者，像是敦促劝善的本杰明·拉什及其伙伴，几乎没有像前一代的约翰·伍尔曼（John Woolman）和塞缪尔·霍普金斯那样有那么多听众。棉花王国在继续推进。蓄奴的种族主义思想制造者说服大批美国人将奴隶制看作偿还债务和建立国家的必要之恶。除此之外，他们认为，这还是好过想象中黑人自由后必然会出现的恐怖

野蛮行径。[22]

最重要的是，海地革命及其煽动起来的美洲奴隶起义让美国白人害怕种族战争以及他们更担心出现的事，即黑人可能会获得胜利。南方国会议员和报纸编辑尽己所能地压制异议并煽起白人的恐惧，声称公开讨论奴隶制和自由黑人的存在是在煽动奴隶起义。因为战争时期的逃亡和革命后暴增的奴隶解放，自由黑人比以前任何时候都多。举例来说，弗吉尼亚的自由黑人从 1782 年的 1800 人跃升到 1790 年的 12766 人，到了 1810 年这个数字变成了 30570 人。[23]

然后发生了棉花王国的突然扩张。拿破仑败给了海地的革命者——自由的海地黑人在 1804 年宣布独立——这让他重新构想法兰西帝国。持有和保护遥远的殖民地变得过于昂贵和麻烦。广阔的路易斯安那领土并不符合他新的更精简强大的帝国的构想。“我宣布放弃路易斯安那”，拿破仑 1803 132
年 4 月 11 日宣布。到了 4 月 30 日，杰斐逊政府用 1500 万美元或者每英亩 3 美分的价钱从法国手里买下了这片土地。杰斐逊在独立日前夕得知这笔收购。“这要比整个美国都大”，他很高兴地写道。

在接下来的几十年里，奴隶主把他们的奴隶运到新的西部土地，胁迫他们在新的棉花园和甘蔗园里劳动，把作物运到美国北方和英国的工厂，为工业革命注入活力。南方种植园主和北方投资者变得富有。有那么多钱要赚，人们将反奴隶制度和反种族主义的观点和反奴隶制、反种族主义的非洲人都丢到一边。[24]

在19世纪初早期杰斐逊的总统任期中，奴隶制新的活力和领地，以及奴隶制产生的新作物和现金，榨干了反奴隶制运动的活力。主张社会同化者特别是单一起源论者也淡出了。神学家们，例如那个时期美国关于种族问题最出名的学者——普林斯顿大学校长塞缪尔·斯坦霍普·史密斯，眼看他们丧失了文化力量，开始憎恨杰斐逊对宗教权威的漠视。杰斐逊质疑正统基督教关于所有人类都是亚当和夏娃的后代这一信仰，并且称分开创造的人类物种这一观点让史密斯唠叨得像是不停吠叫的狗。[25]

英国医生查尔斯·怀特（Charles White）是助产方面论文的著名作者，他在1799年加入了关于物种的辩论。和苏格兰的凯姆斯勋爵不同，怀特围绕宗教并使用一种新的方法来证明存在独立的种族物种——比较解剖学。他不希望他的《关于人的常规等级》（*Account on the Regular Gradation in Man*）一书中的结论“被理解为对奴役人类这种恶习给予了哪怕最小的支持”。他唯一的目标就是“调查真相”。怀特质疑布冯的传奇论点，即因为跨种族组合能够繁殖后代，所以不同的种族一定是同一物种。事实上，猩猩会“抢走黑
133 人男孩、女孩，甚至女人”，他说，有时候会把奴役他们当作“残忍的爱好”。在自然界范围内，欧洲人是最高等的，而非洲人最低等，更接近“野兽而不是人类物种”。黑人比较占优的领域也是猿类比人类占优的地方——视觉、听觉、嗅觉、记忆和咀嚼食物。“非洲人的阴茎比欧洲人的更大”，怀特这样告诉读者。大多数欧洲解剖博物馆都保存着黑人阴茎，他写道，“我的博物馆也有一个”。[26]

在伏尔泰的年代，科学太宗教化，这让关于独立物种的讨论无法流行起来。太多的自由和革命的豪言壮语遮蔽了爱德华・朗和凯姆斯勋爵的话语。到了查尔斯・怀特出版书的时期，这些辩论正在进行。1808 年，一位查尔斯・怀特的门徒，纽约医生约翰・奥古斯丁・史密斯（John Augustine Smith）责备塞缪尔・斯坦霍普・史密斯是一位涉猎科学的牧师。“我有责任把所有相关事实放在你们面前”，约翰・奥古斯丁・史密斯在他的巡回讲座中声称。最主要的事实就是欧洲人的“解剖结构”比其他种族都“优越”。作为不同的物种，黑人和白人被“放置在天平的两端”。多源起源论讲座启动了史密斯的学术生涯：他成为《医学和生理学杂志》的主编、威廉玛丽学院的第 10 任院长，以及纽约内外科医师学院院长。[27]

奴隶制的进步，可能比凯姆斯勋爵、查尔斯・怀特和约翰・奥古斯丁・史密斯的说服论证更有力地让长期相信单一起源论的知识分子开始改变观点。看着基督教世界分崩离析，塞缪尔・斯坦霍普・史密斯最后一次对神学、对社会同化主义者和单一起源论者发表观点。他在 1810 年发表了“扩大和改进”的第二版《论人类肤色与形象多样性的原因》（*Essay on the Causes of Variety of Complexion and Figure in the Human Species*），承诺诉诸“事实证据”。过去 20 年中没有什么能改变他的观点：种族差异源自气候和社会状态。如果有什么改变，那就是史密斯的断言更加有力。他在气候部分引入了“另一个事实”：亨利・莫斯的皮肤改变了，而且他新的“美好的直发”已经代替了“羊毛一样的东西”。在强硬的 134

附录中，史密斯回应了多源起源论者查尔斯·怀特、托马斯·杰斐逊以及约翰·奥古斯丁·史密斯“对这篇论文第一版的某些非难”。“让异教徒显出他们的真面目，”史密斯在结尾怒吼，“如果他们寻求战斗，我们只能祈祷，像大埃阿斯一样，在公开日看到敌人。”[28]

托马斯·杰斐逊没有在1810年公开回应塞缪尔·斯坦霍普·史密斯。他完全拒绝公开露面。他已经退出公共生活了。

第 11 章 大臀部

不到 30 年前，托马斯·杰斐逊一直渴望离开蒙蒂塞洛， 135
以摆脱妻子离世的痛苦。离开法国后，他担任了 3 年美国国务卿、4 年副总统和 8 年总统，他想要回到故乡弗吉尼亚。“从来没有一个挣脱锁链的囚犯会有和我挣脱权力的枷锁后一样的感觉”，他在 1809 年 3 月 4 日告诉一位法国商人，再过几天他就要结束总统生涯了。

在喧嚣的华盛顿生活多年后，杰斐逊渴望安静地隐居，不受打扰地阅读、写作和思考。“但是我所生活的时代发生的暴行，”他说，“迫使我参加对它们的反抗。”没有比 19 世纪初英法两国之间的战争更大的外来暴行了。杰斐逊保持美国的中立、忽视宣扬战争的鹰派诉求，但是他无法忽视公海上对中立美国的侵犯行为。他在 1807 年提议（国会采纳了）美国对法国和英国实行全面贸易禁运。1809 年 3 月 1 日，国会在杰斐逊总统任期的最后几天中废除了这项有争议的禁运决定。杰斐逊的中立原则延缓了不可避免的战争。他卸任总统 3 年后，美国在 1812 年的战争中与英国对战。[1]

杰斐逊从 1797 年到 1815 年负责美国哲学学会，在单一

起源论者和多源起源论者之争中也保持了中立。在总统竞选
136 中，他甚至很少反击联邦党人对《弗吉尼亚笔记》的攻击。1804 年，印刷商威廉·杜安（William Duane）给了杰斐逊一个用新版本来进行回应的机会。杰斐逊犹豫了，因为他没有时间。但是他在 1809 年离开华盛顿的时候，的确计划修改并增补《弗吉尼亚笔记》。[2]

在杰斐逊离开办公室的几周前，他感谢了 2 月 25 日给他寄来《对黑人知识道德能力和文学的探讨》（*An Enquiry Concerning the Intellectual and Moral Faculties, and Literature of Negroes*）的废奴主义科学家亨利·格雷瓜尔（Henri Gregoire）。格雷瓜尔提供了在美好的黑人国家的旅行“证明”来驳斥“杰斐逊告诉我们，他们没有一个国家是文明的”。格雷瓜尔以主张社会同化者的姿态解释道，“我们没有假装把黑人置于”和白人一样的“水平上”，而只是要挑战那些说“黑人无法成为人类知识仓库里的伙伴”的人。[3]

在为美国奴隶制道歉了很多年之后，杰斐逊可能终于感觉可以很好地回应亨利·格雷瓜尔了。他现在处在更好的境况，可以给这位著名的废奴主义者写信了。在他 3 年前向国会做的年度讲话中，杰斐逊谴责了奴隶贸易带来的“对人权的侵犯”，并且敦促国会废除奴隶贸易。国会在经过如何处罚非法奴隶贸易者的激烈辩论后，于 1807 年赞同了他的意见。他们决定，将根据 1807 年的《奴隶贸易法案》对贩奴者处以罚款，但是国会没有采取任何措施来确保法案的执行。

这是一部空洞的、主要是象征性的法律。法案没有关闭

正在进行的国际奴隶贸易的大门，而是敞开了国内奴隶贸易的大门。对人权的侵犯持续出现，孩子们被从父母手中抢走，奴隶船从弗吉尼亚到新奥尔良的“中间通道”穿行美国水域，所用的时间和横跨大西洋“中间通道”所需的时间一样。杰斐逊和上南部（Upper South）[①] 那些与他志同道合的种植园主们开始有意“培育”奴隶来满足南方腹地的需求。“我认为每两年生一个孩子的女人比农场里最优秀的男人还要有利可图”，杰斐逊曾经这样向朋友解释。《奴隶贸易法案》颁布一年后，南卡罗来纳州的一个法院裁定，被奴役的妇女对她们的孩子没有合法的权利。她们和“其他动物的地位相同”。[4]

结束国际奴隶贸易实际上对美国最大的奴隶主来说是一 137
大恩赐，因为对奴隶的需求和奴隶的价值都增加了。因此最大的奴隶主和逐步解放的倡导者们在 1808 年 1 月 1 日牵手欢呼国际奴隶贸易的合法终结。马萨诸塞议员杰迪代亚·莫尔斯（Jedidiah Morse）视之为一场胜利。他代表大多数北方主张社会同化者的福音派声称，因为基督教最终点亮了非洲“异教徒和伊斯兰的黑暗”，“当地人不必被带到其他国家”。莫尔斯相信奴隶制也将逐渐被废除。[5]

托马斯·杰斐逊最终在 1809 年用当时流行的方式对亨利·格雷瓜尔做出回复时，一定是依靠这种对《奴隶贸易法案》的广泛支持。“世界上没有人比我更真诚地希望”看

---

① 指美国南部偏北的地区，一般包括弗吉尼亚州、田纳西州、阿肯色州和北卡罗来纳州等。——译者注

到种族平等并得到证明，他说。“在这个问题上国家对［黑人］的观点每天都在进步，”杰斐逊写道，“并且充满希望的进步让他们向着重建一个与人类其他肤色人种平等地位的家园迈进。”[6]

事实上，在改变欧洲国家的观点方面，黑人日益丢失阵地。在格雷瓜尔和杰斐逊交换信件后不久，伦敦被一张单页印刷广告席卷，画面中一位半裸露的非洲女人侧身站在观者面前，她巨大的臀部暴露在一边，看不到的那一边披着动物皮。她的额头包着一块头巾，手里拿着一根长度等身的棍子。变白的黑人、黑人展示以及“改变信仰的霍屯督人”分享他们所谓从野蛮到文明的历程，这些都一年比一年更无法引起人们的关注。但是伦敦人被萨拉·巴特曼（Sarah Baartman）迷住了，或者说，被她巨大的臀部和生殖器迷住了。

巴特曼所在的非洲南部科伊人在一个多世纪中一直被划分为最低等的非洲人，最接近动物。巴特曼的臀部和生殖器在她的科伊女同胞中也显得出奇地大，更别提整个非洲大陆或大西洋另一边杰斐逊种植园中的非洲女人了。但是巴特曼巨大的臀部和生殖器被认为是正常的、真正的非洲人的样子。在时尚的伦敦西区，她被宣传为“霍屯督的维纳斯”，这又加强了种族主义将黑人女性与大臀部联系起来的刻板印
138 象。多源起源论者查尔斯·怀特早就强化了黑人和大生殖器之间的关联。

殖民地退休官员亚历山大·邓洛普（Alexander Dunlop）和巴特曼在南非的主人亨德里克·塞萨尔（Hendrik Cesars）

在 1810 年 7 月将巴特曼带到伦敦。到邓洛普 1814 年去世时，展览人亨利·泰勒（Henry Taylor）把 36 岁或 37 岁的巴特曼带到巴黎开始又一轮的展出。报纸因她的到来欢欣鼓舞。她出现在巴黎王宫，那里是巴黎的放荡中心，妓女和印刷商混在一起，有餐厅、赌场，有喝咖啡说闲话的人、喝醉的舞者，有乞丐、精英。1814 年 11 月 19 日，巴黎人穿过巴黎王宫来到杂耍剧院观看《霍屯督的维纳斯，或者法国女人的憎恨》（*La Venus Hottentote, ou Haine aux Francais*）的首演。在歌剧中，一个年轻的法国人觉得他的求婚者不够有异国情调。当后者装扮成“霍屯督的维纳斯”出现时，他坠入爱河。她在他的爱中感到安全，于是卸下伪装。法国男人放下了对“霍屯督的维纳斯”的荒谬爱情，幡然醒悟，和原来的求婚者结婚了。歌剧揭露了欧洲人对黑人女性的观点。归根到底，当法国男人被“霍屯督的维纳斯”引诱时，他们的行为就像动物。当法国男人痴心于法国女人时，他们的行动就是理性的。性欲高涨的黑人女性只配得上性吸引，而无性欲的法国女人却配得上爱和婚姻。

1815 年 1 月，动物马戏团老板 S. 雷奥（S. Reaux）从亨利·泰勒手中得到了巴特曼。雷奥有时候在她脖子上戴一个项圈，在咖啡馆、餐馆、巴黎精英宴会——在任何有钱的地方进行展出。1815 年 3 月的一天，雷奥把巴特曼带到巴黎的自然历史博物馆，那里拥有世界上最伟大的自然物品收藏。他们和欧洲最杰出的知识分子——比较解剖学家乔治·居维叶（Georges Cuvier）会面。

居维叶是少有的反对多源起源论的种族隔离主义者，他

相信全人类都是欧洲伊甸园的后裔。5000 年前的一场灾难使幸存者逃亡到亚洲和非洲，出现了 3 个种族并开始传递不
139 可改变的遗传特征。居维叶认为，“白人种族”是“所有人中最美丽的”并且“最高级”。非洲人的身体特征“近似于猴子”。

在他的实验室里，居维叶要求巴特曼脱掉长裙和披肩，她穿着它们来抵挡 3 月的风。巴特曼拒绝了。居维叶惊呆了，在接下来的 3 天里他用尽方法来记录穿着衣服的她，测量并画下她的身体。

1815 年 12 月晚些时候，巴特曼去世了，可能是死于肺炎。19 世纪没有任何黑人妇女像萨拉·巴特曼一样在巴黎的报纸上有那么多讣告。居维叶得到了她的尸体并把她带到自己的实验室。他脱掉她的衣服，打开她的胸壁，摘除并研究了她的所有主要器官。居维叶展开她的腿，研究了她的臀部，并且割下她的生殖器放到一边保存起来。居维叶及其科学家团队完成了科学强奸之后，把巴特曼其他的肉体汽化了。他们把骨头重新组装成一具骨架。然后，居维叶将她的遗骸添加到自己那世界知名的收藏中。在报告中，他宣称“从未见过像她这样和猴子的头相似的人类头部”。他总结为，南非的科伊人和猿类的关系要比和人类的关系更紧密。[7]

巴黎人对巴特曼骨架、生殖器和大脑的展示持续至 1974 年。1994 年，当纳尔逊·曼德拉总统就职后，他重申了南非人民让巴特曼回家的呼吁。法国在 2002 年将她的遗骸归还给她的故乡。生前身后经历了连续不断的展出后，巴特曼终于得以安息。[8]

在 19 世纪 10 年代早期，巴特曼经历了极其可怕的命运，而居维叶对黑人身体的结论被那些寻求黑人低等证据来为自己在大西洋两岸进行的商业活动正名的人不假思索地接受了，这种商业活动根植于黑人女性的子宫。

不管托马斯·杰斐逊在 1809 年和亨利·格雷瓜尔说了什么，在开始收购黑人（或者重新奴役逃亡者）的乔克托 140
人和契卡索人观念中，黑人并没有日益进步。当这些本土南部奴隶主拒绝白人高级而美洲印第安人低级的观点的同时，他们却赞同把黑人和奴隶制关联起来。杰斐逊所在的路易斯安那地区，在法国和美国主人的观念中，被奴役的非洲人也没有日益进步。这些奴隶拒绝等待他们的法国和美国主人解放思想，因为知道他们可能会一直等不到自由。1811 年 1 月 8 日，大约 15 名奴隶在德国海岸①地区的一个甘蔗种植园打伤了种植园主曼努埃尔·安德里少校（Major Manuel Andry），并且杀死了他的儿子。他们身穿军队制服，带着枪、甘蔗刀和斧头，敲着鼓挥着旗，从一个种植园到另一个种植园，队伍不断扩大，被杀死的奴隶主也越来越多。最后有 200～500 名混血儿和非洲人加入这 35 英里长的自由队伍中，并且攻入新奥尔良。这支队伍由阿散蒂战士瓜马纳（Quamana）和库克（Kook），以及混血儿哈利·肯纳（Harry Kenner）和查尔斯·德隆德（Charles Deslondes）一起领导，这些革命者们受到海地革命的激励，发动了美国历

① 美国地名，位于路易斯安那州。——译者注

史上最大的奴隶起义。[9]

1811年1月10日，装备简陋的自由人民被装备精良的400名民兵和60名美军士兵打败。最后，几乎有100名曾经的奴隶被杀害或遭处决。路易斯安那对种植园主提供了赔偿：对每位被杀害的奴隶赔偿300美元（大约相当于2014年的4200美元）。当局敲下他们的头并穿起来让所有人在新奥尔良到安德里的种植园沿途每隔一段距离就能看到。[10]

路易斯安那的甘蔗种植园主在1812年投票加入联邦，希望在未来的叛乱中确保得到联邦保护。随着又一个蓄奴州路易斯安那的加入，到杰斐逊卸任时，很明显奴隶制在扩张，而不是收缩。在20年中，被奴役的非洲人的数量增加了70个百分点，从1790年第一次联邦人口普查的697897人变成1810年的1191354人，在接下来的50年里增至3倍。奴隶制的升级和对抗欧洲反美废奴主义者的需求产生了
141 内战后第一波支持奴隶制度的思想。甚至连北方人，或者生活在南方的北方本地人都为之辩护。1810年，未来的宾夕法尼亚州国会议员查尔斯·杰瑞德·英格索尔（Charles Jared Ingersoll）发表了《耶稣会信件》（*Inchiquin, the Jesuit's Letters*），驳斥了“原住民和旅行者”对奴隶制的诽谤。几年后，纽约的反废奴主义小说家詹姆斯·柯克·波尔丁（James Kirke Paulding）试图捍卫自己的国家和缓慢的变革。释放幸运的非洲人可能会危及社会，破坏财产权，使他们比现在“更悲惨”，波尔丁这样写道。[11]

1819年，费城联邦党人罗伯特·沃尔什（Robert Walsh）发表了《一份英国对美国判决的上诉》（*An Appeal from the Judgments of Great Britain Respecting the United States of America*)。“你的工作将出现在每一本未来美国历史的第一章”，托马斯·杰斐逊准确预测。尽管沃尔什将奴隶制归罪于英国人，但他说奴隶制度让“感性、正义和坚定”的主人受到欢迎。对于非洲人，他们的“肤色是他们奴性的永恒根源”，对他们的奴役是“好事”。奴隶“免受了”英国人所经受的那些“折磨人的焦虑”。[12]

如果杰斐逊真的像他告诉格雷瓜尔的那样，渴望看到对他在《弗吉尼亚笔记》中的种族主义思想的驳斥，那么他在自己的总统任期中，不管是政治方面还是出版方面，都在这个方向上纹丝未动。他在 1809 年最迫切关心的是搬回家乡，回到舒服的蒙蒂塞洛和萨莉·海明斯身边，离开正在进行政治游行的华盛顿。1809 年 3 月 4 日，杰斐逊的亲密朋友和学员詹姆斯·麦迪逊被任命为美国第 4 任总统，一周后，杰斐逊离开了华盛顿。杰斐逊的总统统治并没有在他离开华盛顿时停止。直到 1841 年，一系列自称杰斐逊门徒的人成为美国总统，唯一的例外是 19 世纪 20 年代晚期的约翰·昆西·亚当斯（John Quincy Adams）。[13]

1809 年，杰斐逊估计有净资产 225000 美元（大约相当于 2014 年的 330 万美元），拥有 10000 英亩土地、1 座制造厂、200 名奴隶和堆积如山的债务。不管他是赞成奴隶制还是反奴隶制，杰斐逊在 1809 年都需要奴隶制来保持他的金融偿付能力和奢侈生活。在他退休的头几年中，杰斐逊终于建成了他占地 11000 平方英尺、带有 33 个房间的豪宅，用 142
来展示他的所有收藏：动物标本和美洲印第安人物品，奖章和地图，耶稣、本杰明·富兰克林、约翰·洛克、艾萨克·牛顿、克里斯多弗·哥伦布和伏尔泰的肖像画和雕塑，还有他自己的肖像画，作者是波士顿画家马瑟·布朗（Mather Brown），后者是科顿·马瑟的后人。[14]

杰斐逊热爱退休生活，他优先读书而不是看报。他不必再离开蒙蒂塞洛了，也很少离开。他得运营一个种植园，依靠奴隶劳动来偿还欠债，或者说，支付他喜欢的奢侈品。他将科学作为中心事务，而不是政治，在 19 世纪 10 年代他成为美国的名人学者。向他征求建议和数据的要求和需要审查的手稿似乎无穷无尽。“从日出到一两点钟，通常从晚餐到黑夜，我都在写字台前辛苦工作”，杰斐逊跟约翰·亚当斯抱怨。但他不是在更新《弗吉尼亚笔记》。到 1813 年，他已经失去所有再版自己观点的动力了。[15]

杰斐逊还失去了所有支持反奴隶制事业的动力。1814 年，总统詹姆斯·麦迪逊的生活秘书爱德华·科尔斯（Edward Coles）让杰斐逊来唤起反对奴隶制的公众情绪。杰斐逊犹豫了，借口自己年事已高。71 岁的杰斐逊建议科尔斯将自身和奴役相协调，用一种不冒犯任何人的方式推进解放。[16]讽刺的是，杰斐逊在《弗吉尼亚笔记》中提供的无害的解决方式，以及他曾经试图以总统身份执行的方式，即将被新的一代人所采用。

第 12 章

殖民化

托马斯·杰斐逊对种族关系的努力是横跨 19 世纪最持 143
久的遗产。一切始于 1800 年春天杰斐逊故乡所在的州。两名奴隶，加布里埃尔·普罗瑟（Gabriel Prosser）和南希·普罗瑟（Nancy Prosser），正在组织一场奴隶起义。24 岁的加布里埃尔·普罗瑟身高 6 英尺，深色皮肤，有一双炯炯有神的眼睛和隆起的伤疤，去哪里都会引人注目。他通过提醒人们海地武装已经击败了西班牙、英国和法国的军队，赢得了人们的支持。普罗瑟计划让几百名奴隶行军至里士满，他们将在那里夺取 4000 把无人看守的火枪，逮捕总督詹姆斯·门罗（James Monroe），控制这座城市直到周边县的援兵到达，然后协商奴隶制的终结和平等权利。友善的卫理公会教徒、贵格会教徒和法国人的命可以被赦免，但是种族主义黑人要被杀死。盟友将在弗吉尼亚的贫穷白人和美洲印第安人中招募。

1800 年 8 月 30 日，起义没能在原计划的周六实现。两名冷漠自私的奴隶请求主人的帮忙，背叛了本来可能会成为北美历史上最大的奴隶起义——有多达 50000 名反叛者参加，最远的来自弗吉尼亚的诺福克。当天下午，总督詹姆斯·门罗派出里士满的守卫并通知了弗吉尼亚的每一位民兵指挥官。狂风暴雨席卷了弗吉尼亚海岸。一座桥梁倾覆，阻止了1000名武装反叛者进入这座城市。解放武装充满愤怒
144 地解散了。接下来的几周，奴隶主的军队没有受到影响，他们进入社区逮捕叛军领袖。加布里埃尔·普罗瑟逃到诺福克，9月25日他遭人背叛并被捕。他被带回里士满和他的同僚一起被绞死，但是他们直到最后都坚持反抗。“被捕的人都表现出一种精神，如果这种精神广泛存在，必将血洗南部国家”，一位目击者称。[1]

叛逆的奴隶确实是实际存在的，但是并不真的有代表性。在1800年的最后几个月，奴隶主痛斥“知足的奴隶”这一种族主义口号，然后虚伪地要求用更多武器、更多组织和更复杂的法律来限制他们。1800年12月31日，弗吉尼亚州众议院秘密指示总督詹姆斯·门罗联系新当选的总统杰斐逊来找一块弗吉尼亚以外的土地，“可以把对社会和平有危险的人迁去那里”。杰斐逊在1801年11月24日要求他们明确他们的需求。他建议弗吉尼亚代表在加勒比或非洲进行殖民化，表示在美国本土是不可能获得土地的。[2]

1802年弗吉尼亚立法者再次秘密集结来回应这位同乡。奴隶制必须延续，而其天生的副产品——抵抗——则必须停止。因此弗吉尼亚立法者接受了杰斐逊的建议，并且要求他为州里的自由黑人找一个境外的家园。杰斐逊于是通过中间人询问了西非的塞拉利昂和英国自1792年以来的自由人殖民地。就像其他欧洲国家一样，英国傲慢地回绝了杰斐逊。

1804年12月27日，杰斐逊将这个坏消息告诉门罗后，杰斐逊保证会“持续不断地关注此事”。[3]

弗吉尼亚立法者们发誓保密，永远不泄露他们的殖民化策略；他们甚至没有告诉下一届立法者。但是在1816年，查尔斯·芬顿·默瑟（Charles Fenton Mercer）——他自1810年起一直是众议院成员——知道了杰斐逊的计划。他揭露了门罗和杰斐逊的通信，并且受到了杰斐逊派把黑人送到海外的逻辑启发。默瑟和杰斐逊一样是一名反奴隶制、反废奴主义的奴隶主。虽然“奴隶制是错误的”，他之后写 145
道，但是解放奴隶“弊大于利”。[4]

默瑟希望将他所在地区的农业、奴隶劳动力经济改造成自由劳动力、工业经济。他害怕西欧不断加剧的工人阶级起义，但是又相信公共教育系统能够安抚中低收入白人。他还意识到美国猖獗的种族主义歧视将使自由黑人成为永远反叛的工人阶级。他想在一切为时过晚之前将黑人驱逐出美国。

对默瑟来说，殖民似乎是天赐之物。这也吸引了罗伯特·芬利（Robert Finley），他从妹夫那里听到这件事，他的妹夫是默瑟的老朋友埃利亚斯B.考德威尔（Elias B. Caldwell），长期以来在美国最高法院工作。作为一名反奴隶制的牧师，芬利早就对低收入的自由黑人所处的困境感兴趣，对他来说，殖民化看起来是解决这个问题的完美方案。默瑟、芬利，还有受他们激励的殖民主义者最终成为一对彼此厌恶对方的古怪夫妇——托马斯·杰斐逊和塞缪尔·斯坦霍普·史密斯——的意识形态之子。史密斯在1819年去世前支持这项事业，他相信黑人能够变白，但是杰斐逊坚持认为他们不能在美国成为白人。殖民提供了一种两个人都能接受的选择。[5]

1816年，芬利撰写了殖民运动宣言《关于自由黑人殖民化的思考》（*Thoughts on the Colonization of Free Blacks*）。“我们应该对有色人种的自由人怎么办?”他在册子的开头这样写。必须训练自由黑人“自治”，然后让他们回到自己的发源地，他写道。对被奴役者而言，“奴隶制的罪恶将减少，这以一种渐进的方式来让白人准备好愉快而进步的改变”。[6]

芬利带着这一种族主义思想的文字炮弹，在1816年11月末进入华盛顿特区。他游说记者、政客和总统詹姆斯·麦迪逊，后者对黑人的看法和杰斐逊如出一辙。1816年12月21日，芬利和他有力的助手为殖民主义者召集了一次会议。会
146 议的主持人是肯塔基的代表亨利·克莱（Henry Clay），其早期生活和托马斯·杰斐逊很相似。克莱出生于弗吉尼亚种植园家庭，随后成为一名律师、肯塔基种植园主，然后成为一名政客。他曾表达过早期的废奴主义思想，但这种思想随着时间推移淡化了。克莱主持殖民化会议时刚结束他第二次担任众议院院长的任期，会议诞生了美国殖民协会。奴隶主和最高法院法官布什罗德·华盛顿（Bushrod Washington）——乔治·华盛顿的侄子——当选为协会主席，副主席包括芬利、克莱、安德鲁·杰克逊（Andrew Jackon）将军，以及默瑟的普林斯顿校友理查德·拉什（Richard Rush），他是本杰明·拉什的儿子，在1813年去世前承诺支持殖民统治。

在首次会议上，芬利的渐进废奴主义与奴隶主的需求背

道而驰。协会将忽略废奴这个“棘手的问题”，只推进对自由黑人的驱逐，亨利·克莱说。“还有比这更高尚的事业吗？它让国家摆脱无用、有害，或者说危险的一部分人口，同时考虑到文明生活的艺术的传播，并且让占据世界1/4的愚昧人口从无知和野蛮中获得可能的救赎。”全国的报纸都重印了他的话。

1817年1月15日，至少3000名黑人男子聚集在费城的非洲卫理公会教派主教教堂来讨论美国殖民协会的决议。长期支持殖民化的詹姆斯·福腾（James Forten）、非洲卫理公会主教（A. M. E.）教会创始人理查德·艾伦（Richard Allen），以及其他两位黑人传教士承诺支持殖民化及其传教的可能性。演讲结束后，福腾走上讲坛来进行统计。谁赞同？福腾问。没有人说话，也没有人举手。什么都没有。全体反对？福腾紧张地问。每个人都回应了。浑厚的“不”响起来，震动了教堂的墙壁。

这些黑人男性愤怒地走进教堂。他们的妻子、女友、姐妹和母亲可能也很愤怒（但是她们不被允许在只有男性参加的会议中发声）。会议的与会者大胆谴责了亨利·克莱
“给自由有色人种的名誉蒙上的不当污名”。他们不想去 147
“非洲的野蛮荒漠”，与会者们态度坚决，这说明他们早已经接受了那些种族主义神话。但是与此同时，他们表达了对被奴役的人民和美国的责任感，并且要求承认他们在国家成长中的角色。这是“我们诞生的土地”，这片土地由我们的“鲜血和汗水”“浇灌而来”。“我们永远不会自愿将自己从这个国家的奴隶人口中分离出来”，他们决定。[7]

出生在美国的非洲后裔判断非洲大陆的标准是从那些称他们是低等人并想要把他们踢出美国的人那里学来的。美国的非洲人从美国白人那里接受非洲的知识和种族主义观点，而美国白人的种族主义观点又是来自一群欧洲作家——从萨拉·巴特曼的解剖者、法国的乔治·居维叶，到德国哲学家格奥尔格·威廉·弗里德里希·黑格尔（Georg Wilhelm Friedrich Hegel）。

美国殖民协会成立的时候，欧洲国家越来越多地将资本和枪支从奴隶贸易转向非洲（和亚洲）的殖民事业。英国、法国、德国和葡萄牙军队在整个19世纪都在与非洲军队交战，试图建立殖民地来更系统有效地剥削非洲的资源和人。这一新的种族主义动力要求种族主义观点去解释它，而黑格尔对落后的非洲人的阐述恰逢其时。种族主义观点总是恰逢其时地将对非洲人民丑恶的经济和政治剥削进行粉饰。

讽刺的是，回溯到1807年，黑格尔在他的著作《精神现象学》（*Phenomenology of Spirit*）中表达了一种非常反种族主义的观点，谴责对一个人的“内在本性和性格在第一眼见到时就形成草率判断”。他让19世纪欧洲哲学和历史上很多重大事项发生了革命性的剧变。欧洲各地的哲学大师们都成了黑格尔学派的人，他影响过的哲学家——包括索伦·奥贝·克尔凯郭尔（Søren Kierkegaard）、卡尔·马克思（Karl Marx）和弗里德里希·恩格斯（Friedrich Engels）——构成了欧洲学者名人堂。但在他1831年去世前，黑格尔没能将
148 自己和欧洲从启蒙时代的种族主义观点中解放出来。“是……具体的普遍性、自我决定的思想构成了欧洲人的行

为准则和性格，”黑格尔曾经写道，“上帝成为男人，展现了他自己。”与之形成对比的是，他说，非洲人是处在人类发展“第一阶段”的“幼稚的民族”：“黑人的残暴和目无法纪，是黑人乃动物人的一个例子。”他们可以被教育，但是永远不能靠自己进步。黑格尔的种族主义基本观点让欧洲正在进行的对非洲的殖民化变得合理。欧洲的殖民者应该会给非洲居民带来进步，就像欧洲奴役者给美国的非洲人带去进步一样。[8]

在费城的黑人决定反对美国殖民协会时，他们注意到“自由有色人种的名誉被蒙上了不当污名”。罗伯特·芬利在这一年年底的去世让美国殖民协会变得很焦虑，它努力吸引联邦资金和奴隶主的支持，尤其在南方腹地。奴隶主们永远不会接受殖民化，除非能让他们相信殖民化会让奴隶制持续。但如果不承诺解放，那么自由黑人也不会签字同意。最终双方都不满意。[9]

尽管如此，这个协会还是坚持不懈。在获取联邦资金资助的问题上，查尔斯·芬顿·默瑟在加入众议院后，开展了新的攻势。1819 年 1 月 13 日，默瑟引入了《废除奴隶贩卖法案》，拨付 10 万美元将“黑人”送回非洲。将该法案签署为法律的是支持殖民化的弗吉尼亚州老总督——詹姆斯·门罗，他在美国殖民协会成立几周前当选为美国总统。紧接着，关于该法案是否授权门罗在非洲获得土地的争论出现了。到 1821 年，门罗已经派遣美国海军军官罗伯特·斯托克顿（Robert Stockton）作为协会的代理人前往西非。斯托

克顿一手拿着手枪，一手拿着钢笔，从一位当地统治者手里
贪污了——有人说是以300美元的价钱——塞拉利昂南部一
块狭长的大西洋海岸土地，这位统治者很可能并不拥有他管
149 辖的人民的土地所有权。美国就这样加入了不断扩张的寻求
殖民非洲的国家行列。到1824年，美国殖民者在那里建起
了防御工事。他们将殖民地重新命名为“利比里亚”，首都
以美国总统的名字命名为“蒙罗维亚”。1820年到1830年
期间，在10余万人中只有154位北方黑人航行至利比
里亚。[10]

19世纪一开始的奴隶起义密谋让弗吉尼亚奴隶主和总统杰斐逊严肃地思考将自由黑人和被奴役的黑人送回非洲。奴隶起义不断出现，现实和潜在的奴隶起义最大程度上加强了奴隶主对殖民运动的支持。

1818年，一位叫作丹马克·维西（Denmark Vesey）的51岁自由木匠开始在查尔斯敦及其周围招募上千名奴隶来建立他的军队——有人估计是9000人。维西在当地很出名，他是以马内利（Emmanuel）非洲卫理公会教堂的创始人之一，这是南方第一所非洲卫理公会教堂。在1800年获得自由之前，他跟随从事航海的主人游历了大西洋，为非洲人的机构、文化和人性感到非常骄傲。他也受到美国、法国和海地革命的激励。维西可能花时间去教导、激励和鼓励被奴役的黑人同胞并挑战他们已经接受的种族主义观点，他也许会定期背诵以色列人从埃及人的奴役中解脱出来的《圣经》故事。他将起义时间定在1822年7月14日，这是法国大革

命的纪念日。受信任的用人要趁南卡罗来纳高官睡觉时暗杀他们。6个步兵和骑兵连要入侵城市并烧掉每一个他们遭遇的白人和黑人对抗者。纵火犯要把城市烧成灰烬。剩下的船长计划将反抗者带往海地或非洲——不是作为殖民者，而是作为移民。

家奴彼得·普里奥洛（Peter Prioleau）在5月末泄露了这个密谋；他受到奖励而获得自由，并且在之后也成了奴隶主。普里奥洛不想废除奴隶制度，他可能没有质疑过这背后的种族主义观点。在长达4年招募上千名叛军的时间里，维 150
西的协助者们从未有过任何闪失，没有人背叛这个计划——这是一项惊人的组织成绩——直到普里奥洛开口。到6月末，南卡罗来纳当局摧毁了维西的军队，驱逐了34名维西的军人，绞死35人，包括丹马克·维西本人，他一直反抗到最后。[11]

庞大的维西阴谋引起了查尔斯敦和其他地区人民的恐惧。奴隶主开始深入思考终结奴隶制度，而逐出黑人成为一个很有吸引力的选项。用一个作家的话说，就是“整个美国［应该］加入殖民协会”。另一位支持殖民化的查尔斯敦评论家发誓道，他准备帮助“国家卸下这一不受欢迎的负担”。作为替代，新的法律收紧了对黑人奴隶的约束，以缓解原始的恐惧。官员规定被奴役的黑人只能穿着“黑人布”，那是一种廉价、粗糙、有时候混合着羊毛的棉花布。“白人和黑人应该区分开，”一名法官称，“……来让后者感受到前者的优越性。”[12]

直到1822年——丹马克·维西之前——北方人创作了

绝大多数的种族主义书籍和小册子来为奴隶制辩护。作者们——如查尔斯·贾里德·英格索尔、詹姆斯·柯克·波尔丁和罗伯特·沃尔什（Robert Walsh），都来自北方——在19世纪10年代英国的猛烈抨击下捍卫奴隶制度。1822年10月29日，《查尔斯敦时报》（*Charleston Times*）主编埃德温·克利福德·霍兰（Edwin Clifford Holland）发表了第一篇土生土长的南方人支持奴隶制的论文。他说，被奴役的非洲人不会“影响任何革命”，因为“他们在天赋上有普遍缺陷”。他试图让忧虑的同胞们平静下来。但是他说，他们会扰乱社会，所以白人必须永远有所防范。“让我们永远不要忘记，我们的黑人……是无政府主义者和国内的敌人，是文明社会的公敌，并且如果可以的话，这些野蛮人会摧毁我们的种族。”霍兰没有把“勤奋、冷静、努力工作的人”和自由混血儿包含在这一谴责中。如果发生起义，霍兰相信他们会在“我们这样肤色的人和黑人之间形成一道**屏障**”，因为他们“更可能将自己归在白人名下”。[13]

151 托马斯·杰斐逊可能预料到了像丹马克·维西这样的起义，而且他可能也预料到了像彼得·普里奥洛这样的叛徒。他没有预料到的是密苏里州的问题。查尔斯·芬顿·默瑟引入的《废除奴隶贩卖法案》给美国带来了在非洲的第一个殖民地，在引入法案几周后，默瑟在纽约的同事小詹姆斯·塔尔梅奇（James Tallmadge Jr.）在一项法案中附加了一项修正案，允许密苏里州加入一个禁止非洲奴隶进入新的州的联盟。塔尔梅奇修正案引发了一场为期两年之久的热烈争论。最终，这场争论因密苏里州在1820年的妥协而缓和，但并未终止。国会同意承认密苏里州为蓄奴州而缅因州为自由州，并且禁止在杰斐逊从法国手里买来的广阔的路易斯安那领地北部引入奴隶制。

托马斯·杰斐逊在初期并没有太多关注关于密苏里州问题的辩论。他期待它会“像暴风雨中从船下经过的波浪一样”过去。当暴风雨没有过去时，他变得焦虑，然后他很快将暴风雨描述为“这是迄今为止对联邦最大的一次威胁”。1820年，他警告说，内战可能会演变成一场种族战争，然后可能会演变成“一场灭绝我们国土内的非洲人的战争”。

密苏里州的问题“像是夜里的火警警铃一样”唤醒了杰斐逊，他在1820年4月22日这样告诉马萨诸塞州议员约翰·霍姆斯（John Holmes）。“我马上就想到了，”他写道，“联邦的丧钟。”他对霍姆斯发表了关于解放的政治演说：没有人比他更想要实现解放，但是并没有可行的计划来赔偿奴隶主和对自由人进行殖民统治。“事实上，”他说，“我们和狼打架，既不能抓住它，也无法让它安全离开。”能做些什么呢？“公正在天平的一端，自我保护在另一端。”

杰斐逊这位国家最著名的反奴隶制反废奴主义者，期望他在1803年购买的路易斯安那领地能成为美国的医院，原先各州的毛病能够在这里得到治愈——最突出的就是奴隶制的顽疾。被奴役的非洲人将进入广阔的路易斯安那地区（如果不被送去非洲的话）。“将［被奴役的非洲人］散布到更大的面积上将让他们每个人更开心，同时通过将负担分给

152 大量助手而相应地促进他们的解放。”杰斐逊梦想着广阔的路易斯安那地区可以消化掉奴隶制。把被奴役的非洲人分散出去，然后他们就会走开吗？[14]

杰斐逊坚定地认为不应该在国会的白人大厅里讨论黑人自由问题，应该让南方人以他们自己的节奏和方式解决奴隶制的问题。早年间，他考虑过将逐步解放和殖民化作为解决办法。他的渐进主义变成了拖延症。在最后几年，杰斐逊说“我已经停止思考解放的问题了，因为它不是我们这个年代要做的事”。奴隶制已经变得对太多奴隶主来说过于有利可图，所以解放无法成为杰斐逊时代可以解决的问题。[15]

对杰斐逊来说，密苏里问题很涉及私人利益。如果奴隶制不能继续向西扩张，他的财务状况可能会因国内奴隶贸易对被奴役的非洲人的需求减少而受到影响。当他为美国未来的生计和他自己的经济前景感到痛苦时，杰斐逊无法不去思考国家的过去和他个人的过去——以及两者是怎么走上这条不归路的。1821 年，杰斐逊已经 77 岁了，他决定“记述一些关于他自己的往事”。《托马斯·杰斐逊自传》（*The Autobiography of Thomas Jefferson*）一书只有不到 100 页并以他在 1790 年成为美国国务卿为结尾。在书中，作为奴隶主接受了一辈子训练的杰斐逊再次试图捍卫他反奴隶制的资历。“命运之书中没有比这些人应获得自由更确定的内容了，”他写道，“两个平等自由的民族也不能在同一个政府管理下生活。天性、习惯、观念已经在他们之间产生了不可磨灭的界限。”40 年来，没有什么能减少他产生种族主义思想的需求——黑人展示、劝善、废奴主义者的来信、萨

莉·海明斯或者被奴役的非洲人的忠诚或反抗都不能。杰斐
逊在1821年的自传中分享的观点与他在1781年的《弗吉尼
亚笔记》中的观点一模一样。他推广殖民化的观点，即用 153
将黑人奴隶运到美国同样的方式将自由黑人运去非洲。[16]

19世纪20年代，美国殖民协会成长为美国杰出的种族关系改良组织。杰斐逊再次支持殖民统治，并且预想到种族隔离主义者会开始将之视为解决黑人反抗的办法。利他的社会同化主义者认为这是一种让黑人在美国和非洲都得到发展的方法。1825年，一名28岁的耶鲁毕业生拉尔夫·格利（Ralph Gurley）成为新一任美国殖民协会秘书长。他担任该职位直至1872年去世，他同时还担任过两次众议院牧师。格利有一个愿景：他相信若要赢得美国人全心全意地对殖民事业的支持，必须将它与新教运动联系起来。他时机掌握得很好，因为在他开始就职于美国殖民协会时，第二次大觉醒即将到来。

这个时期成立了美国圣经协会（American Bible Society）、美国主日学校联盟（American Sunday School Union）和美国福音传单协会（Amevican Tract Society），他们纷纷用印刷机印刷《圣经》、传单、图片和图卡，使这个国家应接不暇，并且以此来协助建立起一个强大、统一、以耶稣为中心的国家特征。一份好传单“应该要有趣”，美国福音传单协会在1824年宣布，“一定有什么可以吸引那些不感兴趣的人阅读”。诱惑物——那些神圣人物的画像——一直被认为是撒旦和“邪恶的”天主教徒的罪恶把戏。现在

再也不是了。新教组织开始大规模生产，大规模营销并大规模传播总是被描绘成白人的耶稣形象。新教徒在白人耶稣身上看到所有新美国特征所渴望的东西——证明了一个符合他们文化自我利益的种族主义观点。随着白人耶稣图片开始出现，黑人和白人开始有意识或无意识地在白人上帝父亲、他的白人儿子耶稣，以及白人的权力和完美之间建立联系。“我真的相信我原来的主人是全能的上帝，”逃亡者亨利·布朗承认，“而他的儿子，我的小主人，就是耶稣基督。”[17]

154 就像复兴的新教运动点燃了新英格兰学生、教授、牧师、商人和立法者的激情一样，美国殖民协会吸引了更多的人加入它的阵营。南方殖民主义者寻求的是赶走自由的黑人，北方人寻求的是赶走所有黑人，包括被奴役的和自由的。北方种族关系自 18 世纪 90 年代以来每况愈下，他们蔑视劝善活动。黑人的每一步改善都激起了敌意，逃亡者则激起了更深的敌意。在 19 世纪 20 年代，纽约、纽黑文、波士顿、辛辛那提和匹兹堡都卷入了种族骚乱。随着种族对立的积累，美国殖民协会继续获得殖民事业的拥护者。其代表极力主张白人偏见和黑人奴隶制将是永恒的，自由黑人必须用他们从白人那里获得的才能，回去拯救未开化的非洲。到 1832 年，每个北方州立法机构都通过决议支持殖民观点。[18]

自由黑人仍然压倒性地反对殖民。他们抵制这个概念的行为本身部分解释了为什么在 19 世纪 20 年代人们常用“黑人”指代“非洲人”。自由黑人从理论上说明，如果他们称自己为“非洲人”，他们就会相信自己应该被送回非洲的观念。他们自身的种族主义观点也同样藏在术语的转换背后。

他们认为非洲及其文化习俗是落后的，这就已经接受了欧洲大陆的种族主义观点。一些肤色较浅的黑人更愿意称自己为“有色人种”，以示与深肤色的黑人或非洲人的区别。[19]

对很多人来说，殖民运动使劝善这个想法有了新的紧迫感。种族主义的自由黑人认为劝善给了黑人一个证明自己对白人精英价值的办法。1828 年，波士顿牧师霍齐亚·伊斯顿（Hosea Easton）在感恩节敦促罗得岛的黑人民众“走出堕落的生活”。通过改善自己，他们将“从那些超越你的人身上获得尊重”。[20]

为了重新推动劝善，一群自由黑人创建了总部在纽约的全国第一份黑人报纸《自由周刊》（*Freedom's Journal*）。两名主编都是混血儿：塞缪尔·科尼什（Samuel Cornish），一 155
位长老会传教士；约翰·拉塞尔姆（John Russwurm），他是美国的第三位非裔美国人大学毕业生。他们的使命是记录北方 50 万自由黑人的提升来减少偏见。“偏见的进一步减少，以及成千上万还处在奴役中的同胞状况的改善，都将极大程度上依托于我们的行动，”《自由周刊》在 1827 年 3 月 16 日的开篇社论中如此说道，“我们要通过相同的得体行为、勤勉和节约来让世界相信我们是值得人们尊敬和庇护的。”[21]

然而，编辑和他们所代表的精英黑人总是把关注点放在“我们中间的下层人”的行为上，他们怪罪这些人拉低了他们的种族。阶层种族主义观点散布在《自由周刊》的各个页面，文章将低收入黑人与高收入黑人相对比，把前者描述成次于后者。科尼什和拉塞尔姆有时候为低收入黑人辩护。纽约市计划在 1827 年 7 月 4 日解放余下的奴隶，主流媒体声称不赞成这个计划。自由非洲人会“增加”城市的“犯罪、乞丐和花花公子的数量”，《纪事晨报》（*Morning Chronicle*）期期艾艾地写道。科尼什和拉塞尔姆责备了该报纸“粗鲁的”攻击，但同时又赞同了其背后的大部分推理。即将获得自由的非洲人是“受伤的人民”，编辑辩称，“我们认为对受伤害者进行侮辱有损公共编辑的品格”。[22]

科尼什和拉塞尔姆最后在殖民问题上分道扬镳，这也造成了科尼什的辞职。拉塞尔姆决定在 1829 年支持美国殖民协会，这让他的报纸注定在反殖民主义者的美国黑人那里遭遇失败。在终结了第一份黑人报纸之后，拉塞尔姆去往利比里亚，他确信自己已经尽了全力，尽管如此他还是输掉了与美国种族主义思想的战斗。他没有意识到自己对种族主义思想也做出了贡献。他利用了第一份非裔美国期刊来传播阶级种族主义观点。他也曾说过低收入黑人与白人和像他这样的黑人精英相比，职业道德低下、智力低下、道德败坏。他说，贫穷的黑人被歧视的原因之一就是他们更低等。拉塞尔
156 姆曾经用他的报纸来传播劝善这一奴役策略，这一策略迫使黑人担心他们在白人面前的一举一动，就如同他们被奴役的同胞担心自己在奴隶主面前的一举一动一样。[23]

美国殖民协会代表几乎忽略了大多数自由黑人的愤怒，他们也承受得起这样做的结果。捐款不断涌入国家办公室。协会在 1825 年的年度收入是 778 美元（大约相当于 2014 年的 16000 美元），10 年后年收入跃升至 40000 美元（大约相当于 2014 年的 904000 美元）。西部和北部几乎每个州都设

立了州殖民协会。但是美国殖民协会一直未能获得其最大的守护神——托马斯·杰斐逊的好感。这位前总统只在远方追踪一下美国殖民协会的发展。他怀疑这个组织，因为他无法忍受其背后联邦党人和长老会的支持。[24]

杰斐逊可能没有支持过美国殖民协会，但他晚年从未动摇过对殖民观点的支持。他在1824年2月4日写给历史学家、未来的哈佛校长贾里德·斯帕克斯（Jared Sparks）的信中写道，在非洲建立一个殖民地“能在原住民中引入高雅的生活技能，以及文明和科学的福泽”。显然，美国黑人会在那些开化他们的美国白人的指导下开化这个大陆。这将补偿他们遭受的“长期伤害”，杰斐逊说，到最后，美国“［将］会让他们变得更好而不是更坏”。[25]

一系列疾病在1825年减缓了杰斐逊的脚步。他仍然阅读，他可能在3月已经阅读了协会的第一期《非洲知识库和殖民期刊》（*African Repository and Colonial Journal*）。期刊以美国殖民协会的历史开篇，向杰斐逊致敬，并且在结尾处谈到400名去往利比里亚的殖民者“处于孤独的美丽中”。在另一篇作者名为“T. R.”的《关于黑人种族早期历史的观察》（“Observations on the Early History of the Negro Race”）的文章中，矛头指向那些将黑人视为一个独立物种、无法文明化，或是“人类与猴子相联结的一环”的多源起源论者。多源起源论者一定不知道，T. R. 写道，“他 157
们诋毁的人，成为地球上最文明的人……已经有1000多年了”。

T. R. 援引了杰斐逊的老朋友君士坦丁·沃尼伯爵

（Count Constantine Volney）的观点，这位法国历史学家在40年前曾说过古埃及人是非洲人的后裔。在激情澎湃的用好几页篇幅说明古埃及人是非洲人之后，T. R. 宣称美国应该“让殖民地将从非洲得到的恩赐带回现在处于未开化状态的非洲”。T. R. 写道，文明在非洲已经耗尽，却在欧洲苏醒。但是文明的发源者是如何制造了如此蒙昧无知和未开化之地的呢？他们是如何忘记艺术和科学的？没人问这样的问题，也就没有回答。作为一个主张社会同化者，T. R. 这样的殖民主义者唯一想要说明的一点就是，因为非洲人在更早的时候已经被开化了，所以他们可以再次被开化。[26]

当美国殖民协会在1826年春天出版第二期期刊时，杰斐逊的身体恶化到已经无法离开家。6月，他已经不能下床。月末，作家亨利·李（Henry Lee IV）——杰斐逊认为他是一位独立战争英雄的孙子——想要和杰斐逊见一面。当卧病在床的杰斐逊得知李的来访时，同意见他。未来南方邦联将军罗伯特·E. 李（Robert E. Lee）的这位同父异母兄弟成了杰斐逊的最后一名访客。

杰斐逊不得不拒绝去华盛顿参加纪念独立宣言发表50周年的邀请。他向华盛顿发去贺信，写道：“科学之光的普照已经让人们认识到一个显而易见的事实，众多人类并非生来就烙有奴隶印记，另一小部分人也并非生来就是因神的恩典来合法统治他们的。”这是他最后的公共言论——每个自由人听来都很美好，但让每个被奴役者都感到非常苦涩。[27]

除了他和海明斯的孩子（以及萨莉·海明斯），杰斐逊没有在蒙蒂塞洛释放其他奴隶。一位历史学家推测，杰斐逊一生拥有超过600名奴隶。1826年，他的财产中有大约200名奴隶，并且负债大约10万美元（大约为2014年的200万美元），这个数目如此惊人，他知道一旦自己去世，每件东 158
西——和每个人——都会被变卖出售。

1826年7月2日，杰斐逊已经奄奄一息。这位83岁的老人在7月4日黎明醒来并召唤他奴役的仆人们。黑色的脸庞在他的床边聚集。他们可能是他最后见到的人，然后杰斐逊说了遗言。他走完了一生。在他最早的童年记忆和最终的清醒时刻，杰斐逊都处于奴隶制为他带来的安逸之中。[28]

第三部分

威廉·劳埃德·加里森

第 13 章
逐步平等

那个时代的传奇——托马斯·杰斐逊和约翰·亚当斯在 161
1826 年 7 月 4 日去世时正值独立宣言发表 50 周年纪念日。没有比这更让人震惊的标题了。很多人觉得两人在自由日的同时去世一定是神圣意志，毋庸置疑地标志了美国受到全能上帝的祝福。报纸上关于两个人的讣告、逸事、信件、论述和传记无穷无尽，本杰明·拉什曾经称他们是“美国独立战争的南北两极”。[1]

约翰·亚当斯在位于昆西的家中去世，它位于繁忙的海运城市波士顿以南。在亚当斯去世时，波士顿已经拥有将近 60000 名居民并完全沉浸在被南方棉花工业所驱动的新英格兰工业革命中。访客们在这个海滨城市遇到的各种哲学思想、繁忙的商业往来、各种教派、各利益团体和各种道德运动的奇怪组合让他们头晕目眩。但是，并没有任何一场道德运动试图去消灭这个国家最不道德的惯例。革命时代的废奴主义运动基本已经消亡。杰斐逊关于解决罪恶奴隶制问题非常困难的宿命论，以及将责任转嫁给英国的习惯，在全国范围内已经根深蒂固。本杰明·拉什在 1794 年召集的废奴主

义者协会会议仍在召开，但已不再是变革的力量。上南部和
162 北部的小型反奴隶制协会已被殖民主义者及其种族主义观点吞噬。[2]

每一项道德事业似乎都已经在新英格兰慈善家的年度捐赠计划上了。美国殖民协会在美国最重要的国定节日独立日上刻下了自己事业的烙印。1829 年 7 月 4 日，美国殖民协会邀请一位年轻的新人到波士顿著名的公园街教堂发表了 7 月 4 日演说。23 岁的威廉·劳埃德·加里森于 1826 年来到这座城市，他是一个具有改革思想、虔诚、充满激情的编辑，声望很高，这也是一个直率的殖民观点拥护者的常见性格。

他的虔诚源自他的母亲弗朗西斯·玛丽亚·劳埃德（Frances Maria Lloyd）。她是一位马萨诸塞州纽伯里波特（Newburyport）的单亲妈妈，将他和他的两个兄弟姐妹抚养成人。他们生活清贫，但是她对浸信会的信仰让他们挺过了艰苦时光。加里森对贫穷和母亲的教诲记忆犹新。当他和哥哥带着来自母亲的雇主或者镇上施舍处的食物回家时，他们忍受着街上有钱小孩的嘲笑。但是弗朗西斯·玛利亚·劳埃德向他们宣讲了人类的价值：尽管他们没有钱，但他们并不是低等的人。

他的哥哥让人很不省心，但威廉·劳埃德是个一心取悦母亲的模范孩子。1818 年，12 岁的他开始了师从《纽伯里波特先驱报》（*Newburyport Herald*）的天才编辑伊弗雷姆·W. 艾伦（Ephraim W. Allen）为期 7 年的学徒生涯。在忙着学习印刷生意以及给搬到巴尔的摩的母亲写信之余，他通常都通过

专心阅读来自学。他如饥似渴地读科顿·马瑟及其他政治家和牧师的著作，他们宣称新英格兰的特殊使命就是让全世界变得文明。他特别喜欢沃尔特·斯科特爵士（Sir Walter Scott）的小说，他笔下的英雄通过自己的性格力量改变世界，他们准备着为了人类的公平牺牲自己。他也很欣赏英国诗人费利西娅·赫门兹（Felicia Hemans）的作品，并且赞赏这些作品道德纯洁。

1825 年，威廉·劳埃德·加里森的母亲在他的师徒契 163
约结束前去世了。在她对儿子最后无关宗教的要求中，弗朗西斯恳请他“记住……看在你可怜的母亲的份儿上”，那个可怜黑人女子亨尼友善地照顾了她。“虽然她是别人的奴隶”，弗朗西斯写道，但她“仍然是上帝恩赐的自由灵魂”。

师徒契约到期后，加里森掌握了从事印刷行业的技术，他搬到波士顿并在一份禁酒报纸担任编辑。他个人对禁酒运动很感兴趣。他那个失职的父亲从来离不了酒精，他的哥哥也被酒引诱。加里森可能是当时呼吁禁酒的声音中最引人注目的。但是，在他为美国殖民协会做独立日演讲的一年前，一名巡回废奴主义者的到来改变了他的生活轨迹。[3]

加里森在 1828 年 3 月 17 日第一次见到了贵格会创始人和《普遍解放精神报》（*Genius of Universal Emancipation*）的主编。他坐在 8 位受人尊敬的波士顿牧师们身边聆听了本杰明·伦迪（Benjamin Lundy）在他寄宿公寓客厅的讲话，这个公寓属于当地一位浸信会牧师。从巴尔的摩开始，伦迪在城里为他的报纸筹集资金并为解放黑人奴隶寻求支持。那天晚上伦迪谈到的奴役的错误让加里森的心中充满痛苦。同时伦迪受约翰·伍尔曼（John Woolman）的启发而开始的活动家生涯，也震撼了加里森。这个人看起来就像是直接从沃尔特·斯科特的小说中走出来的一样——他在24个州中的19个州做了演讲，旅行了12000英里，与奴隶主进行了马拉松式的辩论，在巴尔的摩因为自己的信仰而被殴打。当局试图打压他的报纸，但是他不断宣扬自己的信念：“别无他求……唯有希望。”他继续用标题《万岁！哥伦比亚！》（“Hail Columbia!”）发表他关于一队拴在一起的待售奴隶的粗略素描并发出刺痛人心的请求：“请仔细看看，反复看！”当加里森坐到椅子边缘时，那8名牧师却坐了回去。他们礼貌地听完，但是只有一个人愿意提供帮助。其他人觉得在解放黑奴事业中得不到什么，反而要失去很多。他们害怕推进奴隶解放只会导致社会混乱。

164 在这次会议之前，加里森——和坐在他身边不愿行动起来的牧师一样——可能认为对罪恶的奴隶制度的惯习无计可施。并不是说他们喜欢奴隶制，而是他们觉得尝试去废除它是毫无希望的事业。但当加里森听了伦迪的讲话时，一切都改变了。那天晚上加里森钻进被窝时对伦迪的目标充满了激情，即唤起“在美国逐步废除奴隶制度，最后的目标是完全废除奴隶制”。在伦迪到访之后不久，加里森从他的禁酒报辞职并投身于反奴隶制度事业。那时候他还不知道，在他可以停止向美国施压使之离开奴隶制度之前需要将近40年的时间。[4]

1829年，几乎从他的第一句话开始，美国殖民协会代表就知道他们的独立日发言人选错了。“我们对于人权的虚伪和伪善让我感到恶心”，加里森怒吼，这让教堂的人感到不舒服。我们应该要求“逐渐废除奴隶制”，而不是推进殖民化。说解放会伤害被奴役的人是“可鄙的诡计”。如果奴役将黑人变成了“野兽”，那么“因此主张他们必须一直是野兽的论点合理吗?”自由和教育会“把［黑人］提升到一个合适的生物等级”。[5]

10天后，加里森来到一个黑人浸信会教堂并参加了英国废除奴隶贸易的年度庆典。一位白人牧师向大批黑人群众发言，告诉他们如果解放不能让黑人获得长期的自由，那么这种解放就是既不明智也不安全的。人群中传来一阵厌恶的低语，美国殖民协会的工作人员迅速过来保护演讲人。

那天晚上在加里森回家的路上，这阵低语一直回荡在他耳中。在独立日致辞中，他称立即解放是一个“疯狂的愿景”。但是它真的疯狂吗？或者说更疯狂的难道不是站在罪恶的奴隶制和正义的自由之间的某个中间立场吗？加里森承认“在我看来根本没有中间立场”。8月，加里森搬到巴尔 165
的摩与本杰明·伦迪共同编写了《普遍解放的精神》(*Genius of Universal Emancipation*)一书。[6]

1829年9月，加里森在《普遍解放的精神》的编者按中呼吁立即解放奴隶。这一新立场不仅改变了他自己两个月前的观点，而且比本杰明·伦迪的观点还要大胆。“没有正当理由可以让罪恶［的奴隶制］继续存在哪怕一个小时”，他写道，即便是殖民化也不行。当然，殖民可以用来缓解一些被奴役的非洲人的痛苦，但是如果要让其作为奴隶制这个难题的解决方案那就“完全不够”。[7]

丹马克·维西的一位门徒赞同他的观点，并且在两个月后的11月让全世界都知道了，他发表了《告全世界有色人种书》(*Appeal . . . to the Colored Citizens of the World*)。反奴隶制激进分子大卫·沃克（David Walker）是波士顿黑人社区的一分子，他和加里森可能早就有过交集。白人的小册子激怒了沃克，他们“用镣铐拖着我们”来充实他们自己，并且“坚定地相信”黑人生来是永远服务于他们的。“造物主让我们生而为奴吗?”他发问，“除非我们试图反驳杰斐逊关于我们的观点，否则我们只会让他们得逞。”沃克呼吁黑人驳斥并抵制种族主义，并且他具备反种族主义远见，知道只有奴隶制终结了，种族主义才会终结。沃克告诉被奴役的黑人为美国的第二次独立战争行动起来。

没有哪个黑人会在读了沃克令人沉醉的《告全世界有色人种书》后仍无动于衷。但是因为沃克贬低了他号召起来进行抵抗的人，所以他的疾呼也被淡化了。黑人是“自世界开始以来最低级、最悲惨和最可怜的一群人”，他宣称。他提出“非人道的奴隶制”、黑人的无知、传教士和殖民主义者都应对他们当前的境况负责。在这样做的过程中，他重复了关于奴隶制如何使黑人变得低等的理论。沃克机械地重复了“开化的欧洲”和悲惨的非洲这一流行的种族主
166 义对比，而这种对比正是渐进废奴主义者、殖民主义者和他强烈反对的奴隶主所提出的。但是，沃克并没有分享他的对手们极富想象力的版本：开明的欧洲如何让非洲变得文明。

相反，他说的是“开明的……欧洲”让“蒙昧的”黑人父辈陷入了“万分难以承受的悲惨之中”。

在沃克的历史种族主义中，非洲是古代“知识起源”的地方。但自那以后它变成“蒙昧”之地，是因为非洲人不服从他们的上帝。在上帝的诅咒下，黑人缺乏政治上的团结，这种团结的缺失让他们的“天敌”在美国能够“把脚踩在我们的喉咙上”。大卫·沃克不是第一个，也肯定不是最后一个抱怨政治分裂是一个独特黑人问题的黑人激进分子——白人废奴主义者就不会去背叛白人奴役者，白人在政治上就会更团结，所以在政治上更优越也更有能力统治。投票模式从来就不太支持这种黑人分裂和白人团结的抱怨。在19世纪20年代晚期，典型的东北部黑人男性选民通常支持衰落的联邦党人，而白人男性选民在两大党之间分裂成两个阵营。（尽管党派发生了变化，但是类似的投票模式持续至今。）

这些种族主义观点削弱了沃克的信息，但它仍然是令人兴奋的反种族主义观点。沃克指出并谴责了美国人最喜欢的种族主义消遣：拒绝黑人接受教育和参加工作，然后又称因此导致的贫困状况为“天生的”。最后，沃克谈到蓄奴的美国，并且勇敢地说他准备为“真理”而死：“当我事实上已经死了的时候，活着有什么用?”给我们自由，给我们权利，不然有一天你会“诅咒你出生的那天!”然后他转载了部分杰斐逊的独立宣言，恳求美国人“看看你们的宣言!”最后，他要求美国人比较一下英国对他们的“残酷行为”和他们对黑人的行为。[8]

沃克的《告全世界有色人种书》快速散播，迫使加里森这样的种族评论员做出回应。加里森的非暴力哲学让他谴
167 责这是“最不明智的出版物”。但是他在19世纪30年代早期承认《告全世界有色人种书》里包含“很多有价值的事实和及时的警告”。那时，南方已经开始打响一场尾随而来的关于打压这本小册子的政治法律之战。北卡罗来纳州总督称《告全世界有色人种书》“完全颠覆了我们的奴隶所有的服从”——沃克会很喜欢看到这种话。在沃克的小册子引起的骚乱中（也可能是因为这场骚乱），巴尔的摩当局在1830年4月17日监禁了加里森。加里森看起来对为期7周的监禁毫不介意。6月，一位富裕的废奴主义者支付了他的罚金，他在获释时宣布“必须牺牲一些白人受害者才能让这个国家睁开眼睛”。

大卫·沃克因为肺结核在几周后去世。但是他反对种族主义和奴隶制的力量——除了暴力抵抗的部分——在他朋友的文章和观点中流传下来，特别是充满激情的废奴主义者和女权主义者玛利亚·斯图尔特（Maria Stewart）。斯图尔特告诉波士顿人“成为男人或女人并不是靠肤色，而是靠组成灵魂的原则”。斯图尔特在1832年到1833年间的4次公开演讲被公认为第一次由美国出生的女人对白人和黑人男女组成的混合听众发表的演讲。她还是黑人女权运动的先驱。但是也有些人把混合听众的想法称为“乱七八糟”。[9]

在那之后，伦迪继续不定期出版《普遍解放的精神》，但是他和加里森分道扬镳了。加里森需要一个新的媒体来继续拥护反奴隶制。他去北方进行反奴隶制巡回演讲，他的反

对者视他为“沃克第二”，因此他在那里遭遇了比别的地方“更顽固的偏见”。法国人亚历西斯·德·托克维尔（Alexis de Tocqueville）在 1831 年游历了美国后发出了这一感慨。“已经废除奴隶制的州似乎比仍然存在奴隶制的州具有更强烈的种族偏见”，托克维尔在他的政治学经典著作《论美国的民主》（*Democracy in America*，1835）一书中分享了这一观点。托克维尔描述了种族主义思想的恶性循环，这一循环使得说服或教育种族主义者的想法几乎不可能实现。“为了说服白人放弃”黑人低级的观点，“黑人必须做出改变”，他写道，“但是，只要这个观点存在，就不可能改变。”美 168
国面临两个选择：要么殖民，要么根除或消灭非裔美国人——因为托克维尔感觉到劝善永远不会起作用。托克维尔把殖民的观点打上了“高尚”的标签，但也是一个不切实际的观点。根除仍然是唯一的选项。[10]

回到波士顿定居以后，加里森的脑子里有个不同的选项：立即废除奴隶制并逐渐平等。1831 年 1 月 1 日星期六，他出版了第一期《解放者报》（*The Liberator*），在美国白人中重新发起了废奴运动。在他的第一篇社论《致公众》（“To the Public”）中，加里森宣布“彻底而明确地”放弃“逐步废除奴隶制这种流行但是有害的教条”。[11]

在接下来的废奴生涯中，加里森从未放弃立即解放。他驳斥任何逐步废除奴隶制的说法——让社会和被奴役的非洲人准备好在某一天被解放。但是他明确自己倾向于逐步平等，放弃立即平等，并且列出让黑人文明进步的大纲使之在某天获得平等。加里森和主张社会同化者们将极力争取逐步平等，他们认为争取立即平等的反种族主义者不切实际又疯狂——正如种族隔离主义者称他要求立即解放的想法很疯狂一样。

黑人订阅者是《解放者报》的早期命脉。加里森通过报纸和在纽约、费城的演讲向黑人表达他的主张。他要求自由黑人挑战“每一项侵犯你作为本地自由公民权利的法律”，并且“如果你渴望得到他人的尊重，先尊重你自己”。他们已经“获得”并且还会继续获得“白人的尊敬、信任和保护，这将与你在知识和道德上的进步成正比”。加里森还敦促黑人去赚钱，因为“金钱会产生影响力，并且影响尊重的程度”。

在一本早期传记中，加里森认为黑人越“接近白人的习惯，就越好”。“黑人对白人而言永远是社会问题而不是简单的族群。”如果把黑人看成社会问题，解决种族主义观
169 点的办法看起来就很简单。随着黑人的发展，白人对他们的看法也会改善。如果把黑人看成简单的族群——一群不完美的个体，和白皮肤的不完美个体组成的群体平等——那么黑人的不完美行为就无关紧要了。歧视是个社会问题，是两个平等的由个体组成的群体之间存在种族不平等的原因。[12]

加里森强调黑人通过自我提升以抵御种族主义歧视，这反映了精英黑人激进分子的观点，他们邀请加里森到他们的城市并订阅了他的报纸。黑人激进分子在很多情况下把彼此视为需要处理的社会问题。“如果我们希望偏见的影响下降，希望我们受到尊重，那就必须要受到启蒙教育的恩赐”，1831 年费城第二届年度自由有色人种发展大会的与会

者断言。[13]

加里森回信提及他在北方见证的种族不平等和歧视现象，那里的黑人是自由的。他呼吁自由黑人“增加知识和提升道德”的行为是一种为劝善所做的努力，这与第一份黑人报纸《自由周刊》编辑的声明并没有什么不同。当然，最近的历史也并没有显示黑人发展和受白人尊重之间具有正比关系。向上一阶层流动的黑人的存在并没有减缓殖民运动，以及非洲奴隶扩散到西南地区的速度，或者白人平民和奴隶主在新的反黑人民主党派上的团结。1829 年，来自田纳西的奴隶主和战争英雄安德鲁·杰克逊成为新总统，他对白人来说是民主英雄，对其他人来说则是独裁者。他上台后，尽管短期内有黑人的进步，但是种族主义思想的生产和消费似乎都在加快。当 1832 年肯塔基州参议员亨利·克雷（Henry Clay）组织贵族、实业家、道德说教者和殖民主义者成立辉格党来反对杰克逊的民主党时，种族主义思想正在美国境内快速蔓延。

19 世纪 30 年代早期，新的城市廉价报业从报道“好”新闻转向更吸引眼球的“坏”新闻，将犯罪与黑人和贫穷联系起来并大肆渲染。 170
自由黑人被迫住进波士顿的“黑鬼山”、辛辛那提的“小非洲”或者纽约的“五点”隔离的棚户、地窖和小巷中——“美国最糟的地狱”，一位游客写道。这些贫穷的黑人聚居区被归咎于黑人行为，而不是糟糕的住房和经济歧视。早在 1793 年，一位白人牧师就抗议说“黑人棚屋”让塞勒姆的房地产价值贬值了。类似的抗议也出现在纽黑文和印第安纳，当加里森定居到波士顿的时候，这已经是司空见惯的事情了。住房的恶性循环早就开始了。种族主义政策伤害了黑人社区，制造出的种族主义思想导致人们不愿意住在黑人附近，这样就贬低了黑人房屋的价值，然后又导致人们更不愿意住在黑人社区，因为房地产价值低。[14]

数百万贫穷的欧洲移民在1830年后涌入北部港口城市，进一步扩大了住房歧视并威胁到自由黑人从事的仆人和服务性工作。当地白人用他们长期以来贬低黑人的修辞手段来打击爱尔兰移民，称他们为“白人黑鬼”。一些爱尔兰人对这种本土主义进行了反击。其他人则将他们的经济政治挫折引向——或者被引向——种族主义思想，然后引起更多的对黑人的仇恨。

正是在这种根深蒂固的种族主义环境下，出现了美国第一个滑稽说唱团，他们开始吸引大量欧洲移民、本土白人观众，有时候甚至还有黑人观众。到1830年，“爸爸”托马斯·赖斯（Thomas “Daddy” Rice）模仿非裔美国人的英语（今天称为“黑人英语”）在南部巡回演出，不断地完善着一个使他闻名遐迩的角色——吉姆·克劳（Jim Crow）。吉姆·克劳涂着黑脸，穿着破衣服烂鞋子，戴一顶旧帽子，唱歌跳舞就像个愚蠢、天真又快乐的黑人农场工人。其他滑稽说唱团角色还有：“老黑”，一个奴隶家庭中粗心的音乐领袖；“保姆”，一个强壮无性又虔诚的白人看护人；混血、美丽、性混乱的“美女角色”，她喜欢挑逗白人男性；“丹迪”或者叫“城市黑鬼”（Zip Coon），他是个努力向上靠
171 拢的北方黑人男性，极妙地模仿白人精英。通常，滑稽说唱

团会有一个歌舞部分、一个综艺节目和一个种植园短剧。在内战前的几十年里，涂黑脸的说唱团成为第一种美国戏剧形式，孕育了美国娱乐业。虽然也出口给激动的欧洲观众，但是滑稽说唱团的主流还是在美国，直至1920年前后（种族主义电影的兴起取代了它）。[15]

19世纪环绕在对种族主义思想不合逻辑且无休止的挑战中，优越的白人在涂黑脸的滑稽说唱中找到了使之正常化的盾牌。在1835年和1836年，那些不喜欢滑稽说唱团的人可以看到“世界上最伟大的原生态的民族的珍稀品”。25岁的破产者P. T. 巴纳姆（P. T. Barnum）开始吹嘘乔斯·赫思（Joice Heth），声称她已经161岁。而且，他还说，她是乔治·华盛顿的前保姆。而她看起来也像是那么回事，躯体骨瘦如柴，腿脚瘫痪，皮肤深深皱起，笑起来没有牙齿，指甲如爪，几乎失明。但最重要的是，她的黑皮肤让人们相信她的长寿。长寿在非洲很普遍，《晚星报》这样告诉读者。当然，P. T. 巴纳姆会继续成为美国历史上最伟大的马戏团老板，展出各种“怪人”，包括变白的黑人。体质社会同化主义者继续高兴地看到这些，宣称肤色的变化最终将治愈国家的种族疾病。[16]

除了滑稽说唱团和“怪人”展出，一系列小说和儿童读物都在制造种族主义观点并将其灌输给年幼的孩子。约翰·彭德尔顿·肯尼迪（John Pendleton Kennedy）的小说《麻雀仓房》（*Swallow Barn*，1832）开创了种植园流派，多多少少复制了滑稽说唱团中的保姆和黑人来作为引人入胜的小说中的角色。出生于波士顿的南卡罗来纳奴隶主卡罗琳·吉尔曼（Caroline Gilman）在1832年成立的南部第一份儿童周刊《玫瑰花蕾》（*The Rose Bud*）上撰写种植园流派文章。读了吉尔曼的文章之后（但更多时候其实仅仅只是观察他们的父母），南方的白人孩子对着被奴役的黑人玩伴扮演主人，或者更糟的是扮演监工，对黑人玩伴发号施令，嘲笑并折磨他们。被奴役的孩子在体力游戏上胜过自由人玩伴，比如跑步、跳跃或者投掷类游戏，并且从这里得到
172 慰藉。“我们更强壮并且知道怎么玩，白人小孩就不是这样”，一名曾经的奴隶回忆道。在奴隶制中，黑人和白人小孩都在种族主义观点的基础上建立其自我意识。[17]

这就是19世纪30年代《解放者报》创刊时的美国，这里的黑人同时被视为可怕的威胁、喜剧的来源和怪人。整体看来，所有这些种族主义观点——来自滑稽说唱团、来自“怪人”秀、来自文学作品、来自报纸、来自民主党和辉格党——都看不起黑人，把他们视为社会问题。加里森讨厌这些演出和文学，也讨厌那些政客。但是他也把黑人视为社会问题。

一名被奴役的弗吉尼亚人不同意加里森的观点，即被奴役的非洲人应该等待白人废奴主义者和优雅的自由黑人通过非暴力说服策略来解决问题。这位传教士拒绝劝善，也拒绝认同“黑人行为是个问题”这种种族主义说法。1831年8月21日夜晚，奈特·特纳（Nat Turner）和他的5个门徒相信上帝给了他们一个任务，开始了他们在南安普敦郡的斗争。特纳杀了他主人全家，夺取武器和马匹，然后继续去往

下一个种植园。24小时后，大约有70名被解放的人加入了这场讨伐。

两天后直至叛乱被镇压前，70名黑人军人进行了20英里的摧毁之旅并沿途杀死至少57名奴隶主。各地报纸都在宣扬“南安普顿惨案”血淋淋的细节，这导致恐慌蔓延。在被绞死之前，特纳向当地律师托马斯·格雷（Thomas Grey）分享了自己的解放神学：“我听到天空中一声巨响，圣灵立刻向我显现并说撒旦已经被松开了。基督已经放下他为人类的罪行所背负的枷锁，我应该接过它来与撒旦斗争，时间快到了，第一个应该是最后一个，而最后一个应该是第一个。”

“你现在认识到自己的错误了吗?”格雷直截了当地问 173
他。“基督没有被钉在十字架上吗?”特纳回答。[18]

“我们惊呆了”，加里森提到叛乱时写道。在美国“对反叛者的愤怒”中，谁还会记得奴隶制的“错误”呢？加里森会记得，而且他还把它们列出来了。但是他不能宽恕暴力策略。他没有意识到，一些，或者说大部分奴隶主宁愿去死也不愿让自己的财产获得自由。加里森保证对自己的哲学做出永恒承诺：“完成救赎国家这一伟大工作”的最好办法就是“通过道德的力量”，也就是道德劝善。

如果黑人不进行猛烈的反抗，那么他们就自然被奴役。但是，只要他们斗争，南北方的反动评论家就会将他们归类为需要被关进奴隶制笼子里的野兽。那些奴隶主在黑人天生顺从的神话中寻找慰藉，因而他们搜寻真正的搅局者——加里森这样的废奴主义者。佐治亚州甚至为可以将加里森带到该州进行审判的人提供5000美元奖励（大约相当于今天的109000美元）。但是赎金并没有阻止加里森在《解放者报》上发表每周报告和反奴隶制评论，以回应奈特·特纳叛乱激起的争论。

新成立的新英格兰反奴隶制协会是第一个致力于立即解放黑人的非黑人组织，在他们的资助下，报纸增加了页数。出于对《解放者报》扩版的回应，康涅狄格州的一名编辑嘲笑说，佐治亚立法者应该“相应地”对加里森的人头“加大奖励”。加里森回击道，佐治亚州立法者应该对弗吉尼亚立法者提供奖金。他们正“认真讨论打破他们**幸福可爱**的奴隶的枷锁”。[19]

特纳叛乱之后，弗吉尼亚人开始认真考虑终结奴隶制。这并非出于非暴力废奴主义者的道德劝善，而是因为害怕奴隶起义，或者害怕这“被塞住的火山”有朝一日会杀死所有人。在1831年到1832年冬天，弗吉尼亚的秘密废奴主义
174 者、位高权重的殖民主义者以及歇斯底里的立法者提高了他们反对奴隶制的呼声。最后，支持奴隶制的立法者废除了所有反奴隶制措施，并且最终通过了一项比原来更苛刻的奴隶制度。支持奴隶制的立法者镇压了那些据他们自己说很温顺的奴隶，并且限制对他们认为无法被教育的人进行教育。显然不是种族主义观点产生了这些奴隶制度，是奴役带来的利益产生了这些奴隶制度。种族主义观点是产生出来保护奴役带来的利益的。[20]

威廉·劳埃德·加里森没有意识到这一点。但是他意识到这些奴役的利益事实上并不是解放的最大敌人。1832年6

月 1 日，加里森在他第一本也是唯一一本书中提出他的想法。“我会用你们自己的话来谴责你们”，他写道，然后在这本书中，他继续引用殖民主义者的话来证明他们支持奴隶制度，是“立即解放”的敌人。他们的目标是“彻底驱逐黑人”，还否认“黑人在这个国家取得改善的可能性”。加里森以 76 页“有色人种”反殖民主义宣言作为文章结论。这本名为《关于非洲人移民海外的思考》（*Thoughts on African Colonization*）的书是对美国最强大的种族改革组织的毁灭性打击。有了加里森这本书，废奴主义者向美国殖民协会宣战了。协会一直没能从这一打击中恢复过来。[21]

这还不是美国殖民协会在 1832 年遭受的唯一毁灭性打击。威廉玛丽学院教授托马斯·罗德里克·迪尤（Thomas Roderick Dew）在《关于非洲人移民海外的思考》发表后一个月内发表了他的《1831 年至 1832 年间弗吉尼亚州立法辩论回顾》（*Review of the Debate in the Virginia Legislature of 1831 and 1832*），代表南方奴隶主反对殖民化。迪尤是弗吉尼亚种植园主的孩子，并且受到亚当·斯密《国富论》的深刻影响。“南方的种植园”应该由被奴役的非洲人“来耕种”，他们能够“抵抗南方的强烈日晒”并且“比白人劳动力更能经受耕种大米、棉花、烟草和甘蔗所造成的疲劳”。因此，“驱逐我们 1/6 的人口……将是一种自杀行为”。托马斯·罗德里克·迪尤——其实是威廉·劳埃德·加里森在《关于非洲人移民海外的思考》中写下了这一偏执的声明。 175
迪尤在书中表示赞同。这些反对奴隶制和支持奴隶制的人在很多问题上都一致。和加里森一样，迪尤认为殖民是一个罪恶又不切实际的想法。黑人“尽管在文明的尺度上逊色很多”，尽管“如果不强迫”就不去工作，但仍然构成了南方经济需要的廉价劳动力，迪尤写道。[22]

美国参议院外交关系委员会也用同样的理由否决了美国殖民协会在 1828 年提出的最新的资金请求。委员会成员的结论是，因为黑人要执行“各种必需的粗重工作”，殖民化会造成沿海城市廉价劳动力真空，然后会增加劳动力成本。各种粗重工作和服务工作包括：男性临时工、水手、仆人、侍应生、理发师、马车夫、擦鞋匠、搬运工，以及女性洗衣工、裁缝、缝衣工以及女佣。“我们看到他们参与的工作都不需要具备最普通的能力，”一位宾夕法尼亚评论员如此评论，“一大群人毫无远见，也很少娱乐。”种族主义政策迫使自由黑人从事粗重的工作，但种族主义辩称懒惰又缺乏技巧的黑人最适合这些工作。种族歧视摆脱了困境，城市的粗重劳动力资源也得以确保安全，因为美国参议院觉得他们对经济至关重要。[23]

托马斯·罗德里克·迪尤的《1831 年至 1832 年间弗吉尼亚州立法辩论回顾》在奴隶主圈子里获得成功，正如加里森的《关于非洲人移民海外的思考》在废奴主义圈中获得成功一样。“在迪尤校长之后”——迪尤在 1836 年成为威廉玛丽学院校长——“没有必要对奴隶殖民化的可行性再多说什么”，一个南卡罗来纳人说。美国殖民协会尽己所能开展了反击。1832 年 11 月，美国殖民协会秘书长拉尔夫·格利辩称，“人们如果没有完全准备好就不应该让他们拥有自由，这只会对他们自己和其他人造成伤害”。格利在美国殖民协会期刊上的文章是美国殖民协会对直接废奴主义者的卑鄙反击的开始，反击发生在巡回演讲、讲坛、大学、报纸和街头暴徒身上。美国殖民协会仍然试图吸引奴隶主参与他们的事业，因此没有对托马斯·罗德里克·迪尤或者他所代表的奴隶主们发起类似的攻击。[24] 176

当白人暴徒犹豫不决时，66名害怕公众漠然视之的废奴主义者在1833年12月4日聚集在费城，成立了美国反奴隶制协会（American Anti-Slavery Society，AASS）。他们信奉“立即解放，不要驱逐”的激进观点。AASS的领袖是美国最著名的慈善家、纽约人亚瑟·泰潘（Arthur Tappan），以及他的富翁兄弟——未来的俄亥俄州美国参议员本杰明·泰潘（Benjamin Tappan），以及废奴主义者刘易斯·泰潘（Lewis Tappan），后者因释放“艾米斯塔德”号（*Amistad*）船上被非法奴役的非洲人而知名。劝善这一不切实际的策略被写入AASS的章程。“该协会将致力于通过鼓励有色人种的智力、道德和宗教进步和去除公众偏见，来提升有色人种的品格和境遇。”[25]

加里森得到AASS的一个小职位，因为相对谨慎的泰潘兄弟和他们的朋友正试图从波士顿人手里夺取对废奴运动的控制。泰潘兄弟比加里森更有家长架子并且肆无忌惮，他们指示AASS代表向自由黑人灌输“家庭秩序以及在家庭中履行相关职责的重要性、正确的习惯、脾气的控制和态度礼貌”。他们的使命是改善下等的自由黑人，使之“与白人平等”。但是，AASS的代表们和支持者们都被警告不要收养黑人小孩，不要鼓励跨种族婚姻，也不要激励“有色人种装腔作势”。黑人被认为应以“温顺所代表的真正的尊严”来战胜对他们的批评。

在 1835 年 5 月的 AASS 年度会议上，成员们决心使用新的技术来向潜在的废奴主义皈依者传播他们的福音。他们依靠铅字印刷的大规模印刷机、廉价粗纸、蒸汽印刷机、新的铁路线和高效邮政服务，每周向全国发放 2 万份到 5 万份废奴主义传单。他们的目标是：“唤醒罪恶奴隶制国家的良心。”奴隶主们还不知道将会发生什么。[26]

第 14 章

野蛮或文明

奴隶主们平静地讨论着利润、损失、殖民、酷刑手段以 177
及基督教主人的职责，他们感觉废奴主义传单犹如毛毛春雨一般。1835 年夏天，毛毛雨已经变成瓢泼大雨——光是 7 月就有大约 2 万份传单，到年底则超过了 100 万份。这些文章把奴隶主刻画为恶魔，并且挑战了一些种族主义观点，比如黑人不具备自由的能力，但是同时又产生了其他种族主义观点，比如非洲人天生是宗教信仰人士和宽容的人，总是以爱的怜悯来回应鞭打。这次运动无处不见的标志描画了一位被锁住的非洲人跪在地面向上伸出虚弱的胳膊，向看不见的天神或者飘浮在空中的白人救世主祈祷。被奴役的非洲人要等待奴隶主来支持他们，等待殖民主义者撤离他们，等待废奴主义者给他们自由。[1]

愤怒的奴役者将美国反奴隶制协会的邮寄传单运动视为战争行为。白人男性暴徒勃然大怒，愤起保卫“我们的姐妹州”以抵抗废奴主义者，他们在 1835 年夏秋游荡到北部黑人居住区，抢劫并摧毁了房屋、学校和教堂。他们大声叫嚷着自己的使命是保护白人女性免受性欲亢奋的黑脸动物的侵害，如果后者自由了，将破坏人类纯洁和美丽的典范。实际上，1830 年以后，年轻单身的白人工薪阶层女性走出家庭赚取工资，在经济上不再如此依赖男人，在性上也越来越自由。在白人男性攻击黑人的同时，开始出现白人男性黑帮
178 强奸白人女性的事件。两者都在拼命维持白人男性至上的地位。[2]

在废奴主义的压力出现后，最无畏和精明的奴隶制捍卫者就是南卡罗来纳州参议员约翰·C. 卡尔霍恩（John C. Calhoun），他是富裕的种植园主的儿子，曾担任约翰·昆西·亚当斯和安德鲁·杰克逊两位总统的副总统。即使憎恨他的人也不能否认他作为战略家和传播者的才华。1837 年 2 月 6 日，卡尔霍恩在参议院发表了他最新最伟大的支持奴隶制的战略。一位弗吉尼亚议员之前提到奴隶制是一种“较轻的罪恶”，这激怒了卡尔霍恩，他站起来“以占领高地”。卡尔霍恩想要一劳永逸地埋葬老式反奴隶制的杰斐逊观点。“我认为……现在在蓄奴州的两个［种族］之间存在的关系不是罪恶的，而是好的——一种积极的好”，他说。卡尔霍恩继续解释这既对社会是积极的好，而且对低等的黑人也是积极的好。卡尔霍恩建议说，奴隶制是种族的进步。[3]

在某种程度上，威廉·劳埃德·加里森尊敬卡尔霍恩，更喜欢他和他勇敢支持奴隶制的直率，而不是政客们，像是胆怯地仍然相信逐渐废奴主义和殖民的亨利·克莱。尽管如此，他说卡尔霍恩是“生于地狱的奴隶制的捍卫者”：“他的良知被烙铁烧焦，他的心是一块硬石。”对于逐步解放的支持者而言，加里森是激进分子，因为他信奉立即解放，而

卡尔霍恩也是激进分子，因为他支持永久的奴隶制。加里森和卡尔霍恩都认为对方是狂热的魔鬼化身，是美国的毁灭者，是世间一切美好的终结者和一切罪恶的守护者。加里森比卡尔霍恩需要更多勇气。卡尔霍恩是全国向加里森喊话的公众人物阵营中最大声的，而加里森几乎在白人公共人物中孤身一人向卡尔霍恩喊话。[4]

但不管是卡尔霍恩声称奴隶制是一种积极的好，还是游荡的白人暴徒的威胁，都不能阻止废奴主义日益增长的吸引力。加里森在 1835 年 10 月以高贵的非暴力抵抗对波士顿暴徒做出回应，他的行为将推动成千上万的北方人拥护他和反奴隶制事业运动。在这个 10 年结束时，有 30 万人加入了这 179
一运动。

19 世纪 30 年代晚期，新的拥护者涌入运动后，废奴主义者的分裂扩大了。加里森派拒绝加入“腐化堕落的”政党和教派，废奴主义者们则试图将废奴事业引入这些政党和教派。黑人废奴主义者中的分裂也日趋明显。反种族主义者不会再冷静地听人们说黑人行为是白人偏见的根源。彼得·保罗·西蒙斯（Peter Paul Simons）以批评《有色美国人报》（*Colored American*）的编辑而闻名，因为后者认为混血儿“最有才能”，他成为非裔美国人中第一位公开攻击劝善观点的人。1839 年 4 月 23 日，西蒙斯在纽约的非洲克拉克森协会面前说，该策略散发出一种阴谋，“使白人男性甚至在我们的私人事务上也处于领导地位”。“劝善这种愚蠢的想法”是“一个显眼的稻草人”。黑人本身就是有道德的人，反种族主义者称。“向世界展示一个非洲人，你将发现真正的道德。”西蒙强烈要求抗议游行，呼吁“行动！行动！行动！”[5]

但反种族主义者不得不对抗强大的反奴隶制社会同化主义者和更强大的支持奴隶制的种族隔离主义者。辉格党福音传教士卡尔文·科尔顿（Calvin Colton）在 1839 年发表的《废奴主义的煽动言论》（*Abolition a Sedition*）和《从美国到英国的声音》（*A Voice from America to England*）要求行动起来对抗反奴隶制。“人与人之间没有平等这种东西，也不可能会有，”科尔顿写道，“上帝和人都没有建立平等。”科学肯定了科尔顿的观点。实质上学者之间有个共识——从马萨诸塞州的剑桥大学到英国的剑桥大学——根本不存在种族平等。1839 年的辩论仍然围绕着种族的起源：单一起源论与多源起源论。[6]

美国人类学创始人塞缪尔·莫顿（Samuel Morton）在 1839 年 9 月 1 日发表了《美国人的颅骨》（*Crania Americana*），开始讨论起源问题。他在费城自然科学院使用他著名的“美国人髑髅地”，那是世界上最大的人类头骨收藏地。莫顿想要给学者们提供一个客观工具来区分种族：数学比较解剖
180 学。他以立方英寸为单位，精心测量了近 100 个头骨的平均内部容量。莫顿发现“高加索种族”的头骨在这个小样本中是最大的，于是得出白人拥有所有种族中“最高智力天赋”的结论。但他依赖的是一个错误假设：一个人的头骨越大，智力越高。[7]

对于莫顿发现的“极其重要的事实”，知名医学期刊和

科学家们的热烈评论涌入费城。不过，也不是每个人都这样认为。德国人弗里德里希·蒂德曼（Friedrich Tiedemann）的头骨测量结果就和莫顿的等级体系不符。因此蒂德曼得出结论，种族平等是存在的。和17世纪初的日耳曼敦请愿者以及18世纪初的约翰·伍尔曼一样，蒂德曼表明种族主义从来不仅仅是他们这个时代的产物。尽管大多数学者选择了简单的、大众化的、对专业有益的种族主义，但有些人没有。有些人选择了艰难的、不受欢迎的反种族主义。[8]

美国最早的重大科学争议之一始于一个看似简单的观察。具有哈佛教育背景的反奴隶制精神病学家爱德华·贾维斯（Edward Jarvis）测算了1840年美国人口普查数据，发现北方自由黑人被归为精神病人的概率大约是被奴役的南方黑人的10倍。1842年9月21日，他将这一发现发表在当时和现在都是全国主要的医学期刊《新英格兰医学期刊》（*New England Journal of Medicine*）上。贾维斯断言，奴隶制肯定对黑人的“道德和智力的发展起到了非常好的影响”。[9]

一个月后，在同一本期刊上，有人匿名发表了另一篇自称是科学研究的报告——《黑人和混血儿的重要统计数据》（“Vital Statistics of Negroes and Mulattoes”）。人口普查还明显地显示混血儿的寿命比白人和“纯种非洲人”要短。作者呼吁对“造成这种重大影响的原因”进行调查。阿拉巴马莫比尔的医生约西亚·C. 诺特（Josiah C. Nott）在1843年的《美国医学杂志》上与之呼应，在文章《混血儿——一种杂交》（“The Mulatto—A Hybird”）中，这位知名外科医生认为混血女性是“糟糕的繁殖者”，因为她们是“两种 181

不同物种”的产物，如同骡子是“马和驴的产物”一样。诺特骇人的观点和愚蠢的数字一样令人发指，但是科学家们一再重述其观点。[10]

贾维斯更仔细地查看1840年人口普查数据时，发现漏洞百出。一些北方城镇报告的黑人疯子数量比黑人居民总数还多。贾维斯和美国统计协会要求美国政府纠正人口普查数据。1844年2月26日，美国众议院要求国务卿埃布尔·厄普舍（Abel Upshur）进行调查。他没能有机会去调查此事。两天后，厄普舍成为在“普林斯顿”号（*Princeton*）军舰上遇难的6个人之一。总统约翰·泰勒（John Tyler）任命的不是别人，正是约翰·C. 卡尔霍恩来顶替厄普舍。卡尔霍恩在厄普舍的书桌上看到了两样东西：人口普查问题和一封来自英国外交部部长阿伯登勋爵（Lord Aberdeen）的反奴隶制信函。英国人表达了对得克萨斯获得全面解放及自由独立的期望。[11]

奴隶主寻求将得克萨斯吞并为奴隶州的行为引导了1844年大选。田纳西奴隶主民主党人詹姆斯·K. 波尔克（James K. Polk）以微弱优势击败辉格党的亨利 ·克莱。克莱失去了摇摆选票并输给新的反奴隶制自由党的詹姆斯·伯尼（James Birney）。加里森拒绝投票，同时向美国反奴隶制协会施压让其采用新的口号：“联邦没有奴隶主!”他试图——但是失败了——阻止运动转向政治。19世纪40年代兴起了反奴隶制投票阵营。他们将反奴隶制的国会议员送进华盛顿——从马萨诸塞州的约翰·昆西·亚当斯，到俄亥俄州的约书亚·里德·吉丁斯（Joshua Reed Giddings），然后是宾夕法尼亚州的撒迪厄斯·史蒂文斯（Thaddeus Stevens）、俄亥俄州的欧文·洛夫乔伊（Owen Lovejoy）和马萨诸塞州的查尔斯·萨姆纳（Charles Sumner）。这些国会议员在 1840 年之后公开辩论奴隶制和解放，这让约翰·C. 卡尔霍恩感到恐惧。[12]

1844 年 4 月，在退出总统候选人几个月后，国务卿卡尔霍恩通知英国外交部部长吞并条约已经完成。英国和美国政府都不关心得克萨斯的奴隶制。美国一定不能解放奴隶的原因是，人口普查数据证明，“非洲人的境况”在自由情况下比在奴隶制情况下要更糟糕。

卡尔霍恩需要更多数据在西欧面前为美国奴隶制辩护， 182
他寻求最新的关于种族的科学信息。他邀请了埃及古物学家先驱乔治·R. 格利登（George R. Gliddon），格利登刚到达他全国巡回演讲的一站华盛顿，其演讲的内容是古代“白人”埃及奇迹。格利登给卡尔霍恩送去莫顿的《美国人的颅骨》和他最新的、备受赞誉而令人震惊的《埃及人的颅骨》（*Crania Aegyptiaca*）一书，里面把古埃及描绘成高加索统治者、希伯来人和黑人奴隶组成的国家。格利登在附给卡尔霍恩的信中说，莫顿的研究证明“黑人种族”一直都是“**仆人**和**奴隶**，从远古时代起就一直与高加索人不同并臣服于他们”。有了格利登的“事实”支撑，卡尔霍恩在反奴隶制欧洲面前捍卫美国的国内政策。1840 年人口普查数据的“事实”一直没有得到纠正，并且奴隶制的辩护者们从未停止使用“毫无疑问”的证据来证明奴隶制的好。他们继续主张奴隶制带来了种族进步，并几乎肯定知道这个证据并不真实。“它太好了，我们的政客无法放弃它”，一位佐治亚州议员承认。在内战前夜，一位一神教牧师说得最好：“疯癫的是人口普查，而不是有色人种。”[13]

政治和科学对奴隶制的坚定支持使得在消费者观念中，奴隶制具有“正面利益”，而废奴主义者想要改变这一看法则变得更加困难。那么让一个逃亡者来说出他/她所经历的恐怖经历，是否会更让人信服呢？1841 年，威廉·劳埃德·加里森在附近的楠塔基特岛与废奴主义者们度过了愉快的 3 天。8 月 11 日会议即将结束时，一位高大的 23 岁逃亡者鼓起勇气要求发言。这是很多白人废奴主义者第一次听到一位逃亡者分享他从奴隶到自由的艰苦跋涉经历。深受感动后，马萨诸塞反奴隶制协会（MAS）向弗雷德里克·道格拉斯（Frederick Douglass）提供了一个巡回演讲者的工作。然后道格拉斯成为美国最新的黑人展示者。在他分享奴隶制的残酷之前，听众听到的对他的介绍是一项“动产”、一个
183 “东西”，一件“南方财产”。虽然道格拉斯也理解这是为了让美国白人震惊并反对奴隶制度而采取的策略，但是他越来越不喜欢经常被非人化。不管被奴役还是自由，黑人总归是人。尽管他们的奴隶主想把他们降低为物品，但是没有成功。他们的人性从来没有被消除——人性让他们和世界上所有的人平等，即便他们戴着镣铐。道格拉斯曾经是，也永远是个人，他也想要人们这样介绍他。

道格拉斯对于一遍遍讲他的故事也越来越厌倦。他已经磨炼了说话能力并发展出自己的想法。每当他从既定的脚本

转向自己的哲学，就听到一声低语："讲你的故事，弗雷德里克。"事后，白人废奴主义者会跟他说："你讲事实就好了，我们会负责哲学的部分。"你讲事实的时候不要那样讲："带**一点**种植园的说话方式；你看起来太有学问了，这样不是最好的。"道格拉斯非常明白他们为什么那么说。通常，他讲了几分钟后，会听到人群嘟囔说，"他从来没做过奴隶"。而这种反应也很有道理。种族主义的废奴主义者滔滔不绝地讲奴隶制如何将人变成禽兽。道格拉斯显然不是禽兽。[14]

当道格拉斯终于可以用他自己的话来完整讲出他的故事和哲学时，这可能成为对 1840 年人口普查和"奴隶制为黑人带来积极的好"这一理论最强有力的制衡。1845 年 6 月，加里森的印刷厂发表了《弗雷德里克·道格拉斯生平记述：一个美国奴隶》（*The Narrative of the Life of Frederick Douglass, an American Slave*，以下简称《生平记述》）。5 个月里卖了 4500 本，又在接下来的 5 年里卖了 30000 本。这本扣人心弦的畅销书让道格拉斯获得了国际声誉，并促使成千上万的读者认真对待奴隶制的残酷和黑人对自由的人性渴望。没有其他的反奴隶制文学作品有这样深远的影响。道格拉斯的《生平记述》打开了一系列奴隶叙述的大门。这些书为任何有勇气看的人证明了奴役对黑人有益是个绝对错误的观念。

威廉·劳埃德·加里森给道格拉斯 1845 年的《生平记述》写了序言。奴役使黑人"在人类的范围内被降级"，加里森主张，"没有什么能使他们的思维能力严重损坏，使他 184

们的心灵蒙上阴影，使他们的道德本性降低，使他们与人类联系的所有痕迹被抹除”。加里森和他的奴隶主敌人们虽然从不同的地方出发，采取不同的概念路线，但他们还是来到同一个种族主义的地方——低等的黑人不是人类。但是如果让加里森写道格拉斯的序言的话，那就是反奴隶制“完全搞混了肤色差异”。加里森选择不去强调道格拉斯与一位奴隶调教师令人恐惧的身体搏斗，这将道格拉斯推向了自由之路。加里森喜欢展示两种类型的黑人：受屈辱的或优秀的。他希望叙述能引起白人的“同情”和“去打破每个枷锁”的“不懈”努力。他的叙述也确实做到了，并且之后的很多奴隶叙述也都吸引了反奴隶制白人的同情，特别是在新英格兰和旧英国。但是这些叙述并没有吸引太多白人反种族主义者的同情。毕竟，加里森把这本书用他的社会同化主义思想包装起来，认为被奴役或者自由的非洲人事实上都低于标准，他们是“有能力成为高水平的智慧和道德的生物——只需要相对少量的培养来让他成为可以为社会增光添彩的人和自己种族的骄傲”。[15]

加里森自己的序言——尽管他的读者们期待他能有很强的说服力——却是对道格拉斯的《生平记述》极有说服力的种族主义制衡。另一个有说服力的制衡就是亚拉巴马州的外科医生约西亚·诺特 1845 年出版的《两场关于高加索人和黑人种族自然历史的讲座》（*Two Lectures on the Natural History of the Caucasian and Negro Races*）。他已经从种族主义的混血儿理论转移到多源起源论，再次使用了错误的人口普查数据作为证据。作为一个独立物种，“自然赋予”黑人

“低等的组织机构，地球上所有力量都不能让他们提升到自己的命运之上”。一位观察者称，诺特的多源起源论“不仅是这个时代的科学”，而且是“一种美国科学”。受欢迎的北方儿童读物讲的是“头盖骨的容量”。新英格兰畅销书作者塞缪尔·古德里奇（Samuel Goodrich）在《世界及其居民》（*The World and Its Inhabitants*）中写道，“黑人在智力等级上，绝对是”排名“最低的”。[16]

道格拉斯的《生平记述》也不得不应对快速变化的新闻媒体。在 1846 年早期，新成立的美联社使用新发明的电报，从而成为全国主要的新闻筛选和供应商。快速的传播和 185
垄断价格鼓励了更短更简单的故事，要只说不解释——要耸人听闻却没有细致描绘，要循环往复却不消灭刻板印象或现状。强化种族主义思想的新闻通讯满足了这些要求。1846 年 1 月，新奥尔良居民詹姆斯·D. B. 德·鲍（James D. B. De Bovo）为满足人们对有影响力的南方本土声音的需求，推出了《德鲍评论》（*De Bow's Review*）。它在早期比较艰难，但是到了 19 世纪 50 年代，成了南方思想的杰出专栏——支持奴隶制和种族隔离主义，是反奴隶制和主张社会同化的《解放者报》的对立面。[17]

专栏作家推动了《德鲍评论》的壮大，比如路易斯安那州的医生萨缪尔·A. 卡特赖特（Samuel A. Cartwright），他是本杰明·拉什以前的学生。卡特赖特写的是健康的黑人奴隶高效劳动并热爱奴役的事情。卡特赖特在 1851 年写道，每当他们抵制种植园时，他们都患了他所谓的触物感痛。“几乎所有”自由黑人都有这种疾病，因为他们缺少“某个白人”来“照顾他们”。当被奴役的黑人逃跑时，他们精神错乱，他称之为漫游癖。“他们只能被……当成孩子一样对待”，卡特赖特告诉奴隶主，“来预防并治愈他们”这种逃跑的疯狂欲望。[18]

《德鲍评论》开始公开发表南部医学实验的结果。研究人员经常使用黑人作为实验对象。1845 年，亚拉巴马州的 J. 马里恩·西姆斯（J. Marion Sims）极其可怕地在 11 名被奴役女性的阴道上进行实验，来治疗一种被称为膀胱阴道瘘的分娩并发症。实验过程“并没痛苦到需要动用”麻醉，他说。为他的残酷行为辩解的是种族主义观点，而不是西姆斯真正从他的试验里了解到的东西。“露西极为痛苦”，西姆斯后来在他的回忆录里写道。19 世纪 50 年代早期在经历了马拉松式的一系列手术后——一位名叫安娜查（Anarcha）的妇女，在他的手术刀下经受了 30 次手术——西姆斯完善了治疗瘘管的手术。伴随着麻醉的使用，西姆斯开始治疗白人患者，他搬到纽约，建立起第一所妇女医院并成了美国妇
186 科之父。一座巨大的青铜花岗岩纪念碑——第一座描绘医生的美国雕像——现在矗立在医学院对面的第五大道和 103 大街上。[19]

弗雷德里克·道格拉斯现在是众所周知的逃亡者，很容易被他的前主人重新抓回去。他 1845 年在英国进行了一场长时间的巡回演讲。《民主评论》（*Democratic Review*）的编辑约翰·奥沙利文（John O’Sullivan）愤怒地称“黑人流浪者道格拉斯”用“他在英国的时间宣传他对美国的肮脏谎

言”。道格拉斯进行了压倒性的回复。与其他美国国家政治的追随者一样，道格拉斯可能知道奥沙利文是吞并得克萨斯州（以及所有西部地区）的狂热粉丝。1845 年 12 月 29 日，得克萨斯成为蓄奴州。扩张主义者——特别是奴隶制扩张主义者——叫嚣扩张更多的州：加利福尼亚、新墨西哥和俄勒冈。第一批《生平记述》售出后，奥沙利文写下了美国白人的“宿命……是拥有上帝赐予我们的整个大陆”。[20]

1846 年 5 月，总统詹姆斯·K. 波尔克（James K. Polk）命令部队越过有争议的得克萨斯边境。当墨西哥军队自卫反击时，波尔克将墨西哥人描述为侵略者并将之作为战争原因而广为宣传。这个伎俩奏效了。与墨西哥的战争帮助美国的南北方团结到国家扩张的事业中来。但是国家扩张是否意味着奴隶制的扩张，这个问题又将南北方分裂开来。1846 年 8 月，宾夕法尼亚州的民主党代表戴维·威尔莫特（David Wilmot）在一项拨款法案上列明，在波尔克从美墨战争中获得的任何领土上都禁止奴隶制。威尔莫特代表了美国最新的政治力量：反奴隶制反黑人的自由土地运动。波尔克声称的“愚蠢产物”，历史学家声称的“威尔莫特但书”（Wilmot Proviso），以及威尔莫特声称的“白人限制条款”都没有获得通过。[21]

多年来，威廉·劳埃德·加里森和约翰·C. 卡尔霍恩
竭尽全力将美国分化为敌对的阵营：支持立即解放的一方和
支持永久奴隶制的一方。殖民主义者的中间立场是逐渐解
放，这个立场在 19 世纪 30 年代晚期被颠覆。1846 年，新 187
的自由土地党人主要但不限于在北方重建了这一中间立场。

当里士满的卓德嘉钢铁厂将黑人放置到需要技能的岗位以减少劳动力成本时，白人工人进行了抗议。在内战前南方都市工业唯一一场旷日持久的罢工中，白人要求加薪并将“黑人”移出需要技能的岗位。如果罢工的钢铁工人以为奴役者真的关心种族主义胜过利润，或者他们出于自身利益不会放弃提升统一的白人男子气概，那么他们就上了一堂关于权力、利润和宣传漫长而痛苦的课。里士满的精英联合起来。他们将反黑人的罢工者等同于废奴主义者，正如当地报纸所言，因为他们都试图阻止他们“利用奴隶劳动力”。最后，白人罢工者被解雇了。[22]

“奴隶力量”在过去的10年中有所下降，导致“我们一直在谴责的偏见逐步减轻”，威廉·劳埃德·加里森在1847年夏天的《解放者报》上写道。但是仍然有个“让人厌恶的事实，即有些人无法容忍和受过教育且有教养的有色人种打交道或在一起出现，却很愿意被无知而野蛮的奴隶环绕，并且从来没有因为他们的肤色想过拒绝和他们发生亲密接触！而且简直是越多接触越好！”尽管加里森受到“无知而野蛮的奴隶”这一偏执观点的束缚，并且错误地认为向西发展的奴隶力量在减弱，但他有一点是对的。“只有当他们是自由、受过教育和开明的时候，他们才成为麻烦事”，他写道。他意识到了为什么劝善不起作用，但是没有什么可以动摇他对这一策略的信仰。[23]

当扎卡里·泰勒将军（Zachary Taylor）于1849年开始担任美国第12任总统时，自由土地支持者要求限制奴隶制；

废奴主义者要求关闭华盛顿特区的奴隶市场；奴隶主要求扩张奴隶制并制定更严厉的逃亡奴隶法来破坏秘密逃跑路线网络（Underground Railroad）及其勇敢的指挥者，比如“摩西”哈莉特·塔布曼（Harriet “Moses” Tubman）。亨利·克 188
莱（Henry Clay）是 1820 年密苏里妥协案（Missouri Compromise）的老设计者，他走出了总统大选失败的阴影，促成了“联邦的再度联合”。1850 年 1 月，为了满足奴隶主，他提出反对国会对国内奴隶贸易的管辖权并制定更严厉的逃亡奴隶法。为了满足反奴隶制或支持自有土地的北方人，他提出将在国家首都禁止奴隶贸易，而联盟将加利福尼亚州列入自由州。承认加利福尼亚州为自由州给北方提供了权力的平衡。有了这个权力，北方就可以根除奴隶制了。卡尔霍恩和大量南方人不愿屈服，甚至不愿意妥协一秒钟。卡尔霍恩很愤怒，于是他集结了分裂势力。[24]

1850 年 3 月，一群北方科学家来到卡尔霍恩的地盘参加在查尔斯顿举行的美国科学促进会（AAAS）第 3 次大会。塞缪尔·莫顿、约书亚·C. 诺特和哈佛大学的多源起源论者路易斯·阿加西斯（Louis Agassiz）属于协会第一批成员。查尔斯顿以其享誉全国的科学家、自然历史博物馆和一所拥有大量可用尸体和“有趣案例”的医学院而闻名。会议前几周，查尔斯顿毫无争议的南方路德派之王——约翰·巴克曼（John Bachman）在备受尊重的《查尔斯顿医学杂志》（*Charleston Medical Journal*）上发表了《论人种的一致性》（*The Doctrine of the Unity of the Human Race*）和一篇文章。诺亚的儿子闪是“高加索人种的父亲——是我们的救世主……的祖先”。含是非洲人的家长，其“全部的历史”都显示他缺乏自我管理能力。巴克曼的单一起源论在会议上引起争议。但是，1850 年的北方和南方都认可单一起源论。[25]

路易斯·阿加西斯和约书亚·诺特来参会并在 1850 年 3 月 15 日提交了关于单一发源论的论文。曾协助成立了以科学为导向的富兰克林研究所来纪念本杰明·富兰克林的费城人彼得· A. 布朗（Peter A. Browne），提交了关于人类头发的比较研究。在距离世界上最大的头骨收藏处不远的地方就是布朗的世界最大的头发收藏处，他通过研究这些收藏，在 1850 年写出了《通过头部的毛发进行的人类分类》（*The Classification of Mankind, By the Hair and Wool of Their*
189 *Heads*）。由于白人是“头发”而黑人是“毛发”，布朗“毫不犹豫地宣布他们分属于两个不同物种”。对于头发性质，布朗宣称“白人的头发比黑人的更完美”。根据布朗的研究，他认为黑人是一个独立的、像动物一样低等的物种，而直发是“好的头发”，非洲人“乱成一团”的头发则是不好的。但是他这些研究也无甚新意。不算白人，连黑人中都有很多人持这种社会同化主义思想，1859 年《英非杂志》（*Anglo-African Magazine*）的一位作者抱怨黑人父母教导孩子说“他或她很漂亮的标准，只是看他们接近盎格鲁－撒克逊人标准的比例”。作者恳请，黑人父母必须停止把直发定义为“好头发”或者把盎格鲁－撒克逊人的特征定义为“好特征”。[26]

查尔斯顿城因为对其科学家感到自豪，承担了 AAAS 大会及其论文集印刷的费用。整个上流社会的家族都参加了会议。会议将他们从快速电报新闻报道中转移到对 1850 年妥协方案的激烈辩论中。在支持奴隶制思想的老家召开的 AAAS 会议展现了美国科学和政治的十字路口。奴隶主愤怒地跟踪着北方政治的进展情况时，查尔斯顿的科学家们则兴奋地关注着北方科学的进展情况，特别是作为种族科学主流的多源起源论。

在查尔斯顿的 AAAS 会议结束几天后，南卡罗来纳的“钟声”传递着“坏消息”。在与肺结核进行了长期斗争后，约翰 · C. 卡尔霍恩于 1850 年 3 月 31 日去世了。几个月后，强硬的反分裂主义者泰勒总统也去世了。米勒德 · 菲尔莫尔（Millard Fillmore）这位天生的妥协派，在两位刚硬巨人去世的余震中接手了总统职位。9 月，亨利 · 克莱的 1850 年妥协方案通过了。“和平……来临了，”克莱愉快地宣布，“我相信这是永恒的。”[27]

这一妥协法案的标志性措施即《逃亡奴隶法案》，给予了奴隶主八爪鱼般的权力，允许他们将触角伸到北方。法案 190
将逃亡者的教唆者也定为罪犯，这给了北方人逮捕他们的动机。法案拒绝给被捕的黑人进行陪审团审判，这打开了大规模绑架的大门。对威廉 · 劳埃德 · 加里森而言，该法案是“如此冷血、如此缺乏人性、如此穷凶极恶，就算是撒旦本人也会羞于承认自己发明了它”。[28]

第 15 章

灵魂

191 一位缅因州妇女对 1850 年的《逃亡奴隶法案》感到愤怒，但是没有惯例的公开渠道可以让她表达。她是一位著名牧师的女儿，同时也是一位著名教授的妻子，她知道男人制定了这部法律，也知道男人可以公开回应法律。但是哈里特·比彻·斯托（Harriet Beecher Stowe）不是男人，所以她的选择就很有限。她并不是唯一感到沮丧的女性。斯托的传记中写道，“斯托在面对不公正的法律时所感受到的政治无能，就像为许多中产阶级妇女建起的大坝所挡住的水”。[1]

第一次针对这个大坝的重大集体罢工发生在两年前的第一届妇女权利大会上，大会于 1848 年 7 月 19 ~ 20 日在纽约的塞尼卡福尔斯举行。当地贵格会妇女与伊丽莎白·凯蒂·斯坦顿（Elizabeth Cady Stanton）一起组织了大会，后者写下了会议的《态度宣言》（“Declaration of Sentiments”）。宣言请求性别平等和妇女选举权，这被视为与种族平等和立即解放黑人一样激进。很多早期主张妇女参政论的白人妇女都在废奴主义的战壕中经历了很多年，常常认识到美国种族主义和性别歧视相互关联的性质。

塞尼卡福尔斯大会导致在接下来的几年中召开了一系列的地方性妇女权利大会，特别是沿着从新英格兰到北部纽约的北方废奴主义地带，以及哈里特·比彻·斯托在搬到缅因州之前居住过的地方——俄亥俄州。妇女参政论者和废奴主义者弗朗西斯·达纳·盖奇（Frances Dana Gage）是第一批呼吁所有公民不管性别和种族都享有投票权的美国人之一， 192
她在 19 世纪 50 年代早期帮助组织了横跨俄亥俄州的妇女权利大会。

盖奇最难忘的会议是在 1851 年俄亥俄州阿克伦的一个教堂举行的，但她不是那里唯一的名人。一位观察人士记录道，一位身材高大瘦削的 50 多岁妇女穿着灰色裙子，戴着白色头巾和遮阳帽，“以女王的气场”走进教堂过道。当白人妇女叽叽喳喳地让她转身离开时，索杰纳·特鲁思（Sojourner Truth）挑衅地坐在她的座位上，厌恶地低着头。她可能是回想起她在《索杰纳·特鲁思自述》（*The Narrative of Sojourner Truth*）中描述的自己经历过的所有动乱，这本书在一年前由加里森印刷出版。

1851 年 5 月 29 日，会议的第二天，男性全力反对决议。会议变成对性别的激烈争论。男性牧师宣扬男性智力的优越性、耶稣的性别、夏娃的罪恶，以及女性的弱小，这都是为了反对平等权利决议。这使得妇女们越来越疲惫，这时几乎全程低着头的索杰纳·特鲁思抬起了头。她慢慢起身并开始走向前方。“别让她说话！”一些女人们喊道。

她现在站到观众面前，眼睛看向会议组织者。盖奇宣布了她的到来并请求观众们保持安静。当所有盯着白人的脸的目光凝固在一张黑人的脸上时，人们立刻安静下来。特鲁思伸直背部，以自己的身高站直——整整 6 英尺。她比周围的男人还要高。“难道我不是女人吗？看着我！看我的胳膊！”特鲁思展示了自己鼓鼓的肌肉。“难道我不是女人吗？我可以比任何男人工作得更好、吃得更多、活得更久！难道我不是女人吗！”索杰纳·特鲁思让男性诘问者们全都闭上了嘴。

当她回到自己的座位时，特鲁思不禁看到女人们“流泪的眼睛和感恩的心跳”，以及茫然发呆的男人。特鲁思的“难道我不是女人吗”给出了双重打击：对男性破坏者的性别主义观点的打击，以及对试图驱逐她的女性的种族主义观点的打击。我有全部的力量、能力、温柔和智力，“难道我
193 不是女人吗？”我是深色皮肤，“难道我不是女人吗？”再没有人能够将应对反种族主义女权主义的双重挑战做得更完美了。[2]

哈里特·比彻·斯托肯定是从加里森的《解放者报》或者与俄亥俄妇女参政论者和废奴主义者的通信中听说了索杰纳·特鲁思的讲话。但是这位有天分的作家的注意力不在觉醒的选举权运动上。她的注意力在对《逃亡奴隶法案》的愤怒上，法案正将逃亡者和自由黑人送到棉花田里。斯托从她在康涅狄格州的妹妹伊莎贝拉寄给她的信上了解到这些愤怒。哈里特的 7 个孩子常常在客厅里听见这些信件被大声朗读出来。“现在，哈蒂，”伊莎贝拉在一封信中对她的姐姐说，“如果我能像你一样写作，我会写点东西让这个国家感受到奴隶制是多么该死。”哈里特·比彻·斯托从椅子上站起来。

"我要写点东西，"她宣布，"只要我活着，我就会写。"[3]

《汤姆叔叔的小屋》（*Uncle Tom's Cabin*）这本斯托的"逼真的戏剧现实"在1852年3月20日出现在书店里。"这个故事的场景，"她在小说的序言里说道，"存在于……一个外来种族，他们的性格和强硬的、占主导地位的盎格鲁－撒克逊种族完全不同。"黑人"有颗卑微的心，他们天性是依靠高尚的心灵和更高的权威，他们有孩子般单纯的感情并善于宽恕"，她写道，"所有这些都展示出特有的**基督教生活**的最高形式"。唯有奴役阻碍了他们的发展。[4]

在这部小说中，斯托别出心裁地完成了加里森大约20年里在《解放者报》上不断写文章想要做到的事。对于向反奴隶制的巨大转变，斯托并不要求美国人改变他们根深蒂固的信仰，她只要求他们改变自己根深蒂固的信仰的含义。斯托面对的美国人：他们是种族主义思想的具体体现。她接受了全国公认的奴隶主的前提。天生温顺、智力低下的黑人愿意接受白人的奴役，以及——斯托绝妙地添上了——上帝的奴役。斯托反转了科顿·马瑟以及所有在他之后的牧师花费数年试图让种植园主相信基督教让黑人成为更好的奴隶的观点。她声称因为顺从的黑人是最好的奴隶，他们也是最好 194
的基督徒。因为专横的白人是最糟糕的奴隶，他们也是最糟糕的基督徒。斯托通过反奴隶制向美国白人提供了基督教救赎。为了成为更好的基督徒，白人必须约束自己专横跋扈的性情并且结束这一性情的罪恶副产物——奴隶制。

《汤姆叔叔的小屋》是传播斯托带有种族主义的废奴主义思想非常有效的工具，因为它是一本引人入胜的书。一位欠债的肯塔基州奴隶主打算卖掉他奴役的宗教领袖汤姆叔叔以及伊丽莎·哈里斯的儿子。伊丽莎带着儿子逃跑了，并且在自由的北方和逃亡的丈夫乔治·哈里斯重聚。汤姆留下来并被卖到南方。他被装在船上顺流而下时，救了一个掉到河里的虔诚的白人小女孩伊娃。伊娃的父亲奥古斯丁·圣克莱尔心怀感激地买走了汤姆。

汤姆和伊娃的关系是小说的主题中心。斯托塑造出了双重性格——天生的基督徒汤姆/伊娃——来强调她对黑人更女性化、“更温顺、孩子气和深情”的看法，这让基督教精神在黑人身上发现了“更合适的环境”。在一场重要的劝说改变宗教信仰的争论中，斯托让灵魂层面占优的基督教黑人奴隶汤姆反对心智层面占优但不信奉基督教的白人主人圣克莱尔。“你面对聪明通达的人，就藏起来；面对婴孩，就显出来”，汤姆用《圣经》的口吻说道。斯托坚持认为，黑人在精神上更优越是因为他们在智力上低等。这种精神上的优越允许黑人拥有灵魂。[5]

随着黑人读者阅读这本书并传递其种族主义观点，斯托对具有精神天赋的黑人的普及迅速成为非裔美国人身份认同的中心支柱。白人种族主义者相信他们自己没有灵魂，他们的个人使命是通过黑人找到灵魂。黑人种族主义者相信他们自己没有智力，他们的个人使命是通过白人找到智力。美国黑人几乎立刻把汤姆叔叔作为黑人顺从的标识，并且接受了斯托潜在的种族主义思想，这种思想将汤姆叔叔变得如此顺从：黑人特别神圣，尤其是，他们有灵魂。

195 在斯托对混血种族主义的复制中，这些黑人比混血儿低级。小说里仅有 4 个成人角色逃跑，他们是 4 个混血俘虏——“悲惨的混血儿”。尽管外表和行动都和白人一样，但是他们悲惨地为黑人特性所束缚。在他们的智力和审美优越性上，在他们积极反抗奴役方面，斯托都将混血儿与“完全的黑人”区分开来。[6]

在小说的“尾声”中，斯托呼吁北方教育黑人直到他们达到“道德和智力成熟，然后协助他们去往”非洲，“他们可以在那里实践他们在美国学到的东西”。她的呼吁对正在没落的美国殖民协会来说就是一场及时雨。《汤姆叔叔的小屋》和受够了美国的黑人在 19 世纪 50 年代重振了殖民运动。菲尔莫尔总统打算在他 1852 年对国会发表的讲话中支持殖民化。他准备说“对于黑人的道德或社会状况的改善都没有充分的希望，除非他们去除在更优越的种族面前感觉低人一等的自卑感”。尽管这些话在讲话中被省略了，但还是出现在报纸上。[7]

加里森 1852 年 3 月 26 日在书评里向汤姆叔叔表示了敬意，但他几乎是唯一一个对斯托的宗教偏执进行反种族主义质问的人：“是不是有一部法律要求黑人顺从不反抗，而另一部法律要求白人叛逆和斗争呢？是不是有两个基督？”加里森还对看到“支持非洲人殖民化的情绪”表示遗憾。他的反种族主义信仰几乎没有掀起任何波澜，就如同他对斯托支持殖民化的批评一样。[8]

弗雷德里克·道格拉斯也对斯托拥抱殖民化保持了警觉，但是他没有批评她对“灵魂高尚的”汤姆叔叔的描绘。他给斯托寄了一封主张社会同化、反对印第安人的信来解释

为什么黑人永远不会接受殖民化。“黑人（和印第安人不同）热爱文明，”道格拉斯写道，“他自己没有在文明中取
196 得很大进步，但是他喜欢置身其中。”在没有完全反驳斯托和她的小说的情况下，这位美国最有影响力的黑人没能削弱小说中持有的种族主义思想。[9]

没有人会比一位叫马丁·R. 德拉尼（Martin R. Delany）的黑人作家和医生更加全盘批评《汤姆叔叔的小屋》了。他对废奴主义的幻想破灭了，因为当他在1850年被逐出哈佛医学院时，其支持者们并未对他伸出援手。他和另外两名黑人学生被学院录取，但是当他们入学时，白人学生呼吁开除他们。1852年，德拉尼发表了主要内容是反种族主义的《从政治上考量美国有色人种的境况、提升、移民和命运》（*The Condition, Elevation, Emigration, and Destiny of the Colored People of the United States, Politically Considered*）一书。德拉尼控诉说，反对奴隶制的社团们“推定他们比有色人种自身更能思考、支配并知道什么更适合有色人种”。黑人有两种选择：在美国继续降格，或者在别的地方建立一个繁荣社区——黑人对殖民化的说法。即便用黑人的说法，大部分黑人仍然是反对殖民化的。[10]

虽然在19世纪50年代的殖民化问题上，黑人男性激进分子出现了分裂，但是他们似乎都讨厌汤姆叔叔，因为他传播了关于“虚弱的黑人男性”这一刻板印象。一段时间以来，种族主义的黑人先驱们在被视为支配性的白人男性男子气概之外衡量了他们自己的男子气概，他们发现黑人缺乏男子气概。他们要求控制黑人女性、家庭和社区，以从“虚

弱的黑人男性”这一刻板印象中挽回其男子气概。1773年反奴隶制的黑人先驱在马萨诸塞请愿，如果黑人仍被奴役，“妻子怎么能全身心投入到丈夫身上?”然后，在男性主导的1864年锡拉丘兹全国有色公民大会上，他们抱怨，“我们被剥夺了我们的身体、妻子、家庭、孩子和我们自己的劳动产品的所有权”。这些黑人决定“维护我们的男子气概”，就好像这也需要澄清一样。19世纪50年代和19世纪60年代早期，像索杰纳·特鲁思这样的女人在主张性别平等的权利，而黑人（和白人）男子在主张他们对女性的统治权力，这并不是一种偶然。[11]

性别歧视的反对者似乎被包藏于反奴隶制主义者之中， 197
特别是因为《汤姆叔叔的小屋》是由一名女性所写。南方人为卡罗琳·李·亨茨（Caroline Lee Hentz）的《种植园主的北方新娘》（*The Planter's Northern Bride*）和威廉·吉尔摩·西姆斯（William Gilmore Simms）的《剑与梭》（*The Sword and the Distaff*）的出版而喝彩，它们是《汤姆叔叔的小屋》出版之后反对派出版的20多本种植园流派小说中最著名的2本。在这些书中，专业的种植园主和他们纯洁正直的妻子在他们的家庭农场像对动物或者小孩一样对心满意足的奴隶们进行教化。这些种植园小说家可以写一些小说。尽管《汤姆叔叔的小屋》在南方人中间的传播可能没有种植园流派小说那么广泛，但很多南方人还是看到了。“斯托女士说……在对黑人的罪恶目录之中最大的错误就是对社会阶层的偏见，对种族的厌恶，我们塞进他们灵魂中的他们‘什么都不是，只不过是个黑鬼’的感觉”，一位佐治亚州

“女士”在《德鲍评论》上写道。但是斯托女士忘记了，她说：“事实上他们在被造物主创造时就‘什么都不是，只不过是个黑鬼’。”[12]

无论是自由土地热潮还是《逃亡奴隶法案》和《汤姆叔叔的小屋》带来的反奴隶制浪潮，都无法超越 1852 年总统大选期间政党压倒性的宣传或局部地区围绕奴隶制的紧张关系。新罕布什尔州知名的墨美战争将军富兰克林·皮尔斯（Franklin Pierce），准备将国家的注意力从奴隶制转向国家扩张，为民主党赢得胜利。“问题在于休息”，皮尔斯在他的 1853 年第一次就职演说中宣布。废奴主义者永远不会休息，直到“永久推翻”奴隶制，47 岁的加里森反击道。[13]

1853 年，美国反奴隶制协会在富兰克林·皮尔斯胜利当选后拒绝承认自己的失败。成员们庆祝了协会成立 20 周年，他们为了提高加里森的曝光率而歌颂赞美他。与之相对应的是，国际社会在 1853 年努力将最近去世的宾夕法尼亚大学多源起源论者萨缪尔·莫顿进行公开宣扬并盛赞他为模
198 范先锋。约西亚·C. 诺特和乔治·格利登在 1853 年 4 月 1 日发表了纪念文献《人的种类》（*Types of Mankind*），用这部 800 页的多源起源论著作来“纪念莫顿”。为了视觉型学习者，他们插入了一张插图，上面有两列面孔和相邻的头骨：“希腊人”在顶部，“猿类”在底部，“黑人”在中间。对“种族原始起源”的争论是“科学与教条主义之间的最后一场大战”。谁会赢呢？“科学必将再次，也是最终地，获得胜利！”[14]

《人的种类》一书出版于热闹的1853年，这是黑人永远低等的种族隔离主义观点关键的一年，同时主张社会同化的废奴主义者也取得了进展。民主党对纽约编辑约翰·H. 范艾弗里（John H. Van Evrie）出版的《黑人与黑奴制》（*Negroes and Negro Slavery*）表示欢迎。在19世纪50年代北方支持奴隶制和支持白人的小册子作家找寻废奴主义者的运动中，范艾弗里就身处第一线。“上帝并不是让黑人在大多数情况下成为低等生物，而是在所有情况下都是，”范艾弗里宣称，“全能的造物主让所有的白人平等。”在1853年的法国，贵族保皇党阿瑟·德·戈平瑙（Arthur de Gobineau）发表了他的4卷本《人种不平等论》（*Essai sur l'inégalité des races humaines*）。戈平瑙对法国恢复贵族政治的要求包含了一份对多源起源论的种族等级的“巨大真相”的分析。聪明且热爱自由的白人在顶端；黄色人种是“中间阶层”；而最底层的则是贪婪、纵欲的黑人。黑人不正常的身体特征是用来弥补其愚蠢的，戈平瑙写道。在白色人种之中，雅利安人是至高的，而且是全世界历史上所有伟大文明的至高创造者。德国人拥抱了戈平瑙的理论，特别是因为他说雅利安人是“德国种族”。1856年，约西亚·C. 诺特安排将戈平瑙的书翻译成了英语。[15]

虽然这本书很贵而且有很多其他图书在吸引着读者的关注，但《人的种族》还是几乎立刻就售罄了。《纽约先驱报》（*New York Herald*）写道，它在欧洲“广受欢迎”，并且被视为是对多源起源论这一“杰出……美国科学”的极佳论述。《普特南月刊》（*Putnam's Monthly*）的评论员也接 199

受了多源起源论，并且解释说“各个民族都源于同一血统，因此，差别不在血统上，而在精神上”。当时科顿·马瑟为了使奴隶制和基督教一致而提出的精神平等（和身体不平等）的陈旧观点，现在则用于使多源起源论与基督教一致。

刚写了《白鲸》（*Moby-Dick*）的作者赫尔曼·梅尔维尔（Herman Melville）在《普特南月刊》的竞争对手《哈珀斯杂志》（*Harper's Magazine*）上，发表了《吉斯人》（The 'Gees）一文。这篇反种族主义的讽刺文学无情地嘲笑了多源起源论的矛盾。虚构出来的吉斯人“在不文明程度上排名很高，但是在身材和道德上排名很低”。他们“胃口很大，但是想象力很少；眼珠很大，但是目光短浅。他嚼着饼干，但毫无感情”。同时，《白鲸》中的角色魁魁格（Queequeg）给了梅尔维尔一个机会去挑战种族刻板印象。[16]

《人的种类》太受欢迎也太有影响力了，这迫使一位非裔美国人对多源起源论做出第一次重要回应。罗彻斯特大学第一任校长马丁·B. 安德森（Martin B. Anderson）牧师将这本书借给了他的朋友弗雷德里克·道格拉斯。安德森还把诺特、格利登和莫顿的作品也交给他。道格拉斯第一次在大学听众面前做正式演讲时——1854 年 7 月 12 日在克利夫兰的凯斯西储大学——对之进行了激烈反驳。这次演讲在当年的罗彻斯特大学发表，道格拉斯很多年里都在其他演讲中重复这一观点。[17]

“在诺特、格利登、阿加西斯和莫顿等人打着科学的名义做出重大发现前”，道格拉斯说，人类相信单一起源论。几乎所有多源起源论的支持者都“将它作为**盎格鲁-撒克**

逊人奴役压迫非洲人的特权”，他继续说道。“当人们压迫自己的同胞时，压迫者会在被压迫者的性格中为这种压迫找到充分理由。”道格拉斯惊艳地用一句话就总结了种族主义思想的历史。

道格拉斯努力证明了古埃及人是黑人，声称《人的种类》“简明露骨地”试图“将黑人定为天生就低等”，并且认为所有人类区别的根源在于环境，这些都被证明徒劳后，道格拉斯从最好的反种族主义者变成了最糟糕的种族主义者。他参考了纽约混血医生詹姆斯·麦丘恩·史密斯（James McCune Smith）的作品，他对道格拉斯的生活产生了极大的影响——超过了加里森对他的影响。19 世纪 30 年 200
代，史密斯在苏格兰的格拉斯哥大学获得了学士、硕士和医学学位，他是第一个取得这样成绩的非裔美国人。黑人的头发“变得越来越直了”，史密斯曾为此感到欢欣鼓舞。“气候和文化的影响将最终产生统一标准的”白皮肤直发的美国人。[18]

基于史密斯的气候理论和文化种族主义，道格拉斯向克利夫兰的学生提问：“我们需要探究野蛮的变迁解释一些纯正黑人瘦削、结实、像猿一样的外表吗？我们需要观察得比头顶的太阳更高或者观察得比［西非］潮湿的黑土更低……来解释黑人的肤色吗？”道格拉斯将野蛮的变迁强行归于非洲，而将“世界文明之心”归于英国。他成为美国最出名的黑人男性废奴主义者和主张社会同化者。[19]

戈平瑙的《人的种类》对《圣经》“彻底的”抨击，也没有获得最著名的白人男性废奴主义者和主张社会同化者的好评。威廉·劳埃德·加里森在1854年10月13日，也是在他与多源起源论者对战的第一回合中评论了这本种族隔离主义者的书。加里森特别瞄准了约西亚·C. 诺特，后者曾说过，对于杰斐逊的找不到“一个黑人能拥有超过一般叙述水平的想法”这一结论，他“在20年里想要找出一个例外，但都是徒劳”。这真是“不寻常啊”，加里森讽刺说，“杰斐逊竟然是那么多愚蠢孩子的父亲”。[20]

尽管他们紧密团结起来反对《人的种类》，反对种族隔离主义思想，反对奴隶制，但道格拉斯和加里森最终还是分道扬镳了。当弗雷德里克·道格拉斯攻击白人废奴主义者的家长作风并意识到黑人组织的必要性时，跨种族组织者们对他进行了猛烈回击，其中就包括加里森。1853年夏天和秋天，弗雷德里克·道格拉斯的论文和《解放者报》的版面上充满抨击。1853年9月23日加里森在《解放者报》上发
201 表了他最严厉的评论：“美国奴隶制和偏见的受害者作为一个阶级”，无法“感知”运动的需求“或理解其运行哲学”。[21]

一直以来，他们共同的朋友都试图阻止他们的争吵。在这一年结束前，哈里特·比彻·斯托介入道格拉斯和加里森之间。她做了别人做不到的事。毕竟，畅销书《汤姆叔叔的小屋》让斯托登上废奴主义运动的高峰，这让道格拉斯和加里森都无法忽视。相对于道格拉斯和加里森的文章和演讲，她的小说吸引了更多北方人加入运动——特别是，也是最重要的是，那些为争取权利而向国家开火的女

性。斯托给两个男人写的信把他们拉了回来。激烈的斗争逐渐消失并停止。他们都原谅了对方，但是没有忘记。他们都将注意力转移到破坏1854年皮尔斯政权的“终极”平台的争论上。[22]

第 16 章

即将到来的危机

202 美国伊利诺伊州参议员史蒂芬·A. 道格拉斯（Stephen A. Douglas）希望赋予内布拉斯加和堪萨斯地区以州的地位，以便通过这些州建立横贯大陆的铁路。道格拉斯和他的资助人预期这条铁路将会把繁荣的密西西比河谷变成国家的中心。为了确保至关重要的南方支持，1854 年的《堪萨斯－内布拉斯加法案》让早期开拓者来处理奴隶问题，因而废除了《密苏里妥协案》。

史蒂芬·道格拉斯知道这项法案会产生“一场风暴”，但是他低估了北方的怒火。奴隶制度似乎在国家发展进程中得到正式认可，而自由土地看起来时日无多。对这一未来的畏惧让北方人强烈反对奴隶制度的推行，其中包括一名怀有政治野心的伊利诺伊州律师，他在 1847 年到 1849 年间担任了一个任期的伊利诺伊州议员。亚伯拉罕·林肯（Abraham Lincoln）持反奴隶制立场，这让他荒废的政治生命在 1854 年与史蒂芬·道格拉斯竞争伊利诺伊州的第二个美国参议院席位时得以恢复。1854 年 10 月 16 日，他在伊利诺伊州皮奥里亚的一次长篇演讲中斥责这一“巨大的不公”。但是他不知道“对现存制度”怎么办，他补充说，“我第一个冲动就是解放所有奴隶并把他们送到利比里亚”。但那是不可能的。“那么然后呢？解放所有人，把他们当成下属放在我们身边？……解放他们，让他们在政治和社会地位上都和我们平等？我个人感情将不能接受这一点；而即便我可以接受，我们也清楚知道大多数白人不会接受。”[1]

亚伯拉罕·林肯是亨利·克莱的政治门徒，这位伟大的 203
调停者刚刚策划了1820年和1850年的调停方案。克莱政治生涯的一项伟大事业就是殖民化。他在美国殖民协会成立大会上发言并在1836年到1849年间主持该组织。当亨利·克莱1852年去世时，他成为第一位躺在美国国会大厦里的美国人。没有多少废奴主义者参加悼念活动。威廉·劳埃德·加里森坚持认为，对黑人来说，没有比他更大的敌人了。林肯称克莱为“我理想中的伟人”。[2]

1852年，亚伯拉罕·林肯在伊利诺伊州议会大厦发表了对克莱的悼词，并且首次公开支持将自由和被释放的黑人归还给他们在非洲“久违的祖国”。和克莱一样，林肯出生于肯塔基，他的一些亲戚也拥有奴隶。林肯的父母没有奴隶，他们厌恶奴隶制。林肯不喜欢国内的奴隶贸易，但在他作为伊利诺伊州立法委员的职业生涯早期，他倡导反对黑人投票权。1852年，43岁的他决定从事法律工作，他相信自己在辉格党的政治生涯在他1854年重新竞选参议院席位之前就已经结束了。[3]

《堪萨斯－内布拉斯加法案》将亚伯拉罕·林肯的辉格

党沿着地区线撕裂开，并且扼杀了亨利·克莱的发明。在1856年总统大选时出现了两个新党派：将移民和天主教徒称为敌人的不可知论者党，以及将不断扩张的“奴隶力量”称为敌人的共和党。两者都无法战胜民主党，民主党团结起来反对废奴主义。1857年3月4日，民主党人詹姆斯·布坎南（James Buchanan）宣誓就职成为美国第15任总统。美国国会和美国关于奴隶制扩张的“意见分歧”应该也将由美国最高法院“迅速并最终解决”，他宣布。布坎南有最高法院即将对分歧做出决定的内部消息，但是他假装不知道。“所有的好市民”都应该加入他，“愉快地”服从法院的决定，布坎南说。[4]

204 两天后的1857年3月6日，最高法院提交了决议，但是并没有很多反奴隶制的北方人对此欣然接受。在《德雷德·斯科特诉桑福德案》（*Dred Scott v. Sandford*）中，法院驳回了德雷德·斯科特要求获得自由的诉讼，他曾被带去过自由州和准州。5位南方人（民主党和辉格党）和2位北方人（都是民主党）裁定《密苏里妥协案》违宪，质疑北方废奴的合宪性，剥夺了国会在准州管理奴隶制的权力，并且声明黑人无法成为市民。一位俄亥俄州共和党人和一位新英格兰辉格党人对此提出了异议。

首席大法官罗杰·B. 托尼（Roger B. Taney）发表了尖刻而有争议的多数派意见书。他是来自马里兰州的一位坚定的杰克逊民主党人，很久以前就解放了他的奴隶，他在整个职业生涯中都捍卫奴隶主的财产权、他自己解放奴隶的权利以及他的朋友们进行奴役的权利。即将踏入80岁的托尼拒绝埋葬奴隶制（托尼去世那天正是马里兰州1864年废除奴隶制的日子）。当他完成55页的多数派意见书后，托尼希望黑人、自由土地党人和废奴主义者无法借助宪法来加强他们对奴隶主的自由之战。因为国家成立之初黑人就被排除在美国政治社会之外，所以美国现在也无法扩展他们的权利，托尼解释道。"一个多世纪以来，他们都被认为是低等人，在社会或政治关系上都完全不适合与白人种族交往，并且因为他们是如此不合格以至于没有权利要求白人必须尊重他们。"[5]

虽然在开国元勋们认为黑人低级这点上托尼说得很对，但他说黑人被排除在最初的政治社会之外就是完全搞错了。持异议的法官本杰明·柯蒂斯（Benjamin Curtis）揭示了自国家成立以来，黑人至少在5个州拥有投票权——几乎占了联邦的一半——这沉重打击了托尼反对黑人公民权利的观点。但是柯蒂斯的历史课在托尼、其他法院同事、白宫或美国国会大厦的人身上没有起作用，他们都对《德雷德·斯科特诉桑福德案》的裁决表示赞赏。他们可能早就知道这 205
些历史。他们似乎对最高法院的种族主义裁决造成的严重后果漠不关心。他们只在乎保持使国家富足的经济利益。而在1857年，能给北方投资者和工厂主以及南方地主和奴隶主带来最多财富的就是国家的主要出口物——棉花。[6]

民主党参议员史蒂芬·道格拉斯对托尼的裁决感到很高兴，发言支持了奴隶主和他们的北方捍卫者。亚伯拉罕·林肯现在正竞选1858年道格拉斯的参议院席位，他反对这个决定，发言支持自由土地党和羽翼未丰的共和党中的废奴主义者。亚伯拉罕·林肯和史蒂芬·道格拉斯同意从 1858 年 8 月下旬到 10 月中旬在伊利诺伊州进行 7 场辩论。几千人去现场看他们的辩论，上百万人阅读了辩论记录。候选者们的名字家喻户晓。身材高大瘦削，穿着不得体却态度谦逊的林肯一个人安静地来到辩论场，准备坚持防守。身材矮小结实，穿着定制西装而神情傲慢的道格拉斯和他年轻的妻子阿黛尔坐着私人轨道车在炮声阵阵中来到辩论场，准备进攻。上文所述的视觉和听觉的对比是为一种当时还未出现的技术量身定做的。

“如果你想要黑人获得公民身份，”道格拉斯说，“那么就支持林肯和黑人共和党。”道格拉斯保持种族诱饵，操纵选民的种族主义思想来让他们远离共和党。在内战前的几十年中，种族诱饵已经成为至关重要的竞选策略，特别是占据主导地位的民主党。道格拉斯继续说，美国“是由白人创造的，是为了白人及其子孙后代的利益”；他警告人们，林肯如果当选总统将导致社会整合。随着道格拉斯的种族诱饵的加强，敦促林肯将共和党与种族平等分离的信件也在增加。到了在伊利诺伊州中部的查尔斯顿进行第 4 场辩论时，林肯受够了。“我不是，也从没有支持要让［黑人］成为选民或者陪审员”，或者政客或者婚姻伴侣，林肯坚持说，“白人和黑人种族具有体质差别，所以我相信这将永远禁止两个
206 种族在社会或政治平等的情况下一起生活。而由于他们无法共同生活，所以当他们确实要在一起时就必须有地位的高低，而我和其他任何人一样支持将优越的地位给予白人种族。”

亚伯拉罕·林肯让史蒂芬·道格拉斯处于守势。道格拉

斯控诉林肯改变自己的种族观点来迎合观众：北方废奴主义的州是“乌黑的”，反奴隶制、反废奴主义的中部州则是“体面的混血色”，而支持奴隶制的南方伊利诺伊州则“几乎是白色”。道格拉斯想要继续讨论种族问题。林肯将种族抛在身后，在最后三场辩论中继续进攻并将讨论的方向引向奴隶制。最后一场辩论在伊利诺斯的奥尔顿进行，这是被暗杀的废奴主义编辑伊莱贾·P. 洛夫乔伊（Elijah P. Lovejoy）的家乡，林肯宣称给道格拉斯投一票就是给奴隶制扩张投一票，也是对“自由白人”向西迁徙找寻家园并改善生活投了一个反对票。[7]

伊利诺伊州民主党在 1858 年的中期选举中赢得了两院的控制权并重新选举了道格拉斯连任。伊利诺斯共和党明白，被打上支持黑人的标签要比打上支持奴隶制的标签在政治上更严重。但在北方的其他地区，共和党做得要好很多。亚伯拉罕·林肯在伊利诺伊州的斯普林菲尔德，威廉·劳埃德·加里森在 1000 英里外的波士顿，还有其他美国政治观察者都看到了同样明显的选举结果。除了夺取了纽约、宾夕法尼亚和印第安纳这些摇摆州的权力之外，共和党在废奴主义的故乡取得了巨大胜利：新英格兰小镇、“美国西部”，以及五大湖区北部各县。林肯和加里森有不同的出发点、不同的意识形态和不同的个人和国家野心，所以他们对同样的结果做出不同的回应也不奇怪。[8]

加里森在近 30 年里第一次抑制住了对一个主要政党的批评，他意识到美国的反奴隶制选民已经聚集到共和党阵营。他预测他们在输掉 1860 年大选后，这一“不和谐元

素”组成的联盟将分崩离析，然后真正的反奴隶制政客将接手。同时，他的工作——也是运动的工作——就是“把
207 共和党这一平台的缺点和共和党选民的承诺区别开”，也就是，说服这些选民不可以向奴隶制妥协，也不能与奴隶主结盟。加里森的自传将这一新政策称为“政治劝告”。那些致力于让这场运动远离政治的老朋友提醒了他，这在19世纪50年代晚期的废奴主义者会议上产生了激烈争论。[9]

与之形成对比的是，林肯离开了共和党的反奴隶制扩张基础，向无党派人士伸出了手。在伊利诺斯这样的摇摆州的共和党开始聚焦在更流行的“自由劳动”权利上，这是北卡罗来纳人欣顿·罗恩·黑尔珀（Hinton Rowan Helper）1857年的畅销书《美国南方的迫切危机》（*The Impending Crisis of the South*）所引发的话题。奴隶制需要被终结，因为它阻碍了南方经济发展和不蓄奴白人的机会，这些白人受到富裕奴隶主的压迫。黑尔珀不“相信种族的团结”。但是他拒绝接受将多源起源论的教义作为维持奴隶制的理由。他写道，被解放的非洲人应该被送到非洲。[10]

霍勒斯·格里利（Horace Greeley）是全国最出名的编辑，他在全国性重要报纸《纽约论坛报》（*New York Tribune*）上推广黑尔珀的书。黑尔珀和格里利在募集的资金和共和党的支持下合作制作了一个小版的更便宜的《美国南方的迫切危机》纲要版本，用以在即将到来的大选中分发。1859年7月这本纲要得到了广泛支持和出版，在共和党圈子里瞬间成为畅销书，但是也立即成为奴役圈里的靶子。黑尔珀的解放白人劳动力、反对奴隶制度的主张正是共和党——和林

肯——想要的：一种既反对奴隶制又不被当作支持黑人的方式。[11]

奴隶主们对黑尔珀书中的暗示感到愤怒，它实际上呼吁自由土地党、废奴主义者和前奴隶们组成统一战线。这个厉害的联盟在 1859 年 10 月成为事实，废奴主义者约翰·布朗和他的 19 人跨种族部队占领了距离华盛顿特区西北 60 英里的西弗吉尼亚哈珀斯市的联邦军械库。“将军”哈莉特·塔布曼（Harriet Tubman）没能如约赶来，可能是因为她正在遭受反复高烧。布朗本可以用哈莉特·塔布曼的精巧设计。 208
他选择了一个小规模农场而不是大规模的种植园，如果在大规模的种植园里他本可以武装上千人并策划下一阶段的叛乱。罗伯特·E. 李上校领导的海军陆战队粉碎了叛乱并逮捕了布朗。17 人死亡。

尽管奴隶主们在动荡的 19 世纪 50 年代击退过更大规模的黑人奴隶起义，但布朗的起义深深地触动了他们。白人团结起来形成越来越大的破坏性让他们发狂。威廉·劳埃德·加里森一开始将起义形容为一次“疯狂”的尝试，虽然“意图是好的”。但在冲突过去几周后，他加入废奴主义者，将反奴隶制的北方人眼中的约翰·布朗从一个疯子变成一个“烈士”。无数美国人赞赏他大卫般的勇气，他敢于攻击强大而令人憎恨的巨人般的奴隶制势力。但是对暴力黑人革命者的鄙视仍隐藏在对约翰·布朗赞美的阴影之中。黑人奴隶叛军从未成为烈士，一直都被认为是疯男人和疯女人。以前也从未有一位重大奴隶起义的首领被如此称赞。自从培根的叛乱以来，未曾有白人成为重大反奴隶制起义的领袖。

上百万人阅读了约翰·布朗的最后法院声明。布朗将自己塑造为一名正直的基督教牧羊人，他愿意遵守黄金法则——愿意带领依赖他的羊群离开奴隶制。1859 年 12 月 2 日是他被执行绞刑的日子，北方的白人和黑人在教堂的钟声里为他哀悼了几个小时。[12]

1860 年 2 月 2 日，密西西比州参议员杰斐逊·戴维斯（Jefferson Davis）向美国参议员展示了无限制的国家权利和奴役权利的南方平台。南方需要通过这些决议才能继续留在史蒂芬·道格拉斯领导的民主党和联邦之内。戴维斯本可以轻松地补充说，南方人认为联邦政府不应该用任何资源以任何方式来帮助黑人。1860 年 4 月 12 日，戴维斯反对拨款资助华盛顿的黑人教育。“这个政府既不是由黑人创立的，也
209 不是为黑人服务的”，他说，而是“由白人建立来为白人服务的”。这项法案是基于种族平等的错误主张，他声明。“白人和黑人种族的不平等”是“从一开始就打上标签的”。

亚当赶走了第一位白人罪犯——他的儿子该隐，他“不再适合协助那些被创造出来统治地球的人”，戴维斯向参议员们发表演讲。该隐在“挪得之地（land of Nod）找到了罪行堕落后与他平等的人”。显而易见，黑人和上帝创造人类之前创造的“生物”生活在挪得之地。后来黑人和其他动物一起被带上挪亚方舟。他们的监工是含。[13]

在美国最著名的政治家嘴里，似乎多源起源论已经最终成为主流。事实上，单独创造人类物种这一概念的日子已经屈指可数。另一险恶的人类物种理论即将接管并将在接下来

的100年里被种族主义卫道士所用。

1860年8月，多源起源论者约西亚·C.诺特在成立亚拉巴马州第一所医学院（现在位于伯明翰）的工作中上挪了一点时间出来。他浏览了去年11月在英国出版的一本长达500页的大部头著作。这本书名字很长，叫作《论自然选择的物种起源，抑或在生命斗争中保护受偏好的种族》（*On the Origin of Species by Means of Natural Selection, or the Preservation of Favoured Races in the Struggle for Life*）。诺特可能认识该书作者——著名的反奴隶制英国海洋生物学家查尔斯·达尔文（Charles Darwin）。

“大多数自然主义者所认为的观点，我之前也说过——即每个物种都是独立创造出来的——这是错误的，”这是达尔文的名言，“我完全相信物种不是一成不变的。”他解释说，最近的发现正表明，人类起源比区区几千年要早很多。达尔文实际上对《圣经》编年史和多源起源论这一统治概念宣战了，他提出了一种新的占据统治地位的观点：自然选择。他在《生存竞争》一章中写道，“一切肉体的和精神的禀赋都有着趋于完善的倾向”。

达尔文没有明确声明白人种族被自然选择向完善进化。
他几乎没有在《物种起源》里花时间写人类。他有更宏大 210
的目标：证明世界上所有的生物都在竞争，进化，扩张，濒临灭绝或尽善尽美。但是，达尔文确实为偏执者打开了大门，让他们用他的理论以“文明”国家、“野蛮人种”和“半开化人”为借口，称非洲南部原住民及其后裔是“最低级的野蛮人”。[14]

天生的标签

在19世纪60年代，西方对达尔文的接受，从反对到怀疑到认可到赞扬。达尔文敏感、内向又多病，他让很多朋友发展他的观点并和他的批评者们交战。英国博学家赫伯特·斯宾塞（Herbert Spencer）成为达尔文思想的终极发源地，他的著作成为后来我们所知道的社会达尔文主义的放大器。在1864年出版的《生物原理》（*Principles of Biology*）中，斯宾塞创造了一个标志性的词语——“适者生存”。他虔诚地相信人类的行为会遗传。优越的遗传特性让“优等种族”比“劣等种族”更适合生存。斯宾塞的余生都在呼吁政府为生存竞争让路。在他寻求限制政府的同时，斯宾塞忽视了歧视者，可能他知道他们正在操控生存竞争。美国精英们渴望出现一种思想来为国家不断增长的不平等性辩解，于是他们紧紧拥抱了查尔斯·达尔文并爱上了赫伯特·斯宾塞。[15]

查尔斯·达尔文的学术圈在19世纪60年代无限扩大，包围了整个西方世界。《物种起源》甚至改变了达尔文的表弟弗朗西斯·高尔顿爵士（Sir Francis Galton）的生活。高尔顿是现代统计学之父，他创造了相关性和回归趋中值概念，并开辟了使用问卷和调查来收集数据的方法。在《遗传的天才》（*Hereditary Genius*，1869）中，他使用数据来普及一个神话，即父母会遗传诸如智力这样的特征，环境无法将之改变。“黑人种族的平均智力标准大概比我们自己的种族要低两个级别”，高尔顿写道。他发明了“先天与后天”这两个词语，声称自然是无法被打败的。高尔顿敦促政府摆脱所有没有被自然选择的人民的世界，或者至少阻止他们繁殖，他在1883年称这一社会政策为“优生学”。[16]

达尔文没有阻止他的追随者将自然选择原则运用到人类 211
自身上。但是，不为人知的自然选择这一概念的共同发现者对此进行了阻止。到 1869 年，英国自然学家阿尔弗雷德·罗素·华莱士（Alfred Russel Wallace）声称人类的精神和健康大脑的平等能力让人类处在自然选择之外。然而，当华莱士作为这一代最主张平等主义的英国科学家而出名时，他仍然宣称欧洲文化比其他任何文化更优越。[17]

达尔文在 1871 年发表的《人类的由来》（*Descent of Man*）中试图彻底证明自然选择适用于人类。在这本书中，他到处将种族和智力联系起来。他谈到“最不同的人类种族之间的心理相似性”，然后声称“美洲印第安人、黑人和欧洲人在智力上的区别和任何说得上来的种族之间的区别一样”。他注意到自己“不断受到”一些南美人和“一位纯种黑人”熟人的打击，让他印象深刻的是，“他们的智力和我们多么相似”。关于种族进化，他说“文明种族”已经“扩张，并且现在还在四处扩张他们的范围，以取代低等种族的位置”。未来进化突破将发生在“文明的”白人和“某些猿类”之间——不像现在“黑人或澳大利亚人和猩猩”之间的突破。主张社会同化者和种族隔离主义者都欢迎《人类的由来》。主张社会同化者理解的达尔文说的是黑人终有一天可以进化到白人文明；而种族隔离主义者读到的是达尔文说黑人注定要灭绝。[18]

1860 年 4 月，《德鲍评论》发表了一则“寻找道德、快乐和自发勤劳的自由黑人社区”的调查结果。记者显然调查了牙买加、海地、特立尼达、英属圭亚那、安的列斯群岛、马提尼克岛、瓜德罗普岛、圣托马斯岛、圣约翰岛、安提瓜岛、秘鲁、墨西哥、巴拿马、毛里求斯、英国、加拿大、塞拉利昂和利比里亚，但是发现“地球上根本不存在这样的社区”。[19]

这本支持奴隶制的杂志在1860年4月的头条新闻说的是“南方的分裂，以及需要一个新的联盟来保护宪法的自由与社
212 会道德”。因为还没有准备好脱离联邦，所以南方民主党人先脱离了民主党并派出肯塔基州的副总统约翰·C. 布雷肯里奇（John C. Breckinridge）作为1860年总统大选的候选人。[20]

北方和南方的民主党人都前来参加他们党内的提名大会，但他们都不愿意为了胜利而在观点上做出让步；与此相对，共和党提名大会的中心就是为了获得竞选的胜利而调和党内各派的观点。代表们已经准备好彻底撕掉“黑人共和党人”的标签。亚伯拉罕·林肯帮他们做到了这件事。他简朴的生活方式吸引了工人阶级选民，他反对奴隶制的原则立场则吸引了激进分子，而他反对黑人投票和种族平等的原则立场又吸引了反黑人的自由土地党人。随着他们的选民就位，共和党人通过了一个纲领，这个纲领保证了不挑战南方奴隶制。在纲领的基础上就是共和党人想要走的道路，亦即宣布自由是“所有领土的基准状态”。

弗雷德里克·道格拉斯称赞林肯是“意志坚决又有勇气的人”，但是拒绝为他投票，因为他知道林肯关于黑人权利问题在伊利诺伊州的可怕记录。威廉·劳埃德·加里森无视了那些积极强调并认为可以信任林肯反奴隶制度决心的人。林

肯将“不会做任何冒犯南方的事”，加里森嘲笑说。[21]

在 1860 年 11 月大选的前几天，30000 名民主党人列队穿过纽约，他们举着火把、标语和横幅，高声呼喊着：“没有黑人平等”，以及“自由的爱、自由的黑人和自由的女人”。但是共和党人想办法让足够多的北方人相信该党派是反对扩大奴隶制度和黑人拥有公民权利的。加里森说出了很多人的心声，他说，希望亚伯拉罕·林肯当选美国第 16 任总统，这在北方意味着一种“更深刻的感情”，这种感情“随着时间的推移必会变得成熟并形成更为果敢的行动”来反对奴隶制度，而这正是奴隶主们所害怕的。[22]

1860 年 12 月 15 日，在一封给南方人的公开信中，林肯试图停止讨论脱离联邦。北方和南方只存在一个“本质区别，”林肯写道，“你们认为奴隶制是对的而且应该得到
扩张，我们认为它是错的因而应该受到限制。”支持奴隶制 213
的南方人是不可能在这个问题上听从林肯的。他们听从了他们的传教士、他们的教堂机构、他们的期刊和他们的政客的分裂主义言论，在唯一一个黑人占大多数的州——南卡罗来纳州更是如此。奴隶主们知道，废奴主义者（以及失去联邦权力、失去白人支持奴隶制联盟和失去扩大他们奴隶人口的能力）将限制他们控制大量奴隶反抗的能力，而这种反抗直到 1860 年也没有减弱。南卡罗来纳州的分离主义者只需要说一个词就能引来恐慌——海地——其意义众所周知。加里森认为分裂是自杀行为，而一些奴隶主认为留在联邦才是自杀行为。在 1860 年的最后一周里，南卡罗来纳州的奴隶主们采取了戏剧化的措施来确保他们的安全。[23]

第 17 章

历史的解放者

214 1860 年 12 月 24 日，南卡罗来纳州的立法者在宣布他们独立的理由时提到了《独立宣言》。废奴主义者“煽动”心甘情愿的奴隶开展“奴隶起义”，并且将宪法规定“不能成为市民”的黑人“提升到公民身份”。南卡罗来纳州从美国的分裂，不仅仅意味着美国失去了一个州，以及之后的一个地区，更意味着美国失去了这个地区的土地和财富。美国南部有上百万英亩土地，在纯经济价值上要比 1860 年在种植园劳作的近 400 万被奴役人口更值钱。北方的银行和制造商在奴隶制上的金融投资以及他们对其生产力的依赖，使得他们成为奴隶制的重要赞助者。因此，他们推动自己的国会议员屈膝妥协，恢复联邦。加里森称 1860 年 12 月和 1861 年 1 月的所有“挽救联邦的努力”“简直愚蠢”。不管聪明或是愚蠢，他们都失败了。南方腹地的其他地方在 1861 年 1 月和 2 月纷纷独立。佛罗里达州的分裂主义者发布了一份原因声明，声称黑人必须被奴役，因为“他们的天性”都倾向于“懒散、流浪和犯罪”。[1]

1861 年 2 月，杰斐逊 · 戴维斯在亚拉巴马州的蒙哥马利宣誓就职，成为新的美利坚联盟国（Confederate States of America，又称南方联邦）总统。在 3 月的就职演说中，林肯并不反对第十三修正案的提案，它将使奴隶制不容置疑并有可能将联邦重新团结起来。但是林肯确实发誓他将永不允许奴隶制度扩张。3 月 21 日，南方邦联的副总统亚历山 215
大·斯蒂芬斯（Alexander Stephens）在一次即兴演讲中回应了林肯的承诺。他宣布，南方邦联政府相信“伟大的真理，即黑人与白人不平等；奴隶从属于高等级种族是其自然和正常的情况。我们这个新政府是世界历史上第一个建立在这一伟大的物理、哲学和道德真理之上的”。斯蒂芬斯说，这一“伟大的……真理”就是南方邦联的“基石”。这次演讲后来被称为他的“基石演讲”。[2]

在南方成人和儿童新的读物或宣传物中，南方邦联用两个固定角色来作为基础：意识到奴隶制比自由更好而返回的逃亡者，以及英勇捍卫奴隶制的南方邦联黑人。总是有些个别的事实来支持每一个常见的种族主义谎言。的确，如果奴隶制继续存在的话，有些黑人机会主义者会通过支持南方邦联的事业来寻求支持。的确，有一些饥饿的自由黑人会支持叛军以获取救命的食物。的确，黑人种族主义者相信黑人最好被奴役，有时候会自愿帮助南方邦联。那么自愿的南方邦联黑人有多少人呢？可能不太多。但是没人知道一个准确的数据。[3]

在亚历山大·斯蒂芬斯做好铺垫的三周后，南方邦联向萨姆特堡开火。1861 年 4 月 15 日，林肯召集联邦军队镇压“叛乱”，到 5 月底，弗吉尼亚州、北卡罗来纳州、田纳西州和阿肯色州已经卷入这场叛乱。不管林肯有没有提到关于奴隶制的问题是什么，也不管民主党如何怪罪废奴主义者，对黑人和废奴主义者来说，内战是关于奴隶制的，要怪罪于奴隶主。7 月 4 日在马萨诸塞州的弗雷明汉召开了一年一度的废奴主义野餐会，会上威廉·劳埃德·加里森否认了“有色恐惧症”阻止了北方人支持这场解放奴隶的战争。“让我们看看，每个奴隶身上耶稣的灵”，加里森大声疾呼。[4]

《英裔非洲人周报》（*Weekly Anglo-African*）预测数百万被奴役的非洲人不会是“冷漠的旁观者”。林肯可能认为这是“一场白人战争”，但是被奴役的非洲人“清楚明确地知道他们要什么——自由”。[5]

216 《英裔非洲人周报》是对的。一开始是几十人，随后是几百人，然后是几千名逃亡者在 1861 年夏天逃往联邦军队。但是联邦士兵铁腕地执行了《逃亡奴隶法案》，据一位马里兰记者称，在战争的三个月中被遣返的逃亡者“比布坎南先生整个总统任期内的人数”还要多。北方人心神不宁地听着这些遣返逃亡者的报道和与之同时南方黑人被推入南方军队的报道。[6]

1861 年 7 月 21 日，南方军队在弗吉尼亚北部的首战牛奔河之役中大败北方军队之后，国会和林肯政府被关于被奴役非洲人的潜在战争效用的提案包围。一开始，国会通过了一项决议，强调战争不是“为了推翻或干涉这些州的权利或已经建立的制度”。但是战争需求很快改变了他们的估计。8 月初，共和党人占主导地位的国会被迫通过了《充公法案》，这也结束了民主党和边境州的联邦主义者的反对意见。林肯不情愿地签署了这项法案。法案规定，奴隶主丧失了被南方邦联军队使用的所有财产的所有权，包括被奴役的非洲人。联邦可以将这些人作为“违禁品”充公。在法律上，他们不再被奴役；但他们也没有获得自由。不过，他们可以带薪为联邦军队工作，并且生活在违禁品管制营区的恶劣环境中。违禁品管制营区生活的 110 万男人、女人和儿童中，每 4 个人就有 1 人死于美国历史上最严重的公共卫生灾难。只有 138 名医生被派去照顾他们。一些医生把违禁品称为“动物”并将他们的大量死亡归咎于黑人与生俱来的虚弱，而不是卫生、食物和医疗护理的极度匮乏。[7]

尽管条件艰苦，黑人违禁品的数量还是逐月增加。奴隶们从种植园的恶劣环境中逃跑，特别是在联邦士兵进入人口更稠密的南方腹地后。《纽约时报》在 1861 年年底报道称，被奴役的非洲人正“热切渴望自由”。逃亡者数字的不断增加证明了南方邦联所说的心甘情愿的奴隶只是一种政治宣传。这种黑人反抗形式——不是说服——终于开始根除北方 217
人头脑中顺从的黑人这一种族主义思想。林肯总统在他 1861 年 12 月对国会的演讲中没有鼓励逃亡者，但是他的确要求为殖民逃亡者提供资金并补偿联邦主义的解放者以确保战争没有“沦为”一场“冷酷的革命斗争”。愤怒的加里森在一封信中宣称，林肯“的血管里没有一滴反奴隶制的血”。[8]

1862 年春天的每一周，都有上千名难民穿过森林，到达南方的联邦阵地，留下身后瘫痪的种植园和日益分裂的南方邦联。一些士兵从南方邦联军队里逃跑。一些南方邦联的逃兵加入被奴役的非洲人来反抗共同的敌人——富有的种植园主。而一些内地不蓄奴的白人对这场打击奴隶主的战争的幻想已经破灭。北卡罗来纳东部的亚历山大·H. 琼斯（Alexander H. Jones）帮忙组织了10000人的美国英雄队伍，为南方邦联境内的白人联邦主义者铺设了一条逃跑的“地下铁路”。“事实上，”琼斯在一份秘密的反种族主义通告中谈及富有的种植园主，“这些夸夸其谈、妄自尊大的贵族傻瓜习惯于强迫黑人和贫穷无助的白人干活直至他们认为……他们自己更优越；［并且］憎恨、嘲笑和怀疑穷人。”[9]

在北方，激进的共和党人推动了一大批反奴隶制措施，南方人和北方奴隶制捍卫者已经反对这些措施多年。1862年夏天，美国的奴隶制度在准州被禁止，进行中的跨大西洋奴隶贸易受到了压制，美国承认了海地和利比里亚作为国家的地位，废奴运动发展到华盛顿，并且联邦军队禁止将难民遣返回南方。《逃亡奴隶法案》被有效地废除了。随后发生了意外转折：7月17日《第二充公法案》通过并被送到林肯手中。法案宣布所有南方邦联拥有的非洲人，凡是逃到联邦阵营或者居住在联邦占领的土地上都将“永远不受奴
218 役”。《春田共和报》（*Springfield Republican*）意识到这项法案的权力，称被奴役的非洲人将“以和军队穿越南方地区一样快的速度”获得自由。但是他们穿越南方的速度不够快，并且联邦伤亡人数不断增加。南方邦联将军罗伯特·E. 李和“石墙”托马斯·乔纳森·杰克逊（Stonewall Jackson）似乎正朝防卫不足的华盛顿而去，这把林肯吓得半死。

《第二充公法案》是一个转折点，制定了通向解放之路的联邦政策。战争，以及无法说服边境州支持逐步有偿的解放，耗费了林肯的耐心和国会的耐心。林肯最后接受了宣布解放的想法是因为这样可以拯救联邦（而不是因为这样可以拯救黑人）。联邦主义的种植园主们在战争中对拯救奴隶制的呼吁愈发使他愤怒。“破掉的鸡蛋是无法修补的”，他对一位路易斯安那州种植园主厉声说。

1862年7月22日，在签署《第二充公法案》5天后，林肯向他的内阁提交了一份将在1863年1月1日生效的新草案。“所有［叛军控制下的］各州奴隶从此以后都将永远自由。”《初步解放奴隶宣言》（“Preliminary Emancipation Proclamation”）让林肯的智囊团深感震惊并迅速产生分歧。内阁并没有立即做出决定，但是消息传了出去。没有太多美国人把宣言当回事。[10]

在1862年春夏，对逃亡者、违禁品和解放的讨论总是会引发对殖民化的讨论。北方种族主义者开始将殖民视为解放黑人唯一的可能性。他们害怕黑人涌入北方，侵入他们的社区并像《芝加哥论坛报》（*Chicago Tribune*）说的那样，成为“四处游荡的邪恶流浪者”。殖民条款被写入《第二充公法案》和1862年在国家首都废除奴隶制的法令中。殖民化设计的背后是美国在那一年与海地和利比里亚开始建立外交关系。国会在1862年分配资金时预留了60万美元（大约相当于今天1400万美元）来将黑人赶出美国。

黑人在1862年夏天明确地反对殖民化。林肯希望得到他们的支持，因此欢迎5位黑人于1862年8月14日来到总

219 统府洽谈。代表团由约瑟夫·米切尔（Joseph Mitchell）牧师率领，他是内政部移民署署长。讨论很快演变成演讲。林肯声称，黑人种族永远无法在美国“取得和白人种族平等的位置”。不管这样“是对还是错，我不需要讨论”，他说。林肯然后将战争归咎于黑人的存在。如果黑人离开，一切都会好起来，林肯引诱说。“牺牲一点你们现在的舒服”，林肯建议，要求这一团体向其黑人同胞施压，让他们前往利比里亚重新开始。拒绝这一提议就是“极度自私”。

尽管这5位黑人显然觉得林肯的观点很有说服力，但是林肯无法说服在国家报纸上读到他演讲词的男男女女。威廉·劳埃德·加里森在《解放者报》的“压迫的避难所”版块上愤怒地抛出林肯的话，他经常在这个版块放出奴隶主的话语。并不是他们的肤色让“他们的存在在这里变得无法让人容忍”，加里森宣称，让人无法容忍的是“他们成为自由人！”弗雷德里克·道格拉斯则认为，林肯表现出“他对黑人的蔑视和伪善的虚伪！”[11]

和黑人代表团会面6天后，林肯得到了一个强调他对战争、解放和黑人看法的机会。全国最有影响力的编辑霍勒斯·格里利1862年8月20日在他领导的《纽约论坛报》上给总统写了一封公开信。格里利和其他人一样在选举时投了林肯的赞成票。他敦促林肯执行《第二充公法案》中的“解放条款”。[12]

“我在这场斗争中最重要的目标是拯救联邦，而不是拯救或摧毁奴隶制，”林肯在格里利的对手报纸——华盛顿的

《国民通讯员报》（*National Intelligencer*）上做出了回应，“如果我可以不用解放任何奴隶而拯救联邦，那我会去做，而如果我要解放所有的奴隶来拯救联邦，那我也会去做。我对奴隶制和有色人种做的所有事是因为我相信它有助于拯救联邦。”在《纽约论坛报》上，崭露头角的废奴主义者温德 220
尔·菲利普斯（Wendell Phillips）抨击林肯的话是“来自自由人首领的最为可耻的文章”。[13]

战争看起来好像是永无止境的高速公路，而中期选举在此时到来，逃亡者对南方邦联的削弱比联邦的子弹更快，1862年9月22日，林肯召集了他的内阁。在向美国人民绷了几个月的扑克脸后，他终于展示了他手里的牌——这是一张威廉·劳埃德·加里森根本不相信他会有的底牌。林肯签署了《初步解放宣言》。对于蓄奴的联邦州和任何想要回到联邦的反叛州，林肯再次提供逐步有偿的解放和殖民化方案。对那些在1863年1月1日仍然保持反叛的州，林肯宣称“所有被作为奴隶的人……将在那时及从那以后，永远获得自由”。[14]

“感谢上帝！”《匹兹堡公报》（*Pittsburgh Gazette*）高喊。“我们再也不是虚伪者和伪装者了”，拉尔夫·沃尔多·爱默生（Ralph Waldo Emerson）宣布。威廉·劳埃德·加里森喜欢“永远获得自由”这个说法，但是不喜欢其他的说法。他在私下里愤怒地说，林肯“不会以直接的方式为自由做任何事，只会说话兜圈子和拖延”。[15]

在1862年12月1日的国会演讲中，林肯提出了一份更具体的逐步有偿解放和殖民化的计划。任何蓄奴州在1900

年1月1日之前的任何时候宣誓效忠并愿意废除奴隶制就可以留下或回到联邦。美国政府会赔偿这些州解放人力财产的损失，但是如果他们决定重新引入或容忍奴役，那么他们就要偿还解放补偿。“及时采取”逐步有偿解放和殖民化的措施“将带来修复”，林肯请求道。南方邦联的领导大部分否决了林肯的提议，他们在12月中旬的战争中取得的惊人胜利使他们有恃无恐。[16]

亚伯拉罕·林肯在1863年1月1日下午回到办公室。他阅读了《解放奴隶宣言》（Emancipation Proclamation），他将这一措施——解放“所有被当作奴隶的人”并允许黑人加入联邦军队——称为“镇压该叛乱的一种合适而必需的战争手段”。在林肯读最后声明时，他的财政部部长——废奴主义者萨蒙·P. 蔡斯（Salmon P. Chase）建议他再增
221 加一些道义上的论述。林肯默然同意了，补充道：“我真诚地相信这个举动是一个正义的举动，合乎宪法的规定，符合军事的需要。我祈求人类的审慎判断和万能上帝的支持。”

在接下来的两年中，林肯接触了作家、艺术家、摄影师和雕塑家，他们肯定林肯的历史功绩，将他作为伟大的解放者来纪念。在林肯的宣言之下，1月他在联邦占领的南方邦联地区解放了大约50000名黑人。他仍在边境州保持了大约50万名非洲人的受奴役状态，以维持他们主人的忠诚。他还在新豁免的前南方邦联地区保持了大约30万非洲人的奴役状态，以建立他们的主人的忠诚。南方邦联种植园里超过200万非洲人仍然被奴役，因为林肯没有权力让他们获得自由。民主党人嘲笑林肯“故意”让“宣言在所有可以接触到奴隶

的地方无法实施”，并且“只在众所周知他没有权力的地方执行宣言”，《纽约世界报》（*New York World*）如此评述。

但是被奴役的非洲人现在有权力解放他们自己了。到 1863 年年末，40 万黑人已经逃离了种植园并找到了联邦阵营，奔向宣言所保证的自由。[17]

一些黑人基督徒长期以来都在祈祷出现一位伟大的解放者，而他们相信那就是亚伯拉罕·林肯。1863 年 1 月 1 日下午，当林肯签字的消息传到音乐厅的大禧音乐会上时，波士顿上流社会一片混乱。人们抛起帽子、挥舞手帕、拥抱、尖叫、跺脚、哭泣、欢笑、亲吻彼此，随后在场者开始了他们自己的庆祝音乐会。“加里森万岁！”有人喊道。6000 双眼睛转过来搜寻这位 57 岁的编辑，他为这一天的到来祈祷了那么久。他靠在阳台墙上，挥手致意并报以一个温暖了新英格兰的微笑。

加里森赞赏《解放奴隶宣言》是一个“转折点”。自那 222
天起，加里森成为一名“顽强的联邦主义者”，和其他共和党人一样成为亚伯拉罕·林肯热心的辩护者并将他奉为神明。他曾经抨击林肯的迟缓和优柔寡断，现在加里森开始表扬林肯的“谨慎”和“周到”的办事方式。[18]

也有些人没有在那个夜晚崇拜林肯，并且特别批评了加里森所赞赏的那种谨慎。黑人拥有的旧金山《太平洋呼吁报》（*Pacific Appeal*）谴责了这种“半途而废”的措施，坚持认为“每个奴隶”都应被解放，并且“每具枷锁……都应被打碎”。[19]

第 18 章

为自由准备好了吗?

223 1863 年 4 月末，编辑的第二个儿子威利·加里森（Willie Garrison）带了一个熟人回家：德国移民亨利·维拉德（Henry Villard），维拉德是战争中最有才华的年轻记者之一。维拉德刚从南卡罗来纳州的海洋群岛回来，他在那里观察了战争中第一位被解放者和第一批黑人军队。维拉德和加里森分享了他对南卡罗来纳海岸“半开化黑人”带有种族主义的观察。在分享中，他谴责黑人的“野蛮迷信”并形容他们“灵物崇拜”的方式，这表明他并不理解非洲宗教或者黑人重塑基督教以适应黑人文化的方式。维拉德嘲笑他们的格勒语是“土话”，并且为他们不能理解“我们的英语”而看不起他们。用同样的方法思考的话，海岛的黑人也可以说维拉德的语言是“土话”，说他的宗教“野蛮”，并且因为他不能理解他们的“格勒语”或他们的神而看不起他。尽管如此，维拉德的观察肯定了加里森一直以来相信的，正如维拉德所说，“对于被有意置于野蛮环境中的生物实在没有什么可以期待的”。[1]

多年来，北方种族主义者们几乎一致认为，被奴役的非洲人就像野兽一样。他们之间对于黑人获得自由、独立和文明的能力具有分歧。这一种族主义的北方辩论——种族隔离主义者坚持认为黑人的兽性不足，而像加里森和维拉德这样的主张社会同化者则坚持认为黑人是有兽性的——成为伴随解放而来的主要话题。几乎没有一个权威人士——不管是经 224
济精英、政治精英、文化精英还是学术精英——会把黑人平等这一反种族主义观点带入讨论。[2]

在波士顿逗留期间，维拉德陪同加里森父子往南 13 英里参观了第 54 届马萨诸塞州志愿兵的训练演习。1863 年 1 月，林肯曾要求马萨诸塞州州长组织一个黑人军团。“有色人种，参军去！”成为对黑人男性领袖的号召。在军队的战斗中，黑人变得相信他们可以赢得公民权利，就好像黑人必须或者可以赢得他们的权利一样。黑人男性领袖不断地宣讲参军证明了黑人的男子气概，这说法本身就停留在种族主义设想之上，认为黑人真的缺乏某种男子气概并只能通过杀戮或被南方邦联军队杀死来改善。与此同时，纽约城的民主党人参议员詹姆斯·布鲁克斯（James Brooks）抱怨说，一些白人联邦主义者摆出姿态要“和这些烧焦一般的、炭黑的黑人肩并肩”斗争，因为这威胁到了他们优越的男子气概。这是黑人男子和白人男子在种族主义和性别主义观点上令人作呕的交汇。到战争尾声阶段，有大约 20 万黑人参战。他们被南方邦联军人杀死了数千人，他们也杀死了数千名南方邦联军人。死亡人数如此之巨，使得虚弱的黑人男性这一刻板印象继续存在。[3]

印第安纳州州长赞扬黑人部队撤回了装备而白人部队却

没有，印第安纳波利斯的《哨兵报》（*State Sentinel*）全力“诋毁白人士兵并提升黑人士兵的地位”。白人士兵从不向黑人军官汇报，他们面对更多战斗，被捕时很少被奴役或者被杀害，他们的赎金也更高。尽管如此，对于偏袒黑人的指责仍然没完没了。

种族主义观点很容易被修改，特别是当歧视者的需求发生变化时。民主党人改变了他们的种族主义观点以专门攻击黑人士兵。战争之前，他们为奴隶制辩护时强调黑人男性优越的体能；而在战争中，他们推崇白人士兵并强调白人男性
225 体能的优越性。战争之前，他们为奴隶制辩护时认为黑人天生温顺并适合接受命令；而在战争中，他们强调黑人是无法控制的野兽。他们与共和党人争论，后者说天生温顺的黑人能成为伟大的士兵。共和党人经常将黑人战场上的杰出表现归功于他们出色的顺从以及优秀的白人指挥官。双方在不同的地方使用同样的语言、同样的种族主义观点，用战场上似是而非的例子来强化态度和立场。[4]

1863 年 7 月初，联邦因赢得葛底斯堡战役和维克斯堡战役，成功将南方邦联军一分为二而兴奋不已，之后南卡罗来纳传来令人沮丧的战争消息。1863 年 7 月 18 日，对瓦格纳堡的攻击失败，这导致了第 54 马萨诸塞黑人军团里几乎一半人遇害、被俘或受伤。滩头堡防御工事保卫了南方大本营查尔斯顿的南部通道。600 名疲惫不堪又饥肠辘辘的黑人在子弹和炮弹的微光中向“疯狂的”南方邦联军冲刺并进行了激烈的肉搏战。这场战役的故事迅速传遍北方，几乎和南方邦联军杀害战俘的故事传播速度一样快。《纽约论坛

报》精准预测了这场战役将成为北方对黑人战争能力争论的决定性转折点。结果显示，这场战役在很多方面都是决定性的。[5]

天主教政论作家奥雷斯蒂斯·A. 布朗森（Orestes A. Brownson）是一位有权势的美国人，他支持将解放作为一种战争手段，而将殖民化作为一种战后手段，并且在 1862 年向林肯如此建议。在瓦格纳堡战役之后，布朗森不得不承认“黑人为了保卫这个国家而抛洒热血，他们有权利将它视为自己的国家。因此，从此不再考虑驱逐黑人出境或强迫殖民化”。[6]

林肯总统在 1863 年早期仍对殖民化抱有希望。他为一名黑人牧师在利比里亚建立殖民地提供资金，并且向一位俄亥俄州参议员抱怨，“当和平到来后，我不知道我们应该拿这些人——黑人——怎么办”。战争需要身体健壮的士兵，战后需要身体健壮而忠诚的南方劳工和选民，这一切都开始将舆论从殖民化上转移开来。林肯政府殖民化计划的失败决 226
定了这场运动的命运。1863 年 7 月，林肯谈到了殖民化的“失败”。1864 年，国会冻结了对殖民地的拨款，林肯也放弃了将它作为可能的战后政策。《芝加哥论坛报》信心十足地宣布了“殖民化的终结”。但这并不是种族主义的终结。林肯政府对种族主义的发展指的是将这些忠诚的黑人选民和劳工限制在南方，远离北方和西方的自由白人土地。[7]

联邦的重建似乎引起了每个人的关注，包括废奴主义者。在 1864 年 1 月下旬，加里森在马萨诸塞州反奴隶制协会大会上提出了一项反林肯的决议。加里森的老朋友温德尔·菲利普斯准备从他的老朋友和导师手中接管废奴主义，将林肯贴上“已改变了一半信仰的、忠实的西方辉格党，试图成为一个废奴主义者”的标签。当加里森还在盯着解放时，菲利普斯已经透过解放看向美国的重建。回到1863年12月，林肯颁布了《大赦和重建宣言》（Proclamation of Amnesty and Reconstruction），为宣誓效忠的所有南方邦联军（除了奴隶主之外）恢复权利。林肯提出，忠诚度达到10%的州可以建立政府来限制黑人居民的公民权利。菲利普斯说，但是这一提议“让奴隶获得自由却忽视了黑人”。新奥尔良规模相当大的自由身份的混血社区居民也发声要求选举权。这些混血激进分子将“他们的奋斗与黑人的”区分开来，一位观察者说，“在他们眼中，他们更接近白人；他们在各个方面都比奴隶更高级”。然而他们向路易斯安那白人的主动提议失败了，混血激进分子在1864年年末只好选择咽下其种族主义骄傲并与被解放的黑人结为同盟。[8]

在解放看起来遥遥无期时，加里森坚持原则的勇气让他成为一个传奇，但当1864年废奴似乎近在眼前时，这种勇气被事实上的恐惧所替代了。加里森担心民主党人贪婪地抓住足够多厌倦战争的反解放选民们来夺取总统权力，然后去
227 通过谈判促成战争的和解并保持奴隶制度。“让**我们**耐住性子”，他写道。威廉·劳埃德·加里森——这位长期以来支持立即解放的传教士——建议要有耐心。[9]

马里兰州的联邦主义者们继续计划重建他们没有奴隶制的州。为了鼓励他们，林肯到巴尔的摩进行了一次短途旅行，并且在1864年4月18日做了他职业生涯中最有见地的

废奴主义演讲。他回答了持久以来的美国悖论：自由之地为什么同时也是奴隶制之地？“对有些人来说，自由这个词可能意味着每个人都有权随心所欲地支配自己和自己的劳动成果，”他说，“而对有些人来说，自由这个词可能意味着每个人都有权随心所欲地支配他人和他人的劳动成果。”林肯用了一个比喻来阐述。“牧羊人把扑向羊的狼赶走，羊为此感谢作为解放者的牧羊人，而狼却为此诅咒牧羊人扼杀自由，尤其因为那只羊是只黑羊，”他说，“因此，我们看到成千上万的人每天都从奴役的枷锁中走过，被一些人誉为自由的进步，而被其他人看作对所有自由的破坏。”林肯对自由的比喻生动地唤起了他作为伟大解放者的自我认同，改变了时局。大多数被奴役的非洲人根本不是等着联邦牧羊人来到他们的种植园来领导他们获得自由的羊。联邦阵营证明了这个比喻中如果有什么是对的，那就是对自由的坚定。林肯解放了羊群中的一小部分，而大多数羊自己击退了狼或悄悄从种植园的南方邦联狼群中逃走，随后自己奔向自由，之后自己来到联邦军队去镇压南方邦联的狼群。[10]

自从颁布《解放奴隶宣言》之后，林肯就开始把自己（就像长久以来的加里森一样）视为解放黑人的牧羊人，黑人们需要文明的指引。1864 年 11 月 1 日是马里兰的解放日，自由人民游行到总统府门前。林肯向他们发表了演说，敦促他们“要提高自己的道德和智力”，但他同时又支持马里兰州的新宪法，宪法阻止他们提升自己的社会经济地位。 228
马里兰州宪法禁止黑人投票和进入公立学校。宪法还不顾黑人父母的反对，将成千上万的黑人孩子以长期服务契约的形式送到他们以前的主人那里。林肯似乎追随了托马斯·杰斐逊的脚步。在口头上支持黑人的提升，却在同时支持种族主义政策，确保黑人的衰落。[11]

在阐述解放条款时，马里兰州（和路易斯安那州）无视了美国自由民调查委员会（AFIC）的建议，该委员会是应马萨诸塞州参议员查尔斯·萨姆纳（Charles Sumner）的要求并经由军事部门授权成立的。该委员会在1864年5月发表了一份广为人知的总结报告，要求权利平等，要求法律允许黑人购买土地，要求成立临时的解放办公署去引领自由民过上自力更生的生活。一位波士顿废奴主义委员詹姆斯·麦基（James McKaye）主张重新分配被没收的南方邦联土地，将它们分给没有土地的白人和被解放的人民。

在推进权利平等的过程中，麦基和其他两名委员——印第安纳州的改革家罗伯特·戴尔·欧文（Robert Dale Owen）和新英格兰废奴主义者塞缪尔·格里德利·豪博士（Samuel Gridley Howe）从没产生过黑人和白人真的是平等的这样的想法。他们负责回答关于黑人获得自由和成为自由劳工的“条件和能力”，而这个任务的真正目的是安抚那些害怕受到奴隶解放影响的白人。黑人是不是天生懒惰？黑人会不会入侵并毁掉北方？黑人劳工在自由的情况下会比在奴隶制下带来更多利润吗？豪博士在自由民调查委员会关于加拿大逃亡者的报告中预测，黑人“将和北方人强力合作重组南方工业”。但是，这位社会达尔文主义者笃定地写道，“他们会日渐减少，并且逐渐从这片大陆的人口中消失”。欧文委员为了减轻恐慌的北方人的焦虑，在AFIC的最终报告中更多谈论的是非裔美国人的潜在贡献。他们的“女性化”气质产生的“柔和影响力”终有一天会改善强硬的“国家性格”。盎格鲁-撒克逊人“头脑支配心灵”，他写道，“而非洲种族在很多方面与这正相反”。在斯托的《汤姆叔叔的小 229
屋》出版10年后，废奴主义者仍然透过种族主义的有色眼镜来看待黑人。[12]

AFIC的报告是突然掀起的关于黑人未来的解放文学热潮中最受欢迎的作品。观察者们注意到，奴隶制并没有把黑人变成野兽这一点出现在后解放时期的报告中，任何人如果愿意穿透所有的种族主义证据就能看到。在监督弗吉尼亚的违禁品之前，一位联邦部队上校C. B. 怀尔德（C. B. Wilder）承认，“我认为［黑人］没有那么多智力”。他的经历告诉他，“他们的智力和你我一样，尽管他们表现的方式比较古怪”。1864年年末，在怀尔德监督下有78%的违禁品“不依赖援助”。一位密西西比河谷的违禁品负责人形容黑人的智力“与任何地方任何肤色的不会阅读的男人、女人和儿童的智力一样”。[13]

威廉·劳埃德·加里森并不属于那些怀疑前奴隶是残暴的人群中的一员。30年来，加里森让北方人变成废奴主义者，他总是循循善诱地让人们认为是奴隶制让人变成了野兽。和任何种族主义者一样，他摒弃了有损他理论的证据，而采用可以支持他理论的证据来进一步加强其理论。1864年7月，加里森拥护了林肯支持法律限制黑人的公民身份权利的行为。“根据发展和进步的规律”，加里森说，让不成熟的黑人投票是不现实的。[14]

加里森在 1864 年夏天很艰难地为林肯辩护。民主党编辑和政客以战争持续的危险、被解放的黑人入侵北方，以及共和党支持异族通婚等问题连珠炮似的向选民发问。士气降至最低水平。一个南方邦联军团靠近了华盛顿，而联邦军队几乎没有打过胜仗。传来的战报都非常糟糕，以致在 1864
230 年 8 月 22 日，共和党全国委员会决定林肯不能连任。在当时并没有人将这个决定告知林肯。

“除非我们能获得一些伟大的胜利，要不然我就被打败了。”据报道说，林肯在 8 月 31 日这样说过。两天后，威廉·T. 谢尔曼（William T. Sherman）将军攻占了亚特兰大。随后的胜利提高了选民对共和党的支持，共和党人还整合了民主党强烈的反黑人怒火来加强了其得到的支持。曾被拒绝的美国黑人走到一起，10 年来第一次参加全国大会。他们抨击共和党人仍然“极大程度地受到普遍观念的影响而蔑视有色人种的性格和权利”。除了——或许正是因为——美国黑人对共和党人的谴责，大约 55% 的持联邦主义观点的美国人投票给了林肯，林肯所在的党派占据了国会的 3/4。45% 持联邦主义观点的美国人投票给民主党来与奴隶主恢复联盟。[15]

林肯连任一周后，谢尔曼将军离开了已经占领的亚特兰大，带领 6 万联邦士兵进行了著名的“向大海进军”。谢尔曼在各方面都贯彻实施了他的全面战争策略。士兵们烧焦了南方邦联的土地上的一切——军事设备、通信网络、种植园。2 万名逃亡者加入了“向大海进军”的征程。记者们将谢尔曼将军卓有成效的胜利进行电讯报道，这让持有联邦主义观点的北方人欢欣鼓舞。到了圣诞节的时候，谢尔曼和他成千上万的士兵及逃亡者到达了萨凡纳，以及上百万人的心中。

新年伊始，作战部部长埃德温·麦克马斯特斯·斯坦顿（Edwin McMasters Stanton）到达萨凡纳，他敦促谢尔曼将军与当地黑人会面并讨论他们的未来。1865年1月12日，谢尔曼将军与20位领袖会面，他们主要是浸礼会和卫理公会牧师，并接受了一堂他们关于奴隶制和自由的定义的速成课。奴隶制度指的是“通过不可抗拒的力量让其他人工作，而不是经由他的同意”，团队发言人加里森·弗雷泽（Garrison Frazier）（《解放者报》编辑的名字无人不知）说道，自由是“把我们放在可以收获自己劳动成果的地方”。231
要达成它——**真正获得自由**——我们必须“拥有土地”。当被问及他们是否想要跨种族社区时，弗雷泽说他们更愿意“自己住”，“南方对我们的偏见要很多年后才能结束”。

整个南方的黑人都在和联邦官员这样说：不要在废除奴隶制后让我们没有土地，不要强迫我们为以前的主人工作而称之为自由。他们区分了**废除奴隶制**和**使人自由**。他们宣称，你们只能通过给我们提供土地，让我们“通过自己的劳动”来获得自由。在对战后政策提议时，黑人们正在重写什么是自由。**并且**，在反种族主义的方式下，他们拒绝将融合作为一项种族关系策略，其包括黑人向白人展示他们具有平等的人性。他们也拒绝劝善活动——拒绝通过努力不执行刻板印象来撤销白人的种族主义观点的做法。他们说，种族主义观点只在旁观者的眼里，因此只有持种族主义观点的旁观者有责任去解开它。[16]

萨凡纳黑人没有提到的是，数百万的白人居民已经购买了西部土地，那是多年来从反叛的当地社区中充公而来的、已经不受限制的土地。这些萨凡纳黑人——其同伴遍布南方——仅仅是要求从反叛的南方邦联社区得到相同的东西。但是种族主义观点让种族主义政策合理化。白人居民在政府提供的土地上被视为美国自由的接收人；黑人则是美国救济的接收人。在战争早期每当谈论到向黑人分配土地时，美国人都表示尊重敌对方南方邦联的土地权利，但他们很少对温和的美洲原住民的土地权利表示尊重。自从 1863 年联邦政府开始向私人所有者出售充公和被遗弃的南方土地后，尽管遭到了当地黑人的普遍抗议，但是有 90% 以上的土地都流转给了北方白人。[17]

谢尔曼将军在和萨凡纳黑人会面的 4 天之后，发布了《战区特别训令（第 15 号）》（Special Field Order No. 15）来赶走他营地中的逃亡者并惩罚南方联邦支持者。他在海洋群岛、南卡罗来纳州和佐治亚州海岸地区的大片土地上为黑
232 人家庭提供 40 英亩的小块土地作为安置点。到 1865 年 6 月，4 万人已经在这块土地上定居下来，并且得到了年老的军骡。谢尔曼的战区训令并不是首开先例。杰斐逊·戴维斯家族的密西西比土地上的黑人们成立了他们自己的政府并顺利获得 16 万美元的棉花利润。“戴维斯湾”成为萨凡纳黑人那些日子里所说内容的证明：黑人需要的就是独自留下，在自己的土地上获得安全并保卫自己的权利。

但是，对许多持有种族主义观点的美国人而言，黑人没有被奴隶制摧毁简直是匪夷所思：黑人可以没有漏掉一个节拍地舞向自由。约翰·C. 罗宾逊将军担心拥有土地的“懒惰”黑人会阻碍“北方的能源和工业”使用这些珍贵的土地。主张社会同化者弗雷德里克·道格拉斯和霍勒斯·格里利指责谢尔曼的训令，呼吁跨种族社区并无视当地黑人的诉求。格里利1865年1月30日在他的《纽约论坛报》上写道，南方黑人“和他们北方的同胞一样”，必须“通过接触白人文明来成为优秀的公民和开明的人”。[18]

林肯总统没有推翻谢尔曼的战区令，他也没有公开支持或反对。那个时候，林肯正忙于在众议院扩张其政治能量。他的努力得到了回报。1865年1月31日，众议院通过了废除奴隶制的第十三修正案。众议院的共和党人沸腾了——他们拥抱、舞蹈、哭泣、微笑、喊叫——这是当天晚上和即将到来的多个夜晚的解放狂欢和美国各地集会的预演。

第十三修正案让一位一心寻求解放的疲惫的激进分子感到了安慰，他正在与废奴主义者争论并争取黑人的公民权利。修正案通过之前的几天，弗雷德里克·道格拉斯和温德尔·菲利普斯在马萨诸州的反奴隶制协会大会上曾强烈反对重新接纳路易斯安那州。在路易斯安那州否决黑人的投票权就是“给我们贴上自卑的烙印”，道格拉斯说道。作为对重新接纳路易斯安那州和林肯的辩护，威廉·劳埃德·加里森反驳说，选举权是一项“习惯权利……不要将它与自由这一自然权利相混淆”。政治平等总有一天会到来的，他解释 233
说，但是只有在黑人的“工业和教育获得发展”之后。[19]

1865年3月3日，国会听取了美国自由民调查委员会的主要建议，建立了难民、自由人和被遗弃土地局（或称自由民局）。很可能这个局最艰难的任务就是在一些地方树立法律面前种族平等的观念，在那些地方“他们觉得杀死一个黑人不是谋杀，奸淫一个黑人妇女不是强奸，夺走一个黑人的财产也不是抢劫”，一位联邦上校评论说。另一位联邦将军奥利弗·奥蒂斯·霍华德（Oliver Otis Howard）负责自由民局。这位新英格兰本地人认为被解放的黑人希望依赖政府，因为他们习惯于依赖主人。当该局于1869年解散时，霍华德将军吹嘘说他的机构没有成为“变穷的机构”，因为只帮助了很“少”的人。一个援助机构的官员吹嘘自己没有帮助人？这只有在种族主义观点的语境下才讲得通。但是事实是该局确实帮助了一些人，并产生了一些表面看起来平等的机会，这对约西亚·C. 诺特医生这样的种族隔离主义者来说已经做得太多了。在一封1866年写给霍华德的公开信中，诺特期期艾艾地说，“自由民局或‘地狱之门’的所有力量都无法战胜”阻止黑人创造文明的永久自然法则。[20]

1865年4月3日，罗伯特·E. 李的部队停止保卫里士满。第二天，林肯总统走在相同的街道上。被解放的黑人奔向他，双膝跪地，亲吻他的手，把林肯举起来当作他们的“救世主”。马萨诸塞州参议员查尔斯·萨姆纳希望他们的大量赞美将最终说服林肯支持黑人选举权。有个人说，黑人有更崇高的目标——“众生平等”。“现在所有的土地都属于北方人了，他们要在有色人种之中进行分配了。”[21]

4 月 9 日，李的部队投降，内战结束。“奴隶制度已死，”《辛辛那提问询报》（*Cincinnati Enquirer*）宣布，“但黑人没有，这是我们的不幸。”4 月 11 日，林肯在总统府前向聚集的众多听众发表了他的重建计划。在为重新接纳路易斯安那州进行辩护时，总统意识到“这让一些人不满意，因为没有给有色人种选举权”。他表达了自己更愿意将选举权给予“非常聪明的”黑人和黑人“士兵”的观点。[22] 234

在此之前，没有任何美国总统表达过他们更愿意给即便是有限的黑人以选举权。“那意味着黑鬼的公民身份”，一位出身于马里兰州著名演员家庭的 26 岁演员喃喃道。约翰·威尔克斯·布斯（John Wilkes Booth）和他的南方邦联同谋者计划绑架林肯，以要求释放美国南方邦联支持者的军队。“现在，上帝啊，”据说布斯野蛮地盯着林肯说，“我要让他吃点苦头。”4 月 14 日，玛丽和亚伯拉罕·林肯在福特剧院的总统包厢里观看戏剧《我们的美国表兄》（*Our American Cousin*）。林肯的保镖在晚上 10 点后离开，在那之后，布斯悄悄来到林肯背后，将一发子弹射入林肯的头颅。[23]

那是 1865 年的耶稣受难日，林肯于第二天早晨去世，就像钉在十字架上的伟大的解放者。“林肯为我们而死，”一个南卡罗来纳黑人评论说，“基督为我们而死，我相信他也是一样的人。”[24]

在解放得到保证以后，威廉·劳埃德·加里森在林肯去世 3 周后就退休了。他说：“我作为一个废奴主义者的使命已经结束了，感谢上帝。”其他废奴主义者拒绝和他一起退休。美国反奴隶制协会成员拒绝了加里森的解散要求，将他的主席交椅给了温德尔·菲利普斯，并且重新提出了新的口号："没有黑人选举权就不是重建。"其成员对林肯的替代者怀有很高的期待：那是一位出身贫穷的田纳西州民主党人，他曾经示意黑人："我一定会成为你们的摩西。"他也曾期期艾艾地对种植园主说："过高的罂粟花必须被砍掉。"[25]

第 19 章

重建奴隶制

安德鲁·约翰逊（Andrew Johnson）总统在 1865 年 5 月 235
29 日发表了他的重建宣言，降低了民权激进分子的高度期望。他对除了最高南方邦联长官（他在一年后赦免了他们中的大多数）之外的所有人提供了大赦、财产权和选举权。南方邦联感觉得到了约翰逊总统的授权，他们禁止黑人投票，选举南方邦联者为政客并在他们的宪法大会上制定了一系列歧视黑人的法典，以此在 1865 年夏天和秋天重塑他们的州。第十三修正案禁止奴隶制度，“但不禁止将它作为对罪犯的惩罚”，因此法律取代了奴隶主。战后的南方与战前几乎一模一样，除了名字。

当然，立法者用种族主义观点证明了这些新的种族主义政策的合理性。他们宣称黑人法典——迫使黑人接受劳动合同，禁止他们组织运动并管制他们的家庭生活——旨在约束他们，因为他们天生就懒惰、目无法纪、性欲过剩。“如果你说这就是自由，”一位黑人退役军人问，“那什么是奴隶制？”

南方的黑人们在重新奴役的战争中保卫自己，提出对权利和土地的诉求，并且发表了精彩的反种族主义言论来驳斥盛行的种族主义观点。如果有哪个群体应该被认为是“懒惰的”，那也应该是种植园主，他们“终其一生在窃取的劳动成果中无所事事”，弗吉尼亚匹兹堡的群众集会得出这样的结论。对于被奴役的人来说，一直很匪夷所思的就是为什么有些人可以来回闲逛，喝着柠檬水，向外望望他们的田
236 地，然后说那些弯腰采摘的人懒惰。关于种族主义预言的黑人将无法照顾他们自己这一说法，一位被解放者回答说：“当我们是奴隶时，我们曾经要同时照顾自己和主人，我想我们现在可以照顾好自己。”当约翰逊总统在1865年夏天和秋天将黑人驱逐出他们的40英亩土地时，黑人提出抗议。“我们有权拥有我们所在的土地，”弗吉尼亚的贝利·怀亚特（Bayley Wyatt）抱怨说，“为了购买我们现在居住的土地，我们的妻子、孩子、丈夫被卖了一遍又一遍。”[1]

1865年9月，宾夕法尼亚州参议员撒迪厄斯·史蒂文斯，可以说是支持民权的“激进共和党人”中最反对种族主义的，他提议（但没有获得许可）把南方人中最富裕的10%的人所拥有的4亿英亩土地进行重新分配。每个成年自由人将获得40英亩，剩下90%将分成小块卖给“最高出价者”以支付战争费用并偿还国债。国会只强迫了一个奴隶主群体为他们之前的奴隶提供土地——南方邦联的美洲原住民盟友。

反对土地再分配最普遍的辩护理由就是，通过引导他们相信自己可以不用“付出努力”就得到土地的做法将“让自由人堕落”，反对奴隶制度的棉花生产商爱德华·阿特金

森（Edward Atkinson）这样认为。阿特金森真的相信他自己的话吗？这位富有的企业家比任何人都知道很多有钱人在“没有付出努力”而继承土地时并没有堕落。大多数共和党人希望政府在法律面前创设平等，让所有人都享有同样的宪法权利和投票权。在那之后，他们认为政府就完成了职责。“去除白人对黑人的偏见几乎完全取决于黑人自身”，成立于1865年7月的《国家》（*The Nation*）杂志宣称，这本期刊致力于权利平等，由加里森的三儿子温德尔担任助理编辑。[2]

威廉·劳埃德·加里森和受他激励的众多废奴主义者选择不卷入反抗种族歧视的政治斗争。加里森没有意识到是他的天才将废奴主义从一个没有清晰战线和目标的、复杂而包含多个问题的政治课题变成一个简单的、单一问题的道德课题：奴隶制是邪恶的，为奴隶制辩护或忽视奴隶制的种族主 237
义者是邪恶的，美国的道德责任就是消除邪恶的奴隶制。加里森没有在反种族主义上再次发挥他的聪明才智，没有宣称种族不平等是邪恶的，为这种不平等辩护或忽视它的种族主义者是邪恶的，美国的道德责任就是消除邪恶的种族不平等。他太过陷入社会同化主义的观点，认为黑人需要由北方人来培养。在《解放者报》工作的最后几个月里，加里森用大量篇幅赞扬北方传教士为被解放者建立南方学校的项目。他丝毫不介意北方传教士不仅处理建筑和筹款事宜，还计划控制并担任学校职员并“教化”学生。

反种族主义的南方黑人没有等待北方社会同化主义者。“在整个南方，有色人种都在努力地自学”，自由民局的教育官员约翰·W. 阿尔沃德（John W. Alvord）在1866年年初巡视南方后发表报告称。被解放者既没有觉得白人传教士更优秀，也不认为他们是救世主。比如，佐治亚州的黑人教育者在1866年2月说，他们希望白人老师在南方不要“徒劳地仰仗自己的优越天赋……或者充满愚蠢地自信认为他们在这个职位上有特权，或者有符合要求的过人禀赋”。[3]

1865年12月18日，美国正式将第十三修正案增补到宪法之中。“最终，旧的死亡之约被废除了”，加里森在报纸的倒数第二期中为废奴主义发声时写道。他在1865年12月29日的最后一期中说，《解放者报》是为了摧毁奴隶制度而建立的，现在奴隶制已经灭亡并被埋葬，那么让《解放者报》的“存在涵盖这一伟大斗争的历史时期”似乎是唯一恰当的举动。[4]

没有了《解放者报》，加里森马上感觉“就像母鸡拔光了羽毛”。1866年年初经历两次糟糕失败后，加里森退出了
238 协会，基本以旁观者的身份观察重建过程。他看到1866年2月7日弗雷德里克·道格拉斯带领一个黑人男性政权扩大论者代表团来到总统府。当安德鲁·约翰逊总统说应该由国家的大多数人来决定投票权利时，会议迅速变得硝烟弥漫。当有人反驳说黑人在南卡罗来纳占大多数时，愠怒的约翰逊总统阐述了他真正害怕的事情：黑人选民看不起贫穷白人，将和种植园主成立政治联盟来统治他们。当道格拉斯提议“穷人之中……的政党”时，约翰逊表示不感兴趣。[5]

不管道格拉斯是否承认，一些——可能是大多数——黑人**确实**看不起贫穷的白人。他们将那些**不**奴役他们的白人贬

低为“白人废物”。事实上，一些未经证实的报告表明，是被奴役的黑人创造了这个词。黑人看到贫穷的白人给主人干脏活，比如监工或者奴隶巡逻队，但同时他们仍执着于一个臭名昭著的谬论，即白人中最低等的人仍然比最高等的黑人要好。那么如果贫穷的白人是“白人废物”，那么精英白人是什么呢？持有种族主义观点的黑人已经开始将白人与财富和权力，以及教育和奴隶主联系到一起。只有通过构建“白人废物”才能保持白人至上的观点，因为它让白人中占大多数的数百万穷人消失了，说他们不是普通白人：他们是“白人废物”。同样的，向上流动的黑人也不是真正的黑人：他们是杰出人士。某种程度上，种族歧视和阶级歧视的白人精英开始接受这个称呼来贬低低收入的白人。“白人废物”传达的意思是白人精英是普通白人的代表。[6]

事实上，黑人不再需要安德鲁·约翰逊总统来确保他们的战后权利。伊利诺伊州的共和党参议员莱曼·特朗布尔（Lyman Trumbull）坚持他在1862年自由土地上说的话：“我们的人不想和黑人打交道。”因为担心黑人会由于暴力、黑人法典和南方邦联在1865年的再次当选而涌入北方，他感到惊恐万分。为了将黑人稳定在南方，参议员特朗布尔和他的反黑人共和党人同志在1866年2月与激进的共和党人结盟，以扩大自由民局。“大量赞助”将给被解放的黑人的 239
“性格”和“视野”带来不良的影响，他们希望过“懒散的生活”从而给南方造成了麻烦，约翰逊总统1866年2月19日在他对《自由民局法案》的惊人否决中辩称（国会在夏天推翻了这一否决）。[7]

参议员特朗布尔和他的伙伴继续在 3 月通过了 1866 年《民权法案》。该法案赋予所有出生在美国的人以公民权利，并且禁止根据一个人的“肤色或种族”来“剥夺”“任何本法案确认或保护的权利”。国会认为投票权不是美国公民的一项基本权利。虽然这项法案是针对南方黑人法典的，但它使歧视黑人几十年的北方黑人法典也失效了。但是法案的局限在于没有针对种族歧视的私人、地方，或隐蔽的种族法。歧视性的种族语言（而不是种族不平等）成为联邦法院种族歧视的证明——这个组织担负着执行平等对待各种族的巨大责任。这就好像把有预谋的谋杀写入了法律，却不把国家无法证明是否有预谋的谋杀写入法律一样。最精明的歧视者们转变了策略，简单地避免使用种族语言来掩盖他们的歧视性意图以逃避种族谋杀。

约翰逊总统否决了 1866 年《民权法案》，即便是其有范围限制的温和版本。用约翰逊的话来说，只有拒绝承认种族不平等中的歧视观点，想要保持白人歧视特权和权力的人，才会把这一法案视为“支持有色人种并反对白种人的”。约翰逊所属的民主党忙于大肆渲染给予黑人投票权将导致“黑人统治”。这些种族主义者主张，如果出现任何类似平等机会的情况，那么黑人将会成为统治者而白人就会遭殃。这曾经是——现在仍是——反向歧视的种族主义民间传说。安德鲁·约翰逊打造了这种形式的种族歧视。在国会弹劾他很久以后，他仍然名列美国最糟糕的总统榜首。[8]

240 1866 年 4 月初，国会推翻了总统的否决案，对总统置之不理，大步开始进行南方的革命性重建。南部对黑人的暴力行为让国会议员们更加迅速有力地阻止黑人进入北方。1866年5月初，孟菲斯的白人暴徒杀害了至少48名黑人，轮奸了至少5名黑人妇女，并且抢劫或摧毁了价值10万美元的黑人财产。联邦当局狡猾地指责附近的黑人部队挑起暴力事件，并且依托这个谎言将黑人部队重新部署到西部，使之成为"布法罗士兵"（Buffalo Soldiers）。南方黑人公民们在接下来的几十年中被杀害，为吉姆·克劳（种族隔离）开路，而"布法罗士兵"在西部杀害原住民社区居民，为白人定居者们开路。[9]

这讽刺很残酷，就像精英黑人们将种族骚乱归咎于农村移民并敦促他们搬出孟菲斯一样残酷。战时和战后，南方的农村黑人逃到南方城市并听到种族主义南方人——包括黑人精英——预言这些移民将坠入懒惰和犯罪。据说上帝的旨意是让黑人耕种土地（实际上，黑人精英在这一点上有分歧）。城市里的黑人，不管是新居民还是老居民，都在抵制歧视并建立学校、教堂和协会，同时获得了一点点的经济保障。但是，他们的上升并没有改善种族关系。他们的上升——以及活跃和迁移——只是助长了孟菲斯和其他地区的暴力。[10]

当南方白人暴力事件蔓延后，民主党报纸散布谣言，声称主人失去对奴隶的操控正在激化**黑人的**犯罪潮。南方人还读到谣言说牙买加白人被"谋杀和残害"，说"被激怒的野蛮黑人一心摧毁围绕着他们让他们恼火的文明"。牙买加1865年起义事实上是一场除了名字以外全都是反对英国奴隶制的自由抗争。所以那些试图在美国重新奴役被解放者的人害怕出现另一个牙买加是有道理的。他们利用任何机会来攻击黑人社区以阻止这一切的发生，用每个种族主义观点来为他们的攻击进行辩护。[11]

241 孟菲斯骚乱发生之前几天，一份折中案被提交到国会，该提案将所有不同的战后问题纳入了一项宪法修正案，包括否认南方邦联的执政能力，并让南方承担南方邦联的战争债务。第十四修正案的第一个条款让激进的共和党人非常高兴："任何一州，都不得制定或实施限制合众国公民的特权或豁免权的法律；不经正当法律程序，不得剥夺任何人的生命、自由或财产；在州管辖范围内，也不得拒绝给予任何人以平等的法律保护。"为了通过该修正案，大多数共和党人拒绝定义这一声明条款的要求。共和党人没有否认民主党人的指控，说该修正案"充满模棱两可并……互相矛盾之处"。这种模棱两可的态度实际上确保了反种族主义者和种族主义者都将争取修正案赋予的权利。实际上，平等权利捍卫者和白人"特权或豁免权"捍卫者都将在 1866 年 6 月 13 日第十四修正案通过（以及 1868 年正式批准）后争夺其财富。[12]

因为没有保证黑人男性的选举权，温德尔·菲利普斯抨击第十四修正案是"致命的彻底投降"。共和党人辩称删除选举权是战略上的必要措施。他们告诉黑人男性参政权扩大论者"'黑人必须能投票'，但是现在必须回避这个议题以'保证在国会保持 2/3 的权力'"。[13]

参政权扩大论者苏珊·B. 安东尼（Susan B. Anthony）和伊丽莎白·卡迪·斯坦顿（Elizabeth Cady Stanton）认为女性也必须有投票权，他们加入了黑人男性参政权扩大论者，并且在1866年建立了美国平等权利协会（AERA）。“我不会信任［一个黑人］来行使我的权利；他们自己堕落而受压迫，将会比我们的撒克逊统治者更加专制”，斯坦顿在1867年AERA第一次年度会议上说。随着“妇女的提升”，将有可能“将撒克逊种族发展成更高级、更高尚的生命，也从而通过吸引力法则来提升所有种族”，她补充说。斯坦顿为极端性别歧视的黑人男性这一种族主义观点提供了一个持久的合理化建议，即黑人男性比白人男性**更**具有性别歧视。这是他们受到种族压迫的后果；被虐者成了施 242
虐者。[14]

索杰纳·特鲁思为斯坦顿反对第十五修正案进行辩护。“白人妇女聪明得多，”特鲁思说，“而有色人种妇女几乎什么都不知道。”在以种族歧视观点提到有色人种妇女后，这位80岁的传奇人物又将她的种族主义观点抛向有色人种男人。有色人种女人“出去洗衣服……而他们的男人闲着”，她说，“当女人回家时，他们向她们要钱并且将钱全部拿走，然后还咒骂她们，因为没有饭吃”。[15]

1866年中期选举时，占2/3的多数共和党人将推翻总统否决权的权力交还给国会，对此约翰逊总统并没有感到沮丧。如果共和党人把黑人男性选举权带给美国人，约翰逊的一位助手说，那么“我们会在下次总统大选时打败他们”。

共和党国会议员和他们的选民是一支杂牌军：包含了种族隔离主义者，他们寻求通过消除种族歧视将黑人“野兽”限制在南方；包含了主张社会同化者，他们想要教化“沦为野兽”的黑人并消除种族歧视；还包含有少数反种族主义者，他们想要消除种族歧视并让平等的黑人享有平等机会。[16]

没有什么机会的不平等比工作机会更不平等了，农村黑人渴望的安全土地和城市黑人渴望的安全工作在政治话语中几乎都不存在。每个工会都应该推进“一条分界线——把人类划分为两大阶级”，劳工编辑安德鲁·卡尔·卡梅伦（Andrew Carr Cameron）在1867年新成立的全国工会（NLU）大会上说道。卡梅伦在第一次全国劳工议程中模糊了肤色这条界限。从那时起，对种族主义的否认让种族主义者劳工加入了种族主义资本家的行列，压低黑人工资，将黑人工人推向最恶劣的工作岗位，提高他们的失业率，并且将他们帮忙建立起来的种族不平等归咎于黑人的愚蠢和懒惰。[17]

243 19世纪60年代，非裔美国人和他们的同盟试图通过建立几十所传统黑人大学（historically Black colleges and universities，HBCUs）来给自己创造机会。认为南方黑人学生和白人学生智力相同的反种族主义教育者和慈善家肯定参与其中，但他们不如主张社会同化的教育者和慈善家那样又多又强大。一位慈善家说，这些主张社会同化者普遍觉得传统黑人大学“教育……一些黑人”，然后“送他们去革新”他们的人民——那些在奴隶制中退化的人。HBCU的黑人和白人创立者认为新英格兰的拉丁语和希腊语课程是最好的，他们只想给学生提供最好的。很多创立者认为“白人老师”是“最好的”，正如纽约国家自由民救济协会在其 1865 ~ 1866 年度报告中所称的那样。HBCU 的老师和学生努力向种族隔离主义者证明黑人可以掌握希腊 - 拉丁语教育的“高雅文化”。但是少数“精致的”，通常是混血的 HBCU 毕业生常常被视为白人血统的产物，或者与普通的“粗野”贫穷黑人们相比显得特别出众。

内战后建立的 HBCU 并不是都选用了人文艺术类课程。1868 年弗吉尼亚州汉普顿学院的创立者曾说过，非裔美国人“已经经历了三个世纪的普遍道德堕落和那背后的异教信仰”。前联邦官员和自由民局官员萨缪尔·查普曼·阿姆斯特朗（Samuel Chapman Armstrong）提供的教学和职业培训，指导他们接受白人的政治霸权和黑人在资本主义经济中的工人阶级地位。汉普顿有个贸易部门，旨在让有抱负的教师努力工作，这样他们就能体会到辛勤工作的尊严并继续将这种尊严——而不是抵抗——带到学校所在的苦工社区。[18]

对所有的入学培训而言，汉普顿式的 HBCU 比希腊罗马式的 HBCU 更不可能禁止深色皮肤的申请人。到了 19 世纪末，出现了肤色分区：浅肤色的黑人倾向于就读具有希腊罗马课程的学校，接受成为领导的培训；而深肤色的黑人会
去技校，接受让人变得顺从的培训。1916 年，一项评估发 244
现，提供希腊罗马式教育的 HBCU 的学生中 80% 是浅肤色或者混血儿。分裂 HBCU 的种族肤色主义也反映在黑人社区俱乐部、住房和分开的教堂的建造上。战后美国出现了一

些黑人教堂让来访者接受纸袋测试或者把大门漆成浅棕色。肤色比纸袋或者大门的颜色深的人不得入内，就像浅肤色的黑人被排除在白人空间之外一样。[19]

国会在1867年3月2日到1868年3月11日之间通过了4项重建法案，这为新的国家宪法和重新接受南方11个州中的10个州回到联邦奠定了基础。南方邦联被迫接受了黑人男性拥有选举权，然而北方自由土地者们在1867年秋天通过投票彻底否决了黑人选举权。南方邦联对北方人的虚伪表示不满，说他们“寻求将自己拒绝的东西与对南方不幸的人的憎恨联系到一起”。共和党人从“体面的”南方白人手中夺过选票送给“不体面的”南方黑人，这简直“太疯狂了”，约翰逊总统在他1867年12月3日第三次对国会的年度致辞中说道。“任何形式的独立政府都没有在［黑人］手里获得过成功”，他补充说。有了投票权，黑人将导致“这片大陆上从未见过的暴政”。约翰逊参与了一场辩论，辩论在开始前就结束了。因为黑人的存在即被视为残暴，所以无论黑人选民及政客在未来几年中取得怎样的成就，种族主义者眼中只看到暴政。[20]

在1868年总统选举中，民主党人承诺要将南方白人从“半野蛮的”黑人男性选民中解放出来，那些黑人男性渴望“让白人女性屈服于他们肆无忌惮的欲望”，副总统候选人、狂热的密苏里政客和联邦将军小弗朗西斯·P. 布莱尔（Francis P. Blair Jr.）声称。民主党政纲攻击共和党人“在
245 完全和平时期，将南方置于军事专制和黑人霸权之下”。三

K党最初成立于1865年，是田纳西的一家社交俱乐部，打着“完全和平”的幌子。随着约翰逊反对黑人军事任命的失败，三K党开始了“恐怖统治”，暗杀共和党人并阻止黑人投票。

在三K党不敢进入的南方黑人武装县城，上百万黑人第一次投票选举总统，将1868年总统大选的风向转向共和党战争英雄——尤利西斯·S. 格兰特（Ulysses S. Grant）将军。黑人选举出种族隔离主义者将要开始竭力扼杀的黑人政客。“黑鬼投票、担任公职、坐上陪审团席，都是错的，”密西西比的《哥伦比民主党报》（*Columbus Democrat*）高呼，“没有什么比这些对正义的暴行更确定的事了，好的政府马上就要被除掉了。”[21]

大量的共和党参议员，如俄亥俄州的詹姆斯·A. 加菲尔德（James A. Garfield）私下表示对黑人“在政治上和我们平等”“感到强烈反感”。但是，当这些种族主义共和党人计算出“忠诚的”黑人在摇摆州可以给他们投票这一巨大好处后，他们最终选择支持黑人选举权。与第十三修正案和第十四修正案一样，这些有权势的参议员并没有从道德上被说服而敞开黑人权利的大门，而都是为了他们自己的利益。1869年2月27日，由共和党人占据主导地位的国会通过了美国宪法第十五修正案。它禁止美国及各州“以种族、肤色，或之前的奴役情况”来拒绝或限制选举权。国会授权自己“通过适当的立法执行这一条款”，但拒绝继续深入。然而，保护黑人政客、一致投票要求，以及禁止用隐晦的种族方式驱逐黑人的提议都遭到了拒绝。[22]

被拒绝的还有所有关于赋予妇女选举权的严肃讨论。1869年5月12日，在国会通过第十五修正案几周后，美国平等权利协会（AERA）大会上，这一议题导致白人和黑人参政权扩大论者出现了不同意见。妇女参政论者的领导苏珊·B. 安东尼想到宪法已经“认可”黑人男性“在政治上
246 比所有高尚的女性更优越”，这让她感到痛苦。他们“刚刚摆脱奴隶制度”，“不仅完全文盲，而且对每个公共问题都相当无知”。讽刺的是，性别歧视的男人用类似的说法——声称妇女文盲，对公共问题一无所知，以及高尚的男人天生在政治上比所有女人更优越——来反对安东尼争取选举权。[23]

举例来说，乔治·唐宁（George Downing），一位黑人活动家及商人出席了会议，说妇女的顺从是上帝的旨意。AERA大会开得越来越糟。女权主义者质疑他。当年晚些时候在有色人种全国工会（CNLU）成立大会上，唐宁和其他组织者的这一观点再次受到抨击。一位来自唐宁家乡所在的罗得岛州的黑人妇女，表示对“贫穷妇女的利益没有被提到”感到失望。最后，CNLU承认了“错误”。在全国工会拒绝处理种族歧视后，CNLU做出的反应是拒绝处理性别歧视，这完全是一种虚伪的做法。而且，在美国的革命运动中，虚伪已经正常化了。种族、性别、民族和劳工激进分子愤怒地挑战针对他们自己团体的普遍偏见，但同时他们也愉快地重新创造出对其他团体的普遍偏见。他们没有意识到种族主义、性别歧视、民族中心主义和阶级歧视观点是由某些同样强大的头脑产生的。

全国工会（NLU）欢迎黑人代表们参加其 1869 年大会并宣称它“在劳工权利问题上既不限于肤色也不限于性别”。反种族主义者和女权主义者更倾向于认为，NLU 在劳工权利问题上既不接受种族歧视也不接受性别歧视。但那几乎是不可能的。[24]

在乔治·唐宁失败后，弗雷德里克·道格拉斯试图缓和事态，他建议 AERA 成员支持任何“将选举权扩大到任何迄今为止被剥夺资格的阶级的措施，以作为我们整个理念胜利中令人振奋的一部分”。斯坦顿和安东尼拒绝了这一方案。诗人弗朗西斯·哈珀（Frances Harper）代表了黑人女权主义的攻击性观点，谴责“白人女性”只追求“性，而让种族居于次要位置”。索杰纳·特鲁思已经同意哈珀和道 247
格拉斯的观点。“如果你在选举权的钓钩上放一个女人作诱饵，肯定能钓到一个黑人男性”，特鲁思建议，也只有特鲁思会这么说。对第十五修正案的分歧让 AERA 解散，也切断了妇女选举权运动。选举权斗争步履蹒跚地进入 19 世纪 70 年代，直到大约半个世纪后才为女性解决了这个问题。

如果留给第一代黑人男性政治家来处理，那么女性可能在 19 世纪 70 年代就获得选举权了。比如说，马萨诸塞州全部 6 名黑人立法者和 7 位南卡罗来纳州黑人美国代表中的 6 位，都支持妇女获得选举权。苏珊·B. 安东尼可能私下里意识到黑人男性并不是对包括她的选举权利在内的“每个公共问题都相当无知”。[25]

民主党人试图阻止第十五修正案的正式批准，贬低它是一部“黑鬼优越法案”，旨在建立恐怖而野蛮的黑人霸权。

他们运气不佳。修正案在 1870 年 2 月 3 日得到正式批准。从波士顿到里士满到密西西比的维克斯堡的黑人都为其获批准备了盛大庆典。几个社区都邀请了一位在世的传奇人物作为主讲人。[26]

第 20 章
重建批判

威廉·劳埃德·加里森决定待在家乡见证壮观的两小时名流政要巡游，特别是马萨诸塞第 54 军团和第 55 军团的退伍军人方阵。在庆祝第十五修正案通过的活动结束时，加里森登上法纳尔大厅的讲台，他看起来比他实际年龄 64 岁还要老，他已经疲惫不堪，准备完全退出公共生活了。他认为第十五修正案是一个“奇迹”。与此同时，美国反奴隶制协会的成员感觉他们的使命已经结束了。他们在 1870 年 4 月 9 日正式解散。 248

“第十五修正案赋予非洲种族掌控自己命运的权利。让他们把自己的命运掌握在手中”，在俄亥俄州参议员詹姆斯·A. 加菲尔德的想象中是这番场景。一份伊利诺伊的报纸宣称，“黑人现在是选民和公民了。从今以后让他在生活的战役中碰运气吧”。[1]

第十五修正案的通过使共和党人摒弃了反对种族歧视的斗争。他们拒绝重新分配土地，不允许没有土地的黑人选择自己的主人并称之为自由；他们给贫穷的黑人一份他们可以在昂贵的法院使用平等权利的声明，称之为平等；在这些之后，他们将选票放到黑人手中并称之为安全。“选票是有色人种的安全堡垒，”一位南方黑人戏仿地说，“是他的自由的保卫者，他的权利的保护者，他的豁免权和特权的捍卫者，他的劳动成果的拯救者，他的进攻和防守的武器，他的
249 和平使者，他的复仇女神，日夜不休地看着他并守卫他。”正如这位南方黑人所熟知的那样，选票从未能阻止那些蒙面的夜车手。[2]

南方邦联将军纳丹·贝德福特·福雷斯特（Nathan Bedford Forrest）说，需要三K党的暴力行为来“让黑鬼待在他们自己的地方”，他是三K党的荣誉“大巫师”。对三K党而言，比黑人更糟糕的就是“白人激进分子”。但最严重的罪犯是强奸白人妇女的黑人犯罪嫌疑人。三K党赞美白人女性象征着荣誉和纯洁（和无性），并贬低黑人女性象征着不道德和污秽（和性）。一些黑人男性也贬低黑人女性。“主啊！”一位富裕的堪萨斯黑人说，“你不会觉得我娶了一个黑鬼荡妇吧？”三K党笃信黑人具有超自然的性能力，这一信念助长了他们对黑人女性的性吸引情结并害怕白人女性被黑人男性吸引。为了证明三K党恐怖主义的合理性，他们坚称为了保卫白人女性的纯洁，必须在南方建立白人霸权，这几乎成为一种标准操作程序。与之相对比的是黑人女性的身体，其被认为是白人男性的“训练场”，或者白人男性“性能量”稳定的“安全阀”，让对白人女性无性纯洁的崇拜得以继续。[3]

对白人男性主导地位的另一个威胁就是地位向上提升的黑人。三K党式恐怖主义展示了一直以来的劝善策略的虚

伪。三 K 党“不喜欢看到黑人取得进步”，一位密西西比白人报道说。没有土地的黑人受到地主的恐吓，有土地的黑人受到三 K 党的恐吓。1870 年 3 月，格兰特总统向国会提交了超过 5000 起白人恐怖主义的证据文件。在 1870 年 5 月到 1871 年 4 月期间，国会通过了三项资助不力的执行法案，同时派遣选举监督员到南方，将干涉黑人投票定为犯罪，并且将大范围的三 K 党式恐怖主义行动定为联邦层面的犯罪。结果，到了 1871 年，三 K 党“名义上解散了”，但是恐怖的列车仍然以新的名义冲向铁轨。大家都很清楚，正如一位北方移民所说，只有“稳定、坚定不移的外部政权”才能保证南方共和主义的和平和生存。一个稳定、坚定不移的黑 250
人内部政权也可以做到，但是共和党人仍然不愿意用“布法罗士兵”和土地让黑人更加强大。[4]

人们认为选举将创造奇迹，在某种程度上也确实如此。一般认为，南方制宪会议从 1867 年到 1869 年期间出现了革命景象。他们包括北方移民、南方共和党人和南方黑人代表，而南方黑人代表中大约一半人生于奴隶制下。因为他们缺乏政治经验、财富和教育——或者正是因为这样——这些代表写出了迷人的民主宪法。他们设立了南方第一个公立教育系统、监狱、孤儿院和精神病院；扩大了妇女权利并保障了黑人权利；减少了犯罪数量；重组了当地政府以消除独裁。然而，在一开始权力位置划分时，黑人政治家通常会让位，因为他们不想让民主党人坚持的“黑人霸权”指控获得可信性，仿佛这种指控真的有逻辑一样。

黑人基本没有从重建经济政策中获益，但不断增加的公司从中获益良多。面对饱受战争摧残的社区和国库，曾经拒绝将土地交出来协助无地黑人，借口称这会毁掉他们的重建的政客们这次将数百万土地交给了铁路公司，并且借口称：铁路将促进南方的发展，带来新的工作、工厂和城镇；可以运输尚未开发的矿产资源；并且让农业扩张。到了 1872 年，为了向铁路公司发放巨额福利，南方大部分地区只剩下债务和贫穷。受贿的政客们兴高采烈地将资金送了出去。只有少数黑人政客处在高级权力职位，因此与白人政客相比，他们在腐败问题上占据的比例不值一提。[5]

从南方国库中拿走的每一美元都提高了南方对廉价劳动力的依赖。格兰特总统认为如果黑人有其他地方可去，那么种植园主有可能会更重视黑人劳工。（事实上，种植园主确实重视廉价劳动力，而他们使用枪支和种族主义观点来尽可
251 能用廉价的方式留下黑人劳工。）在 1870 年年初，格兰特开始以总统的身份推动吞并多米尼加共和国，来为“所有美国的有色人口”提供一个避风港，“如果他们选择移民的话”。1871 年，他派弗雷德里克·道格拉斯去调查真相。多米尼加共和国不仅可以成为黑人的避风港，被折服的道格拉斯还在报告中写道，通过“在她的热带边境移植”美国的“极好机制”，搬到那里的黑人可以提升那里贫穷落后的多米尼加人。道格拉斯似乎没有意识到他正在对多米尼加人循环使用曾经用在非裔美国人身上的相同的种族主义观点。同时，如果美国的制度那么“好”，那么为什么非裔美国人需要一个国外避风港呢？[6]

像道格拉斯这样的主张社会同化者鼓励美国人扩张，而

种族隔离主义者和反种族主义者不鼓励这样做，这将现有的种族纠纷带到了外交政策中。1871 年 6 月美国参议院投票否决了吞并条约。共和党中的异见者们厌倦了格兰特对吞并的关注以及他利用联邦权力保护南方黑人生活的开放态度，他们离开了。1872 年 5 月，《重建修正案》得以通过的中心力量——《纽约论坛报》编辑霍勒斯·格里利和伊利诺伊州参议员莱曼·特朗布尔，成为辛辛那提“自由共和党人”聚会的主角。《国家》杂志编辑 E. L. 戈德金（E. L. Godkin）代表自由共和党人宣布，“我们已经完成了重建和终结奴隶制”。他们承诺给前南方邦联人员大赦和选举权，结束联邦对南部的干涉，以减免税收的形式给富人福利，对穷人则什么都没有做。[7]

格里利成为他们的总统候选人。南方邦联的主要敌人变成了其主要盟友，就像全国最有名的牧师一样，弗雷德里克·道格拉斯不无讽刺地叫他“宽恕使徒”。亨利·沃德·比彻（Henry Ward Beecher）在 1871 年出版了第一本美国耶稣传记《耶稣基督的一生》（*The Life of Jesus, the Christ*），想要通过基督教的白人特性将南北方白人重新团结起来。“绝对没有任何东西可以决定耶稣的个人形象”，哈里特·比彻·斯托的哥哥写道。然而比彻的书里有五幅完美神人耶稣的画像，他都被绘制为一个白人男性。亨利·沃德·比彻给美国 252
白人一个模式，将白人植入他们的基督耶稣宗教世界观中而不用大声说出来，就像南北方白人正在用他们的政治世界观所做的那样。对于种族主义者来说，毫无疑问，白人是在白人圣父和圣子在天堂的指引下统治美国的最佳人选。[8]

霍勒斯·格里利长期以来一直与解放和平等联系在一起，但是他改变了自己的观点，以竞选1872年总统大选的民主党候选人。“政治平等还很遥远，”他对黑人说，“社会平等永远遥不可及。不要指望得到免费土地。你们自己要分隔开来，再雇佣彼此。谁是你们最好的朋友？——可靠、保守、博学的南方白人。”这些“博学的南方白人”告诉黑人，一个南卡罗来纳人评论到，“投票对抗他们的白人雇主和邻居就是冒生命危险”。国会在1872年春天发表了一篇谴责南方暴力的报告，但仅此而已。报告甚至采用了种族隔离主义的立场，主张黑人是南方暴力事件的原因。报告解释说，暴力行为是对黑人政客的“糟糕立法、不胜任职位和腐败”所做出的回应。虽然绝大多数在有权有势又腐败的职位上的都是南方白人，但这一点都不重要。对于这些种族主义观点的生产者来说真相根本不重要，他们寻求的是捍卫使黑人政治权力屈服的种族主义政策。格兰特的前内政部部长雅各布·考克斯（Jacob Cox）说，南方人“只能由社区中体现了智慧和资本的那部分人来管理”。《国家》杂志说得更坦率：重建已经“彻底失败了”。[9]

1872年，足够多的黑人和共和党白人冒着生命危险赢得了南方的大部分地区和格兰特总统连任。在南方街道上，全副武装的共和党人不得不保卫他们连任的政治家。1873年的复活节星期天，路易斯安那州科尔法克斯的61名武装黑人躲在一家法院内。民主党人用大炮轰击法院，抓住了
253 37名幸存者并在镇广场上将他们处决。在科尔法克斯大屠杀的第二天，美国最高法院，包括格兰特任命的4位联合的

律师抹杀了**屠宰场案件**（*Slaughterhouse Cases*）中第十四修正案的民权保护条款。新奥尔良白人屠夫认为，1869 年路易斯安那州受贿赂影响的法令要求他们在屠宰厂公司做生意，是剥夺了他们的经济“特权和豁免权”。法官塞缪尔·米勒（Samuel Miller）在 1873 年 4 月 14 日写下多数派的意见，维持了垄断，区分了国家公民身份和州公民身份，并引用罗杰·B. 托尼（Roger B. Tony）在**德雷德·斯科特案例**（*Dred Scott*）中的观点。米勒说，第十四修正案只保护相对很少的国家公民权利。3 年后，国家和州公民身份之间的教条主义分歧让最高法院一致通过撤销科尔法克斯大屠杀罪犯的定罪（谋杀指控“仅取决于各州”），因此让路易斯安那州具有使他们免罪的自由。法院还在 1876 年大选的一段时间之后取消了执行法案并鼓励白人恐怖组织。[10]

4 名**屠宰场案件**的反对者中没有一个人反对米勒法官的多数派意见中意义最深远的部分：“我们非常怀疑，如果一个州的任何行动没有将黑人作为一个阶级或种族来歧视，那么它是否在这一条款的范围内。”直至今日，最高法院仍然用米勒的理论来掩盖私人和以种族为遮掩的歧视者，他们掩饰那些旨在不使用种族歧视语言来歧视黑人的政策。[11]

前南方邦联再次参加选举和屠宰场案件的裁定都不能和 1873 年大恐慌的破坏力相提并论。这是美国工业资本主义遭遇的第一次经济大萧条，并且持续了 10 年。南方民主党人宣称他们有能力恢复秩序，就好像石油商人约翰·D. 洛克菲勒（John D. Rockefeller）和钢铁商人安德鲁·卡内基（Andrew Carnegi）宣称他们有能力监控自己的行业一样。

到19世纪末，洛克菲勒和卡内基的垄断机构的存在反映了白人政治垄断对南方的控制。

而作为穷人中的穷人，南方黑人在1873年大恐慌中遭到的摧残最为严重。大恐慌阻止了黑人地主在战后的缓慢增
254 长，夺走了他们的土地和自由。当大批白人地主也失去他们的土地时，他们感觉自己失去了白人特性和自由。白人“必须有小片的土地”，一位种植园主抱怨道，“并且宁愿照顾土地，不管回报多么微薄，也不愿意被别人雇佣，他们认为这样是降低了自己的身份”。[12]

抱着重新分配土地的希望等了很久以后，南方农村黑人又做回佃农，即他们将收成的一部分交给土地所有者作为在农场耕种的费用。不诚实的地主让佃农深陷债务，而法律禁止佃农离开他们欠了钱的地主。有能力离开糟糕处境的黑人动身去永无休止地寻找有道德的地主。地主们称这一年度运动是黑人无能的标志。深陷种族主义政策和种族主义观点中的佃农无法获胜。留下意味着受奴役，而离开又意味着无能。[13]

似乎没有什么可以削弱种族主义观点，即便是向上流动的城市黑人也不行。1874年，那什维尔的白人主办的《共和党旗帜报》（*Republican Banner*）赞扬了“节俭干净的”黑人，但是认为他们不能“被当作数10万懒惰无能的黑人的代表”。他们是杰出的。[14]

19世纪70年代早期，考虑到黑人的公民权利被剥夺，威廉·劳埃德·加里森不得不再次发声。他在《独立报》

(*The Independent*) 上发表了一篇又一篇文章，在《波士顿期刊》(*Boston Journal*) 上发表了一封又一封公开信来嘲讽对重建的放弃。副总统亨利·威尔逊 (Henry Wilson) 向加里森抱怨一场“反革命”取代了重建。“我们反奴隶制的老兵必须再次站出来”，威尔逊敦促说。一些人没能站出来是因为他们正忙于将重建的失败归咎于黑人。他们怎么能不这样做呢？北方媒体的定期报道总是将黑人选民和政客表述为自我毁灭般的愚蠢和腐败。美联社依靠反黑人、反重建的南方报纸来进行每日新闻报道。《纽约论坛报》记者詹姆斯·S. 皮克 (James S. Pike) 将北方人掩盖在种族主义童话故事中，称腐败、无能、懒惰的黑人政客在重建的“悲剧”中征服了南卡罗来纳白人并剥夺了他们的权力。这些说法发 255
表在他 1873 年广为流传的报纸文章，同时于 1874 年重新发表于《屈服的州，黑人统治下的南卡罗来纳》(*The Prostrate State, South Carolina Under Negro Government*，简称《屈服的州》) 之中。皮克的民主党消息来源人士很高兴将南方腐败问题归咎于黑人，这样就可以将注意力从他们这些主要的腐败角色身上转移走了。皮克的小说力作被作为目击者新闻而传递。“这个古老贵族社会正经受着人类见过的最无知的粗鲁民主”，皮克写道，“野蛮取代了文明”而且“奴隶在主人的大厅暴动，并且把主人踩在脚下”。[15]

《屈服的州》一书引起了支持重建的期刊——《斯克里布纳月刊》(*Scribner's*)、《哈帕斯月刊》(*Harper's*)、《国家》(*The Nation*) 和《大西洋月刊》(*The Atlantic Monthly*) ——更多的打击黑人立法者并要求全国重回白人统治的呼声。一位纽约州民主党人在众议院宣读了《屈服的州》一书。南卡罗来纳州的黑人众议员罗伯特·斯莫斯（Robert Smalls）问道，你关于纽约腐败的书在哪儿？尽管行贿者、受贿者都知道腐败是个主要发生在白人政客身上的全国性问题，但是种族主义观点从不太看向现实。黑人腐败是一个现成的借口，用来抛弃不断变得困难、昂贵、无序而分裂的重建政策。每次格兰特政府出面干预来保护黑人生命时，他都在远离共和党内的北方和南方白人。在 1874 年中期选举时，民主党人让共和党人失去了众议院的控制权并在除了密西西比州、路易斯安那州、南卡罗来纳州和佛罗里达州之外的所有南方州都成为在野党。白人恐怖组织与南方武装和手无寸铁的黑人选民发生了冲突。格兰特总统不得不派遣部队来阻止 3500 名民主党人组成的部队，他们于 1874 年 9 月在新奥尔良迫使当选的共和党人离开。温德尔·菲利普斯因为试图给格兰特辩护而在波士顿的舞台上遭到奚落。《纽约时报》报道说，“温德尔·菲利普斯和威廉·劳埃德·加里森并没有在美国政治里完全消失，但是他们所代表的对南方的观点，对共和党中的大多数人已经不再适用了”。[16]

256 1875 年年初，在新的民主党上台前，国会通过了激进重建的最终法案。1875 年的《民权法案》是对参议员查尔斯·萨姆纳的立法纪念，他为反奴隶制和公民权利斗争了几十年后于 1874 年去世。这项法案禁止在陪审团选择、公共交通和公共设施中的种族歧视，但是它要求黑人在昂贵而不友好的法庭上寻求补偿。法案几乎无法停止针对密西西比黑人选民的恐怖行动，让民主党在 1875 年秋季大选中控制了全州。陷入困境的密西西比州共和党人州长阿德尔伯特·埃姆斯（Adelbert Ames）宣布，“正在发生一场革命，他们通过武装力量剥夺一个民族的公民权。后者将回到农奴制——第二个奴隶制时代”。一份南方报纸声称第十四修正案和第十五修正案“可能会永远存在；但是我们打算……让它们形同虚设”。[17]

在南方民主艰难重建之时，美国庆祝了《独立宣言》100 周年纪念日。从 1876 年 5 月到 11 月，大约 1/5 的美国人口参加了第一届官方“世界博览会”——费城百年博览会。“一群旧时种植园的‘黑人’”在南方的餐厅唱歌便是对黑人唯一的描绘。在波士顿，威廉·劳埃德·加里森发表了这个时代的独立日演讲。公众观点从重建问题上转移是因为将解放黑人作为军事行动的必需措施，而不是“一种普遍的忏悔行为”，他说。在他最后一次主要的公开发言中，加里森认识到种族主义观点是这个问题的核心。“我们必须放弃肤色等级制度的精神，”加里森宣布，“否则就是放弃基督教。”[18]

在南卡罗来纳州的汉堡，当地黑人民兵组织以游行来纪念 7 月 4 日的百年庆典。地区种族主义者憎恨民兵组织还保持了黑人对绝大多数黑人城镇的控制能力。在游行中，一位当地白人农民命令民兵成员为他的马车让道，于是双方恶语相向。农夫向地方最有权势的民主党人，即前南方联邦将军马修·C. 巴特勒（Matthew C. Butler）上诉。7 月 8 日，巴特勒和一小支民防团要求民兵组织首领多克·亚当斯（Dock

257 Adams）解除汉堡民兵组织的武装。亚当斯拒绝了这一要求，冲突爆发。民兵撤退到他们的军械库。巴特勒冲向附近的奥古斯塔（美国缅因州首府），并且带回来数百名增援和大炮。巴特勒的队伍处决了5名民兵成员，洗劫并摧毁了汉堡不设防的家庭和商店。

当南方人抱怨他们败局已定时，格兰特总统震惊地发现他们抱怨的其实是失去了“杀戮黑人和共和党人而不用害怕受到惩罚和损失自己的等级和荣誉”的自由。巴特勒将军歪曲了事实以应对国会调查，并且利用大家的关注在1877年当选美国参议员。他把大屠杀归咎于黑人天生的犯罪性。他说，黑人“对人的生命漠不关心”。[19]

巴特勒将军援引黑人天生的暴力和犯罪倾向来避免自己因实施大屠杀而受到惩罚。但是几乎没有参议员质疑他表达这些种族主义思想的动机，当时这些都是由一名意大利监狱医生编纂的。切萨雷·隆布罗索（Cesare Lombroso）在1876年“证明了”非白人喜欢杀戮，“毁坏尸体，撕裂肉体并喝它的血”。他的《罪犯》（*Criminal Man*）一书在1876年产生了犯罪学这门学科。隆布罗索说，罪犯是天生的，而不是后天培养的。他相信天生的犯罪分子散发的身体特征能够被研究、测量和量化，以及“无法脸红”——因此，深色皮肤——“一直被认为伴随着犯罪”。他在1895年的《女性犯罪人》（*The Female Offender*）中声称，黑人女性“与男性的区分程度”很接近，是典型的女性罪犯。当白人恐怖分子在黑人社区殴打、强奸和杀害人的时候，第一批西方犯罪学家坚持将罪犯定为黑人，而将行为端正的公民定为白人。意大利法学教授拉斐尔·加罗法洛（Raffaele Garofalo）是隆布罗索的学生，他在 1885 年发明了“犯罪学”（*criminologia*）这个术语。英国医生哈维洛克·埃利斯（Havelock Ellis）于 1890 年出版了隆布罗索的作品摘要，让隆布罗索在英语世界受到欢迎。[20]

汉堡行凶者不断地叫嚣：“这是南方赎罪的开始！”事 258
实上，也确实如此。当 1876 年大选进行到 11 月时，投票成为战争，民主党的选票填满了南方的投票箱。1876 年 11 月 8 日早上，民主党纽约州州长塞缪尔·J. 蒂尔登（Samuel J. Tilden）和共和党俄亥俄州州长拉瑟福德·B. 海斯（Rutherford B. Hayes）在选举团中几乎不相上下。总统大选的结果取决于路易斯安那州和南卡罗来纳州非常接近的选举结果。当一个 15 名成员组成的选举委员会将共和党人选为总统后，民主党被激怒了。1877 年年初，两个党派以及两者所在的地区开始准备第二次内战。

各党派和地区在一个问题上保持了一致。黑人必须平息他们“新燃起的野心”并意识到他们缺乏白人“天生的自治能力”，前俄亥俄州州长雅各布·D. 考克斯说。即将离任的格兰特总统私下里跟他的内阁说给黑人选票是个错误，共和党总统候选人拉瑟福德·B. 海斯也这样认为。尽管两党在谁应该掌管南方的问题上达成了共识，但是在谁应该掌管华盛顿这一问题上的分歧加深了。

国家濒临绝境，海斯的代表在沃姆利酒店会见了民主党人，这座酒店由首都最富有的非裔美国人所拥有。没有人透露过“1877 年妥协”的确切条款。但是民主党将总统之位给了共和党人拉瑟福德·B. 海斯，而海斯为民主党终结了重建。海斯承认了民主党在路易斯安那州和南卡罗来纳州窃取的政权。他在南方撤出联邦军队并用这些军队来粉碎1877年大罢工。[随着资本再次获得对劳工的控制，劳工骑士团（Knights of Labor）成为主要的国家劳工组织。骑士团领袖特伦斯·V. 保德利（Terence V. Powderly）要求工会废除种族隔离制度来控制竞争。他认为黑人是“懒惰”的“廉价劳动力”仓库，可以轻易用来对抗白人劳工。][21]

《国家》杂志清楚地说明了“1877年妥协”的内容。是时候“让黑人从国家的政治领域消失了”，新闻杂志如是
259 说，“从此以后，这个国家，作为一个民族，和他（黑人）再也没关系了”。同时，威廉·劳埃德·加里森将妥协视为与旧的“死亡之约”一样让人“憎恶”。当军队离开路易斯安那州的什里夫波特时，一位黑人悲伤地说，他的人民又回到了“把［他们］当作奴隶的人手中”，所以“世界上已经没有办法可以改善［他们的］境况了”。[22]

“有色人种享有的每一项权利都不会被剥夺”，新的民主党南卡罗来纳州州长韦德·汉普顿承诺。“随着黑人变得更加聪明，”汉普顿补充说，“他自然会与更保守的白人结盟，因为他的观察和经历都向他说明，他的利益和这里的白人种族是一致的。”汉普顿在后重建时期的南卡罗来纳州向黑人打开两扇大门：天生顺从的智者，或者天生叛逆的蠢人。[23]

重建时期——1865年内战后的十几年——对韦德·汉普顿这样的南方白人来说是一段可怕的时期，他们已经习惯

了统治**他们的**黑人和**他们的**女人。他们面对并用暴力和暴力观点击退了一场毁灭性的民权和黑人权利运动，以及一场没有能够争取到太多头条关注的强大的妇女运动。但是他们所谓的下人并没有在重建失败后停止反抗。为了恐吓并重申他们对反叛黑人和白人妇女的控制，白人男性救世主们在 19 世纪 80 年代开始动用私刑。在 1889 年到 1929 年期间，平均每四天就有一个人被私刑处死。人们总是为惯行的屠杀找到虚假的谣言来开脱，说受害者强奸了一个白人妇女，然后白人男子、女子和儿童聚到一起观看对人类的虐待、杀戮和肢解——却还一直说受害者是野蛮人。仇恨助长了私刑时代。但是在憎恨背后的种族主义观点不断演变，并且在每个阶段都质疑着黑人的自由。而在这些种族主义观点背后的有权有势的白人，努力通过语言和行动重新获得对南方绝对的政治、经济和文化控制。[24]

从奴隶制到战争到解放到激进重建到黑人救赎再到白人 260
救赎，南方黑人从中感受到一系列的感情。他们的感情似乎和父母经历心爱的孩子激动人心的出生、充满希望的成长和悲惨的死亡的一系列感情很相似。一些黑人，愤怒于重建的终止，感到需要从第二次奴隶制中逃离。“我们不可能和这些南方的奴隶主一起生活”，一位路易斯安那州的组织者说，他代表了超过 60000 名渴望逃离南方的“辛苦劳动的人”。在 19 世纪 70 年代重新定居到非洲，或者北部，或者遥远的西部都远不如“大迁徙”到堪萨斯州。“逃离的人们”忽略了弗雷德里克·道格拉斯的反对意见，将堪萨斯的黑人人口增加了1.5倍。北部联盟尽其所能地为逃离的人们筹集资金。威廉·劳埃德·加里森已经74岁高龄，为了给成百上千从密西西比州逃离到路易斯安那州的黑人筹集资金而耗尽心力。

1879年4月24日，加里森曾希望在波士顿法尼尔大厅给逃离者的集会发表演说，但是他非常虚弱，无法参加。不过他仍然确保他的声音能被听到，他发表了反响巨大的声明：“让法令颁布吧，去吹嘘说很快会将所有这些血腥暴政结束；现在被禁止和基本剥夺选举权的上百万忠诚的南方有色公民，将可以安全享有他们的权利，可以自由投票并公正地代表他们所在的地方。让战斗的口号从大西洋到太平洋沿岸响彻，‘让每个人、所有人，永远得到自由和平等的权利，不论人们是在我们广阔管辖范围外的何处投票！’”曾经当所有的希望都消失时，他曾希望立即解放；现在当所有希望都消失时，他希望立即平等。1879年4月24日这激动人心的希望声明是威廉·劳埃德·加里森的遗言。4周后，他去世了。[25]

第四部分

W. E. B. 杜波依斯

第21章 重建南方

“奴隶获得了自由，在阳光下伫立片刻，然后又再次走 263
回了奴隶制。”W. E. B. 杜波依斯对重建时期做出这一经典总结时已经快70岁了。他出生于1868年2月23日，出生的第二天总统安德鲁·约翰逊便遭到弹劾。当加里森在马萨诸塞州东端为约翰逊的弹劾喝彩时，“威利”·杜波依斯（“Willie” Du Bois）在马萨诸塞州西端的大巴灵顿（Great Barrington）小镇出生。他生活在两座环绕的山脉间：东边的伯克夏山脉和西边的塔科尼克山脉。北边是社会同化主义思想而南边是种族隔离主义思想。[1]

玛丽·希尔维娜·伯格哈特（Mary Silvina Burghardt）把威利养大。威利的法裔海地人父亲阿尔弗雷德·杜波依斯（Alfred Duboise）在1870年离开他们母子去了康涅狄格州。伯格哈特成为两个男孩的单亲妈妈。她生下了近期家族记忆中唯一的非婚生孩子，即威利同母异父的哥哥阿尔伯特。某种程度来说，伯格哈特有点像加里森的母亲弗朗西斯·玛丽亚·劳埃德，她反抗自己的家庭，生活在社会边缘，嫁给一个流浪者，并且在被遗弃和在感情上被压垮后，她将自己所剩的全部都倾注到了孩子身上。她们最珍视的小儿子也都只想着让自己不幸的母亲得到幸福。

1878 年威利 10 岁的时候，在一个不同种族混合的操场上，他第一次感受到了种族差异。交换“漂亮的名片本是一件很愉快的事情，直到一个新来的高个子女孩拒绝了我的
264 卡片——她断然拒绝并瞥了我一眼。然后我突然领悟到自己和其他人不一样”，他后来写道。自那以后，威利·杜波依斯在劝善活动中与白人同伴激烈竞争，他想要证明“给这个世界看，黑人和其他人是一样的”。他将继续攀登并达到欧洲学术界的顶峰。但是，他却不喜欢他在顶峰看到的景色。[2]

在 19 世纪 70 年代和 80 年代，不管威利和其他与他类似的年轻黑人在学校和生活中取得了多大成就，他们都无法改变歧视者的想法。歧视者赞同社会达尔文主义并相信黑人正在为了生存而输掉种族斗争。多年来，奴隶主们都将黑人描绘成体格强壮的，已经强壮到可以在南方的残酷奴役中生存下来的程度。伴随着解放的进程，种族主义观点也发生了变化以适应新的世界。歧视者们开始将黑人描绘成虚弱的，他们太过虚弱以致无法在自由的状态下生存，急需在没有主人和政府的帮助下学着变得强大。[3]

1883 年，美国最高法院宣布 1875 年《民权法案》违宪。民权活动人士大声抗议这一对重建时期的终结，但是对于大巴灵顿一位 15 岁的少年来说，这声音还不够大。威利·杜波依斯开始了他的出版事业，他在 T. 托马斯·福琼

(T. Thomas Fortune) 非常受欢迎的黑人报纸《纽约环球报》(*New York Globe*) 上抱怨当地人民对法院的判决漠不关心。[4]

1883 年，统一的北方和南方对废除 1875 年《民权法案》的决议的欢呼声，淹没了年轻的威利和年长的福琼的声音。《纽约时报》称赞最高法院“在取消国会决议的工作上……所起的有益作用”。在多数派意见中，大法官约瑟夫·布拉德利 (Joseph Bradley) 写道，第十三修正案和第十四修正案没有赋予国会任何权力来禁止私人经营的公共场所中的歧视，而只是否认法律的保护平等的“国家行为”。“当一个出生于奴隶制下的人在仁慈法律的帮助下摆脱那种状态下不可分割的伴随物时，”布拉德利总结道，“在他上 265
升的进程中一定有某个阶段是让他成为一个普通公民，不再受到法律的优待，并且他的权利……受到普通形式的保护，如同其他人的权利所受的保护一样。”在普通形式下不受优待的普通公民？难道大法官布拉德利不知道黑人仅仅是想要成为普通公民？难道大法官布拉德利不知道黑人的权利并没有从种植园主和三 K 党成员那里受到保护？[5]

也许纽约出生的布拉德利确实对此一无所知，尤其是如果他听信了对于“新南方”的乐观宣传的话。《亚特兰大宪法报》(*Atlanta Constitution*) 编辑亨利·W. 格雷迪 (Henry W. Grady) 是 19 世纪 80 年代新南方的主要宣传者。“主人和奴隶之间的友谊……在战争、冲突和政治活动中存留下来”，格雷迪猜想。卫理公会主教和埃默里大学校长阿提卡斯·海古德 (Atticus Haygood) 也在全国各地的演讲和他

1881 年颇受欢迎的著作《我们的黑人兄弟》（*Our Brother in Black*）中宣传新南方。“绝大部分奴隶确实爱着白人”，海古德推测。白人奴隶主教会他们劳动习惯、英语、自由制度原则和基督教教义。白人必须在良好隔离的自由劳工社会中继续提升奴隶制遗存，海古德指出。但是如果种族是分裂的，聪明的白人该如何教导愚笨的黑人呢？海古德无视了这一矛盾。[6]

但是一位圣公会主教托马斯·U. 达德利（Thomas U. Dudley）却无法忽视这一矛盾。他反对种族“分裂”，因为这意味着黑人将“继续并更加堕落和衰落”。他们被拯救的希望必须来自“与白人的”联合，达德利强调。乔治·华盛顿·卡布尔（George Washington Cable），新奥尔良著名的描写战前克里奥尔人生活的小说家，也质疑了这些新南方种族隔离主义者，并且招致了他们的愤怒。1885 年 4 月，格雷迪在《世纪杂志》（*Century Magazine*）上发表了他对卡布尔和其他主张社会同化者和反种族主义批评家的“正式”答复：“对种族的分类是明智而适当的，并且让每个民族都站在平等但彼此分隔开的平台上。”通过这份声明，格雷迪
266 创设了对新南方的种族隔离主义的辩解。分裂制度是为了确保种族不平等而制定的，但是格雷迪宣传了这样一个概念，即它旨在确保种族平等并带来种族进步。真相永远无法停止种族主义思想的捏造。格雷迪要发明和捍卫“分裂但平等”的观点并灌输到美国人的思想中。在 19 世纪 80 年代，数百万美国人接受了这个观点。[7]

在接受这一新南方观点的同时，美国人采用了一种新的

工具将种族不平等归咎于黑人：对种族进步的信仰（并无视了种族歧视的同步发展）。有人倡导说，美国的奴隶制度让那些被从未开化的非洲带来的落后人民获得了发展。据说北方的传教士和新南方的中坚力量正在培养那些落后的人，他们现在已经从粗野的奴隶制中获得了自由。新南方的支持者们声称，重建修正案确实减少了种族歧视并带来了平等的机会。正如 1888 年费城一份报纸所报道的，所有的种族主义宣传凝聚成不可磨灭的战后种族进步信仰，特别是，“对肤色的偏见正在缓慢消失”。报纸称，是“对勤劳和节俭”的反感——而不是歧视——导致了不同种族在社会经济上的不平等。“种族进步”成为种族主义者对反种族主义者最强有力的反驳，而后者仍指出了歧视和不平等。新南方实际上成为种族进步的新美国。[8]

社会达尔文主义者、自奴隶制魔术般回归的黑人，以及旧南方的邦联旧人都拒绝新南方的种族进步观点和“分裂但平等”的提法。牧师罗伯特·L. 达布尼（Robert L. Dabney）是南方长老会最有影响力的学者之一，也是老邦联军牧师，他认为只有奴役才能为黑人提供教化教育。律师出身的作家托马斯·纳尔逊·佩奇（Thomas Nelson Page）在其写作生涯中，把他认为强硬的、工业化资本主义及新南方不顺从的非洲人与温和的、农业资本主义和老南方顺从的非洲人进行尖锐对比。在他的短篇故事集《在古老的弗吉尼亚》（*In Ole Virginia, or Marse Chan and Others*, 1887）中，佩奇成为战后种植园小说流派的先驱——战前田园诗般种植园小说的翻版——重新想象他美好的童年时光，被他在 267

弗吉尼亚种植园中开心的奴隶所环绕。然后在 1889 年，最受欢迎的反对新南方的著作问世了，那就是《作为自由人的种植园黑人》（*The Plantation Negro as a Freeman*）。哈佛校友菲利普·亚历山大·布鲁斯（Philip Alexander Bruce）是佩奇的妹夫，他声称黑人与文明的白人主人“断绝关系”后，已经退化回“非洲类型”，这导致“大胆向前”的黑人女性走向了白人男性，而黑人男性罪犯则强奸白人女性（这迫使白人男性对他们施以私刑），同时黑人父母生出了“不太愿意工作”的问题儿童。[9]

身为少年，威利·杜波依斯的梦想是去哈佛读书。慷慨的当地白人并不愿意把镇上最杰出的黑人送到美国历史上最好的白人大学去，他们在 1885 年筹集资金把他送到美国历史上最好的黑人大学——纳什维尔费斯克大学。在白人慈善家和教师的控制下，费斯克大学成为美国最著名的劝善和同化主义思想工厂。杜波依斯和他的同伴一样接受了这些思想并在他成为费斯克学生报《先驱报》（*The Herald*）的编辑时开始复制这些思想。在他发表的一篇文章中，他热切评论了非裔美国人的第一篇长篇历史著作——乔治·华盛顿·威廉斯（George Washington Williams）的《1619～1880 年美国黑人种族史》（*History of the Negro Race in America from 1619 to 1880*）。“终于”，杜波依斯很高兴，黑人“出了一位历史学家”![10]

这本书在 1883 年首次出版后的其他评论也都很不错。但是一则来自《美国史杂志》（*Magazine of American*

History）的批判——称威廉斯“不够克制”——标志了很多黑人修正主义学者在未来几十年中都将面临的难题。如果黑人修正主义者选择不修正，那么他们似乎就允许了种族主义研究通过排除或诋毁黑人来代表真理。如果他们去修正种族主义的学术，那么他们显然缺乏客观性。只有白人学者显然可以“充分克制”地书写种族：只有种族主义研究反映了学术真理。[11]

威廉斯主要的反种族主义（和性别主义）的历史修正主义观点表明，美国黑人（男性）在美国历史上扮演了不可或缺的角色。他质疑学者们认为黑人自奴隶制度以来已经 268
退化了的种族主义观点，而他自己所持的种族主义观点认为“黑人男性虚弱”而“黑人女性强壮”。威廉斯大量引用了1864 年出版的论文《野蛮的非洲》（*Savage Africa*）。“如果说非洲的女人很野蛮，”他写道，“那么非洲的男人就很女性化。”根据威廉斯对历史的社会同化主义解读，自由促进了黑人接受文明的价值观和规范，接受“更好更纯洁的品格特征”。黑人女性“已经崛起，他们在社会上占有一席之地”。黑人男性再次变得“在感情中忍耐，仁慈地对待错误”。[12]

杜波依斯欣然接受了威廉斯《1619 ~ 1880 年美国黑人种族史》中的观点，并且似乎受到了书中社会同化主义思想和性别种族主义的影响。1888 年 6 月杜波依斯在费斯克大学的毕业演讲中，将德国的创建者和第一任总理奥托·冯·俾斯麦（Otto von Bismarck）作为黑人领导力的典范。1871 年俾斯麦将数十个社区聚到一起形成了强大的德国。

杜波依斯说俾斯麦的德意志帝国“应成为非裔美国人‘在训练有素的领导下以坚强和决心前进的榜样’”。他不介意俾斯麦曾经在1885年主持柏林会议，会上欧洲殖民者以他们正在将文明带给非洲这一不诚实的借口瓜分了非洲。“我完全不知道，我的历史课程也从未让我知道”，他后来承认，殖民主义曾经如此邪恶地剥削非洲的原材料和劳动力。“我曾经无忧无虑地看待欧洲人和帝国主义。”[13]

从费斯克大学毕业以后，杜波依斯才有机会进入哈佛大学追求梦想。他在1888年前往北方，那时种族主义南方人正在冷静地讨论对待黑人的两条路线——他们应该谨慎地教化黑人，还是严格地将黑人与白人隔离？当新南方民主党人试图阻止黑人民主党人时，共和党人在1888年的选举中重新夺回了总统府和国会。1889年，总统本杰明·哈里森（Benjamin Harrison）在向国会发表第一次讲话时问道，“什么时候［黑人］才可以真正获得长期以来他们在法律上拥有的所有合法公民权利？”[14]

对黑人种族隔离主义者而言，答案是永远不会。

第 22 章

南方恐怖

南卡罗来纳州参议员马修·巴特勒（Matthew Butler） 269
和亚拉巴马州参议员、原三 K 党龙头老大约翰·泰勒·摩根（John Tyler Morgan）在 1890 年 1 月 7 日提出一项国会法案来资助黑人移民到非洲。这是解决南方大地主的阶级和种族难题的巧妙方法。由于南方农业萧条，很多白人“自耕农”对黑人农民怒火中烧；其他人则与黑人一起参加到不断高涨的跨种族反种族主义的民粹运动中反对白人地主。《殖民化法案》是个有所偏倚的方法。它向白人农民指出南方黑人——而不是富裕的白人地主——是南方农业萧条的主要原因。白人农民很容易发现大量驱逐南方黑人将增加他们自身的劳动力价值。[1]

美国人在 1890 年对待殖民化的态度比从亚伯拉罕·林肯在内战中的敦促以来的任何时候可能都更开放。出生于加勒比的利比里亚外交官爱德华·威尔莫特·布莱登（Edward Wilmot Blyden）在美国巡回演讲中声称非裔美国人受到奴隶制的教育和保护，他们的神圣使命就是去拯救非洲。“上帝有腌制和用火来净化的方法”，布莱登在 1890 年美国殖民协会期刊上写道。亨利·莫顿·史丹利（Henry Morton Stanley）是19世纪最著名的英语国家非洲探险家，他写的作品传播很广。几乎每个对非洲感兴趣的英语人士都读过史丹利的《通过黑暗大陆》（*Through the Dark Continent*，1878），而几乎每个读过史丹利作品的人都把非
270 洲人视为野蛮人，其中也包括小说家约瑟夫·康拉德（Joseph Conrad），他在1899年发表了经典著作《黑暗的心》（*Heart of Darkness*）。书中白人角色沿刚果河进行的旅途“就像回到世界之初”——并不是按照时间顺序的回溯，而是在进化时间上的回溯。[2]

在1890年1月对参议员进行推进《殖民化法案》的讲话中，约翰·泰勒·摩根选读了亨利·莫顿·史丹利的文章。摩根说，在白人的指导下，非裔美国人已经达到了一定的文明程度，这让他们现在可以将非洲从野蛮的深渊中拉出来。他希望潜在的黑人移民将“友善、耐心、慷慨地对待他们自己的亲属，就像我们［南方白人］对待他们的方式一样”。尽管数百万美国公民支持该法案，但严肃的反对派依然坚持到底，所以该法案未能成为法律。[3]

关注这场殖民辩论的进程让内布拉斯加州奥马哈一位热心的民主党人鼓起了勇气。亚拉巴马州奴隶主的儿子瓦尔特·沃恩（Walter Vaughan）相信自己的计划将使被解放的人的“破碎状况”得到改善，在他看来，他们在奴隶制中得到了很好的照顾。这位企业老板建议联邦政府向前奴隶们提供养老金（这样他们就会花钱从垂死挣扎的白人南方企业买东西）。沃恩说服了国会议员、共和党人威廉·J. 康奈

尔（William J. Connell）在 1890 年引入《前奴隶养老金法案》。弗雷德里克·道格拉斯是该提案为数不多的黑人精英支持者之一，而《赔偿法案》毫无声息地夭折了。

但是，沃恩继续积极推进前奴隶养老金事宜。他出版了小册子《自由民养老金法案：美国自由民的请求》（*Freedmen's Pension Bill：A Plea for American Freedmen*），很快，1 万本被翻烂的小册子在南部和中西部贫穷黑人社区中流传。一位田纳西的前奴隶、洗衣妇卡利·豪斯（Callie House）在 1891 年偶然看到了这本小册子，随后她帮助规划了位于田纳西纳什维尔的全国前奴隶救济金、奖金和养老金协会。该组织号称成员成千上万，并且发起了 19 世纪 90 年代的赔偿运动，这场运动要求对美国奴隶制中奴隶的无偿劳动进行赔偿。这场运动得到了反种族主义贫穷黑人的大力支持，但也受到种族主义阶级的大力反对，这一种族主义阶级 271
也曾在内战后反对国会向黑人提供 40 英亩土地和一头骡子。黑人精英加入白人同僚的队伍，一贯地无视或者谴责《赔偿法案》。影响低收入黑人的经济不平等让位于黑人精英阶层中的教育和选举的不平等。“最有学问的黑人，”卡利责怪道，“比任何其他黑人都不关心他们的种族，而其他黑人大多都在为种族的福祉而战。”[4]

1890 年 6 月 25 日，W. E. B. 杜波依斯在他的哈佛大学毕业仪式上发言。他现在很出色，已经从美国历史上最负盛名的黑人大学和最负盛名的白人大学毕业。他感觉自己在展示其种族的能力。杜波依斯“精彩而雄辩的演讲”，报道者评价说，是将“杰斐逊·戴维斯作为文明代表”。在杜波依斯的表述中，一年前去世的杰斐逊·戴维斯代表了顽强的个人主义和专横跋扈的欧洲文明，与之形成对比的是一以贯之的“顺从”和无私的非洲文明。欧洲人“遇见文明并将之碾碎”，杜波依斯总结道，“黑人遇见文明并被之碾碎”。根据杜波依斯的自传，这位哈佛大学毕业生将文明欧洲“强壮的人”与文明非洲“顺从的人”相对比。[5]

杜波依斯明显受到哈里特·比彻·斯托的战后新英格兰的影响，那里关于种族的观点似乎伴随着《汤姆叔叔的小屋》而开始和结束。在哈佛大学他还受到一位教授的影响，那就是历史学家艾伯特·哈特（Albert Hart），这位强硬的道德家认为性格——“人的内心而不是外在”——是社会变革的关键。杜波依斯支持哈特和其他主张社会同化者的种族主义观点，认为非裔美国人在社会和道德上都受到奴隶制（和非洲）的削弱。杜波依斯对未来的发展比他的教授更有信心。在哈特 1910 年的游记《南方之南》（*The Southern South*）中，他声称“黑人更低等，并且他们过去在非洲和
272 美国的历史让我们相信他们将一直低等下去”。哈特还特别考虑到了杜波依斯，并且将后者的才华归结于其欧洲祖先。杜波依斯是一个“活生生的例子”，哈特私下写道，“证明黑白混血儿也可以拥有和白人一样的权力和激情”。[6]

在 1890 年秋天，杜波依斯进入哈佛大学的历史博士项目，在哈特指导下学习并继续证明黑人的能力。但是很快，他将有机会来提供更有力的证据。在他进入研究生院时，前总统拉瑟福德·B. 海斯（Rutherford B. Hayes）是自由民教

育斯莱特基金的主管，他提出为足够有才能的“任何年轻的有色人种”提供欧洲教育，如果这样的人真的存在的话。“迄今为止，”海斯对约翰·霍普金斯大学的听众说，“他们主要的和几乎唯一的天赋就是演讲。”杜波依斯接受了这一智力挑战。两年后，他进入柏林大学，这是当时欧洲最杰出的大学。[7]

在杜波依斯哈佛毕业演讲前一天，一位年轻的马萨诸塞州国会议员亨利·卡伯特·洛奇（Henry Cabot Lodge）提出了《联邦选举法案》。和《赔偿法案》不同，这项法案获得了黑人精英的支持。其目的是当地方选民在因选举舞弊行为向华盛顿请愿时，联邦政府必须对选举进行监督。该法案也被称为《强制法案》，这项提案激怒了南方种族隔离主义者，他们正在美国国会大厦听洛奇的演讲。洛奇质疑第十五修正案是否明智，但是仍然表示“联邦有责任保护它”。“如果某个州认为某个阶层的公民因为无知而不适合投票，它可能会取消他们的资格，”他说，“那就要把教育资格纳入这部宪法。”众议院共和党人举手鼓掌，洛奇在掌声中回到自己的座位，感到非常高兴。众议院民主党人保持沉默，有些人可能会记下他的最终陈述。《亚特兰大宪法报》（*Atlanta Constitution*）将提议的《联邦选举法案》严厉抨击为“仇恨的死胎！”种族隔离主义者显然已经将反对种族歧视的法案归类为可恶的。

密西西比州民主党人在 1890 年 8 月 12 日聚集起来召开 273
了制宪会议，他们记着洛奇的最终陈述。令洛奇震惊的是，密西西比州民主党人修改了北方的反贫困文化水平测试，在他们的第四部宪法中将它重新制定成一项反黑人和反贫困的文化水平测试。高度主观的“理解条款”要求被测试人理解密西西比州宪法中的某些内容，这就允许了持种族主义观点的管理员让无知的白人通过并参加投票，而让博学的黑人不及格从而无法投票。当新的宪法在1890年11月1日生效时，反种族主义的白人律师、活动家阿尔比恩·图尔吉（Albion Tourgee）马上意识到这是自南卡罗来纳退出联邦政府以来美国历史上“最重要的事件”。在接下来的10年中，种族主义在所有前南方邦联州甚至一些边境州都有所发展。他们都遵循密西西比州的例子，制定种族歧视的投票限制，从文化程度测试到投票税，这将清除剩下的黑人（和很多贫穷白人）选票而不用提一个有关种族的词。南方再次违抗美国宪法——这一次，不费一枪一炮，也没有来自北方的报复。[8]

因为受到民主党参议员的阻挠，《强制法案》没有获得通过，这激怒了弗雷德里克·道格拉斯。但是杜波依斯仍然保持镇定并把注意力集中在劝善行动的道德挣扎上。“当你有了合适的黑人选民时，你就不需要选举法了，”杜波依斯在《纽约世纪报》（*New York Ages*）写道，“我的人民的斗争一定是道德上的，而不是法律上或身体上的。”美国黑人几乎没有输掉过任何道德或文化上的斗争。他们在政治和经济斗争中受到暴力和非暴力的失败，杜波依斯很快就会领教到。[9]

《强制法案》的失败结束了共和党人为执行第十三（解放）修正案、第十四（民权）修正案和第十五（投票）修正案所做的努力。如果联邦不干涉协议是在1876年达成的，那么在多年的南北方沉默之后，它在19世纪90年代和20世纪的头10年成为无可争议的国家政策。产生了一系列独立但又（不）公平的法律，几乎将南方生活的每个方面都隔离开，从饮水器到企业到交通——所有这些都是为了确保 274
白人的团结和黑人的屈服，并且确保廉价的黑人劳动力。这些独立而低等的黑人设施将种族隔离主义观点灌输给白人和黑人，认为黑人从根本上是单独而低等的人。

种族隔离主义观点和组织成为美国人生活的现实情况，在妇女运动中，支持种族隔离主义的女性被纳入1890年新的全美妇女选举权协会，而全国最领先的劳工协会美国劳工联合会（AFL）则是歧视者的温床。AFL会长塞缪尔·龚帕斯（Samuel Gompers）告诉黑人工人，“隶属工会的劳工”“与有色种族并不对立”。他声称只听说过“很少几个有色人种工人受到歧视的情况”。龚帕斯不断将低迷经济的状况怪罪于黑人，以此来为自己工会的歧视行为开脱。[10]

在这一种族隔离主义组织成立过程中，黑人并没有坐视不理。黑人的抵抗导致了19世纪90年代早期私刑数量的飙升。但是，白人私刑者把私刑的增加与黑人犯罪数量的增加相对应以证明其行刑的正当性。这一说法被年轻的W. E. B. 杜波依斯所接受，被亚拉巴马州塔斯基吉学院校长、雄心勃勃的中年人布克·T. 华盛顿（Booker T. Washington）所接受，被临终的弗雷德里克·道格拉斯所接受。然而，一位年轻的反种族主义黑人女性纠正了这些种族主义男人。出生于密西西比孟菲斯的记者艾达·B. 韦尔斯（Ida B. Wells）因为朋友被私刑处死和1892年顶峰时期被私刑处死的绝对数量而做出反应，当时全国黑人被处以私刑的数量达到了惊人的 255 人。她在 1892 年发表了一本带着强烈情绪的小册子，名为《南部恐怖：不同阶段的私刑法律》（*Southern Horrors: Lynch Laws in All Its Phases*）。在近几年的 728 起私刑报道样本中，韦尔斯发现只有大约 1/3 私刑受害者曾“被指控犯有强奸罪，更不要说那些清白无辜的人了”。白人男性撒谎说黑人强奸白人，同时隐藏了他们自己对黑人女性的侵犯，韦尔斯感到愤怒。[11]

韦尔斯知道，认为黑人女性不道德的观点构建阻碍了她们充分地参与 19 世纪 90 年代迅速发展的女性俱乐部道德运
275 动。“有时候我听说有善良的黑人妇女，但是这种观点在我看来简直不可思议”，一位匿名的“南方白人女性”在《独立报》（*The Independent*）上写道。奥柏林学院毕业的教师安娜·茱莉亚·库珀（Anna Julia Cooper）以自己的方式在 1892 年出版《来自南方的声音》（*A Voice from the South*）中为黑人女性辩护并鼓励黑人女性接受教育。和韦尔斯一样，库珀以反种族主义的女权主义传统写作。有的人可能会说，“当今的有色人种女性占据了国家中一个独特位置，”库珀解释说，“她们同时面临着女性问题和种族难题，且在两者之中都是一个未知或未被承认的因素。”然而，库珀的确赞同某些阶级种族歧视。比如说，她赞扬“安静、纯洁高贵而且高雅肃穆的”新教圣公会，同时贬低低收入南方黑人的“半文明宗教主义”。[12]

南方白人男性将自己“躲藏”在“捍卫［他们的女人

的］荣誉这一貌似合理的掩护后面”，通过私刑来掩饰他们的仇恨和暴力记录，艾达·B. 韦尔斯在《南部恐怖：不同阶段的私刑法律》一书中坚称，并且在她 1893 年在英国进行反私刑巡回演讲时再次提到这一点。她的巡回演讲让美国白人非常难堪。在韦尔斯的作品中，她多多少少谴责了劝善政策并支持武装黑人自卫以阻止私刑。“非裔美国人越是屈服、谄媚和乞求，”她宣称，“他就越是得这样做，越是被侮辱、被冒犯并被处以私刑。”[13]

支持私刑的密苏里州新闻协会主席詹姆斯·杰克斯（James Jacks）发表了一封公开信来攻击韦尔斯，以及所有黑人女性，在他眼里，黑人女性不过是小偷和妓女。如果杰克斯是想让韦尔斯和她的姐妹们闭嘴，那么他的计划就事与愿违了。1896 年夏天，在全国有色人种妇女协会（NACW）的旗帜下，黑人俱乐部里怒火中烧的妇女们团结一致，捍卫黑人女性的地位，挑战歧视，并且为自救行为提供力量。但是一些或者说大多数精英改革者的自救行为促使白人妇女道德观念的同化。它们都是基于同样古老的历史种族主义，认 276
为低收入的黑人女性在道德上和文化上都受到了奴隶制的摧残。“向上走的同时提升自我”成为 NACW 的座右铭。[14]

在德国学习了两年之后，W. E. B. 杜波依斯于 1894 年回到了美国。斯莱特基金的官员拒绝为他的海外学习延长资助，那原本可以使他完成经济学博士论文的答辩。虽然他想要证明黑人受教育的能力，但是在斯莱特基金的官员看来，他就像一个攻读物理学博士学位的特殊教育老师。不管杜波依斯做什么，都不能说服他们的种族主义观点。如果黑人攻读欧洲最有声望的学位，那么人们就认为他们这样做很愚蠢。如果他们不攻读那些学位，那么说明他们没有天赋读书，拉瑟福德·B. 海斯在 1890 年说道，这激怒了杜波依斯。甚至连杜波依斯在 1895 年成为第一个获得哈佛历史博士学位的非裔美国人这件事也受到了种族主义的嘲笑。在精英白人圈，杜波依斯成为“不超过半打的黑人”之一，哈佛得以“把半人半兽人变成人”，1903 年哈佛大学的新生、纽约人富兰克林·德拉诺·罗斯福（Franklin Delano Roosevelt）洋洋自得道。[15]

虽然杜波依斯在德国的学习成就没能向美国的种族主义观点生产者和支持者证明任何事，但是杜波依斯确实向自己证明了一些事。他更习惯于去接触“人们，而不是白人”。他的心智在德国得到提升，站到和白人平等的水平上。他新的反种族主义心态让他不再仰望白人，但是这也没有阻止他俯视所谓的低级黑人。杜波依斯还要花很长的时间才能不把他们看作低级黑人，而是与他和其他（白）人平等的人类。[16]

杜波依斯在 1894 年接受了在俄亥俄州威尔伯福斯的非洲卫理公会主教会旗舰学院教授希腊语和拉丁语的职位。他下定决心要“开始用余生引导非裔美国人的解放”。不知为
277 何，某种程度上他仍然坚持相信美国种族主义可以被说服和被教育。“最可恶的是大多数美国白人”对种族的“愚蠢”观念，他从理论上进行了说明，“治愈的良方就是基于科学调查基础上的知识”。[17]

第 22 章　南方恐怖

杜波依斯想要让美国人知道黑人具备追求更高目标的能力，然而深谋远虑的 38 岁塔斯基吉学院校长布克·T. 华盛顿（Booker T. Washington）想要黑人公开关注低端追求，这样更能让美国白人接受。布克·T. 华盛顿填补了自 1895 年弗雷德里克·道格拉斯去世后出现的种族领袖空缺。艾达·B. 韦尔斯会是个更好的人选，但她是个女人，而且对大多数美国人来说她过于反种族主义。私下里，华盛顿在整个职业生涯中都在支持南方的民权和赋权事业。但在公共场合，他的谈话焦点都是精英们喜欢听的新南方种族主义。[18]

在 1895 年 9 月 18 日棉花州国际博览会开幕式上，华盛顿提交了“亚特兰大妥协方案”。他要求南方白人别再试图将黑人推出美国大家庭，并且允许他们在这个大家庭的底层舒适居住——去帮助他们提升，因为当他们提升时，整个家庭也会提升。亚特兰大听众中很多地主一辈子都在努力说服他们的黑人佃农“尊重和美化共同劳动”。因此当华盛顿向他们招手说“我们必须从生活的底端开始，而不是顶端”时，他们喜出望外。放心吧，华盛顿说，“我们种族中最聪明的人知道煽动社会平等问题是极其荒唐的”。[19]

当华盛顿完成演讲后，成千上万的人激动的掌声、挥舞的手绢、从白人女子怀中抽出的鲜花将他笼罩，在这之中，新南方《亚特兰大宪法报》的编辑克拉克·豪厄尔（Clark Howell）冲上了演讲者的讲台。他高喊着：“那个人的发言是美国道德革命的开始!”华盛顿的话通过电报传给全国所有重要报纸。编辑们发表了狂热好评。民主党主席格罗弗·克利夫兰（Grover Cleveland）来到亚特兰大并称华盛顿

278 是黑人“新的希望”。“让我衷心祝贺你在亚特兰大的惊人成就，”W. E. B. 杜波依斯在1895年9月24日的一封电报中热情洋溢地说，“这是一个合适的词。”[20]

但是，并不是每个黑人评论家都像杜波依斯一样为华盛顿鼓掌。《华盛顿蜜蜂报》的卡尔文·蔡斯（Calvin Chase）没有看到所谓的妥协，只看到“非裔美国人的死亡和白人的提升”。不管有没有死亡，布克·T. 华盛顿得到了全国的赞誉，吸引了安德鲁·卡内基（Andrew Carnegie）这样的慈善家并搭建起“塔斯基吉机构”，这个机构在未来10年里支配了黑人大学、企业、报纸和政治赞助。在华盛顿与南方种族隔离主义者发出“亚特兰大妥协之声”一年后，美国最高法院也悄然跟进了。[21]

多年来，美国最高法院充斥着北方出生的企业律师，他们高兴地挥舞着第十四修正案来删减违反资本“自由”和“公民权利”的法律，以规定劳工的工资和工作条件。法院没有为工人、妇女、移民和黑人提供这样的自由和公民权利保护。1896年5月18日，法院在“普莱西诉弗格森案”中以7比1的裁决判定路易斯安那州的《独立车厢法案》——以及其他新的《吉姆·克劳法》——既没有违反第十三修正案也没有违反第十四修正案。黑白混血儿荷马·普莱西（Homer Plessy）对法律要求路易斯安那州的火车为白人和黑人乘客提供“平等但独立车厢”提出了质疑。新奥尔良法官约翰·H. 弗格森（John H. Ferguson）声称“近距离的黑人是恶臭的”而让这项法律合情合理。路易斯安那州最高法院和美国最高法院都支持弗格森的判决。

在多数派意见书中，最高法院法官亨利·比林斯·布朗（Henry Billings Brown）根据种族主义观点支持了一项明显带有歧视意图的政策。布朗法官规避了路易斯安那州的《独立车厢法案》的政治，规避了歧视意图，规避了黑人车厢明显的粗制滥造，而是在语义上将它归类为“社会法”，仅仅指出了种族间的社会“区别”。“如果一个种族在社会上比另一个种族低等，那么美国宪法就不能将之置于同一水平”，这位前底特律公司律师写道。对普莱西案裁决唯一的 279
异议也不是反种族主义观点。虽然肯塔基州法官约翰·哈兰（John Harlan）并不怀疑白人将永远是“国家的主导民族”，但是他仍写道，“根据宪法和法律，这个国家没有高人一等的、主导和统治阶级的公民。我们的宪法没有肤色偏见，它既不知道也不会容忍公民之间存在阶级”。

1896 年 5 月 18 日，《纽约时报》（*New York Times*）把普莱西案判决插在第三页一篇关注铁路的新闻里，反射出这个案件并不受到新闻报道的关注，其重要意义在国内也少有人意识到。普莱西案判决让长久以来新南方和美国的假定变得合法：分开但是不平等，并且在法庭和良知上将之打上平等的标记以阻止反种族主义者的抵抗。美国的社会良知是这一时期的重大政治因素。这是进步时期的开端。[22]

虽然人们普遍认为那是一个社会关注和公众意识都非常真诚的时代，但事实上进步时代是由精英白人男女所操控的。至少在其精英出资者和组织者看来，它主要是终结了 19 世纪 80 年代和 90 年代由工业化、城市化、移民和不平等造成的社会冲突。这么多年后，科顿·马瑟对于通过善行建立秩序的祈祷，仍然在从波士顿到亚特兰大的慈善家耳边响起。普莱西案判决和亚特兰大妥协体现的善行似乎终结了“黑人问题”的失序。事实上，在19世纪末“黑人问题”的终结，意味着美国坚定不移地淡化南方歧视恐怖并夸大黑人的错误。[23]

第 23 章
黑人犹大

据报道，在“普莱西诉弗格森案”解决了“黑人问题” 280
之后，英国医生哈维洛克·埃利斯宣称，一个新的问题已经出现了。“性的问题，”他说，“以及依赖在它之上的种族问题，在未来几代人面前将成为需要解决的主要问题。”它是第一篇关于同性恋的医学论文《性心理学研究》（*Studies in the Psychology of Sex*，1897）中一个过于有野心的预测。西方国家尚未做好充分处理多性行为的准备，至少在公众层面是如此。但是埃利斯试图将性提到进步时代的日程上来。这位自称是当时尚未命名的同性恋社区之友的人普及了“同性恋”这个词，将之归类为一种先天性生理异常（或“性倒错”）。埃利斯旨在保护同性恋不受到“法律和公共舆论”的反对，在19世纪末的英语国家中，人们认为同性恋是犯罪。[1]

与之类似，种族主义学者一早就认为黑人是罪犯及生理异常，他们一直在争论这到底是不是先天的。在世纪之交，受到种族主义学者的启发，“性学家”已经在利用女性身体的比较解剖来捏造性行为之间的生理差异。当种族主义学者区分出“不受约束”且突出的“黑人女性的”阴蒂和“受约束”的“雅利安美国女性”的阴蒂时，同性恋学者开始声称女同性恋“会在几乎所有情况下都暴露异常突出的阴蒂。在有色人种女性中尤其如此”。[2]

281 对19世纪末性别歧视的思想家来说，阴蒂越突出，女性越不贞洁，而女性越不贞洁，在女性等级序列中的地位就越低。因此，种族歧视、性别歧视和恐同性恋观点相交在一点，都认为白人女同性恋者和黑人女异性恋者比黑人女同性恋者更贞洁，在女人的排列顺序中等级更高，而据报道，黑人女同性恋者的阴蒂是最大的。当男人、黑人女异性恋者，或白人女同性恋者认为黑人女同性恋者、黑人双性恋或跨性别女性在生理上或社会上更低级、更不贞洁时，他们的观点立于种族歧视、性别歧视和恐同性恋观点的交叉处。他们在表达酷儿种族歧视。

但是很难找到愿意研究性行为的学者，更遑论性行为和种族——渐渐地，即便是种族也很少有人愿意研究了。W. E. B. 杜波依斯开始了自己的职业生涯，试图向白人学者提供“黑人问题”的解决方案。但是很多学者现在感觉这已经被普莱西案解决了，或者说它将被进化或灭绝的自然选择解决。保诚保险公司（Prudential Insurance Company）的一位统计人员，根据1890年人口普查数据，在他史诗式的书中预测黑人即将灭绝。与普莱西案判决不同，弗雷德里克·霍夫曼（Frederick Hoffman）的《美国黑人的种族特征与倾向》（*Race Traits and Tendencies of the American Negro*）在1896年受到大量关注。这本书由美国经济协会出版，包含了大量的统计图表，是美国医疗研究的开拓性作品，这让霍夫曼成为西方世界的科学名人和美国公共卫生之父。在“解放时期”，他写道，南方黑人“身体健康，心情愉快”。“30 年后会是什么情况?”但是，“以简单的事实来看”，自由黑人正走向“逐渐灭绝”，被他们天生的不道德、违反法律和疾病所拖累。霍夫曼为他的雇主关于非裔美国人的歧视政策——拒绝为他们进行人寿保险——提供了一个借口。白人人寿保险公司拒绝为推定为正在灭亡的种族提供保险。为了捍卫种族主义政策，又出现了另一种种族主义思想。[3]

W. E. B. 杜波依斯在一篇批评性书评中提出弗雷德里克·霍夫曼操作数据来得出他对黑人灭绝的预测。在否认霍 282
夫曼关于黑人更高的死亡率说明黑人即将灭绝的推测之前，杜波依斯指出，霍夫曼的祖国德国的死亡率和非裔美国人的死亡率相当或者还更高些。杜波依斯嘲讽地问道，那德国人是不是也在走向灭绝？但是杜波依斯不能否认霍夫曼的假设，即黑人更高的被捕率和监禁率表明黑人确实犯下更多的罪行。霍夫曼不知道，杜波依斯不知道，也没有人真的知道实际的犯罪率——所有美国人违法的情况，无论罪犯是否被抓到。但是黑人更高的被捕率和监禁率坐实了黑人犯罪更多的种族主义观点。这些种族主义观点刺激了刑事司法体系中的种族歧视循环，黑人更多被怀疑、黑人社区进驻更多的警察、黑人的逮捕和监禁时间更长，然后又导致黑人更多地被怀疑，循环往复。

杜波依斯用他所有的智慧，证明了种族定性、犯罪统计和种族主义观点无法停止的循环。他通过反种族主义（“顽固的盎格鲁-撒克逊人偏见”使“[黑人和白人]被适用于不同的司法标准”）和种族主义（“茫然的自由人”缺乏道德基础）的解释，证实了逮捕率和监禁率上的不平等。杜波依斯并不是个例。1897年成立的全美第一个黑人知识分子团体——美国黑人学会成员中的任何人都无法否认这些统计数据或者驳斥它们是黑人犯罪更多的指标。相反，他们接受了这些数字是事实，并且试图通过教育和说服来推翻对黑人犯罪的成见，从而复制着他们极力想要消除的种族歧视观点。[4]

比如，1897年杜波依斯在美国黑人学会开幕会议上的演讲标题为“种族保护”，他提出了具有不同历史、特征和命运的生物学上的不同种族这一观点。他说，非裔美国人是“在创世之初睡过头，但是在非洲祖国的黑暗森林中半醒过来的庞大历史种族的成员”。他说，“解决当前种族间摩擦的第一步也是最重要的一步”，也是为了社会平衡，“就是纠正黑人自身的不道德、犯罪和懒惰，这仍作为奴隶制的遗
283 产保留至今”。这篇演讲被匆匆发表、传播并广受好评。杜波依斯和美国黑人学会希望小册子能驳斥在后普莱西案、后霍夫曼时代人们普遍持有的破坏性的、腐烂的、垂死的非洲人的观念。但是它充斥着种族主义观点，谈论“血缘”种族、种族特征、落后的非洲、残酷的奴役、非裔美国男人的柔弱和犯罪思想、强壮的欧洲人，以及非裔美国人比非洲大陆人高等的观点。杜波依斯在打倒种族主义的同时又加强了它。[5]

但是，杜波依斯也在写一本反种族主义思想更鲜明的大

部头著作。1896 年到 1897 年，他在宾夕法尼亚大学做访问学者，在这期间，他写出了《费城黑人》（*The Philadelphia Negro*），这是一本彻底反种族主义的“社会研究”，内容是种族主义“这一精神进入了所有的黑人社会问题并使之变得复杂”。但是，他还是毫无节制地对穷人、黑人罪犯和女人进行道德攻击，比如，他说“黑人有责任”来“解决”黑人女性“不贞洁”的问题。尽管这本书现在被认为是经典的社会学教材，但在 1899 年出版的时候没几个学术期刊评论过它。在权威的《美国历史评论》（*American Historical Review*）中，一篇匿名评论称赞杜波依斯“将所有必要的压力都放在他的人民的弱点上”，然后又嘲笑他竟然相信这些所谓的弱点是可以被弥补的。读了这则评论，杜波依斯应该推测出，当他努力把读者指向种族主义和反种族主义观点的交叉路口时，他们通常不会到达他所期望的反种族主义目的地。可是与以前一样，杜波依斯和他的精英黑人同伴一样，几乎不认为自己对黑人穷人和黑人女性的攻击是种族歧视。[6]

不管杜波依斯取得了什么成就，也不管他发表了什么著作，他还是没能获得布克·T. 华盛顿所获得的追随者，或者说北方慈善家的资金支持。在华盛顿的筹款之旅中，他有一个让白人听众感到轻松自在的诀窍，那就是讲出了名有趣（或者说臭名昭著的无礼）的南方“黑鬼”笑话。华盛顿给了富有的白人他们想得到的——滑稽说唱个人秀，而他们也给了他想要的——一张给塔斯基吉的支票。华盛顿以某种方 284
式用一个小时来贬低黑人的愚蠢，然后用收到的捐款来教育他所说的愚蠢的人。[7]

华盛顿巧妙地玩着种族游戏，但在 19 世纪末玩这个游戏是很危险的。从 1898 年的北卡罗来纳州到 1899 年的佐治亚州，为了攫取黑人经济政治权力而爆发的种族主义暴力激增。杜波依斯在佐治亚州目睹了其中一些暴力事件。他在 1897 年获得了亚特兰大大学的教授职位，并且开始率先就南方黑人生活的各个方面开展年度科学研究。但是在 1899 年 4 月，他因为自己无法阻止发生在亚特兰大附近臭名昭著的“山姆·豪斯（Sam Hose）私刑事件”而伤心绝望，山姆·豪斯在正当防卫时杀死了暴戾的白人雇主而招致私刑。8 月，佐治亚州沿海麦金托什县的武装黑人赶走了一群私刑暴民。“当黑人还在面临私刑处死、谋杀和饥饿时，一个人不应该成为一个镇定、冷静、超然的科学家；其次，我正在做的这种科学工作也并没有这类需求，尽管我曾自信地假设这将唾手可得”，杜波依斯后来写道。杜波依斯坚信“绝大多数美国人都会急于保卫民主……如果他们意识到种族偏见正在威胁民主的话”，杜波依斯更积极地投身于教育说服之中。[8]

1900 年 7 月，他在伦敦参加了由布克·T. 华盛顿赞助的第一次泛非会议。“可以肯定的是，根据欧洲的标准，肤色较深的种族在当今文化中是最不发达的”，杜波依斯以社会同化主义的风格说道。但是他们有“能力”在未来的某一天达到那些“崇高理想”。所以，杜波依斯号召应该“视实际情况尽快”在非洲和加勒比地区实现非殖民化。[9]

杜波依斯逐步实现非殖民化的理由——黑人国家还没有为独立做好准备——回应了逐渐解放这一旧种族主义的理由——黑人还没有为自由做好准备。杜波依斯在 1899 年重申这一声明，认为古巴、关岛、波多黎各和菲律宾这些美国在 1898 年美西战争中赢得的殖民地还没有为独立做好准备。 285 种族隔离主义者和反种族主义者反对美国帝国的正式启动，但主张社会同化者对此表示支持。在 1899 年《麦克卢尔杂志》（*McClure's Magazine*）发表的一首诗中，英国帝国主义文学先知鲁德亚德·吉卜林（Rudyard Kipling）敦促美国人“承担白人的责任/派遣你养育得最好的年轻人/去吧，绑起你的孩子将他们放逐/以满足被你俘虏的人的需要/以沉重的马具/伺候慌乱和未开化的人/他们是你新攫取而郁郁寡欢的人/他们一半是恶魔，一半是儿童”。[10]

帝国的社会同化主义者在大多数白人男性选民的辩论中获胜，总统威廉·麦金利（William McKinley）1900 年成功再次当选便是证明。他的竞选搭档西奥多·罗斯福（Theodore Roosevelt）在 1901 年宣布，“对于生活在野蛮中的人，我们的责任是看到他们从枷锁中解放出来，而我们只能通过摧毁野蛮本身来让他们获得自由”。当美国领袖公开讨论殖民地人民文明和同化的能力时，他们私下里却在讨论军事基地、傀儡政治、自然资源、外国市场和战争成本。这一公开的人道主义讨论同时也是私下的政治经济讨论，这成为 20 世纪美国帝国公开和私下竞争扩展其影响力范围的主要内容。在国内外，深刻的种族主义将非白人塑造为无法自治或者在将来某一天才可以自治的形象，以此证明他们的从属地位和由此造成的社会经济不平等。一些黑人报纸编辑看穿了这一伪装，将国家的外国种族政策与国内种族政策联系起来。他们引用 1899 年盐湖城的《阔斧》（*Broad Ax*）周报上的话，猛烈抨击“强盗、杀人犯和肆无忌惮的垄断者”。联邦政府“不能公正地对待深肤色人种”，另一家报纸大声宣称，“正如其在国内无所作为的记录所证明的那样”。[11]

在这个新的美利坚帝国中，美国种族主义观点的经历很像旋转门，它们不断走向殖民世界，然后在调整了 20 世纪初到达美国的移民的思想后又回到这个国家。当美国的爱尔兰人、犹太人、意大利人、亚洲人、奇卡诺人和拉美人被冠以反黑人种族绰号如“外国佬”、“马夫”或者“白奴”
286 时，有些人进行反抗并和黑人团结了起来。但是他们中的大多数人可能已经接受了种族主义观点，让自己和黑人保持距离。20 世纪初的黑人开玩笑说，移民们学会的第一个英语单词就是“黑鬼”。[12]

1901 年 1 月 29 日，唯一的黑人代表，来自北卡罗来纳州的乔治 · H. 怀特（George H. White）向国会发表了告别演说。全国大约 90% 的黑人居住在南方，但是他们在州议会和国会再也没有黑人政治家作为代表。黑人被大规模地剥夺了选举权，加上白人政客对黑人政客无能的指控已经让人确信了这一点。“主席先生，这可能是黑人暂时告别了美国国会，”怀特说道，“但是我要说，就像凤凰一样，某一天他会站起来并再次回来的。”没多少人相信他说的话。当怀特走出大厅，美国著名的历史学家和政治科学家都把他视为重建时代在美国首都留下的最后有瑕疵的产物。[13]

当时，威廉 · 阿奇博尔德 · 邓宁（William Archibald Dunning）被认为是哥伦比亚大学著名的重建史学派——邓宁学派的领导人。该学派处于学术革命的前沿，突出了科学方法在人文学科中的“客观”运用。“这是第一次用细致深入的研究来确定事实而不是去证明一篇论文”，这是一位历史学家 1940 年在《美国历史评论》（*American Historical Review*）上对邓宁学派影响力的形容。然而，这一“事实”意味着重建时期邓宁学派的历史学家们将南方白人记述为腐败无能的黑人政客的受害者，北方错误地强迫南方重建，然后很快纠正了自己的错误，让高尚的南方白人依靠自己的智慧去建设。“所有创造文明的力量都被一群野蛮的自由人支配着”，邓宁在 1907 年发表的经典著作《重建：1865 ~ 1877 年的政治和经济》（*Reconstruction: Political and Economic, 1865 - 1877*）中这样认为。[14]

邓宁训练了一代有影响力的南方历史学家，他们成为大 287
学的系主任并在 20 世纪的几十年中主宰了历史学科。他最著名的学生就是佐治亚州的本地人士乌利齐·博内尔·菲利普斯（Ulrich Bonnell Phillips）。在《美国黑人奴隶制》（*American Negro Slavery*，1918）和另外 8 本书，以及大量的文章中，菲利普斯抹去了奴隶制的真相，即由种植园主主导的高利润企业不断用恐怖、操控和种族主义观点来强迫反抗的人们为之劳动。相反，他虚构出一个无利可图的商业模式，由仁慈的、家长式的种植园主教化和照料“强壮的、温和的、听话而满足的”野蛮人。菲利普斯开创性地使用种植园的记录来将他的种族主义虚构合法化，让它们看起来像是客观事实。菲利普斯直到 20 世纪中期一直都是最受尊重的关于奴隶制的学术代言人。[15]

到了世纪中叶，邓宁学派关于奴隶制和重建的无稽之谈都转移到了教材之中，或者至少是那些提到黑人的教材中。大多数教材的作者都把黑人从教材中剔除，就像南方民主党将黑人排除在投票之外一样。但是对邓宁重建叙事最大的推广者是小说家小托马斯·迪克逊（Thomas Dixon Jr.）。在他最早的记忆中，迪克逊目睹了他所在的北卡罗来纳小镇的一场私刑。“三 K 党是……为了保护我们免受伤害”，他的母亲那天晚上这样告诉他，将种族主义观点灌输给他来为白人恐怖主义开脱。当他成年后，看了一场戏剧版本的《汤姆叔叔的小屋》，为北方人“对南方人的错误描述”而哭泣。他发誓要发表“真实的故事”，写出了“重建三部曲”畅销小说——《美洲豹的斑点：1865 ~ 1900 年，一段白人负担的传奇故事》（*The Leopard's Spots: A Romance of the White Man's Burden—1865 - 1900*，1902）、《同族：三 K 党的罗曼史》（*The Clansman: An Historical Romance of the Ku Klux Klan*，1905）和《叛徒：一个看不见的帝国陨落的故事》（*The Traitor: A Story of the Fall of the Invisible Empire*，1907）。他的目的是“教育北方……他们所不知道的——在可怕的重建时期白人的悲惨痛苦［,］……［以及］向世界展现白人必须且应该至高无上”。在虚构的三部曲中（上百万人以
288 为这是历史事实），在迪克逊塑造的重建时期中，腐败无能的北方人和黑人立法者统治、恐吓、剥夺选举权并强奸南方白人，直到他们被三 K 党的强大和高尚品行所救赎。在全国人的观念中确认黑人投票的危害以及为不作为的态度进行辩解方面，没有谁比这一关于重建的种族主义小说做得更好

了，不管它是小说还是学术研究。[16]

全白人、全男性的国会在 1901 年设在了华盛顿，这些白人在阅读布克·T. 华盛顿的著名自传《生而为奴》（*Up from Slavery*）时很容易就缓解了他们可能会产生的任何内疚感。华盛顿表达了对上帝的信仰，承担起个人责任，努力工作，克服了无法想象的困难，在每个方面都看到种族进步和“白人救世主”。“白人救世主”故事迅速成为美国回忆录、小说和戏剧作品中的保留项目。它们受到各个种族的美国人的喜爱，成为种族进步有希望的迹象。单个故事要么反映，要么歪曲了普遍事实。单个白人救世主的故事巧妙地偏离了白人救世主很少而白人歧视者很多的事实，同时也偏离了种族进步很少、进步延缓很多的事实。[17]

《生而为奴》一书在 1901 年 2 月的出版让布克·T. 华盛顿到达了职业巅峰。W. E. B. 杜波依斯看到全国都在为华盛顿回忆录喝彩。赞扬一直持续到 1901 年的夏天，当杜波依斯仰视华盛顿黑人领袖的白人基础之时，一切都开始变得让他难以默默承受。1901 年 7 月 16 日，杜波依斯在《钟面》（*Dial*）杂志上发表了对《生而为奴》的评论，打响了华盛顿的塔斯基吉机构和杜波依斯的精英民权活动家之间内战的第一枪。

除了斥责华盛顿的“妥协”，杜波依斯还斥责了那些“代表了旧的反抗和报复观点，并且只将移民作为黑人的出路”的领袖。非洲卫理公会主教派主教亨利·麦克尼尔·特纳（Henry McNeal Turner）多年来宣扬上帝是个“黑

人”，但是他敦促非裔美国人移民至非洲，这样他们就可以
289 抛弃所有的歧视性政策。杜波依斯将所有回到非洲的努力，包括黑人方面的努力，以及对奴役者和重新奴役者的暴力抗议归纳为报复和仇恨。反种族主义者并不是在捍卫黑人的人性和自由，他说，正如艾达·B. 韦尔斯曾主张的那样。主张社会同化者习惯性地指责反种族主义者和种族隔离主义者一样——充满仇恨而毫无理性。这些伪造的标签将在整个20世纪让反种族主义者边缘化，有一天甚至会让上了年纪的反种族主义者杜波依斯边缘化。但是在1901年，杜波依斯开始批评折中者和反种族主义者，部分出于自己的目的：为了给他“庞大而重要的群体”反对塔斯基吉机构做好准备，那些改革主义的主张社会同化者寻求“在所有人类努力中自我发展和自我实现”，以让黑人最终取得和其他种族的人同等的地位。[18]

华盛顿的《生而为奴》仍然是美国的经典作品。但是在1901年，另一本在《生而为奴》之后几周出版的书获得了更多赞赏：《美国黑人：他的过去、现在和将来》（*The American Negro: What He Was, What He Is, and What He May Become*，以下简称《美国黑人》）。多年来，威廉·汉尼拔·托马斯（William Hannibal Thomas）一直试图废除白人机构的种族隔离：他通过布道、教学和写作去让黑人提升，以消除种族差异；同时致力于建立一个黑人以自己的面貌被白人接受的世界。但是，根据《纽约时报》预先发行的预览版本，托马斯呈现“其主题时毫无感情”。

托马斯描述了一个黑人“无法无天的生活方式，他由

每一次冲动和激情所导引”，特别不道德和愚蠢。他说，90%的黑人女性“本性淫荡，屈服于肉体的欢愉”，她们过着污秽的生活，“这在现代文明中独一无二”。

托马斯的观点位于社会同化主义和种族隔离主义观点的交叉点。他认为少数黑人——指的是他自己和他这种类型的人——已经克服了他们低等的生物遗传。这些卓越的黑人展现了“黑人的救赎……是可能并且有把握通过完全同化美国文明的观点和理想而实现的”。托马斯主张限制天生腐败 290
的黑人的投票权，监督天生就是罪犯的黑人，让黑人儿童和白人监护人在一起，并且追求劝善行动。黑人应该行事“得体，以消除种族对立的敌意”，他建议。[19]

虽然托马斯试图通过《美国黑人》这本书让自己和黑人特性保持距离，但讽刺的是，正因为他的黑人特性，美国白人才慷慨给予他所渴望的敬慕。因为种族主义观点认为，每个黑人个体都是这一种族的专家和代表，所以像托马斯这样的黑人一直被证明是种族主义思想的完美传播者。他们的黑人特性让他们更受人信任。他们的黑人特性不会引来对他们关于黑人低等的种族主义观点进行防范的防御机制。

种族主义的美国人，从国家最著名的社会学家到普通读者，都称赞《美国黑人》是这个主题中最权威、最可信、最全面的书，超过了杜波依斯的《费城黑人》。威廉·汉尼拔·托马斯被置于“布克·T. 华盛顿先生旁边”，是“关于黑人问题的最佳美国权威”，《纽约时报》称。然而，在美国黑人中，托马斯被称为“黑人犹大”。活动家阿迪·亨顿（Addie Hunton）实际上在她的作品《黑人女性辩护》中把托马斯归类为“加略人犹大”。布克·T. 华盛顿和W. E. B. 杜波依斯都反感这本书。杜波依斯在评论里指责，“托马斯先生的书”是时代的“凶兆”，它最期待的是“黑人”去“善意地走向恶魔，然后加速这一进程”，这样的话“美国人的良知［就可以］为三个世纪以来的可耻历史辩护了”。在黑人领袖们挖出托马斯的丑闻并摧毁了他的信誉之后，他就默默无闻了。他在1935年以一个黑人的身份去世。他一直没能变成白人。[20]

1901年10月16日，新上任的总统西奥多·罗斯福听说布克·T. 华盛顿在镇上，便邀请“他的民族中在全世界最杰出的成员”来总统府参加家庭晚宴。罗斯福并没有对这个邀请想太多，他显然没有意识到种族隔离主义者的情
291 绪。当罗斯福的新闻秘书不经意间向美国人透露了第二天华盛顿将来访时，立即引发了强烈的社会震荡。美国黑人在旁边幸灾乐祸，很多人爱上了西奥多·罗斯福。但对于种族隔离主义者来说，罗斯福已经越过了肤色的界限。“当罗斯福先生坐下来和一个黑人共进晚餐时，就是宣布了黑人和白人在社会上是平等的”，一份含蓄的新奥尔良报纸期期艾艾道。南卡罗来纳州议员“干草叉”本·蒂尔曼（Ben “Pitchfork” Tillman）就没那么含蓄了。“罗斯福总统招待黑人的行为，”他说，“将迫使我们在南方杀死1000个黑鬼来让他们再次知道自己的地位。”蒂尔曼在他的话里表明了私刑的真实目的：如果种族主义观点不能制服黑人，那么可以用暴力来让他们屈服。罗斯福吸取了教训，再也没有邀请过

黑人去总统府。但是，他正式将总统府命名为“白宫”也没能安抚种族隔离主义者。黑人是野兽——种族隔离主义书籍在20世纪早期宣称，这出自密西西比大学教授查尔斯·卡罗尔（Charles Carroll）的《黑人是野兽》（*The Negro a Beast*，1900）——而野兽不应该在“白宫”吃饭。[21]

在这一强大的种族隔离主义话语中，W. E. B. 杜波依斯大胆发表了他职业生涯最受好评的一本书。这本书于1903年4月18日出版，标题以深刻的反种族主义方式判定黑人并不是没有灵魂的野兽。黑人也是完整的人，杜波依斯让美国人“倾听黑人灵魂的斗争”。几十年后，“黑人国歌”的作曲家詹姆斯·韦尔登·约翰逊（James Weldon Johnson）对杜波依斯的《黑人的灵魂》（*The Soul of Blaek Folk*）大为赞赏，称它“对黑人种族及其内部所产生的影响超过这个国家自《汤姆叔叔的小屋》出版以来的任何其他书”。这简直是完美对比。和《汤姆叔叔的小屋》一样，杜波依斯的14篇文章在美国人头脑中更深地植入了种族主义建构起来的互补生物性种族特质，即谦卑、感性的非洲人与强硬、理性的欧洲人形成互补。黑人应该培养和发展“黑人的特质和才能”，杜波依斯建议，“这样将来在美国的土地上，两个世界级种族可以互相给予这些各自极度缺乏的特质”。黑 292
人是“在金钱和聪明才智组成的精神沙漠中，唯一拥有纯粹信仰和敬畏的绿洲”。[22]

种族主义观点认为各种族群体是不平等的，并且一个种族群体缺乏某些人类特质。1903年，白人并不缺乏“纯粹的信仰和敬畏”，而黑人也并不乏追求物质享受和“聪明才智”。讽刺的是，很多以前捍卫奴隶制和废奴主义、现在捍卫吉姆·克劳和民权的北方人已经证实了谦恭黑人的“纯粹信仰”和强硬白人的“聪明才智”。在《黑人的灵魂》一书中，杜波依斯试图将种族的分裂理想彻底改变为“种族的统一理想”。

这一“种族的统一理想”不仅能治愈美国，他声称，还能治愈黑人的灵魂。在全书最让人难忘的一段话里，他进一步解释道：

> 美国社会……让［黑人］没有真正的自我意识，只让他通过其他社会揭露的真相来看待自己。这是一种特殊的感觉，具有双重意识，并且总是通过别人的眼光来看待自我，通过一张以玩世不恭的轻蔑和怜悯的眼光看世界的磁带来衡量一个人的灵魂。人们感受到他的双性，既是美国人，又是黑人；两个灵魂，两种想法，两种不可调和的抗争；在一具黑人身体里交战的两种理想，只有靠他的顽强力量才能使之免于被撕裂。

因此黑人必须认识到“美国黑人的历史就是这场纷争的历史——这种渴望获得自我意识的男子气概将他的双重自我融为更好更真实的自我”，杜波依斯写道，“他仅仅希望有可能让一个人既是黑人，同时也是美国人”。[23]

似乎他的很多黑人读者这些年来都竭尽全力在做他所描述的事情。杜波依斯的双重意识理论终于给了他们中许多人所需要的镜子——来看到自己，看到他们自己内心的挣扎。

就像哈里特·比彻·斯托的书符合很多白人的情况一样，他 293
们站在种族隔离主义和社会同化主义观点冲突的十字路口，而杜波依斯则符合很多黑人的情况，他们站在社会同化主义和反种族主义观点冲突的十字路口。杜波依斯既相信文化相对论这一反种族主义概念——每个人从他或她自己的群体的眼中看待自我，也相信社会同化主义观点，认为每个黑人都以白人的视角看待自己。在杜波依斯以及众多与他志趣相投的人头脑里，这种双重渴望，或者说双重意识，产生了内在冲突，即平等的黑人特性的自尊和同化到更优越的白人特性之间的冲突。

虽然他的开篇文章是永恒的经典，但是他那时对“布克·T. 华盛顿先生和其他人”的反对在 1903 年为这本书带来了争议。两年前杜波依斯曾经公开反对塔斯基吉机构，到现在也没有离开那个辩论场。在再次批评华盛顿是个折中者，并且批评了单一意识的反种族主义者之后，杜波依斯断言了他的双重意识群体的地位，他称之为“有才华的 1/10”——美国黑人中顶尖的 10%。他们知道“种族群体的低社会水平导致了很多歧视”，但是他们同样也知道，和这个国家一样，“无情的肤色偏见更多时候其实是黑人退化的原因，而不是结果”。有才华的 1/10 寻求的是“消除这种野蛮状态的残余，而不是系统性的鼓励”。[24]

杜波依斯在 1903 年发表的另一篇文章中肯定了“有才华的 1/10”，文章充斥着更多的社会同化主义观点和阶级种族主义。杜波依斯估计“这片土地上有 100 万拥有黑人血统的人……达到了最优秀的欧洲文化的全部标准”。这些

“具备才能和品格的贵族”的责任就是领导和教化群众，将“恶化”的文化过滤出去，同时展示“黑人血统的能力”。但是，他抱怨说：“随着有才华的1/10被指出来，普通人中的盲目崇拜者们大声呼吁：‘这些都是例外，看看这些死亡、疾病和犯罪——这才是合适的惯例。’它们当然是惯例，因为是这个愚蠢的国家让它们成为惯例。”杜波依斯对例外的黑人这一观念非常愤怒，这是劝善行动“愚蠢”的
294 概念漏洞。但是，出于某种原因，他还是保持了自己对这个潜在的非常愚蠢的劝善策略的信念。[25]

杜波依斯在《黑人的灵魂》中号召武装打击那些迎合吉姆·克劳的人，这和威廉·劳埃德·加里森号召武装打击迎合奴隶制的殖民主义者同样极具洞察力和充满激情（同时也很种族主义）。而种族隔离主义者和折中者马上就知道了。《那什维尔美国人报》（*Nashville American*）认为“这本书让黑人读真的很危险”。《展望》（*The Outlook*）非常精确地斥责杜波依斯“为自己是个黑人而感到有点羞愧”。然后评论者举出布克·T. 华盛顿的例子，但是非常不精确地称他不为自己是个黑人而羞愧。塔斯基吉机构试图压制这本书，但无济于事。摆脱了华盛顿的黑人报纸通常都在呼吁着同一件事——“每个人都应该阅读并研究这本书，无论白人还是黑人”，《俄亥俄事业报》（*Ohio Enterprise*）写下这样的标题。宾夕法尼亚大学社会学家卡尔·凯尔西（Carl Kelsey）为种族主义白人学者发言，谴责杜波依斯强调“坏的方面”，即歧视。偏见“将会停止”，凯尔西写道，“当黑人能够得到白人的尊敬和同情时”。[26]

第 23 章　黑人犹大

在《黑人的灵魂》一书和杜波依斯“有才华的 1/10”的文章之后，种族革命者和种族学者，不管是黑人还是白人，不管赞同还是批评杜波依斯的，似乎已经形成一个解决“黑人问题”的共识。他们谈论说需要更强硬的劝善行为，需要有才华的 1/10 向上流动来说服白人的种族主义思想。这些策略仍然带着深刻的种族主义色彩。黑人很显然要负责改变种族主义白人的思想。白人显然不需要为他们自己的种族主义心态负责。如果白人是种族主义者并歧视黑人，那么就要怪黑人，因为他们没有得到白人的尊重？劝善行动进行了一个多世纪，到了 1903 年的效果又如何呢？美国人的种族主义可能从没这样严重过。但不管是不断加强的种族主义观点，还是其历史上的失败，或是构建出例外的黑人来让其继续失败，这些都没有减少改革者的信念。劝善行动曾经是并仍然是种族主义美国的众多伟大白人的希望之一。

第 24 章

伟大的白人希望

295 1906 年 5 月，W. E. B. 杜波依斯欢迎全国最著名的人类学家来到亚特兰大大学，那是一位哥伦比亚大学教授，他实际上在质疑把黑人当作野兽的种族隔离主义思想。弗朗茨·博厄斯（Franz Boas）1886 年从德国移民到美国，当时美国人的种族分类者几乎一致认定犹太人的“生物低等性”或者说黑人特性。“一些犹太人的嘴巴突出，”一位人类学家坚称，“就是他们拥有黑人血缘的结果。”博厄斯的反犹太主义经历让他对生物学上不同的种族（和民族），对种族和族群的天生人类等级这样的种族隔离主义观点抱有敌意——这些观点将白人置于黑人之上，并且进一步将纯白的盎格鲁-撒克逊人置于半白的犹太人之上。[1]

弗朗茨·博厄斯参加了杜波依斯在亚特兰大大学关于“非裔美国人的健康和体格”的会议。学者们质疑或驳斥了人们普遍认同的观点，比如种族在生物学上是截然不同的，心脏学家真的可以区分“黑人血液”，以及在皮肤和毛发之下，医生和科学家真的可以区分一具黑人的身体或一种“黑人疾病”这些观点。杜波依斯出席了会议，他也了解到缺乏科学证据来证明他长期以来的生物种族观点。[2]

1906 年 5 月的会议结束后两天，博厄斯在亚特兰大大学的毕业典礼上致辞。“我想对那些坚决主张黑人种族肉体低等性的人说，”他宣布，“你们种族过去的历史并不支持［这种］说法。”博厄斯然后讲述了前殖民时期西非王国的荣耀，比如加纳、马里和桑海，让杜波依斯以及很可能他的很多黑人学生都感到震惊。博厄斯让杜波依斯从历史种族主 296
义的麻痹中清醒过来，或者，用杜波依斯的话来说，“我从高中和两所世界顶尖大学中学到的普遍判断的麻痹”即非洲人“没有历史”。[3]

杜波依斯在那个 5 月达到的学术高峰和其他美国黑人一起在那一年的年末崩溃了。在共和党利用黑人选票在 1906 年中期选举中夺回众议院的第二天，总统西奥多·罗斯福命令将第 25 步兵团中的 167 名黑人士兵开除军籍（并失去养老金），这个黑人团体曾经是黑人骄傲的重大源泉。1906 年 8 月 13 日，这个团的十几个成员被错误地指控谋杀了一名调酒师，并且在得克萨斯州布朗斯维尔这个可怕的种族主义城镇中打伤了一名警察。一夜之间，这位自亚伯拉罕·林肯以来在黑人中最受欢迎的美国总统变成最不受欢迎的。“我们曾在心中将他奉为摩西”，一位哈莱姆牧师老亚当·克莱顿·鲍威尔（Adam Clayton Powell Sr.）喊道，罗斯福“现在被我们嘲笑为犹大”。在 1906 年的最后几天，很难找到一个非裔美国人不对罗斯福政府充满愤怒。罗斯福为了重获黑人支持而任命新的黑人在联邦任职所做的努力也宣告失败。《纽约时报》为观察力敏锐的新闻界发声，报道了“没有一丝证据”证明这些人有罪。罗斯福在1906年12月3日向国会发表的年度咨文中毫不掩饰（肆无忌惮地以粗暴的方式去争取南方白人选民）。他警告“正派的有色人种……不要庇护罪犯”，意指布朗斯维尔的罪犯。然后他转向私刑：“私刑存在的最大根源是犯罪，尤其是黑人强奸的丑恶罪行。”[4]

罗斯福总统向全国学者唱诗班讲话。在《纯粹社会学》（*Pure Sociology*，1903）一书中，布朗大学的社会学家和前废奴主义者莱斯特·沃德（Lester Ward）曾声称黑人渴求并强奸白人女性，而白人暴徒对他们施以私刑以报复他们，两者都是受到种族天性的驱使。在《私刑法》（*Lynch Law*，
297 1905）中，韦尔斯利学院的经济学家詹姆斯·埃尔伯特·卡特勒（James Elbert Cutler）认为，在处决罪犯的过程中，白人暴徒“只不过是在［行使］他们的主权”。甚至杜波依斯都在1904年亚特兰大大学的一项研究（“Some notes on Negro Crime，Particularly in Georgia”）中抱怨说，有“太多野蛮的黑人攻击女性的案例被证实”，这让“每个黑人都羞愧地低下头”。黑人必须意识到，他说，他们要对自己所谓的最差的阶层负责。[5]

当黑人犯罪停止后，私刑也会停止，而黑人犯罪可以通过“像汉普顿和塔斯基吉这样的学校的”教育来停止，总统罗斯福建议。在过去的几年中，布克·T. 华盛顿会因为罗斯福推广了他的项目而欣喜不已，但这次他可能感到惴惴不安。由于得到了事先通知，华盛顿恳求罗斯福重新考虑这一说法，因为他知道塔斯基吉机构也会受到美国黑人的愤怒

相向。随着华盛顿和罗斯福跌落神坛，杜波依斯的“有才华的 1/10”的影响力上升了。[6]

西奥多·罗斯福并没有成为白人社会中的不良代表。他的总统继任者，威廉·霍华德·塔夫脱（William Howard Taft）在精心准备后轻松获胜。几周后，美国黑人在 1908 年 12 月 26 日庆祝他们自己的胜利。这场胜利的中心是一位得克萨斯出生的黑人重量级拳击冠军，他是搏击运动中第一位迎击拳击手，最终获得了重量级拳王称号并在澳大利亚的悉尼击败汤米·伯恩斯（Tommy Burns）。“40 年来没有哪件事比杰克·约翰逊（Jack Johnson）的重大胜利更让这个国家的有色人种满意了”，《里士满星球报》（*Richmond Planet*）报道说。几乎与此同时，对“伟大的白人希望”的呼声上升以挽回白人的尊严。所有的目光都转向了已经退役的重量级拳王詹姆斯·J. 杰弗里斯（James J. Jeffries）。

1909 年 3 月 9 日，当笑容满面的杰克·约翰逊从加拿大—澳大利亚班轮上走出来踏上温哥华的码头时，美国记者们问他是否会与杰弗里斯对战。然后他们注意到对美国种族主义者而言最有新闻价值的一个因素：拳王的“白人妻子，一位前费城女子将自己全身心奉献给了他”，新闻读者在美 298
联社的报道中发现了这点。

杰克·约翰逊早期在两位黑人女性那里的“心痛”遭遇让他后来主要与白人女性约会。约翰逊厌恶地说“不管黑人女子对一个男人多有感情，都不会宠爱他、纵容他并让他建立自尊”。而白人女子会这样做，因此她们是更好的伴侣，这是约翰逊的性别种族主义观点。事实上，一些白人女子拒绝建立他们男人的自尊，而一些黑人女性则满足他们男人的自尊。但是在1909年，顺从的白人女性和强硬的黑人女性这种性别种族主义思想让父权黑人男性受到了白人女性的吸引——就如同虚弱的黑人男性无法应付强硬的黑人女性这一性别种族主义观点让一些黑人女性受到强壮的白人男性的吸引一样；就如同体现在大阴茎和大臀部上的性欲亢奋的黑人这一性别种族主义思想让一些白人受到黑人的吸引一样；就如同主张社会同化者认为的一个人的皮肤越白头发越直就越美，让黑人受到（浅肤色和）白人的吸引。所有这些种族主义童话在下个世纪只会变得更牢固，因为美国人能够更好地在公众场合表现他们的跨种族吸引力。爱与这些建立在种族主义观点上的跨种族吸引力又有什么关系？这只有夫妻们知道了。也有很多的跨种族关系不是建立在种族主义观点上的。但有多少是，又有多少不是呢？这也只有夫妻们知道了。

美国最著名的黑人很快变成美国最遭人恨的黑人。到1908年，约翰逊赢得了父权白人男子气概最大的4项追求中的3项——财富、重量级冠军头衔和白人女性。塔夫脱入主白宫一事也未能让白人的狂怒平息下来，尤其是在杰克·约翰逊继续炫耀他的白人女子、财富和冠军头衔时。[7]

“如果黑人获胜，那么他那成千上万无知的兄弟将误以为他的胜利将证明他们和白人不仅仅在体质上是平等的”，《纽约时报》的一位作者在1910年7月4日美国历史上最大
299 的体育活动几个月前进行了这番预测。这是第一次通过无线

电报实现的实时报道。前重量级拳击冠军魁梧的吉姆·杰弗里斯被称为“伟大的白人希望”，他本已退休又出山来为白人种族寻求重量级冠军头衔并将它从全国最被爱恨交织的人杰克·约翰逊手中赢回来。比赛在内华达州雷诺市举行，现场有 12000 名狂热的白人观众。约翰逊在第 15 回合中击败杰弗里斯，这令美国黑人兴奋不已，也令美国种族主义者极其愤怒。种族主义暴徒试图压制黑人的身体，而种族主义作家试图压制黑人的思想。“不要太膨胀了，”《洛杉矶时报》（*Los Angeles Times*）警告道，“没有人会因为你的肤色和雷诺那位赢家一样而高看你一眼。”之后，在《关节和手套》（*Knuckles and Gloves*，1922）一书中，伦敦拳击爱好者约翰·吉尔伯特（John Gilbert）解释说，白人在拳击中“处于劣势”是因为他们“身体上不平等”。美国政府很快完成了白人拳击手没能做到的事：击败了杰克·约翰逊，尽管只是隐喻意义的击败。他被以莫须有的罪名逮捕，罪名是将一名妓女（或称白人女性）运送到州界。在保释中逃跑后，他在国外生活了 7 年后自首，接着在监狱中待了接近一年的时间。[8]

当美国种族主义者渴望重建被约翰逊击倒在地的白人男子优越感时，一个低俗小说家满足了他们的需求。埃德加·赖斯·巴勒斯（Edgar Rice Burroughs）住在约翰逊常去的芝加哥，他被亨利·摩根·斯坦利（Henry Morgan Stanley）19 世纪关于野蛮非洲的作品所打动。在 1912 年 10 月的《故事会》（*All-Story Magazine*）上，美国人首次欣赏到巴勒斯的小说《人猿泰山》(*Tarzan of the Apes*)。

《人猿泰山》讲述了一对白人父母将婴儿遗弃在中非，孤儿由母猿卡拉在一个猿类社群中抚养长大。孤儿约翰·卡莱顿（John Clayton）被猿群命名为“泰山”，这在它们的语言里的意思是“白皮肤”。当他长大后，泰山成为群体中技
300 艺最精湛的猎人和战士，比附近猿一样的非洲人技术更好。他最终找到了父母的小屋并自学了阅读。在随后的故事里，泰山保护一位名叫简的白人女性免受周围黑人和猿类的强奸。泰山继续教育他的孩子，即非洲人，如何战斗和种植庄稼。

整个20世纪，我们都很难想象出比泰山更出名的虚构角色——我们也很难想象比巴勒斯在泰山探险系列小说中更具有种族主义的情节，他直到1950年去世都在笔耕不辍。这一情节也成为好莱坞的主要内容并不断重现，最近一次重现是在2009年的大片《阿凡达》（*Avatar*）中。巴勒斯使美国人将动物、野蛮和非洲永久联系在了一起。泰山系列的主要信息非常明确：无论是在华尔街还是中非丛林，无论是在希腊文学中游荡还是在树木中晃荡，白人都要比非洲像猿一样的孩子做得好，他们做得如此之好以至于白人将永远在全世界成为非洲人的老师。忘记杰克·约翰逊的重量级拳王头衔吧，白人现在有更好的东西了。他们有泰山，他一炮而红，成为那个时代的文化偶像，这个角色产生了漫画、商品、27部续集和45部电影，其中第一部产生于1918年。[9]

W. E. B. 杜波依斯在1909年丝毫不关心杰克·约翰逊

和拳击。他在担心他为反奴隶制活动家约翰·布朗（John Brown）所写的传记。美国白人自由主义的宠儿——《晚邮报》（*Evening Post*）和《国家杂志》（*The Nation*）的出版人、威廉·劳埃德·加里森的孙子——也在那一年出版了布朗的传记。奥斯瓦德·加里森·维拉德（Oswald Garrison Villard）的传记被广泛赞誉为权威之作，而且销路不错。

杜波依斯作品的销售额和口碑都很糟糕。黑人学者一贯被白人媒体和白人读者无视，即便他们的名字全国知名，像是杜波依斯。“人们认为我们只不过是研究黑人的黑人，”杜波依斯回忆道，“毕竟，黑人和美国或者科学又有什么关系呢？”科学和塔斯基吉机构与吉姆·克劳种族隔离之间的激烈斗争又有什么关系呢？“在这场激烈斗争中，我所有的 301
梦想、研究和教学能做些什么呢？”杜波依斯问道。他对科学性说服的信仰消失了，并且决定“领导、鼓舞和决断”。他在 1910 年夏天离开了亚特兰大大学，搬到纽约，成为《危机》杂志（*The Crisis*）的创始主编，这个杂志是新近成立的全国有色人种促进会（NAACP）的机关报。[10]

在 NAACP，杜波依斯与奥斯瓦德·加里森·维拉德发生了冲突，后者和杜波依斯都是这个新组织的共同创始人。与他的祖父一样，维拉德更多的是一位主张社会同化者而不是反种族主义者，他视黑人为社会问题。而且，就像他的祖父喜欢积极的反种族主义黑人比如早期黑人女权主义者玛利亚·斯图尔特（Maria Stewart）一样，维拉德“自然期待”非裔美国人“谦卑而感恩，或者说，起码不能是咄咄逼人和充满自信的”，杜波依斯准确地注意到这一点。比如，维拉德试图将艾达·B. 韦尔斯-巴内特（Ida B. Wells-Barnett）赶出“40 人委员会”，这个委员会负责组织 NAACP，但是他没有成功。[11]

主张社会同化者和反种族主义者在关键时刻设立了 NAACP。种族隔离主义者刚刚启动了他们的优生运动，证明他们的种族主义政策以及为之辩护的种族主义思想的进展。社会达尔文主义已经完全移入美国。1910 年，前芝加哥大学生物学家查尔斯·达文波特（Charles Davenport）从一位铁路大亨的女继承人那里获得一些资金支持，在全国第一个致力于改善国家基因储备的中心——纽约冷泉港实验室，建立了优生学记录办公室。达文波特是一位废奴主义者的儿子，并且在杜波依斯的任期中在哈佛大学学习。达文波特想要证明人类想象中最具有压迫性的幻想：人格和精神特质是遗传的，优越的种族群体遗传优越的特质。

“所以你看到你播下的种子在遥远的国家仍然在发芽”，达文波特在 1910 年给达尔文的表兄、英国优生学先驱弗朗西斯·高尔顿（Frances Galton）写信说。而优生学的藤蔓也一定会在 1910 年后发芽，因为达文波特和他训练出的
302 250 名优生学家不停地浇灌它。“永久的进步”只会通过“最佳‘血液’来实现”，他在运动宣言《人种改良学》（*Heredity in Relation to Eugenics*，1911）里写道。优生运动迅速闯入美国的流行文化：宝宝竞赛、杂志、大学课程、通俗讲座，以及社会上都评定大亨和罪犯分别具有好的或坏的基因、好的或坏的“血液”。人们在输血后没有变化并不重要。优生论者从未发现任何证据可以证明遗传塑造了人们的

行为也不重要。优生运动产生的是信徒，而不是证据。美国人想要相信美国的种族、民族、阶级和性别等级是自然而正常的。他们想要相信他们把自己的特质传递给了他们的孩子。[12]

随着优生学的发展，杜波依斯利用《危机》来与这场运动作战，同时宣传“那些事实和观点显示出种族偏见的危险”。作为行动的一部分，他打印出一份弗朗茨·博厄斯的文章，让读者为博厄斯 1911 年的巨著《原始人的心灵》(*The Mind of Primitive Man*) 预先做好准备。博厄斯在《原始人的心灵》中回应了主张社会同化者的古老信条：拒绝种族隔离主义者的“低等遗传理论”和他们认为的非洲文化“完全丧失”，奴隶制的压迫和歧视让黑人变得低等的观点。“简言之，我们有充分的理由相信，非洲人如果有条件和机会，将完全有能力和他们的白人邻居一样履行公民职责，”博厄斯写道，“可能他们不会像白人种族那样培养出那么多的伟人，他们的平均成就也达不到白人种族的平均成就水平；但是会有无数人能够超过他们的白人竞争者。”[13]

“北美黑人……在文化和语言方面，”博厄斯说，“本质上都是欧洲的。”博厄斯“坚决反对各种促进种族团结的努力”，包括与他自己所在的犹太人之间。他，和其他主张社会同化者一样，将美国视为熔炉，它将所有的文化色彩都吸收进来（成为美国白人特征）。讽刺的是，像博厄斯这样的主张社会同化者厌恶种族团结，却不断生产出基于种族团结的种族主义思想。[14]

博厄斯为 1911 年的另一本畅销书《半个人类：纽约黑 303

人的现状》(*Half a Man*: *The Status of the Negro in New York*)做了序，这本书是 NAACP 联合创始人、学者玛丽·怀特·奥文顿（Mary White Ovington）所著。她在书中指出了一些种族歧视，但又对旧的种族主义刻板印象中性欲过剩、不负责任的黑人女性编造了新的数据。她说，黑人女性相对于男性的比例越大，这些“剩余的女性”就越倾向于卖淫，并且倾向于对“邻居的儿子，甚至是丈夫造成混乱”。同样的，社会工作先驱简·亚当斯（Jane Addams）在《危机》上声称，黑人母亲在控制她们女儿的性行为方面不如意大利母亲。艾达·B. 韦尔斯-巴内特不能让这些来自白人女性的攻击不受控制。她写道，黑人女性“对丈夫和孩子的爱以及建立家庭良好秩序的理想和白人女性是一样的”。[15]

作为努力扩大读者群并展示黑人能力的一部分，1911年6月杜波依斯在《危机》中推出一个受欢迎的讲述黑人中第一梯队的部分——那些黑人专业人士突破了种族障碍。随着美国在下个世纪废除种族隔离，人们大力赞扬黑人中的第一梯队，比如美发产业大亨 C. J. 沃克夫人（Madame C. J. Walker）和《芝加哥卫报》(*Chicago Defender*) 创始人罗伯特·艾伯特（Robert Abbott），他们成为第一批黑人百万富翁。在反种族主义最高潮的时候，对黑人第一梯队的赞扬转向了反种族歧视的示威以及对黑人第二梯队、第十梯队以及第三十梯队的需求。在种族主义最低潮的时候，美国人认为黑人第一梯队是例外的黑人，或者将他们作为种族进步的标志。随着越来越多的黑人打破了歧视的障碍，社会上总能找到更多方法来忽视这些障碍本身，甚至辩称是其他事物在阻碍黑人的发展。所有黑人第一梯队的人都把怪罪的对象转移到那些没能摆脱障碍的黑人。杜波依斯的《危机》试图怪罪两者：没能摆脱障碍的黑人和歧视性的障碍。但是顺从的黑人第一梯队倡导更好的社会政策是提高黑人职业道德，而不是采取对抗歧视性障碍的行动。按照他们的逻辑，如果有人可以打破障碍，那么所有人都可以，只要他们够努力。而种族主义逻辑是无须符合逻辑的，只要符合常理就好。所以，当黑人第一梯队打破种族障碍时，围绕他们的宣传有时 304
候（如果不是大部分时候的话）强化了种族主义的观点，他们去指责黑人而不是剩下的歧视性障碍。[16]

到 1913 年，《危机》已经吸引了一群着迷的受众：他们被“有才华的 1/10”和 NAACP 的领导所吸引；被黑人第一梯队这样的出版物中的热门部分所吸引；最重要的是，被 W. E. B. 杜波依斯杰出的编辑才能所吸引。3 月，杜波依斯与其他出版社一起报道了华盛顿特区举行的首次大型选举权游行，游行的组织者是实行种族隔离政策的美国妇女选举权协会。在游行至宾夕法尼亚大道时，5000 名妇女参政论者面对一堆白人男性警察和抗议者。在《危机》上，杜波依斯报道了令人讨厌的白人男性反对者和令人尊敬的黑人男性观察者之间的“显著”对比。在一阵辛辣的反同化主义讽刺中，他向黑人男性读者发问：“当文明的领袖们进行如此强大的行为时，你不为自己只是一个黑人而感到羞愧难当吗？你难道不为‘自己的种族感到羞愧’吗？你难道不会‘想变成白人’吗？”[17]

几年后，杜波依斯组织了一个专门为黑人女性举办的关于女性选举权的研讨会。没有多少黑人投稿人去推动流行（和性别歧视）的白人妇女参政论：认为女性天生（孩子般）的道德规范赋予了她们显然应有的投票资格。但是教育家南妮·H. 巴勒斯（Nannie H. Burroughs）改造了这个观点。她是那个时代最有说服力和最倔强的领袖之一。在1904年，巴勒斯就在“不是肤色是品行”中控诉了种族主义的肤色歧视。很多黑人男性“宁愿因为一个女人的肤色和她结婚而不是她的品行”，巴勒斯控诉道。所以，黑人女性试图改变她们的外表，拉直头发，漂白皮肤，让自己看起来像个白人女性。“每个把自己理顺的女性需要的不是改变外貌，而是改变她们的思想，”巴勒斯谴责道，“如果黑人
305 女性把她们花在让自己变成白人上面的一半时间来让自己变得更优秀，这个种族就会前进。”[18]

在《危机》的女性选举权研讨会上，巴勒斯跳转至种族主义观点，特别是虚弱的黑人男性出卖自己的选票（以及强壮的黑人女性不出卖她的选票）的观点。这一性别种族主义的观点，安娜·茱莉亚·库珀（Anna Julia Cooper）、弗拉西斯·艾伦·哈珀（Frances Ellen Harper）、W. E. B. 杜波依斯和南方种族隔离主义者詹姆斯·K. 瓦达曼（James K. Vardaman）和“干草叉”本·蒂尔曼都有明确的表述。不道德、腐败而虚弱的黑人男性已经“交易并出卖”了他们的选票，巴勒斯认为，而“黑人女性……需要通过智慧地使用这些选票来夺回黑人男性在滥用选票时失去的东西”。巴勒斯在声称黑人女性不会出卖她们选票的同时，还

改写了历史并认为黑人女性在政治上比黑人男性更胜一筹。她无视了黑人男性和女性反抗法律的伏击、暴力，以及通过经济恐吓强行窃取黑人男性投票权的历史。[19]

其次，巴勒斯可能还在为那些高调的少数派黑人男性选民在 1912 年总统大选时投票给了民主党而不高兴。尽管伍德罗·威尔逊（Woodrow Wilson）这位出生于弗吉尼亚的民主党人、前普林斯顿大学政治科学家因为在重建时期营造黑人恐怖的形象并为重新开始奴隶制的南方白人辩护，但是他仍然获得了杜波依斯和成千上万其他黑人男性的投票，因为他承诺会温和地处理种族问题。上任后，威尔逊让南方种族隔离主义者在他的政府班子中占据了主导地位，同时鼓励黑人专注于劝善行动。W. E. B. 杜波依斯感到受骗了。美国政客再一次让黑人选民扮演了鼓的角色，强迫他们在华盛顿特区和南方的联邦办公室听着种族隔离主义使人逐渐麻木的节拍。[20]

在他的第一个任期内，威尔逊观赏了白宫的首次电影放映，这个选择也是他关于种族观点的鲜明象征。D. W. 格里菲斯（D. W. Griffith）的《一个国家的诞生》（*The Birth of a Nation*）——1915 年的这部电影是好莱坞第一部长篇影音制作——改编自托马斯·迪克逊的流行小说《族人》（*The Clansmen*）。这部电影标志着好莱坞和美国电影业的诞生。 306
它成为传播种族主义观点的最新视觉媒体，超越了走向衰落的滑稽合唱团。这部无声电影将重建时期描述为腐败的黑人至上主义者玷污无辜白人的时代。在电影的高潮部分，一位黑人男性强奸犯（由涂了黑脸的白人演员扮演）把一位白人妇女追到树林中，直至她跳崖身亡。“把他私刑处死！把他私刑处死！”影迷们在休斯敦大喊，而实际上有将近100位黑人在1915年被私刑处死。在影片最后，受害者的兄弟组织了三K党来重新夺回对南方社会的控制。在电影结束时，白人耶稣——褐色头发、褐色眼睛，穿着白色长袍——似乎在祝福白人至上的胜利。[21]

“这就像是用闪电在书写历史，”据报道，威尔逊在看完电影后这样评论，“我唯一的遗憾就是电影里的一切是如此真实。”从1915年2月8日开始，上百万的北方和南方白人聚集在电影院观看这部普遍被认为是反映了重建时代真相的电影。到1916年1月，仅仅在纽约就有超过300万观众观看了这部电影。这是美国20年来最卖座的电影，让上百万美国人从他们的私刑和种族隔离主义政策中得到了救赎。这部电影重振了三K党，吸引了上百万美国人在20世纪20年代加入这个组织，对犹太人、移民、社会主义者、天主教徒和黑人进行恐怖行动。

出于对拙劣谎言的愤怒，各处的黑人社区都抵制了《一个国家的诞生》。在弥留之际，布克·T. 华盛顿试图在幕后完成NAACP和其他民权团体试图公开完成的事：阻止其放映。他们失败了。杜波依斯采用了不同的方法，1915年出版的《黑人》（*The Negro*）一书恰逢其时，书中他纵观历史，挑战了电影的历史种族主义。他撕碎了“非非洲人”（non-African）的古埃及、不成熟的前现代非洲国家、重建时期的恐怖等神话。他似乎丢弃了他的生物学种族概念。但是他没有丢弃关于黑人特征的种族主义观点，他称他们为

“最可爱的人”。[22]

比起北方活动家为阻止《一个国家的诞生》所做的所 307
有努力——重写它所描绘的历史，或者挑战它所支持的对黑人选举权的大规模剥夺——南方黑人活动者做的要多得多。他们用行动抵制南方种族隔离主义者。在他们完成的时候，一个新的国家实际上已经诞生了。

第 25 章

一个国家的诞生

308 “战争即地狱，但是还有比地狱更糟的，这每个黑人都知道。”W. E. B. 杜波依斯有将黑人的复杂情感包装成文字的诀窍。在第一次世界大战切断了欧洲来的移民之后，北方工业的工人招聘人员前往南方城镇寻找新的劳动力。即便《一个国家的诞生》从没出现在激动的南方观众面前，南方黑人可能仍然都听说过北方工业的招聘人员。[1]

而且，南方黑人并不需要这些招聘人员来诱使他们逃离这个某些程度上比地狱还糟糕的地方。在第一次世界大战期间，黑人再次践行行动主义，他们从农村集镇逃到南方城市，从南方城市逃到边境州城市，以及从边境州城市逃到北方城市，这被称为“大迁徙”。在 20 世纪第一次大规模反种族主义运动中，移民们有意地避开了新南方的种族进步观点，即认为吉姆·克劳比奴隶制要好，以及声称黑人的政治经济困境是他们自己的错误等观点。种族隔离主义者试图通过种族主义观点减缓移民运动，他们在恐吓北方劳工招聘人员、逮捕移民，甚至试图改善劳动条件时都将种族主义观点付诸行动。但是没有任何事和任何人可以阻止这场运动。

当移民到达北方城市时，他们遭遇了他们以为已经抛在身后的歧视，也听到同样的种族主义观点。北方城市里的本地黑人和白人看不起移民，并且认为他们不同的（其实是相同的）南方或农村的文化是落后的文化。他们认为移民 309
的家庭是不正常的。他们称这些移民很懒惰，而正是这些人为了寻找工作和更好的生活迁徙了上百英里。

1918 年，在哈佛培训过的历史学家卡特·G. 伍德森（Carter G. Woodson）刚刚创建了第一本黑人历史期刊和第一个黑人职业协会，他准确地预言了“对黑人的虐待将成为全国性的行为”。正如记者伊莎贝尔·威尔克森（Isabel Wilkerson）在 2010 年所说的，移民在北方的“接收站”遭遇了种族隔离。比如，种族主义者哈莱姆人（Harlemites）组织起来反抗他们所谓的“黑人群体”的“日益增长的威胁”，并且最终在他们的社区实行了种族隔离。在 60 年间，大约 600 万南方黑人离开了家园，将美国黑人从主要居住在南方的人口转变为全国性分布的都市人口，而种族主义思想也在这个过程中变得全国性和都市化。[2]

大迁徙使得从加勒比地区和非洲去往美国的更小规模的迁徙显得无足轻重。1916 年 3 月，一位年轻、博学而充满魅力的牙买加人带着对非洲人民的热情和对种族主义的理解来到纽约，为牙买加的一所学校筹款。为了寻找杜波依斯，矮胖、肤色黝黑的马库斯·莫西亚·加维（Marcus Mosiah Garvey）拜访了 NAACP 的纽约办事处。杜波依斯不在，加维“无法判断他到底是在一个白人办公室还是在 NAACP”。NAACP 工作人员中大量的白人和混血同化主义者，以及美国黑人领袖中的混血同化主义者，无疑坚定了加维决定留在哈莱姆并在那里组建他的全体黑人进步协会（UNIA）的念头。他的组织理念就是“全球非洲人团结起来”、“深色皮肤和非裔美国人文化之美”，以及“全球非洲人拥有自决权”。“非洲人的非洲”，他喜欢这样说。他的 UNIA 很快吸引了反种族主义者、黑人工人、黑人移民，他们不喜欢 NAACP 和有才华的 1/10 中的肤色歧视、阶级种族歧视、同化主义和本土主义。[3]

并不是只有马库斯·加维和他的仰慕者注意到了美国混
310 血儿不断增加的人口和势力。学者们也注意到了。在加维心情不悦地造访了 NAACP 总部的两年后，社会学家、优生学家爱德华·布莱恩·路透（Edward Bryon Reuter）完成了《美国的混血儿》（*The Mulatto in the United States*，1918）一书。在他位于艾奥瓦大学的基地，路透因为声称所有黑人的成就事实上都是混血儿的成就而出名。他将混血儿置于种族的中间阶级，在优越的白人之下，但在低级的“全黑人”之上，就像他们的名字一样。（混血儿通常拒绝种族主义观点称他们比白人低等，但有些人又支持并复制种族主义观点称他们比黑人优越。）路透给混血儿打上了“怪异的人”的标签——虽然他们获得了成功——同一时代的同性恋者也被标记为“怪异的人”。[4]

路透强化了混血儿是**不正常**的人这一种族主义的基础观点。同性恋者和混血儿一样，也被认为是不正常的，而这两者有时候被认为是处于中间状态的同一种“怪异的人”。“在最白的人和最黑的黑人之间延伸出大量中间种族，”早期同性恋权利支持者之一泽维尔·梅恩（Xavier Mayne）在《双性人》（*The Intersexes*，1908）一书中写道，“大自然痛恨绝对的事物，喜欢……迈出了半步的中间人。”这种对双性恋者和混血儿的认可悄悄扰乱了异性恋和种族纯洁所谓的正常状态。[5]

优生学者提倡需要维持白人种族的纯洁，他们无休止地谴责跨种族的繁衍。1916 年战时出版的《一个伟大种族的衰亡》（*The Passing of the Great Race*）一书引起了巨大的争议，纽约律师麦迪逊·格兰特（*Madison Grant*）构建了种族-民族阶梯，将北欧人（盎格鲁-撒克逊人的新称呼）置于顶部，而犹太人、意大利人、爱尔兰人、俄罗斯人以及所有非白人的人都置于较低的水平。他根据“每个国家中北欧血统的数量多少”重构了一个世界文明兴衰历史。“不同种族在智力和道德上都不同，就像在体质上不同一样，”格兰特认为，“我们花了 50 年知道了说英语、穿体面的衣服、去学校读书和去教堂祷告都不会让一个黑人变成白人。”这位种族隔离主义者激情洋溢地告诉社会同化主义者，他们的努力注定失败。黑人是无法发展，无法成为白人 311
的。格兰特的书在 5 年中 3 次修改并再版，并且被翻译为若干种外国语言。出版社几乎无法满足对种族隔离主义思想和狂热的优生学运动的巨大需求，因为白人理论家试图使当今社会的不平等正常化。[6]

当德国在第一次世界大战中投降时，一位心怀怨恨的奥地利士兵加入了德国政坛，在那里，他反对马克思主义和犹太人的臭名昭著的演讲赢得了一些喝彩。1924 年，阿道夫·希特勒（Adolf Hitler）因一次革命未遂而入狱。他利用在监狱的时间——和麦迪逊·格兰特的书——撰写了他的代表作《我的奋斗》（*Mein Kampf*）。“民众国家的最高目标就是……保持种族的基本要素”，希特勒曾写下这一名言。后来纳粹沙皇感谢格兰特写出了《一个伟大种族的衰亡》一书，希特勒称之为“我的圣经”。[7]

优生学观点还成为新兴的心理学学科的一部分以及新诞生的标准化智力测试的基础。很多人相信这些测试能证明一直存在天然的种族等级。1916 年，斯坦福大学优生学家刘易斯·特曼（Lewis Terman）和他的同事“完善”了 IQ 测试，这一测试基于一个可疑的理论，即标准化测试可以准确量化和客观测量不同经验群体复杂、主观又多变的智力。并不存在一般意义上的智力这一概念。当学者们试图指出这是一个幻象时，旁观者眼中的它似乎和一般意义上的美丽一样，而这又是另一个并不存在的现象。但是，特曼努力让美国人相信某些固有的主观认识的东西事实上是客观并可以测量的。特曼预言 IQ 测试会显示“一般意义上的智力中非常重要的种族差异，这些差异不能采用任何精神文化范式来消灭”。标准化测试成为最新的“客观”方法，以证明黑人的智力低等并证明歧视的正当性，因此一个数百万美元的测试行业在学校和工作场所迅速发展起来。[8]

312 在 1917 年和 1918 年，175 万士兵进行了 IQ 测试。美国心理协会主席、普林斯顿大学心理学家卡尔·C. 布里格姆（Carl C. Brigham）利用军队智力测试的结果虚构出一个基因智力种族等级制度，几年之后，他为大学招生创立了 SAT

考试。白人士兵的分数更好，布里格姆认为这是因为他们拥有优越的白人血统。北方的非裔美国人比南方的非裔美国人得分更高，布里格姆认为北方黑人的白人血统浓度更高，因此这些具有优越基因的非裔美国人因为具有更高的智力而去北方寻求更好的机会。[9]

1918 年签署的停战协议结束了第一次世界大战。殖民大国们在巴黎和平会议上花了 6 个月谈判，才就《凡尔赛条约》达成协议。W. E. B. 杜波依斯在 1918 年冒险去了巴黎，并且从那里给《危机》杂志寄回了扣人心弦的信件和社论。他分享了黑人士兵遭遇的种族歧视，并且在战时的新闻报道中加入了黑人英雄主义的故事。但是，当军官（大部分是白人和南方人）回到美国并开始向记者讲述他们自己的战争故事时，这一黑人英雄主义故事情节在白人的报纸上变成了黑人的缺陷。作为一个集合体，杜波依斯在巴黎的深入报道和活动展示出他挥之不去的同化主义和反种族主义双重意识。杜波依斯见证了巴黎和平会议上胜利者之间为了赋予殖民地人民独立的权利而不断地激烈对抗。《重建和非洲》（“Recenstruction and Africa”）一文发表于 1919 年 2 月的《危机》杂志，在这篇文章中，杜波依斯以反种族主义的形式拒绝了欧洲是“非洲的仁慈教化者”这一说法。他宣称，“白人只是在玩文字游戏——或者更糟——他们声称欧洲从非洲撤出将使这片大陆陷入混乱”。而从同化主义者的角度来看，杜波依斯那个月在巴黎协助组织了第一届泛非大会，呼吁巴黎和平会议采取“渐进的”殖民地自治化和赋予公民权 313

利的措施。杜波依斯渴望一个“黑人们和平与加速发展的机会”。[10]

最后，各方在1919年6月28日签署了《凡尔赛条约》。庞大的德国被迫支付战争赔款。法国、比利时、南非、葡萄牙和英国得到了德国最有价值的非洲殖民地。国际联盟是为了统治世界而建立的。威尔逊政府和英国、澳大利亚一起反对日本的提议，即联盟宪章承诺所有人平等。至少威尔逊总统是诚实的。他担心黑人士兵在法国受到相对较好的待遇已经“冲昏了他们的头脑”。对威尔逊执政时期持有种族主义观点的美国人来说，最危险的就是有自尊的黑人期待反种族主义者提倡的立即平等，而不是同化主义者提倡的渐进式平等或者种族隔离主义者提倡的永远不平等。1919年，很多黑人士兵回到了自己的小镇，带着反种族主义期待，希望成为**新**黑人。他们也受到了新黑人的欢迎。[11]

这些新黑人听从了杜波依斯的请求。“天上的神，如果现在战争结束了，我们就不再集结全部的智慧和力量去和我们自己土地上的地狱势力进行更大规模、更长久、更艰苦的战斗，那我们就是懦夫和蠢驴”，杜波依斯在《我们回来战斗》（“We Return Fighting”）中这样写道，并且发表在1919年5月的《危机》上。几十年来，美国邮政服务一直在投递充斥着私刑内容的白人报纸，但这次他们拒绝投递这份《危机》，同时认为杜波依斯的话“毫无疑问是残暴的，非常可能激发大量的种族歧视（如果说这还没有达到黑人所受到的最大限度的种族歧视）”。杜波依斯自己在1901年错误构建的对白人充满报复和愤怒的反种族主义者——而不是对种族主义观点和歧视的愤怒——最终回过头来刺痛了他。他早期一直在敦促黑人平静地努力聚焦于自身的道德提升和劝善行动，来改变种族主义者的观点。他曾试图向美国白人提供种族不平等的科学事实，并且他曾认为可以通过理性来说服种族主义观点和政策的生产者们停止他们的行为。他在 314
早期生涯嘲笑过像艾达·B. 韦尔斯-巴内特和主教亨利·麦克尼尔·特纳（Bishop Henry McNeal Turner）这样的领袖充满激情地号召黑人起来战斗是不明智的、暴力的和有偏见的。但是每一年，随着累积起来的教育、说服和劝善的失败，杜波依斯越来越强烈而充满激情地敦促黑人起来抗议和战斗。但是这时，他不得不面对他职业生涯早期曾抛向其他人的批评和审查。在耽搁了一周以后，邮政官员们最终还是投递了《危机》。他们发现新黑人编辑还有更危险的反种族主义和社会主义的出版物，包括马科斯·加维的《黑人世界》（*The Negro World*）。

那些仍然涌向电影院观看《人猿泰山》和《一个国家的诞生》，仍然在下午阅读《一个伟大种族的衰亡》，或者参加三 K 党活动，或者试图将黑人移民种族隔离的美国人，是怎样回应新黑人的呢？詹姆斯·韦尔登·约翰逊（James Weldon Johnson）形容他们在 1919 年的回应为“红色夏天”，那是自重建时期以来白人入侵者进入黑人社区导致的一系列最致命的血腥事件。由于种族主义观点对新黑人不起作用，所以至少 25 个美国城市爆发了暴力冲突，似乎要提醒这些自信的新黑人明白白人的统治地位。“若我们必须牺牲，不要像猪一般死去，”克劳德·麦凯（Claude Mckay）

爆红的自卫诗歌在7月呼吁，“像真的猛士一般直面惨淡的人生，/被逼到墙角等死，不如奋起一搏！”[12]

种族主义的白人报纸，按照当时的惯例，和今天一样，往往把黑人受害者描绘成罪犯并将白人罪犯描绘成受害人。在进行激动人心的自卫宣传之后，黑人报纸也习惯性地渲染黑人男子气概的救赎。“最后，我们的男人像男人一样站了起来，反击，不再像被驱赶的牲畜”，一位黑人女性在《危机》上欢欣鼓舞地写道。对于持有种族主义观点的白人评论员来说，他们认定煽动了“红色夏天”的黑人是野兽牲畜；对持有种族主义观点的黑人评论员来说，这些从前的野兽牲畜通过反击证明了他们自己是真正的男人。种族主义观点在“红色夏天”激怒了双方，而性别种族主义也从烟雾
315 中显露了出来，特别是对于那些挺身而出捍卫她们的男人、孩子和社区的黑人女性，他们噤若寒蝉。[13]

威尔逊政府以某种方式将“红色夏天”和战后的“红色恐怖”混为一谈，指责反资本主义者进行了大屠杀，而不去指责暴力的白人种族主义者。1919年9月27日，受最近的俄国革命启发，128位被边缘化的白人社会主义者聚集在芝加哥成立了美国共产党（CPUSA）。“黑人受到的种族压迫只是其所受的经济束缚和压迫的朴素表现，两者在互相强化”，美国共产党的纲领宣称，这听起来与美国社会主义党（SPA）1903年创始时的种族纲领惊人地相似。自那时起，美国社会主义党领袖，比如该党的5次总统候选人尤金·V. 德布兹（Eugene V. Debs）喜欢说“在劳工问题之外便没有黑人问题”。就像他们的美国社会主义党前辈一样，

美国共产党官员也继续增加了资本主义者对种族歧视的剥削，而不是立刻消除和挑战这两者。在他们对世界政治经济的不完整解读中，种族主义是由资本主义产生的，因此资本主义问题出现在种族主义问题之前。共产主义者认为如果他们消灭资本主义，种族主义也就会消失——他们并不知道资本主义和种族主义两者同时产生于同样漫长的 15 世纪，并且自那时起，它们在独自发展的同时相互强化。在“红色夏天”中，美国共产党的共产主义者告诫黑人（和白人）“要意识到他们的痛苦并不是因为种族对立，而是因为”大企业和劳工之间的“阶级对立”。[14]

大企业显然在生产和复制种族主义政策和思想，以分裂并征服工人阶级，减少其劳动成本并增加其政治权力。但是，美国共产党淡化或忽视了白人劳工和工会通过歧视和侮辱黑人劳工的方式来增加自己的工资，改善自己的工作条件并增强自己的政治权力。那么如果白人劳工获得了美国政治和经济的资本控制，他们为什么不继续统治黑人劳工呢？共产主义者没有讨论它；他们也没有讨论在形成期中自身的种 316
族主义观点，加入他们行列的持有反种族主义观点的黑人指出了这一点。为了统一工人阶级，美国共产党领袖将早期的招募重点放在了持有种族主义观点的白人劳工身上。他们拒绝用卡尔·马克思的著作来解释 1919 年他们深度种族主义化的国家。如果一场共产主义革命的发生不能同时支持一场针对种族主义的革命，那么美国共产党官员一般会对这场革命对种族主义未来的意义保持沉默。[15]

W. E. B. 杜波依斯从“红色夏天”中受到的启发前所未

有，这并不仅是因为他对新黑人感到激动，或者也与他开始仔细阅读（和更新）卡尔·马克思的著作有关。1920 年 2 月，他发表了尖刻的《黑水河：来自面纱后的声音》（*Darkwater: Voices from Within the Veil*，简称《黑水河》）。杜波依斯疲惫地意识到种族隔离主义者的“黑人是次人的信仰”并不是因为他们缺乏知识：“它仅仅是狂热的、深层次的传统，因此无法被争论或事实所撼动。”在远离教育劝说的过程中，杜波依斯终于开始转向单一的反种族主义意识。但是他还没有完全地转为单一的反种族主义意识。相反，他写道：“欧洲文化——是不是比任何非洲或亚洲诞生的文化都更好？是的。”[16]

在贬低了现代非洲和亚洲文化后，杜波依斯公开反对“妇女的诅咒”。在《黑水河》中，杜波依斯为黑人女性做了很少有人做的事：因为“她们的价值”、“她们的美”、“她们的承诺以及她们艰难的过去，我尊重我们种族的女性”，他说。但是在尊重黑人女性时，他却不尊重非黑人女性和黑人男性，特别是他们作为母亲和父亲的角色。他做了一个全球不幸福家庭的比喻。“父亲和他崇拜的对象是亚洲；欧洲是一个早熟、自我中心、有进取心的孩子；但是母亲在现在和过去都是非洲”，他写道。没有哪个地方的母爱比非洲的更强大深厚。W. E. B. 杜波依斯——一位单亲母亲的儿子——毫不意外地宣布，“只有母亲和母亲的母亲看起来关系重大，而父亲只是模糊的记忆”。[17]

杜波依斯追随了大量革命者，他们强化了黑人身上被种
317 族主义者淡化的方面——对他而言，他将全球投射在黑人女

性身上的堕落的、不称职的母亲和不称职的女性形象，变成全球投射到黑人女性身上的有道德的超级母亲和超级女性形象。但不管是救赎还是贬低黑人女性，这种投射都扭转了现实，涵盖了堕落的个人或个体母亲的行为，并且在这个过程中传播了种族主义观点。对黑人女性的反种族主义素描会对在所有同样不完美的女性种族群体中发现的母性和非母性行为中相同的多样性进行描绘。

几十年来，对黑人女性行为的不同描绘是在热闹的廉价酒吧里摇晃的头部和臀部、思想和心灵。在杜波依斯的《黑水河》出版几个月后，玛米·罗宾逊（Mamie Robinson）推出了20世纪20年代最伟大的反种族主义艺术形式的第一张唱片。《疯狂蓝调》（“Crazy Blues”）成为畅销曲。唱片公司充分利用了黑人和白人听众对蓝调音乐的狂热。罗宾逊、“马”·雷尼（“Ma” Rainey）、艾达·考克斯（Ida Cox）和贝西·史密斯（Bessie Smith）歌唱的黑人女性沮丧又快乐，想要安定又四处游荡，对男人又爱又恨，容易轻信别人又喜欢指使别人，在性上既自由又顺从，自信又被动，动静相宜，是天使也是“野女人”。蓝调女性和她们的男性同行们一起拥抱非裔美国人的文化方式，鄙视试图说服白人让其认为黑人没问题的策略，她们因此受到“有才华的1/10”同化主义者的鄙视。[18]

杜波依斯的《黑水河》虽然包含很多同化主义思想，但是对于种族主义读者的清淡口味来说，其反种族主义意味仍然过重了。北方、南方和外国的种族主义评论者几乎一致谴责这本书是一个愤世嫉俗的疯子对“种族仇恨的赞歌”，或者用伦敦政治经济学院的社会主义者哈罗德·拉斯基（Harold Laski）的话说，“只有变成黑人的南方人才会写出来的东西”。同时，来自黑人读者压倒性的反响，包括大量的佃农和家庭佣工都认为这是“黑人种族历史上的里程碑”，正如《华盛顿蜜蜂报》所证实的那样。一些反种族主义的新黑人不喜欢某些《黑水河》中乏味的道德说教和阶
318 级种族主义。耶鲁毕业生威廉·弗里斯（William Ferris）是加维创办的《黑人世界》的编辑，他说杜波依斯“因为自己的伟大高度”而看不起黑人大众和他们的问题。[19]

这是一项任何人都无法否认的指控，特别在杜波依斯对马库斯·加维的看法公开以后。加维的运动将“在短期内”就会崩溃，据说杜波依斯曾这样说，并且“他的追随者是黑人中最低级的，大部分来自西印度群岛”。发表这段展示出阶级和民族种族歧视引述的记者，可能抓住了杜波依斯在1920年8月充满敌意的情绪。整整一个月，杜波依斯都不得不观看并聆听加维组织的UNIA第一次国际会议的盛大游行和集会。“我们现在要把这个世界上的4亿黑人组织起来形成一个庞大的组织，并且将自由的旗帜插入非洲大陆”，加维1920年8月2日在麦迪逊广场花园对25000名兴高采烈的UNIA会议代表发起号召。这场夸夸其谈的会议让激进的非洲世界持续数月都惊叹不已。但是杜波依斯和“有才华的1/10”对加维曝光的浅色皮肤特权这一敏感事实感受到了深刻的威胁。“加维是一个杰出的人类领袖”，杜波依斯在1920年末的《危机》上承认。但是，他想要把加勒比

肤色政治带到美国却是个错误。“美国黑人不承认种族内外的肤色界限，”杜波依斯说，“如果有人试图建立起这一界限那么他们最后会惩罚他。”[20]

这可能是杜波依斯严肃的职业生涯中最愚蠢的发言。他并未意识到他的这一观点，就像那些几十年来激怒他的无视种族界限的存在的种族主义者一样。在否认肤色界限的同时，杜波依斯无视了肤色歧视的存在，这实际上将黑人不成比例的贫困归咎于肤色较深的黑人。杜波依斯长着眼睛。他知道浅肤色的人在大多数黑人能够得到的理想政治经济职位中占据统治地位。在他自己 1903 年发表的“有才华的1/10”的论文中，他曾提到 21 位现任和过去的黑人领袖，他们所有人中除了菲莉丝·惠特莉之外都是混血儿。艾达·B. 韦尔斯 - 巴内特或者卡利·豪斯都不在其中。他可
能听说过流传在黑人儿童中的童谣：“如果你是白人，那你 319
就是对的/如果你是黄种人，那你很出色/如果你是棕色人种，请你逗留等待/如果你是黑人，站远点。”杜波依斯知道精英浅肤色人们还在使用褐色纸袋和尺子来阻拦深肤色的人进入教堂，找到工作，加入民间组织、传统黑人大学、黑人兄弟会和姐妹会，甚至是成为邻居或者其他类型的聚会。[21]

杜波依斯很可能并没有注意到。更大的可能性是，他和他的浅肤色同伴感到他们的肤色特权在关于肤色歧视和肤色平等的讨论中受到的威胁，和白人感到自己的种族特权在关于种族歧视和种族平等的讨论中受到威胁并没有不同。因此，杜波依斯复制了他敌人的做法：他用种族主义观点和他的惩罚权让反种族主义者对肤色歧视的挑战保持缄默。

杜波依斯和加维之间的冲突在20世纪20年代早期达到顶峰，他们在跨种族关系问题上争论不休。1921年10月，总统沃伦·G. 哈定（Warren G. Harding）去伯明翰寻求南方的支持，他坚称“种族融合是不可能的”。当《危机》谴责哈定否认跨种族关系时，加维赞扬总统支持种族分裂主义。麦迪逊·格兰特主张优生学，支持白人种族纯净，他反对跨种族繁殖是为了防止**低级**的黑人血液的侵入；与之相反，加维支持黑人种族纯净，他反对跨种族繁殖是为了防止**不同**的白人血液侵入。社会同化主义者常常错误地弄混加维的分裂主义，他事实上信仰的是分裂但平等，而种族隔离主义者其实是相信分裂但不平等。加维的同化主义反对者们将黑人融合进白人空间视为一种进步，并且这些社会同化主义者还将加维致力于种族团结的分离主义努力与种族隔离主义者致力于保持对低等民族的种族排斥的努力联系起来。加维的社会同化主义反对者们并没有意识到，美国人自愿在自身之间分裂或融合并没有什么内在的宽容或不宽容可言。美国人通常会基于宗教、性别、民族、性取向、职业、阶级、种
320 族和社会利益，自愿地分裂或融合。分裂主义组织如果强调驱逐低等民族的话，可能会变成种族主义者（当它变成种族主义者时，就会演变成种族隔离）。跨种族组织如果强调让低等的黑人在高等白人的保护之下获得提升则可能会变成种族主义者（当它变成种族主义者时，就变成同化主义者）。这是加维对NAACP跨种族计划稍微有点错误的印象。[22]

杜波依斯和加维代表了美国黑人中的同化主义者、反种

族主义者和分裂主义者在阶级之间、本地人和西印度群岛人之间、民族主义者和泛非洲主义者之间，以及浅肤色和深肤色之间更大更激烈的斗争。但是有一个更大的敌人想要让加维保持沉默，那就是美国政府。1923 年 6 月，他被判处邮件欺诈罪。保释期间，他冒险前往利比里亚——和杜波依斯一样。当他回来以后，杜波依斯被自己的愤怒和特权感所征服，他在 1924 年 5 月称加维是“美国和全世界范围内黑人种族最危险的敌人”。在加维屈指可数的自由时光中，他在主持 8 月的 UNIA 大会时向杜波依斯和“有才华的 1/10”进行了回击。他的反种族主义言论变成了令人震惊的种族主义嘲讽。黑人是“世界上最粗心和冷漠的人”，加维在麦迪逊广场花园向上千人宣布。他的上诉被驳回，6 个月后，加维被投入了联邦监狱并在 3 年后被驱除出境。[23]

在加维的最后一届 UNIA 大会召开几周前，代表们聚集在一起，参加在同一个麦迪逊广场花园举行的 1924 年民主党全国代表大会。民主党投票支持由强大的三 K 党所宣传的反黑人、反天主教、反犹太纲领。如果国会没有在那年早些时候经两党投票通过《移民法案》，那么该纲领也将是反移民的。纲领的作者是华盛顿州共和党人阿尔伯特·约翰逊（Albert Johnson），他在反亚洲的种族主义氛围中接受了良好教育，并且和麦迪逊·格兰特的关系很好。政客们抓住了北欧西北部以外所有国家对移民限制的强大优生学需求。总 321
统卡尔文·柯立芝（Calvin Coolidge）是来自马萨诸塞州的共和党人，他在 1923 年哈定突然去世后取而代之，他在连任前很高兴地签署了这项法案。“生物法则告诉我们，某些有差异的人是无法交往或融合的，”柯立芝在1921年当选副总统时写道，“北欧人自己成功地繁衍生息，而与其他种族相结合繁衍后代的话，结果显示双方都在恶化。”[24]

在1924年的《移民法案》通过之后，优生主义者迅速回过头聚焦在对美国非北欧人的种族隔离上来。讽刺的是，法案的副作用延缓了优生计划的脚步。法案减少了北欧人对统治国家的非北欧人的恐惧，激发了同化主义者去开动脑筋让非白人遵守白人的美国同质性理想。信奉天主教、支持移民的哥伦布历史委员会成员甚至资助出版了几本书，内容是不同种族和民族群体的贡献。这些书包括《美国形成过程中的德国人》（*The Germans in the Making of America*）（因为德国人在两次世界大战之间遭人憎恨）、《美国形成过程中的犹太人》（*The Jews in the Making of America*），以及杜波依斯的《黑人的天赋：美国形成过程中的黑人》（*The Gift of Black Folk: The Negro in the Making of America*，1924）。

与优生主义者和同化主义者不同，杜波依斯渴望一种多种族的多元化，人们能够认识到差异，拥抱差异，并且以反种族主义的方式将其平等化，不去评级、抑制和忽略这种差异。但是杜波依斯并不仅仅分享了非裔美国人在精神、艺术和音乐上的文化差异，而是自己以种族主义的方式给黑人评级，这与美国著名的城市社会学家、芝加哥大学的罗伯特·帕克（Robert Park）的观点相呼应。黑人“首先是一个艺术家，纯粹地热爱生活”，帕克写道，“他可以说就像是种族中的女士”，并且更感兴趣于“物质的东西而不是……主观状态和自省对象”。类似地，杜波依斯说过黑人对“声音和颜色”有无与伦比的感觉，以及“谦逊”和“某种精神愉悦：一种对生活感性、热忱的爱，与冷酷谨慎的理性新英格兰人形成鲜明对比”。这么多年过去了，杜波依斯仍然在致力于强化哈里特·比彻·斯托关于柔软的黑人灵魂与坚硬的白人思想的观点。似乎没有什么可以消除杜波依斯头脑中 322
的全心全意的种族主义观点。当他 1924 年 3 月参加一个历史活动时，杜波依斯可能感觉到他长期支持的黑人优越的艺术天赋终于有了回报。他曾希望黑人艺术家们可以用媒体和他们的创造力来说服人们远离种族主义观点。但是这个希望渺茫的游说即将再次失败。[25]

第 26 章

媒体劝告

323 1924年3月21日晚上，W. E. B. 杜波依斯参加了曼哈顿市民俱乐部的一场让人眼花缭乱的艺术聚会。霍华德大学哲学家阿兰·勒罗伊·洛克（Alaine LeRoy Locke）是活动主持人。文化进步将“被证明是重新评估黑人的关键，它必须先于或者伴随着任何种族关系的进一步改善”，洛克在那个时代的权威文集《新黑人》（*The New Negro*，1925）中预言。他提议通过“我们有才能的群体”的媒体劝告来说服人们摆脱种族主义观点。20岁的纽约大学学生、诗人康蒂·库伦（Countee Cullen）也致力于媒体劝说，他是十几位黑人艺术家中的一员——其中最著名的是小说家杰西·福塞特（Jessie Fauset）——他出席了当晚的活动并接受了“有才华的1/10”和白人出版商的建议。库伦当时正在与杜波依斯的女儿约兰德（Yolande）恋爱，他在一连串的诗歌和欢呼声中结束了哈莱姆文艺复兴运动的亮相聚会。[1]

借助杜波依斯的帮助，哈莱姆文艺复兴运动活跃了起来，此外，还在激发新黑人学生的激进主义方面起了更大作用。他们抗议塔斯基吉学校教育的残余和所有传统黑人大学建校是为了努力“培养仆人和温顺的廉价劳动力”，杜波依斯在1924年10月的《美国水星》（*The American Mercury*）上发表了这样的批评。1923年首先在佛罗里达农工大学，随后1924年在菲斯克大学，1925年在霍华德大学，1927年在汉普顿大学以及几十个其他传统黑人大学（HBCU），新黑人校园激进主义者抗议学校强加道德规范来教化所谓野 324
蛮、性欲亢奋、不守纪律的黑人学生（并在他们受三K党的伤害时置身事外）。1925年2月4日，100多名菲斯克大学的罢课学生无视熄灯时间，在校园高喊“杜波依斯！杜波依斯！”和“宁被埋入坟墓，不愿为奴！”到抗议热潮在10年之末消退之时，很多规则都被废除了，传统黑人大学的课程除了少数黑人研究课程之外，也几乎与传统白人大学（HWCU）的课程没有区别了。折中者和反种族主义者感到不安，但是主张社会同化者很高兴。[2]

一群哈莱姆年轻而有才华的黑人艺术家拒绝听从杜波依斯的指挥。他们在1926年称自己是“黑文人”（Niggerati），充分表明他们对同化或媒体劝说毫无兴趣。黑文人中有小说家华莱士·瑟曼（Wallace Thurman），他以向黑色之美致敬的小说《越黑越迷人》（*The Black the Berry*，1929）而闻名，还有将在弗朗茨·博厄斯门下学习的佛罗里达州本地人佐拉·尼尔·赫斯顿（Zora Neale Hurston），但他拒绝博厄斯的社会同化主义并成为南部农村黑人文化中倒数第二个反种族主义代言人。这些年轻人形成了一个文学社交空间，这里完全实现了艺术自由并宽容对待文化、肤色、阶级、性别、种族和性取向上的差异。黑文人很可能是美国历史上第一个已知的完全反种族主义的知识和艺术群体。其成员拒绝阶级种族主义、文化种族主义、历史种族主义、性别种族主义，甚至酷儿种族主义，因为有些成员是同性恋或者双性恋。并不是说他们有足够的勇气来说出自己的观点：阿兰·勒罗伊·洛克、贝西·史密斯和“马”·雷尼都是哈莱姆文艺复兴运动中的杰出人物，他们在非公开恐同的美国过着双重生活，私下里肯定黑人被否定的性欲，而又公开肯定黑人被否定的艺术。[3]

1926年6月的《国家》杂志上，一位24岁诗人——另一位杰出人物，很可能处于性的深柜中——在《黑人艺术家与种族大山》（“The Negro Artist and the Racial Mountain”）中
325 提出了黑文人的反种族主义哲学。“在种族内走向白人特性的强烈欲望……以及尽可能变得不像黑人而更像美国人”是“挡住所有真正的黑人艺术的大山”，朗斯顿·休斯（Langston Hughes）写道。休斯是在回应另一位诗人的话，他告诉休斯“我想做一个诗人——不是一个黑人诗人”，这可能指的是康蒂·库伦，这位杜波依斯未来的女婿。休斯继续描述这个“年轻诗人”成长在一个典型的黑人中等收入家庭中，母亲经常跟淘气的孩子说“不要像个黑人一样”，而父亲和“他能找到的最白的女人”结了婚并告诉孩子们，“看看白人做事做得多好”。在家里，他们读白人报纸；他们去白人剧院和学校；而且他们喜欢去面向浅肤色黑人的教堂。他们渴望“北欧人的举止、北欧人的脸、北欧人的头发、北欧人的艺术”，休斯说，因为“‘我想变成白人’的

窃窃私语在他们的头脑中默念着”。这是“潜在的种族艺术家为了发现自身而真正要翻越的高山”。它让黑人艺术家看不到“他自己种族的人的美丽”，休斯补充说。

在那些并不“特别介意自己是不是像白人”的“穷困潦倒的人”的生活中，有“足够的素材来成就黑人艺术家”，他的朋友佐拉·尼尔·赫斯顿的职业生涯展示了这一点。黑人艺术家不必涉及“黑人和白人之间的关系”。休斯赋予“年轻的黑人艺术家”身上的唯一职责就是“去通过他们艺术的力量来将古老的窃窃私语——‘我想变成白人’这一他的人民深藏的愿望变成‘我为什么要想变成白人？我是个黑人——有美的——**也**有丑的’”。[4]

如果说朗斯顿·休斯将他的反种族主义的创造性能量集中用在了说服黑人远离同化主义观点上，如果说康蒂·库伦将他的同化主义的创造性能量集中用在了说服白人远离种族隔离主义观点上，那么杜波依斯则保持了对这两者的关注。但是在 1926 年，杜波依斯的注意力更多转向了说服白人。因此当杜波依斯读了休斯的文章，看到休斯支持卡尔·凡·韦奇滕（Carl Van Vechten）在 1926 年 8 月出版的《黑人天堂》（*Nigger Heaven*）一书时，杜波依斯认为这是休斯完全的背叛。

凡·韦奇滕是哈莱姆文艺复兴运动中最处处可见的白人 326
支持者，好奇的他热衷于在他们周围并炫耀黑人，就像动物园管理员在周围炫耀他充满异域风情的宠物一样。在过去的几年中，来到纽约的欧洲艺术家一直在呼吁凡·韦奇滕带他们去哈莱姆“旅游”，因为游客和导游都多少了解一些哈莱姆的情况。现在，凡·韦奇滕在《黑人天堂》这本书中让游客们畅游哈莱姆。

凡·韦奇滕的小说是一出夸张的在种族歧视的困境中男孩和女孩之间的悲剧爱情故事，所有这些类型的情感、诱惑、阻挠、背叛和死亡都缠绕在一起。它描绘了黑人平民的爵士乐俱乐部和歌舞厅里活泼快乐的花天酒地；受过良好教育、被同化的黑人精英在光鲜亮丽的家里庄重的自命不凡；以及政治正确的知识分子们辩论“种族问题”。黑人的负面评论和白人的正面评论这一鲜明的种族界限异常明显。《黑人天堂》——从它耸人听闻的标题到对黑人极端堕落和浮夸的描述——就像是给了杜波依斯和“有才华的1/10”团体“迎面一拳”。它几乎和威廉·汉尼拔·托马斯在1901年所发表的《美国黑人》一样有力。《黑人天堂》中一位黑人教授角色声称，在努力进行媒体劝说后，黑人艺术家在白人圈子里的进步将不会改变白人的观点：“因为他们遇见的白人会把他们当作天才，换言之，他们是例外。”[5]

最为糟糕的是，凡·韦奇滕骇人听闻地在《黑人天堂》中发出不符实际的声讨，即被同化的黑人被宠坏了；与之相同的想法是，世界各地种族主义者都喜欢认为白人开发者将热带的“异域”国家宠坏了。例如，纯真和纯洁（被同化）的福音歌手玛丽·洛夫（Mary Love）“失去或丧失了她与生俱来的权利，这一原始的与生俱来的权利……是所有文明种族都竭力想要寻回的”，凡·韦奇滕在《黑人天堂》中叙述道。她为这一损失而悲伤并渴望重新发现它：“这种对鼓点、对激动人心的节奏的爱……这种温暖、两性间的情感……我们都是野蛮人，她对自己反复说，所有人，显而易见，除了我！”[6]

为了将黑人艺术家的天赋归于他们的种族天性，凡·韦奇滕暗示说，掌握精妙伟大的布鲁斯和爵士歌舞表演并不需要智力和创造力，或者不断排练，或者无休止的对音乐鉴赏力的雕琢。黑人天生就是歌手、舞者和音乐家（所有不会唱歌、跳舞的黑人显然不是真正的黑人）。这个观点后来得到约翰·马丁（John Martin）的强化，他在 1927 年加入《纽约时报》，成为美国第一位著名的舞蹈评论家。他推论，对黑人而言，跳舞的能力是“内在”和“天生”的。他们有天生的“种族节奏”，并且努力去学习更专业的舞蹈风格，比如芭蕾。凡·韦奇滕和马丁提出的被同化的黑人的悲惨困境是让人瞠目结舌的种族主义：他们永远无法达到白人伟大的文明，但是他们正在远离他们伟大的野蛮天性。[7] 327

凡·韦奇滕让哈莱姆地区看起来激动人心又充满异域风情，《黑人天堂》这本书的白人读者将它变成抢手的畅销书。白人开始涌入哈莱姆——进入美国黑人地区——去见识、聆听和接触所谓黑人艺术和性的原始优越的天赋权利。他们冲进俱乐部，比如哈莱姆的“丛林”，或者去观看一场新成立的哈莱姆篮球队的表演。1927 年，这些黑人表演者开始以“自然的节奏”在篮球场跑动，发出丛林里的声音和狂野的阵阵笑声，就好像是需要“成熟的白人来加以管理的”轻浮的、不诚实而懒惰的孩子。他们的俱乐部创始人亚伯·萨珀斯坦（Abe Saperstein）创建了这种表演形式。[8]

在《黑人天堂》和一般的蓝调艺术形式中，黑人平民有时候在美国白人面前被描绘成性感、未受过教育、懒惰、粗鲁、不讲道德和罪犯的形象。这种形象引发了更多关于劝善和媒体劝说的争论。许多黑人精英们每次看到媒体上的负面黑人形象时都感到痛苦，他们相信这些描述是在强化刻板印象并构成了种族主义思想的血液。他们虔诚地相信如果白人看到更多“正面”的黑人描绘——那些纯洁的、受过教育的、优雅的、道德的和遵纪守法的黑人——那么种族主义
328 观点就会枯萎消亡。尽管黑人精英不希望白人看到对黑人平民的负面媒体描述并将之视为他们这样的黑人精英的代表，但是他们自己常常将这种描绘视为黑人平民的代表。[9]

黑人平民与他们的精英反种族主义捍卫者相反，在这些描绘和艺术中看到了黑人的不同真相。他们并不关心对种族主义观点的影响，并且喜欢《黑人天堂》和蓝调文化。他们也不需要关心。那些从《黑人天堂》或者蓝调中概括出个体黑人角色的“负面”行为的美国人，显示他们早就已经持有了种族主义观点。“有才华的1/10”对媒体劝说的尝试从一开始就失败了。对黑人的“负面”描述常常会强化种族主义观点，但“正面”描述也并不一定就能削弱种族主义观点。这些“正面”描述会被作为杰出黑人的例子而不被理睬，而“负面”描绘却会被归纳为黑人的典型。即便这些种族主义革命者在某一天设法将主流媒体中所有“负面”的描绘都替换成“正面”的描绘，那么，就像瘾君子一样，种族主义者还会转向其他途径。在《黑人天堂》和蓝调之前，滑稽说唱团、科学，以及在与黑人互动中看到

的任何负面行为都是为种族主义者提供强化观点的渠道。

对跨阶级、跨代际、跨意识形态的描绘辩论在 20 世纪 20 年代一直进行，其焦点在于《黑人天堂》和之后 1928 年克劳德·麦凯出版的《回到哈莱姆》（*Home to Harlem*）中对蓝调和爵士的描绘。《回到哈莱姆》是第一本黑人作者的畅销书，这让杜波依斯感到“就像一笔巨大的损失”。愤怒的杜波依斯在那一年发表了他自己的《黑公主：罗曼史》（*Dark Princess：A Romance*），描绘了强壮、聪明的女人和敏感、聪明的男人，一如他在小说里一贯的风格，似乎没有意识到他也在强化种族主义观点。[10]

杜波依斯在强化社会同化主义观点，在 20 世纪 20 年代，这些观点在美国北方人头脑中发展，特别是在知识分子中。对这些观点的接受成为一系列正在进行的事情的副产品，包括正在进行的黑人为离开南方种族隔离的大迁徙、新黑人对废除北方和北方学术种族隔离的激进主义，以及黑人 329
持续的繁衍生息。这一进步并不是“有才华的 1/10”的激进分子成功说服持有种族主义观点的美国人认为黑人家仆和农民是可以在北方工业地区生活和工作的副产品。去往北方的移民强行摆脱了种族隔离的南方的农业和家务劳动限制，种族主义观点也因此使那些限制合理化。1928 年，一些研究种族的著名学者聚到一起，在著名的《美国政治与社会科学院年报》（*Annals of the American Academy of Political and Social Science*）的“黑人”版块上发表了具有里程碑意义的特别议题。在过去的 15 年中，该年报的编辑写道，“研究种族的学生和外行人都不得不抛弃或者甚至要反转他们的很多理论”。大迁徙“颠覆”了“人们广为接受的理论”，即将黑人隔离在“热带的自然环境”中就可以解决黑人问题。黑人“无论男女”都展示了他们在工业领域上工作的能力，这在以前被认为是超出他们能力范围的。这位编辑还说，认为黑人糟糕的健康状况会使他们“经退化而灭绝”的理论已经“遭到了严重冲击”：“关于通过生物同化而吸收的旧理论一直未能以其原始形式经受住研究的考验。”此外，“[黑人的]民族和道德标准也在发展”，编辑带着同化主义的微笑说道。简言之，美国学术界最负盛名的社会科学杂志象征性地宣布了隔离主义思想的撤退。从内战前夕的萨缪尔·莫顿和多源起源论者开始，种族隔离主义者已经统治了美国学术界大约一个世纪。[11]

这个特别议题由黑人和白人男性学者的明星阵容组成，包括 W. E. B. 杜波依斯、罗伯特·帕克和著名的宾夕法尼亚大学社会学家索斯坦·塞林（Thorsten Sellin）。塞林揭示了用种族犯罪数据评估真实犯罪水平的“不可靠性”。“有色人种罪犯一般而言无法享有种族的匿名性，这也掩盖了白人种族中的个体犯罪，”塞林写道，“在将肤色标记到他身上时，他的个体性在某种意义上被淹没了，他不再仅仅是个
330 小偷、抢劫犯或者杀人犯，而是成了他的种族代表。”然而，塞林无法做到像反种族主义的新黑人犯罪学家那样，承认“黑人的**实际**犯罪率低于或者和白人一样低”。[12]

沃特·怀特（Walter White）在 20 世纪 20 年代好几次勇敢地“批准”了 NAACP 对南方私刑当事人开展的出色调查，他提出“肤色界限”不仅存在于美国，在欧洲和南非

也都存在，并且“和在美国的比例大致相同”。可能是为了保持政治正确，他没有提到共产主义俄国，在那里，国家对种族的看法与其他殖民化的欧洲国家并不相似。1928 年夏天，苏联共产国际第六次代表大会宣布：“黑人在南方各州占大多数，必须公开和毫无保留地支持黑人民族自决的权利。”[13]

美国共产党人被鼓动起来采取行动。党派的“中心口号”是“废除种族歧视的整个制度”，《共产主义报》（*The Communist*）高调宣布。对于黑人劳工活动家来说，共产国际的 1928 年声明（以及 1930 年的扩大版）听起来就像是溺水的黑人劳工的救生索。1924 年，当美国劳工联合会主席萨缪尔·龚帕斯去世时，威廉·格林（William Green）继续他的政策，他说劳工联合会欢迎黑人，并且否认工会中存在种族歧视。在这一过程中，格林有效地将工会的种族隔离和黑人在劳动力市场上不成比例地处在底层的原因都归咎于黑人。[14]

克劳德·G. 鲍尔斯（Claude G. Bowers）可能没有读过《美国政治与社会科学院年报》上的特别议题。1928 年 11 月，他的注意力集中在其他地方——选举结果。鲍尔斯是《纽约邮报》（*New York Post*）的编辑，也是托马斯·杰斐逊杰出传记的作者，他对民主党的忠诚度不输于任何人。在愤怒地看着共和党在总统选举中攫取南方各州后，他决定提醒南方白人，共和党人应该为重建过程中的恐怖经历负责。他在 1929 年出版了畅销书《悲剧时代：林肯后的革命》

331 (*The Tragic Era: The Revolution After Lincoln*，简称《悲剧时代》)。“历史学家们已经从向我们展示酷刑室的不愉快任务中退缩了”，他说，而无辜的南方白人“确确实实”在被邪恶的黑人共和党人折磨。我们永远不会知道有多少美国人读了《悲剧时代》后又去当地电影院重看了《一个国家的诞生》，然后发誓再也不会给共和党投票，再也不会缺席私刑殴打，也再也不会考虑消除种族隔离——简言之，再也不会做任何事去重新唤起黑人大规模投票和白人受折磨的恐怖可能。但是确实有很多人这样。《悲剧时代》比20世纪20年代晚期任何其他书都更大地帮助民主党确保种族隔离主义者统治下一代人。[15]

“我认为《悲剧时代》需要得到充分、完整、巧妙的答复，我再一次发现你就是最合适的人选!”杜波依斯接受了传奇黑人教育家安娜·茱莉亚·库珀（Anna Julia Cooper）的鼓励去对这本书进行回复。杜波依斯全身心地投入这本书的研究，写出了后来他认为是自己写得最好的一本书，它甚至超越了《黑人的灵魂》。在1935年出版的《1860～1880年美国的黑人重建》(*Black Reconstruction in America: 1860－1880*) 中，杜波依斯总结说，美国永远不会有真实的历史，“除非我们的大学中有人将事实看得比捍卫白人种族更重要”。重建时期绝不是一个悲剧时代，杜波依斯坚决主张道，它是美国第一次也是唯一一次真正感受到民主。内战之后，黑人和白人平民走到一起建设起民主的州政府，为南方民众提供了公共资源。白人精英通过确保白人平民的忠诚推翻了这些政府，这一壮举并不是通过给他们更高的工资达成的，而是留住有利可图的“公共和心理工资”回报来实现的。从杜波依斯起，历史学家现在称这些回报为“白色工资”：它们是白人通过运用种族主义观点和种族隔离而获得的特权。要获取它们，白人劳工只需要和白人精英站在一起，不顾那些被处以私刑、强奸和剥削的黑人。[16]

《纽约客》（*New Yorker*）的一位评论员认为杜波依斯抱着“与大多数以前的作家不同的奇怪观点，认为黑人也是人”。杜波依斯的重建历史“改变或扫除了”我们“熟悉的
场景和地标”，这位评论员在《时代》（*Time*）杂志上写道。 332
但是杜波依斯并没有削弱《悲剧时代》对南方种族隔离主义者的吸引力。种族主义读者不太可能因为一位黑人学者而改变他们的想法。事实上，北卡罗来纳大学教堂山分校的历史学家霍华德·K. 比尔（Howard K. Beale）以其白人历史学家及南方本地人的合法性，才在 1940 年打破了哥伦比亚大学邓宁学派的共识。[17]

尽管克劳德·鲍尔斯的书肯定起了作用，但是他并不一定需要写《悲剧时代》才能摧毁共和党。1929 年 10 月 29 日，股市崩盘，结束了亲商界的共和党几十年来的统治。大萧条对南方和美国黑人的冲击特别严重。“只有每个白人男性都有了工作，才有工作给黑人”成为南方腹地的口号。在北方，常常能在“奴隶市场”发现黑人移民和美洲原住民，这是北方城市对这些街角的叫法。白人雇主会过来选择最便宜的散工。性剥削和经济剥削十分猖獗。[18]

在大萧条中期，大量美国人都很痛苦，这让优生学更难

被接受了——更难将一个人的经济困境归咎于遗传因素。主张社会同化者利用这一平静时期继续控制着科学界。1931年弗朗茨·博厄斯在对美国科学促进会做主席演讲时抨击了种族隔离主义。普林斯顿大学的心理学家卡尔·C. 布里格姆在1932年承认了他早期关于智商测试证明黑人基因低等的研究是“毫无根据的”（尽管布里格姆的SAT测试的用途反而还被扩展了）。科学学科分裂成相互争吵的派系，遗传学家将自己与优生学家区分开来。同时，优生学由纳粹德国和美国节育运动支撑，后者是由玛格丽特·桑格（Margaret Sanger）和她的美国节育联盟运作的。[19]

体质人类学是一门研究生物种族区别的学科，它是从研
333 究文化区别的文化人类学中分离出来的。博厄斯是文化人类学的掌舵人，而体质人类学的掌舵人则是哈佛大学的恩斯特·A. 虎顿（Earnest A. Hooton）和卡尔顿·S. 库（Carleton S. Coon）。1931年，虎顿写出了《从猿进化》（*Up from the Ape*），成为接下来几十年中体质人类学课程的必读书目。“体质特征，”虎顿解释道，“决定了种族，它们主要是与气质和心理变化相关联，它们是特定而无形的且无法测量，但是真实而重要。”[20]

虎顿的很多学生进入了医疗保健领域，在那里，生物种族隔离主义观点猖獗，工作人员仍然对不同种族采用不同方式治疗疾病。梅毒对黑人的伤害远超过白人，梅毒“专家”托马斯·穆雷尔（Thomas Murrell）1910年在《美国医学协会杂志》（*Journal of the American Medical Association*）上声称。但是这一理论从未得到明确的证明。所以在1932年，

美国公共卫生服务部门开始进行“未经治疗的黑人男性梅毒研究”。政府研究人员承诺向整个亚拉巴马州塔斯基吉的大约 600 名感染梅毒的佃农提供免费医疗服务。他们暗中禁止这些人接受治疗并等待他们死去，这样他们就可以进行尸体解剖。研究人员想要确认他们的一个假设，即梅毒损坏白人的神经系统，但绕过了黑人“未开发的”大脑转而损坏他们的心血管系统。这项研究直到 1972 年遭媒体曝光后才停止。[21]

1933 年《金刚》（*King Kong*）出现在大银幕上时，虎顿的《从猿进化》得到了补充。电影讲述了一个冒险故事，一只住在岛上的巨大的原始猿因为试图拥有一个年轻美丽的白人女子而死亡。美国人把他们的注意力从大萧条中转移出来，节衣缩食地凑钱看电影，给这部电影带来了惊人的票房收入。评论家都被迷住了。“这是电影工作室中出现的最原始、最刺激、最新奇的作品之一”，《芝加哥论坛报》对之大加赞赏。事实上，《金刚》只不过是对《一个国家的诞生》的翻拍，将故事场景从泰山的岛屿变成了纽约。但是《金刚》没有引发《一个国家的诞生》所带来的争议。电影制作者为身体强壮的黑人男性蒙上一层面纱，把他塑造成身
体健壮的猿。在两部电影中，黑猿恐吓白人，试图摧毁白人 334
文明，并且在戏剧性的高潮前追捕一名白人女子，这是黑猿的私刑。《金刚》在展示种族主义观点方面具有惊人的独创性——没有说一个关于黑人的词，就像南方的祖父条款、选举税，以及剥夺黑人权利的理解条款一样。[22]

黑人批评家拼命谴责《金刚》，但是他们没有攻击美国

全国广播公司的广播喜剧节目《阿莫斯·安迪》(*Amos'n'Andy*)。超过4000万白人和黑人听众在20世纪30年代的晚上收听来自《一个国家的诞生》的“完美之歌”,然后就是《阿莫斯·安迪》。里面的典型角色有黑人滑稽演员、汤姆大叔、保姆,甚至一个唠叨、独断、脆弱的赛弗尔——这是第一个主要的愤怒黑人女性的媒体代表。当种族主义听众们嘲笑这些角色时,反种族主义听众也在**一起**嘲笑,特别是里面深受人民喜爱的两位不完美的人物主角,他们由白人资深滑稽合唱团演员所扮演,他们分享大萧条时代的烦恼、恐惧、挫折和城市黑人生活的限制,这引起了人们的共鸣。那些对《阿莫斯·安迪》嗤之以鼻的非裔美国人通常也鄙视好莱坞的第一位黑人明星——施特平·费奇特(Stepin Fetchit),他演的一系列角色都是“世界上最懒惰的人”。施特平·费奇特主演了《南方的心》(*Hearts in Dixie*, 1929),这是第一部号称黑人演员占大多数的影片。他很聪明,因为他的懒惰,费奇特所扮演的角色从没做过任何工作,被激怒的白人角色只能被迫自己工作。反种族主义黑人喜爱费奇特的角色。他是个种族主义骗子,又回到奴隶制的骗子们那里。[23]

经济不景气的黑人必须找到一些办法来吃上饭,找到一些办法来减轻他们在最恶劣最繁重的工作中难以忍受的工作负担,即便这意味着假装懒惰。他们没有从政府那里得到太多帮助,得到的同样是老样子的种族歧视。NAACP分会试图提供帮助,但是他们的会员和资源都急剧下降。而协会的全国总部正忙于疏远杜波依斯以及处于困境中的贫穷黑人。

第 27 章
旧政

W. E. B. 杜波依斯与 NACCP 于 1993 年新任的执行秘书 335
沃特·怀特怀着不同的愿景。杜波依斯设想了一个由斯科茨伯勒男孩这样的平民组成的协会，这 9 个黑人青年在 1931 年被一个全白人组成的阿拉巴马陪审团错误判定在一列火车上轮奸了 2 名年轻白人女子。这些贫穷、深肤色、未受教育、未被同化的年轻人——世界各地的活动人士为他们的自由进行游行——并不一定符合沃特·怀特的愿景。他想要将 NAACP 改变为一个自上而下的诉讼和游说组织，将像他自己这样“优雅”的人放到法庭和政客面前来说服白人法官和立法者终止种族歧视。沃特·怀特有时候看起来像白人，他的愿景是杜波依斯年轻时代和双重意识时曾有过的愿景。但是到了 1933 年，65 岁的杜波依斯已经几乎完全转变为反种族主义者了。[1]

杜波依斯从 NAACP 办公室的内部斗争中逃离出来，去他的老战场——亚特兰大大学做了 5 个月的访问学者。大萧条使得几乎每一位思想家都在关注经济问题，杜波依斯在 1933 年春季学期教了两门课，并且邮寄了两篇关于马克思主义和黑人的文章给《危机》杂志。霍华德大学的正统马克思主义经济学家艾布拉姆·哈里斯（Abram Harris）恳请杜波依斯重新考虑把马克思主义和反种族主义观点交织在一起，他说马克思并没有完全提出种族问题，除了他著名的宣言，“只要黑人劳工还被打上烙印，白人劳工就永远不会获
336 得自由”。但是当前让人沮丧的现实，而非旧的理论，让杜波依斯相信是打破反种族主义的社会主义意识形态的时候了。在他1933年的一篇文章中，他形容美国是一个拥有白人“工人阶级贵族”的“后马克思主义现象”。在这个10年结束的时候，杜波依斯将会在《黎明前的黑暗》（*Dusk of Dawn*，1940）中阐述他的反种族主义的社会主义思想。“不是阶级的横向划分，而是垂直分裂这一通过种族对阶级进行的彻底分裂，垂直切开了各经济层”，杜波依斯提出。垂直切割的刀是由数世纪的种族主义观点组成的。“这一浅显而无可辩驳的事实，在俄国共产主义引入马克思主义时被忽视了，所以没有讨论。”[2]

杜波依斯的反种族主义社会主义思想反映了他不仅对资本主义，而且对社会同化主义思想也不抱幻想。1933年6月，杜波依斯在他母校菲斯克大学的毕业典礼演讲中挑战了那些传统黑人大学的教育者，他们正在复制白人大学的课程。杜波依斯知道瑟古德·马歇尔（Thurgood Marshall）1929年在宾夕法尼亚州林肯大学的班级高票反对黑人教授和“黑人研究”，并且用种族主义观点解释了他们的投票。对在黑人大学做黑人研究的反种族主义要求来自杜波依斯，来自朗斯顿·休斯和1926年颇受欢迎的黑人历史周的缔造

者卡特·G. 伍德森（Carter G. Woodson）。在他 1933 年出版的书中，伍德森呼吁关注这个问题。他给书起名为《黑人的错误教育》（*The Mis-Education of the Negro*）。“众所周知……通过历史教育，白人能够进一步确保他们的优越性”，伍德森写道，“如果你可以控制一个人的思想，那么你就不必担心他的行动……如果你让一个人感到他比别人低等，那么你就不必强迫他接受一个更低等的地位，因为他会自己去找”，而且“如果没有后门，他的天性会要求一个”。所以主张社会同化的黑人学者要求开后门，这延缓了黑人研究在 20 世纪 30 年代的进步。[3]

W. E. B. 杜波依斯越倾向于反种族主义，就越意识到想要说服强大的种族主义者是浪费时间，而且他也更确定黑人必须依靠彼此。杜波依斯认为，研究华盛顿对于大萧条的救济措施，可能是让黑人团结起来的共同需求。富兰克林· 337
D. 罗斯福（Franklin D. Roosevelt）就任总统后，在 1933 年到 1938 年强力通过了他称之为“新政”的一系列政府救济计划、工作计划、《劳工权利法案》和《资本主义储蓄法案》。为了得到南方民主党的国会选票，罗斯福和北方民主党人精心编制了这些法案；对南方黑人来说，它们看起来更像是旧政。就像罗斯福就任之前的日子一样，种族隔离主义者被赋予权力去进行地方管理，并根据种族歧视来区别对待这些联邦项目的救济措施。种族隔离主义者还确保了农民和家仆——黑人的主要职业——不在这些法律规定的新工作福利中，比如最低工资、社会保障、失业保险以及权利地位。不可否认的是，南方黑人秘密加入了佃农和产业工会在美国共产党内部和外部的组织，在20世纪30年代为他们自己的新政而抗争。亚拉巴马州的黑人在大萧条时期把本土反种族主义的社会主义思想与基督教理论混合到一种流行说法中："当围栏中最下面的一条位于顶部，而最上面的一条位于底部时，那一天就会到来。黑人将在阳光下伸展双臂，找到他们的位置。"[4]

北方黑人加入了1935年出现的产业工会联合会（CIO）。一些工会支持他们反抗资本主义和种族主义的双重斗争。其他工会用旧政应付黑人工人：想要加入工会，"黑人就必须忘记他们是黑人"并停止谈论种族问题。这些持有种族主义观点的工会拒绝采取任何可以消除种族歧视的行动。[5]

除了就业领域之外，可能没有比住房更严重的歧视领域了。罗斯福政府新成立的屋主贷款公司（HOLC）和联邦房屋管理局（FHA）用旧政对待黑人居民，这些机构在绘制"肤色编码"地图时，将黑人社区涂成红色，意思是不受欢迎的地区。这地图导致经纪人拒绝给这些住户办理新的30年期按揭贷款，这阻止了黑人租户购买房屋和获得财产。不
338 过，当然了，这种歧视被无视或不予考虑了，人们把这些政策产生的不平等和种族隔离的不断扩大归咎于黑人的财务习惯。对黑人的歧视和政府对白人的援助占了上风。[6]

美国黑人，特别是北方人，还是从新政中获得了一些援助，尽管这些援助与白人相比少得不成比例，但还是比最近印象中任何其他联邦政府的项目所给予的援助都多。感恩的黑人共和党人蜂拥至罗斯福的民主党中。他们受到罗斯福政

府中 45 名黑人的著名“黑人内阁”的吸引。但是，没有人比罗斯福的妻子埃莉诺·罗斯福（Eleanor Roosevelt）更让美国黑人喜欢上罗斯福政府以及民主党的了。1934 年，这位第一夫人公开支持已躺在国会重症监护室的反私刑措施。她与“黑人内阁”中唯一的女人——玛丽·麦克劳德（Mary McLeod）以及 NAACP 的沃特·怀特成为朋友，并且对黑人中“许多人与生俱来的”在“艺术、音乐和节奏”上的天赋而深感欣喜。[7]

罗斯福总统在执政的头 100 天里通过了一系列经济增长法案，让 1933 年成为美国经济历史上关键的一年。它本可以也成为美国种族历史上关键的一年，但是罗斯福太过受制于他党派中的种族隔离主义者了。同时，强大的黑人又太过受制于社会同化主义者或劝服策略，这使得杜波依斯灼热的文章没能点燃反种族主义运动的大火。1933 年 9 月，杜波依斯在《危机》杂志发表了《感到惭愧》（“On Being Ashamed”），回顾了他自己一生的思想历程，并且将之概括为美国黑人的思想。从解放到 1900 年前后，“美国有色人种中的上层阶级”，他说，曾努力“逃进美国平民之中”，并且为那些没有被同化的人“感到惭愧”。但是自那时起，“美国有色人种找到了自己”，而杜波依斯找到了他自己和他的单一反种族主义意识。在 11 月的《危机》杂志中，杜波依斯再次告诫“大量美国黑人在所有基本特征上都以为自己归属于白人种族”。然后，在 1934 年 1 月发表的文章中，习惯于他取消种族隔离主义政治观点的读者对他发表的《种族隔离》（“Segregation”）感到震惊。在马库斯·加维 339

之后，杜波依斯区分了自愿的非歧视性分裂和非自愿的歧视性种族隔离。他坚称，抵制自愿的黑人分裂的观点既不是源于种族主义的观点，也不是源于“有色人种不喜欢或不愿意一起工作、一起合作、一起生活的任何（观点）”。[8]

数十家黑人报纸报道了人们对这些文章的反应，有赞同，有困惑，也有愤怒。感觉自己在取消北方美国白人的种族隔离方面终于取得了一些进展的社会同化主义者、劝善行动的虔诚信徒，以及那些顽固地相信黑人进步只能出自白人之手的政治种族主义者都将杜波依斯视为叛徒。“美国绝大多数黑人都出生在有色人种家庭，在分开的有色人种学校上学，参加分开的有色人种教堂，和有色人种对象结为夫妇，在有色人种的基督教青年会（YMCA）以及基督教女青年会（YWCA）进行娱乐活动”，杜波依斯在 1934 年继续主张。与其用我们的能量去打碎白人机构的砖墙，我们为什么不用我们的能量修整我们自己的呢？杜波依斯在 NAACP 的老板们和全国有色妇女协会主席都不同意他的说法。在“有才华的 1/10”中，更年长、更富有或者同化程度更高或更教条的代言人们认为，杜波依斯在“犯错”，正如《费城论坛报》（*Philadelphia Tribune*）的社论所言。[9]

但是杜波依斯的每篇文章都为他赢得了更多的新一代人的尊重。卡特·G. 伍德森、佐拉·尼尔·赫斯顿、玛丽·麦克劳德和朗斯顿·休斯都赞同他的评价。对于那些加入工会的南方佃农们、嘲笑《阿莫斯·安迪》和施特平·费奇特的移民们，以及准备组织全国黑人大会及其年轻分支的南方黑人青年会的工人和学生来说，杜波依斯从没像现在这么好过。在这一支持的推动下，杜波依斯回击了那些认为同化主义和“黑人的成就［能够］打破偏见”的批评。“这是”无稽之谈，杜波依斯在 1934 年 4 月的《危机》杂志上怒喝，“我曾经充满热情地相信它。也许在 250 年或者 1000 年后会成真。但是现在它是不真实的”。杜波依斯此后再也没有严肃地提倡过劝善活动。[10]

当 W. E. B. 杜波依斯乘坐的火车在 1936 年 6 月 30 日驶 340
入柏林时，他知道自己“进入了近代最致命的政治风暴眼之一”。这位新的亚特兰大大学教授在因为支持黑人权力而不是融合和同化而被排挤出 NAACP 后进行了一场研究旅行。没过多久，杜波依斯就给家人写信说，犹太人在阿道夫·希特勒任期的第二年中就是黑人。[11]

在杜波依斯到达的 11 天前，出生于德国的马克斯·施梅林（Max Schmeling）在洋基体育场摆好阵势迎战非裔美国人的骄傲——同时也是美国种族隔离主义者鄙视的对象——“打不倒的棕色轰炸机”乔·路易斯（Joe Louis）。从杰克·约翰逊时代开始，白人男子气概就试图进行自我救赎，为此，他们不仅仅塑造了泰山的形象，还将乔·路易斯这样的黑人拳击手归类为“了不起的动物”，正如《纽约每日新闻》（*New York Daily News*）在比赛前给他起的绰号一样。让人目瞪口呆的是，施梅林击倒了路易斯，激起的白人至上主义者的欢呼声从布鲁克林响彻柏林。两年后，路易斯在种族“世纪之战”上完成了复仇。[12]

希特勒旨在通过举办 1936 年夏季奥运会来突出雅利安

人运动素质的至高无上。对此不感兴趣的杜波依斯在8月的大部分时间都不在柏林，但是杰西·欧文斯（Jesse Owens）这位名不见经传的阿拉巴马佃农的儿子在奥运会上创造了历史。他奋力冲刺，获得了4枚金牌并获得了数次震动全场的喝彩，包括纳粹在内。当欧文斯回到美国参加一场盛大的游行时，他希望自己也能努力改变美国人的种族主义观点。这是一场他无法获胜的比赛。很快，为了摆脱贫困，欧文斯去和马和狗赛跑，并且说纳粹对待他也比美国人对待他要好。[13]

如果说杰西·欧文斯有改变什么的话，那就是加深了肤色界限，特别是关于黑人具有动物般的运动优势这种种族主义观点。持种族主义观点的美国人拒绝承认黑人在拳击和田径体育项目上非凡的有利条件，也拒绝承认一个自律、有竞争力的聪明头脑比强壮的身体更能让伟大的运动员们脱颖而出。相反，运动种族主义者为1932年和1936年奥运会上黑人短跑和跳高跳远运动员的成功提供了一些奇怪的解剖学、
341 行为学和历史学解释。“不久前，他的短跑和跳跃能力对于他的丛林生活还是生死攸关的大事”，欧文斯的奥运会田径教练，南加利福尼亚大学传奇的迪恩·克伦威尔（Dean Cromwell）如此解释。但是杰西·欧文斯并不拥有所谓让黑人具有速度优势的“黑人类型的小腿、脚和根骨”，霍华德大学人类学家W. 蒙塔格·科布（W. Montague Cobb）在1936年发现。因为有些田径明星会被错认为是白人，所以“并不存在一个单一的身体特征，包括肤色在内，是所有黑人明星所共有并可以明确将他们归类为黑人的”。科布并没

有收到多少赞赏，因为美国人相信天生的黑人运动优势和生物区别。几乎所有人都仍然相信，不同的肤色事实上意味着远比肤色不同多得多的东西。[14]

W. E. B. 杜波依斯学习德国、日本、中国和俄国的政治经济的为期 6 个月的文化观光之旅结束了。在 1937 年 1 月的第二周，他把目光从“龙田马拉号”（*Tatsuta Mara*）的甲板上移到了旧金山湾区。他再次进入美国，在那里，富兰克林·D. 罗斯福组建了一个由自由党、劳工、拥有选举权的北方黑人和南方种族隔离主义者组成的有力联盟，赢得了历史上最一边倒的总统选举。因为害怕疏远种族隔离主义者，所以罗斯福没有用他的权力强行通过《反私刑法案》，但它还是得到了国会的通过。“如果你成功通过了这项法案”，密西西比州参议员西奥多·比尔博（Theodore Bilbo）的反对之声在 1938 年 1 月 21 日回响，那么“强奸、暴行、私刑、种族骚乱和犯罪将成千倍地增加；你的衣服上……也将沾满被强奸者”和被处以私刑者的“鲜血”。比尔博建议黑人海外殖民化并赞赏纳粹德国的信条。但正是那些纳粹信条——和始于 1938 年的对德国犹太人的大屠杀——激怒了白人知识分子并使他们对《吉姆·克劳法》失去了兴趣。1938 年 12 月，在一项全体一致同意的决议中，美国人类学协会谴责了生物种族主义。[15]

在谴责种族主义时，学者们首先需要将之定义。从 342
1940 年前后开始，弗朗茨·博厄斯的一位学生，哥伦比亚大学人类学家鲁斯·本尼迪克特（Ruth Benedict）将“种族主义”这个词纳入了国家词汇表。“种族主义是一个未经证实的假设，即一个人类群体比另一个人类群体更具有生物上和永久的优越性”，她在《种族：科学和政治》（*Race: Science and Politics*，1940）中写道。尽管如此，她在这个定义中没有涵盖她所在的社会同化主义者阵营的观点，即一个人类群体比另一个人类群体在文化上暂时更优越。当社会同化主义者接管了种族观点后，他们的种族主义观点成为上帝的法则、自然的法则、科学的法则，一如过去一个世纪中的种族隔离主义者观点。社会同化主义者贬低并不屑于提及非洲人的行为，并且不知怎么地，他们认为自己的观点不是种族主义的，因为他们没有将那些行为归因于生物性的，没有将它们视为永恒不变的，他们谈论历史和环境原因，同时认为黑人能够被文明教化并得以发展。[16]

除了本尼迪克特的《种族：科学和政治》之外，这一时期最有影响力的社会同化主义科学文本来自 E. 富兰克林·弗雷泽（E. Franklin Frazier），他是社会同化主义者罗伯特·帕克以前的学生。1939 年，这位霍华德大学的社会学家发表了一份权威研究，题目为《美国的黑人家庭》（*The Negro Family in the United States*）。在序言中，弗雷泽表达了对 30 年前杜波依斯在亚特兰大大学关于美国黑人家庭研究的感谢，当时杜波依斯得出了结论“性不道德可能是美国黑人中最大的一个罪恶根源”。杜波依斯赞扬了弗雷泽作为才华横溢的黑人社会学家展现出对自己的社会同化主义观点的一些延续，以此来回应弗雷泽对他的赞美。[17]

弗雷泽将大量城市非精英黑人的家庭描绘成丑陋的、失序的、以女性为中心的沉重负担。他描述了缺席的父亲和没有结婚的职业母亲留下孩子自己，男孩子长成了罪犯，女孩子学会了模仿“母亲的”散漫行为并将“道德沦丧”代代相传。在弗雷泽的性别主义观点里，男性当家的双亲核心家庭是最理想的。在他的种族主义观点里，塑造这一理想家庭的黑人家庭在统计数据上远不及白人家庭。黑人社区中这一“混乱的家庭生活”是由种族歧视、贫穷、文化病态和奴隶 343
制期间引入的母系黑人家庭造成的。完全地“剥夺了他的文化遗产”，让奴隶成为野兽，弗雷泽称。奴隶“作为人类的形成，是”他主人的文化“对他的同化促成的”。现在，黑人受到“白人文明中更正式的方面的……同化”正在城市地区进行，弗雷泽总结道，“跨种族婚姻在未来将带来同化的基本形式”。[18]

E. 富兰克林·弗雷泽并不是唯一倾向于主张黑人变成白人的社会同化主义者。心理学家玛米·克拉克（Mamie Clark）和肯尼斯·克拉克（Kenneth Clark）发现，他们在1940 年到 1941 年研究的 253 个黑人儿童中绝大多数更喜欢白人洋娃娃而并不是黑人洋娃娃。一些初中生把浅色和中等肤色与智慧和文雅联系起来，然后把深色肤色与卑劣和体格强壮联系起来。肤色越浅越好，这与社会同化主义观点中的头发越直越好很类似。从 20 世纪 20 年代和对**弄直头发**（*conk*）——对**拉直头发的发剂**（*Congalene*）处方的缩写——的狂热开始，黑人男性已经加入黑人女性弄直头发的行列。1941 年或 1942 年，一位绰号“矮子”的青少年在波士顿给他来自密歇根的朋友做第一次头发拉直。“我们俩都

> 咧嘴大笑，汗流浃背”，马尔科姆·利特尔（Malcolm Little）回忆道。他站在那儿，望着镜子，“对我的头发现在看起来像‘白人’而赞叹不已”。20 年后，马尔科姆·X（原名为马尔科姆·利特尔）回顾他“真正向自我退化迈出的第一大步：我忍受了所有痛苦，真的烧伤我的肉体来使头发看起来像白人的头发”。那时候马尔科姆意识到他“已经步入大量美国黑人男女的行列，被洗脑后相信黑人‘更低等’——而白人更优越——以致他们甚至愿意亵渎和伤害上帝创造的肉体来试图按照白人的标准看起来‘漂亮’”。[19]

突如其来对种族主义的命名和定义并没有消灭它，特别是在流行文化中。1939 年，米高梅电影制作公司上映了电影《飘》（*Gone with the Wind*），其改编自玛格丽特·米切
344 尔（Margaret Mitchell）1936 年的普利策奖小说。《飘》讲述了一位坚强的佐治亚奴隶主的女儿追求一位有妇之夫的故事。撇开斯嘉丽·奥哈拉（Scarlett O'Hara）的道德欠缺不谈，白人奴隶主被描绘为高尚而体贴；奴隶们被描绘为忠诚而无能，没有为自由做好准备。

非裔美国人抗议者没能阻止这部电影大获成功。几乎所有的白人影评者都称赞其优秀的男女演员阵容，看起来如此真实的角色塑造将旧时的佐治亚种植园生活搬到他们眼前。电影打破了票房纪录也打碎了奴隶制的真相，并且获得了 10 项奥斯卡奖。它取代了票房冠军《一个国家的诞生》而成为好莱坞历史上票房最高的电影。就像《人猿泰山》成为美国人了解非洲的主要途径一样，《飘》也成为美国人了

解奴隶制的主要途径。唯一的问题在于，在这两个例子中，那些描述都非常不正确。[20]

《飘》中忠诚、亲切的保姆是好莱坞历史上最受敬仰的角色之一，她是由女演员海蒂·麦克丹尼尔斯（Hattie McDaniel）出演的。“通过享受她的奴役，［保姆］对一个因种族主义的罪恶而破裂的国家起到了治愈的作用”，政治学家梅丽莎·哈里斯-佩里（Melissa Harris-Perry）在2011年的电影分析中解释道。麦克丹尼尔斯获得了奥斯卡最佳女配角奖，这是黑人第一次获得该奖项。在海蒂·麦克丹尼尔斯之后，好莱坞制片人在20世纪中期的大量电影中喜欢用缠着头巾的黑壮保姆角色。这种刻板印象将黑人的女性特质男性化，同时强调与她们相对的白人女性在屏幕上的超级女性化。浅色皮肤的黑人女性在屏幕中的形象要么是充满异域风情，要么是悲惨的混血儿。这些角色没能同化为白人女性，也无法诱惑白人男性。[21]

面对这些种族主义夸张拙劣的模仿，W. E. B. 杜波依斯信守了他对1940年在芝加哥遇到的一群年轻黑人作家的承诺。“当他见到这样一个未来的坚实支柱时，人会感到某种解脱感和信心”，杜波依斯热情地向《纽约阿姆斯特丹新闻》周报的读者说道。这是他第一次遇见最坚实的支柱。这位31岁的支柱人物在密西西比出生并长大，搬到孟菲斯 345
后去了芝加哥，在那里他了解到社会同化主义者罗伯特·帕克的作品和学生们。理查德·赖特（Richard Wright）在他的自传《黑人男孩》（*Black Boy*，1945）中思考了“黑人生活的文化贫瘠”，让他成为小说家中的E. 富兰克林·弗雷泽。两者都向美国有力地展示了美国人的歧视。两者都从大萧条时期北方知识分子接受同化主义思想的过程中受益。[22]

赖特回应了弗雷泽的种族主义历史叙述，即被奴役的非洲人被剥夺了他们的文化并"逐渐丧失人性以致盲目地冲动、渴望、恐惧和发生性关系"，赖特在1945年向一位朋友这样谈道。西北大学人类学家梅尔维尔·赫斯科维茨（Melville Herskovits）在1941年发表的《黑人昔日之神话》（*The Myth of the Negro Past*）中反驳了这一理论，表达了对E. 富兰克林·弗雷泽的严重愤怒。非洲文化和欧洲文化一样富有活力，而文化交换有两种方式，赫斯科维茨认为。非裔美国人创造出一种强势而复杂的欧洲"外部"形式的文化，"同时保持了内部的［非洲］价值观"，他深入论证道。那些支持黑人昔日神话的人都受到了"种族偏见"的困扰。[23]

人类学家佐拉·尼尔·赫斯顿是少数不受到种族偏见困扰的为大众读者写作的黑人学者之一，这一文化同化主义思潮席卷了20世纪30年代和40年代的学术圈。因为赫斯顿年轻时生活在哈莱姆的黑文人中，所以她努力以女性作家的身份谋生——而且是黑人女作家。她曾经为新政就业计划工作过，该计划旨在让作家重返工作岗位，但是她收到的赔偿比不合格的白人作家还要少。她曾连载发表了《骡子与人》（*Mules and Men*，1935），这是有史以来最好的黑人民间传说集。《骡子与人》不符合媒体劝说主义作品的标准，没有表现出黑人生活的粗暴或刻板印象，这令霍华德大学的文学学者斯特林·布朗（Sterling Brown）感到不快。相反，赫斯顿的传说集展现了南方黑人独特、多样而不完美的人性。[24]

与赫斯顿在 1937 年发表的小说相比，《骡子与人》看起来只是非小说类作品的开胃菜。这本新书有一个不可磨灭的书名——《他们眼望上苍》（*Their Eyes Were Watching God*）。在书中，赫斯顿通过一名主角珍妮·美·克劳福德 346
（Janie Mae Crawford）带领读者深度观察佛罗里达农村黑人文化。从先后两位富有而跋扈的男人的暴虐下逃离后，珍妮与更年轻谦逊的迪·凯克（Tea Cake）结婚了，终于感觉到她的“灵魂从隐藏处爬了出来”。《他们眼望上苍》探索了异性恋黑人女性在性别主义和种族主义交叉点上不稳定的爱情生活。“宝贝儿，依我所见，白人男子是一切的统治者，”珍妮的祖母告诉她，“所以白人男子将重担扔下，让黑人男人捡起来。他不得不捡起重担，但是他不想承担。他将重担交给他的女人。依我所见，黑人女子是这个世界的骡子。”

赫斯顿选择了既不美化也不诋毁南方黑人文化，可能她知道媒体劝说主义者和社会同化主义者会对她的选择感到不安。但是赫斯顿根本不关心。相反，她通过塑造珍妮的一位朋友——特纳太太这个角色，揭露了黑人社会同化主义者的疯狂。“任何比她自己看起来更具有白人特性的人在她的标准里都比她更好，”赫斯顿如此叙述，“特纳太太像所有其他的信徒一样，为所有人建起了一座高不可攀的白人特征神坛。她的上帝会打击她，会将她从高处扔下，会把她丢弃在沙漠，但是她不会放弃神坛。”[25]

赫斯顿的书没有卖出多少，尽管白人评论家大多对书的评论是正面（而充满种族歧视）的。小说“通过描写奴隶时期的残余势力，社会难题、幼稚的兴奋和无尽的精力”，反映了“正常的”南方黑人生活，一位《纽约时报》评论员写道。《他们眼望上苍》充满“无限的幽默感和一种野性的、奇特的辛酸”，《纽约先驱论坛报》的评论员称赞道。用《纽约先驱论坛报》评论员的话说，白人种族主义者喜欢赫斯顿描述的每一个“不够文明所以失去了杰出能力”的黑人，但是媒体劝说主义的教父阿兰·洛克要求赫斯顿不要再创作“这些大众读者乐于嘲笑、为之悲伤和羡慕的伪
347 原始人”。理查德·赖特沉浸在他的文化种族主义之中，无法也不愿看赫斯顿长篇大论的反种族主义女性主义，同时又没能看到她的爱情故事中的政治，所以称这本小说“没有主题，没有信息，没有思想”。赖特称，它仅仅利用了黑人生活中“古怪”的方面。它就像是把滑稽说唱表演放到一本书里，以满足白人读者的口味。[26]

赫斯顿无须回应这些黑人男性的批评。“我不是悲惨的有色人种，”她早就向全世界表明过，“我的灵魂中没有巨大的悲伤，我的眼睛后面也没有藏着悲伤。我根本不在乎。我不属于黑人的哭诉派，他们认为大自然不知为何对他们进行了肮脏的幕后交易，因而他们感到受了伤害。”但是哭诉派的书在热卖。在这个10年的结尾，《他们眼望上苍》没有重印，赫斯顿只好找了一份女佣的工作。[27]

赫斯顿领先于她所处的时代。在她去世很久以后，她的时代终于在20世纪70年代到来了，反种族主义的女性主义者们重新发现了《他们眼望上苍》这本书，她们恰如其分

地参与了她们自己对喜爱的定义，就像珍妮一样。她们把这部未被文学世界接受的小说自行定义为伟大的作品，她们毫不掩饰地将这本一度被拒绝的小说作为美国有史以来最好的小说之一——如果不是最好的**那一本**的话。[28]

在批评世界大战期间最伟大的反种族主义小说家时，理查德·赖特为自己开辟了道路。1940 年，当 W. E. B. 杜波依斯第一次将目光投向赖特的时候，他是将目光投向了他赞赏的小说《土生子》（*Native Son*）的作者。《土生子》获得了每月一书俱乐部奖，这让赖特在 20 世纪 40 年代文学界变得家喻户晓。小说的主角是糊涂的（也让人困惑的）别格·托马斯（Bigger Thomas），他代表了“很多”黑人，他们“已经疏远了自己种族的宗教和民间文化”并且生活在“距离想要将他们拒之门外的文明非常近的地方”，赖特解释说。别格·托马斯“在两个世界之间徒劳地盘旋”。托马斯最后杀死了两个世界——体现在他费尽心机强奸并谋杀了他的黑人女友并冲动谋杀了一位白人女孩。通过别格·托马 348
斯，赖特在《土生子》中提出一个吸引人的同化主义最后结论：如果不允许非裔美国人进入白人文明，那么他们会转向暴力。[29]

到 1940 年 3 月末，《土生子》大卖了 25 万本并收获了来自白人和黑人的如潮好评——这比赫斯顿和朗斯顿·休斯在 20 年里卖的书之和还要多，收获的好评也更多。赖特似乎不容置疑，直到一位 24 岁的哈莱姆新贵作家在 1949 年以一篇名为《每个人的抗议小说》（“Everybody’s Protest

Novel”）的文章开始他的文学政变。这一文学闪电以哈里特·比彻·斯托的《汤姆叔叔的小屋》为原始基石，以《土生子》为最新的基石，击中了媒体劝善和“社会抗议小说”的同化主义基础。出于说服的目的而“忽视、否认和回避”黑人人性的“复杂性”，让这些抗议小说成为“幻想，和事实毫无联系”，詹姆斯·鲍德温（James Baldwin）在他最后的小说《向苍天呼吁》（*Go Tell It on the Mountain*）发表的5年前写道。和斯托的《汤姆叔叔的小屋》一样，理查德·赖特的别格·托马斯可悲地“承认他生为次等人类的可能性，感觉自己受到束缚，因此要为他的人性而战”。黑人需要做的“要困难得多”：他们必须接受自己不完美的平等人性，鲍德温宣布。“这是社会的特有胜利——也是它的损失——即它能够说服那些被法令赋予低等现实地位的人。”[30]

所有这些文学战争在第二次世界大战期间和之后都结束了。这场战争最后以美国力量在全球范围的胜利而告终，并随之产生了这样一种需求，即让非殖民化的世界信服美国最新宣称的事实：美国应该成为自由世界的领袖。

第 28 章
自由烙印

和很多活动家一样，W. E. B. 杜波依斯为纳粹对犹太人和其他非雅利安人的大屠杀感到震惊。在美国于 1942 年加入第二次世界大战之后，杜波依斯感到美国黑人的“双重胜利运动”是充满活力的：国内对抗种族主义的胜利和国外对抗法西斯主义的胜利。双重胜利运动将民权运动推向高潮，尤其在北方；而卡内基基金会资助的人们期待已久的对黑人的全面研究将它推向另一个领域，特别是南方。 349

1936 年，卡内基基金会主席弗雷德里克·P. 凯佩尔（Frederick P. Keppel）决定听从克利夫兰市长牛顿·贝克（Newton Baker）的建议，去赞助关于“婴儿种族”的研究，他曾简单考虑过几位美国白人学者，但是基本没有考虑佐拉·尼尔·赫斯顿或者资深政治家 W. E. B. 杜波依斯和卡特·G. 伍德森。尽管白人社会同化主义者和慈善家掌管了学术界的种族话语，但他们通常会把黑人学者排除在外，认为他们在研究黑人时太过主观，充满偏见。不可思议的是，同样是这些学者和慈善家认为白人学者研究白人就没有问题，而对黑人学者研究黑人就有这些充满偏见的抱怨。但是，如果没有自相矛盾，那还算什么种族主义观点呢？[1]

卡内基的官员们编制了一份**只有**外国欧洲学者和驻扎在欧洲殖民地的白人官员的名单，认为他们能够“以完全客
350 观和冷静的方式”完成这一研究。他们最后选了瑞典诺贝尔奖获得者、经济学家贡纳尔·缪尔达尔（Gunnar Myrdal），并且在1938年把他请到了美国。缪尔达尔用卡内基基金的30万美元雇用了一教室的黑人和白人学者领袖，包括弗雷泽和赫斯科维茨——这似乎是除了赫斯顿、杜波依斯和伍德森之外的所有学者领袖了。[2]

在他1944年出版的两卷本将近1500页的研究中，缪尔达尔乐观地看待他在标题所称的——《美国的困境》（*An American Dilemma*）。他认定种族问题是一个“道德问题”，正如自威廉·劳埃德·加里森时代起的社会同化主义者所认为的那样。美国白人展示出一种“对黑人惊人的无知”，缪尔达尔写道。白人无知地将黑人视为“罪犯”，视为具有“散漫的性道德”，视为“虔诚的”，视为具有“舞蹈和唱歌天赋的”，视为“大自然的无忧无虑的孩子”。缪尔达尔让他自己——还有他的很多读者——相信是无知导致了种族主义观点的产生，而种族主义观点产生了种族主义政策，因此“美国绝大多数白人如果知道了事实，就会给黑人更好的待遇”。W. E. B. 杜波依斯读到这一段时可能摇头了。“美国人知道事实”，他自己可能这样想，正如他曾写过的那样。杜波依斯已经分享这些事实近50年了，但都无济于事。[3]

杜波依斯也确实喜欢这两卷本中的大部分内容，包括其

中对种族隔离主义理论的破坏性攻击，对种族歧视以及南方“分裂但平等”的谬误的百科全书式的分析。杜波依斯承认，“在美国历史上还从未有过一位学者的研究完全涵盖这个领域。这项工作是流传千古的”。E. 富兰克林·弗雷泽在他的两条好评中也赞同这一观点。他赞扬缪尔达尔的“客观”以及愿意去描述“黑人社区是什么——美国生活的一种病态现象”。[4]

然而，缪尔达尔对于白人种族主义的解决方案之一仍然是黑人同化。“在几乎所有的差异中，美国黑人文化都是……普通美国文化的扭曲发展，或者一种病态情况，”缪尔达尔推测，“美国黑人作为个人和群体，被美国文化同化都是对他们自身有利的。”《美国的困境》对于文化同化主 351
义者的意义，就如同达尔文的《物种起源》对社会达尔文主义者的意义，就如同斯托的《汤姆叔叔的小屋》对废奴主义者的意义，以及罗伯特·芬利的《对殖民的思考》对殖民主义者的意义一样。这本书激励了一批重要的政治家、律师、法官、传教士、学者、资本家、记者和活动家去开启下一代民权运动的种族主义和同化主义观点。对缪尔达尔来说，不管是“对黑人与生俱来的低等性抱有先入为主偏见”的种族隔离主义学者，还是“基本上表达着黑人抗议”的反种族主义学者，都不能像他和新的同化主义者们一样客观。[5]

1945 年 4 月第二次世界大战接近尾声，W. E. B. 杜波依斯在旧金山联合国国际组织会议上与 50 个国家的代表一起出席了会议。他敦促新的联合国宪章成为对抗殖民主义的政治种族主义的缓冲，但没有成功。然后，在那一年晚些时候，杜波依斯参加了在英国曼彻斯特举行的第5次泛非会议并被恰当地介绍为“泛非主义之父”。第5次大会上充满了坚定的决心。与会的有200名男女，他们中的一些人将继续领导非洲非殖民化运动，比如加纳的夸梅·恩克鲁玛（Kwame Nkrumah）和肯尼亚的乔莫·肯雅塔（Jomo Kenyatta）。这些代表没有提出过去泛非会议提出的逐步非殖民化这一政治种族主义要求，就好像非洲人还没有准备好统治非洲人一样。反种族主义对“殖民势力的挑战”要求从欧洲殖民统治中立即独立。[6]

美国在二战中崛起，它看起来超越了饱受蹂躏的欧洲和东亚世界，以自己无可匹敌的资本、工业力量和军事武器成为新的全球领袖。似乎只有共产主义苏联挡在美国的路上。为了赢得非殖民国家的经济和政治支持，以及他们的市场和
352 资源，资本主义和共产主义之间的冷战开始了。1946年3月，迪安·艾奇逊（Dean Acheson）警告说，“国家对少数群体的歧视对我们和其他国家的关系产生了不利影响”。艾奇逊是个可靠的信息来源。他曾在1944年的布雷顿森林会议上领导国务院代表团，该会议重建了国际资本主义制度。总统哈里·S.杜鲁门（Harry S. Truman）在罗斯福于1945年去世后接任总统，他听取了艾奇逊的警告，即由俄罗斯媒体煽动全球散布的对歧视的报道正在损害美国的外交政策，并且导致对美国商人吃闭门羹，特别是在非殖民化非白人的国家。[7]

总统杜鲁门准备进行一些改革，但是南方种族隔离主义者竭尽全力保持种族状况的现状。比如，密西西比州的激进参议员西奥多·比尔博就没有接收到艾奇逊的信息。“我号召每个热血的白人男子用任何方法来保持黑人远离选票”，比尔博在1946年连任竞选时说。比尔博对备战的号召引起了一场风暴，当他赢得选举后，新当选的共和党中大多数人阻止他在1947年重新进入参议院。（他那些宣扬“各州有权”阻止黑人投票的南方同僚们则被允许保留自己的席位。）不愿保持沉默的比尔博退休回到他在南密西西比的庄园，并自行出版了《做出你的选择：种族隔离或种族混杂》（*Take Your Choice: Separation or Mongrelization*）来集结反对平等主义的人群。“世界范围内6000年来的实验已经证明了黑人比高加索人低等”，比尔博声称。[8]

在1947年这一里程碑式的出版年份中，《做出你的选择：种族隔离或种族混杂》在南方书店大卖。霍华德大学历史学家约翰·霍普·富兰克林（John Hope Franklin）影响广泛的黑人历史著作《从奴隶制到自由》（*From Slavery to Freedom*）是一个里程碑，艰难地推翻了比尔博和哥伦比亚大学逐渐衰落的邓宁学派提出的历史种族主义版本。但是《从奴隶制到自由》并不完全是反种族主义的。富兰克林以种族主义历史概念开头，即奴隶制导致了黑人的低等。这一断言至少抵消了吉姆·克劳历史学家所称的奴役是“一种文明力量”。但是两幅历史图景都是错误且带有种族主义的——一种在奴隶制前就开始称黑人低等，而另一种在奴隶制之后以黑人的低等为结尾。富兰克林将黑人女性和穷人视 353

为黑人“实现自由的斗争”中无能的旁观者。在黑人女权主义历史学家玛丽·弗朗西斯·贝瑞（Mary Frances Berry）、内尔·欧文·佩恩特（Nell Irvin Painter）、达琳·克拉克·海因（Darlene Clark Hine）和黛博拉·格雷·怀特（Deborah Gray White）的推动下，约翰·霍普·富兰克林——以及历史上以男性为中心的非裔美国人历史——在该世纪接下来的时间里试图在随后的版本和书籍中纠正这些错误。[9]

富兰克林在1947年设定新的黑人（男性）史学课程（几十年后黑人女性历史设定了更新的课程），哥伦比亚大学进化生物学家西奥多西厄斯·多布赞斯基（Theodosius Dobzhansky）和人类学家阿什利·蒙塔古（Ashley Montagu）设定了社会达尔文主义的新课程——远离优生学。出生于乌克兰的多布赞斯基将进化定义为“基因池中等位基因频率的变化”，公开加入了进化和遗传学的行列。博厄斯在1942年去世后，出生于英格兰的蒙塔古继承了他的导师弗朗茨·博厄斯的衣钵，成为美国最出名的对抗种族隔离的人类学家。蒙塔古的《人类最危险的神话：种族谬误》（*Man's Most Dangerous Myth: The Fallacy of Race*）雄踞那年的排行榜之首，而美国人仍在因大屠杀的新闻而颤抖。蒙塔古揭露了生物种族等级的危险神话并分享了反种族主义观点，即“对每种文化的评价必须与它们自己的历史联系起来……而不是根据任何单一文化的裁定标准”。但是，蒙塔古并不总是遵循他自己的建议。在他的“文化相对论例子”中，他评价在过去的5000年中，欧洲文化发展进步了，而“非洲王国经历的变化相对很小”。[10]

1947 年 6 月 6 日，这两位学术领袖在著名的《科学》(*Science*) 杂志上发表了他们的开创性文章。“种族差异，”多布赞斯基和蒙塔古写道，“主要是因为自然选择对地理上分离开的人群的不同作用造成的。”他们否认固定种族、固定种族特征和固定种族等级的优生学观点。他们认为，人类群体（或种族）通过两种进化过程经历基因进化和改变：一种是生物过程，一种是文化过程。将人类区别开来的并不 354
是先天**或**后天，而是先天**和**后天。这个公式被称为双进化理论，或者说现代进化共识。进化生物学的共识在这个世纪中发展形成。这个发展领域有时候也补充了分子生物学的发展，特别是在美国人詹姆斯·沃森（James Watson）和英国人弗朗西斯·克里克（Francis Crick）及罗莎琳德·富兰克林（Rosalind Franklin）在 1953 年发现了脱氧核糖核酸(DNA) 的结构之后。

种族隔离主义者和同化主义者仍旧找到了适应双进化理论的方法来让他们关于黑人的观点与之相称。种族隔离主义者可以说非洲群体具有“好”基因的概率最低。社会同化主义者可以说欧洲群体创造出了最复杂和最成熟的社会，所以是文化进化程度最高的群体。联合国教科文组织(UNESCO) 在 1950 年和 1951 年关于种族的全球报告中，反映出多布赞斯基和蒙塔古最后在科学上推翻了优生学，却尊崇了新的种族主义观点。[11]

UNESCO 官员于 1950 年在巴黎集结了一支国际学者梦之队来对全世界的纳粹主义和优生学家进行最终的反驳。实际上所有的学者，包括蒙塔古、多布赞斯基、E. 富兰克林·弗雷泽和贡纳尔·缪尔达尔，都表达了社会同化主义思想——证明了即使科学机构认识到种族隔离主义思想是种族主义，他们也仍然确保了社会同化主义存在并主导了种族话语。虽然声称没有哪个人类群体在任何生物进化方面获得成就，但是这些社会同化主义者在 1950 年的 UNESCO 种族陈述中谈论了某些人类群体的“文化成就”。然后，在 1951 年，遗传学家和体质人类学家在其修正后的声明中指出：“虽然未经证明，但是某些类型的智力和情绪反应的天生能力在一个人类群体中比另一群体中更普遍是有可能的。”种族隔离主义学者打算去证明这些智力上天生的种族差异。[12]

甚至在 UNESCO 报告出现在从纽约到巴黎的各个头版之前，总统哈里·S. 杜鲁门已经主动去改善美国的种族关
355 系。在他 1947 年 3 月 12 日向国会提交的“杜鲁门主义”中，种族改革是一个至关重要但又相对不被人记住的方面。他给美国打上了自由世界领袖的标签，给苏联打上了不自由世界领袖的标签。“全世界自由人民指望我们来支持以保持他们的自由”，杜鲁门宣布。美国给自己打上自由世界领袖的标签，让它面临了对其无数不自由的种族政策的批评（更不必谈论其不自由的阶级、性别和性政策了）。对非白人外来者的苛刻待遇、一连串退役士兵施行的战后恶意私刑、国际知名艺术家保罗·罗伯逊（Paul Robeson）的反私刑活动、NAACP 在联合国对违反人权的指控——突然这些不自由的种族政策和行动成了一种负担。对北方政客来说，保护美国的自由标签比派系团结和守住种族隔离主义者的选

票更重要。此外，对北方巨头来说，开发外国资源也比开发南方资源重要得多。冷战思维以及蓬勃发展的激进主义突然将公民权利提上了全国日程。但是，很显然，对这些经济和政治思考的描述并不是杜鲁门政府想要的种族关系故事——或历史。正如贡纳尔·缪尔达尔所写的那样，种族关系是道德问题，需要基于道德的说服解决方法。[13]

1947 年 10 月，杜鲁门的民权委员会发布了一份 178 页的报告——《确保这些权利》（*To Secure These Rights*）。委员会赞扬了缪尔达尔的《美国的困境》，谴责了美国中心的“道德腐败”并建议就公民权利立法。委员会以时任代理国务卿迪安·艾奇逊为信息来源，声明“我们国内的公民权利缺失是”美国外交政策的“严重障碍”。但是盖洛普民意调查机构发现只有 6% 的美国白人认为这些权利应该立即得到保护——显而易见，在 1947 年只有 6% 的人是反种族主义者。[14]

1948 年 2 月 2 日，杜鲁门敦促国会实施总统民权委员会的建议，尽管美国白人并不支持。“美国在今日世界的地位”使得公民的权利变得“尤为急迫”，杜鲁门强调。反对意见非常强烈。一位得克萨斯代表在奥斯丁召集了 10000 名支持者，将杜鲁门的民权提案视为“闹剧和虚伪——是为了在自由的伪装下建立一个警察国家的努力”，并且以此开始了他赢得美国参议院的竞选之路。尽管如此，林登·贝恩斯·约翰逊（Lyndon Baines Johnson）并没有因为杜鲁门的民权议程而退出民主党、加入“南方各州民主党人”队伍。南方各州民主党人在种族隔离主义的平台上让斯特罗姆·瑟 356

蒙德（Strom Thurmond）竞选总统，这个平台像1948年掌权南非的施行种族隔离的民族主义党一样让人毛骨悚然。[15]

在一定程度上由于黑人选民的支持，总统杜鲁门在那一年的大选中击败了瑟蒙德和具有压倒性优势的热门竞选人——共和党人托马斯·E. 杜威（Thomas E. Deway）。在为他投票的过程中，黑人选民和民权活动家特别高兴地看到杜鲁门在1948年使用行政权力废除了军队和联邦工作人员中的种族隔离。民权活动家在那一年还有其他理由感到充满希望。杰基·罗宾森（Jackie Robinson）废除了美国职业棒球大联盟的种族隔离，同一时期，美国国家橄榄球联盟和国家篮球协会也废除了种族隔离。自那之后几十年，黑人棒球、橄榄球和篮球专业运动员常常被引导而让人们认为他们具有所谓天生的动物般的速度和力量优势（显然，非运动员黑人不是真正的黑人）。[16]

民权活动家也很高兴看到杜鲁门的司法部门就“谢莉诉克雷默案”（*Shelley v. Kramer*）提交了一份简报。该案件在1948年5月3日判决，最高法院裁定，法院不能强制执行这些在北方城市数量激增的白人专用房地产契约，这些契约是为了驱逐移民和阻止废除种族隔离住房的。“美国因在国内发生的歧视行为而让其对外事务尴尬”，司法部的简报称。这是美国政府第一次介入案件来维护黑人公民权利。这不会是最后一次。杜鲁门的司法部为其他在20世纪40年代和50年代早期成功在高等教育中取消种族隔离的案件提交了类似简报，提醒法官们歧视行为在外国产生的影响。[17]

357 “谢莉诉克雷默案”的判决并不受欢迎。1942年，84%

的美国白人告诉民意调查者他们渴望在自己的镇上与黑人分隔开。他们显然与他们那些人满为患的黑人社区邻居有些小龃龉。但是 1948 年的判决确实刺激了开放住房运动，并打开了战后美国城市中白人反对消除种族隔离的闸门。开放住房运动的特色在于参与者是形形色色的人：这里有向上流动的黑人和反种族主义住房活动家在为更好的住房选择而奋斗；这里有持种族主义观点的黑人，他们讨厌和低等黑人住在一起，梦想住在高等的白人边上；这里还有社会同化主义者，他们相信综合社区可以促进劝善，改善种族关系并解决国家的种族问题。白人房产中介和投机者非常成功地利用了每个人的种族主义观点：他们说服白人房主贱价出售自己的房屋，因为他们害怕黑人搬进来后房地产价格会陡然下降，然后以高于市场价的价钱卖给黑人买家，因为他们渴望更好的房屋住宅。房产中介和投机者很容易让白人房主对黑人搬进来的后果感到恐惧，警告他们“犯罪和暴力……卖淫、赌博和吸毒案例会急剧增加”，底特律最著名的反开放住宅活动家这样说。白人社区变成跨种族社区的最后结果就是社区里几乎全是黑人了，这种从白人到黑人的人口变化很快导致了同一社区的构想日益恶化。（到 20 世纪末，相反的事情发生了，即白人的到来让黑人城市社区变得“中产阶级化”。黑人社区变成跨种族社区并最后几乎都是白人，这种从黑人到白人的人口变化迅速导致同一社区的构想得到改善。显然，白人聚居的社区风貌标志了好社区，而在同一个地方黑人聚居的社区风貌就标志了坏社区，这显示了种族主义观点的威力。）[18]

358 在20世纪40年代、50年代和60年代，当种族主义观点和政策无法驱逐黑人时，都市白人有时候就诉诸暴力。但是，大多数都市白人更愿意“逃避而非直面”。房地产经纪人、投机者和开发商从出售逃离的白人的崭新郊区房屋中获利。随着白人家庭搬到郊区并需要上下班往返更远的路，美国经历了史无前例的战后住宅激增和新高速公路建设。为了买新房子，美国人动用了他们战争期间的积蓄和1944年通过的《退伍军人权力法案》福利。这是联邦政府在一项法案中提供的最广泛的福利待遇。20多万退伍军人使用这项法案的福利购买了农场或者开始做生意；500万人购买了新住房；几乎1000万人去上学。在1944年和1971年之间，联邦在这个“示范的福利体系”中为退伍士兵的支出总计超过950亿美元。但是，在新政福利计划中，黑人退伍军人遇到了歧视，这减少或剥夺了他们的福利。结合新政和郊区住房建设（发展出合法方式来让黑人出局），《退伍军人法》诞生了白人中产阶级并扩大了种族间的经济差距，越来越多的不平等种族主义者将之归咎于黑人糟糕的财务习惯。[19]

当城市黑人社区在战后的美国成为贫穷和犯罪的国家象征时，地处郊区的白人社区有着郊区白人住房，围着白色的尖篱笆，住着幸福的白人家庭，成为繁荣和安全的国家象征。社会同化主义者在媒体、科学界和流行文化中的说教并没能阻止种族隔离主义者反对开放住宅运动，但它奇迹般让历史上受压迫的欧洲族群在白人郊区团结起来。城市中的民族聚居区变身为多民族郊区，最终让意大利人、犹太人、爱尔兰人和其他非北欧人在这些地方获得了所有的白人特权。

“无论是宗教还是民族都没有将我们在学校或社区中分开”，加州大学洛杉矶分校人类学家格伦·布罗德金（Karen Brodkin）回忆道，她的犹太家庭在 1949 年搬到了纽约的长岛。[20]

NAACP 分支机构支持开放住宅运动。但是在战后的美 359
国参与激进主义活动就像是在走钢丝。1950 年，威斯康星州议员约瑟夫·麦卡锡（Joseph McCarthy）开始领导对“共产主义者”的政治迫害，其中几乎包括所有对当时的主流观点比如资本主义、美国的海外亲殖民政策、北方同化和南方种族隔离观点持批评态度的人。沃特·赖特和他的得力助手罗伊·威尔金斯（Roy Wilkins）在反共产主义迫害和同化的状态下不得不谨慎对待 NAACP 的法律行动和劝善行为。“黑人想要改变，这样他才有可能与美国标准接轨”，威尔金斯 1951 年 12 月在《危机》杂志上写道。同时，反种族主义者和社会主义者，当然还有反种族主义社会主义者，受到威胁、解雇、逮捕并以莫须有的罪名入狱。80 岁的杜波依斯在 1951 年被捕（在后来被证明无罪）。美国国务院收回了杜波依斯的护照，就像他们对保罗·罗伯逊做的那样，并且试图让圣路易斯出生的黑人舞者约瑟芬·贝克（Josephine Baker）在法国保持沉默，这都是为了保持美国在国外的自由标签。[21]

但是国务院无法阻止威廉·帕特森（William Patterson）这位任期很短的民权大会主席在 1951 年进入日内瓦，他亲自向联合国人权委员会提交了一份请愿书，题目是《我们控诉种族灭绝》（*We Charge Genocide*）。请愿书有杜波依斯、保罗·罗伯逊、特立尼达记者克劳迪亚·琼斯（Claudia Jones，英国第一份黑人报纸创始人）和其他大约100人的签名，它在20世纪40年代末记录了将近500起针对非裔美国人的残忍罪行，抨击了自我标榜的自由世界领袖的可信度。真正“考验一项外交政策的基本目标的是政府对待自己国民的固有方式”，从瑞士到非洲南部斯威士兰的反种族主义者们都在蓬勃发展。[22]

在迅速止损的过程中，美国国务院发现了一些反共产主义、种族主义、无条件爱国的黑人在进行巡回演讲，比如麦克斯·叶尔根（Max Yergan），他成为南非种族隔离制度的公开捍卫者。1950年或1951年，一群杰出的宣传员在被称
360 为美国信息机构（USIA）的美国对外公共关系机构起草并在世界范围内散发一份小册子，题目是《美国生活中的黑人》（*The Negro in American Life*）。这本小册子承认了奴隶制和种族主义过去的失败并宣布曾经有过的种族和解和救赎，当然，这是由美国民主力量带来的。这些为新美国打上标记的人巧妙地聚焦于种族进步史（而不是种族主义现状）和黑人精英（而不是黑人大众），将之作为衡量美国人种族关系的标准。问题并不是美国是否已经消除了种族不平等，这被认为是不可能的——就像消除奴隶制也一度被认为是不可能的一样。问题是“有才华的1/10”在今天经历的歧视是否比昨天要少。“在这样的背景下，必须衡量黑人已经取得的进步和全面解决黑人问题还需要采取的步骤”，小册子里这样写道。在过去的50年中，出现了更多黑人“大地主”、成功商人和大学生。推动种族进步“快速进展”的并不是

激进主义，而是劝善和媒体说服，《美国生活中的黑人》中猜测道，这也回应了贡纳尔·缪尔达尔的推测。50 年前，“北方和南方的大多数白人都毫不掩饰他们对黑人低等的看法”，而越来越多“受过教育的黑人和他们中的记者和小说家，让白人社区敏锐地意识到了偏见的残酷不公”。《美国生活中的黑人》向全世界宣布“今天，几乎每个社区的这一概念都经过了彻底修正”。

事实上，在 20 世纪 50 年代早期，几乎所有社区的偏见都助长了极为不公正的白人运动，他们反对开放住宅、消除教育种族隔离、平等工作机会和公民权利。很少有美国人会承认《美国生活中的黑人》展现的消除种族隔离的教室和社区情景，但是他们承认“还有很多需要去做”。鉴于事情如此糟糕，小册子中问道，我们已经取得的进展是不是很惊人？每一次民权的胜利和失败，同样的推论成为社会同化主 361
义者标准的**过去—未来**声明：我们已经走了很长的路，我们还有很长的路要走。他们有意避开了当前的种族主义现实。[23]

《美国生活中的黑人》试图赢得非殖民化非白人世界人们的心灵和思想——还有市场和资源。美国驻印度大使切斯特·鲍尔斯（Chester Bowles）1952 年在耶鲁大学说，对于我们在亚洲的利益，没有什么比“美国的种族和谐”更有利了。但是，在著名的第二次世界大战之后，将军德怀特·D. 艾森豪威尔（Dwight D. Eisenhower）在 1953 年入主白宫，他中止了杜鲁门主义的公民权利。种族歧视并不是一个社会问题，而是失败的个人感情，艾森豪威尔讲道。解决方案不在于强制，而是在于“诚恳地强调说服”，以及“公正地唤起良知”，艾森豪威尔补充说。这一脱离实际的空想让精明的艾森豪威尔能够调和《美国的困境》的北方读者和《做出你的选择：种族隔离或种族混杂》的南方读者。[24]

在杜鲁门卸任前，他的司法部向美国最高法院提交了另一起消除种族隔离案件的摘要，这是一个合并案件，由 5 个 NAACP 起诉堪萨斯州、南卡罗来纳州、弗吉尼亚州、特拉华州和华盛顿的废除种族隔离学校的诉讼组成。“正是在当今世界的自由和专制斗争中，我们必须正视种族歧视问题”，摘要支持废除种族隔离。最高法院在 1953 年 12 月 8 日再次听取“布朗诉托皮卡教育局案”（*Brown v. Board of Education of Topeka*）的口头辩论。在一次白宫晚宴上，艾森豪威尔邀请了他新任命的首席大法官厄尔·沃伦（Earl Warren）并排坐在著名的种族隔离主义者辩护律师约翰·戴维斯（John Davis）边上，总统常常赞扬他是个“伟人”。在漫步到咖啡桌时，艾森豪威尔和沃伦说他可以理解为什么南方人想要确保“他们甜美的小女孩在学校里不被要求坐在某个大个子黑人身边了”。[25]

1954 年 5 月 17 日，首席大法官沃伦在最高法院一致裁决意见中，出于某种原因同意了下级法院的判决，即南方学校已经“平等化了，或者正在平等化”。因此，对最高法院而言，“布朗诉托皮卡教育局案”是关于分隔开的学校对黑
362 人儿童的心理影响。沃伦在社会科学文学作品中找到了答案，最近激增的大量研究试图找出为什么黑人没有被同化，以及为什么种族不平等仍在持续。在 20 世纪 50 年代早期，

“奴隶制毁灭黑人”的理论支撑不住了，于是社会同化主义者想出了“种族隔离毁灭黑人”的理论。他们引用著名的心理学家肯尼斯·卡拉克和玛米·克拉克的玩偶测试以及关于这个主题的畅销书，比如两位精神分析学家写的《压抑之象征》（*The Mark of Oppression*，1951）。同化主义者认为，歧视与种族分离对黑人的人格和自尊都有可怕的影响。[26]

在对布朗案的意见中，首席大法官沃伦补充说明了著名的玩偶测试证明种族隔离对黑人的负面影响。他十分肯定地写道，“仅仅因为他们的种族将［有色人种儿童］与其他相同年龄和相同资质的孩子分开，会让他们在社区中产生自己地位低下的感觉，这将影响他们的心灵和思想，并且这种影响方式将永远无法撤销”。简言之，“在公立学校对白人和有色人种儿童实施种族隔离对有色人种儿童会产生有害的影响”。这往往会阻碍他们的“教育和心理发展”并且会剥夺“他们享受在种族融合学校机构中可以得到的好处”，沃伦推测，“我们总结认为，在公共教育领域，不存在‘分裂但平等’原则。分开的教育设施本质上就是不平等的”。[27]

在这一具有里程碑意义的案例中，沃伦实际上提出了一个种族主义观点：分隔开的黑人教育设施在本质上不平等并且低级，因为黑人学生没有接触到白人学生。沃伦的社会同化主义问题导致了在接下来的 10 年中对废除种族隔离的美国学校的社会同化主义解决方案：强制用校车接送黑人学校的孩子去本质上更优越的白人学校。很少有白人孩子被强制用校车送到黑人学校去。到了 20 世纪 70 年代，从波士顿到洛杉矶的种族隔离主义白人父母都在反对强制校车接送，用

各种类型的种族主义的尖刻言辞抨击改革者；而反种族主义的黑人父母则在要求双向的校车接送，或者将资源过剩的白
363 人学校的资源重新分配给资源不足的黑人学校。这些反种族主义的计划遭到来自社会同化主义者和种族隔离主义者的反对，他们似乎和最高法院一样认定以黑人为主的学校永远无法与以白人为主的学校平等。

没有太多美国人能立即意识到布朗案判决背后的社会同化主义推理。但是佐拉·尼尔·赫斯顿意识到了。她那时已经64岁并住在佛罗里达州，尽管她近期的文学事业处在下行期，但是她仍旧像以前一样敏锐。“如果在佛罗里达州没有足够的黑人学校，并且在白人学校中有一些残存的、固有的、不可改变的资质，无法在任何别的地方进行复制，那么我第一个坚持佛罗里达州的黑人孩子应该分享这一福利，”赫斯顿在《奥兰多前哨报》（*Orlando Sentinel*）上写道，“但是如果有足够多的黑人学校、合格的教师和教学内容，那么除了白人的存在之外，两者并无差别。基于这个理由，我认为美国最高法院的裁定是在侮辱我的种族，而不是尊重它。”在呼唤民权领袖时，她认为一方面呼吁种族自豪和平等，另一方面却抛弃“黑人教师和自我组织”是自相矛盾的。赫斯顿的信件被广泛转载并受到种族隔离主义者和反种族主义者的赞扬，但激起了社会同化主义者的愤怒。[28]

除了种族主义推理的基础，对很多人来说——当然很多人并没有真的读过沃伦的意见——这一里程碑式的判决推翻了“普莱西诉弗格森案”（*Plessy v. Ferguson*），尊重了黑人。“我看到不可能发生的事情发生了”，W. E. B. 杜波依

斯写道。USIA 宣传人员和黑人一样兴高采烈。在判决出来的一小时之内，美国之声就将这一新闻传播到了东欧。新闻稿使用多种语言编写。因为艾森豪威尔拒绝支持布朗案，共和党全国委员会不得不在 1954 年 5 月 21 日宣布这一决定“恰好是在艾森豪威尔政府对全球共产主义的多重攻击中做出的”。

在种族歧视的南方，密西西比州参议员詹姆斯·伊斯特兰（James Eastland）发誓——集结军队——南方“不会遵守或服从这一政治法庭的立法裁决”。而种族隔离主义者的反抗来得如此之快、如此之迅猛，以致最高法院在 1955 年执行布朗案判决时——美国历史上第一次——最终宣称，为 364
维护一项宪法赋予的权利，“推迟其执行直至更方便的时候”。这让杜波依斯和其他活动人士变得愤怒。尽管如此，南方种族隔离主义者团结一致，通过暴力和种族主义观点组织起“大规模的反抗”。显然，他们更关心在美国面前捍卫他们“分裂但平等”的标签，而不是在全世界面前捍卫“美国自由”的标签。[29]

第 29 章

大规模反抗

365 1955 年 8 月 28 日，14 岁的爱默特·提尔（Emmett Till）成为所谓对废除种族隔离的“大规模反抗”中最众所周知的受害者。因为提尔对一位密西西比州的白人妇女发出嘘声，小流氓暴打了他，以致在他的家乡芝加哥的敞盖棺材中他的脸都无法辨认。可怕的照片在愤怒的黑人世界中展示。1956 年 3 月 12 日，19 位美国参议员和 77 位众议院代表签署了一份南方宣言来反对“布朗诉托皮卡教育局案”的判决，称其将“仇恨和怀疑植入了迄今为止的友谊和理解”。三 K 党派出了新成员，种族隔离主义精英建立了白人公民委员会。历史学家 C. 范·伍德沃德（C. Vann Woodward）称，南方学校确保自己的教科书给学生讲的是“睡前”故事，这读起来就像是《飘》。

但是民权运动仍旧不断到来。W. E. B. 杜波依斯在 1956 年的大选之年目睹了蒙哥马利公车抵制事件，他感到非常震惊。让他感到惊讶的既不是抵制运动最初的动员者——亚拉巴马州大学的教授乔·安·罗宾森（Jo Ann Robinson），也不是抵制运动的驱动者——黑人女性用人阶层。任何严肃的黑人激进主义历史学生都知道黑人女性通常是驱动力量。杜波依斯被抵制事件中 27 岁的名义领袖震惊了。一位浸礼会传教士成为激进的活动家？杜波依斯从没想过他 80 高龄时会看到一位小马丁·路德·金（Martin Luther King Jr.）这样的传教士。杜波依斯向他发出了鼓励的信息， 366
而金也回以感谢。金读过杜波依斯写的书，后来他将杜波依斯描述为“一位知识的巨人”，能够看穿“那些将［黑人］描绘为低等人的谎言毒雾”。杜波依斯还在印度杂志《甘地玛格》（*Gandhi Marg*）上发表了一份宣言。金——以他对非暴力不合作主义的坚定承诺——会成为美国的圣雄甘地。[1]

金喜欢的其他学者撰写了 1957 年最具争议的黑人书籍，很可能也是整个 10 年中最具争议的。E. 富兰克林·弗雷泽在《黑人中产阶级》（*Black Bourgeoisie*）中的性别种族主义和他的历史种族主义一样明显，在他的描绘中，白人女性比黑人女性更美更精致，黑人妻子盛气凌人，而黑人丈夫“在身体上和社会地位上都很无能”。“奴隶制是一种残酷而野蛮的制度，击溃了黑人作为人的存在”，弗雷泽说。这一理论与历史学家斯坦利·埃尔金斯（Stanley Elkins）红极一时的《奴隶制：美国制度和知识生活中的一个问题》（*Slavery: A Problem in American Institutional and Intellectual Life*, 1959）中的种族主义论点很相似。然而，弗雷泽克服了他的文化种族主义。关于歧视的心理作用的流行社会科学文学塑造出布朗案的裁决，也重塑了弗雷泽的旧观念，即认为社会同化主义是心理进步，他现在认定社会同化主义是一种倒退。弗雷泽认为，黑人中没有哪个群体像黑人中产阶级那样坚定地接受社会同化主义思想，他们试图“抛弃任何……让人联想起他们黑人出身的东西”。[2]

弗雷泽的观点很像牧师以利亚·穆罕默德（Elijah Muhammad），后者以芝加哥为基地建立的伊斯兰民族组织（NOI）在20世纪50年代末快速发展。“他们不会让你做白人，而你又不想做黑人，”黑人分离自治主义之子、惯犯、伊斯兰民族组织新的哈莱姆区使节喜欢这么说，“你不想做非洲人而你又不能成为一个美国人……你很糟糕！”哥伦比亚广播公司的迈克·华莱士（Mike Wallace）在1959年引起轰动的5集电视连续剧《仇恨产生的仇恨：对黑人种族主义和黑人至上主义兴起的研究》（*The Hate That Hate Produced: A Study of the Rise of Black Racism and Black Supremacy*）让马尔科姆·X和伊斯兰民族组织吸引了数百万人的关注。以利亚·穆罕默德和他的使节们反对社会同化主义；相反，他们宣扬种族分离（而不是黑人至上主义），认为白人是罪恶的低等种族。具有讽刺意味的是，黑人和白人社会同化主义者，披着种族主义的外衣仇恨黑人的一切，却谴责伊斯兰民族组织披着种族主义的外衣仇恨白人的一切。[3]

367 在《黑人中产阶级》一书中，弗雷泽发起了美国作家史上对黑人中产阶级最猛烈的攻击，将一种新的阶级种族主义商业化：黑人中产阶级比白人中产阶级低等，更少有社会责任感，更多炫耀性消费，更多政治腐败，更具有剥削性，在他们的“体面政治”——用历史学家伊芙琳·布鲁克斯·希金博瑟姆（Evelyn Brooks Higginbotham）最新的术语来说——中更为可笑。除了，或者说正是因为弗雷泽弄巧成拙的阶级种族主义，《黑人中产阶级》对民权运动起了巨大作用，刺激了马丁·路德·金这一代中产阶级年轻人从弗雷泽所称的冷漠的“虚幻世界”中摆脱出来。[4]

年轻人的勇气这一强大力量日益壮大，这是抵抗种族隔离主义者日益增长的大规模抵抗所需要的。种族隔离主义者剥夺了 1957 年《民权法案》的执行权，使之在 1957 年 8 月 29 日通过时就在事实上成为一纸空文。9 月 4 日，阿肯色州州长奥瓦尔·福布斯（Orval Faubus）部署海岸警卫队来阻止小石城 9 名黑人学生进入已经废除种族隔离制度的中央中学，藐视联邦法院命令。随着政府军队为咆哮的种族隔离主义暴徒进行防卫的景象和声音在全世界范围传播，小石城损害了美国人的自由形象。

“我们的敌人在为这一事件幸灾乐祸，”艾森豪威尔在一次全国电视演讲中悲叹，“并到处用它来歪曲我们整个国家。”艾森豪威尔和副手们苦恼了两个星期，希望找到一个可以让他在南方的政治形象和美国的海外形象完好无损的解决方法，但无济于事。9 月 24 日，在一个他后来认为是“在白宫的 8 年时光中最矛盾的行动”的决定中，艾森豪威尔派出了联邦军队来护送小石城的学生进入学校。一些民权活动家意识到了冷战思维给予了他们不可思议的力量来让美国陷入废除种族隔离主义的难堪境地。而其他人则相信并希望贡纳尔·缪尔达尔的宣言会成真，即民权运动正在说服种族主义思想。[5]

90 岁的杜波依斯也在另一种意义上满怀希望。“今天，368

美国正为世界进步而战，这一定是朝着社会主义和反对殖民主义方向的进步”，他在1958年4月对霍华德大学的700名学生和教员说道。那一年晚些时候，拿回护照的杜波依斯旅行到东欧、苏联和中国并很高兴地与毛泽东主席会面。当毛泽东开始思考非裔美国人“病态的心理特征”时，这显示出他可能了解最新的种族主义社会科学，杜波依斯打断了他。黑人并没有病态的心理特征；他们是缺少收入，杜波依斯解释道，这激起毛泽东与他的讨论和一连串提问。当杜波依斯说自己是一名失败的活动家时，毛泽东打断了他。活动家只有在他们停止抗争的时候才会失败。“我认为，”毛泽东说，“你还从来没有停止抗争。”[6]

马丁·路德·金也没有停止抗争。但是杜波依斯对金很失望，并且在1959年末认定他终究不是美国的甘地。“甘地屈服于［非暴力］，但是他也遵循了积极的［经济］计划来抵消他对使用暴力的消极拒绝”，杜波依斯说。当时，黑人评论家正在猛烈抨击金的非暴力哲学，但是也有一些人批评这位民权运动领袖的某些挥之不去的种族主义观点。1957年，金在他开设于《黑檀》（*Ebony*）杂志上的“生活建议”专栏中收到一封来信。“既然世界上大多数人并不是白人，为什么上帝把耶稣造成白人？”即使耶稣“的皮肤是黑色的，他也不会更重要”，金回答，“就算他的皮肤是白色的，他也同样重要”。全国最著名的黑人牧师和活动家向白人耶稣祈祷？一位“不安”的读者气愤地写信给《黑檀》。“我和你一样相信肤色并不重要，但是我不相信耶稣是白人，”这位读者说，“你认为他是个白人的想法有什么依据呢？”

金只有基于种族主义观点的依据，所以他没有回复。[7]

杜波依斯和金都没有停下抗争的脚步，大学生们也没有。1960 年2 月1 日，北卡罗来纳农工州立大学的4 名大一新生跑进格林斯博罗的一家沃尔沃斯超市。他们坐在超市限制黑人出现的柜台旁并停留在那里直到商店关门。几天之 369
内，上百名地区大学和高中的学生都去“静坐”。关于这些静坐的新报道在全国电视屏幕上闪现，掀起了在种族隔离的南方企业中的静坐浪潮。“学生们终于来支援了”，杜波依斯很高兴，并且鼓励他们继续。到了 4 月，学生们在 78 个南方和边境社区举行了静坐示威，学生非暴力协调委员会（SNCC）也成立了。[8]

如果民权活动家们希望他们受到的关注能影响到总统候选人，那么他们要失望了。民主党总统候选人是一位精力充沛的马萨诸塞州参议员，他在竞选活动和第一次电视直播的总统辩论中都尽可能少地讨论公民权利。约翰 · F. 肯尼迪（John F. Kennedy）通过支持民主党的民权纲领而激发了活动者们的热情，但是他又提名了一位涉嫌反对民权的得克萨斯州参议员林登 · B. 约翰逊（Lyndon B. Johnson）作为他的竞选伙伴而让他们失望了。

肯尼迪和他的老大党（共和党）对手理查德 · 尼克松（Richard Nixon）都尽量不偏袒任意一方。民权运动和大规模抵抗运动在很多论坛上都展开了激烈的辩论，包括学术和艺术圈，这又进一步使民权和抵抗运动之间的斗争变得更加激烈。纽约的一位航空公司订票员在业余时间写了一本小说，她精心写作的小说在民权运动的活动家和同情者中引起了共鸣。哈珀·李（Harper Lee）没有预料到一个年轻女孩在南方与种族关系达成和解的故事会成为当年和常年畅销书，也没有料到它会在1961年获得普利策小说奖。《杀死一只知更鸟》（*To Kill a Mockingbird*）——讲了一名白人律师成功地为一名被错误指控强奸白人妇女的黑人进行辩护的故事——成为民权运动的《汤姆叔叔的小屋》，通过种族主义观点的惊人力量唤醒了数百万读者的种族斗争。这部小说最著名的道德说教，虽因其反种族主义而广受赞誉，但实际上表明了小说潜在的种族主义基础。“知更鸟只做一件事情，那就是为我们歌唱来供我们欣赏，”一位邻居这样告诉律师那意志坚强的女儿斯科特，“这就是为什么说杀死知更鸟是罪恶的。”知更鸟是对非裔美国人的隐喻。虽然小说设定的背景是20世纪30年代，《杀死一只知更鸟》中并没有出现
370 当时的黑人激进主义。非裔美国人以旁观者的身份出现，等待和希望白人救世主的出现并为之歌唱，感谢律师阿提卡斯·芬奇（Atticus Finch）的道德英雄主义。奴役时期的种族主义残余中没有比黑人必须依靠白人给他们带来自由这一观点更受欢迎的了。[9]

静坐示威的民权活动家们没有等待白人救世主。而且，这些学生中有很多人希望他们高尚的非暴力抵抗运动能触及美国白人的道德良知，而美国白人则会将南方黑人从种族隔离政策中拯救出来。这一策略削弱了W. E. B. 杜波依斯对民权运动的喜悦心情。并且活动家们在低收入黑人几乎消费不起的南方企业中废除种族隔离制度，在杜波依斯看来也算不上种族进步，他拒绝用黑人精英的成就来衡量种族进步。

杜波依斯一直在等待一个政治经济纲领的出现。他一直在等待像是学者迈克尔·哈灵顿（Michael Harrington）1962 年出版的令人震惊的反贫困畅销书《另一个美国》（*The Other America*）这样的作品。“人们建起一座偏见之墙来阻止黑人的进步，”哈灵顿写道，“一个黑人受到的教育越多，他面临的经济歧视就越多。”哈林顿用统计数据说明，劝善行动不起作用。此外，他还指出“反肤色法可以被取消，但是这会让贫穷持续，因为这是肤色的历史和制度化后果”。当哈林顿把关于贫困的战争抛到民主党的日程上时，杜波依斯已经离开了这个国家。[10]

1961 年 2 月 15 日，在他 93 岁生日前几天，杜波依斯收到总统克瓦米·恩克鲁玛（Kwame Nkrumah）的来信，告诉他加纳学术学院将对他渴望已久的《非洲百科全书》（*Encyclopedia Africana*）提供经济支持。在那年末，杜波依斯来到了加纳。但是几个月后，他得了前列腺炎。恩克鲁玛总统随后在 1962 年来到杜波依斯家中参加他的 94 岁生日晚宴。当恩克鲁玛站起来道别时，杜波依斯朝总统伸出手并热情感谢他为自己能在非洲土地上结束他的岁月铺平道路。然后杜波依斯变得沮丧。“我让您失望了——在我可以执行我们的百科全书计划前，我的力量已经耗尽了。原谅我这个老 371
人吧”，杜波依斯说。恩克鲁玛拒绝了，但杜波依斯坚持着。杜波依斯的微笑打破了沉重的沉默，而恩克鲁玛流着泪离开了。[11]

美国外交官试图吸引（如果不是暗中颠覆的话）像克

瓦米·恩克鲁玛这样的非殖民化国家的领袖们，这些领袖们对苏联很友善，但对美国资本主义和种族主义感到不满。但是南方对民权抗议者的残酷暴力反应让美国在非白人世界感到尴尬。1961 年，总统约翰·F. 肯尼迪试图将运动的能量从羞辱性的直接行动抗议转向选民登记。他还建立了和平队，据说是为了“向新国家中持怀疑态度的观察者们展示美国人并不是怪物”。北方的大学也通过逐渐向黑人学生开放而试图展示他们不是怪物。到了南方，肯尼迪政府派出部队来废除密西西比大学的种族隔离制度，这在国际社会上获得的掌声不输于总统约翰·F. 肯尼迪获得的掌声。[12]

大多数美国人并不觉得社会同化主义者是种族主义者。他们并不觉得北方的种族隔离和种族不平等是种族主义政策，并且在 1963 年从波士顿到洛杉矶大量针对就业、住房、教育和司法的反种族主义抗议活动几乎没有改变他们对这一问题的看法。这个国家、世界和美国历史的目光仍然停留在所谓真正的种族主义地区，即南方。1963 年 1 月 14 日，乔治·华莱士（George Wallace）宣誓就职亚拉巴马州第 45 任州长。他曾作为政治家和法官反对三 K 党，直到他在 1958 年的州长竞选中败给三 K 党支持的候选人。“好吧孩子们，”华莱士在失败后对他的支持者说，“没有哪个混蛋能再这样糊弄我了。”华莱士加入了野心政治家们的秘密兄弟会，他们接受了那些他们私底下可能并不相信的流行的种族主义观点。[13]

372 《纽约时报》、《时代周刊》、《新闻周刊》、主要电视台以及其他一些媒体都报道了记者们所期待的一场严重两极分化的演讲。乔治·华莱士没有让人失望，他展示了他新的公共意识形态。“从今天南方邦联的摇篮、伟大的盎格鲁－撒克逊南部中心，我们听到的自由鼓点是非常恰当的，就像历史上我们一代代先辈那样”，他说。他听到了两种陈旧的美国自由之鼓之一：不是被压迫者们呼吁自由的鼓声，而是要求实施压迫别人自由的鼓声。“以这个地球上最伟大之人的名义，”他徐徐说道，“……我要说现在要种族隔离，明天要种族隔离，永远都要种族隔离。”[14]

华莱士成为美国种族主义的代言人，而他本应该成为种族隔离主义的代言人。哈珀·李应该成为文学界的社会同化主义代言人，而社会学家内森·格莱泽（Nathan Glazer）和丹尼尔·帕特里克·莫伊尼汉（Daniel Patrick Moynihan）应该是学术界的社会同化主义代言人。1963 年，他们发表了畅销书《超越熔炉：纽约城的黑人、波多黎各人、犹太人、意大利人和爱尔兰人》（*Beyond the Melting Pot: The Negroes, Puerto Ricans, Jews, Italians, and Irish of New York City*，简称《超越熔炉》）。普利策奖获得者、哈佛大学历史学家奥斯卡·汉德林（Oscar Handlin）在《纽约时报》上发表了对这本书的评论，称赞其对待黑人的方式是“对许多不严谨的概括做出了出色”而“迫切需要的纠正”。这一评价代表了这本书在北方学术界所受到的广泛肯定。[15]

作为在战后同化主义社会科学中培养出来的纽约本地人，格莱泽和莫伊尼汉在为肯尼迪政府解决贫困问题而工作时认识了彼此。《超越熔炉》一书传播了民族种族主义阶梯观点——也就是种族等级中的民族群体的等级观点——将勤奋工作且头脑聪明的犹太人置于爱尔兰人、意大利人和波多黎各人之上，并且将西印度群岛移民置于“南方黑人”之上，因为西印度群岛人强调“储蓄、勤奋工作、投资［和］教育”。格莱泽写下了关于黑人的章节，声称“抗议时期”必须继之以“自省自助时期”。他声称“偏见、低收入［和］低教育水平只能在某种程度上解释那些困扰着众多黑
373 人的问题”。作为一个主张社会同化者，格莱泽引用弗雷泽的话，将问题归咎于歧视和黑人的低等性，尤其是“脆弱的”黑人家庭，它是奴隶制“最重要的遗产”。格莱泽从历史种族主义变成弗雷泽《黑人中产阶级》的阶级种族主义。和其他中产阶级不同，“黑人中产阶级对解决黑人社会问题的贡献……非常有限”，他写道。而通过历史种族主义和阶级种族主义，他又转向文化种族主义和政治种族主义观点来解释为什么黑人社区的问题持续存在。“黑人，”他说，“只是美国人，而不代表其他什么意义。他没什么需要守护和保护的价值和文化。”他批评黑人坚持“要白人世界来解决他的问题，因为他是美国的产物”。在格莱泽生动的想象中，黑人坚持“它们不是**他**的问题，而是所有人的问题”，而这就是“黑人世界很多问题的关键所在”，黑人没有为自己的问题承担足够的责任。[16]

具有讽刺意义的是，真正的“黑人世界很多问题的关键”可能恰恰与格莱泽的构想相反——黑人可能承担了**过多**的黑人问题的责任，因此没有做出足够多的努力来迫使“白人世界”终结这些问题的歧视性来源。精英黑人从小接

受劝善行动及其种族主义信念的教育，认为每个黑人都代表其种族——因此每一个黑人的行为都要对种族主义观点负起一部分（或全部）的责任——长期以来都互相监督。他们还监督大众和媒体对黑人的描述，努力确保每一个黑人都在美国白人面前极好地展现自己。他们假定，在美国白人面前的每一个举动要么证实要么反对刻板印象，要么帮助要么伤害黑人种族。

《超越熔炉》向全国城市联盟、NAACP、种族平等大会（CORE）的游说和法律行动致敬。格莱泽和莫伊尼汉既没有致敬，也没有提到 1963 年很多当地团体在街头对种族隔
离主义者的激烈对抗。他们也没有提起密西西比州学生非暴 374
力协调委员会的年轻人、哈莱姆地区的马尔科姆·X，或者小马丁·路德·金。

1963 年 4 月 3 日，金协助在伯明翰发动了一系列示威，这让城市里顽固的种族隔离主义者、警察局局长“公牛”康纳（“Bull” Conner）愤怒不已。在 9 天后的耶稣受难日，8 名白人反种族隔离主义的亚拉巴马州牧师签署了一封公开声明，要求停止这些“不明智又不合时宜”的街头示威并要求“在法院对之进行压制”。小马丁·路德·金在那一天被捕入狱并在牢房中读到了这一声明。受此刺激，他开始做一些他以前很少做的事。他在那个夏天用《伯明翰狱中书》（“Letter from the Beringham Jail”）对批评者进行回应，该文得到出版和广泛传播。金不仅抨击了那些亚拉巴马州传教士，还抨击为《超越熔炉》欢呼喝彩的读者。他承认自己“几乎得到了一个让人遗憾的结论，即黑人走向自由最大的

绊脚石”不是种族隔离主义者，“而是白人温和派……他们不断说着，‘我赞同你追寻的目标，但是我不赞同你直接行动的方式’；他们像大家长一般相信自己可以为另一个人的自由设定时间表”。金解释说，“任何地方的不公正都是对所有地方公正的威胁”。[17]

没有人知道虚弱的 W. E. B. 杜波依斯有没有读到金的狱中书。但是正如杜波依斯在 1903 年做过并后来感到后悔的那样，在这封信中金错误地将两个对立的群体合并了：憎恨种族歧视的反种族主义者和仇恨白人的黑人分裂主义者（像是伊斯兰民族这样的群体）。金后来与这两者划清了界限，这证明民权运动中的分歧越来越大。越来越多久经沙场的年轻活动家对金的非暴力行为持批评态度，而且他们不喜欢他为了说服白人的种族主义观点而承受的痛苦。他们越来越多地听取马尔科姆·X 宣扬的自我防卫，说服黑人的社会同化主义思想，并动员反种族主义者进行变革。1963 年 5 月 3 日，这些年轻人在电视上看到“公牛”康纳残酷的猎犬将伯明翰黑人儿童和青少年撕成碎片；同时他用消防水管
375 折断人们的四肢，将人们身上的衣服冲掉，并且把人们的身体砸向店面；他的军官们用警棍将游行者杵到一边。

整个世界也都看到了，美国情报机构向华盛顿发回报告称，全世界对“猎犬和消防水管的破坏性照片产生的地方性不利反应越来越多”。肯尼迪会见了他的高级顾问来讨论这一“国家和国际关注事项”。他派出一位名叫伯克·马歇尔（Burke Marshall）的助手前往伯明翰，帮助协商废除种族隔离的协议以停止抗议。肯尼迪还在 1963 年 5 月 21 日派

出士兵来为亚拉巴马大学取消种族隔离确保安全。州长乔治·华莱士为了他的选民装模作样地站在学校门口，责备“中央政府……不受欢迎的、多余又强迫的干涉”。

1963 年 5 月 22 日，对美国持批评态度的激动的非洲领导人在埃塞俄比亚会晤并成立非洲统一组织时，美国国务院官员不得不加班加点应对。美国国务卿迪安·拉斯克（Dean Rusk）向美国外交官们发出一份公告，向他们保证肯尼迪“强烈意识到了国内种族问题对美国海外形象和实现美国外交政策目标的影响”。拉斯克说肯尼迪会采取“果断的行动”。

6 月 11 日，约翰·F. 肯尼迪向全国——或者说全世界——发表讲话，呼吁国会通过《民权法案》。“今天，我们致力于在全世界范围内努力促进和保护所有希望获得自由的人的权利，”肯尼迪说，“我们在世界各地宣扬自由，我们是认真的。”全国和全世界的目光都转向华盛顿立法者，他们则放眼全世界。当新的《民权法案》出现在参议院商务委员会面前时，肯尼迪要求国务卿拉斯克领导讨论。种族歧视已经“对世界看待美国的观点，以及由此带来的对外关系产生了深远影响”，拉斯克证实。他说，非白人的新独立民族“决定根除白人种族因为种族而更优越或者享有特权这一观点的一切痕迹”。到 1963 年 8 月，有 78% 的美国
白人认为种族歧视已经伤害了美国的海外声誉。但是肯尼迪 376
政府内部（或外部）很少有人愿意承认华盛顿对强硬《民权法案》排山倒海般的支持更多是为了在非洲和亚洲赢得冷战，而不是为了帮助非裔美国人。南方种族隔离主义者在

抵制中引用了那些涉外利益关系。南卡罗来纳州参议员斯特罗姆·瑟蒙德拒绝“采取某些特定措施，只因为害怕受到共产主义宣传的威胁”，他指责拉斯克。[18]

肯尼迪引入《民权法案》并没有阻止人们参与期待已久的关于就业和自由的华盛顿游行的势头。尽管它是由民权团体组织的，但是肯尼迪政府控制了事件，排除了非暴力反抗运动。肯尼迪的助手们批准的演讲者和演讲中没有一位黑人女性，也没有詹姆斯·鲍德温或者马尔科姆·X。8 月 28 日，全世界大约 25 万激进分子和记者游行到林肯纪念堂和华盛顿纪念碑之间。在肯尼迪官员们愉快地阅读美国新闻署的报告称大量外国新闻将这一“自由社会所授予的”游行机会与“苏联实行的专制镇压”进行对比之前；在马丁·路德·金结束一轮经过审批的演讲之前，在演讲中他以鼓舞人心、不可磨灭的反种族主义梦想让孩子们有一天生活在“这样一个国度里，在这个国度里，人们不会以他们的肤色，而是以他们的品格来评判他们”；在马哈利亚·杰克逊（Mahalia Jackson）在经过审批的标语牌和电视摄像机前对燃烧的人群唱起歌之前，NAACP 的罗伊·威尔金斯带来了悲伤的消息。

威尔金斯宣布，W. E. B. 杜波依斯前一天于睡梦中在加纳去世。“尽管杜波依斯博士晚年选择了另一条道路，”威尔金斯缓慢庄重地说道，“但是在 20 世纪初，是他的声音召唤你们聚集到今天这项事业中来的，这一点无可争议。”这位受过良好记者训练的 NACCP 领袖报告了事实。实际上，年轻的杜波依斯曾经号召举行这样的集会，希望这样可

以说服并让上百万人喜爱黑人卑微的灵魂。而且确实，老年 377
杜波依斯选择了另一条路——很少有人走的反种族主义道路——迫使数百万人接受黑人的平等灵魂。SNCC 和 CORE 中年轻的游行者们对华盛顿游行的期待正是非暴力反抗的道路，这条路也是一位来自伯明翰炸药山的年轻女性早就走上且永远不会离开的一条路。罗伊·威尔金斯没有详述这些不同的道路。望着华盛顿热闹的游行，他郑重地请求默哀片刻以纪念一位男人 95 年的运动历程。[19]

第五部分

安吉拉·戴维斯

第30章

《民权法案》

她大三那年来到法国时，夏季游客已经离开了比亚里茨 381
华丽的海边赌场。她从伯明翰老家和波士顿郊外的布兰戴斯大学校园远道而来。1963年9月16日，安吉拉·戴维斯与同学们在比亚里茨散步并浏览《先驱论坛报》（*Herald Tribune*）。她注意到一条关于4个女孩在一场教堂爆炸事件中丧生的头条新闻。这条新闻一开始并没有引起她的注意，然后，突然击中了她。她停下来，同伴们疑惑地看到她难以置信地闭上了眼睛。她指着这篇文章。“我认识她们，”她语无伦次地说，“她们是我的朋友。”戴维斯避开同学和他们敷衍的哀悼，悲伤而愤怒地一直盯着熟悉的名字：辛西娅·韦斯利（Cynthia Wesley），卡萝尔·罗伯逊（Carole Robertson），卡萝尔·丹尼斯·麦克奈尔（Carol Denise McNair），艾迪·梅·柯林斯（Addie Mae Collins）。

去世的女孩中唯一一个安吉拉·戴维斯不认识的是艾迪·梅。安吉拉的母亲莎莉（Sallye）在一年级教过丹尼斯。从她记事起，罗伯逊家族和戴维斯家族一直是密友。韦斯利一家住在伯明翰丘陵附近的社区，安吉拉在那里长大。[1]

安吉拉的父母——B. 弗兰克 · 戴维斯（B. Frank Davis）和莎莉在1948年解除这一社区的种族隔离时，安吉拉已经4岁了。白人家庭开始搬走，黑人家庭开始搬进来。一些白人家庭留了下来但都非常抗拒。因为白人抗议者炸黑人家庭的房子，所以这一社区常被称为“炸药山”。

然而这些爆炸并没能阻止安吉拉的父母，尤其是她的母
382 亲。莎莉 · 戴维斯曾是南方黑人青年大会的领袖，这是一个反种族主义的马克思主义组织，抗议20世纪30年代和40年代的经济剥削和种族歧视，得到过杜波依斯的赞赏。在炸药山，莎莉和她的丈夫培养了安吉拉坚定的反资本主义和反种族主义观点。因此，当安吉拉开始上一年级时，她被午餐时间的不平等安排震惊了：没有足够食物而饥肠辘辘的孩子不得不坐在那里看着其他孩子吃饭。和她的母亲一样，她把食物给了饥饿的孩子。她从小就讨厌周围的贫穷。长大以后她讨厌周围贫瘠的社会同化主义观点，并且很早就决定“我永远不会——我对此直言不讳——永远不会怀有或者表达出自己渴望成为白人这样的念头”。[2]

1959年秋天她试着北上，去了曼哈顿一所综合高中，那里的历史老师将她培养成一名社会主义者。她加入了一个叫作“前进”（Advance）的年轻人组织，聚集在一家沃尔沃斯超市中支持1960年春天南方接二连三的静坐示威。戴维斯留在北方读大学，成为1961年布兰迪斯大学为数不多的黑人学生之一。她想要继续她的激进主义，但是布兰迪斯大学的白人校园活动家疏远了她。“似乎他们下定决心要帮助‘可怜、不幸的黑人’成为和他们平等的人，而我简单

说来，认为他们不值得让我去成为和他们平等的人”，她回忆说。[3]

戴维斯找到了其他出路。她参加了 1962 年夏天在芬兰赫尔辛基举行的第 8 届世界青年学生联欢节。1962 年 10 月，一位戴维斯喜欢的作家来到布兰迪斯大学做讲座，她抢到一个前排座位。詹姆斯·鲍德温即将出版他 1963 年辉煌的活动家著作，批评民权运动中的整合主义、劝说和非暴力攻击。他将该宣言命名为《下一次将是烈火》（*The Fire Next Time*），题词引用了一段非裔美国人圣歌来将标题放在上下文中：“上帝给了诺亚彩虹信号，/不再有水，下一次将是烈火！”[4]

古巴导弹危机的新闻提前结束了鲍德温的讲座。但是之后他在布兰迪斯大学校园仓促组织的反战集会上发表了一场强有力的演讲。戴维斯在那里聚精会神地听鲍德温，以及之后布兰迪斯资深的马克思主义哲学家赫伯特·马尔库塞（Herbert Marcuse）的讲话，后者即将成为她的学术导师并 383
快速成为迅速组织起来的“新左派”学术导师。另一位 20 世纪 60 年代杰出青年导师来布兰迪斯演讲时，戴维斯再次聚精会神地聆听。戴维斯无法理解马尔科姆·X 对白人宗教的贬低。但是她后来说，她“着迷于他所说的黑人将白人至上主义社会强加给我们的种族劣等性进行内化的方式”。[5]

大三那年，戴维斯去法国学习，却被这 4 个女孩的命案悲惨地带回到炸药山。戴维斯并没有将 1963 年 9 月 15 日发生在伯明翰教堂的爆炸视为南方白人极端主义者实施的孤立事件。“正是这一惊人的暴力事件，对 4 个小女孩的野蛮肢解，成为日常有时候甚至显得无聊的种族主义压迫的爆发”，戴维斯说。但是戴维斯的法国同学——受到反种族主义北方和种族主义南方神话的灌输——拒绝接受她继续分析“为什么他们国家的整个统治阶层因为犯了种族主义罪，所以也就犯下了这场谋杀罪”。[6]

19 岁的安吉拉·戴维斯在对美国种族关系的分析中并不孤单。伯明翰谋杀事件标志着对民权运动的巨大抵制和美国种族主义赤裸裸的丑陋。暴行让非殖民世界对美国产生了负面看法，肯尼迪用民权立法来重新恢复人们对美国自由品牌的信心一事更有风险了，这迫使他动手。总统肯尼迪宣布他对伯明翰爆炸感到“强烈愤怒和悲伤”。他展开一项调查，导致他在南方的支持率下降。肯尼迪在两周后前往达拉斯，试图提高自己的支持率。他再也没能回到华盛顿。[7]

1963 年 11 月 27 日，肯尼迪葬礼后两天，当全世界都在担心民权立法已经随着肯尼迪一起消失时，美国第 36 位总统将这一挥之不去的担忧埋葬。“除了尽可能早地通过肯尼迪总统为之斗争已久的《民权法案》之外，没有任何纪
384 念演说或悼词比这更能纪念他了”，林登·贝恩斯·约翰逊（Lyndon Baines Johnson）向国会宣布。公民权利几乎没有进入过肯尼迪的头等议事日程，但是活动人士和外交官们都松了一口气。[8]

1964 年 3 月 26 日，小马丁·路德·金和马尔科姆·X 前来观看关于《民权法案》的辩论，这是已知他们第一次也是唯一一次出现在美国国会。马尔科姆最近被驱逐出日益腐败的伊斯兰民族组织。在他离开华盛顿时，他开始警告美

国种族主义者“选票或是子弹”。1964 年 4 月 12 日在底特律一所教堂中，马尔科姆提出了他的计划，用选票代替子弹：去联合国面前控诉美国侵犯了非裔美国人的人权。“现在你来告诉我，地球上每个人的困境要如何呈现到联合国大厅上，”马尔科姆说，他提高声音，“当你有 2200 万非裔美国人，他们的教堂被炸，他们的小女孩被谋杀，他们的领袖在光天化日下被开枪击倒!”而美国仍然“大言不惭或者有脸站起来说自己代表了自由世界的领袖……它手上沾满你我的父母的鲜血——鲜血从他的下巴滴下来，他就像一头血淋淋的狼”。[9]

马尔科姆是个穆斯林，他在底特律演讲后的第二天登上飞机，踏上前往麦加朝圣的必经之路。从他父亲受到私刑开始，马尔科姆 · X 一辈子都置身于美国种族主义戏院中，在这次旅途中他第一次看到“各种肤色的人——从金发碧眼到黑皮肤的非洲人”平等互动。这次体验改变了他。“真正的伊斯兰教告诉我，全面指控所有的白人和白人全面指控黑人都是错误的”，他说。自那以后，他采取了种族主义的狼和恶魔的说法，不管他们是什么肤色。尽管美国媒体报道了他的改变，但是马尔科姆 · X 仇恨白人的说法仍然存在。[10]

马尔科姆在 5 月 21 日回到美国，正值参议院历史上最
长久的冗长辩论的中期——整整 57 天。发动冗长辩论的参 385
议员正企图阻止 1964 年《民权法案》。在幕后，该法案的支持者同意将未来的歧视定为非法，但对如何处理过去的歧视持不同意见。反种族主义者要求法案的公平就业条款消除白人工人已有的资历权。主张社会同化者在这个提法前退缩

了，而种族隔离主义者想要将它变成一个挑拨离间的议题。种族隔离主义者知道美国白人普遍拒绝承认过去的歧视所积累起来的好处——没有比资历更能代表劳动力市场上的这些好处。但是法案强大的社会同化主义支持者们坚持这不会影响白人的资历。“我们并不认为一种形式的不公正可以或者应该通过制造另一种不公正来得到纠正”，劳联－产联（AFL-CIO）律师托马斯·E. 哈里斯说。将消除不平等的措施等同于制造不平等的措施？这就和将致人伤害的犯罪等同于致人伤害的惩罚一样荒谬。[11]

哈里斯认为剥夺白人的资历“对白人工人不公平”，他们通过多年的工作才建立起资历。但是，不这样做的话就对黑人工人不公平，他们在同样多年的工作中一直受到歧视。不解决资历问题（以及过去的歧视）就“类似于让黑人参加100码短跑，但是让他们站在起跑线后方40码一样”，种族平等大会（CORE）总法律顾问卡尔·拉西林（Carl Rachlin）认为。但是，那就是1964年《民权法案》作者们很大程度上要求黑人做的事。这样当黑人在短跑中输掉而种族不平等持续存在时，种族主义者可以怪罪于黑人所谓的缓慢，而不是怪罪那些积累了白人特权的抢跑者。[12]

因此，事实上《民权法案》在有助于建起一座抵抗吉姆·克劳政策的大坝的同时，也打开了水闸让新的种族主义观点涌入，包括迄今为止最严重的种族主义观点：这一观点忽视了白人抢跑者，假定歧视已经得到消除，假设公平机会已经取而代之，并且推测出在这些前提下黑人仍然输了比赛，那么种族不平等和他们持续输掉比赛一定是他们自己的

错。黑人肯定是低级的，所以将政策平等化——比如取消或 386
者减少白人资历，或者建立平权法案政策——是不公平的，也是徒劳的。1964 年《民权法案》做到了在带来种族进步的同时，也带来了种族主义的进步。

1964 年《民权法案》中最具有变革性的废话就是立法反对明确且明显的“歧视意图”，比如南方“仅限白人”的公共政策。但是，那些长期排斥黑人的北方歧视者的私人政策呢？那些仍然在北方城市进行房地产牟利和种族隔离，仍然在制造、保持和增加不同种族在财富、住房和教育上的不平等的人呢？如果北方的法案支持者通过公共结果而不是公共意图来定义政策是否带有种族主义，那么他们将很难维持反种族主义北方和种族主义南方的神话。因为主要不是关注结果，所以歧视者们仅仅只要将他们的公共政策私人化就可以规避《民权法案》，而他们也正是这样做的。

尽管国会议员们意识到了这些私有化力量，但是他们选择不去明确禁止看似种族中立，实则通过种族不平等而带有歧视性公共效果的政策。在种族隔离主义的推动下，国会实际上为种族主义的发展提供了方法。第七章第 703（h）条允许雇主“进行任何专业发展的能力测试并根据测试结果采取行动”。尽管优生学家已经被美国主流社会忽视，但是国会成员及其选民已经彻底接受了他们的标准化智力测试，并且认为测试能够评估不存在的东西——一般智力。在就业、教育和其他许多社会领域中，官员们都可以指着测试结果为他们的种族歧视开脱并声称他们并不想要歧视。而对持种族主义思想的美国人来说，测试结果的种族差距——所谓的成绩差距——说明黑人被测者有点问题，而不是测试本身有什么问题。[13]

1964 年《民权法案》是自 1875 年《民权法案》以来最重要的民权法规。它禁止基于种族、肤色、宗教、性别或国籍而在政府机构、公共设施、教育和雇佣中进行公共、故
387 意的歧视；建立起联邦执法结构；授权歧视的受害者进行起诉和授权政府扣留违法者的联邦基金。总统约翰逊在 1964 年 7 月 2 日将该法案签署生效，几小时后，总统在电视机镜头前为洛杉矶、拉各斯和拉萨的愤世嫉俗者们宣扬美国的“自由理想”。他宣告，“今天在遥远的大陆和角落中，那些美国爱国者的理想仍然塑造了渴望自由的人的战斗”。

马尔科姆·X 对《民权法案》有不同的看法，呼应了像安吉拉·戴维斯这样的反种族主义年轻人的思想。他在 1964 年向非洲统一会议组织发问，如果政府无法执行现有法律，“怎么会有人如此天真地以为《民权法案》带来的附加法案会被执行？”[14]

1964 年《民权法案》的通过几乎没有损害到林登·B. 约翰逊在大选之年连任的有力位置。但是约翰逊确实面临着民主党提名者、来自亚拉巴马州州长乔治·华莱士的不大可能的挑战。在前一年公开了其种族隔离立场之后，华莱士收到了 10 万多封感谢信，大多数来自北方。华莱士意识到，正如他告诉美国全国广播公司（NBC）的道格拉斯·基克（Douglas Kiker）的那样，“他们都讨厌黑人……就是这样！……整个美国都是南方！”[15]

在竞选活动中，乔治·华莱士听起来比林登·B. 约翰逊更像是 1964 年的共和党提名者。亚利桑那州参议员巴里·戈德华特（Barry Goldwater）获得总统提名，标志着他在美国政治中不断升级的保守派运动中的明星影响力，这是由他 1960 年位于畅销榜首的《保守派的良心》（*The Conscience of a Conservative*）所推动的。戈德华特的文章激励了上百万民主党人成为共和党人，包括好莱坞影星罗纳德·里根（Ronald Reagan），它深深抚慰了那些超越（或者说从不需要）政府援助的美国人。福利“将个人从一个自尊、勤勉、自力更生的**灵性**存在变成一个依赖性的动物而不自知”，戈德华特毫无证据地写道。许多自豪、自尊、勤勉、自力更生的白人中产 388
阶级成员，他们的财富来自遗产、新政或退伍军人法的福利，但他们认同戈德华特的格言，将之奉为真理，而来自父母或政府的援助也没有将他们或他们的父母变成依赖性的动物。这些戈德华特保守派将几十年来白人母亲获得的福利视为“应得的”之后，却将不断增加的黑人母亲的福利视为“不应得”的，将她们视为依赖性的动物。[16]

1964 年 8 月，约翰逊来到大西洋城海滩参加民主党全国大会，丝毫没有因巴里·戈德华特及其胚胎保守主义运动感到忧虑。但是他担心那些北方活动家，他们暴力抗议警察在从哈莱姆到芝加哥的城市夏季叛乱中的暴行和经济剥削。在南方，全国学生统一行动委员会（SNCC）现场代表在“密西西比自由之夏”中经受了三 K 党的暴行。这让上百名北方大学学生在反种族主义的“自由学校”教书并帮助组织密西西比自由民主党（MFDP）。跨种族的 MFDP 来到大西洋城并要求坐上密西西比正规代表团的座席，大家都知道代表团是通过欺诈和恶行选举出来的。在民主党全国大会的电视直播中，MFDP 副主席范妮·娄·哈默（Fannie Lou Hamer）的证词吸引了全国的关注。“如果自由民主党现在没有坐下来，我就质疑美国。这是美国吗？自由之地和勇士之家？我们必须在睡觉时让骚扰电话打不进来，因为我们每天都受到生命威胁，因为我们想要做个体面的人。”

总统约翰逊召开了紧急新闻发布会来将电视网从哈默使人措手不及的证词中转移，然后他向自由民主党提供了一个“妥协方案”：两个没有投票权的座席，挨着种族隔离主义者代表团。“我们来到这里不是为了两个座位！”范尼·娄·哈默怒吼。MFDP 和 SNCC 活动者们回到家乡，学到了关于强权政治的珍贵一课。劝说是不起作用的。“事情永远不会和以前一样，”SNCC 的克里夫兰·塞勒斯（Cleveland Sellers）
389 回忆道，“我们再也不会相信自己的任务是暴露不公正，然后美国的‘好’人会去消灭这些不公正……在大西洋城之后，我们的斗争不再是为了公民权利，而是为了自由。”马尔科姆·X 关于黑人全国和国际团结、自决、自卫以及文化骄傲的赋权哲学在 SNCC 年轻人听来有如天籁。在 1964 年年末，马尔科姆·X 从漫长的非洲之旅回来，面临不断增加的 SNCC 仰慕者和不断增加的敌人。[17]

1965 年 2 月 21 日，马尔科姆·X 在哈莱姆的一个集会上被某些敌人枪杀。当詹姆斯·鲍德温在伦敦听到这个消息时，他大发雷霆。“正是因为你们，”他对伦敦记者喊道，“你们这些制造出白人至上主义的人，才让这个人死去！”

小马丁·路德·金在亚拉巴马州塞尔玛进行的全国观看的投票等级活动中，表现出反省克制。“虽然我们在处理种族问题的方法上并不总是一致，但是我一直对马尔科姆有很深的感情，并感觉他有很大的能力能准确说出问题的存在及其根源。”1965 年 2 月 22 日，《纽约时报》的头版头条就是《仇恨的信徒已死》（“The Apostle of Hate Is Dead”）。[18]

演员奥西·戴维斯（Ossie Davis）几天后在基督上帝教会的哈莱姆信仰圣殿拥挤的人群前发表了吸引人的悼词，将马尔科姆命名为“我们闪亮的黑人王子”。“很多人会说……他很讨厌——一个狂热的种族主义者”，戴维斯说。而答案是，“你有没有真正听过他说话？因为如果你听过，你就会了解他。而如果你了解他，你就会知道我们为什么尊敬他”。[19]

反种族主义美国人确实尊敬他，尤其是在他的讲话录音和抄本开始流传之后，在格罗夫出版社发表了《马尔科姆·X 自传》（*The Autobiography of Malcolm X*）之后。记者亚历克斯·哈里（Alex Haley）和马尔科姆合作撰写了这部自传，1965 年 11 月出版时，《纽约时报》的艾略特·弗里蒙特－史密斯（Eliot Fremont-Smith）宣传这是一本“精彩、痛苦又重要的书”。马尔科姆·X 的观念转变——从社会同化主义者到反白人的分裂主义者，再到反种族主义者——鼓舞了上百万人。可能没有其他哪本美国传记能像《马尔科姆·X 自传》这样打开那么多人的反种族主义思想。马尔科 390
姆谴责种族进步这一真假混同的欺骗性报道，怒吼说你不会把刀捅进一个人背后 9 英寸，然后拔出 6 英寸，然后说你是在进步。“黑人应该**心存感激**？为什么，即便白人把刀猛地拔出来，他仍然会留下伤疤！”他认为白人并不是生来就是种族主义者，而是“美国的政治、经济和社会氛围……在白人中间自动培养出一种种族主义心理”。他鼓励那些逃离了种族主义的反种族主义白人“在美国种族主义真正存在的战线上战斗——那就是他们自己的家庭社区”。他强烈攻击了“白人的傀儡黑人‘领袖’”，他们剥削“他们可怜的黑人兄弟”，他们不想要分离或融合，只想“住在开放的自由社区，让他们可以像个男人和女人一样抬头走路”！但是没有什么比马尔科姆·X慷慨的人文主义更吸引人了：“我是为了真理，不管是谁说的。我是为了公正，不管它是支持谁或者反对谁。我首先也最重要的是一个人，因此不管是谁，也不管什么能让人类整体获利的我都支持。”[20]

1965年3月7日塞尔玛市外的一座桥上数百名游行者被乱棍打死后，国会通过《投票权利法案》，美国反种族主义者有理由期待正义得到伸张。总统约翰逊在他6月向霍华德大学毕业生的致辞中勇敢宣布，即使有了《投票权利法案》，美国也不会被终结。“你不能给一个多年来被枷锁束缚、步履蹒跚的人自由，把他带到比赛的起跑线，然后说，‘你可以自由地与所有其他人竞争了’，并且公正地相信你已经做到了完全公平。”这很可能是美国总统嘴里说出的最反种族主义的声明了。而约翰逊只是刚刚开始。“我们寻求的不只是自由，而是机会，”他说，“我们寻求的不只是法律平等而是人类能力的平等，不仅仅是作为权利和理论的平等，而是作为事实和结果的平等。”种族进步主要来到“不

断增长的中产阶级少数群体中”，而对于贫穷黑人而言，约翰逊说，“壁垒在提高，鸿沟也在变宽”。 391

约翰逊在霍华德大学发言指出，在自己在位时期——在民权立法的过程中——失业率中的种族不平等增加了，收入不平等加剧了，而且贫困、婴儿死亡率和城市种族隔离主义上的不平等都加剧了，这一切为什么会发生？约翰逊提供了两大“基本原因”：一个是反种族主义（“遗传性贫困”和“毁灭性的”歧视遗产），一个是种族主义（“黑人家庭结构崩溃”带来的灾难）。[21]

约翰逊的霍华德大学讲话为民权领袖带来了希望，也让约翰逊的助理、劳工部部长丹尼尔·帕特里克·莫伊尼汉很高兴，他出版的《超越熔炉》仍然在都市社会学中广为阅读。莫伊尼汉事实上用他刚完成的一份未发表的政府报告在他脑海中形成的新鲜观点写下了约翰逊的演讲稿。莫伊尼汉写的《黑人家庭：需要国家为之采取行动》（“The Negro Family: The Case for National Action”）在 1965 年 5 月出现在约翰逊的办公桌上，文章用统计数据显示了过去 10 年的民权立法并没有改善大多数非裔美国人的生活条件。但是之后，在对种族主义进步进行了所有这些反种族主义揭露之后，莫伊尼汉陷入了社会同化主义思想。他认为歧视已经迫使黑人家庭成为“母系结构，因为它与美国社会其他部分如此格格不入，严重阻碍了整个群体的进步，并给黑人男性带来了沉重的负担，结果也给很多黑人女性带来沉重负担”。莫伊尼汉最后追随了 E. 富兰克林·弗雷泽——他的主要学术来源——判定女性主导的家庭是低等的（以性别歧视的方式)，判定黑人家庭是一种“病态的混乱”(以种族歧视的方式)。他将黑人男性描绘成被歧视阉割的状态。而因为他们承担设定的家庭领袖这一社会角色的负担过重，他们比黑人女性受到的压迫更深。莫伊尼汉请求说，他们需要国家采取行动。[22]

1965 年 8 月 6 日，大约在莫伊尼汉的报告被泄露给媒
392 体的时候，约翰逊签署了重要的《投票权利法案》。寻求绕过 1964 年《民权法案》的歧视者们可以很容易地从投票歧视者这里学到一些教训，他们在为期六七十年的扫盲测试、人头税和祖父条款中隐藏起自己的意图，这里面全都没有种族语言。1965 年的《投票权利法案》不仅禁止了这些看似种族中立的政策，它们几乎完全剥夺了南方黑人的投票权，而且还要求所有对南方投票法案的修改现在都要经过一名联邦官员的批准，以确保它们不会“产生因为种族或肤色拒绝或放弃投票权利的影响”。1964 年以意向为核心的《民权法案》远不如 1965 年**以结果为核心**的《投票权利法案》有效。仅在密西西比州，黑人选民投票率从 1964 年的 6% 攀升到 1969 年的 59%。《投票权利法案》最后成为美国国会通过的反种族主义法律中最有效的一项法案。但是这项法案也不是毫无漏洞。“我们意识到投票力量的增加可能会鼓励歧视策略的转变，”司法部部长尼古拉斯·卡岑巴赫(Nicholas Katzenbach)向国会证实，“一旦大量黑人可以投票，社区仍然可以设置障碍来组织选民或者让黑人很难赢得选举。”卡岑巴赫认识到种族主义政策可以在种族进步的面前取得进展，这被证明具有预见性。[23]

第31章
黑人权力

不久后，种族主义的新进展就显现出来了。1965年8 393
月9日，就在约翰逊签署了《投票权利法案》的3天后，《新闻周刊》（*Newsweek*）通过披露莫伊尼汉报告中的发现警告美国人：“非白人私生子比率不断升高”，这些“儿童福利案件的失控曲线”以及“美国种族困境”的“社会根源”都是来自“分裂的黑人家庭”。一张哈莱姆孩子扔瓶子的照片被配上的文字说明是“定时炸弹在贫民窟里滴答作响”。两天后定时炸弹在洛杉矶的瓦茨社区爆炸了，当地一起警察事件引发了为期6天的暴力事件，成为历史上最致命、最具破坏力的城市叛乱。在此事件的余波中，过去几年中吸引了如此多家长式同情的受害者知更鸟变成了咄咄逼人的需要控制的黑豹。[1]

当瓦茨被烧毁时，安吉拉·戴维斯登上一艘去往德国的船。她已经从法国回来，在哲学家赫伯特·马尔库塞门下学习，并且从布兰迪斯大学毕业。现在她动身前往马尔库塞法兰克福的学术故乡，去继续攻读哲学硕士学位。她“再次感觉到雅努斯头像（Janus head）中的紧张——在那个时刻离开国家对我来说很难”，她后来说道。但是反种族主义奋斗正在全球化，正如她在法国学到的和即将在德国再次学习的一样。1965 年 9 月，她到达后不久，一群国际学者聚集在哥本哈根正北边参加种族与肤色大会。戴维斯显然没有参
394 加。但是如果她参加了，她将会听到关于语言象征意义的种族主义角色的讲座。学者们指出了日常用语，比如“害群之马”（black sheep）、“反对票”（blackballing）、“敲诈”（blackmail）和“黑名单”（blacklisting）等，长期以来这些词汇将黑色与消极性联系到一起。[2]

语言的象征意义在两个新的美国标识符中也同样引人注目：“少数民族”和“贫民窟”。几个世纪以来，种族主义者将黑人构建为少数者，对应白人的多数者，于是那段历史可以轻易加载到所谓较少人群的最新标识符中，成为少数民族。这个名称只有在作为数字术语时才有意义，而作为数字术语，它只有在显示民族人口或权力动态时才有意义。但是，它却迅速成为非裔美国人（和其他非白人）的种族标识符，甚至出现在与民族问题毫不相关的讨论中。又给黑人一个名字对黑人来说是没有意义的，因为大多数黑人都在黑人占多数的空间里生活、上学、工作、社交和去世。这个术语只有在白人视角看来才有意义，他们普遍将黑人视为在白人占多数的空间中数字上的少数者，而精英黑人，在白人占多数的空间中更可能是作为数字上的少数人而存在。因此，阶级种族主义——在大多数黑人的地区降低黑人平民的生活质量——被“少数民族”这个词包裹起来，这和心理学家肯尼斯·克拉克在把深色和浅色的娃娃放在一边以后推广的

术语并没有不同。

1965年，克拉克发表了他开创性的论题，《黑暗的贫民窟》(*Dark Ghetto*)。“贫民窟”这个词被认为是被纳粹德国残酷隔离的犹太人社区的标志。尽管克拉克这样的社会科学家希望这个词能够宣传城市黑人所面对的残酷隔离和贫穷状况，但是这个词很快焕发自身的种族主义生命。到世纪末，“黑暗”和“贫民窟”在种族主义思想中是可以互换的，就像“少数民族”和“黑人”一样，就像“贫民窟”和“低等”，“少数民族”和“低等”，“贫民窟”和“低级”，以及“贫民窟”和“粗野”可以互换一样。在这些“黑暗的贫民窟”里生活着“贫民窟的人”，他们代表着“贫民窟文化”，这一文化是“如此贫民窟”——意思是这个社区、这里的人和文化都是低等、低级和粗野的。阶级种族主义者和一些郊区的美国人看不到贫困的黑人城市社区、黑人工人阶 395
级城市社区和黑人中产阶级城市社区有任何区别。它们都是贫民窟，里面是为了获得更多福利而闹事的危险的黑人流氓。[3]

1966年1月9日，《纽约时报杂志》(*New York Times Magazine*)将这些暴动的“贫民窟”黑人与“模范少数民族”——亚洲人相对比。一些亚裔美国人接受了这一种族主义“模范少数民族”头衔，它掩盖了亚裔美国人社区普遍的歧视和贫穷，并认为亚裔美国人比拉美人、美洲印第安人和非裔美国人要优越(在他们的同化实力上)。反种族主义亚裔美国人拒绝“模范少数民族”这一概念并在20世纪60年代末酝酿了亚裔美国人运动。[4]

1966 年，社会同化主义者将术语“模范少数民族”和“贫民窟”负面地与种族主义联系到一起。与此同时，反种族主义者很快就从“黑人”这个标识符中提取出负面联想，其中最重要的就是斯托克利·卡迈克尔（Stokely Carmichael）。卡迈克尔 1941 年出生于特立尼达，1952 年搬到布朗克斯，同年，他的偶像马尔科姆·X 从监狱获得假释。1964 年，卡迈克尔从霍华德大学毕业。到那个时候，马尔科姆的弟子，包括卡迈克尔都在旧的“黑人”（Negro）标识符上装载调节和同化，并除去旧的标识符“黑人”（Black）中的丑陋和邪恶。他们现在热情拥抱“黑人”（Black）这个词，让小马丁·路德·金的“黑人”（Negro）弟子们以及他们自己的社会同化主义父母和祖父母感到震惊，他们宁愿被称为“黑鬼”（nigger）而不是“黑人”（Black）。[5]

作为学生非暴力协调委员会的新任主席，斯托克利·卡迈克尔是 1966 年夏天密西西比反恐惧游行的领导人之一，与他一起领导的还有种族平等大会的金、弗洛伊德·麦基西克（Floyd McKissick）。大规模游行席卷了密西西比的城镇，他们与种族隔离主义反抗者们斗争，动员和组织当地人并登记后者进行投票。1966 年 6 月 16 日，反恐惧游行在密西西比州的格林伍德停了下来，这里是其中一个仍由白人武装统治的黑人占大多数的南方郡中的一环。“我们说自由已经有 6 年了，而我们什么都没有得到”，卡迈克尔在一场格林伍
396 德集会上高喊。“我们现在要开始说的是黑人权力！”“你想要什么？”卡迈克尔呐喊。“**黑人权力！**”被剥夺权力的格林

威尔黑人呐喊回应。[6]

经过美国媒体粉丝的快速传播，这条格言在所有黑人占据多数的城市地区和农村县城飞速传播，那些地方处于白人社会同化主义者和种族隔离主义者的政治控制、经济剥削和文化诋毁之下。反种族主义者们很快就会读到马尔科姆的自传，他们一直在寻找一个概念来囊括关于黑人管理黑人社区的需求。他们在北方牢牢抓住黑人权力，就像在南方一样，小马丁·路德·金在之后的夏天知道了他们这样做的原因。在 1966 年 8 月 5 日的公开住房游行后，通过一个怒火中烧的芝加哥白人社区，金告诉记者他从来“没有见到过那么多人的仇恨和敌意”。[7]

认为大多数人——在这个情况下指的是被剥夺权利的大多数黑人——应该管理他们自己的当地社区，应该具有黑人权力这种说法非常符合民主论调。但是就如同性别主义者只能想象出男性或女性霸权一样，北方和南方的种族主义者也只能想象出白人或黑人霸权。1966 年夏天发生的 20 起城市叛乱只是让很多种族主义者肯定了黑人权力意味着黑人暴力地建立黑人霸权并屠杀白人。《时代周刊》（*Time*）、《星期六晚邮报》（*Saturday Evening Post*）、《美国新闻和世界报道》（*U. S. News and World Report*）、《纽约邮报》（*New York Post*）和《进步杂志》（*The Progressive*）是开始谴责黑人权力运动的众多期刊中的一小部分。[8]

即便是杰出的黑人领袖也批评黑人权力。NAACP 的罗伊·威尔金斯以社会同化主义赞美诗来反驳反种族主义思想：他将反种族主义思想重新定义为种族隔离主义，并且攻击他自己的这一重新定义。“不管他们如何努力去辩解，‘黑人权力’这个词的意思就是反白人权力，”威尔金斯在1966年7月5日NAACP年度会议上控诉道，“它是逆转的密西西比，是逆转的希特勒，逆转的三K党。”副总统休伯特·汉弗莱（Hubert Humphrey）在会议上又加上两记重击：“对，种族主义就是种族主义，美国不会容忍对任何肤色的种族主义。”在反对黑人权力的过程中，戈德沃特共和党在1966年的中期大选中获得巨大收益。[9]

397 但是，卡迈克尔并没有停止推广黑人权力。他在1966年年末的几个月里巡游全国、组织运动。到了10月，他在加州大学伯克利分校的一次黑人权力会议上做了主题发言。同一个月中，附近的奥克兰有两名社区大学的学生对他们的同胞无法达成马尔科姆·X的指令感到愤怒，于是组建了只有他们两人的黑人权力大会。休伊·P. 牛顿（Huey P. Newton）和波比·希尔（Bobby Seale）为他们新成立的黑豹自卫党整理了10点纲领，包括“有权力决定我们黑人社区的命运”，“充分就业”，“体面的住房”，赔偿，“立即停止对黑人的**警察暴力**和**谋杀**”，所有黑人囚犯的自由，以及“和平”——引用自杰斐逊的《独立宣言》。在接下来的几年中，黑豹自卫党在全国发展分会，吸引了成千上万忠诚而有魅力的年轻社区服务人员。他们监督警察，为儿童提供免费早餐，并且组织医疗服务和政治教育项目，还采取了其他一些举措。[10]

黑豹自卫党和1967年其他黑人权力组织的发展反映出黑人年轻人已经意识到民权说服和游说策略并没有减缓残暴

的警察、专横的贫民窟房东、不负责任的学校董事会和商人的剥削所带来的令人窒息的压制。但是没有比那年 3 月到 9 月全国各地将近 130 起暴力黑人叛乱更能反映出那种意识和为释放这种压制所做的努力。但是种族主义精神病学家宣布这些“暴民”患有精神分裂症，将之定义为一种表现为愤怒的“黑人疾病”。对那些读过莫伊尼汉报告的社会学家来说，男性暴民愤怒于他们的阉割。与此同时，种族主义犯罪学家认为暴民们显露了城市黑人的“暴力亚文化”，这是 1967 年马文 · 沃尔夫冈（Marvin Wolfgang）在他的经典犯罪学教材中所用的词。[11]

一群精明的戈德沃特政客宣称，“懒惰”的暴民说明需
要减少领取福利的人数并强制要求他们工作。但是依靠福利 398
生活的单身母亲们拒绝了。9 月，新成立的全国福利权利协会（NWRO）在参议院财政委员会的会议室里举行静坐示威，导致路易斯安那州参议员拉塞尔 · 朗（Russell Long）攻击该协会是“黑人母马公司”（Black Brood Mares, Inc.）。国会仍然通过了对福利受益人的第一个强制性工作要求。[12]

安吉拉 · 戴维斯在德国法兰克福读到不断涌现的黑人权力运动的消息，“被迫间接经历了所有这些”后，变得焦躁不安。戴维斯在 1967 年夏天决定回到美国。她在加州大学圣地亚哥分校完成了博士学位，她的导师哲学家赫伯特 · 马尔库塞在政治上被逐出布兰代斯后就在那里教学。7 月末，在她返程的途中，她在伦敦停留并参加了解放辩证法大会，马尔库塞和卡迈克尔是演讲嘉宾。她的自然发型像路标一样

突出，她也很快在小小的黑人权力队伍中安顿下来。[13]

当戴维斯来到南加利福尼亚时，她渴望参与黑人权力运动。和各处的黑人权力活动家一样，她把运动带到自己的后院：她帮忙建立了加州大学圣地亚哥分校的黑人学生会。那年秋天，哪里有黑人学生，哪里就建立起黑人学生会或者接手学生会，请求并要求传统的黑人大学**和**白人大学塑造反种族主义者并进行相关教育。“黑人学生要求……对他们的学校进行震撼的、自下而上的彻底改革”，《芝加哥卫报》(*Chicago Defender*) 报道称。[14]

11 月，戴维斯短途旅行至瓦茨去参加黑人青年大会。走入第二浸信会教堂时，她注意到充满活力、面带微笑的年轻男女穿着鲜艳的非洲织物，称彼此为“姐妹”和“兄弟”。这是她在美国参加的第一次真正的黑人权力聚会。她为见到黑人如此美丽而感到激动不已。

在参加研讨会的时候，戴维斯发现与会者的头脑和他们
399 的装饰物一样绚烂多姿。一些活动家阐述着杜波依斯老旧的反种族主义社会主义，这让戴维斯非常高兴。其他活动家谈论他们回到非洲、分裂主义、反白人、社区服务或者革命壮志。一些假扮成活动家的联邦调查局特工渴望收集笔记并扩大意识形态分歧。一些活动家渴望酝酿一场文化革命，摧毁社会同化主义思想并让非洲文化或非裔美国人文化焕发青春。黑人权力吸引了很多意识形态流派的活动家。[15]

黑人权力甚至还吸引了民权运动。事实上，最晚在 1967 年，民权运动正在转变为黑人权力运动。“林肯式的解放宣言，约翰逊式的《民权法案》都不能”带来彻底的

“心理自由”，小马丁·路德·金在 8 月 16 日南方基督教领袖大会（SCLC）的年度会议上振聋发聩地说道，黑人必须“告诉自己和这个世界……‘我回来了，我是黑人并且很美’”。金的话引起 SCLC 活动家们一阵激动的掌声，他们挥舞标语，上面写着“黑色很美，做个黑人如此之美”。[16]

那一年金摆脱了美国社会同化主义者的青睐。社会同化主义者仍然想把他留在 1963 年的双重意识之梦中，就像他们曾经想要把杜波依斯留在 1903 年的双重意识灵魂中一样。但是金不再认为社会同化主义者所崇拜的说服技巧或他们所倡导的废除种族隔离的努力有任何真正的战略效用。他现在意识到废除种族隔离主要让黑人精英获益，却让上百万人陷入痛苦的贫穷，导致他们的城市叛乱。他因此改变了策略，开始计划 SCLC 的贫困人口运动。他的目标是把贫困人口带到首都来迫使联邦政府通过一项《经济权利法案》，以承诺充分就业、保证收入和保障性住房，这一法案听起来与黑豹自卫党的 10 点纲领中的经济提案惊人地相似。

金在 SCLC 大会上的演讲题目也是他在 1967 年秋天发表的书的标题：《我们向何处去?》（*Where Do We Go from Here*?）“当人们陷于压迫的泥潭时，他们只有在积累了足够 400
的力量来进行变革时才会意识到解脱，”金写道，“权力并不是白人与生俱来的；它不会通过立法赋予我们，也不会在政府的一揽子计划中得到实施。”通向持续进步的道路是非暴力反抗，而不是说服，金坚持说。他勇敢批评了无所不能的莫伊尼汉报告，警示了一种危险，即“问题会被归咎于天生的黑人弱点，然后被用来为忽视辩护并将压迫合理化”。莫伊尼汉同化主义者们坚定地回应了金，如同他们对种族隔离主义者的回应一样坚定，将 SCLC 的贫困人口运动和金本人划为极端主义者。他们说，金已经成为一位无政府主义者。他 4 年前在《伯明翰狱中书》里对反种族主义者是极端主义者和无政府主义者的批评回过头来攻击了他自己。

金的书似乎补充了斯托克利·卡迈克尔参与合著的《黑人权力：美国解放政治学》（*Black Power: The Politics of Liberation in America*），这本书在《我们向何处去?》后不久出版。卡迈克尔和学者查尔斯·汉密尔顿（Charles Hamilton）给两种种族主义起了创新性的新名字。他们命名并对比了“个人种族主义”，这是社会同化主义者认为的主要问题，并且他们认为可以通过说服和教育进行弥补；还有“制度性种族主义”，反种族主义者认为这些制度化的政策和个人偏见集合是主要问题，并且反种族主义者认为只有权力可以进行弥补。[17]

美国白人的权力并没有出现在这项任务上。1968 年 1 月 17 日，总统约翰逊向国会提交了他的国情咨文。代表们、参议员们和他们的选民非常愤怒，并不是愤怒于歧视，而是愤怒于所有反对越南战争、种族主义、剥削和不平等的抗议，不管这些抗议是以非暴力还是暴力的形式。当约翰逊大声疾呼“美国人已经受够了不断上升的犯罪率和无法无天的状态”时，响起了震耳欲聋的掌声。在经历了连续 3 个夏天的城市叛乱后，一些在国会大厦和全国各地为这场演讲鼓掌的人，实际上是害怕暴力的黑人革命可能即将到来。他们的恐惧反映在一部新的热门电影中，它在约翰逊讲话的几周后打破了票房纪录。[18]

当白人宇航员经历 2000 年的旅程降落在一颗行星上时 401
被猿俘虏。一位宇航员逃了出来，电影结尾处他看见了生锈的自由女神像的一幕成为好莱坞历史上一个标志性场景。这位宇航员——查尔顿·赫斯顿（Charlton Heston）——和观众沮丧地意识到，他并没有离家光年之外，而是回到了地球。《人猿星球》（*Planet of the Apes*）在种族主义流行文化中取代了《泰山》，在 1970 年到 1973 年间又产生了 4 部续集，在 21 世纪又诞生了 3 部续集，还有电视剧、一大堆漫画书、电子游戏和其他商品——但凡你说得上来的，经销商都生产出来了。《泰山》将种族主义自信能征服黑人世界这一在 20 世纪前半段盛行的观点搬上了美国荧幕，而《人猿星球》则全面提出在 20 世纪后半段的种族主义对被征服的黑人世界将崛起并奴役白人征服者的恐慌。

1968 年，民主党和共和党都普及了对“法律和秩序”的呼吁。它成为捍卫白人星球的座右铭。“法律和秩序”的说辞被用于为警察的暴行进行辩护，而这一说辞和暴行引发了城市叛乱，叛乱又反过来引发了更多的说辞和暴行。1968 年年初，没有人能比一位伟人——埃尔德里奇·克利弗（Eldridge Cleaver）更好地解释所有一切，他是思想家也是作家，这位惯犯变成马尔科姆的弟子，成为黑豹自卫党的新闻部部长。“警察是社会秩序的武装守卫。黑人是社会秩序的主要国内受害者，”克利弗解释说，“因此，黑人和警察之间存在利益冲突。”

克利弗写下的这些话似乎成为那个时代对动员起来的“法律与秩序”运动最先锋的文学回应。克利弗用生动的愤怒、有趣、讨厌、清晰深刻的细节描写了被“压制性的白人社会”所“‘殖民化’的黑人灵魂”。1968 年 2 月《冰上的灵魂》(*Soul on Ice*) 出版后，100 万册立刻被抢购一空。《纽约时报》称这本部分是回忆录、部分是社论的书是当年的十佳书籍之一。《冰上的灵魂》生逢其时，又充满争议。克利弗在书中沉思了他恐怖的转变，从一个“实地演练”
402 的黑人妇女强奸犯变成一个“造反的”白人妇女强奸者，最后成为一个乐观的人权革命者。“如果像马尔科姆·X 这样的人可以改变和批判种族主义，如果我自己和其他前穆斯林可以改变，如果白人年轻人可以改变，那么美国还有希望”，他总结道。

克利弗的书成为黑人权力的男性气概宣言，来救赎悲惨的被殖民的、灵魂“在冰上”的、作为“黑人太监”而存在的男人。这本书表明，关于黑人权力的男子气概，人们事实上已经接受了 1965 年莫伊尼汉报告所推广的“被阉割的黑人男性”这一种族歧视观点。尽管他对社会同化主义观点、监狱、警察进行了反种族主义攻击，对白人至上主义资本主义和黑人中产阶级进行了反种族主义马克思主义攻击，但是克利弗的酷儿种族歧视和性别种族歧视都很引人注目。克利弗认为，黑人同性恋被双重阉割（因此比被单独阉割的白人同性恋者低级）：他们被阉割为黑人，又被同性恋“疾病”阉割。在克利弗的性别种族歧视中，黑人女性和白人男性是“沉默的”盟友：白人男性将白人女性“当成偶像崇拜”而将“黑人女性当作强壮而自力更生的悍妇”。但是，克利弗以一封热情洋溢的情书《全体黑人男性致全体黑人女性》（“To All Black Women, from All Black Men”）结束了《冰上的灵魂》一书。“穿越被否定的男子气概这一赤裸裸的深渊，穿过除去我勇气的 400 年，我的女王，今天我们面对面，”克利弗写道，“我死而复生。”[19]

虽然他持有性别种族歧视，但仍然是独特的反种族主义者，对黑人女性仍然具有极大吸引力，特别是对他新婚妻子凯瑟琳·克利弗（Kathleen Cleaver）而言，她是黑豹自卫党的全国通讯秘书。凯瑟琳出生在一个周游世界的军人家庭，是民权激进主义和 SNCC 的产物，她成为第一个加入黑豹自卫党中央委员会的女性。埃尔德里奇对所有拒绝与黑人女性约会，或欣赏黑人女性并觉得白人女性更优越的黑人男性明确表示了不屑。杰克·约翰逊这新一代人得到了出生于马提尼克的精神病学家弗朗茨·法农（Franz Fanon）的理解，他娶了一个法国女人，然后成为黑人权力男子气概的教父之一，创作出反殖民主义的手榴弹——《全世界受苦的人》（*The Wretched of the Earth*，1961）。“通过爱我，［白人女 403
性］证明了我值得拥有白人的爱，”法农在《黑皮肤，白面具》（*Black Skin*，*White Masks*，1952）中写道，“我像白人男子一样被爱。我是个白人……当我不安分的手抚摸着那些白色的乳房时，它们抓住了白人文明。”这些黑人社会同化主义男子——渴望成为白人，并且不断通过想象**黑人**女性的错误来为这种渴望提供合理性——在 20 世纪 60 年代末的黑人权力运动内外都大量存在。黑人男性寻求白人女性，是因为黑人女性强烈的自我排斥导致她们不再寻求男性的关注并放任自流，黑人精神病学家威廉·格里尔（William Grier，喜剧演员大卫·艾伦·格里尔之父）和普林斯·柯布斯（Price Cobbs）在1968年出版的一本极具影响力的书《黑人的愤怒》（*Black Rage*）中声称。[20]

黑人女性特质和男性气概是病态的这一观点，导致了黑人家庭是病态的这一观点，而这又导致了非裔美国人文化是病态的这一观点。它们就像是支撑着美国种族主义思想的支柱。社会学家安德鲁·比林斯利（Andrew Billingsley）是最早攻击这些支柱的学者之一。他的开创性研究《美国白人社会中的黑人家庭》（*Black Families in White America*）开辟了1968年反种族主义者黑人家庭研究的新领域。他拒绝用白人家庭的标准分析黑人家庭。“和莫伊尼汉及其他人不同，我们不把黑人看作一种自我衍生的‘病态纠结’的因果关系”，他写道。相反，他认为黑人家庭是一种“为了他们孩子的社会化而不断吸收、不断调整和具有惊人弹性的机制”。比林斯利对非裔美国人文化也提出了同样的看法。“说一个民族没有文化就是说他们没有塑造和教导他们的共同历史，”比林斯利认为，“而否认一个民族的历史就是否认他们的人性。”[21]

1968年2月29日，当美国人在阅读《冰上的灵魂》这本书时，全国民事咨询委员会发布了关于1967年叛乱的最终报告。早在7月，约翰逊总统组建了委员会来回答这些问题：“发生了什么？为什么会发生这种事？能够做什么来阻

止它一次次发生?” 9 名白人和 2 名黑人调查员代表了敌视 404
黑人权力的群体并吹捧新现状座右铭“法律和秩序”，因此反种族主义者并没有对科纳委员会（以委员会主席、伊利诺伊州州长小奥托·科纳的名字命名）抱有太大希望。

科纳委员会的结论就像它所调查的叛乱一样震惊了美国。委员会成员毫不掩饰地将城市叛乱归罪于种族歧视。结论说，“美国白人一直没有完全理解——但是黑人永远不会忘记——白人社会深深影响了贫民窟。白人机构创造了它，白人机构维持了它，然后白人社会纵容它”。种族主义的主流媒体让美国失望了，报告总结道：“媒体长期沉浸在白人世界中，如果他们真的有朝外看的话，那也是以白人男子的眼光和白人的观点。”在《民权法案》和《投票权利法案》的余波中——正如美国宣称其种族进步——科纳委员会在它最为著名的段落中宣称了种族歧视的进展：“我们的国家正在走向两个社会，一个是黑人的，一个是白人的——它们是分裂并且不平等的。”[22]

每个人似乎都对这份长达 426 页的文件有自己的看法，超过 200 万美国人购买了这份报告。理查德·尼克松（Richard Nixon）抨击这份报告在为暴徒免责，就像尼克松在总统竞选中吸引的种族主义者们一样。小马丁·路德·金在组织他的贫困人口运动的过程中，将报告命名为“医生对行将死亡的警告，并且开具了能活下去的处方”。总统约翰逊感觉他自己的医生夸大了白人种族歧视，而他可能在担心报告对半真半假的种族进步和生命处方的成本所带来的毁灭性效果。报告建议重新分配数十亿美元来让美国警务多样化，为贫困黑人社区提供新的工作岗位、更好的学校和更多福利，根除住房歧视并建筑数百万黑人居民负担得起的、新建的、有间隔的住房，他们曾被迫居住在老鼠肆虐和不断老化的房子里和高层住宅中。在部署成本更高又遭人恨的越南
405 战争之时，约翰逊和他的两党同僚还以成本为借口。而且，约翰逊确实推动了一项建议：建立更多的警察情报部门来监视黑人权力组织。总统在那一年晚些时候建立了第二个关于内乱的总统委员会，但是这次，他更谨慎地挑选了成员。这个委员会建议大幅提升用在警察武器、训练和防暴准备方面的联邦支出。华盛顿毫无疑问通过了这一建议。[23]

1968 年 4 月 4 日上午，安吉拉·戴维斯在 SNCC 位于洛杉矶的新办公室。新成立的 SNCC 分会是她新的活动基地，她在洛杉矶和她攻读博士学位的加州大学圣地亚哥分校之间来回奔波。4 月 4 日下午，她进行了一次印刷。那天晚上，她听到有人在喊“马丁·路德·金被枪杀了！”她起初不相信，但在确认了这条新闻以后感到一阵强烈的罪恶感。和其他黑人权力活动家一样，她把金丢在一边，觉得他是一个无害的领袖——在他提倡的非暴力宗教哲学中是无害的。“我认为我们没有意识到他对斗争的新观念——涉及所有肤色的穷人，涉及全世界被压迫的人——可以潜在地对我们的敌人形成更大威胁，”戴维斯回忆说，“我们中间没有任何一个人预测到他会被暗杀者的子弹击中。”显然，金是知道的。前一天晚上，他在孟菲斯的梅森教堂发表了可能是他的传奇演说生涯中最令人振奋、充满希望并让人产生勇气的讲话。

他谈到“人权革命”，即贫穷的“全世界有色人种”崛起并要求在应许之地“获得自由”。“我可能无法和你们一起前往，”他的声音让人印象深刻，“但今晚我想让你们明白，作为一个集体，我们将会到达应许之地！”[24]

在暗杀的阴影之下，戴维斯和其他当地黑人权力团体的领袖一起在洛杉矶第二浸信会教堂组织了一场大规模集会。与会者被敦促去恢复和加强反种族歧视的斗争。在戴维斯看来，“种族歧视是马丁·路德·金的暗杀者，需要被抨击的是种族歧视”。她和她的同伴组织者意图将洛杉矶的怒火从 406
与装备精良的洛杉矶警察局（LAPD）的身体对抗中转移开，警察局中很多官员都来自南方腹地。他们成功了。但是这次战火在别处。在金被暗杀一周后，超过 125 个城市经历了又一波城市叛乱，这导致了种族主义美国人对“法律和秩序”的又一次强烈反对。有抱负的总统们，包括乔治·华莱士和理查德·尼克松，控制着这场抗议。马里兰州州长斯皮罗·T. 阿格纽（Spiro T. Agnew）对黑人领袖打趣说，“我呼吁你们公开批判所有的黑人种族主义者。截至此时，你们一直不愿意这样做”。阿格纽变得非常有名，以至于尼克松选他作为自己的选举伙伴。[25]

金的去世让无数双重意识活动者转变为单意识的反种族主义者，而且黑人权力运动突然成长为后内战时期以来最大的反种族主义群众动员，对土地的要求已经成为主要议题。灵魂乐教父注意到了美国黑人全新的战利品。种族隔离主义者说他们不应该感到骄傲，主张社会同化者说他们不是黑人，而詹姆斯·布朗（James Brown）在 1968 年 8 月开始带领百万人吟唱：《大声说——我是黑人我骄傲》（“Say it Loud—I'm Black and I'm Proud”），这首歌在节奏布鲁斯（R&B）单曲榜上连续6周雄踞榜首。所有这些黑人权力圣歌让一些非裔美国人丢弃了他们在黑人特质中的种族主义肤色等级制度（即颜色越浅越好）。一些活动者很糟糕地颠倒了肤色等级制度，他们判断一个人的黑人性是看皮肤的深色程度、头发的卷曲度、爆炸头发型的大小、黑人英语流利程度，或者浅肤色黑人与深肤色黑人约会的意愿，或者一个人是否穿黑色皮草或非洲服装，或者是否可以引用马尔科姆·X的话。反种族主义黑人权力活动家们致力于发掘和抛弃根深蒂固的社会同化主义白人标准。他们正在阻止黑人通过杜波依斯所说的“他者的眼光”（以及科纳委员会所说的“白人视角”）看待自己和这个世界。反种族主义黑人权力运动迫使人们对黑人视角、对黑人通过自己的眼光看待自己进行有争议性的寻找。

407 学校和大学里尤其喜欢寻找黑人视角，那里的黑人学生活动家、教育者和父母都要求开设最新的学术科目——黑人研究。“当这些教室里的焦点几乎都是……白色……并且几乎从来没有黑色时，”芭芭拉·史密斯（Barbara Smith）对曼荷莲学院的教工说，“那些不具有白人和欧洲历史文化根源的学生不可避免地会产生不满。”1967～1970年，黑人学生和他们成千上万的非黑人盟友迫使全美国几乎所有州将近1000所学院和大学引入了黑人研究部门、项目和课程。对黑人研究的需求还渗透到基础教育中，那里的教科书中非裔美国人呈现给“几百万黑人和白人儿童的形象是……亚人类，无法创造文化、乐于被奴役，是被动的旁观者”，正如希勒尔·布莱克（Hillel Black）1967 年在《美国教科书》（*The American Sohoobook*）中解释的那样。早期的黑人研究学者开始研究新的反种族主义教科书。他们受到所有种族中社会同化主义和种族隔离主义学者的批评，他们看不起黑人研究，认为它是分裂主义或者比传统的白人学科低等。他们看不起新的领域的理由也与他们看不起传统黑人学校、机构、企业、团体、社区和民族的种族主义理由是一样的。他们认为，任何由黑人创造、黑人经营和充满黑人的东西都一定是低等的。而如果它在奋力发展壮大，那一定是黑人的错。种族主义思想不仅为针对黑人的歧视开脱，而且为针对黑人机构和黑人活动家提出的想法——比如黑人研究——的歧视进行开脱。[26]

虽然如此，黑人研究和黑人权力观点总体上还是开始激励非黑人向反种族主义转变。反战的“学生争取民主社会组织”（SDS）中的白人成员和嬉皮士集体开始同情黑人权力并开始发誓要“消除美国白人种族主义的影响”，正如 1968 年美国共产党的一位白人领袖敦促的那样。1968 年在成立青年主人党的过程中，波多黎各反种族主义者们意识到 408
“存在于波多黎各人和黑人之间，以及浅肤色和深肤色波多黎各人之间的高度种族主义”，正如纽约分部的联合创始人“约鲁巴”巴勃罗·古兹曼（Pablo “Yoruba” Guzmán）所说——一种存在于所有多肤色的拉美裔和奇卡纳民族中的种族主义肤色等级制度。新兴的棕色权力运动挑战了所有这些肤色等级制度，就像新兴的黑人权力运动挑战了所有多肤色黑人民族中的肤色等级制的一样。[27]

SNCC 洛杉矶办公室在金被暗杀后洛杉矶警察局进行的彻底搜查中坚持下来。但是它无法抵挡困扰很多男女混合组织中的性别内讧。黑人组织必须与莫伊尼汉报告中流行的被阉割的黑人男性这一理论做斗争。每当安吉拉·戴维斯和另外两名女士坚持自己的观点时，团体中的种族主义家长们就不可避免地开始回应关于黑人女性的神话，说她们太过专制并且正在阉割他们。凯瑟琳·克里夫在黑豹自卫党中也面临着类似问题，弗朗西斯·比尔（Frances Beal）在纽约的SNCC 办公室也一样。

20 世纪 60 年代早期，比尔住到法国之前曾在大学里参加民权运动和社会主义活动。到 1968 年 12 月，她回到美国协助创立了 SNCC 黑人妇女解放委员会。这是黑人权力运动中第一个正式的黑人女权主义团体。比尔为黑人女权主义者提供了最主要的意识形态宣言——《双重危机：作为黑人和女人》（“Double Jeopardy: To Be Black and Female”），这是一份发表于 1969 年的意见书，并且因为出现在托尼·卡德·班巴拉（Toni Cade Bambara）独一无二的选集《黑人女性》（*The Black Woman*）中而在第二年进一步得到传播。“自从黑人权力出现以来，黑人男性一直认为他们被社会阉割，而黑人女性则逃过了这一迫害”，比尔指出，事实上，“美国的黑人女性应该被描述为‘奴隶中的奴隶’才恰当”——她们是种族和性别歧视的双重受害者。比尔引用了劳工数据显示，非白人女性的工资低于白人女性、黑人男性和白人男性——这些统计数据削弱了弗雷泽－莫伊尼汉的论点，即黑人男性最受压迫，这一耸人听闻的论断激起活动家们对黑人男性的捍卫。比尔关于黑人女性的境遇最糟糕的 409
论点同样有效地激起活动者们对黑人女性的捍卫。黑人女权主义和黑人父权制的兴起导致黑人权力组织内外进行关于谁的境遇才是最糟糕的意识形态比拼。[28]

在 SNCC 洛杉矶分部，性别冲突——然后是对共产党的拘捕——在 1968 年变得非常严重，最后该分部在夏末关门了。安吉拉·戴维斯于是开始认真考虑加入共产党，她感觉这个党派还没有“对黑人受压迫的民族和种族问题给予足够的重视”。但是美国共产党新成立的切－卢蒙巴俱乐部（Che-Lumumba Club）做到了。这个有色人种共产主义集体成为戴维斯在 1968 年加入共产党的入口，她一跃投入美国第一位竞选总统的黑人女性——美国共产党候选人夏琳·米切尔（Charlene Mitchell）——的竞选活动中。[29]

在 1968 年的总统选举中，米切尔与约翰逊的副总统休伯特·汉弗莱（Hubert Humphrey）平分秋色。在民主党对面的是共和党总统候选人理查德·尼克松（Richard Nixon）。他的创新竞选活动揭示了种族主义观点的未来。

第 32 章

法律与秩序

410 理查德·尼克松和他的助理团队仔细研究了乔治·华莱士的总统竞选活动。他们意识到他的种族隔离主义玩笑只是对“唾沫横飞的种族隔离主义者”才有吸引力。尼克松不但想要吸引这些华莱士式的种族隔离主义者，还想要吸引所有拒绝住在“危险的”黑人社区、拒绝相信黑人学校可以平等、拒绝接受混合学校中的校车接送、拒绝将黑人的负面个人化，以及拒绝在黑人占绝大多数的县城支持黑人权力的美国人——这些在 1968 年拒绝认为自己是种族主义者的种族主义者。正如一位亲信顾问解释的那样，尼克松的竞选让潜在的支持者“避免承认自己是受到种族主义的吸引”。他怎么才能做到呢？很简单。贬低黑人，赞扬白人，但是只字不提**黑人**或者**白人**。[1]

历史学家称之为“南方战略”。实际上，它曾是——并在接下来的 50 年中仍然是——全国共和党的策略，因为大老党试图团结南北方的反黑人（和反拉美裔）种族主义者、主战的鹰派以及财政和社会保守派。这战略恰逢其时。在一项 1968 年的盖洛普民意测验中，81% 的调查对象说他们相信尼克松的竞选口号："国家的法律与秩序已经崩溃。"一则尼克松的电视广告充斥着可怕的喧闹声和暴力血腥的活动家们的可怕画面。一个低沉的画外音说道："我对你发誓，我们将在美国拥有秩序。"这则广告"正中红心。全是因为 411
那些该死的黑人-波多黎各人群体"，据报道称尼克松在私下里这样说。在公开场合，调子也是一样，省去了种族主义歌词而已。1968年9月6日，尼克松抨击最高法院"在加强刑事力量方面做得太过了"，赢得了30000名得克萨斯州居民的欢呼喝彩。30年前，西奥多·比尔伯可能会说是加强"黑人力量"。选举种族主义取得了进展，尼克松也赢得了大选。[2]

1969年秋天，在夏琳·米切尔的竞选之后，安吉拉·戴维斯计划悄悄在加州大学洛杉矶分校开始她的第一份教学工作。但美国联邦调查局（FBI）另有打算。J. 埃德加·胡佛（J. Edgar Hoover）的特工发动了一场全面的毫无悔意的战争来摧毁那一年的黑人权力运动。FBI信使埃德·蒙哥马利（Ed Montgomery）在《旧金山观察家报》（*San Francisco Examiner*）上曝光了戴维斯的共产党（还有学生争取民主社会组织和黑豹自卫党）成员身份。在随后的骚动中，加利福尼亚州州长罗纳德·里根（Ronald Reagan）渴望在反红色、反学生和反黑人的法律秩序选民中得分，他签发了一项陈旧的反共产党法规并解雇了25岁的安吉拉·戴维斯。她向加利福尼亚法院上诉，引发了这个州的种族主义者和反种族主义者、共产党员和反共产党人、学术解放者和学术奴役者之间的冲突。安吉拉·戴维斯进入了公共视野。诋毁她的人诬陷她充满仇恨和偏见，仇恨的邮件开始充满她的邮箱，她收到威胁电话，警察也开始骚扰她。1969 年 10 月 20 日，加州高等法院法官杰里·帕特（Jerry Pacht）判定反共产党法规违宪。戴维斯恢复了教师职位，里根则开始寻找另一种方法来开除她。[3]

1970 年 2 月的某天，戴维斯所在的切－卢蒙巴俱乐部收到竞选消息，要在圣何塞附近的索莱德州立监狱释放 3 位黑人囚犯。在仅能证明他们是黑人权力活动者的情况下，乔治·杰克逊（George Jackson）、约翰·克勒切特（John Clutchette）和弗莱塔·德拉姆戈（Fleeta Drumgo）被指控
412 在一场充满种族歧视的监狱斗殴中谋杀了一名狱警。1961 年，18 岁的乔治·杰克逊已经因持械抢劫罪被判处一年监禁，据称他曾持枪从加油站偷了 70 美元。在经历了一场与马尔科姆·X 和克利弗类似的政治变革后，他在 1969 年被转移到索莱德，但是他的监狱激进主义让他偷窃 70 美金的行为被判处无期徒刑。戴维斯与乔治·杰克逊和他严肃的弟弟乔纳森非常亲近，后者一生都致力于让他的哥哥获得释放。[4]

1970 年 6 月 19 日，安吉拉·戴维斯在加州教管所的眼皮底下于洛杉矶一场称为“释放索来德兄弟”的活跃集会上发言。就在同一天，里根的校董会再次从加州大学洛杉矶分校解雇了戴维斯，这一次是因为她的政治讲话“不符合一位大学教授身份”。作为证据，戴维斯的终结者们还引用了她对加州大学伯克利分校的教育心理学家阿瑟·詹森

（Arthur Jensen）的指责，詹森代表了 20 世纪 60 年代末种族隔离主义学者的复兴。心理学上“越来越多人认识到”黑人智商测试的低分不能“完全或直接归因于教育歧视或不平等”，詹森在 1969 年出版的《哈佛教育评论》（*Harvard Educational Review*）中写道，“似乎可以合理……假设遗传因素在这幅图景里起了作用”。校董会责备戴维斯在彻底批判詹森时没有“在实践学术自由时进行适当的克制”，而在校董会看来，詹森在发表“长篇文章”前是进行了“多年研究的”。显而易见，学术界只有在拥抱种族主义观点时才具有真正的自由。[5]

当记者在集会上问戴维斯对于她自己被解雇的回应时，她将自己受到的学术奴役与政治犯所受的司法奴役联系到一起。一位摄影师抓拍到一张戴维斯举着标语的照片，标语上写着“让索莱德兄弟免受法律私刑”。乔纳森·杰克逊站在她身后，举着另一幅标语——“终结监狱的政治镇压”。[6]

1970 年 8 月 7 日，乔纳森·杰克逊走进加利福尼亚州马林县的一个法庭，带着 3 把枪，将法官、检察官和 3 名陪审员当作人质。他在法庭释放了 3 名犯人，在他们的帮助 413
下，乔治·杰克逊 17 岁的弟弟用枪指着人质将他们带到外面停着的一辆货车上。警察开枪。枪战夺去了杰克逊、法官和 2 名犯人的性命。警察追查到杰克逊有一把枪是属于安吉拉·戴维斯的。一周后，戴维斯被指控谋杀、绑架和共谋，并且被下发了逮捕令。仍在为杰克逊的去世感到悲伤的她看到了政治镇压的不祥之兆：如果她被认定有罪的话，等待她的将是死刑。她逃离了大规模的女性迫害，就像众多在她之前的政治同胞和祖先一样，成为一个试图逃离奴隶制度或比这更糟糕的东西的逃亡者。J. 埃德加·胡佛在他去世前几个月，将“危险的”戴维斯置于美国联邦调查局通缉要犯名单的前 10 人之中。两张“联邦调查局通缉令”海报上的照片——一张有阴影，一张没有——显示了这个女性已经成为黑人权力运动中标志性的女性活动家。[7]

通缉令还展示了她著名的非洲发型，但是那个时代最流行的非洲发型——一个真正将发型从反社会同化主义者的政治声明变成一种时尚声明的女性——来自最高大、最大胆、最坏又最黑的女人，她是电影《骚狐狸》（*Foxy Brown*, 1974）和《科菲》（*Coffy*, 1973）中的影星潘·葛蕾尔（Pam Grier）。在 20 世纪 70 年代早期，非裔美国人越是让自己的非洲发型长成葛蕾尔那样，他们就越是遭到社会同化主义父母、传教士和雇主的愤怒，他们说非洲发型很丑，“不体面”——就像“走回丛林”。非裔美国人成为社会同化主义者并不是在他们烫头发的时候，而是在他们认为自然的发型没有烫过的发型专业或者前者更难看的时候。[8]

非洲发型曾出现在好莱坞“吸引黑人观众”的黑人动作冒险电影中，这个类型的电影在 1969 年和 1974 年达到流行顶峰。面对 20 世纪 60 年代的经济灾难以及支持取消种族隔离的电影叙事中，对盛行的西德尼·波蒂埃（Sidney Poitier）式人物的反种族主义批评越来越多，好莱坞决定利用受欢迎的黑人特质来解决自身的经济和政治不景气。“吸引黑人观众”的领袖是梅尔文·凡·皮布尔斯（Melvin Van Peebles）。他 1971 年的《斯维特拜克之歌》（*Sweet Sweetback's*

Baadasssss）讲述的故事是一个**邪恶**的黑人青壮年暴力回应警察镇压，通过使用所有他能动用的武器（包括他的阴茎）逃离了大规模的警察搜查，并且逃进墨西哥的落日中。一路 414
上他受到黑人儿童、传教士、赌徒、皮条客和妓女的帮助。过去这些年里，画面外的警察镇压风暴，以及流行的种族主义观点中超级性感、不再被阉割的黑人男性形象无疑都是这部电影在非裔美国人中大受欢迎的原因。

但也不是所有的黑人都喜欢这部电影。在文学上一鸣惊人的《乌木》（*Ebony*）中，公共知识分子小勒容·本内特（Lerone Bennett Jr.）认为它“既不革命，也不黑人”，只是将美国城市黑人的贫穷和痛苦浪漫化。本内特说得很有道理。每当黑人艺术家认定将受经济剥削的黑人民众作为黑人最真实的代表时，他们都在徒步穿越种族主义观点的后门。太多时候，他们把贫穷、贩毒、卖淫、赌博和犯罪视为**黑人**世界，就好像非黑人就没有同样概率的骗钱、卖淫、毒品、赌博和犯罪一样。然而，每当这些艺术家将皮条客、流氓、罪犯和妓女人性化时，他们就表现出他们反种族主义的最佳状态。但是，那些反对黑人剥削电影的民权人士——以他们对媒体劝说的坚定信仰——几乎没有指望这种人文主义区别。他们只看到令人讨厌的刻板印象在屏幕上强化黑人角色。1972 年黑人剥削公民权利联盟指控道：“屏幕上的刻板印象从斯泰平·费奇特转变为超级黑鬼只不过是另一种形式的文化种族灭绝。”[9]

1970 年 10 月 13 日，女性追捕行动在纽约抓到了安吉拉·戴维斯。戴维斯被关押在纽约女子监狱。在那里，周围都是被监禁的黑人和棕色人种女子，戴维斯开始发展出她自称的“黑人女权主义意识萌芽”。就在那一年，1970 年，女性运动最终到达了美国主流意识。诺玛·L. 麦科维（Norma L. McCorvey）［化名为简·罗（Jane Roe）］在得克萨斯州提起诉讼以终止妊娠。当最高法院 3 年后在“罗诉韦德案”中将堕胎合法化时，总统尼克松声称只有两种“情况下有
415 必要堕胎”：“当你怀了黑白混血儿或者强奸致怀孕。”[10]

1970 年 8 月 25 日，弗朗西斯·比尔和最近更名的第三世界妇女联盟的姐妹们带着海报（“放开安吉拉·戴维斯”），加入了全国妇女组织（NOW）的 20000 多名女权主义者在纽约为争取平等进行的罢工。看到比尔的海报，全国妇女组织的一位官员冲过来厉声说：“安吉拉·戴维斯和女性解放毫无关系。”比尔厉声回答道：“是和你们所说的那种解放毫无关系。但是这和我们所说的那种解放有千丝万缕的关系。”正如小说家托妮·莫里森（Toni Morrison）几个月后在《纽约时报杂志》上解释的那样，黑人女性“看着白人女性，看到了敌人，因为她们知道种族歧视并不局限于白人男性，而这个国家中的白人女性多于白人男性”。托妮·莫里森刚刚出版了《最蓝的眼睛》（*The Bluest Eye*），以反社会同化主义观点描述一个黑人女孩对“美丽的”蓝眼睛的狂热追求。莫里森的小说处女作中虚构的感人情节，就如同《我知道笼中鸟为何歌唱》（*I Know Why the Cage Bird Sings*，1969）中的真实生活描述，后者是玛雅·安吉洛（Maya Angelou）倍受好评的自传之旅：从种族主义思想

的棘手森林（她希望在那里自己可以从“黑色丑陋的梦”中醒来）进入对反种族主义尊严和反抗的清理。[11]

1970 年 12 月，安吉拉·戴维斯被引渡回加利福尼亚州。她在监狱中的大部分时间里都处于等待宣判的单独监禁状态，她在那里阅读并回复了上千封支持者的来信，研究自己的案件并思考了美国。她有时候听到合唱《释放安吉拉》（“Free Angela”）和《释放所有政治犯》（“Free all Political Prisoners”）。美国的 200 个国防委员会和国外的 67 个国防委员会都在喊着同样的话。国防委员会组成了一个广泛的跨种族支持者联盟，他们认为尼克松政府做得太过头了——在骚扰、监禁和杀害大量反种族主义者、反资本主义者、反性别主义者和反帝国主义活动者，以及谴责他们的观点方面做得太过了。在那个时候，这些观点都包裹在安吉拉·戴维斯的思想和身体里，这 416
是尼克松和里根政府的“法律与秩序”的美国想要的思想和身体。[12]

戴维斯体现出来的反种族主义观点在最高法院的另一起案件中也有体现，就在警察将她带回加利福尼亚州的时候。20 世纪 50 年代，北卡罗来纳州的杜克电力公司丹河工厂公开强迫其黑人工人从事最低收入工作。《民权法案》通过后，杜克电力公司进行私下歧视——要求工人具有高中学历和进行智商测试——从而产生了同样的结果：白人获得大部分高薪工作。1971 年 3 月 8 日，最高法院裁定“格里格斯诉杜克电力公司案”（*Griggs v. Duke Power Co.*）中杜克电力公司的新要求与工作表现没有关系。

《民权法案》“禁止的不仅是公开歧视”，首席大法官沃伦·E. 伯格（Warren E. Burger）认为，“还有形式上虽然公平但是操作上带有歧视性的行为”。如果说格里格斯案的裁决让反种族主义者觉得太便宜对方了，那它确实是。它没有断然禁止那些产生种族不平等的行为和政策。尽管杜克电力公司在《民权法案》生效的那天就改变了政策，但令人震惊的是最高法院维持了上诉法院的假设，即不存在“歧视性意图”。而首席大法官伯格给予了雇主们一个种族主义发展的漏洞：“企业需求是试金石。如果不能证明一种排除黑人的雇佣行为与工作表现相关，那么就要禁止这种行为。”种族主义雇主现在只需要很简单地确保他们的歧视性雇佣和晋升行为都是和工作表现相关并且是企业需求就行了。[13]

格里格斯案的判决对黑人权力活动者来说并不重要。无论如何他们都不相信美国最高法院会禁止制度种族主义的最新进展。他们的注意力转向了本地抗争、戴维斯案，以及美国历史上最大的黑人大会。1972 年 3 月 10 日在印第安纳州的盖瑞市，大约 8000 人出席了黑人权力运动成立 6 年来最大的会议。历史上最大的黑人中产阶级代表了这个群体——新美国黑人。这些黑人精英的出现是民权和黑人权力
417 运动的激进主义和改革以及 20 世纪 60 年代的强劲经济发展的结果。到 1973 年，黑人贫困率跌至美国历史上最低水平。在 1973 年经济衰退之前，黑人收入水平不断增加而且政治经济方面的种族不平等也在缩小。[14]

盖瑞大会开场时，黑人已经在很多黑人占大多数的城市和县城取得了政治控制。但一些黑人选民必须明白艰难的一

课，即赋予一个黑人在政府的权力并不会自动赋予反种族主义者以权力。因此，盖瑞大会上独立人士的主要需求——一个独立的黑人政治党派——在当前由民主党中的社会同化主义者为特性的情势下并不会自动成为一种反种族主义升级。但是，自私的黑人政治家在接下来的几年中还是将这个计划搞得一团糟。[15]

在盖瑞大会开幕前几天，安吉拉·戴维斯的审判终于在加利福尼亚州开始了。“证据将显示，”检察官阿尔伯特·哈里斯（Albert Harris）说，“她的根本动机并不是释放政治犯，而是释放她爱着的一位犯人。”对枪支的所有权、戴维斯的飞行以及她日记和信件中对乔治·杰克逊的情话，都被认为是对她一级谋杀、绑架和阴谋罪的定罪。全白人组成的陪审团以更少的罪名就可以将人定罪并判处死刑。但这个陪审团没有，他们在 1972 年 6 月 4 日宣判戴维斯无罪。她走出了美国刑罚体系的魔爪。但她后退了一步，看着那些被她留在身后监狱里的男人女人，发誓要用自己的余生让他们从奴隶制中解放出来。[16]

1972 年，除了反抗“法律与秩序”运动的激进分子，全国有不到 35 万人被关押在监狱里。对于戴维斯以及全国最受尊重的犯罪学家来说，这一数字都太多了，他们中的很多人预测监狱系统将逐渐消失。彻底的反监狱行动主义和观点正在发挥作用。1973 年，国家刑事司法标准和目标咨询委员会称监狱系统是“失败的”——是犯罪的创造者而不是预防者。委员会建议“不应再修建新的成人监狱机构， 418

并且应该关闭现有的青少年监狱机构”。[17]

在戴维斯获无罪释放后，250 多个释放安吉拉辩护委员会收到了来自戴维斯的公报：“只要种族主义和政治压迫”仍让人类“身陷囹圄，就请和我们站在一起”。到 1973 年 5 月，辩护委员会被组织成反种族主义和反政治压迫全国联盟。总统尼克松的水门丑闻加强了犯罪和监狱的矛盾。所有这些被判入狱的美国人中很多都是因为政治行为和观点，但是法律与秩序的捍卫者理查德·尼克松并没有因为水门丑闻而在监狱待过哪怕一天。当杰拉尔德·福特（Gerald Ford）总统在尼克松辞职后就任总统时，他赦免了尼克松并使他免于被起诉。[18]

1975 年秋天，戴维斯重回学术界。已经过去了 5 年，但她仍然是争议的中心。当她加入加州南部的克莱蒙特大学黑人研究中心时，校友们很愤怒。她发现思想市场仍和她离开时一样：种族隔离主义者仍然在想象种族间的遗传差异，而社会同化主义者仍然试图查明为什么他们对黑人提升的唯一希望——种族融合——失败了。社会同化主义社会学家查尔斯·施特伯（Charles Stember）在《性种族主义》（*Sexual Racism*，1976）中认为，白人对黑人男性亢奋性欲的嫉妒构成了种族融合失败的基础。他坚称，性种族主义——种族主义的核心——“主要集中”在黑人男性身上。[19]

同时，施特伯降低了黑人女性面临的性种族歧视，并且几乎忽略了黑人 LGBT（同性恋者、双性恋者和跨性别者）所面临的性种族歧视。但是 LGBT 根本等不及施特伯改变观点。1969 年曼哈顿的格林尼治村的跨种族石墙暴动拉开了同性恋解放运动的大幕，自那之后黑人 LGBT 两度离开女性解放、黑人权力和白人同性恋解放运动的边缘，在 20 世纪 70 年代开始了他们自己新的酷儿反种族主义整合之舞。纽约本地的女同性恋作家奥德雷·洛德（Audre Lorde）在她的诗歌、散文和演讲中巧妙地给这些“无名”的生命之舞“起名”。非白人、女性和 LGBT 被“寄予期望去教育”白 419
人、男性和异性恋者来欣赏“我们的人性”，洛德在她一次最出名的演讲中说道，“压迫者们保持自己的立场并逃避为他们的行动负责。能量被不断消耗，它们本可以被更好地用于重新定义我们自己，并为改变现状和构建未来设计切实可行的方案”。[20]

黑人女权主义者尼托扎克·尚吉（Ntozake Shange）利用自己创造性的反种族主义能量创造了一部戏剧，《给那些当彩虹出现/就要考虑自杀的有色女孩》（*For Colored Girls Who Have Considered Suicide/When the Rainbow Is Enuf*，简称为《给那些有色女孩》）在 1976 年 9 月 15 日于百老汇首演。7 个黑人女子，以彩虹的颜色命名，富有诗意而又戏剧性地表达了她们经历的虐待、欢乐、心碎、坚强、脆弱、爱，以及对爱的渴望。《给那些有色女孩》作为一种艺术现象在接下来的 40 年中在舞台和屏幕上不断出现和重现，成为“黑人女权主义者的《圣经》”——引用宾夕法尼亚大学教授沙拉米沙·蒂雷特（Salamishah Tillet）的话说。在每一站中，尚吉都在对黑人写照的辩论中的天真风向持有坚定立场。有些人直言不讳地表示他们担心戏剧会强化黑人女性的种族主义观点；另一些人则担心它将加强黑人男性的种族主义观点。[21]

对《给那些有色女孩》的争论在这个10年剩下的日子里持续。1982年爱丽丝·沃克（Alice Walker）写出小说《紫色姐妹花》（*The Color Purple*），同样的纪录被创造，只是这次的声名更响亮［该书后来被改编为1985年斯蒂芬·斯皮尔伯格（Steven Spielberg）的热门电影和1995年电影《待到梦醒时分》（*Waiting to Exhale*），后者是一部讲述4名非裔美国女性的电影］。沃克的《紫色姐妹花》背景设定在佐治亚州农村，一位黑人女性艰难地穿越（和找寻）自己的道路，一路经历了黑人家长的谩骂、南方贫困的肆虐和白人种族主义者的恶语相向。随着畅销小说流传到成千上万人手中，一些读者（可能更多的不是读者）对其中黑人男性的描写怒不可遏。但是如果看过尚吉戏剧的观众或者沃克小说（或斯皮尔伯格的电影）的读者走出剧院或合上书，将黑人男子概括为施虐者，那么他们就搞错了，而不能说戏剧、小说或电影搞错了。对黑人消极的种族主义描绘和对黑人不完美的人性的反种族主义描绘之间一直都只是一线之
420 隔。当消费者将刻板的黑人形象当成黑人行为代表，而不是那些个体角色的代表时，得出这一概括的消费者才有种族主义问题，而不是那些种族主义或反种族主义记述者。但是，这个复杂的区分或者实际上正面的黑人形象都几乎不能削弱种族主义，都不能终结毫无意义的媒体描绘争论，它们随着20世纪80年代和90年代的嘻哈视频和21世纪的黑人真人秀电视大爆炸，再次被点燃。[22]

“在观看《给那些有色女孩》的表演时，人们会看到对黑人男性活力的集体欲望”，社会学家罗伯特·斯泰普尔斯（Robert Staples）1979年在《黑人男子气概神话：对愤怒的黑人女权主义者的回应》（“The Myth of Black Macho: A Response to Angry Black Feminists”）中写道。然而，那个时代最愤怒的黑人女权主义者是27岁的米歇尔·华莱士（Michele Wallace）。《女士》（*Ms.*）杂志在1979年1月刊的封面上展示了年轻的华莱士，将她爆发的结晶《黑人男子气概和女超人神话》（*Black Macho and the Myth of the Superwoman*）宣传为“一本将塑造20世纪80年代的书”。它确实塑造了黑人性别争论。一些人讨厌她，一些人热爱她，因为比起种族主义，她更关注性别主义，并且揭露了种族主义的“黑人男性阉割神话”和将黑人女性作为“过分强壮的女性”的种族主义神话。华莱士证实，“即使是我，也仍然很难放开”黑人女超人的神话。[23]

但是她的反种族主义在这里停下来，而开始对黑人女性和黑人男性进行种族主义攻击。在拒绝接受黑人女超人形象之后，华莱士为她的读者绘制了相反的形象，描绘出20世纪60年代中“强迫自己变得顺从而被动”的黑人女性形象——诗人琼·乔丹（June Jordan）在《纽约时报》上抨击这份公告“毫无根据、自我贬低”并且“不顾史实”。安吉拉·戴维斯在《自由之路》（*Freedomways*）杂志上纠正了20世纪60年代关于黑人女性和黑人男性有意义而积极的行动主义。戴维斯把男人也算在内，是因为对于华莱士而言，“60年代的黑人［男性］革命者在她脑海中就如同一个小孩，其行动仅仅是从给他的父亲——也就是白人——造成421 的痛苦中引发的单纯的快乐”。在11年后的新版序言中，华莱士勇敢承认了一些错误，并且她收回自己的观点，即黑人男性主义是“破坏黑人权力运动的主要因素”。考虑到华莱士的信誉，她仍然使人们意识到家长式的黑人男子气概是黑人权力失败的一个关键因素。[24]

在1979年的黑人社区，只有一个女人引起了比米歇尔·华莱士更多的争论，而且这是一位白人女性，很多社会同化主义者视这位白人女性为世界上最美的女人。在电影《十全十美》（*10*）中，宝黛丽（Bo Derek）把她的头发用彩珠编成玉米辫，在精英白人女性中掀起风潮，人们涌入美发沙龙想要得到自己的“宝黛丽辫子”。非裔美国人读到媒体关于这种疯狂潮流的报道时非常愤怒。媒体宣布玉米辫已经来临，仿佛白人是文化的唯一载体。与此同时，美国航空公司解雇了机票代理蕾妮·罗杰斯（Renee Rogers），因为她梳了玉米辫。种族主义美国人认为爆炸头、辫子、脏辫和其他“自然”发型都是不专业的。当罗杰斯以歧视上诉后，法官以“宝黛丽辫”为例否决她所称的这一发型反映了她的文化传统。[25]

很可能对宝黛丽辫的狂热中最激情的部分就是一种普遍的感觉，认为宝黛丽和她的酷似者们在盗用非裔美国文化库，这种感觉可能源自尘封的种族主义观点，即欧洲文化能碾压非洲文化。整场喧嚣中——以及几十年后围绕着痞子阿姆（Eminem）（饶舌音乐）和金·卡戴珊（Kim Kardashian）（身体体质）的类似的白人盗用的风风雨雨——最令人惊奇的是一些黑人的虚伪。他们中的一些黑人曾经烫了头发——盗用了欧洲文化——现在却嘲笑宝黛丽和其他白人女性给头发编辫子并称她们盗用了非洲文化。

在 20 世纪 80 年代早期，宝黛丽以及和她发型酷似的人似乎无处不在，让黑人很是烦恼。但是，这一时尚潮流却没有最新流行的重塑白人男性气概那样的持久动力。如果《人猿星球》是种族主义者在 1968 年被打败的感情的缩影，那么 1976 年最卖座并获得奥斯卡最佳影片的电影则是那一 422
年种族主义者的斗争感情的缩影。《洛基》（*Rocky*）描绘了费城的一个贫穷、友善、语速很慢、出拳缓慢、谦逊、勤奋、具有钢铁般下巴的意大利短工拳击手，面对不友善、语速很快、出拳迅速、骄傲自大的非裔美国人世界重量级拳王。洛基的对手阿波罗·克里德（Apollo Creed）以其惊人的雪崩般的挥拳象征了赋权运动、上升的黑人中产阶级和现实世界中 1976 年的世界重量级拳王穆罕默德·阿里（Muhammad Ali），他是黑人权力男子气概的骄傲。洛基·巴布亚（Rocky Balboa）——由西尔维斯特·史泰龙（Sylvester Stallone）出演——象征了白人至上主义者的阳刚之气拒绝被民权和黑人权力抗议及政策的雪崩击倒的骄傲。[26]

但是，美国人在跑去观看《洛基》的几周前，跑去买了亚历克斯·哈利（Alex Haley）出版的《根：一个美国家庭的传奇》（*Roots: The Saga of an American Family*，简称《根》），该书雄踞《纽约时报》畅销书排行榜第一名。那些不想吃力地啃这本多达 704 页的大部头的人，看起了 1977

年 1 月开始在美国广播公司播出的更受欢迎的改编电视剧，它成为美国电视历史上观看人数最多的电视剧。《根》讲述了昆塔·肯特（Kunta Kinte）激动人心、悲惨而又动荡的故事，从他在冈比亚被绑架到他被残忍地致残，后者终结了他在弗吉尼亚不间断的逃跑企图。哈利声称肯特是他真正的祖先，他在美国历史上追寻肯特和他后代的生活轨迹，直到自己这一代。处在黑人权力光辉中的非裔美国人不断转向泛非观点，渴望了解他们在奴隶制之前和之中的生活，对他们而言，《根》是一部杰作，是 20 世纪最有影响力的作品。《根》发掘出大批种族主义观点，比如落后的非洲、文明的美国奴隶制、满足的奴隶、愚蠢野蛮的奴隶、散漫的被奴役妇女以及奴隶制在非裔美国人中的根源。种植园流派作品中快乐的保姆和黑人混血儿（黑人和印第安人或欧洲人的混血儿）的形象随风而逝。[27]

但是新的种植园流派中懒惰的黑人暴徒对白人生计的重
423 击——穷人靠福利，向上流动的人靠平权行动——仍然停留在 20 世纪 70 年代晚期的风中。因此，反种族主义的美国黑人有多么热爱他们的根，种族主义的美国白人就有多热爱——屏幕内外——他们的另一个洛基，他坚持不懈地为种族主义的法律与秩序而斗争。然后，在 1976 年，他们的洛基参加了美国总统大选。

第 33 章
里根的毒品

讽刺的是，一位前好莱坞明星成为现实生活中的洛 424
基·巴布亚；并且与此同时，体现了种族主义对政治黑人权力的强烈反对。这位现实生活中的洛基决定在 1976 年挑战现任共和党总统候选人杰拉尔德·福特（Gerald Ford）。里根打倒了所有在他的家乡加利福尼亚州和全国范围内被煽动起来的赋权运动。几乎没有其他共和党政客比得过他在法律秩序上的信用，也几乎没有任何其他共和党政客比他更受到反种族主义者的鄙视。当里根在 1966 年第一次竞选加利福尼亚州州长时，他发誓“将福利乞丐们送回去工作”。到了 1976 年，他提出虚构的福利问题吸引尼克松时期隐藏的种族主义者支持他的候选，里根得到他们对他削减帮助穷人的社会项目的支持。在总统竞选活动中，里根分享了芝加哥的琳达·泰勒（Linda Taylor）的故事，这位黑人妇女被指控进行福利欺诈。“她的免税现金收入超过 150000 美元”，里根喜欢说。实际上，泰勒是被指控欺诈了国家 8000 美元，但对于这种罕见的事来说这是个特殊数额。但真相对里根的竞选并不重要，只要白人强烈反对黑人权力就行。[1]

在1976年共和党全国大会上杰拉尔德·福特用尽他作为现任总统的全部权力才勉强避开了罗纳德·里根的挑战。但赦免尼克松和管理经济不当让他输给了“没有污点”又不为人知的前民主党人、佐治亚州州长吉米·卡特（Jimmy
425 Carter）。黑人一直抱有很高希望，直到严厉的卡特政府为了刺激经济开始史无前例地在增加军费开支的同时削减社会福利、医疗保健和教育项目支出。1973年的黑人贫困率是美国历史上最低的，但这个10年以失业率创纪录、通货膨胀、工资下降、黑人贫困率增长和不平等加剧告终。在地方层面，陷入困境的活动家和居民们将贫困的增长部分或全部归咎于友爱的黑人政客。据说黑人政客有点问题。毫不奇怪，没有人找到任何能证实对黑人政客的这一政治种族主义看法的证据。黑人政客和他们主要服务的黑人精英以及其他种族的政客和精英并没有什么不同，他们向最高出价者出售或者坚持他们的反种族主义和/或种族主义原则。[2]

当种族主义黑人将他们的社会经济困境归咎于**黑人**政客,以及越来越多的黑人资本家时，白人种族主义者将他们在20世纪70年代的困境归咎于黑人以及平权行动。种族主义观点让所有这些美国人都脱离了现实，就像一个白人男性航天工程师想要成为一个医生一样脱离现实。当加州大学戴维斯分校医学院在1973年第二次拒绝艾伦·巴基（Allen Bakke）时，他已经33岁了，学院说他被拒的主要原因是“目前的年龄”和不上不下的面试成绩。那个时候，十几所其他医学院也同样拒绝了他，拒绝理由一般都是因为他的年龄。1974年6月，巴基起诉了加州大学董事会，这也是4

年前解雇了安吉拉·戴维斯的机构。他没有提出年龄歧视的理由。他宣称他申请医学院被拒是因为“他的种族”，因为加州大学戴维斯分校在 100 个位子中留出了 16 个给“处于不利地位的”非白人。加州法院同意了他的说法，推翻了“配额”并下令将他录取。

美国最高法院决定接受“加州大学董事会诉巴基案”(*Regents v. Bakke*)。巴基的律师辩称配额体系降低了他入学的机会，迫使他在 84 个席位中争取一席之地，而不是满额的 100 个。校董会的律师辩称该州“迫切……需要”扩大
加州的非白人医生的极小比例。因为非白人一般受到较差的 426
中小学基础教育，他们在大学里的平均绩点（GPA）和考试成绩常常低于白人，所以需要留出 16 个席位给他们。虽然他们成绩很低，但这些非白人学生实际上是合格的，校董会的律师说。他们中 90% 的人毕业并通过了资格考试，只比白人的百分比略低一点。

“加州大学董事会诉巴基案”最大的讽刺和悲剧——以及之后的平权行为案例——并不在于艾伦·巴基拒绝正视他自己的年龄和面试技巧；反而在于没有人去挑战人们正在使用的录取条件——标准化考试和 GPA 分数，正是它们在录取时首先产生并强化了种族不平等。事实上加州大学戴维斯分校医学院的非白人学生在医学院入学考试（MCAT）中的分数和 GPA 分数比他们的白人同学要低很多，但是在毕业率和职业资格考试通过率上几乎相同，这暴露出学校的录取标准是无效的。自从种族隔离主义者在 20 世纪初首先发明出标准化考试——从 MCAT 到 SAT 和智商测试——它已经

一次又一次证明自己无法预测学生在大学和职业生涯中是否能成功，甚至无法真正测量智力。但是这些标准化考试达成了其原始使命：找到一种“客观的”方式来规定非白人（以及女性和穷人）智力更低，并且在录取过程中将对他们的歧视合理化。它是如此权威“客观”，以致那些非白人、女性和穷人会接受他们受到的拒信并且毫不质疑录取结果。

如果说标准化考试预测到了什么的话，它预测到了学生的社会经济阶级，以及可能这个学生在大学里第一年或在一个专业项目中的成功与否。也就是说，这些测试有助于评估哪位学生在录取后的第一年里需要额外的帮助。因此，1977年10月12日，一位白人男子坐在最高法院门口，要求加州大学戴维斯分校稍微改变一下录取政策来对他开放那16个
427 席位；而不是一位贫穷的黑人女子要求丢弃标准化测试，不再将之作为录取标准，并对她开放那84个席位。这又是一起种族主义者对抗种族主义者的案例，反种族主义者在其中无足轻重。[3]

4名法官坚定支持校董会，还有4名支持巴基，而1位前弗吉尼亚公司律师对校董会诉巴基案进行了判决，他的公司曾在布朗案中为弗吉尼亚种族隔离主义者进行辩护。1978年6月28日，大法官刘易斯·F. 鲍威尔（Lewis F. Powell）站在4位法官的立场上认为，加州大学戴维斯分校的保留配额是“对‘占大多数’的白人成员的歧视”，允许巴基入学。鲍威尔还站在另外4位法官的立场上允许大学在选择学生时“考虑种族因素”，只要不在决策中起“决定作用”。至关重要的是，鲍威尔将平权运动框定为“种族意识”政

策，却不认为标准化考试分数是，尽管人们公认那些分数中有种族不平等。[4]

在 20 世纪 50 年代后期维持种族不平等现状的“种族意识”政策的主要支持者们，在 20 世纪 70 年代末期为了维持种族不平等的现状将自己重塑为“种族意识”政策的主要反对者。“不惜一切”捍卫歧视者一直是种族主义观点生产者的行军令。艾伦·巴基，他的律师团、他们背后的组织、支持他的法官，以及他上百万的美国支持者都在证明地球是平的，而美国也已经在 1978 年超越了种族主义。这些种族主义者愉快地享用这一年最著名且最受欢迎的种族关系社会学文章——《论种族问题重要性的下降》（*The Declining Significance of Race*），用威廉·朱利叶斯·威尔逊（William Julius Wilson）的论点定调，声称种族不再重要了。芝加哥大学社会学家试图解决 20 世纪 70 年代末的种族悖论：黑人中产阶级的上升和黑人穷人的下降。威尔逊将二战后时代描述为“从种族不平等向阶级不平等的渐进过渡时期”。限制了“整个黑人人口”的种族歧视“旧障碍”已经转变为限制黑人穷人的“新障碍”。威尔逊写道：“在决定黑人获得特权和权力的过程中，阶级已经变得比种族更重要。”

威尔逊没有承认对某些人的种族进步和对所有人的种族 428
主义进展。对威尔逊的反种族主义批评指出，他忽视了证据显示越来越多中等收入黑人面临着越来越多的歧视——这是迈克尔·哈灵顿早在 1962 年就在《另一个美国》中指出的。威尔逊将他的学术焦点放在产生城市黑人“底层阶级”的经济动态上，这个阶级因其痛苦的贫困而在行为上处于劣势。[5]

20世纪70年代末和80年代初的社会同化主义底层学者研究“贫民窟民族志”，那些社会同化主义人类学家重构了非精英都市黑人所谓的次等文化世界。“我认为这种人类学只是用另一种方式在喊我黑鬼”，一位工人在那个时代最经典的反种族主义民族志《德雷朗索》（*Drylongso*，1980）的序言中抱怨。锡拉丘兹人类学家约翰·兰斯顿·格尔特尼（John Langston Gwaltney）——他是个盲人——让他的黑人采访对象构建他们**自己**的文化世界。《纽约时报》将《德雷朗索》描述为“已出版的作品中对当代主流黑人态度最广泛和最现实的阐述”。[6]

在《论种族问题重要性的下降》出版33周年纪念中，当学者们再次将阶级置于种族之下来解释种族不平等时，威尔逊做了只有最棒的学者才有勇气做的事：他承认了书的缺点并坦白说他应该“同时提出种族和阶级解决方法来处理有色人种的人生际遇”。[7]

正是这些基于种族和阶级的解决方案让大法官瑟古德·马歇尔（Thurgood Marshall）试图保留他对校董会诉巴基案的单独反对意见。罗诉韦德案（*Roe v. Wade*）的裁决者哈利·布莱克蒙（Harry Blackmun）的反对意见最终还是来了。布莱克蒙给美国上了永恒的一课：“为了超越种族主义，我们必须首先重视种族。没有其他办法。并且为了平等地对待某些人，我们必须区别对待他们。我们不能够——我们也不敢——让第十四修正案延续种族霸权。”但那正是种族主义者打算做的。平权运动的支持者是“反向歧视的顽固种族主义者”，耶鲁法律教授、司法部前副部长罗伯特·博克（Robert Bork）认为。在《华尔街日报》（*Wall Street Journal*） 429
上，博克嘲笑最高法院的判决保留了有限形式的平权运动。博克和其他像他一样的人用第十四修正案来攻击接下来几十年的反种族主义举措，只留下不断扩大的种族不平等的残骸。校董会诉巴基案后 4 年，白人学生进入高校和大学的可能性是黑人学生的 2.5 倍。到 2004 年，这一种族差异翻倍了。[8]

随着 20 世纪 60 年代成就的解体和 20 世纪 70 年代晚期贫困的蔓延，越来越多黑人远离了美国政治体系。随着他们不断远离，关于他们的种族主义观点增加了。黑人选民看不起黑人非选民，认为他们低等。他们认为非选民冷酷无情地漠视为争取黑人投票权流的血，愚蠢地放弃了他们的政治权力，因而是不道德而冷漠的。黑人非选民——或者像安吉拉·戴维斯这样的第三方黑人选民——很明显不是因为害怕共和党获胜而被驱使前去投票。他们似乎只愿意为政客投票，安吉拉·戴维斯开始意识到这一点。[9]

1979 年 11 月 19 日，共产党宣布了其 1980 年大选的总统候选人名单。69 岁的格斯·霍尔（Gus Hall）是美国共产党长期的领袖，他再次成为总统候选人。他最新的竞选伙伴在 1 月 26 日达到了宪法要求的 35 岁。她刚加入历史悠久的旧金山州立大学，那里的黑人研究已经进行了 13 年。安吉拉·戴维斯同意参加她的第一次公职竞选。但是，那并不是说戴维斯和其他非白人成员对美国共产党完全满意。美国共产党领导层缺乏多样性仍然是20世纪80年代党内冲突的根源。[10]

反种族主义行动主义在20世纪70年代晚期种族主义观点不断产生和被接受的过程中——或者说正是因为这种原因——放慢了脚步，这也让戴维斯感到不满。“在一个种族主义的社会中做个非种族主义者是不够的，我们必须反种族主义”，1979年9月安吉拉·戴维斯在奥克兰礼堂里如此怒
430 吼道。她加入了旧金山湾区政客和活动家的队伍，敦促抗议即将在附近举行的纳粹集会。整整10年来，戴维斯的反对种族主义和政治压迫全国联盟一直稳步挑战不断增长的三K党和纳粹群体。三K党全国成员在1971到1980年之间几乎增加了3倍，在100多个城镇发动了持枪恐怖主义，试图摧毁20世纪60年代的成就。私刑仍有发生——1980年在密西西比至少发生了12起，从1979年到1982年间在亚特兰大有28名黑人年轻人被杀害，而1980年在布法罗市也随机发生了街头处决。但是，三K党的暴力和普通市民的私刑与全国各地的警察所犯下的恐怖罪行相比不值一提，从对黑人女性脱光衣服搜身和性虐待到用手枪柄殴打黑人男性。到20世纪80年代早期，一项研究显示警察每杀死1个白人就要相应杀死22个黑人。[11]

“我们可以打破那些总是将利益放在人们前面的人造成的种族主义、性别歧视、失业以及通货膨胀的恶性循环”，戴维斯在海报上宣称她1980年的竞选集会。共产党的政客们不得不对他们的竞选活动进行宣传，因为他们的政党受到的媒体关注要远远小于竞选连任的总统吉米·卡特和最终获

得共和党提名的罗纳德·里根。在 1980 年 8 月初，安吉拉·戴维斯将她的“人民先于利益”竞选活动带回她开启公共生活的地方——加州大学洛杉矶分校。她对媒体的低投票率感到遗憾。“阻止我们向人民传达我们的信息是阴谋的一部分，”她坐在一张桌前说，手里拿着尚未分发给新闻媒体的整套宣传材料，“如果罗纳德·里根在这里举行新闻发布会你就什么也看不到了，这里会有非常多的新闻媒体挤得水泄不通。”[12]

几天前，在 1980 年 8 月 3 日，当这位前加州州长在尼肖巴县农贸会上或多或少开展他的总统竞选时，媒体确实出现并进行了全面报道。活动距离密西西比州的费城只有几英里，3 名民权活动家 1964 年在那里被杀害。这是一个聪明的策略，改善了尼克松在他之前掌握的战术。里根在环顾某 431
些奴隶主和种族隔离主义者的后代时没有提到种族，他们近两个世纪来一直支持“州权”来保持白人至上权利，而两个世纪前的炎炎夏日中，美国宪法在费城诞生。里根承诺“向各州和当地政府恢复正常属于它们的权力”。然后，他巧妙躲开了卡特对他的种族主义指控。部分因为南方的支持，里根轻松赢得了总统大选。[13]

里根不遗余力地遏制中低收入人群在过去 40 年里获得的财政收入。经济不景气，里根似乎在国会的允许下迅速又深入地对富人减税，对中低收入家庭减少了社会福利项目，同时增加了军事预算。里根似乎在屏幕外做到了西尔维斯特·史泰龙在电影中做的事，首先用洛基在《洛基 2》（*Rocky II*，1979）中击败对手阿波罗·克里德（Apollo

Creed）的方式击败了黑人精英。然后，令人惊讶的是，里根和这些克里德们交了朋友——这些他在之前的斗争中击败的种族主义或精英黑人——并用他们来击败来势汹汹的低收入黑人，正如《洛基3》（*Rocky III*，1982）中被称为T先生的洛基的对手克鲁伯·朗（Clubber Lang）代表的人一样。[14]

在里根执政的第一年，黑人家庭收入中位数下降了5.2个百分点，而美国穷人的数量总体上增加了220万。《纽约时报》观察到，一年中，“在20世纪60年代和70年代中抵抗贫困所取得的大量进步”已经被“彻底摧毁”。[15]

随着经济和种族不平等的加剧，中产阶级收入在20世纪70年代末和80年代初变得更不稳定，旧的种族隔离主义领域——如传播遗传智力等级的进化心理学和传播生物种族区别的体质人类学——以及新领域，如社会生物学，似乎都越来越受欢迎。毕竟，需要新的种族主义观点来让最近增加的不平等合理化。哈佛大学生物学家爱德华·奥斯本·威尔逊（Edward Osborne Wilson）接受了双进化理论的训练，在1975年发表了《社会生物学：新的综合》（*Sociobiology: The New Synthesis*）。威尔逊多多少少呼吁美国学者去寻找
432 “所有生物的社会行为的生物学基础，包括人类”。虽然大多数社会生物学家并没有将社会生物学直接应用于种族，但是社会生物学本身未经证实的理论让它的弟子们将这一领域的原则应用于种族差异上，并且得出黑人的困境要归咎于黑人的社会行为这一种族主义观点。这是20世纪60年代后的第一个伟大的学术理论，其生产者试图规避“种族主义者”的标签。学者和政客在生产理论——诸如接受福利救济者是

懒惰的，或者市中心贫民窟是危险的，或者穷人是无知的，或者单亲家庭是不道德的——这让美国人说黑人懒惰、危险又不道德却根本不用提到“黑人”，从而让他们转移了种族主义指控。[16]

社会同化主义者和反种族主义者们意识到了社会生物学的影响，引发了一场激烈的指责，从而在 20 世纪 70 年代末和 80 年代初引起关于其优点和政治意义的激烈又热门的学术辩论。哈佛大学进化生物学家史蒂芬·杰伊·古尔德（Stephen Jay Gould）在 1981 年发表了《人类的误测》（*The Mismeasure of Man*），引发了生物科学对种族隔离主义观点的谴责。爱德华·奥斯本·威尔逊没有被吓退，他成为一名公共知识分子。他无疑喜欢听到美国人说那些未经证实的陈述，来展示他的理论多么受欢迎，比如当有人打趣说一个特殊行为“写在我的 DNA 里”。他显然也很高兴自己的书获得两次普利策奖，以及总统吉米·卡特颁发的美国国家科学奖章。威尔逊的社会生物学推进了卑鄙、攻击性、从众、同性恋甚至排外和种族歧视等行为中基因的存在，但从未能证明它们。[17]

安吉拉·戴维斯加入其他反种族主义学者的队伍，在学院内部（和外部）对抗这些种族隔离主义主张。她最有影响力的学术论文《女人、种族和阶级》（*Women, Race & Class*）在 1981 年问世。这是一段将黑人女性作为活跃的历史人物的修正主义历史，尽管她们面临着普遍的性别歧视和剥削，尽管她们在选举权斗争和最近的生育和反强奸斗争中面临着白人女权主义者的种族歧视。戴维斯展示了 20 世纪

70 年代最受欢迎的反强奸文学作品中的讽刺——苏珊·布朗米勒（Susan Brownmiller）的《违背我们的意愿》
433 (*Against Our Will*)、吉恩·麦基拉尔（Jean MacKeller）的《强奸：诱饵和陷阱》（*Rape*: *The Bait and the Trap*），以及戴安娜·拉塞尔（Diana Russell）的《强奸政治》（*Politics of Rape*）——重振了“黑人强奸犯神话”。戴维斯说，这个神话加强了“种族主义公开邀请白人男性利用黑人女性的身体进行性行为。黑人男性虚构的强奸犯形象一直在强化其不可分割的伴侣：黑人女性长期乱交的形象”。戴维斯对黑人女性活动家的广泛报道对米歇尔·华莱士——和男权历史学家——对黑人女性在种族和性别斗争中很“被动”的种族主义设想做出了强有力的回应。贝尔·胡克斯（bell hooks)① 在 1981 年出版《我不是个女人吗：黑人女性和女权主义》(*Ain't I a Woman*: *Black Women and Feminism*)，戴维斯在同年也出版了《女人、种族和阶级》，帮助美国学术界打造一种新的研究方法，即综合种族、性别和阶级分析。正如胡克斯写下的不可磨灭的话，“种族主义一直是分离黑人男性和白人男性的分裂力量，而性别主义成为团结这两个群体的力量”。[18]

但是没有哪部反种族主义女权主义学术著作——《我不是个女人吗》和《女人、种族和阶级》只是短期的经典作品——有机会阻止那些产生种族隔离主义思想来为里根的

① 贝尔·胡克斯以其曾祖母的名字为笔名，并且写名字时不按通常的规则大写名字的第一个字母，以此表明自我不重要。——译者注

种族主义和阶级主义政策辩护的人。1982 年，里根发布了 20 世纪最具破坏性的行政命令之一。“我们必须动员所有力量阻止毒品进入这个国家”并且“将诸如大麻这样的毒品按照它的真实情况进行标记——它们是危险的”，里根这样说道并宣布了他的禁毒战争。犯罪学家根本不担心这场新战争会不成比例地逮捕和监禁非裔美国人。很多犯罪学家发表童话故事，声称研究发现种族歧视在刑事司法系统中不复存在。

里根宣称：“我们可以向毒品问题宣战，而且我们可以获胜。”这是一个惊人之举。毒品犯罪数量下降了。只有 2% 的美国人将毒品视为国家最紧迫的问题。很少会有人认为大麻是一种特别危险的毒品，尤其是在和更成瘾的海洛因相比时。药物滥用治疗专家对里根毫无根据的断言感到震惊，即美国可以“通过更强有力的执法来赶跑药物滥用”。[19]

这一消息宣布后，安吉拉·戴维斯再次竞选 1984 年美 434
国共产党的副总统候选人。“要打败罗纳德·里根获得胜利”，他是“这个国家有史以来性别歧视……种族歧视、反工人阶级最严重……且又好战的总统”，她在 8 月的一场黑人妇女大会上控诉。但 1984 年大选的种族故事是小马丁·路德·金的前助手牧师杰西·杰克逊（Jesse Jackson）——他是个引人入胜的演说家和民权领袖——在初选中获得了惊人的成功。杰克逊和戴维斯都没有得到足够的选票。太多美国人相信里根在向他们兜售更好的经济前景时提出的美好的“美国之晨”神话。[20]

可能又是在某些富裕白人社区的“美国之晨”，他们在这些年里不断地从繁荣昌盛中醒来。但是在一些社区中，CIA 支持的尼加拉瓜反政府武装在 1985 年开始走私可卡因，那里就谈不上“美国之晨”了。对 1985 年的年轻黑人来说，那也不是“美国之晨”。他们的失业率是 1954 年的 4 倍，而年轻白人的就业率稍微上升了一点。当一些失业青年开始将昂贵的可卡因改造为便宜一点的可卡因药丸出卖以谋生时也不是“美国之晨”。而里根政府想要确保每个人都知道，在黑人城市社区和毒品上——明确地说就是可卡因药丸——没有“美国之晨”要归咎于毒贩和吸毒者。

1985 年 10 月，美国缉毒局（DEA）指控其纽约办事处的特工罗伯特·斯图特曼（Robert Stutman），他将媒体注意力吸引到可卡因药丸的蔓延（和毒贩为了控制和稳定毒品市场而进行的暴力行为）上。斯图特曼吸引了如此多的关注，将里根沉睡的禁毒战争推向高潮。1986 年，成千上万耸人听闻的种族主义故事席卷了电视广播和报纸，描述“掠夺者”般的可卡因药丸毒贩向不可救药的“瘾君子”和“吸毒妓女”提供“恶魔毒品”（他们又在可怕的水泥都市丛林中生出在生物性上更低等的“可卡因药丸孩子”）。很少有故事报道可怜的白人瘾君子和吸毒者。1986 年 8 月，
435 《时代》杂志认为可卡因药丸是“年度话题”。但实际上，可卡因药丸已经成为让美国对种族主义观点成瘾的最新毒品。[21]

如果里根的禁毒行动是被过分渲染的年度种族主义话题，那么自由南非运动（FSAM）让种族隔离——以及里根

对它的财政和军事支持——成为年度被低估的反种族主义议题。FSAM 运动曝光了非裔美国人和非洲移民之间长期存在的民族种族主义，这种民族种族主义在埃迪·墨菲（Eddie Murphy）1988 年打破票房纪录的电影中得到了展示，那部电影成为史上最受人喜欢的黑人喜剧之一。《美国之旅》（*Coming to America*）讲述一位富有的非洲王子来到皇后区寻找一位妻子的爱情故事，滑稽地嘲笑非裔美国人荒谬不真实的种族主义观点，即认为非洲人兽性纵欲、不文明、腐败而好战，这是《根：一个美国家庭的传奇》中没能完全抹杀掉的种族主义观点。

这 10 年中最具反种族主义的法案在里根的否决下仍然通过了——带有严格经济制裁的《全面反种族隔离法案》——几周后，国会通过了这 10 年中最具种族主义的法案。1986 年 10 月 27 日，在共和党和民主党两党支持下，里根“非常高兴地”签署了《反药物滥用法案》。“美国人民想要他们的政府变得强硬起来并发动攻势”，里根评论说。通过签署这项法案，他把总统徽章刻在“坚决说不”竞选运动，以及被认为可以在当下阻止药品滥用的“严格法律”上。《反药物滥用法案》规定买卖可卡因药丸数量达到 5 克将被判处至少 5 年刑罚，一般被罚的都是黑人和穷人，而大多数使用粉末可卡因的富裕白人吸毒者和毒贩——他们所在的社区的警力更少——需要达到 500 克的量才会被处以同样的 5 年以上刑期。种族主义观点于是就为这一种族主义的精英政策进行辩护。[22]

这一两党联合的法案导致大量美国人被监禁。监狱人口在 1980～2000 年增加了 4 倍，完全是因为更加严厉的量刑政策，而不是因为犯罪数量的上升。在 1985～2000 年，毒品犯罪占囚犯人数激增的 2/3。到 2000 年，黑人在州监狱所有罪犯中占 62.7%，而白人占 36.7%——这并不是因为
436 前者买卖的毒品更多。那一年中，全国药物滥用家庭调查报告指出，有 6.4% 的白人和 6.4% 的黑人在服用违禁药物。关于毒贩的种族研究通常也发现类似比率。2012 年，《全美药物使用和健康调查》的分析发现，白人青年（6.6%）比黑人青年（5%）贩毒的可能性要**高出** 32 个百分点。但是黑人青年因此被逮捕的可能性要大很多。[23]

在 20 世纪 80 年代末和 90 年代初的可卡因药丸热潮期间，情况也是一样。白人和黑人贩卖和消费违禁药物的比率很接近，但是黑人吸毒者和毒贩被捕及被判刑的人要多很多。1996 年，可卡因药丸吸毒者中的 2/3 是白人或拉美裔，但被判持有可卡因药丸的被告中有 84.5% 是黑人。即便不算上警察将黑人作为毒贩和吸毒者的种族定性这一重要因素，它使用了一个今天仍然适用的一般规律：哪里的警察更多，哪里被逮捕的人就更多，而哪里被逮捕的人更多，人们就认为那里的犯罪更多，然后就为更多的警力部署、更多的逮捕和想象中更多的犯罪进行辩护。[24]

因为在 20 世纪 90 年代戒备森严的市中心，黑人比白人被捕和入狱的可能性高很多——因为他们的社区发生更多杀人案——种族主义者假定黑人实际上比白人吸毒更多，贩毒更多，犯下更多罪行。这些错误假设在人们的头脑中固化了一个印象，即市中心黑人社区很危险，以及与之形成对比，

郊区的白人社区很安全。这一种族主义观点影响了很多美国人的众多决策，从住房选择到毒品相关的警务工作到政策，它们无法被量化。“危险的**黑人**社区”这一观点基于种族主义，而非事实。然而，还是存在危险的“失业社区”这样的说法。举例来说，根据全美青少年纵贯性调查在 1976～1989 年收集的数据，一项研究发现年轻黑人男性从事严重暴力犯罪的可能性远远高出年轻白人男性。但是当研究者只 437
比较**有工作**的年轻男子时，暴力行为中的种族差异就消失了。**某种**暴力犯罪率在黑人社区中更高仅仅是因为失业人员集中在黑人社区。[25]

但是里根那里奉行严打犯罪的共和党人并不想在他们的捐款人中进行政治自杀并将暴力犯罪的责任从违法者身上转移到里根经济政策上来。他们也不愿意因为尝试在失业战争中创造几百万个新的工作岗位来减少暴力犯罪而失去自己的席位。相反，将争取法律秩序的运动变成禁毒战争在接下来的 20 年中滋养了很多政治生命。它将上百万贫困的非白人、非暴力的吸毒者和毒贩拖进监狱——他们在那里不能投票——之后又赦免了他们，但不给他们选举权。如果犯罪分子没有被剥夺选举权的话，相当多结果不相上下的选举结果会大有不同，包括 1980～2000 年的至少 7 场议员选举和 2000 年的总统大选。这种悄悄夺取政治对手投票权的方式是多么巧妙而冷酷啊！[26]

甚至连统计数据都显示出城市黑人社区中发生更多的暴力犯罪——特别是对无辜受害者的暴力犯罪——这是来自种族歧视的统计方法而不是事实。醉酒的司机通常比暴力的城市黑人杀死更多人，而这些研究并不认为这是暴力犯罪，1990 年中 78% 被捕的醉酒司机都是白人男性。1986 年有 1092 人死于“与可卡因相关”的死亡，此外有 20610 起杀人事件。两者相加为 21702 起死亡，仍低于那一年的 23990 起与酒精相关的交通事故死亡数（更不用提因醉酒司机导致的重伤而未致死的数量）。毒贩和黑帮主要在市中心互相残杀，而醉酒司机的受害者却通常是无辜路人。因此，美国人究竟在城中心街道上还是在郊区高速公路上更安全、更远离致命伤害成为 1986 年及之后悬而未决的问题。尽管如此，美国白人可能更害怕他们电视屏幕之后遥不可及的黑人犯罪
438 嫌疑人照片，而不是他们社区里的白人醉酒司机，尽管后者杀害他们的概率要高得多。[27]

因为里根从未下令进行禁止醉驾战争，所以 20 世纪 80 年代反醉驾母亲行动（MADD）推动的漫长而坚决的群众运动和无数可怕的事故——比如 1988 年醉酒司机杀死 27 名校车乘客的事故——才迫使不情愿的政客们采取更严格的惩罚。但是，这些对醉酒驾车（DUI）和酒后驾车（DWI）的新惩罚与被抓到首次贩毒 5 克可卡因药丸而自动被判 5 年重罪监禁的处罚相比仍然不值一提。

尽管如此，媒体在 1986 年的关注点仍然不是醉酒司机而是狭隘地聚焦于耸人听闻的可卡因药丸犯罪故事及其随后对黑人家庭的影响上。在哥伦比亚广播公司（CBS）关于《消失的家庭：美国黑人危机》（“The Vanishing Family: Crisis in Black America”）的特别报道中，网络上呈现了一

所纽瓦克公寓楼里靠领福利金过活的年轻母亲和疏远的父亲的形象，呈现了黑人女性滥交、黑人男性懒惰以及黑人父母亲不负责任——病态的黑人家庭的刻板印象。正是这种类型的故事刺激了安吉拉·戴维斯在 1986 年春天写了一篇关于黑人家庭的文章。单身黑人女性生育孩子的百分比从 1960 年的 21% 增加到 1985 年的 55%，戴维斯说道。黑人青少年的出生率却无法解释这一增长（这一数据从 1920 年到 1990 年间几乎没有变化）。戴维斯解释说，“出生率和未婚女性生育率之间不成比例”是因为年长的已婚黑人女性在 20 世纪 60 年代和 70 年代开始生育更少的孩子。因此，年轻单身黑人母亲生育的婴儿相对于已婚母亲生育的婴儿的总体百分比急剧上升了，而不是单身黑人母亲生育的婴儿数量急剧上升了。[28]

但是对里根的宣传者来说，福利导致了单身黑人母亲数量激增（并非事实），而这一虚构的事实导致了黑人家庭的消失。“统计数据并不能证明那些假设［即福利是鼓励生育的诱因］，”里根的国内政策首席顾问盖瑞·鲍尔（Gary Bauer）在《家庭：保护美国的未来》（*The Family*：*Preserving* 439
America's Future，1986）中承认，“然而，即使是最不经意的公共援助计划观察者也明白，福利的可用性和很多年轻女子生下单亲孩子的倾向之间实际上存在某种关系。”在说服美国人相信黑人福利母亲有问题，以及由此得出黑人家庭有问题这种事情上，证据根本不重要。[29]

就连备受爱戴的民权律师埃莉诺·霍姆斯·诺顿（Eleanor Holmes Norton）也感觉到需要在 1985 年敦促“传

统黑人家庭”的恢复。“补救措施并不像提供必需品和机会那么简单，”诺顿在《纽约时报》上解释说，“家庭要恢复传统优势就需要推翻复杂的掠夺性贫民窟亚文化。”诺顿没有拿出证据来证实她的阶级种族主义观点，即认为“贫民窟”黑人与黑人精英或者任何其他种族阶级相比，缺乏“努力工作、教育、尊重黑人家庭以及……为自己的孩子创造更美好的生活”这样的价值观。[30]

不断减少的黑人家庭这一种族主义毒品对所有种族的消费者而言就像可卡因药丸一样让人上瘾，就像危险的黑人社区一样让人上瘾。但是很多黑人消费者很难意识到他们已经被麻醉了。而且他们很难意识到，他们认为很好抵消了关于黑人的讨厌看法的新电视节目其实是另一种形式的种族主义毒品。

第 34 章 新民主党

坚定主张劝善和媒体说服的人指望美国全国广播公司 440 (NBC) 于 1984 年 9 月 20 日首次公演的《考斯比一家》(*The Cosby Show*) 来挽回黑人家庭在美国白人眼中的形象。很多观众喜欢比尔·考斯比 (Bill Cosby) 的精彩喜剧和引人入胜的故事情节，很多黑人观众很高兴地看到黑人演员在电视台黄金时段出现了 8 季，但是让《考斯比一家》在 1985～1989 年成为美国排名第一的电视节目（以及种族隔离主义南非最受欢迎的节目之一）的是考斯比的种族视野。考斯比设想了一个终极的劝善表演，讲了一个抗拒刻板印象的家庭通过他们自身的努力超越了被歧视的黑人限制而获得提升。他认为他向非裔美国人展示了如果他们足够努力并停止反种族主义运动的话将可能得到什么。考斯比和他上百万忠实观众实际上相信《考斯比一家》及其续集在说服数以百万的白人观众放弃种族主义观点。对一些人来说，它确实做到了。而对其他白人，考斯比虚构的哈克斯代博一家是杰出黑人，而这个电视节目只是证实了他们的信念——和里根的信念，以及种族主义黑人的信念——种族主义只能在历史书里找到。一些评论员当时就明白了这一点。《考斯比一家》“暗示了黑人要对他们的社会状况完全负责，却没有意识到大多数黑人所面对的严重受限的生活机会”，文学家小亨利·路易斯·盖茨（Henry Louise Gates Jr.）在1989年这个节目大热之时在《纽约时报》上批评道。[1]

441 如同之前所有劝善行动所做的尝试一样，《考斯比一家》丝毫不能阻碍里根的种族主义禁毒战争产生并被消费。很可能那个时代最轰动的种族主义可卡因故事是由普利策奖获得者、具有哈佛大学医学学位的《华盛顿邮报》专栏作家查尔斯·克劳特哈默（Charles Krauthammer）在1989年7月30日写出来的：“城中心的可卡因药丸流行病现在正在造成最新的恐怖：一个生物上的底层阶级和一代身体被摧毁的可卡因婴儿。”这些婴儿可能是一种不正常的“（亚）人类种族寄生虫”，他们的“生物缺陷从出生就被打上了标记”并且是“永久的”，他补充说，“夭折的婴儿可能倒是幸运儿”。[2]

这篇专栏文章引发了第二轮恐怖的可卡因药丸故事。《纽约时报》讲述了“全国的产科病房是如何回荡着神经受损的可卡因药丸婴儿‘猫叫’般的尖叫”。《圣路易斯邮报》（*St. Louis Post-Dispatch*）一篇头版头条警示《制造中的灾难：可卡因药丸婴儿开始长大》（“Disaster in the Making: Crack Babies Start to Grow Up”）。医学研究人员证实了这些报道——包括激励他们的种族主义观点——以及加州大学洛杉矶分校的朱迪·霍华德（Judy Howard）这样的儿科医生的观点，他说可卡因药丸婴儿缺乏“人之为人”的大脑功能。费城儿童医院的新生儿科医生哈拉姆·赫特（Hallam Hurt）开始跟踪 224 名 1989 ~ 1992 年出生在费城的“可卡因药丸婴儿”的生活，她充分预见到“会有很多问题”。在 2013 年，她以一个简单的发现结束了她的研究：贫困对孩子来说比可卡因药丸更糟糕。医学研究人员最后不得不承认“可卡因婴儿”就像种族主义观点的科学一样：从未存在过。[3]

不管有没有科学支持，种族主义观点在美国人头脑中持续存在，而里根的副总统在 1988 年竞选总统时确保自己操纵了他们。乔治·H. W. 布什（George H. W. Bush）一度在民调上输给民主党候选人——马萨诸塞州州长迈克尔·杜卡基斯（Michael Dukakis），直到他发布了一条电视广告，讲述一位对白人犯下强奸罪的黑人杀人犯威利·霍顿（Willie Horton）的故事。“虽然被判处无期徒刑，”可怕的画外音说道，“但是霍顿从监狱里获得了 10 个周末的通行证。霍顿逃跑了，绑架了一对年轻情侣，杀死男人并反复强奸他的女友。周末监狱通行证，杜卡基斯在犯罪。”[4]

“强硬的”布什把自己和“软弱”的罪犯杜卡基斯区分开来，并且支持死刑及其伴随的猖獗的不平等。到 1987 年，最高法院判定“麦克莱斯基诉坎普案”（*McCleskey v. Kemp*）中，佐治亚州死刑在“种族方面不成比例的影响”——黑人比白人被判处死刑的几率要高 4 倍——不能证明推翻对一位名叫沃伦·麦克莱斯基（Wawen Mccleskey）的黑人判处死刑的正当性，除非能说明有“种族歧视目的”。如果法院 442

选择了有利于麦克莱斯基的判决，那么它将开启反种族主义案件和腐烂的种族主义刑事司法体系革新的未来。但是恰恰相反，法官们将种族不平等与种族主义分开，认为种族不平等是刑事司法体系中一个正常的部分，同时将这些不平等归咎于黑人犯罪分子，再一次产生种族主义观点来捍卫种族主义政策。“麦克莱斯基诉坎普案”成为——正如纽约大学律师安东尼·G. 阿姆斯特丹（Anthony G. Amsterdam）预测的那样——“我们时代的德里德·斯科特案”。最高法院让猖獗的种族定性符合宪法，助长了被处决和被奴役的黑人监狱人口的非人道性增长。[5]

和他们的祖先一样，年轻的城市黑人抵制那些用20世纪奴隶制谴责他们的执法官员。他们有时候合着节拍来进行抵制。嘻哈和说唱音乐在南布朗克斯区的钢筋水泥里发展了10年后，在1988年进入全盛期。美国黑人娱乐电视（BET）和音乐电视（MTV）都开始播放他们的流行嘻哈表演。《源头》（*The Source*）杂志在那年成为报摊热门，开启了世界上运营最久的嘻哈期刊王朝。它涵盖了“全民公敌”组合（Public Enemy）冲击头脑的韵律，以及N. W. A.，又称“对兄弟们机智的态度”组合的专辑《冲出康普顿》（straight out of Compton）的大热单曲《去他的警察》（“Fuck tha Police”）。[6]

嘻哈和黑人研究项目在1988年共同发展。那一年，教授莫勒费·凯泰·阿桑特（Molefi Kete Asante）在费城的天普大学开设了世界上第一个黑人研究博士课程。阿桑特是世界前沿的非洲中心主义理论家，支持深刻的文化反种族主义

理论来对抗黑人权力消亡后社会同化主义思想的持续上升。太多的黑人——和太多的黑人研究学者——都在从欧洲人的 443
中心和标准“向外眺望”他们自己、这个世界和他们的黑人研究对象，他在《何为非洲中心性》（*The Afrocentric Idea*，1987）一书中说道。欧洲人把他们的中心伪装成最好的，有时候甚至是唯一的视角。对阿桑特而言，可以用很多方式来看世界、生存于世、理论归纳世界，以及研究世界——并不只有欧洲中心主义世界观、文化、理论和方法论。他呼吁“非洲中心性”，指出这是一种“以非洲的愿望、愿景和概念”为基础的文化和哲学中心。[7]

1989 年，“全民公敌”组合录制了嘻哈史上最流行的歌曲之一——《对抗权威》（“Fight the Power”）。这首歌成为斯派克·李（Spike Lee）1989 年广受好评的城市反抗电影《为所应为》（*Do the Right Thing*）的原声音乐。《对抗权威》将嘻哈、黑人电影和学术圈的社会意识时代的开始联系到一起。《为所应为》是李的第三部剧情片。他的第二部剧情片《黑色学府》（*School Daze*，1988）提出了与肤色和眼睛颜色越浅越好和头发质地越直越好相关的社会同化主义思想，这个主题是通过黑人权力时期的非洲爆炸头发型被剪掉或被烫平来暗示的。一些黑人甚至把他们的皮肤漂白。在 20 世纪 80 年代末和 90 年代初最出名或者说疑似的皮肤漂白者是全国著名的非裔美国人歌手迈克尔·杰克逊（Michael Jackson）。有传言说杰克逊为了发展事业而漂白了自己的皮肤并削薄了鼻子和嘴唇。事实上，浅肤色能获得更高的收入而且在领养时也更受欢迎，而深肤色的人占据公住房和监狱中的大多数，被报道受到种族歧视的可能性也更高。种族主义者将这些不平等怪罪于深肤色的人。反种族主义者则怪罪肤色歧视。一句流行的反种族主义谚语说得好，“肤色越浅，判刑越轻”。[8]

1989 年 7 月 8 日，“全民公敌”组合的《对抗权威》在公告牌音乐排行榜上位居榜首，数十名法律学者聚集在威斯康星州麦迪逊市外的一所女修道院。他们聚到一起形成一种反种族主义的研究方法，这被称为“批判种族理论”。加州大学洛杉矶分校 30 岁的法律学者金伯利·威廉斯·克伦肖（Kimberlé Williams Crenshaw）组织了这场夏日避暑，同年她写了《种族和性向交错性的非边缘化》（“Demarginalizing
444 the Intersection of Race and Sex”）。论文号召“交错理论”和对性别种族主义的批判意识（并由此延伸到其他交错点，比如酷儿种族主义、民族种族主义和阶级种族主义）。“尽管种族歧视和性别歧视在实际生活中很容易相交，但是它们在女权主义和反种族主义实践中很少相交”，克伦肖 3 年后在刊登于《斯坦福法律评论》（*Stanford Law Review*）的另一篇开创性文章中写道。德里克·贝尔（Derrick Bell）、阿伦·弗里曼（Alan Freeman）和理查德·德尔加多（Richard Delgado）这些法学院批判种族理论的早期创立者也出席了 1989 年夏初的批判种族理论登场聚会。这一理论最重要的分支之一就是批判性的白人研究，研究白人解剖学、种族主义观点、白人特权和欧洲移民向白人的转变。他们被称为批判种族理论家，加入了反种族主义黑人研究学者的队伍，在

20 世纪 90 年代站在揭露种族主义进展的前沿。[9]

安吉拉·戴维斯是旧金山州立大学教授，研究同样的反种族主义学术传统，她也在呼吁关注种族歧视的进展。“非裔美国人正在遭受自奴隶制以来最严重的压迫”，1990 年，戴维斯在北岭的加州州立大学大发雷霆。她的演讲激怒了相信种族进步的人。毕竟，非裔美国人在 1990 年拥有全国财富的 1%，而该数据在 1865 年只有 0.5%，即便黑人人口在那个时期仍然保持在 10%~14%。“我们国家现在充斥着很多有威望有权力的黑人”，这与“‘自奴隶制以来最严重的压迫’显然相距甚远”，有人给《洛杉矶时报》的编辑写了一封有点恼火的信。并不是外部社会力量导致“未婚女孩怀孕”并迫使“年轻黑人辍学、买卖毒品、进入黑帮和杀戮”。没有人曾强迫乌干达人“互相杀戮和镇压”，或者导致了埃塞俄比亚“把经济搞得一团糟”以致他的民众只能“依靠资本家的施舍来度日”。很明显，美国和非洲的种族主义者都在想象，是黑人对黑人发动的民族战争和产生的腐败，以及福利救济，导致了全球黑人贫困和政治不稳定、白人和美国黑人之间以及欧洲和非洲之间停滞不前的社会经济 445
不平等。1991 年 12 月苏联解体后，罗纳德·里根在英国发表讲话，以更友好的方式回应了这封信的作者对于全球非洲人无能的推测。冷战的结束已经“剥夺了很多西方国家共同的、令人振奋的目标”，里根宣称。美国人及其盟友应该团结起来“将人类尊严的文明标准强加给”世界上其他国家。[10]

在美国，各种族的种族主义者认为贫穷的年轻黑人女性需要最大程度被强加人类尊严的文明标准。种族主义观点的生产者和复制者都说是她们散漫的性行为——而不是实际上已婚黑人夫妇生育黑人儿童数量的减少——导致了黑人单身母亲生育率**百分比**的增加。社会同化主义者认为这些年轻黑人女性终有一天会学会在性上自律（像白人女性一样）。种族隔离主义者认为她们无法学会自律，提倡实施绝育政策或长期避孕措施。1990 年 12 月，美国食品和药物管理局批准了长期避孕药埋植剂，尽管它具有可怕的副作用。《费城问询者报》（*Philadelphia Inquirer*）发表了一篇社论来表示支持，题目是《贫穷或埋植剂：避孕能减少下等阶级吗?》（“Poverty and Norplant: Can Contraception Reduce the Underclass?”）。文章主张用埋植剂——而不是《城市就业法案》——来解决黑人儿童贫困问题。

当反种族主义者们对这篇社论义愤填膺之时，安吉拉·戴维斯成为少数几个谴责持续反对年轻黑人女性性自主的声音之一。但是黑人和白人种族主义者都赶去捍卫《费城问询者报》了。路易斯安那州立法者大卫·杜克（David Duke）是前三 K 党大巫师，他发起了一场活动。他在 1991 年竞选路易斯安那州州长，承诺通过资助植入埋植剂来减少黑人福利救济人的数量。杜克的计划很狡猾。尽管大多数有资格获得福利的黑人并没有利用它，但一项研究发现，78%的美国白人认为黑人更喜欢靠福利过活。大部分路易斯安那
446 州的白人都给杜克投票了，但他还是在选举中败北。第二天，《纽约时报》刊登了一张照片，上面是一位贫困的白人福利领取者，她说她给杜克投票是因为黑人“只是生些孩

子然后享受福利”。这张照片代表了种族主义观点的力量。低收入白人会被政客操控而投票给那些想要削减他们福利的人，正如中等收入的白人会被政客操纵而投票给那些制定政策增加中产阶级与上流社会间社会经济不平等的人。[11]

受到社会学家帕特里夏·希尔·科林斯（Patricia Hill Collins）1990 年的著作《黑人女权主义思想》（*Black Feminist Thought*）的激励，黑人女权主义者领导了禁止植入埋植剂的运动。埋植剂辩论中对年轻黑人女性的负面描述总是让她们非常愤怒。根据米歇尔·华莱士 1990 年 7 月 29 日在《纽约时报》上发表的报道，一些黑人女权主义者对嘻哈音乐中对女性的性别歧视描述不那么愤怒，将“说唱中的性别歧视视为必要的刻毒”或者反映了美国社会中的性别歧视。华莱士透露了最近兴起的女性说唱歌手，像是胡椒盐合唱团（Salt-n-Pepa）、麦克·莱特（M. C. Lyte）和“有政治经验的”奎恩·拉提法（Queen Latifah）。[12]

说唱女歌手的经历比她们好莱坞的姐妹们要好些，因为至少她们的艺术被广泛传播。除了朱莉·达什（Julie Dash）开创性的作品《尘埃的女儿》（*Daughters of the Dust*）之外，1991 年制作主要黑人电影的人都是黑人男性。其中有几部杰出电影，如马里奥·范·佩鲍思（Mario Van Peebles）的《纽约黑街》（*New Jack City*）、约翰·辛格顿（John Singleton）首次亮相的反种族主义悲剧《街区男孩》（*Boyz N the Hood*），以及斯派克·李广受赞誉的《丛林热》（*Jungle Fever*）。《丛林热》让人们争论黑人男性对黑人女性和白人女性的欺骗；

争论跨种族关系是“丛林热”，而非爱；争论跨种族情侣面对的歧视；争论黑人女性是不是有问题（导致黑人男性与白人女性约会）；以及争论“黑人男性没有好人”，因为引用其中一个角色的说法，所有的黑人男性都“沉迷毒瘾、是同性恋”，或者是“好色之徒”。一些电影观众为反种族主义真相辩护：黑人女子或黑人男子作为群体并没有做错什
447 么。有些人只看到斯派克·李讽刺作品的表面价值，可能没有意识到没有好的黑人女人加上没有好的黑人男人等于说没有好的黑人——等同于种族主义观点。[13]

黑人男性在1991年制作的电影比整个20世纪80年代的电影都多。但是3月3日，一个白人男子，乔治·霍利迪（George Holliday）在他洛杉矶公寓的阳台上拍出了当年最有影响力的种族电影。他拍摄了非常折磨人的90秒，在这段时间里洛杉矶警局的4名警官野蛮地殴打一位黑人出租车司机罗德尼·金（Rodney King）。霍利迪将素材寄给电视台，电视台开始在全国播放，从多年来一直遭受激进治安管理的城市社区到多年来为市中心社区激进的治安欢呼的郊区和农村社区都在播放。洛杉矶警察局的这4名警官很快被指控使用致命武器攻击和过度使用武力。在情绪化的摇摆中，N. W. A. 的《去他的警察》伴随社会报复，在嘭嘭作响的汽车和耸人听闻的电视节目中再度出现。总统布什谴责殴打行为，但是没有从他带去白宫的严打犯罪的口头禅中退缩。这是一项政治任务，洛杉矶警察局在任人宰割的被监禁黑人身上执行该任务时和全国其他部门一样高效。政客们创造出讲求法律秩序的美国，但警员们是执行这些政策的爪牙。[14]

布什在金的殴打事件中的政治摇摆在春夏之交激怒了反种族主义者。他在 1991 年 7 月 1 日提名一位黑人法官卡拉伦斯·托马斯（Clarence Thomas）在最高法院取代民权运动领袖瑟古德·马歇尔，这煽起了愤怒。托马斯将自己视为自力更生的典范，尽管他曾依靠反种族主义活动家和政策才进入圣十字学院和耶鲁法学院，尽管他曾依靠他的种族主义黑人特性才在 1981 年进入里根政府，他最初是担任民权办公室教育部助理部长。他的整个职业生涯都在对反种族主义和种族主义势力指手画脚。而现在，布什将托马斯放到最高法院，声称他是“当时最优秀的”，这一决定听起来就像那些想要为殴打罗德尼·金的人辩护的官员一样荒谬。这位 448
“最优秀的”43 岁的托马斯总共只担任过 15 个月的法官。[15]

那年秋天，在托马斯的参议员正式确认听证会上，曾经在教育部和平等就业机会委员会（EEOC）担任他助手的安妮塔·希尔（Anita Hill）出面做证。她指控托马斯在政府任职期间的性骚扰行为和性别歧视。托马斯否认了指控并将之定性为“对那些无论如何不屑于独立思考和自立的傲慢黑人的高科技私刑”。之后激烈的参议员确认辩论蔓延到美国其他地区，让夏日里对《丛林热》的争论都似乎变得温和了。希尔的辩护人一次次发言，认为对黑人女性的诽谤以及对性骚扰意识的缺乏正在阻碍美国人相信她的证词。托马斯的辩护人则在同时将之变成又一起黑人男子被击败的案例。性别种族主义者对托马斯和希尔进行归纳，来权衡黑人男性或黑人女性的问题。最后，托马斯的罪行在 1991 年 10 月 15 日勉强被确认。但是希尔和黑人女性的捍卫者并没有静静走向夜色。“我们无法容忍对任何一位黑人女性的经历以这种形式驳回诉讼”，几百名黑人女性一个月后在《纽约时报》的一份抗议广告中写道。[16]

克拉伦斯·托马斯加入了美国最高法院，这个最高法院曾破坏1964年《民权法案》，迫使国会否决了里根和布什的否决权，从而通过《公民权利恢复法案》。这部法案的威力咬住了可以被证实的“故意歧视”，但几乎没有触碰过去30年里私下生长起来的那些八爪鱼触角般的歧视，它们导致了就业市场上到处都是非常公开的种族不平等，从黑人专业人员的收入少于白人同行到黑人工人被迫从事终端服务行业。白人工人和专业人员基于错误的假设认为政府政策更多地帮助黑人而不是白人，从而已经基本相信他们必须在就业市场上秘密帮助自己的种族同胞。区别对待白人已经通过更有迷惑性的平权行动排斥理由，取代了“旧的黑人低等性
449 排斥理由”。这是用新的种族主义理论来让旧的工作歧视合理化。至于失业率上的种族不平等，最新的种族主义理论认为非裔美国人“不愿降低要求因而失业”，正如纽约大学政治学家劳伦斯·米德（Lawrence Mead）所说。种族主义者聪明地回避了无业白人是否更愿意降低他们的要求这个问题。相反，他们推出了民族种族主义观点，认为非裔美国人不够勤奋，更依赖于福利，比非白人移民更不愿意降低他们的工作要求。[17]

非裔美国人在娱乐行业成为百万富翁。但是那里也并不是什么都好。1991年11月7日，感染艾滋病毒的“魔术师”埃尔文·约翰逊（Ervin Magic Johnson）突然从洛杉矶

湖人队退役。他发誓要“与这一致命疾病做斗争”，一夜之间成为人们之前假定为白人同性恋疾病的异性恋面孔。艾滋病阳性患者在 20 世纪 80 年代经历了漫长、痛苦而遭到残酷压迫的 10 年之后，终于在 20 世纪 90 年代早期被视为一种疾病的无辜受害者。但是约翰逊的公开宣言、他的面孔和他承认有多个性伴侣的事实引发了人们对艾滋病毒和艾滋病看法的转变。从影响无辜受害者的“同性恋白人疾病”——以及需要保护性的政策——转变成一种影响无知、纵欲过度和无情的掠夺者的“黑人疾病”，并且需要惩罚性的政策来控制。[18]

对安吉拉·戴维斯来说，1991 年从她为罗德尼·金所遭受的身体攻击感到愤怒开始，并且以她为安妮塔·希尔所受到的口头抨击而结束。这一年也结束了戴维斯在一个不熟悉的地方的生活。她在加州大学圣克鲁斯分校接受了新的教授职位，在全球资本主义中心地区花费 23 年成为最知名的共产党员后，她离开了共产党。1991 年 12 月，在第 25 次美国共产党全国会议在克利夫兰召开的前夜，戴维斯与其他 800 名成员一起起草并签署了一份批评该党种族主义、精英 450
主义和性别歧视的倡议书。作为惩罚性回应，所有签名者都没有被重选入公职。他们退出了美国共产党。[19]

尽管想加入一个新党派，但是戴维斯没有加入民主党或者美国政治的新生力量——新民主党。这个群体拥护自由的财政政策，但是接受共和党式的强硬福利和犯罪政策。一位耀眼、谈吐文雅而精于算计的阿肯色州州长正把自己当作最终的新民主党人。1992 年 1 月 24 日，在民主党初选开始几周前，比尔·克林顿（Bill Clinton）回到阿肯色州。这个国家已经经历了尼克松政府的法律秩序、里根政府的福利女王和布什政府的威利·霍顿——以及现在克林顿把对精神受损的黑人里基·雷·雷克托（Ricky Ray Rector）的处决变成竞选活动的场面来确保种族主义者的选票。“我可以有很多缺点，”克林顿之后对记者说，“但是没有人能说我对犯罪手软。”[20]

1992 年 4 月 29 日，全白人组成的陪审团宣告 4 名殴打罗德尼·金的洛杉矶警察无罪释放时，克林顿实际上已经失去了民主党提名。上百万看过这场殴打视频的观众被告知那些警察什么错也没有。法官在法庭上拒绝了他们的要求，所以黑人和棕色人种居民冲上洛杉矶街头伸张正义。他们已经得出了自己的结论：刑事司法系统、当地企业主，以及里根－布什政府的经济政策都有罪，指控它们抢劫穷人的生计并用种族主义这一致命武器袭击他们。1992 年 4 月 30 日，比尔·考斯比恳求反叛者停止暴力行为并观看《考斯比一家》的最后一集。罗德尼·金本人在第二天含泪恳求：“我们能好好相处吗？”要平息为期 6 天的起义并恢复洛杉矶的种族主义和贫困秩序将需要 20000 警力。[21]

头脑开放的美国人想要了解叛乱的种族主义根源和种族歧视的进展，他们读安德鲁·哈克（Andrew Hacker）1992 年被评为《纽约时报》畅销书的《两个国家：黑人和白人，分离、敌对、不平等》（*Two Nations*: *Black & White*, *Separate*, *Hostile*, *Unequal*）和德里克·贝尔（Derrick Bell）的《井底之脸：种族主义的持久》（*Faces at the Bottom of the Well: The Permanence of Racism*），或者两年后康乃尔·韦斯特（Cornel West）的《种族问题》（*Race Matters*）。或者他们去 451
剧院观看斯派克·李史上最佳的创意作品——一部被罗杰·伊伯特（Roger Ebert）评为1992年最佳电影的片子。在电影《马尔科姆·X》（*Malcolm X*，又译《黑潮》）的开场中，李展示了对罗德尼·金的殴打以及焚烧美国国旗的画面。[22]

"如果你称之为骚乱，那么听起来就好像是一群疯子出去毫无理由地干坏事"，中南部洛杉矶新的反种族主义国会女议员、行走的发电机玛克辛·沃特斯（Maxine Waters）称。她说，反抗"在某种程度上作为对很多不公平事件的自发反应至少是可以理解的，如果说不能被接受的话"。然而，对副总统丹·奎尔（Dan Quayle）而言，反抗不是在对抗经济贫困，而是"缺乏价值观"。新民主党人比尔·克林顿将美国城市的失败归咎于两个政党，然后抨击那些"无视法纪的破坏者"的"野蛮行径"，他们"不赞同我们的价值观"，他们的"孩子在一个与我们格格不入的文化中成长，没有家庭，没有邻居，没有教堂，没有支持"。对克林顿的种族主义言论，哥伦布亚大学研究者开始了一项为期5年的研究，研究对象只针对纽约的黑人和拉美裔男孩，来寻找基因、糟糕的父母和暴力之间的关联。（他们没能发现任何关联。）[23]

在洛杉矶起义大约一个月后，比尔·克林顿把他的总统竞选活动带到杰西·杰克逊的彩虹联盟全国大会上。尽管在克林顿想要吸引到新民主党中的种族主义白人中，杰克逊非常不受欢迎，但是当杰克逊邀请了嘻哈艺术家西斯特·索延（Sister Souljah）来大会上致辞时，克林顿团队看到了政治机会。这位28岁的布朗克斯本地穷人刚刚发行了《360度权力》（*360 Degrees of Power*），这张反种族主义专辑非常挑衅，让斯派克·李的电影和艾斯·库珀（Ice Cube）的专辑都显得谨小慎微。美国白人仍然对她在《华盛顿邮报》上对洛杉矶起义的捍卫感到愤怒：“我觉得，如果黑人每天都在杀死黑人，那为什么不留一个星期出来杀白人呢？”这段话被剪辑出来广为流传，但是几乎没有种族主义美国人听出或者理解——或者想要理解——她的观点：她是在批评一种种族主义观点，即政府认为偶尔的黑人杀害白人事件比黑人每天自相残杀更重要。[24]

452 1992年6月13日，克林顿在彩虹联盟的会议上走上讲台。“如果你把‘白人’和‘黑人’这两个词颠倒一下，你可能会觉得是大卫·杜克在发言”，克林顿抨击了西斯特·索延的起义后评论。这种傲慢的社会同化主义策略将反种族主义者等同于种族隔离主义者，这一有预谋的政治噱头就像克林顿的竞选承诺“取消我们所知道的福利”一样，让种族主义选民激动不已。克林顿在民意调查中取得领先并一直保持。[25]

到1993年圣诞季，说唱歌手们听到了来自种族主义彩虹联盟各方的批评，不仅仅是来自比尔·克林顿的。66岁的民权老战士，C. 德洛利斯·塔克（C. Delores Tucker）和她的黑人妇女全国政治大会强烈禁止“黑帮说唱”，将媒体形象辩论带到新的种族主义高度。她说黑帮说唱不仅让黑人在白人面前看起来很糟糕，而且强化了他们的种族主义观点。黑帮说唱的歌词和音乐录影带事实上在伤害黑人，让他们变得更暴力、更有性欲、更性别歧视、更容易犯罪，也更物质化（她的这一轰动性发言将在几年后作为对黑人真人秀节目的回应而被重提）。简言之，黑帮说唱让城市黑人听众变得更低级（且不去说数量更为庞大的郊区白人听众）。对这场善意的活动而言，这是一个微妙的时刻，不仅仅是因为奎因·拉蒂法（Queen Latifah）发表了为她赢得格莱美奖的女权主义圣歌《U. N. I. T. Y.》，歌曲迎头向男人们喊道："你叫谁婊子?!"而且，政治学家查尔斯·穆雷（Charles Murray）正在为即将到来的 1994 年中期选举重现种族主义观点，错误地将"福利制度"与"私生率"的上升相关联，他在 10 月 29 日的《华尔街日报》上说，"［单身］黑人女性生育中私生率现在已经达到 68%"。他在 1993 年最后几周的电视节目中重申了这一主张。[26]

C. 德洛利斯·塔克本可以反对查尔斯·穆雷反福利的胡言乱语，那比黑帮说唱的歌词对贫穷黑人——特别是对女人在物质上和社会上都更具毁灭性。相反，她成为嘻哈艺术家的靶子，特别是 22 岁的黑帮说唱新人王、黑豹自卫党的儿子——图派克·夏库尔（Tupac Shakur）。1993 年，图派 453
克鼓励他的粉丝"昂起你的头"，用诸如"我试着用 50 美分来赚取 1 美元/要做个守法公民还能付得起房租可真难"的歌词与他们联系起来。[27]

在塔克仍聚焦于黑帮说唱的祸害时，麻省理工学院的历史学家埃弗林·哈蒙兹（Evelyn Hammonds）动员起来抵御对黑人女性的诽谤。全国各地2000多名黑人女性学者在1994年1月13日来到麻省理工学院的校园，为了“学术界的黑人女性：捍卫我们的名字”。这是有史以来第一次黑人女性学者的全国会议，她们的学术生活和学识常常因为性别种族主义被扔到一边。在波士顿地区寒冷的冬天，这些女性指责对黑人福利母亲、安妮塔·希尔、西斯特·索延和克林顿的3次失败任命［约翰尼塔·科尔（Johnetta Cole）、拉妮·吉尼尔（Lani Guinier）和乔伊斯林·埃尔德斯（Joycelyn Elders）］——以及对黑人女性的公开羞辱。一些参会者曾经在1991年11月《时代》杂志的广告上签名捍卫安妮塔·希尔。

安吉拉·戴维斯荣幸地成为会议闭幕式的主旨发言人。她当之无愧是全国最著名的非裔美国人女性学者。但是更重要的是，她在自己的职业生涯中始终如一、突出而毫不掩饰地为黑人女性辩护，包括甚至是连一些黑人女性都不想为之辩护的黑人女性。在过去的20年里，她可能是美国最坚定的反种族主义声音，毫不动摇地寻求反种族主义解释而不像其他人那样选择了更容易的种族主义的方式来归咎于黑人。戴维斯1970年在纽约被监禁期间窥视过被监禁的黑人和棕色人种年轻女孩的眼睛、思想和经历，而她也从未停止关注她们的生活并为她们辩护。她的职业生涯体现了大会的题目，就像很多在那天听她演讲的著名学者的职业生涯一样。

戴维斯在她的讲话的开场中将听众带回了大会题目的根源——“捍卫我们的名字”。她将她们带回19世纪90年代对黑人俱乐部女会员的道德监督，就好像今天的“反对青少年怀孕”运动一样，否认了“黑人年轻女性的性自主权”。戴维斯告诫说，“当代法律和秩序话语”是由政党和 454
所有种族这两者授权认可的。黑人政客支持“有害的反犯罪法案”，而黑人“不断呼吁更多警察和更多监狱”，却没有意识到虽然非裔美国人构成了吸毒者的 12%，但是在吸食毒品而被逮捕的人中占比超过 36%。戴维斯呼吁她的姐妹们设想“一种新的废奴主义”和“监狱以外的机构来解决导致监禁的社会问题”。[28]

10 天后，总统克林顿在第一次国情咨文演讲中呼吁一项完全相反的“新废奴主义”。他说，国会应该“抛开党派分歧并通过一项强有力的、明智且严厉的犯罪法案”。总统批准了联邦“三振出局”法，赢得了民主党和共和党的热烈掌声。在克林顿的敦促下，共和党和新民主党人在 1994 年 8 月让他签署一项价值 300 亿美元的打击犯罪法案。新民主党称赞该项法案是一场胜利，因为它“能够从共和党人手中夺回犯罪问题并将它变成他们自己的”。《控制暴力犯罪和执行法案》是美国历史最大的打击犯罪法案，它创造了数十项新的联邦死罪，对某些 3 次累犯实施终身监禁，并且为警力和监狱的扩张提供了数十亿美元——其最终效果将是美国历史上监狱人口的最大幅增长，其中绝大多数是非暴力的毒品犯罪。克林顿兑现了他的竞选誓言，即没有共和党人可以比他对犯罪更强硬——而美国的犯罪变成了黑色。正如图派克·夏库尔在《变化》（“Changes”）的韵文里所说，“他们没有为贫穷而战，而是进行了毒品战争，所以警察就可以来打扰我了”。［大概 20 年之后，希拉里·克林顿（Hillary Clinton）在竞选总统时错综复杂的环境中放弃了她丈夫标志性的反犯罪法案的影响，呼吁“结束大规模监禁的时代”。］[29]

正如过度渲染的对福利问题的讨论主要是对黑人女性的诋毁一样，1994 年对夸大的犯罪问题的讨论主要是对黑人男性的诋毁。媒体评论员厄尔·奥法里·哈钦森（Earl Ofari Hutchinson）在他 1994 年的热门作品《对黑人男性形象的暗杀》（*The Assassination of the Black Male Image*）中强
455 烈斥责了诋毁者。出生在皇后区的饶舌歌手纳斯（Nas）在他的首张专辑《超屌理论》（*Illmatic*）中发表了作品《大爱》（“One Love”），这是他写给被监禁的朋友们的信件，成为时下经典，它在那一年以及历史上所受到的尊敬和出生在布鲁克林的“大个子小子”（Biggie Smalls，艺名为“声名狼藉先生”）的首张单曲《有料》（“Juicy”）一样。在“大个子小子”的音乐录影带中，有一首歌是在一个身陷囹圄的黑人男子面前唱的：“曾被当作蠢材因为我高中都没念完/我代表了你们对于黑人男性的典型误解/但一切都还不错。”[30]

“大个子小子”并不知道他发表个人首支单曲的时间正值近代历史上关于黑人的蠢是天生的还是后天培养出来的最激烈的学术辩论的前夜。这场学术辩论对克林顿政府一方对黑人强硬的新民主党人和美国政治的最新势力带来了重大的政治影响，后者承诺将更加强硬。

第 35 章

新共和党人

在“大个子小子”1994 年发表《有料》的时候，越来越多的学者接受了一个真相，即“智力”是如此瞬息万变、多方面且相互关联，因此没有人能够不带任何形式或方式的偏见而准确测量智力。而这些真相的揭示威胁到教育中种族主义观点（以及教育中的性别主义和精英主义观点）的根基。这些真相的揭示危及种族主义观点下传统白人学校和大学最聪明的基调，人为的成就差距（和实际的资金缺口），白人进入资金最雄厚的学校、大学、工作和经济生活的特权通道，以及标准化测试确保那些通道大部分为白人所有。哈佛大学实验心理学家理查德·埃恩斯坦（Richard Herrnstein）和政治学家查尔斯·穆雷在 20 世纪 80 年代和 90 年代初目睹了这些危险思想的增长。作为回应，他们出版了《钟形曲线：美国社会中的智力与阶层结构》（*The Bell Curve: Intelligence and Class Structure in American Life*，简称《钟形曲线》），这本标志性的书籍给了标准化测试——以及支撑它们的种族主义观点——新的生活契机。 456

在第一句话中，埃恩斯坦和穆雷就把目标瞄准在不断传播的认识上，即并不存在普遍的智力，因此无法以单一加权尺度，比如说标准化测试，来衡量它在不同人之间的变化。“智力这个词描述的是某些真实的东西，并且它因人而异，这和其他关于人类状态的理解一样普遍而古老”，埃恩斯坦
457 和穆雷在他们序言的一开始写道。他们继续驳斥反种族主义者“激进”而“幼稚”，后者拒绝将标准化测试得分作为智力指标因此不承认存在种族成就差距。对埃恩斯坦和穆雷而言，那样做留下两个合理“选项”：“（1）黑人和白人之间的认知差异是遗传的”（这是种族隔离主义者的主张）；“（2）黑人和白人之间的认知差异是环境造成的”（这是社会同化主义者的主张）。实际上，埃恩斯坦和穆雷推论，“我们认为遗传和环境很可能都对种族差异有影响”。他们声称“认知能力在很大程度上是可以遗传的，显然不低于40% 也不高于 80% ”。

越来越多基因较差的“下层阶级”生的孩子是最多的，同时因为他们的孩子最多，因而伟大的白人和富有的“认知精英”逐渐被遗忘。“才能的不平等，包括智力，是事实，”埃恩斯坦和穆雷得出结论，“试图通过人为制造的结果来消除不平等已经造成了灾难。”[1]

实际上，正是那些有权势的不平等受益者及其种族主义观点生产者，比如埃恩斯坦和穆雷，对平等措施的抵制才导致了灾难。这本书很畅销，最初的评论也相当正面。它出现在 1994 年中期总统大选的最后阶段，当时正值新**共和党人**发表极其强硬的《与美国有约》（“Contract with America”）来从克林顿的新民主党手中夺回福利和犯罪问题。查尔

斯·穆雷在中期选举的一开始激起选民对“非法行为增多”的不满，同时在最后为《与美国有约》辩护，特别是新共和党人严打犯罪的“夺回我们的街道法案”以及严打福利的“个人责任法案”。[2]

“个人责任”一词在一段时间里都扮演着次要角色。佐治亚州代表纽特·金里奇（Newt Gingrich）和得克萨斯州代表理查德·阿米（Richard Armey）是《与美国有约》的主要作者，他们在 1994 年把这个词带到黄金档——带到数百万美国种族主义者的词典里——目标不仅仅是黑人福利接受者。指令非常简单：黑人，特别是贫穷黑人，需要对他们的 458
社会经济困境和种族不平等承担“个人责任”，并且停止将他们的问题归咎于种族歧视并依赖政府来解决。“个人责任”这一种族主义指令让新一代美国人相信导致种族不平等的原因是不负责任的黑人，而不是歧视，因此说服新一代美国种族主义者去对抗不负责任的黑人。

鼓励一个黑人个体（或者非黑人个体）对自己的生活承担更多责任是有道理的。让黑人群体对他们的生活和国家的种族不平等承担更多个人责任则是种族主义的，因为在种族主义者头脑中总是会归纳黑人个体不负责任的行为。根据这一种族主义逻辑，黑人的贫困率、失业率和不充分就业率更高应归咎于黑人和他们的不负责任，就好像依赖他人的懒惰黑人个体要比依赖他人的懒惰白人个体更多一样。奴隶主关于非裔美国人更有依赖性的种族主义理论在 20 世纪 90 年代被擦去尘土并得到翻新，让种族主义者得以处于浅薄的心态中，认为非裔美国人没有承担足够的个人责任，并且认为这就是为什么那么多人依赖于政府福利，就好像他们曾经依赖于奴隶主福利一样。

这是个受欢迎的种族主义观点——即便黑人也用它来归纳他们周围一些人的个人行为。在 1994 年中期总统大选中，选民们将共和党和他们关于控制个人责任的声明带到国会。新民主党通过了史上最强硬的犯罪法案，比新共和党更加强硬，那之后，新共和党人承诺要比新民主党人更加强硬。双方都争取赢得最古老的利益集团之一——种族主义者的选票，它可能从未像在 1994 年这样多种族化。

1995 年一开年，对《钟形曲线》的批评和肯定回应开始交火。很难想象有另外一本书像它这样点燃了一场如此激
459 烈的学术战争，可能是因为在理论研究中心的种族隔离主义者、在大学和学术团体中的社会同化主义者，以及在流行的黑人研究和批判性种族理论集体中的反种族主义者们都很强大。1996 年修订和扩充的《人的错误量度》版本中，史蒂芬·杰伊·古尔德（Stephen Jay Gould）坚持认为人们不应该对《钟形曲线》的出版“与一个社会卑鄙新时代……正好吻合”感到震惊。古尔德说，《钟形曲线》“一定……记录了政治摇摆到了一个可悲的位置，需要证据来确定社会不平等是生物规定的”。他批评这种新的卑鄙行为的支持者，因为他们号召“对真正需要的人削减所有社会服务项目……但是不从军队削减一毛钱，但愿不会这样……并为富人减免税”。英国心理学家理查德·林恩（Richard Lynn）为社会卑鄙行为和《钟形曲线》辩解，在一篇文章的题目中问道，“人类是否要回到猿猴时代?”“下层阶级”唯一

“做得好”的事情就是“生孩子”，而“这些孩子倾向于遗传父母的糟糕智力并接受其反社会生活方式，复制剥夺的循环”。美国心理学协会（APA）——代表了标准化智力测试的发起者和普及者——召集了一个智力专案组来回应《钟形曲线》。“黑人和白人在平均智力测试分数上的差异并不是因为测试结构和管理中存在任何明显偏见，也没有简单反映出社会经济地位的不同，”APA 在 1996 年一份社会同化主义报道中如此辩称，“基于种姓和文化因素来解释也许是合理的，但是截至目前没有任何直接的实证可以支持这些解释。肯定也没有对于基因解释的实证支持。在这个时候，没有人知道是什么导致了差异的产生。”没有人会知道根本不存在的事情。[3]

在共和党政客们祝贺和赞誉埃恩斯坦和穆雷的《钟形曲线》的同时，1995 年 1 月加州大学圣克鲁兹分校的教师授予安吉拉·戴维斯著名的总统教授职位。之后，共和党政客们试图罢免她的职位。“我很愤怒，”加州参议员比尔·伦纳德（Bill Leonard）告诉记者，“在任命某个像戴维斯女士这样以种族主义、暴力和共产主义出名的人士时，整 460
个体系的完整性处境危险。”他说，戴维斯“想要在白人和黑人之间制造一场内战”。南方种族隔离主义者曾经在 20 世纪 50 年代说北方提倡取消种族隔离的人想要在种族间制造一场内战。奴隶主早在 19 世纪初叶就说废奴主义者想要在种族之间制造一场内战。北方和南方的种族隔离主义者都认为吉姆·克劳和奴隶制是正面的好事并声称歧视已经终结了，或者从未存在过。尽管这些年以来种族隔离主义理论发生了变化，但它的内核仍然是一样的。从20世纪60年代起，种族隔离主义理论家们和他们的前人一样，都致力于让美国人相信种族歧视并不存在，他们知道只有在美国人相信种族歧视的时代已经结束后，反种族主义者才会停止抵抗种族歧视，而种族歧视在那时才能放下心来。[4]

在埃恩斯坦和穆雷判定种族不平等不是因为歧视而是因为遗传之后，穆雷在美国企业研究所的同事几乎恰好在1995年，在他具有挑战性的书中判定“种族歧视的终结”，并且用这句话作为书的标题。“为什么要证明有着不同肤色、头型和其他看得到的特征的群体具有相同的推理能力或者构建先进文明的能力呢？”前总统里根的助理迪内什·德苏萨（Dinesh D'Souza）问道，“如果黑人具有某些遗传能力，比如即兴决策，那就可以解释为什么他们在某些领域占据主导地位，比如爵士乐、说唱和篮球，而在另一些领域不占主导地位，比如古典音乐、国际象棋和天文学。”这些种族主义观点对德苏萨来说不是种族主义观点，他在书的第一页就把自己定位为印第安人后裔以宣称他的“倾向”是“强烈的反种族主义和对少数民族的同情”。德苏萨将自己定义为反种族主义者，却驳斥反种族主义观点，即种族歧视是“非裔美国人今日面临的主要障碍，也是黑人问题的主要解释”。与之相反，他认为“自由主义的反种族主义”是非裔美国人的主要障碍，因为它“将非裔美国人的病态归咎于白人种族歧视并反对所有强加文明标准的措施”。[5]

461 德苏萨以惊人的写作、说话以及市场天分——以及强大的支持者——成功地让很多美国人去思考《种族歧视的终结》中讨论的问题。但是在 1995 年，如果人们关心的话，睁大眼睛看看他们周围的政策、不平等和说辞，就会看到歧视无处不在。在美国最具种族色彩的年代之一，在种族歧视观点像乒乓球一样在媒体对 20 世纪的刑事审判报道中来回摇摆时，怎么会有人宣称种族歧视的终结呢？从 1 月 24 日的开庭陈述到 1995 年 10 月 3 日的现场判决，O. J. 辛普森谋杀案的审判和无罪判决成为不安的种族主义美国人对犯罪软弱的缩影。[6]

O. J. 案并不是德苏萨巧妙忽略掉的种族歧视进展的唯一证据。佛罗里达州的多恩·布莱克（Don Black）在 1885 年建立了最早的白人至上主义网站之一——暴锋（Stormfront. org）。正如记者杰西·丹尼尔斯（Jessie Daniels）所称，这批新一代“网络种族歧视”就像加拿大心理学家 J. 菲利普·勒斯顿（J. Phillippe Ruston）一样是种族隔离主义者，他认为进化让黑人的大脑和生殖器尺寸都异于白人。“这是一个取舍：更多脑力或者更长的阴茎。你不能什么都要”，勒斯顿在 1995 年 1 月这样告诉《滚石》（*Rolling Stone*）杂志的读者。3 月，哈莉·贝瑞（Halle Berry）主演了《失踪的艾赛亚》（*Losing Isaiah*），不断升温的关于跨种族领养的争论在影院上映。电影讲述的是一位吸毒的黑人母亲的婴儿被一位白人女性收养。虽然黑人父母领养白人孩子的想法超出了种族主义者的想象，但是社会同化主义者们不仅鼓励白人救世主父母收养黑人儿童，而且声称黑人孩子在白人家庭中比在黑人家庭中要更好。[7]

在 1995 年当人们被问到“闭上你的眼睛一秒钟，想象一个吸毒者，然后向我描述那个人”时，95%的受访者描述了一张黑人的脸，尽管黑人在那一年的吸毒人数中只占到15%。但是美国种族主义者对这些研究视而不见，只关注像是1995年11月27日《旗帜周刊》（*Weekly Standard*）上发表的《超级捕食者的到来》（“The Coming of the Super Predators”）这
462 样的文章。普林斯顿大学的约翰·J. 迪伊乌里奥（John J. Dilulio）——一位曼哈顿研究所的研究员，查尔斯·穆雷在20世纪80年代在该研究所待过——揭露在1985年到1992年间14～17岁黑人谋杀率增长了3倍，这比白人的增长高出6倍。他没有揭露与之同步飙升的年轻黑人男性的失业率来解释飙升的暴力行为。迪伊乌里奥也没有在解释暴力行为飙升的同时，揭露毒品执法部门不成比例地大量监禁年轻的黑人毒贩，而在某些情况下，他们很清楚地知道打破一个贩毒团伙是为了控制之前的稳定市场而进行的暴力斗争。迪伊乌里奥解释这一暴力行为飙升的方式是煽动“在虐待、暴力缠身、没有父亲、无神论和无业环境中”成长起来的“道德贫困”。他说，当我们看向“地平线”时，有“成千上万严重道德贫困的青少年超级捕食者”，他们“将会做出‘自然而然’的事情：谋杀、强奸、抢劫、攻击、破门盗窃、交易致命毒品，然后嗑药”。迪伊乌里奥对“超级捕食者”的解决方案是什么呢？“那就是宗教。”[8]

在迪伊乌里奥看来，在各种族的上百万人看来，穿着破旧衣服、操黑人英语骂骂咧咧、分享嘻哈音乐、《去他的警察》——宣布了年轻黑人男性在1995年万圣节都不需要穿戏服。他已经是一个恐怖角色了——一个“社会的威

胁”——正如 1993 年的电影《威胁 2：社会》（*Menace II Society*）所描绘的那样。而他年轻的母亲因为生下了他而成为讨厌的人。掠夺性的种族歧视给主要的女性和男性猎物都打上了“超级捕食者”的标签。正如《威胁 2：社会》中一位反种族主义老师告诉年轻的黑人男性，“捕猎已经开始了，而你就是猎物!”[9]

在 1995 年所有这些关于种族歧视结束的宣言中，非裔美国人参与了他们历史上最大的政治动员——在华盛顿举行英勇的百万人大游行。在 1994 年中期总统大选硝烟散尽后，路易斯·法拉堪（Louis Farrakhan）提出这一建议。游行热很快让美国黑人着迷。反种族主义女权主义者，包括安吉拉·戴维斯，嘲笑游行的非官方组织原则中的性别种族歧视：黑人男性必须从他们被阉割的虚弱状态中崛起，成为家庭和社区的领袖并提升种族。“通过反击一种扭曲的种族主 463
义黑人男子观关于男人位于‘高于女人的程度’这一狭隘的性别主义观点，是不能得到正义的”，戴维斯在游行前夕曼哈顿中城新闻发布会上说。但是一些批评太过头了。一些黑人女权主义者错误地称游行组织者为性别歧视者，因为他们只动员了黑人**男性**；一些白人社会同化主义者则错误地称游行组织者为种族歧视者，因为他们只动员了**黑人**男性。[10]

一些在百万人大游行上有分歧的活动人士在 1995 年夏天聚到一起来捍卫世界上最著名的黑人男性政治犯马米亚·阿布-贾马尔（Mumia Abu-Jamal）的生命，他在 1982 年被判在费城杀害一名白人警察。“这些是美国的死刑犯居民：在半条命和必死无疑之间的刀锋上游走的男女，”马米亚在他的评论集《死囚生活》（*Live from Death Row*）中写道，“你会发现死刑犯中的黑人比任何别的地方更多。非裔美国人只占全国人口的11%，却构成了死刑犯人口的40%。同样在那里，你将找到本书的作者。”[11]

1995年5月，《死囚生活》登场并受到一系列评论洗礼的几周后，也是马米亚的律师团申请新的审判几天前，支持“法律与秩序”的宾夕法尼亚州州长、共和党人托马斯·里奇（Thomas Ridge）签署了马米亚·阿布-贾马尔的死刑令。死刑将在1995年8月17日执行。那个夏天，世界各地爆发了保护马米亚的生命和终止死刑的抗议活动。抗议中有年纪大的活动人士，他们中的一些曾在几十年前高喊“释放安吉拉”；也有年轻人，他们中的一些人帮忙动员了百万人大游行。但是在计划于8月12日举行的全国抗议日之前，马米亚的死刑执行被无限期暂停。[12]

在这个火山爆发般的夏天行将结束时，大多数非裔美国人都支持双重意识的百万人大游行——种族主义和反种族主义观点的双重意识。有争议的是，它最普遍流行的组织原则是个人责任，要求黑人为他们的生命、他们的家庭、他们的
464 社区和黑人民族承担更多的个人责任。1995年10月16日，在国家广场上出现的大约100万黑人男子中的许多人都相信种族主义观点所认为的黑人男子、黑人青少年、黑人男孩、黑人父亲和黑人丈夫有点问题。但是很多游行者站在那里听了50位演讲者的演讲后也相信反种族主义观点，认为猖獗的歧视有点问题。正如路易斯·法拉堪在他两个半小时演讲的高潮中怒吼的那样，“美国真正的恶魔并不是白人或者黑

人。美国真正的恶魔是加强建立西方国家的观念，这个观念被称为白人至上主义”。[13]

10 月 16 日，比尔·克林顿没有问候上百万黑人男子，也没有听到他们对固执的种族歧视的谴责。相反，他在得克萨斯大学进行了一场关于种族进步的演讲，在美国福音派的中心为种族治愈辩护，怂恿大规模的福音派在 1996 年和 1997 年为种族和解进行改革。推行改革的福音派将继续宣扬，所谓共同种族仇恨问题可以通过上帝带来互相的爱来解决。克林顿，至少，在他的得克萨斯大学演讲中承认“我们必须清理美国白人种族主义的房子”。但是在他的总统任期内，他用两种最种族主义的声明包围了他最反种族主义的声明。克林顿并没有将白人通常受到白人的暴力行为的统计数据传递给白人，而是将“美国白人恐惧的根基”合法化，说“白人受到的暴力行为……通常来自黑人”。然后他继续辩护道：“白人认为如果不首先承担更多个人责任，那么社会项目就无法打破福利依赖、非婚生子和父亲缺失文化，这种想法不是种族歧视。”[14]

1996 年 8 月 22 日，在下一场总统大选即将到来时，克林顿签署了《个人责任与就业机会折中法案》（Personal Responsibility and Work Opportunity Reconciliation Act，PRWORA），正式宣布自己是个人责任这一种族主义观点的支持者。这项法案是纽特·金里奇的新共和党和克林顿的新民主党之间的折中。它限制了联邦对福利项目的控制，要求用工作来取得福利，并且插入了福利时间限制。尽管针对穷人的项目只占非国防预算的 23%，并且其开支在过去的两年

465 中遭到50%的削减，福利改革仍然成为大多数美国白人最关心的国内问题。从巴里·戈德华特的“动物生物”到里根的“福利女王”，都是种族主义观点的生产者在美国非黑人身上做的工作。共和党国会议员、佛罗里达州的约翰·L. 米卡（John L. Mica）在国会对这项法案的辩论中举了一块牌子，上面写着：“不要喂养鳄鱼/我们发出这些警告是因为非正常的喂养和人工关怀会产生依赖。”[15]

同样的这些种族主义观点的生产者也在美国黑人身上完成了他们的工作，避免了反福利改革的游行，并且导致一些非裔美国人和种族主义非黑人一样憎恨不负责任、具有依赖性的、暴力“黑鬼”。“我爱黑人，但是我讨厌黑鬼”，一位相对不知名的黑人喜剧演员克里斯·洛克（Chris Rock）在美国家庭影院频道（HBO）1996年6月1日的《带来痛苦》（“Bring the Pain”）中攻击道。克里斯·洛克令人难以忘怀的表演开始于一系列对黑人和白人关于O. J. 案判决的反应的反种族主义攻击，这将他带入了美国喜剧殿堂。这标志了一场黑人喜剧革命的开始并为新一代人引入三大戏剧主题：感情戏、白人的种族歧视和黑人出了什么问题。除了《带来痛苦》之外，双重意识的黑人喜剧成为反种族主义和种族歧视思想最具活力的舞台之一，听众们嘲笑喜剧演员或者和喜剧演员们一起笑。[16]

1996年的选举之夜，反种族主义者在加州遭受了惨痛损失。加州选民拒绝在公共就业、合同和教育领域采取平权行动或“优惠待遇”。公立学院和基础教育学校的资助拨款政策和标准化测试——两者均给予白人、富人和男性学生优惠待遇——都未被禁止。非裔美国人在加州大学校园中的百分比开始下降。

加州 209 号提案投票活动展示了种族主义思想的全面发展：它的支持者将反种族主义的平权行动称为歧视，将活动和投票方式命名为“民权倡议”，在一则广告中唤起小马丁·路德·金的“梦想”，并且在竞选活动中加上一张黑人 466
脸孔——加州大学董事会董事沃德·康纳利（Ward Connerly）。康纳利本来要以这个蓝图去取消其他州的平权行动，但是受到 69 岁科丽塔·斯科特·金（Coretta Scott King）的公开指责。“实际上，马丁·路德·金支持平权行动的观念，”她说，“那些建议说他不支持平权行动的人是在歪曲他的信仰和毕生的工作。”[17]

1996 年 11 月 6 日，在提案通过以及克林顿和共和党国会再次竞选通过的一天后，一部很可能是 10 年中最复杂、最全面的反种族主义惊悚片在影院上映了。电影导演是 27 岁的 F. 加里·格雷（F. Gary Gray），他因为《星期五》（*Friday*，1995）一片而出名。《辣姐妹》（*Set It Off*）的编剧为凯特·拉尼尔（Kate Lanier）和塔凯西·巴弗德（Takashi Bufford），主演为贾达·萍克（Jada Pinkett）、奎因·拉提法、薇薇卡·A. 福克斯（Vivica A. Fox）和金伯利·埃利斯（Kimberly Elise），它展示了 4 个独特的黑人女性如何以及为什么会因受到洛杉矶的工作、婚姻和性别歧视，阶级和性剥削，以及种族主义警察的暴力而犯下暴力罪行——剧情中，她们周密计划武装抢劫银行——来改善自己的生活并报复那些试图摧毁她们的人。《辣姐妹》做了法律秩序和严打犯罪的种族主义拒绝做的事：它使市中心的黑人罪犯变得更加人性化，并且在这个过程中迫使观众重新想象谁是真正的美国罪犯。萍克饰演了一位在男性爱人和施虐者之间生存的博学、独立、性能力强的异性恋女人，拉提法饰演了贫穷黑人中一个强大而男性化的女同性恋。最后，三个女人死去，但是精明的萍克带着偷来的钱在夕阳下逃离了美国种族歧视。

评论家和观众都爱上了《辣姐妹》中的悲剧和胜利。甚至影评人罗杰·艾伯特（Roger Ebert）“对自己开始如此关心这些角色感到惊奇”。如果坚持“法律与秩序”的美国在看到这一结构性的种族歧视后，能开始关心真实的角色就好了。但是种族歧视观点的生产者似乎下定决心确保什么都不会发生。[18]

467 1997 年 6 月 14 日，比尔·克林顿在“种族问题”的根源这一问题上发表了令人震惊的声明，不幸的是，他搞错了。在给安吉拉·戴维斯的母校加州大学圣地亚哥分校的毕业典礼致辞时，克林顿承诺要带领“美国人进行一场史无前例的关于种族的对话”。种族改革者们为他喝彩，因为他愿意谴责偏见和歧视，因为他具有构建“全世界第一个真正的多种族民主国家”的反种族主义雄心壮志。[19]

超过 100 万黑人女性在 1997 年 10 月 25 日聚集到费城，来确保这场对话中加入她们的观点。国会女议员玛克辛·沃特斯（Maxine Waters）、西斯特·索延、温妮·曼德拉

（Winnie Mandela）、阿塔拉·沙巴茨（Attallah Shabazz）、伊亚萨·沙巴茨（Ilyasah Shabazz，马尔科姆·X 的女儿）和多萝西·海特（Dorothy Height）向百万女性大游行发表讲话。讲话中一度有一架直升机低空飞行来用噪音掩盖她们的话语。成千上万人举起手臂几乎像赶走一只苍蝇一样要赶走直升机。这样做奏效了。“看到我们一起努力时能做到什么了吗?”充满激情的仪式司仪、来自密歇根州的布伦达·伯吉斯（Brenda Burgess）说道。

呼吁黑人团结的呼声回荡在费城，就像两年前在华盛顿的上百万男人之间发出的呼声一样——就好像黑人真的有团结问题，就好像是这种不团结导致了种族困境，就好像其他种族就没有背叛和背后捅刀子一样。一个政党背后的全国最团结的种族从来不会是政治分歧最大的种族。但是，和以往一样，种族主义思想从来不需要解释现实。[20]

“种族歧视不会因为关注种族就消失”，白宫发言人纽特·金里奇在克林顿的全国种族对话后宣布。对克林顿谈话的这一反应合成一个新的流行词：无视肤色。“无视肤色”言论——这一观点通过忽视种族问题来解决它——开始在没有逻辑的头脑中被理解为逻辑。“无视肤色”的种族隔离主义者追随了吉姆·克劳和奴隶主的脚步，谴责公开讨论种族歧视。但是这些所谓“无视肤色”的种族隔离主义者比他们的种族主义前辈进步了很多，宣称任何人以任何反种族主义方式参与克林顿的全国讨论的都是事实上的种族主义者。在 1997 年出版的《自由的种族主义》（*Liberal Racism*）中，记者吉姆·斯立普（Jim Sleeper）称任何没有无视肤色的

468 人——或者说“超越种族界限”的人——都是种族主义者。同一年，曼哈顿研究所的研究员阿比盖尔·瑟恩斯特罗姆（Abigail Thernstrom）和哈佛大学历史学家斯蒂芬·瑟恩斯特罗姆（Stephan Thernstrom）在大获成功的《美国黑与白》（*America in Black & White*）中说道：“种族意识政策促成了更多的种族意识，它们让美国社会倒退。”“现在很少有白人是种族主义者”，而且现在主导种族关系的是“黑人愤怒”和“白人投降”，瑟恩斯特罗姆夫妇写道，以此回应《种族牌》（*The Race Card*）中的文章，这是1997年一部有影响力的选集，由彼得·科利尔（Peter Collier）和大卫·霍洛维茨（David Horowitz）编写。叫喊种族歧视的人在玩假的“种族牌”，他们获胜是因为自由主义的“白人内疚感”。[21]

所有这些“无视肤色”的说辞似乎取得了预期的效果。在最高法院判定倾向于“分开但平等”观点将近一个世纪之后，公众舆论似乎开始倾向于“无视肤色”观点。千禧年即将到来，而人们仍然对基于肤色的人类平等视而不见。

第 36 章
99.9% 一样

对美国多元文化的宣传强化了“无视肤色”的理想。469
“我们比以往任何时候都更了解种族、语言和文化多样性的好处。”克林顿在加州大学圣地亚哥分校的演讲中如此说道。旧的社会同化主义理想是所有美国人，无论其文化传承如何，都采纳欧美文化，这一观点实际上因为新的民族研究部门、大量非白人移民和学习其本土及外国祖先根源的美国人而在学校受到了毁灭性攻击，特别在大学里。内森·格莱泽（Nathan Glazer）是详细描述 20 世纪 60 年代社会同化主义标准的《超越熔炉》一书的合著者，他沮丧地承认事情已经发生了改变。他 1997 年出版的书的标题是《如今我们都是多元文化主义者》（*We Are All Multiculturalists Now*）。这本书成了社会同化主义者的出气筒，他们花了 10 年在那些越来越受欢迎的黑人研究项目和部门之间摇摆。[1]

但是，格莱泽在文化上又犯了错。一个由多文化主义者统治的真正的多文化国家是不会将基督教作为其非官方标准信仰的。它也不会用西装作为标准职业装。英语不会成为标准语言或者通过标准化测试来进行评估。在教育课程中不会认为民族研究是多余的。非洲中心论学者和其他讲授多种文化观点的多元文化理论家将不会被视为有争议的。任何文化团体都不会直接或间接被要求在公开场合学习和遵守任何其
470 他团体的文化规范来取得进步。由不同长相的人组成的国家，如果他们大多数人实行或者正在学着实行同一种文化，那么这个国家并不会自动成为多文化或多样化国家。1997年的美国关起门来在自己家可能是一个多文化国家，但公开来说肯定不是。美国的种族主义者只是在名义上拥抱多样性和多文化主义。实际上，他们在实施文化标准。

这种对现状的维持在安吉拉·戴维斯于1998年发表的改变游戏规则的新书《布鲁斯遗产和黑人女权主义》(*Blues Legacies and Black Feminism*) 受到的批判性评论中变得明显。她花了好几年时间才把马·雷尼和贝西·史密斯所有在市面上能找到的布鲁斯唱片转录出来作为她分析的材料基础。戴维斯以对性别、种族和阶级的综合分析而出名，但她又悄悄将分析因素扩展，涵盖了性取向和文化。她看了女同性恋和双性恋的歌词，研究了蓝调音乐中保留的非洲文化。很少有美国人在五大分析类别中表达过反种族主义观点：性别、种族、阶级、性取向和文化。因此批评来自这五个方面，尤其是文化方面。《纽约时报》评论员驳斥戴维斯的文化反种族主义是“根深蒂固的文化民族主义”，而《华盛顿邮报》嘲笑她“浮夸的学术术语和僵化的意识形态”。显然，他们觉得像安吉拉·戴维斯这样发现、研究和阐明文化差异不仅仅是名义上差别的学者都是理论家和文化民族主义者。[2]

戴维斯继续做关于黑人女性的创新性综合学术，并且在新千年到来之际继续关注重振废奴运动。“2000 年 2 月 15 日，第 200 万名囚犯进入美国监狱体系，其中一半囚犯都是黑人。”2000 年年初她在科罗拉多大学如此说道。戴维斯知道这些囚犯中大多数被判毒品犯罪。她也知道人们发现白人比黑人贩卖毒品的可能性更大，正如《人权观察》（“Human Rights Watch”）报告指出的那样。因此，戴维斯正在穿越这个国家，并且将美国人的注意力转移到不公正的刑事司法系统上来，她认为这是一种新的奴隶制。几年后，戴维斯提出自然废奴主义解决方案，在她 2003 年的新书《监狱过时了吗?》（*Are Prisons Obsolete*?）中问出了这个时 471
代的反种族主义问题。她在长达 115 页的废除监狱宣言中想象出“一个没有监狱的世界”。戴维斯写道：“由于种族歧视的持久力量，在集体想象中，‘罪犯’和‘作恶者’被幻想成有色人种。”而“监狱”让美国不必“负责任地思考困扰那些囚犯数量过多的社区的真实问题”。[3]

加州大学伯克利分校一位著名的黑人语言学家不同意戴维斯的评价。黑人在监狱人口中所占的比例“纯粹反映了他们犯下罪行的比例”，约翰·麦克沃特（John McWhorter）——毫无证据地——在《输掉比赛：美国黑人的自我毁灭》（*Losing the Race*：*Self-Sabotage in Black America*）中如此认为。这本 2000 年的畅销书使他成为美国最著名的黑人保守派知识分子的焦点。作为一个语言学家，迈克沃特当然要花一个章节来评论一下黑人英语之争，4 年前就有消息说奥克兰联合学区已经承认了黑人语言是一种来自西非的语言。除去一条说非裔美国人对黑人英语有遗传倾向的说法之外（这是从之后的决议中提炼出来的），1996 年的奥克兰决议极度反种族主义和富有同情心，它将黑人英语等同于更容易被人接受的英语。学校董事会承认那些学生的黑人英语很流利，想要保持“这种语言的合法性和丰富性”并“促进学生们获得和掌握英语技能”。他们想要确保这些学生能说两种语言。[4]

社会心理学家罗伯特·威廉斯（Robert Williams）创造了“黑人英语”（Ebonics）这个词来替代所有的种族主义标识符，像是“非标准黑人英语”。“我们知道 ebony（乌木）的意思是黑色，而 phonics（发音学）指的是说话时发出的声音或语音学，”他之后解释说，“所以，我们其实说的是黑人说话声音的科学或语言。”黑人英语一直是个鲜为人知的语言学词汇，直到奥克兰学校董事会决议在 20 世纪 90 年代末引发了一场社会同化主义者的愤怒风暴和反种族主义者的辩护。麦克沃特因为是少数反对奥克兰决议的黑人语言学家之一而出名。[5]

472 杰西·杰克逊在决议发表的几天后出现在全国广播公司的《与媒体见面》（*Meet the Press*）新闻节目中，他怒言：“我能理解他们把手伸向这些孩子的意图，但这是一个无法接受的投降，几近耻辱。这是在教坏我们的孩子。”另外，美国语言学会在 1997 年发表了一份支持声明。声明称：“将黑人英语的特征描述为‘俚语’‘畸形’‘懒惰’‘有缺陷’‘不合语法’，或者‘破碎的英语’是不准确的，也是一种贬低。”证据显示人们可以“通过教学法来帮助他们学习标准的多样性，这种教学法承认一种语言的其他种类的合法性。从这个角度来看，奥克兰学校董事会决定通过教标准英语来承认非裔美国学生方言的做法在语言学上和教学上都是合理的”。当杰西·杰克逊得知奥克兰计划用黑人英语（他称之为“标准英语”）教学时，他放弃了一开始的反对意见。但是杰克逊一开始的反对意见——更不要说所有种族的人继续反对接受黑人英语的反对意见——表明很多美国人除了嘴上说得好听，实际上都是鄙视多元文化的。[6]

那些一直支持用黑人英语教授“标准英语”的社会同化主义者并没有抛弃将“标准”或“正规”英语置于黑人英语之上的种族主义等级制度，而这一语言学等级制度在西方世界广泛存在。被奴役的非洲人在西班牙、法国、荷兰、葡萄牙和英国殖民地发展起来的所有新语言都受到类似的种族主义方式的诋毁，被说成蹩脚的“方言”，或者标准欧洲语言的劣等品，在美国则被称为“标准英语”。黑人英语是从非洲语言和现代英语语系中形成的，就如同现代英语是从拉丁语和日耳曼语系中形成的一样。黑人英语并不比英语更“蹩脚”或者“不标准”，就像英语也并不比德语或拉丁语更“蹩脚”或“不标准”。[7]

对约翰·麦克沃特而言，那些捍卫奥克兰决议为黑人英语使用者提供双语教育的行为又构成另一种美国黑人的自我毁灭。他在《输掉比赛：美国黑人的自我毁灭》一书中辩
称白人更好，比黑人更好，是因为他们没有自我毁灭。麦克 473
沃特说，“白人种族歧视……都已经过时了”，黑人的主要障碍是黑人：他们的“受害者心理学”（或者种族牌）、他

们的分离主义（或者说反同化主义思想），以及他们的“黑人反智主义”，正如“黑人英语运动”和学校里的“假装白人”调侃所透露出来的那样，让黑人精英愤怒不已。迈克沃特提供了他的趣闻逸事，就像许多其他人一样。但他没有给出任何证据证明谴责其他“假装白人”的黑人儿童的黑人儿童**总是**将理智主义与“假装白人”联系到一起。这些被咒骂为“假装白人”的成绩优异的学生中有一些人可能真的**看不起**他们成绩差的同学，这从政治角度来看，就是“假装白人”（**如果说**“假装白人”就是看不起黑人的话）。这些学生中有些人可能真的是在“假装白人”，因为他们忍不住要把父母一直以来跟他们说的话付诸行动：他们和**其他**黑人孩子不一样。这些学生中有些人可能真的在“假装白人”，因为他们缺乏流畅的黑人文化形式（**如果说**“假装黑人”从文化角度来看就是流畅的黑人文化形式的话）。[8]

在《输掉比赛：美国黑人的自我毁灭》一书出版 3 年后，约翰·麦克沃特提出了他的《致沉默的黑人大多数》（*Essays for the Black Silent Majority*）。在这本 2003 年出版的书中，沉默的黑人大多数相信非裔美国人自己的“文化内在意识形态”阻碍了这个群体去“利用走向成功的途径”。麦克沃特写的《致沉默的黑人大多数》来自真假参半的种族进步，真假参半的种族歧视进展。他写道，“今天，黑人成功的故事是基于很老式的努力工作、创造力和内在力量”，而“残留的种族歧视——就只像一个小麻烦，他们通过把注意力集中在值得争取的东西上而克服了它”。[9]

麦克沃特所说的“沉默的黑人大多数”既不沉默，也不占大多数。但是他在动员一群大声疾呼的黑人少数群体，他们对文化种族主义、阶级种族主义，对于拼命挣扎的黑人应该担负个人责任并更努力工作的表达可能非常个人化。一些黑人民众不想承认他们利用了从精英甚至是卑微背景获得 474
的杰出机会——而还有一些特别努力工作的穷人却从没得到过同样的机会。和种族主义白人一样，种族主义黑人相信他们的“成功”是因为非凡的神赐品质和/或非凡的职业道德；相信如果他们“能做到”，那么任何黑人都可以做到，只要他或她工作够努力。对很多黑人种族主义者来说，他们的表达可能带有浓厚的政治色彩：他们可能会狡猾地背诵种族主义言论来获取财政和职业上的好处，不管他们是不是真的相信这些种族主义观点。21 世纪里愿意贬低非裔美国人的黑人种族主义者在政府部门、智囊团和新闻媒体中的就业机会激增。2003 年，麦克沃特离开学术界，在曼哈顿研究所担任高级研究员这一高级职位。但是如果科学比一己私利更重要的话，曼哈顿研究所应该在麦克沃特到来的 3 年前就停止生产其著名的种族主义思想。

2000 年 6 月 26 日，当克林顿走进白宫东厅时，记者们纷纷鼓掌。他回答了现代世界最古老的问题之一：在可辨认的种族之间是否存在某种固有的生物学区别。在总统讲台两侧的两块大屏幕上写着：“解读生命之书/人类的里程碑。”

“我们在这里庆祝整个人类基因组首次调查的完成，”比尔·克林顿高兴地向一群记者和摄像机宣布，“毫无疑问，这是有史以来人类制造出的最重要、最奇妙的地图。”

这幅地图通过向科学家提供疾病的“遗传根源”信息，将让医学“革命化”。它还将改革种族科学，克林顿宣布。这幅地图向我们展示了“在遗传层面，所有人类，不论其种族，超过 99.9% 的部分都是相同的”。

负责对人类基因组进行测序的科学家之一克雷格·文特
475 尔（Craig Venter）对记者更是直言不讳。“种族概念根本没有遗传或科学依据”，文特尔说。他在塞雷拉基因组公司的研究团队已经确定了 5 个人的“遗传密码”，他们被确认为“西班牙裔、亚洲人、高加索人或非裔美国人”，而科学家无法对这些种族进行区分。[10]

新闻发布会结束，记者们进行了报道后，古老的种族主义说法——人类这本书可以通过它的封面来判断——也该结束了。“白人血统”和“黑人疾病”的副歌也该结束了，而种族隔离主义者进行了 5 个世纪的人类生而不平等的大合唱也该结束了。然而，科学既然没有带头唱这首歌，也就无法停止它。种族隔离主义者有太多的种族主义政策需要隐藏，太多种族不平等需要辩护，太多科学和政治生涯需要维护，太多钱要赚。克林顿关于 99.9% 的种族进步宣言带来了下一个种族隔离主义理论：剩下的 0.1% 人类遗传差异肯定是种族上的。先是诅咒理论，其次是天生奴隶理论，然后是多源起源论，再是社会达尔文主义，到现在又是基因——种族隔离主义者制造出新的观点来证明每个时代的不公平的合理性。“计划进行人类基因组下一阶段项目的科学家们被迫面对一个危险问题：人类种族间的基因差异”，科学记者尼古拉斯·韦德（Nicholas Wade）在克林顿的新闻发布会结束几周后于《纽约时报》上如此分享道。[11]

种族隔离主义遗传学家徒劳无功的前进，想要找到一些根本不存在的东西：种族间的遗传差异。2005 年，芝加哥大学遗传学家布鲁斯·拉恩（Bruce Lahn）推测有两种超级智力基因，并且说它们出现在撒哈拉以南非洲的人身上的可能性是最小的。当科学家要求证据时，拉恩没办法提供。仍然没有人能够证明基因和智力之间的关联，更不用说基因和种族了。“一组基因只属于一个［种族］群体而不属于另一个群体的说法并不存在”，宾夕法尼亚大学生物伦理学者多萝西·罗伯茨（Dorothy Roberts）在她 2011 年出版的书《致命的发明》（*Fatal Invention*）中解释道，她在书中揭露了生物种族、种族特异性基因，以及针对种族特异性疾病的种族特异性药物没有科学依据。“种族并不是一个充满政治 476
色彩的生物学范畴，”她补充说，“它是一个伪装成生物学范畴的政治性范畴。”但是，生物学观点继续舒服地存在。到 2014 年，尼古拉斯·韦德从《纽约时报》退休并发表了他自己对生物种族主义的辩护之作《天生的烦恼：基因、种族与人类历史》（*A Troublesome Inheritance*：*Genes*，*Race*，*and Human History*）。“这本书假定……人类社会行为具有遗传因素，”韦德写道，“与多元文化主义者的核心信念相反，西方文化在许多重要领域的成就远远超过其他文化。”他写道，这是因为欧洲的遗传优势。参与绘制基因组图谱的遗传学家克雷格·文特尔为了让读者确信“过去 13 年的基因组序列的结果只能更清楚地证明我的观点”，在 2014 年再次写道：“在相同的‘种族’群体中的个体之间的基因差异要大于不同群体的个体之间的基因差异。”[12]

在克林顿说出那句永恒的话——“99.9% 都一样”——几个月后，美国向联合国消除种族歧视委员会提交的报告指出美国现在支离破碎的种族记录：取得了“巨大的成功”，但也仍有“重大障碍”。2000 年 9 月，得克萨斯州州长乔治·W. 布什（George W. Bush）承诺要恢复白宫的“荣誉和尊严”，而副总统阿尔·戈尔（Al Gore）正试图与比尔·克林顿的莫妮卡·莱温斯基丑闻划清界限。报告中关于美国各方面的歧视和不平等的发现并没有成为总统竞选话题，因为它们让克林顿政府和共和党人所说的“无视肤色”的美国都很没有面子。

国务院向联合国保证：“美国法律保障平等参与选举的权利。”但在 2000 年 11 月 7 日，杰布·布什（Jeb Bush）担任州长的佛罗里达州有成千上万黑人选民被禁止投票或者投票被破坏，让乔治·W. 布什以不到 500 票的优势赢得了他兄弟所在的州，并且以微弱优势赢得了选举人团票。这看
477 起来很讽刺。当地官员、州官员、最高法院和美国参议院在成功地向联合国宣布他们致力于消除种族歧视之后，执行或确认了赢得总统大选的种族歧视。“战术已经改变了，但是目标仍然一样，”《纽约时报》专栏作家鲍勃·赫伯特（Bob Herbert）总结道，“不要让他们投票！如果你能找到阻止他们的方法，就阻止他们。”[13]

布什总统就职期间资助福音派种族治疗师和个人责任倡导者，试图减缓 20 世纪 90 年代晚期的反种族主义势头，但

是失败了。泛非论坛执行董事兰德尔·罗宾逊（Randall Robinson）在 2000 年用他的畅销书赔款宣言《美国对黑人欠下的债务》（*The Debt: What America Owes to Blacks*）使这一势头加速。罗宾逊的赔偿要求紧随非洲国家要求从欧洲获得债务免除和赔偿的要求之后。同时，反种族主义世界正在准备有史以来规模最大、最严肃、最具合作性的会议。2001 年 8 月 31 日到 9 月 7 日，大约 12000 名男女来到美丽的南非德班来参加联合国反对种族主义、种族歧视、仇外心理和相关不宽容现象的世界会议。代表们传阅着安吉拉·戴维斯合著的关于监狱工业综合体和有色人种女性的报告。他们还将互联网确定为最新的传播种族主义观点的机制，引用了大约 60000 个白人至上主义网站，以及在关于黑人的在线故事下方评论区经常出现的种族主义言论。美国的代表团人数最多，反种族主义美国人与世界各地的活动家建立了卓有成效的联系，他们中的许多人希望确保这次大会启动一场全球反种族主义运动。当与会者们在 2001 年 9 月 7 日回到塞内加尔、美国、日本、巴西和法国时，他们将反种族主义势头带到了全世界。[14]

然而在 2001 年 9 月 11 日之后，所有这些反种族主义势头撞到一堵砖墙上。3000 多名美国人在针对世贸中心和五角大楼的袭击中悲惨丧生之后，布什总统谴责“作恶者”，谴责疯狂的“恐怖分子”，一直宣扬反伊斯兰和反阿拉伯情绪。“无视肤色”的种族歧视者利用了“9·11”事件后的 478
原始情绪，渲染了一个团结、爱国的美国，在这里，国防已经超越了种族界限，而反种族主义者和反战积极分子对国家安全构成了威胁。但是他们无法长期利用这种感情。只有44%的非裔美国人支持在2003年入侵伊拉克，远远低于白人73%的比例或拉美裔66%的比例。[15]

到那时，反种族主义者已经重获立足点，受到加州新闻短片在2003年4月发布的权威性三部分教育纪录片《种族：幻觉的力量》（*Race*：*The Power of an Illusion*）的启示。几个月前，一位以出演电影《半生不熟》（*Half Baked*，1998）而出名的喜剧演员在戏剧中心首次亮相。戴夫·查普尔（Dave Chappelle）表演了一个歇斯底里的白人至上主义者的滑稽短剧，他认为自己是个白人，像吐烟圈一样随意地产生反黑人观点。最后他悲剧性地——或者对观众来说是喜剧性地——知道了自己是个黑人。在查普尔饰演过的所有著名反种族主义形象中，第一个种族主义黑人的形象可能是他最聪明和让人难忘的角色。在2003年1月22日首播之后，上百万人在视频网站YouTube上重新观看。一直广受欢迎的《查普尔秀》（*Chappelle's Show*）播出了三季，一直持续到2006年，一如既往地展示了新共和党人提倡的“无视肤色”的美国是多么荒谬。[16]

许多共和党人假定，考虑到所谓的“种族歧视已经终结”，那么平权运动也很快会结束。但令人震惊的是，2003年6月23日，最高法院大法官桑德拉·戴·奥康纳（Sandra Day O'Connor）发表了多数派意见支持密歇根大学的平权运动政策，提出“从不同学生群体中获得教育利益的理由让人信服”。平权运动支持者们有点高兴，他们认为最高法院支持平权行动是因为让白人学生周围有一些黑人学生能够让白人学生在这个日益多种族国家和全球化世界中受益。奥康纳的裁决为审判增加了一个时间期限，她说：“法院期待从现在开始 25 年后，不再需要使用种族偏好来促进 479
今天批准的利益。”对“团结追求经济公平”组织的研究者而言，奥康纳大错特错。按照现在逐渐平等的速度，种族“平等日期”不是 25 年，而是 500 年，对某些种族不平等，可能要 2003 年以后上千年才会达到平等。平权运动的捍卫者仍然松了一口气，因为奥康纳暂时挽救了它。[17]

如果标准化测试的种族偏好被根除，那么达到种族平等的速度会加快。但是当布什政府代表两党的《有教无类法案》（No Child Left Behind Act）在 2003 年生效后，标准化测试在基础教育中的使用呈几何级数增长。根据该法案，联邦政府要求各州、学校和老师制定高标准和高目标并且定期测试以评估学生达到目标的程度。然后它将联邦科研经费与测试分数和进步关联起来，以确保学生、老师和学校满足那些标准和目标。这项法案声称其目的是防止儿童落后，但是它同时又鼓励资助机制减少对那些学生没有进步的学校的资助，这样就使得最贫困的学生落后。《有教无类法案》本来就不是为了讲理。它是将资助不平等归咎于黑人儿童、教师、家长和公立学校的最新、最有力的机制。这一指责受害者的法案为加速“没有借口”（No Excuses）特许学校运动注入新的活力，该运动要求学生摆脱困境，如果这些**儿童**做不到就责备（并驱逐）他们。[18]

科学家知道，在发育阶段，当孩子们生病或受伤，困扰或愤怒时，他们表达这些感觉的一种方法就是发泄，因为儿童很难识别并交流复杂的感情（比如饥饿或父母监禁或者警察骚扰）。行为不端的白人儿童受到同情和宽容——因为这是他们应得的——而行为不端的黑人儿童更可能会听到“没有借口”的说法，并且受到零容忍和批捕。教育部统计数据显示，2009～2010 学年，在学校被逮捕的学生中超过 70% 是黑人或拉美裔。[19]

480 社会同化主义者称赞《有教无类法案》缩小种族成就差距的明确目标，压过了种族隔离主义者认为黑人儿童无法弥合成就差距的说法，也压过了反种族主义者认为的不存在成就差距，因为所谓成就差距是在标准化测试得分的基础上预测的，而他们认为这是无效的。在 20 世纪 70 年代早期，很多美国人都在想象一个没有监狱的世界。在 20 世纪 80 年代早期，很多美国人都在想象没有标准化测试的世界。但是种族主义自那之后又得到发展。在 2004 年布朗案判决 50 周年之际，对很多人来说，一个没有标准化测试的世界就像一个没有监狱的世界一样很难想象，尽管两者都让数百万的黑人青年身陷囹圄。

而在布朗案判决纪念日和对黑人教育的讨论中总是不可避免地会出现黑人父母出了什么问题的种族主义观点。没有人比比尔·考斯比更适合这个任务了，他曾在《考斯比秀》上映期间被认为是模范黑人父母。“经济情况较差的人没有做好自己分内的事。这些人没有去养育孩子，”考斯比在 2004 年 5 月的 NAACP 节日中出名后在华盛顿这样说道，“他们给孩子买东西。买 500 美金的运动鞋有什么用？他们并不愿意花 200 美金给孩子上自然拼读课（Hooked on

Phonics)。我说的是那些当他们的儿子入狱的时候痛哭流涕的人。”

比尔·考斯比带着他的种族主义观点出发，在种族主义者和反种族主义者之间引起了激烈的争论。社会学家迈克尔·埃里克·戴森（Michael Eric Dyson）反击了，他在自己2005 年广受赞誉的《比尔·考斯比对吗？还是黑人中产阶级已经失去理智了？》（*Is Bill Cosby Right? Or Has the Black Middle Class Lost Its Mind?*）一书中否定了考斯比。“全世界的自救行为都无法消除贫困或创造足够多的好工作岗位来雇佣有需要的非裔美国人”，历史学家罗宾·D. G. 凯利（Robin D. G. Kelly）补充说。[20]

如戴森所称，在考斯比“怪罪穷人之旅”中，民主党的新星在 2004 年 7 月 27 日的波士顿民主党全国大会发表主题讲话中颠覆了考斯比的观点。他在整个政治舞台的成名要回溯到 3 月，那时他在伊利诺伊州民主党对美国参议院席位的初选中取得惊人胜利。但正是他在 900 万观众面前的大会 481
演讲，巩固了他的明星地位。各行各业的工人，从“小城镇到大城市”，都已经承担起责任，贝拉克·奥巴马（Barack Obama）如此宣称。“去到任何市中心的社区，人们都会告诉你只有政府一方是无法教会孩子学习的。他们知道父母必须教育孩子，而要想孩子取得成就，我们必须提高他们的期望值并关掉电视机，并且消除那些说年轻黑人拿着本书就是在假装白人的诽谤。他们知道那些事。”当奥巴马对说教的考斯比进行谴责时，不断爆发出掌声。他还肯定了《有教无类法案》中的高期待，而不是高资助，并且宣称没有证据可以证明“假装白人”这一成就理论。

贝拉克·奥巴马将自己打造成种族和解和美国例外论的化身。他出身卑微，事业蒸蒸日上，在他身上聚集了本地血统和移民血统，也有非洲血统和欧洲血统。“我站在这里，知道我的故事也是更宏大的美国故事的一部分……在世界上任何一个其他国家，我的故事都不可能发生，”他声称，“在美国，在今晚，如果你感受到和我一样的活力，如果你感受到和我一样的紧迫感，如果你感受到和我一样的激情，如果你感受到和我一样的绝望，如果我们做我们必须做的事，那么我肯定整个国家……人们会在 11 月站出来，而约翰·克里将宣誓就任总统。”[21]

布什的共和党打算阻止这一涨势，他们 2004 年在从佛罗里达到俄亥俄州的地区都采取了压制黑人选民的手段。毫无疑问克里输掉了大选，而布什和他的策略似乎为呈现共和党的未来做好了准备。但是贝拉克·奥巴马似乎也为呈现民主党的未来做好了准备。

第 37 章
非凡的黑人

在贝拉克·奥巴马发表励志的主旨演讲两周后，其回忆录《我父亲的梦想：种族和遗产的故事》（*Dreams from My Father: A Story of Race and Inheritance*）再版了。在 2004 年的最后几个月，它迅速登上排行榜并获得了如潮好评。美国文学女王托妮·莫里森（Toni Morrison），同时也是安吉拉·戴维斯 30 年前的标志性回忆录的编辑，认为《我父亲的梦想：种族和遗产的故事》“十分特别”。奥巴马在充满种族色彩的 1995 年写下这本回忆录，准备以伊利诺伊州参议员的身份开始自己的政治生涯。在奥巴马最具反种族主义思想的一篇文章中，他思考了像他在美国西方学院的朋友、“可怜的乔伊斯”这样被同化的混血黑人。在乔伊斯和其他黑人学生的身上，他“不断认识到自己”，他如此写道，“乔伊斯这样的”人谈论着“他们多文化遗传的丰富，这听起来很好，直到你发现他们躲避黑人。这不一定是个有意识的选择，它只是一种引力吸引，这就是融合起作用的方式，它是条单行道。少数族群同化进主流文化，而不是相反的情况。只有白人文化可以‘中立’而‘客观’。只有白人文化 482

可以‘不具有种族歧视’……只有白人文化有‘个性’”。

奥巴马的反种族主义言论在他对“非凡的黑人”情结的批判揭露中继续：“我们这些混血儿和大学生，……当出租车司机从我们身边经过或者电梯里的女人因看到我们而攥紧她的钱包时，感到前所未有的愤怒，这并不是因为我们很担心不幸的黑人在每天的生活中都不得不面对这样的羞
483 辱——尽管我们是这样告诉自己的——而是因为［我们］……不知为何被误认为是个普通黑鬼。你难道不知道我是谁？我是个个体！”[1]

讽刺的是，美国各肤色的种族主义者在2004年开始为贝拉克·奥巴马欢呼，因为他的公共知识、道德、演讲水平和政治成功，他们视他为非凡的黑人。非凡黑人的标志经历了漫长的变迁，从菲莉丝·惠特莉到贝拉克·奥巴马，而后者在2005年成为美国参议院中唯一的非裔美国人。从惠特莉的时候开始，种族隔离主义者就看不起这些非凡黑人的黑人能力展示，并且竭尽所能地贬低他们。但是奥巴马——或者说奥巴马的时代——已经不同了。种族隔离主义者背弃了前人，并且将奥巴马的展示作为种族歧视终结的宣言。他们想要终结关于种族歧视的话语。

但是，令他们失望的是，这一话语并未平静下来。种族隔离主义者根本不介意强调兽性的黑人救世主电影，其主要特点是具有超自然身体的黑人拯救白人［1999年的《绿色奇迹》（*The Green Mile*）］；他们也不介意家长式的白人救世主电影，其主要特点是具有超自然道德的白人拯救黑人［2009年的《弱点》（*The Blind Side*）］；也不介意描绘令人

惊叹的真实故事，讲述个人责任战胜极端逆境的电影［2006 年的《当幸福来敲门》（*The Pursuit of Happyness*）］。但种族隔离主义者们介意保罗·哈吉斯（Paul Haggis）在 2005 年获得奥斯卡最佳影片的《撞车》（*Crash*），这部电影将除了美国印第安人之外的所有种族角色的种族经历交织在影片展现的两天中。每个角色都在展示出偏见的同时受到偏见，而角色们带有偏见的观点和行动被描绘为源于无知和仇恨。多年来，种族隔离主义者们都在指责《撞车》中明确的种族话语，社会同化主义者们则为电影对于个人偏见普遍、不合逻辑和压迫性的影响的精湛描绘欢呼，而反种族主义者认为这部电影还有许多需要改进之处。他们特别批评了电影中缺乏种族关系的复杂性和对种族主义制度化的探索。在《大西洋月刊》（*The Atlantic*）上，塔－内西·科茨（Ta-Nehisi Coates）没有软化他的反种族主义评论，称这部电影是“10 年来最糟糕的电影”。而“无视肤色”的种族 484
隔离主义者约翰·迈克沃特将《撞车》描述为“一部情节片，而非对真实美国的反映”。[2]

但那年夏天一场毁灭性的自然和种族灾难推动了制度化和个人种族主义之间的激烈辩论。在 2005 年 8 月末，卡特里娜飓风导致了 1800 多人丧生和上百万人迁徙，它淹没了美丽的墨西哥湾沿岸地区并造成数十亿财产损失。卡特里娜飓风掀翻了美国“无视肤色”的遮掩并让所有人看到——如果他们敢看的话——种族歧视的可怕进展。

多年来，科学家和记者曾警告过，如果路易斯安那州南部直接遭受“大飓风的正面袭击”，堤坝可能会倒塌，该地区将被洪水淹没并被破坏殆尽，正如《新奥尔良时代花絮报》（*New Orleans Times-Picayune*）在2002年的报道所述。忽视这些警告简直就像是政客们希望发生一场毁灭性的飓风，这样就遵循了娜欧米·克莱因（Naomi Klein）所说的“灾难资本主义”。政客们可以将数百万美元的重建合同给予那些填补他们竞选资金的公司，而被黑人居民锁住的新奥尔良黄金房产也可以被清理出来为高级住宅区做准备。他们是不是真心希望发生像卡特里娜飓风这样的事情并不重要，因为政客和灾难资本家［比如说副总统迪克·切尼·哈里伯顿（Dick Cheney's Halliburton）］利用了这场灾难。就连三K党都从他们的假捐款网站上赚到了钱。[3]

据传，布什政府指示联邦紧急事务管理署（FEMA）推迟响应，以扩大对那些受益者的破坏奖励。他是否真的这样做了无从知晓，但这一点也不重要，因为FEMA确实耽误了，而数百万人因此深受其害。当全国的记者们迅速赶到这座城市并用摄影机拍到数千名黑人占大多数的下九区居民被困在屋顶和超级穹顶体育馆时，联邦官员为他们的耽误编织了理由。他们花了3天才将救援部队部署到墨西哥湾沿岸地区，这比在1992年的罗德尼金叛乱中派遣部队的时间要长
485 得多，从而导致了致命的结果。“我认为这是种族歧视”，一名目睹了新奥尔良死亡数增长的护理人员说。[4]

但即便如此，这还不是卡特里娜飓风的全部情况。极端灾难性的种族主义故事变成了极端种族主义的灾难故事。美联社发表了一张白人拿着“面包和汽水离开当地食品店”的照片和另一张黑人“抢劫食品店”的照片。婴儿死于感

染，受伤的人们等待救护车，记者们散布耸人听闻的故事，说在一个充斥犯罪的城市里，“武装部队”劫持救护车，“难民”寻求庇护，“会展中心的婴儿被切断喉咙”。自由主义论记者马特·韦尔奇（Matt Welch）毫不掩饰地宣称媒体的“致命偏见”可能在“杀害卡特里娜飓风的受害者”中起了推波助澜的作用。联邦官员和附近的急救人员利用这些媒体报道来为自己的拖延开脱——他们指出，派遣救援人员的危险在于，有那么多人抢劫“枪支商店”并“向警察、救援官员和直升机”开枪。种族主义美国人真的报道、传播并相信说灾区的黑人会向前来帮助他们的人射击这样的无耻谎言。

没有人能像哈佛法学院的拉妮·吉尼尔（Lani Guinier）那样总结出政府和媒体反应对卡特里娜飓风受害者的阶级种族歧视。她说：“贫穷的黑人是被丢弃的人。我们将他们病态化以证明我们对他们的漠视是合理的。”也没有人能比刚刚发行了第二张录音室专辑《迟来的注册》（*Late Registration*）的说唱巨星更能唤起反种族主义黑人的原始感情。“乔治·布什不关心黑人”，坎耶·韦斯特（Kanye West）在 2005 年 9 月 2 日美国全国广播公司的飓风赈灾音乐会直播中偏离自己的剧本宣称。到 2005 年 9 月中旬，民意调查人员急于检查美国种族主义的脉搏。在一项全国民调中，只有 12% 的美国白人——和 60% 的非裔美国人——认同“联邦政府在帮助新奥尔良受害者时的拖延是因为受害者是黑人”。推测出来，想必有 88% 的美国白人和 40% 的美国黑人——如果 486
民调真的具有代表意义的话——被种族主义思想冲昏了

头脑。

在“无视肤色”的种族主义时代，不管种族犯罪多么可怕，不管有多少对他们不利的证据，种族主义者都站在法官面前声称自己“无罪”。但又有多少罪犯会在不必伏法时真心供认不讳呢？从“教化者”到标准化测试者，社会同化主义者很少承认自己的种族歧视。奴隶主和吉姆·克劳种族隔离主义者直到走进坟墓都宣称自己无辜。乔治·W. 布什也将如出一辙。“作为总统，我面临很多批评，”布什在他卸任总统后的回忆录中沉思，“我不喜欢听到人们说我在关于伊拉克大规模杀伤性武器一事上撒了谎或者为了富人的利益减税。但因为我对卡特里娜飓风的反应而称我是种族主义者的说法是这里面我最不喜欢的。”[5]

到 2005 年秋冬，反种族主义者对新奥尔良种族歧视的指控受到种族主义者对“滥用种族牌”的非难——引用黑人媒体名人拉里·埃尔德（Larry Elder）的说法。到 2006 年，种族主义观点的生产者辩称对在新奥尔良和美国普遍存在的歧视的指控被伪造和夸大了。美国是“无视肤色”的，而黑人指控歧视是在说谎——他们在打种族牌。[6]

正是在这种两极分化的后卡特里娜飓风种族氛围中，克里斯特尔·曼古姆（Crystal Mangum）在杜克大学的白人曲棍球队的派对上跳了脱衣舞。派对后，在 2006 年 3 月，这位还是大学生的黑人单亲妈妈去了达勒姆警局。曼古姆告诉警察，球队成员在强迫她进入房间并轮奸她之前曾高喊种族谩骂的话。调查人员随后拦截并发布了一封派对后的电子邮件。我想要“找一些脱衣舞娘来”，瑞恩·麦克法迪恩

（Ryan McFadyen）跟队友说，“我计划杀死这些婊子”并且“在我穿着杜克大学的运动服高潮时割下她们的皮肤”。当达勒姆区检察官提出指控时，这个案子变成了全国性的新闻。全国反种族主义、反强奸、反性别歧视社团站出来支持克里斯特尔·曼古姆。“不管警察调查的结果是什么，”88位杜克教授在2006年4月6日《杜克大学纪事报》（*Duke Chronicle*）上长达一页的广告中说道，“现在显而易见的是很多学生知道自己是种族歧视和性别歧视的对象后感到愤怒又恐惧。” 487

到2007年，对曲棍球运动员的指控已经土崩瓦解。身体和DNA证据让他们的不当行为被证明无罪，而克里斯特尔·曼古姆被曝光出来的吸毒、滥交以及精神健康问题所中伤。当有人揭露她对被强奸一事撒谎时，一切都颠倒了过来。达勒姆地区检察官被解雇并被吊销律师资格。运动员起诉了市政府。种族主义者和性别主义者试图用她的案例来让卡特里娜飓风过后关于种族歧视的讨论，以及对她的指控所产生的对强奸文化的讨论保持沉默。他们说杜克大学的反种族主义、反性别歧视和反贫穷的教授利用这个案例来进行宣传。

克里斯特尔·曼古姆的谎言被泛化到所有黑人、所有女人，特别是所有黑人女性身上。种族主义者开始挥舞他们的种族牌，说黑人一直在编造和夸大种族歧视的数量。性别歧视者开始挥舞强奸牌，控诉女性一直在编造和夸大性暴力的数量。性别种族主义则结合了种族牌和强奸牌来否认那些声称自己是种族性暴力受害者的黑人女性的可信度。就好像所有北卡罗来纳州达勒姆的黑人女性都做错了一样。然后种族和强奸改革者感觉自己受到了背叛——特别是男人——然后他们开始贬低克里斯特尔·曼古姆，说她拖了反强奸和反种族主义运动的后腿，给了强奸犯和种族主义者更多他们喜欢打的牌。她的谎言会让他们更难说服人们改变强奸犯和种族主义观点，更难说服白人承认他们的种族主义和说服男人承认他们的强奸文化。讽刺的是，当这些改革者谴责曼古姆的愚蠢行为时，他们试图说服（而不是迫使）罪犯停止他们的反人类罪行这一愚蠢策略正在让强奸文化和种族主义卷土重来。[7]

在纽约锡拉丘兹市的马克思酒店外面，反战活动人士正
488 在示威反对美国占领伊拉克。当他们继续前进时，冰冷的雨水淋到他们的头上。“你们不是天气好才抗议的活动人士！”安吉拉·戴维斯在 2006 年 10 月 20 日宣称。戴维斯邀请这些抗议者去听她在锡拉丘兹大学“女权与战争”会议的专题演讲。很多人答应了。戴维斯讲了某些观念如何被布什政府“殖民化”，比如，在关于需要“解放”伊拉克和阿富汗妇女的演讲中使用“民主”一词。“多样性”被政府、军队和监狱用来把自己呈现为有史以来最“多样化”的机构。但是压迫者们隐藏在他们的“多样性”背后，并且保持了他们制度上的种族歧视原封不动，戴维斯声称。这是一个“没有区别的区别”。民主和多样性对反种族主义事业来说正变得和“种族牌”和“个人责任”一样讽刺。[8]

然而，民权活动人士仍然执着于“黑人词汇”，尤其是

《宋飞传》（*Seinfeld*）演员迈克尔·理查德兹（Michael Richards）在2006年11月17日好莱坞笑声工厂的脱口秀中对黑人观众大声咆哮黑人词汇的视频被快速传播之后。人们对理查德兹说的“他是个黑鬼！他是个黑鬼！他是个黑鬼！”的愤怒中混合了对脱口秀主持人唐·伊穆斯（Don Imus）的愤怒，他称罗格斯大学女子篮球队的黑人成员为“卷毛娼妓”。这种愤怒反映的不仅仅是理查德兹和伊穆斯。“这是我们”，福克斯体育记者杰森·惠特洛克（Jason Whitlock）2007年4月16日在《匹兹堡邮报》（*Pittsburgh Post-Gazette*）上写道，“现在，我们是我们自己最糟糕的敌人。我们允许年轻人接受一种文化”——他指的是嘻哈文化——它“反黑人，反教育，支持贩毒和暴力”。[9]

在NAACP于2007年7月早期召开的年度会议上，他们组织了一场对黑人词汇的公开葬礼和埋葬。但是“种族牌”、“个人责任”、“无视肤色”、“没有借口”、“成就差距”以及“这是我们”都被允许在种族主义的词典里存在。“这是种族歧视最伟大的产物”，奥蒂斯·莫斯牧师（Reverend Otis Moss III）在他为黑人词汇所写的悼词中说道。看看所有从种族主义子宫而来的新奥尔良的飓风死亡者——你还觉得黑人词汇是最伟大的产物吗？几个月前，在2006年11月25
日，纽约警察在23岁的西恩·贝尔（Sean Bell）的新婚之 489
夜杀死了他。此后不久，路易斯安那州耶拿的6名黑人高中生被过度刑事指控为涉嫌殴打一位被套索束缚的狂喷种族歧视的白人学生。在黑人词汇葬礼的几天前，最高法院首席大法官约翰·罗伯茨（John Roberts）废除了3个社区为打破学校种族隔离所做的努力，并且称“停止基于种族的歧视的方法就是停止基于种族的歧视”。黑人词汇还是种族主义最伟大的产物吗？“让黑人词汇终结”，底特律市长克威姆·基尔帕特里克（Kwame Kilpatrick）在葬礼上命令道。但是，种族主义其他甚至更荒谬的产物却未被提及。[10]

“他是第一个口齿伶俐、聪明、干净、长相好看的主流非裔美国人。”美国总统候选人、特拉华州联邦参议员乔·拜登（Joe Biden）可能也给贝拉克·奥巴马贴上了杰出黑人的标签。拜登对其总统竞争对手的评价发表在《纽约观察家报》（*New York Observer*）上，几天后，在2007年2月10日，奥巴马站在伊利诺伊州斯普林菲尔德的旧州议会大厦前正式宣布参加总统竞选。奥巴马站的地方正是林肯1858年发表著名的“分裂之家”演讲的地方。奥巴马的讲话充满了美国团结、希望和变革的话语。

但是乔·拜登的评论——他之后“深感”后悔——成为未来的征兆。竞选过程中将要发生的事反映了种族主义思想的厚颜无耻——从布什总统到非常有个性的电台主持人拉什·林博（Rush Limbaugh）到民主党坚定分子——他们都把奥巴马看作一个杰出的黑人。2007年2月，《时代》杂志推测，非裔美国人表示出他们更支持纽约州参议员希拉里·克林顿，因为他们质疑奥巴马是否“足够黑”。这不可能是因为他们把奥巴马看成风险很大的赌注。这应该是他们没有把奥巴马看成和他们一样的普通黑人，也就是口齿不清、丑陋、不整洁也不聪明的黑人。[11]

第 37 章　非凡的黑人

专家们一直称希拉里·克林顿是“必然的”提名候选人，直到贝拉克·奥巴马在 2008 年 1 月 3 日艾奥瓦州初选上让她感到了不安。到 2008 年 2 月 5 日的超级星期二，美国人已经被卷入奥巴马关于希望和变革的“是的，我们可以”（Yes We Can）宣传攻势中，他在竞选演讲中如此雄辩地表达和说出这些主题，让人们开始产生渴望。到 2 月中旬，他敏锐而睿智的妻子米歇尔·奥巴马在密尔沃基的一次集会上说：“我长大以后第一次真心为我的国家感到骄傲，这不只是因为贝拉克做得很好，而是因为我认为人们渴望变革。”突然之间，种族主义嘲笑落到她身上，抹黑她的“不爱国”言论、奴隶血统和棕色皮肤，并且给她打上终极的“愤怒黑人女性”标签。在之后的竞选活动中，《纽约客》（*The New Yorker*）杂志在封面上刊登了一张米歇尔·奥巴马的图片。图中她穿着军用装备和战斗靴，背上背着一把 AK-47步枪，顶着一个巨大的爆炸头发型——这是标志性的、典型的强壮黑人女性形象——然后她站在穿着伊斯兰服装的丈夫身边。种族主义评论家们都对米歇尔·奥巴马的身体非常着迷，她有将近 6 英尺高，轮廓分明，身形曲线优美，同时具有半男性化和超女性化的特点。他们试图在她的黑人婚姻和家庭中找问题，结果一无所获，于是称他们是非凡的。[12] 490

当调查记者们找不到奥巴马夫妇的丑闻时，就开始调查他们的伙伴。2008 年 3 月初，美国广播公司新闻网发布了一位在美国黑人中最受尊敬的解放神学家的布道片段，此人是最近刚退休的芝加哥三一联合基督教会牧师。杰雷米亚·赖特（Jeremiah Wright）主持了奥巴马夫妇的婚礼并为他们的两个女儿洗礼。在一段美国广播公司新闻网的报道中，赖特在一次布道中宣称：“政府给他们毒品，建造出更大的监狱，通过了从严惩处的惯犯法，然后还想让我们高唱《上帝保佑美国》。不不不……上帝诅咒美国，因为它不把我们的公民当人类对待。”赖特抛弃了最初灌输给奴隶的古老的种族主义教训：无论美国怎么对待他们，非裔美国人都要热爱美国并把它当成世界上最伟大的国家。除了拒绝美国例外主义之外，赖特还大胆宣扬美国在国外的“恐怖主义”
491 助长了“9·11”事件这一悲剧。简言之，各地的美国人都很愤怒。[13]

奥巴马轻描淡写地将赖特定性为让人难堪的“老叔叔”并没能平息美国人的怒气，他决定在2008年3月18日解决这一争议。他走到费城国家宪法中心的聚光灯下，发表了一场“种族演讲”，题目是《更完美的联邦》（“A More Perpect Union”）。奥巴马曾教授宪法、从事民权法研究并成功监督政治运动（包括他目前的竞选活动，分析人士已经认为这是一种高超的策略），因此他很容易被认为是多个方面的专家：宪法、民权法、芝加哥政治、伊利诺伊州政治、竞选，以及种族和政治。而正如种族主义者假定所有黑人个体都代表了种族一样，种族主义者也假定了所有口才好的黑人个体都是黑人专家。他们因此假定，奥巴马的黑人特性让他成为黑人专家。媒体也经常会介绍雄辩的黑人观点来对各种他们没有受过训练的“黑人”问题发表自命不凡的见解，而真正的跨种族专家在听的时候则局促不安。

所以，在费城，很多美国人不仅仅把奥巴马视为一个政客，说一些他需要说出来挽救竞选的话。他们听取了他的意见——正如他的竞选助手所希望的那样——把他当作受人尊敬、知识渊博而真诚的种族问题专家讲师——认为他是比所谓愤怒年迈的杰雷米亚·赖特更可靠的种族关系专家。奥巴马巧妙地利用了美国种族主义者给他的这个平台——谁知道他到底表达了他的真实想法，还是计算出了自己最舒适的政治空间就是站在社会同化主义者这边——罗伯特·M. 恩特曼（Robert M. Entman）和安德鲁·罗吉基（Andrew Rojecki）称之为“矛盾的大多数”。这些美国人相信黑人受到了一些打击，但有时候用那来作为一种支撑。而他们完全没有意识到这一观点不仅仅是种族歧视，而且几乎说不通。这就好像是说比赛被操纵了，但是黑人不应该阻止他们获胜，并且当他们输掉并抱怨比赛被操纵时，他们是在“将那作为一种支撑”。[14]

奥巴马驳斥了杰雷米亚·赖特“严重歪曲的观点”，但 492
是勇敢拒绝了全盘“否认”赖特。然后他开始了他关于种族的一般性演讲，解释说社会经济的种族不平等是源于歧视的历史。在他坚定的反种族主义开场之后，他转至大多数人同意的种族主义理论“普遍成就差距”，转到被证伪的种族主义理论“福利政策……可能恶化了黑人家庭的腐败”，转到未经证实的种族主义理论，即种族歧视给黑人留下了“失败的遗产”。

奥巴马认为，这种“失败的遗产”可以解释为什么“年轻男人和越来越多年轻女人站在街角或在监狱中煎熬”。

他忽视了一个事实，即这些人正面临这个国家最高的失业率，同时也招致了更多警察。奥巴马把他的“失败的遗产”理论加到很多种族主义民间理论中，这些理论流传在教师、餐桌和理发店周围，认为奴隶制和歧视——特别是其所制造的创伤——让黑人在生理、心理、文化或道德上更低等。多年来，人们都在用这些民间理论——将之命名为“创伤后奴隶综合征”，或者“奴隶制高压论点”，或者“暴徒病”——来远离完整的真相，即歧视导致了黑人在机会和银行账户上更劣势，而不是导致他们成为一个低等的种族群体。[15]

那些反种族主义的杰雷米亚·赖特们，他们的“愤怒并不总是有效”，奥巴马继续说道，“实际上，它常常会分散人们对解决实际问题的注意力；它让我们无法在我们的情况下正视非裔美国人社区自身的复杂性”。这是一个经典的社会同化主义反击：他们称反种族主义者“愤怒”是因为反种族主义者真的相信种族不平等，看不到黑人有任何错，以及在正视非裔美国人的情况时认为所有的歧视都是错的。和在他之前的 W. E. B. 杜波依斯和小马丁·路德·金一样，奥巴马把这些愤怒的反种族主义者和愤怒的反白人愤世嫉俗者混在一起，让他们名誉扫地并将自己与他们区分开来。但是当杜波依斯和金最后成为反种族主义者时，他们不得不去
493 抵抗他们自己帮忙产生的“愤怒”和反白人标签。现在，奥巴马也在做同样的事，没有意识到他正在复制一个标签，在他讲话后不论何时何地，他再说出一句反种族主义的话，他的对手将在他身上盖上标签。

奥巴马在演讲中提出了很多反种族主义言论——最深刻的是，他分析了“至少一代”政客们如何利用人们对福利制度、平权行动和犯罪的“怨恨”、恐惧和愤怒来将白人选民的注意力从“压榨中产阶级真正的罪魁祸首”，即国家“只让少部分人收益的经济政策”上转移。但是接下来，作为政客，他拒绝将白人的“怨恨”定义为“被误导甚至是种族主义”；令人惊讶的是，他为它们“确立了合法理由”。奥巴马最终追随了自理查德·尼克松以来历届总统的种族主义脚步：将种族主义怨恨合法化，称那些怨恨并不是种族歧视，并且将那些怨恨转向政治对手。

双重意识的奥巴马鼓励非裔美国人与歧视做斗争，承担起个人责任，做更好的父母并终结“失败的遗产”。奥巴马没有向那些假定在育儿和心理上更优越的美国白人提供任何育儿或心理经验。他只是要求他们和他一起参加对抗种族歧视的“长征”——“不仅用语言还要用行动”——下了一个冷冰冰的反种族主义结论。他在 2008 年 3 月 18 日离开费城的讲台，开始表达对持续的种族进步的真假参半的类比。“这个国家可能永远不完美，”他说，“但是一代又一代人证明了它永远可以进步。”[16]

种族隔离主义者和反种族主义者的批评被淹没在意识形态岛屿上爆发出来的阿谀奉承之中。微软全国有线广播电视公司（MSNBC）政治分析人士米歇尔·伯纳德（Michelle Bernard）称之为“自马丁·路德·金的《我有一个梦想》以来，我们国家听到的关于种族最棒的演讲和最重要的演讲”。而且不只是民主党在谄媚。杰出的共和党人——从总统候选人麦克·赫卡比（Mike Huckabee）和约翰·麦凯恩（John McCain）到布什政府的康多莉扎·赖斯（Condoleezza Rice）和科林·鲍威尔（Colin Powell），到克林顿夫妇的老
494 对手纽特·金里奇——也在赞扬这一演讲。《钟形曲线》的作者查尔斯·穆雷称它“在修辞上表现得很好，但同时也捕捉到了大量美国种族的细微差别”。[17]

如果贝拉克·奥巴马希望将美国广播公司新闻频道的路障变成一个跳板，那么他成功了。他远离杰雷米亚·赖特和希拉里·克林顿，一路飙升到4月和5月，并且在6月初获得了民主党提名。与此同时，共和党的种族主义观点生产者已经行动起来，要求看奥巴马的出生证明，质疑贝拉克·侯赛因·奥巴马是真正的美国人，并且暗示只有真正的美国人，就像麦凯恩这样的白人才能入主美国白宫。没有其他主要政党的美国总统候选人曾被置于这样众目睽睽的出生显微镜之下。不过话说回来，也从来没有其他主要政党的美国总统候选人出现过非白人男性。奥巴马的竞选团队公布了他的美国出生证明扫描件，但是关于奥巴马出生在肯尼亚或某个反美国的伊斯兰国家的传言并没有马上消失。它们并不是因无知而起，又怎么会因为认知而消失呢？

但这个单身母亲的儿子转向了其他事情，比如2008年6月15日的父亲节致辞。“如果我们对自己诚实的话，我们就会承认有太多父亲缺失了——从太多人的生命和太多家庭中缺失。”奥巴马在芝加哥南部的一所教堂说道，赢得黑人雷鸣般的掌声。“他们的表现更像是男孩而不是男人。因此我们的家庭基础也更脆弱。”在第二天的《时代》上，社会

学家迈克尔·埃里克·戴森应该彻底埋葬了这种种族主义者的夸大，即奥巴马——和很多其他美国人——一直在重复的**黑人**父亲缺失的问题。戴森引用了波士顿学院的丽贝卡·莱文·科利（Rebekah Levine Coley）的研究，发现与其他种族群体的父亲相比，不在家中的黑人父亲与孩子们保持联系的可能性更大。戴森批评道："奥巴马的话可能是对黑人说的，但它们瞄准了那些仍在观望选谁进白宫的白人。"[18]

"缺失的黑人父亲"这一传说变得和"没有好的黑人男人"这一传说一样流行。回到 2008 年 5 月，泰拉·班克斯 495
（Tyra Banks）在她的热门电视访谈节目中专门讲述了一个话题，她说"所有黑人好男人都去哪儿了"？将近 100 万服刑的黑人男子以及黑人男子的平均寿命比白人男子少 6 岁则没人讨论。泰拉·班克斯以种族主义黑人女性的调调推测，黑人女性找不到黑人好男人是因为太多黑人男子是好色之徒或者和非黑人的男女约会。很快，种族主义的黑人男子也对黑人女子说出同样的话。2010 年占据节奏布鲁斯冠军之位最久的单曲——艾莉西亚·凯斯（Alicia Keys）的《我准备好了》（"I'm Ready"）中有嘻哈界名噪一时的德雷克客串，他在说唱里写道："好女人也很少，她们都没有靠近。"黑人好男人很少加上黑人好女人很少等于说好黑人很少，等于是种族主义观点。[19]

2008 年 11 月 4 日，一位刚刚退休的 64 岁教授在她的选举生涯中第一次为一个主要政党投出一票。她从学术界退休了，但并没有从她 40 年来的公共激进主义中退休。她仍然游历全国想要唤醒一场反对监狱的废奴运动。在为民主党人贝拉克·奥巴马投票时，安吉拉·戴维斯和大约 6950 万美国人站到一起。但与其说戴维斯为这个男人投票，不如说她是支持竞选组织者的基层努力，支持上百万想要变革的人。当网络开始宣布奥巴马被选为美国第 44 任总统时，幸福从东海岸传到西海岸，从美国传到反种族主义世界。戴维斯在奥克兰狂喜。她在街上走路时不认识的人过来拥抱她。她看到人们对着天空歌唱，她看到人们在街上跳舞。实际上，全世界的人们都在街上跳舞。安吉拉·戴维斯看到的人们和全世界正在庆祝的其他人并不是因为一个人的获选而狂喜；他们是因为黑人的胜利而骄傲，为上百万草根组织者的成功而狂喜，因为他们向所有不相信他们的人，那些说黑人不可能
496 当选总统的人证明了他们是错的。最重要的是，他们是因为黑人总统带来的反种族主义潜力而狂喜。[20]

在那个快乐爆炸的 11 月夜晚以及之后几个星期的背后，是对黑人的愤怒仇恨攻击的爆发。种族主义观点的生产者正在加班加点消除他们的一些“无视肤色”言论，这些言论遮蔽了这些观点的支持者，让他们看不到 10 年中的歧视。他们正忙于提出更好的说法：他们描绘的美国表明，再也不需要保护或平权的民权法和政策了——也再也没必要谈论种族了。“我们现在是在一个后种族美国吗？……美国是不是结束了对黑人的种族歧视？”约翰·迈克沃特在大选几周后在《福布斯》杂志上问道，“我的答案是，是的。”[21]

结 语

一些在2008年总统大选中给贝拉克·奥巴马投票的美 497
国白人是反种族主义者。其他人可能给奥巴马授予了杰出黑人的称号，或者将他们的种族歧视放到一边。如果在过去的几十年里，反种族主义黑人“两害相权取其轻”而投票给种族主义民主党人，那么当然种族主义白人也会“两害相权取其轻”，看看共和党的选票，然后投给奥巴马。说一个给奥巴马投票的白人不可能是种族主义者幼稚得（或者说被操纵）就像是认为有黑人朋友的白人就不会是种族主义者，或者一个深肤色的人就不会认为深肤色的人在某种程度上低人一等一样。但白人选民并没有为奥巴马赢得大选，就像一些后种族主义标题暗示或宣称的那样。他们给他的票数百分比（43%）和他们给他在林登·约翰逊之后的民主党前辈们的百分比大致相同。2004年，奥巴马的非白人选民比约翰·克里（John Kerry）多了10个百分点，以及年轻选民创纪录的投票率让他获得了美国总统职位。[1]

但是，种族主义观点可以让他轻易输掉大选。如果奥巴马是美国奴隶的后裔呢？如果他不是混血儿呢？如果奥巴马的妻子看起来更像他妈妈呢？如果他没有在对黑人的演讲中以个人责任开头呢？如果没有萨拉·佩林（Sarah Palin）虚拟三K党集会中，观众们高喊“杀了他”从而动员起民主党呢？如果布什的共和党没有得到历史上最糟糕的支持率呢？如果奥巴马没能进行一场据说是史上最棒的总统选举活动呢？如果大衰退没有让选民在选举前几周陷入恐慌呢？后种族理论家根本不关心需要所有这些因素合到一起才会选出
498 美国第一任黑人总统。不过，种族主义观点的生产者又何曾关心过事实呢？[2]

随着奥巴马在2009年就职，后种族主义美国的概念很快成为种族主义者和反种族主义者之间新的分界线。芝加哥大学政治学家迈克尔·道森（Michael Dawson）代表反种族主义者发言，声称国家“距离达到‘后种族’状态还有很远”。而证据也随处可见。大衰退让黑人家庭年收入中位数减少了11个百分点，相比之下白人只下降了5个百分点。2009年1月1日，一位奥克兰交警杀死了22岁的奥斯卡·格兰特（Oscar Grant），他当时双手铐在背后，面朝下伏在地上。所有的遗传学家、三K党、匿名网络种族主义者和茶党成员——成立于2009年2月19日——还有其他种族隔离主义者都在组织活动，仿佛在奥巴马当选后就没有了出路。从“9·11”事件到2015年6月迪伦·鲁夫（Dylann Roof）在南部最老的非洲卫理公会主教堂里射杀了9名学习《圣经》的查尔斯顿人的那天，美国白人纳粹式恐怖主义已经谋杀了48个美国人——几乎是反美国的宗教恐怖分子杀死的人数的两倍。执法机构认为这些美国白人恐怖分子比反

美国的宗教恐怖分子对美国人的生命更加危险。但是，这些白人恐怖分子并没有被那些无休止地发动反恐战争的鹰派所关注。查尔斯顿事件之后，美国人只是就南方邦联旗帜的飘扬进行了一场象征性的辩论。[3]

贝拉克·奥巴马在他的总统任期之初，在他听到迪伦·鲁夫这个名字的好多年前就不得不注意到这一不断高涨的种族隔离主义浪潮。或者也可能他没有注意到。也许他注意到了，但认为指出这一点将引起不和，就像杰雷米亚·赖特那样。“今天美国的歧视可能并不比以前少，”奥巴马在2009年7月16日告诉NAACP，“但毫无疑问：美国仍感受到歧视的痛苦。”就在那一天，马萨诸塞州剑桥市有人在看到哈佛大学教授小亨利·路易斯·盖茨（Henry Louis Gates Jr.）努力撬开自己家里被卡住的前门时报了警。当奥巴马评论说做出响应的白人警察“在有证据证明他们在自己家时仍逮捕他们的行动非常愚蠢”，当他承认种族定性的“悠长历 499
史”时，后种族主义者严责要停止奥巴马的反种族主义行动，以免失控。奥巴马构建起来的“愤怒”的杰雷米亚·赖特回过头来反咬了他一口，就像他之前的小马丁·路德·金和W. E. B. 杜波依斯也有过的类似言论一样。奥巴马“一次又一次”暴露了他自己“对白人或白人文化抱着根深蒂固的仇恨”，茶党宠儿格林·贝克（Glenn Beck）这样告诉他的福克斯新闻听众，“我并不是说他不喜欢白人，我是说他有点问题。我认为这个人是个种族主义者”。[4]

这是事件的一个重大转折。在NAACP演讲中，奥巴马教导说非裔美国人需要一种“新的心态，一种新的态度”

来将他们自己从“内化的限制”中解放出来，并且指责黑人父母将养育责任外包出去。这一对数百万黑人的冗长指责并没有受到格林·贝克和后种族主义者的一句批评。显然，由奥巴马来批评数百万黑人就没问题。但一旦他批评一位白人种族歧视者，后种族主义者就要猛扑上去了。

奥巴马就任总统几个月后，后种族主义者“砰”的一声扔出了他们对于种族关系的新基本规则：随时可以批评上百万黑人，随心所欲。这些都不算种族主义或者种族歧视或者仇恨。你甚至都不是在谈论种族。但如果你批评一位白人种族歧视者，那就是谈论种族，那就是谈论仇恨，那就是种族歧视。如果种族主义观点的目标一直是让反种族主义抵抗者对种族歧视保持沉默，那么后种族主义攻击路线可能是截至目前最精密的消声器。

所有这些后种族主义者都在福克斯新闻、《华尔街日报》、《拉什·林堡秀》、最高法院及共和党的席位上谴责黑人，但在让长久的种族不平等、黑人的长久社会经济困境合理化方面毫无问题。通过贬低黑人来捍卫种族主义政策：自从戈梅斯·伊恩尼斯·德祖拉拉首次提出种族主义观点以保
500 护葡萄牙亨利王子的非洲奴隶贸易以来，近6个世纪中，这一直是种族主义思想生产者的使命。后种族主义的攻击引发了反种族主义者的反攻，他们从推特（Twitter）到脸谱（Facebook），从嘻哈到黑人研究学者，从MSNBC上的秀到天狼星卫星广播进展节目，以及从《国家杂志》到《根源杂志》中都不断指出种族歧视，而这又再次引起后种族主义者的反攻，他们称反种族主义者是分裂者和种族主义者。

社会同化主义者僵在中间，认为自己是理性节制的声音。他们不断重复着以下构思拙劣的寓言：这个国家已经走了多远，还有多远的路要走。真实美国历史中的种族进步和与此同时的种族主义的进展仍然不符合他们的意识形态。

自始至终，后种族主义者和社会同化主义者都无法让所有为种族歧视发声的反种族主义者沉默或者顺从。反种族主义者加入贫民抗议，代表了2011年“占领”运动的99%。他们继续要求赔偿，这也是塔－内西斯·科特斯（Ta-Nehisi Coates）2014年6月在《大西洋月刊》（*The Atlantic*）上发表的专题故事中一个最著名的例子。他们与美国城市中的盘查警务活动和共和党策划的剥夺公民权利政策所体现出的种族歧视进展进行斗争。反种族主义者为坚定地争取平等权利的同性恋、双性恋和跨性别者（LGBT）提供力量。在那场斗争中，黑人跨性别者活动家珍妮·莫克（Janet Mock）出版了她的回忆录《重新定义真实》（*Redefining Realness*）。这本书受到贝尔·胡克斯（bell hooks）、梅丽莎·哈里斯－佩里（Melissa Harris-Perry）和其他反种族主义者全明星阵容的赞赏，在2014年2月1日初登场后进入《纽约时报》畅销书排行榜。莫克对女人气质、身份和爱情的激动人心又反思性的个人追求让读者能够看到美国跨性别者的生活、斗争和胜利，尤其是黑人跨性别女性。“在这个过程中，我厌倦了抓住可能的自我，那都是遥不可及。所以我放下胳膊抱住自己。我开始在不祥的黑暗中拥抱自己，直到日出的光芒在脸上闪耀，我感到了治愈，”莫克在结尾处写道，“最后，我走出来，臣服于光辉，领悟了早已属于我的真理、美丽与平和。”[5]

501 反种族主义者似乎在到处抗议，特别是在监狱前面，与安吉拉·戴维斯已经斗争了40年的东西做斗争：种族歧视的刑事司法体系（以及监狱系统）。2010年，俄亥俄州立大学法律教授米歇尔·亚历山大（Michelle Alexander）出版了重磅炸弹畅销书，题目是《新吉姆·克劳："无视肤色"时代的大规模监禁》（*The New Jim Crow: Mass Incarceration in the Age of Colorblindness*，简称《新吉姆·克劳》）。她揭露了刑事司法体系中每个环节中的种族歧视，从立法到执法，到谁有嫌疑，到谁被捕、被起诉、被判有罪以及入狱。当黑人离开那些充满黑人和棕色人种的监狱时，奴隶制的终结只是让新形式的法律歧视得以开始。“今天的犯罪记录可以精确地证明我们可能留在身后了的歧视形式——在就业、住房、教育、公共福利和陪审团服务方面所受的歧视，”亚历山大写道，“被打上罪犯标签的人可以被剥夺投票权。”[6]

米歇尔·亚历山大在《新吉姆·克劳》一书中揭发了后种族主义美国的谎言。但没有什么比2012年2月26日佛罗里达州桑福德发生的事更能刺激对后种族主义谎言的持续揭露。社区看守人乔治·齐默曼（George Zimmerman）盯着一位一路小跑的黑人青少年特雷沃恩·马丁（Trayvon Martin），认为他偷了东西。因为感到害怕，手无寸铁的年轻人逃跑了。齐默曼不顾警察调度，追赶特雷沃恩并终结了这位17岁少年的生命。紧接着发生了一系列事件——齐默曼声称自己是自卫、人们抗议、齐默曼被捕、谋杀案、辩方将特雷沃恩·马丁描绘成可怕的恶棍、齐默曼被判无罪，以及最后，陪审员表达他们的种族主义理由，而种族隔离主义者们对判决感到高兴。反种族主义者很沮丧，而社会同化主义者犹豫不决。这种情绪摇摆似乎随着警察的每一次杀戮而得到强化，杀戮对象包括纽约精神病患者谢列斯·弗朗西斯（Shereese Francis）、芝加哥22岁的瑞奇亚·波依德（Rekia Byod）以及布鲁克林23岁的珊特尔·戴维斯（Shantel Davis），这些事件全部都在特雷沃恩·马丁被杀后几个月内发生。2013年3月9日，两名纽约警察向16岁的基马尼·格雷（Kimani Gray）开了7枪。格雷和其他人的死亡带来的暴力抗议又引起后种族时代的新一轮辩论：种族隔离主义者谴责暴力的“暴徒”；反种族主义者解释说暴力的根源是种族主义；而社会同化主义者谴责暴力的“暴徒”并指出暴力的根源是歧视。 502

对很多反种族主义者而言，“暴徒”这个词已经成为“现在人们公认的称呼某人为黑鬼的方式”。这就是西雅图海鹰队边后卫理查德·谢尔曼（Richard Sherman）在2014年年初受到诽谤后的解释。当斯坦福大学毕业的谢尔曼在镜头前大叫时，种族主义美国人看到的不是一位运动员在以“无瑕破坏”（Immaculate Deflection）为自己球队赢得全国橄榄球联盟的冠军几分钟之后的兴奋。他们看到的是一个“暴徒”，就像那些被警察杀死的手无寸铁的暴徒，以及那些对2013年的基马尼·格雷、2014年斯塔顿岛的埃里克·加纳（Eric Garner）和弗格森市的迈克尔·布朗，以及2015年巴尔的摩的弗雷迪·格雷（Freddie Gray）事件进行暴力抗议的暴徒一样。“暴徒”是一种新的被接受用来称呼黑人低等或者“不行”的方式。其他被广泛使用的种族主义诽谤和词语还有“贫民窟”、“少数民族”、“个人责任”、“成就差距”、“种族牌”、“逆向歧视”、“好头发”、“从底部”、“没有好黑人……（男人或女人）”，以及“看到了吧，这就是黑人……的问题”。[7]

听闻乔治·齐默曼在2013年被判无罪，艾丽西亚·加尔萨（Alicia Garza）就像挨了一拳。为了寻求安慰，她在奥克兰的一家酒吧拿出手机。当她在自己的脸谱上看到种族主义的信息推送“把我们自己的处境归咎于黑人”时，她变得更加心烦意乱。加尔萨是家政工人的拥护者，她写了一封情书给黑人，恳请他们确保“黑人的命也是命”。她在洛杉矶的一位朋友、反警察暴行活动人士帕特斯·库勒斯（Patrisse Cullors）看到了加尔萨发表在脸谱上热情洋溢的情书，并在前面加了一个标签。他们有个精通技术的朋友，移民权利活动人士奥珀尔·托梅蒂（Opal Tometi）加入并建立了在线平台，话题“黑人的命也是命”（#Black Lives Matters#）诞生了。从这三名黑人女子——其中两人是同性恋——头脑和心灵中发出的这份爱的宣言，直观地表明了要成为一个真正的反种族主义者，我们必须要反对所有的性别歧视、恐同症、肤色歧视、种族中心主义、本土主义、文化偏见，以及充斥
503 和围绕着种族主义的阶级偏见，它们伤害了如此多的黑人。这个时代的反种族歧视宣言迅速从社交媒体上发展成为2014年全国反种族主义抗议活动中高喊的标语和口号。这些抗议者否决了6个世纪来的种族主义宣言，即黑人的命不重要。“黑人的命也是命”迅速从一个反种族主义的爱的宣

言变成一项反种族主义运动，全国都有年轻人在组织当地的BLM（黑人的命也是命）团体，通常由年轻黑人女性来领导。总的来说，这些活动人士以各种形式，在社会各个领域以及从各种看法来反对歧视。有些人表现出似乎黑人男性的命最重要，作为回应，反种族主义女权主义者勇敢要求美国来“说出她的名字”。说出像桑德拉·布兰德（Sandra Bland）这样的黑人女性受害者的名字。“我们想要确定这一黑人自由运动的新迭代能获得最广泛的参与，”加尔萨在2015年这样告诉《今日美国》（*USA Today*）报纸，“我们拥有那么多不同的经历，它们丰富又复杂。我们需要把所有这些经历都放到台面上来得到我们渴望的解决方式。”[8]

对美国人来说，“黑人的命也是命”的那一天什么时候会来到呢？这在很大程度上取决于反种族主义者怎么做，以及他们使用什么样的策略来扑灭种族主义思想。

种族主义观点的历史告诉我们反种族主义者应该停止使用什么样的策略。《天生的标签》记录的不仅是种族主义观点的发展，还有美国人为根除这些观点所使用的三种最古老、最流行的策略的不断失败：自我牺牲、劝善活动以及教育劝说。

种族改革者通常会请求或要求美国人，特别是美国白人，为了黑人的福祉牺牲自己的特权。然而，这一策略建立在现代最古老的一个神话的基础之上，这个神话一直被种族主义者和反种族主义者不断生产和再生产：种族主义在物质上对大多数白人有利，而白人在重建起来的反种族主义美国

将失去或无法获得这些。种族主义政策**总体上**以牺牲黑人（和其他人）的利益为代价，让白人在**总体上**获利，这种说
504 法是对的。这就是种族主义的故事，简单地说就是机会不均等。但在一个机会均等的社会里，没有1%的人囤积财富和权力，实际上会比种族主义更大程度地让占大多数的白人获益。奴隶制让南方大多数白人贫困并不是一个巧合。在20世纪30年代到70年代早期的反种族主义运动中，更多美国白人空前绝后的繁荣兴旺也并不是巧合。20世纪后期的反种族主义运动与中低收入白人工资的停滞或减少，以及他们飞涨的生活成本并行，这也并非巧合。

反种族主义者应该停止将自私与种族主义联系在一起，以及将无私与反种族主义联系在一起。利他主义是需要的，但不是必需。反种族主义者不一定非要利他。反种族主义者不一定非要无私忘我。反种族主义者只需要有**明智的利己**，并且停止消费那些多年来产生如此多不明智的利己的种族主义思想。对于中高等收入的黑人来说，挑战影响黑人穷人的种族歧视是明智的利己，因为他们知道只有把贫穷黑人从种族主义中解脱出来，他们自己才能从减缓他们社会经济上升的种族歧视中解脱出来。挑战反黑人的种族主义对亚洲人、美洲印第安人和拉美裔来说也是明智的利己，因为他们知道只有把黑人从种族主义中解脱出来，他们自己才能从种族歧视中解脱出来。挑战种族主义对美国白人来说也是明智的利己，因为他们知道只有把黑人从种族主义中解脱出来，他们自己才能从性别歧视、阶级偏见、恐同症和民族中心主义中解放出来。反亚裔、反原住民和反拉美裔的种族主义观点历

史，以及性别歧视、精英主义、恐同症和民族中心主义观点的历史，都与种族主义观点的历史可怕地相似，在美国也有同样偏执的捍卫者。支持这些盛行的偏执只是很少一群超级富人、新教徒、异性恋、非移民、白人、盎格鲁－撒克逊男性的明智利己。那些是唯一需要变得利他才能成为反种族主义者的人。我们其他人仅仅需要为我们自己做出明智的选择。

历史上，黑人大体上认为我们能为自己做的最明智的事 505
情就是参与劝善行动——这是和让白人自我牺牲一样不奏效的策略。自18世纪90年代开始，废奴主义者敦促越来越多的自由黑人在白人面前展现出正直行为，相信这样将可以削弱奴隶制背后的种族主义信仰。黑人将获得“与你们的知识和道德进步成比例的白人的尊严、信任和赞助”，威廉·劳埃德·加里森在19世纪30年代曾这样教育自由黑人。[9]

种族主义观点的历史说明，不仅劝善行为是失败的，而且大体来说，与预期效果相反的事情发生了。种族主义美国人通常最蔑视的美国黑人就是那些提升自己、鄙视被个体用来压制他们的种族主义法律和理论的人。因此向上流动的黑人并没有说服种族主义观点或政策。恰恰相反。劝善行为带来了种族歧视的进展——黑人打破旧的种族主义政策和观点后产生了新的种族主义政策和观点。

每个见证了贝拉克·奥巴马历史性就任总统的人——以及历史性的对他的反对——现在都应该彻底知道，黑人越是提升自己，越会发现自己受到种族歧视的反弹。劝善行动作为种族进步的一项策略已经失败了。黑人个体必须将这项策略除掉，并且不再为他人会如何看待他们行动、说话、长相、穿着、在媒体中的形象，以及他们思考、热爱和笑的方式而担心。黑人个体并不是种族代表。他们不必对持有种族主义观点的美国人承担责任。黑人只要做白人身边、彼此身边和所有人身边那个不完美的自己就可以了。黑人有美丽的**和**丑陋的，有聪明的**和**无知的，有守法的**和**违法的，有勤奋的**和**懒惰的——而正是这些不完美让黑人成为人类，让黑人与所有其他不完美的人类群体平等。

除了自我牺牲和劝善行动，种族改革者使用过的另外一
506 种大型策略就是多种形式的教育说服。1894 年，年轻的 W. E. B. 杜波依斯相信“全世界对种族的想法是错误的，因为它们还不了解。最大的罪恶是愚蠢。治愈的良方就是建立在科学调查上的知识”。恰在 50 年之后的 1944 年，瑞典经济学家贡纳尔·缪尔达尔在即将到来的民权运动的标志性宣言中回应了杜波依斯的教学策略。但缪尔达尔并不主张通过科学来教育美国白人，他主张通过媒体来教育他们，他说：“毫无疑问，笔者认为，如果美国大部分白人知道事实的话会给黑人准备更好的待遇。”[10]

杜波依斯和缪尔达尔相信——和他们之前的废奴主义者一样，也和今天的种族改革者一样——种族歧视可以通过展现事实而被说服。教育说服以多种形式进行。教育者可以教授事实。科学家可以发现事实。律师可以在案件中为正直的黑人原告陈述事实。情景喜剧、电影和小说都能描绘正直的黑人。在游行和聚会中，黑人可以在观众或听众或读者面前阐述他们所受的苦难事实。网络、纪录片、记者和学者可以展现黑

人在自己的环境中所遭受的残酷歧视下痛苦的真实故事。

这些多种形式的教育说服，就像劝善行动一样，是基于种族问题的错误构造的：它认为无知和仇恨导致了种族主义观点，然后导致了种族主义政策。实际上，是利己主义导致了种族主义政策，然后导致了种族主义观点，导致了所有的无知和仇恨。种族主义政策是从利己主义中产生的。因此，它们通常因为利己主义而自愿退回。流行的光彩的历史版本说，废奴主义者和民权活动家稳步教育和说服了美国种族主义思想和政策，这听起来很棒。但这并不是完整的故事，甚至不是故事的主体。政治家们在 19 世纪 60 年代和 20 世纪 60 年代通过民权和投票权措施主要是出于政治和经济利益——而不是教育或者道德觉醒。而这些法律没有写出种族 507
主义政策的厄运。种族主义政策只是进化了。种族主义已经取得不那么光彩的发展，而教育说服没能阻止它，美国人也没能认识到这一点。

讽刺的是，W. E. B. 杜波依斯在贡纳尔·缪尔达尔对教育说服的支持出现之前抛弃了这一策略。在大萧条中期，杜波依斯在种族事实组成的高峰上眺望美国，里面满是他在 40 年间写的书、论文、请愿书、演讲和文章。“黑人领袖”认为“美国白人不知道或没有意识到黑人的持续困境”，他在 1935 年的一篇论文里写道，“于是，在最近 20 年里，我们精心准备了书籍和期刊、演讲和呼吁，用各种戏剧化的手段鼓动，来把基本事实摆到美国人民的眼前。今天的美国人毫无疑问知道了事实；但他们仍然在很大程度上保持冷漠和无动于衷”。[11]

在杜波依斯的论文发表后的80多年中，美国反种族主义者继续努力用类似的方法将基本事实摆在美国人的眼前。可以毫无疑问地说，制造、捍卫和无视种族主义政策的人都知道这些事实。但他们仍然在很大程度上保持冷漠和无动于衷：对通过全面立法彻底改革奴役性司法体系的必要性漠不关心；在推动诸如通过提供更多更好的工作来打击犯罪这样的倡议上无动于衷；对于将毒品合法化并寻找监狱替代品的呼吁漠不关心；对授权当地居民雇用和解雇管理自己社区的警察无动于衷。他们仍然在很大程度上不愿意通过更宏大的立法，通过从根本上假设种族不平等的背后是歧视（而不是黑人有问题），通过建立一个机构来积极调查种族不平等以惩罚有意和无意的歧视，来重新审视美国的种族关系。该机构还可以明确承担起修复由歧视造成的不平等的任务，致力于使黑人和白人社区及其机构的财富和权力达到平等。

508 立法者今天有权力消除种族歧视，如果他们想的话，去建立林登·约翰逊所说的种族“平等这一事实”。他们有能力捍卫立即平等的反种族主义事业，对那些关于立即解放的古老口号做出响应。他们有能力将社会同化主义者的逐渐平等事业和种族隔离主义者的永久不平等事业拒之门外。但是，地方和联邦立法者害怕竞选资助者和选民的反应。他们知道后种族主义者将否决任何彻底的反种族主义法案，认为它们歧视和仇恨白人，就像他们之前的奴隶主和种族隔离主义者一样，即便这样的法案实际上会让几乎所有美国人受益，包括白人。如果种族主义消除了，很多处在经济和政治高层的白人担心这样会消除他们最有效的工具之一，他们不仅用它来征服、控制和剥削非白人，也同样用在中低收入的白人身上。

那些有能力终结我们所了解的种族歧视，能够对种族歧视强硬并能够建立起后种族主义者其实并不想看到的后种族主义社会的人——这些人已经通过安吉拉·戴维斯传奇的一生了解了事实。有权有势的美国人还通过科顿·马瑟、托马斯·杰斐逊、威廉·劳埃德·加里森和 W. E. B. 杜波依斯的一生了解了事实。这些有权势的人的第一要务是要去了解美国的事实，所以试图去教育有知识的人是没有多大意义的。试图去教育那些生产、捍卫或忽视美国种族歧视的有权有势者来了解种族歧视的危害，就像试图去教育一群企业家了解他们的产品多么有害一样。他们早就知道了，而且他们不太关心如何终结这种危害。

历史很清楚。牺牲、提升、说服和教育手段在过去没有根除，现在没有根除，将来也不会根除种族主义观点，更别说种族主义政策了。权力永远不会脱离自身利益自我牺牲。权力无法脱离自身利益被说服。权力无法脱离自身利益被教
育。那些有权力废除种族歧视的人到目前为止没有那么做， 509
那么他们永远不会被说服或被教育而去这样做，只要种族歧视在某种程度上能使他们受益。

我当然不是在说手握权力的美国人中从没有人做过自我牺牲，或者曾被黑人的提升或事实教育或说服而在他们的影响范围之内终结种族不平等。但是，这些勇敢的反种族主义权力掮客更多是例外而不是规则。我当然不是在说一代代种族主义观点的消费者们没有被教育或被说服去抛弃那些种族

主义观点。但是，美国人抛弃了那些古老的种族主义观点后，新的种族主义观点又源源不断地被生产出来让他们重新消费。这就是为什么为教育和说服种族主义观点而进行的努力在美国一直是件永无止境的事。这就是为什么教育说服永远无法形成一个反种族主义美国的原因。

尽管提升、说服和教育都失败了，但历史明确告诉了我们什么是有效的，以及什么才能在将来的某天根除种族主义观点。种族主义观点一直是种族歧视者这家公司及其产品——种族不平等——的公关部门。铲除这家公司，其公关部门也将随之垮台。铲除种族歧视，那么种族主义观点也将被根除。

为了削弱种族歧视的基础，美国人必须把努力集中在那些有权力削弱种族歧视的人身上。抗议任何其他人或其他事都是浪费时间，就像试图去教育或说服有权有势的人一样。历史已经展示了美国人中那些有权力削弱种族歧视的人很少那样去做。然而，当他们意识到消除某种形式的种族歧视符合他们的自身利益时，他们就这样做了，就像总统亚伯拉罕·林肯选择终结奴隶制来拯救联邦一样。他们也承认，比起反种族主义抗议者制造的颠覆性的、混乱的、对政治有害和/或无利可图的条件来，反种族主义变革是个更好的选择。

反种族主义抗议者一般都拒绝那些认为黑人有问题的种族主义观点，这些观点被用来解释黑人占多数的地区的困
510 境，以及黑人在白人占多数的地区内的缺乏。最有效的抗议活动是激烈的地方性抗议；这些抗议活动是由反种族主义者发起的，他们关注的是周围的环境：他们的街区、社区、学

校、大学、工作和职业。这些地方性抗议然后成为州范围内的抗议，而州范围内的抗议再变成全国性的抗议，此后全国性的抗议变成国际抗议。但这都是始于一两个人，或者一个很小的团体，在他们很小的环境中，积极动员反种族主义者进入组织；并且在罢工、占领、暴动、运动，以及财政和身体抵制中采取下棋一样周密的计划并不断调整，与一系列其他策略一起迫使权力阶层消除种族主义政策。反种族主义抗议者通过提出明确的要求，并且明确表示他们不会停止抗议——警察部队无法阻止他们——直到他们的要求得到满足，创建了他们自己的权力地位。

但是，对种族主义政策的抗议永远不可能是根除美国的种族歧视——以及种族主义观点——的长期解决办法。一旦某代美国权威人士可以决定或者迫于抗议压力终结种族歧视，当条件和利益发生变化时，另一代权威人士就可以再次鼓励种族歧视。这就是对种族主义权力的抗议在美国永无止境的原因。

抗议种族主义权力并取得成功永远不会被误认为是夺取权力。任何根除美国种族歧视的有效解决方案都必须涉及致力于反种族主义政策的美国人，他们夺取并保持对机构、社区、县、州、国家和世界的权力。没有必要坐下来把未来交给致力于种族主义政策的人，或者交到为了自身利益随波逐流，今天支持种族主义明天支持反种族主义的人手中。一个反种族主义美国，只有在有原则的反种族主义者掌权，反种族主义政策成为这片土地上的法律，之后反种族主义观点成为人们的常识，接着人们的反种族主义常识让那些反种族主义的领导人和政策负起责任的条件下才能实现。

511 那一天一定会到来。没有永垂不朽的权力。会有那么一天，美国人会意识到黑人唯一有问题的地方就是他们认为黑人有点问题。会有那么一天，种族主义观点不会再阻碍我们看到种族不平等彻头彻尾的异常。会有那么一天，我们将热爱人性，我们会获得勇气为我们所爱的人类争取一个公平的社会，同时聪明地知晓，当我们为人类抗争时，我们也是在为我们自己抗争。会有那么一天。也许，只是也许，那一天就是现在。

致　谢

我想要向所有我认识或不认识的在讲述这一段历史时给 513
予我帮助和支持的人致谢。从我深爱的家人朋友到一直支持我的学术界同事，包括我以前在纽约州立大学的同僚和现在佛罗里达大学的同僚。还有无数思想家，无论他们已经去世或仍在活跃，无论他们身处学术界内外，他们对种族的研究形成了我的思想和这段历史——感谢你们。毫无疑问，本书中既有你们也有我。

我最初没有计划写这本书。我本打算写一本 20 世纪 60 年代高等教育中黑人研究起源史。我决定在第一章里写一下科学种族主义史，来展示黑人研究的创始人在与什么做斗争。当我写完的时候，这一章长达 90 页，而且又有了一大堆关于种族主义观点历史的新想法。我开始思考我可能有一本书要写。我永远不会忘记在和我岳父谈论所有这些事情的情景。我不知道他是不是还记得那场谈话，但是我记得。那之后，我下定决心写这本你们现在拿在手里的书。所以我要对 B. T. 埃德蒙兹（B. T. Edmonds）表达我的谢意。

我决定写一段学术史，并且让尽可能多的人读懂——但不能减少其中严肃的复杂性——因为种族主义观点及其历史影响了我们所有人。近几十年中学术界的历史学家越来越被接受为是写作美国大众历史的历史学家，但是不太被接受成为美国大众写作历史的历史学家。希望这会有改观。

514 我要感谢我的经纪人阿伊莎·潘德（Ayesha Pande），她从一开始就是这本书的主要拥护者。阿伊莎，我想你也不相信我有能力完成这一影响深远的作品。我也必须感谢美国国家图书出版社（Nation Books），它在连我都没有看到的情况下看到了这本书的潜力。我还要感谢我的编辑，他和阿伊莎一起敦促我将我原先关于科学种族主义的狭隘历史扩展成这本种族主义观点的综合史。我要特别感谢克莱夫·普里德尔（Clive Priddle）、卡尔·布罗姆利（Carl Bromley）、亚历山德拉·巴斯塔利（Alessandra Bastagli）和丹尼尔·洛普莱托（Daniel LoPreto）。感谢美国国家图书出版社的凯蒂·奥·唐奈（Katy O'Donnell）让我顺利实现这本书的目标。对所有参与制作和推广《天生的标签》一书的人，我都不胜感激。

必须承认我不得不在自己最艰难的时刻写作这本书。这些困难不仅来自几乎每一周都能听到执法人员又一次杀死手无寸铁的美国人的悲剧。我也不得不忍住我的悲伤，以便安慰和支持两个亲人，因为他们与同样的衰弱性疾病做斗争。他们在这些折磨中经历了很多个人挣扎。因为我是一个非常注重隐私的人，所以我不会细说。但对所有亲切的家人朋友和一路帮助我的两位心爱的家人，让他们脸上绽放笑容——或者说笑容满面——并给他们的身体带去平和与治愈的医务人员，我感谢你们。当你们给他们带来幸福、平和与治愈时，你们也带给我幸福、平和与治愈。而当你们带给我幸福、平和与治愈时，才让我能够在那些艰难的时刻努力写这本书。

我要特别感谢我的父母——牧师卡罗·罗杰斯和拉里·罗杰斯（Carol and Larry Rogers）；感谢我的继母纽塔·塔克（Nyota Tucker），以及我的兄弟阿其尔（Akil）和马查里亚（Macharia）。爱其实是个动词，我感谢你们的爱。

我把一个人留到了最后，她开玩笑说过她是这本书的合著者——我的妻子萨迪恰（Sadiqa）。我数不清有多少次当我坐在办公室里写这本书时，她也坐在那里做她自己的事，
然后我会打断她并问道：“萨迪恰，能给我一秒钟吗？”不 515
可避免地，我会花超过一秒钟的时间来给她读一段，让她提一些批评意见。我对她的聆听和爱感激不尽。她鼓励我度过所有那些漫长而疲惫的日子，那时我从早上天还没亮到晚上天黑都在研究和写作，对此我也感激不尽。谢谢你，萨迪恰，也感谢大家，感谢一切。

注　释

序章

1. Ryan Gabrielson, Ryann Grochowski Jones, and Eric Sagara, "Deadly Force, in Black and White," *ProPublica*, October 10, 2014; Rakesh Kochhar and Richard Fry, "Wealth Inequality Has Widened Along Racial, Ethnic Lines Since End of Great Recession," December 12, 2014, Pew Research Center, www.pewresearch.org/fact-tank/2014/12/12/racial-wealth-gaps-great-recession; Sabrina Tavernise, "Racial Disparities in Life Spans Narrow, but Persist," *New York Times*, July 18, 2013, www.nytimes.com/2013/07/18/health/racial-disparities-in-life-spans-narrow-but-persist.html.

2. Leah Sakala, "Breaking Down Mass Incarceration in the 2010 Census: State-by-State Incarceration Rates by Race/Ethnicity," *Prison Policy Initiative*, May 28, 2014, www.prisonpolicy.org/reports/rates.html; Matt Bruenig, "The Racial Wealth Gap," *American Prospect*, November 6, 2013, http://prospect.org/article/racial-wealth-gap.

3. Senator Jefferson Davis, April 12, 1860, 37th Cong., 1st sess., *Congressional Globe* 106, 1682.

4. Gunnar Myrdal, *An American Dilemma*, vol. 2, *The Negro Problem and Modern Democracy* (New Brunswick, NJ: Transaction Publishers, 1996), 928–929.

5. Audre Lorde, "Age, Race, Class, and Sex: Women Redefining Difference," in *Sister Outsider: Essays & Speeches* (New York: Ten Speed, 2007), 115.

6. Columbia anthropologist and assimilationist Ruth Benedict was instrumental in defining racism. See Ruth Benedict, *Race: Science and Politics* (New York: Modern Age Books, 1940); Ruth Benedict, *Race and Racism* (London: G. Routledge and Sons, 1942).

7. Kimberlé Crenshaw, "Demarginalizing the Intersection of Race and Sex: A Black Feminist Critique of Antidiscrimination Doctrine, Feminist Theory, and Antiracist Politics," *University of Chicago Legal Forum* 140 (1989): 139–167.

第1章　人类的阶层

1. Richard Mather, *Journal of Richard Mather: 1635, His Life and Death, 1670* (Boston: D. Clapp, 1850), 27–28; "Great New England Hurricane of 1635 Even Worse Than Thought," Associated Press, November 21, 2006.

2. Kenneth Silverman, *The Life and Times of Cotton Mather* (New York: Harper and Row, 1984), 3–4.

3. Samuel Eliot Morison, *The Founding of Harvard College* (Cambridge, MA: Harvard University Press, 1935), 242–243; Richard Mather et al., *The Whole Booke of Psalmes Faithfully Translated into English Metre* (Cambridge, MA: S. Daye, 1640); John Cotton, *Spiritual Milk for Boston Babes in Either England* (Boston: S. G., for Hezekiah Usher, 1656); Christopher J. Lucas, *American Higher Education: A History*, 2nd ed. (New York: Palgrave Macmillan, 2006), 109–110; Frederick Rudolph, *Curriculum: A History of the American Undergraduate Course of Study Since 1636* (San Francisco: Jossey-Bass, 1977), 29–30.

4. Francisco Bethencourt, *Racisms: From the Crusades to the Twentieth Century* (Princeton, NJ: Princeton University Press, 2013), 3, 13–15; David Goldenberg, "Racism, Color Symbolism, and Color Prejudice," in *The Origins of Racism in the West*, ed. Miriam Eliav-Feldon, Benjamin Isaac, and Joseph Ziegler (Cambridge, UK: Cambridge University Press, 2009), 88–92; Aristotle, edited and translated by Ernest Barker, *The Politics of Aristotle* (Oxford: Clarendon Press, 1946), 91253b; Peter Garnsey, *Ideas of Slavery from Aristotle to Augustine* (New York: Cambridge University Press, 1996), 114.

5. Hugh Thomas, *The Slave Trade: The Story of the Atlantic Slave Trade, 1440–1870* (New York: Simon and Schuster, 1997), 27, 30; Garnsey, *Ideas of Slavery from Aristotle to Augustine*, 75, 79.

6. Alden T. Vaughan, *Roots of American Racism: Essays on the Colonial Experience* (New York: Oxford University Press, 1995), 157. Unless otherwise noted, emphasis is in original.

7. Joseph R. Washington, *Anti-Blackness in English Religion, 1500–1800* (New York: E. Mellen Press, 1984), 232–235; Vaughan, *Roots of American Racism*, 157, 177–179; Lorenzo J. Greene, *The Negro in Colonial New England, 1620–1776* (New York: Columbia University Press, 1942), 15–17; Craig Steven Wilder, *Ebony & Ivy: Race, Slavery, and the Troubled History of America's Universities* (New York: Bloomsbury Press), 29.

8. John G. Jackson, *Introduction to African Civilizations* (Secaucus, NJ: Citadel Press, 1970), 196–231; Curtis A. Keim, *Mistaking Africa: Curiosities and Inventions of the American Mind*, 3rd ed. (Boulder: Westview Press, 2014), 38; Adrian Cole and Stephen Ortega, *The Thinking Past: Questions and Problems in World History to 1750*, instructor's ed. (New York: Oxford University Press, 2015), 370–371.

9. Ross E. Dunn, *The Adventures of Ibn Battuta, a Muslim Traveler of the Fourteenth Century* (Berkeley: University of California Press, 1986), 315–316.

10. Ibn Khaldūn, Franz Rosenthal, and N. J. Dawood, *The Muqaddimah: An Introduction to History*, Bollingen Series (Princeton, NJ: Princeton University Press, 1969), 11, 57–61, 117; Gary Taylor, *Buying Whiteness: Race, Culture, and Identity from Columbus to Hip Hop*, Signs of Race (New York: Palgrave Macmillan, 2005), 222–223.

11. Thomas, *Slave Trade*, 38–39.

第2章 种族主义思想的起源

1. P. E. Russell, *Prince Henry "the Navigator": A Life* (New Haven, CT: Yale University Press, 2000), 6.

2. Ibid., 249; Gomes Eanes de Zurara, Charles Raymond Beazley, and Edgar Prestage, *Chronicle of the Discovery and Conquest of Guinea*, 2 vols. (London: Printed for the Hakluyt Society, 1896), 1, 6, 7, 29.

3. William McKee Evans, *Open Wound: The Long View of Race in America* (Urbana: University of Illinois Press, 2009), 17–18.

4. Thomas, *Slave Trade*, 22–23.

5. Zurara et al., *Chronicle*, 81–85; Russell, *Prince Henry "the Navigator,"* 240–247, 253, 257–259.

6. Thomas, *Slave Trade*, 74; Zurara et al., *Chronicle*, xx–xl; Russell, *Prince Henry "the Navigator,"* 246.

7. Zurara et al., *Chronicle*, lv–lviii; Bethencourt, *Racisms*, 187.

8. Thomas, *Slave Trade*, 71, 87.

9. Lawrence Clayton, "Bartolomé de Las Casas and the African Slave Trade," *History Compass* 7, no. 6 (2009): 1527.

10. Thomas, *Slave Trade*, 50, 104, 123; Bethencourt, *Racisms*, 177–178; David M. Traboulay, *Columbus and Las Casas: The Conquest and Christianization of America, 1492–1566* (Lanham, MD: University Press of America, 1994), 58–59.

11. Lawrence A. Clayton, *Bartolomé de Las Casas: A Biography* (Cambridge, UK: Cambridge University Press, 2012), 349–353, 420–428; Bethencourt, *Racisms*, 233; Peter N. Stearns, *Sexuality in World History* (New York: Routledge, 2009), 108.

12. Leo Africanus, John Pory, and Robert Brown, *The History and Description of Africa*, 3 vols. (London: Hakluyt Society, 1896), 130, 187–190.

13. Washington, *Anti-Blackness*, 105–111; Thomas, *Slave Trade*, 153–159.

第3章　来到美洲

1. Charles de Miramon, "Noble Dogs, Noble Blood: The Invention of the Concept of Race in the Late Middle Ages," in *The Origins of Racism in the West*, ed. Miriam Eliav-Feldon, Benjamin H. Isaac, and Joseph Ziegler (Cambridge, UK: Cambridge University Press, 2009), 200–203; Stearns, *Sexuality in World History*, 108; Winthrop D. Jordan, *White over Black: American Attitudes Toward the Negro, 1550–1812* (Chapel Hill: University of North Carolina Press, 1968), 28–32.

2. Taylor, *Buying Whiteness*, 222–223; Washington, *Anti-Blackness*, 113–114.

3. Edmund S. Morgan, *American Slavery, American Freedom: The Ordeal of Colonial Virginia* (New York: W. W. Norton, 1975), 14–17; Washington, *Anti-Blackness*, 146–154.

4. Everett H. Emerson, *John Cotton* (New York: Twayne, 1965), 18, 20, 37, 88, 98, 100, 108–109, 111, 131; Washington, *Anti-Blackness*, 174–182.

5. Washington, *Anti-Blackness*, 196–200.

6. Taylor, *Buying Whiteness*, 224.

7. Anthony Gerard Barthelemy, *Black Face, Maligned Race: The Representation of Blacks in English Drama from Shakespeare to Southerne* (Baton Rouge: Louisiana State University Press, 1987), 72–73, 91–93; Bethencourt, *Racisms*, 98–99.

8. Jordan, *White over Black*, 37–40.

9. Tim Hashaw, *The Birth of Black America: The First African Americans and the Pursuit of Freedom at Jamestown* (New York: Carroll and Graf, 2007), 3–11.

10. Paul Lewis, *The Great Rogue: A Biography of Captain John Smith* (New York: D. McKay, 1966), 57–150; Wilder, *Ebony & Ivy*, 33.

11. Ronald T. Takaki, *A Different Mirror: A History of Multicultural America* (Boston: Little, Brown, 1993), 26–29.

12. Lewis, *Great Rogue*, 2, 244–257; Vaughan, *Roots of American Racism*, 304–305.

13. Jordan, *White over Black*, 33; Tommy Lee Lott, *The Invention of Race: Black Culture and the Politics of Representation* (Malden, MA: Blackwell, 1999), 9; Takaki, *Different*

Mirror, 51–53; Washington, *Anti-Blackness,* 15, 154–157; Vaughan, *Roots of American Racism,* 164; Taylor, *Buying Whiteness,* 221–229.

14. Jackson, *Introduction to African Civilizations,* 217–218.

15. Hashaw, *Birth of Black America,* xv–xvi.

16. Jon Meacham, *Thomas Jefferson: The Art of Power* (New York: Random House, 2012), 5.

17. Vaughan, *Roots of American Racism,* 130–134; Paula Giddings, *When and Where I Enter: The Impact of Black Women on Race and Sex in America* (New York: W. Morrow, 1984), 35.

18. Cedric B. Cowing, *The Saving Remnant: Religion and the Settling of New England* (Urbana: University of Illinois Press, 1995), 18–19; Washington, *Anti-Blackness,* 191–196, 240–241; Francis D. Adams and Barry Sanders, *Alienable Rights: The Exclusion of African Americans in a White Man's Land, 1619–2000* (New York: HarperCollins, 2003), 8–9.

19. Morgan, *American Slavery, American Freedom,* 225, 319.

20. Taunya Lovell Banks, "Dangerous Woman: Elizabeth Key's Freedom Suit—Subjecthood and Racialized Identity in Seventeenth Century Colonial Virginia," *Akron Law Review* 41, no. 3 (2008): 799–837; Warren M. Billings, "The Cases of Fernando and Elizabeth Key: A Note on the Status of Blacks in Seventeenth Century Virginia," *William and Mary Quarterly* 30, no. 3 (1973): 467–474; Anthony S. Parent, *Foul Means: The Formation of a Slave Society in Virginia, 1660–1740* (Chapel Hill: University of North Carolina Press, 2003), 110–111.

21. Thomas, *Slave Trade;* Thomas C. Holt, *Children of Fire: A History of African Americans* (New York: Hill and Wang, 2010), 60–61.

22. Warren M. Billings, ed., *The Old Dominion in the Seventeenth Century: A Documentary History of Virginia, 1606–1689* (Chapel Hill: University of North Carolina Press, 1975), 172; Morgan, *American Slavery, American Freedom,* 311; Parent, *Foul Means,* 123.

23. Morgan, *American Slavery, American Freedom,* 334–336.

24. Derek Hughes, *Versions of Blackness: Key Texts on Slavery from the Seventeenth Century* (Cambridge, UK: Cambridge University Press, 2007), vii–xi, 5–17.

25. Sharon Block, "Rape and Race in Colonial Newspapers, 1728–1776," *Journalism History* 27, no. 4 (2001–2002): 146, 149–152.

26. Greene, *The Negro in Colonial New England,* 165; Stephan Talty, *Mulatto America: At the Crossroads of Black and White Culture: A Social History* (New York: HarperCollins, 2003), 52–53.

27. Richard Ligon and Karen Ordahl Kupperman, *A True and Exact History of the Island of Barbados* (Indianapolis: Hackett, 2011), vi; Cotton Mather, Samuel Mather, and Edmund Calamy, *Memoirs of the Life of the Late Reverend Increase Mather* (London: J. Clark and R. Hett, 1725), 66; Taylor, *Buying Whiteness,* 270–273.

28. Taylor, *Buying Whiteness,* 271–294.

29. Ibid., 296–300.

第4章 拯救灵魂，而非身体

1. Washington, *Anti-Blackness,* 455–456; Greene, *The Negro in Colonial New England,* 275; Jeffrey Robert Young, "Introduction," in *Proslavery and Sectional Thought in the Early South, 1740–1829: An Anthology,* ed. Jeffrey Robert Young (Columbia: University of South Carolina Press, 2006), 19–21; Brycchan Carey, *From Peace to Freedom:*

Quaker Rhetoric and the Birth of American Antislavery, 1657–1761 (New Haven, CT: Yale University Press, 2012), 7–8.

2. Richard Baxter, *A Christian Directory* (London: Richard Edwards, 1825), 216–220.

3. Morgan, *American Slavery, American Freedom*, 311–312; Adams and Sanders, *Alienable Rights*, 10; Billings, *Old Dominion in the Seventeenth Century*, 172–173.

4. Ann Talbot, *"The Great Ocean of Knowledge": The Influence of Travel Literature on the Work of John Locke* (Leiden: Brill, 2010), 3–4; Taylor, *Buying Whiteness*, 334.

5. R. S. Woolhouse, *Locke: A Biography* (Cambridge, UK: Cambridge University Press, 2007), 98, 276; Young, "Introduction," 18.

6. Charles F. Irons, *The Origins of Proslavery Christianity: White and Black Evangelicals in Colonial and Antebellum Virginia* (Chapel Hill: University of North Carolina Press, 2008), 28–29; David R. Roediger, *How Race Survived U.S. History: From Settlement and Slavery to the Obama Phenomenon* (London: Verso, 2008), 10; Taylor, *Buying Whiteness*, 313–323; Hughes, *Versions of Blackness*, 344–348; Parent, *Foul Means*, 240–241.

7. Washington, *Anti-Blackness*, 460–461; Hildegard Binder-Johnson, "The Germantown Protest of 1688 Against Negro Slavery," *Pennsylvania Magazine of History and Biography* 65 (1941): 151; Katharine Gerbner, "'We Are Against the Traffik of Men-Body': The Germantown Quaker Protest of 1688 and the Origins of American Abolitionism," *Pennsylvania History: A Journal of Mid-Atlantic Studies* 74, no. 2 (2007): 159–166; Thomas, *Slave Trade*, 458; "William Edmundson," *The Friend: A Religious and Literary Journal* 7, no. 1 (1833): 5–6.

8. Wilder, *Ebony & Ivy*, 40.

9. Takaki, *Different Mirror*, 63–68; Parent, *Foul Means*, 126–127, 143–146; Roediger, *How Race Survived U.S. History*, 19–20; Morgan, *American Slavery, American Freedom*, 252–270, 328–329.

10. Silverman, *Life and Times of Cotton Mather*; Tony Williams, *The Pox and the Covenant: Mather, Franklin, and the Epidemic That Changed America's Destiny* (Naperville, IL: Sourcebooks, 2010), 34.

11. Robert Middlekauff, *The Mathers: Three Generations of Puritan Intellectuals, 1596–1728* (New York: Oxford University Press, 1971), 198–199; Ralph Philip Boas and Louise Schutz Boas, *Cotton Mather: Keeper of the Puritan Conscience* (Hamden, CT: Archon Books, 1964), 27–31.

12. Greene, *The Negro in Colonial New England*, 237; Silverman, *Life and Times of Cotton Mather*, 31, 36–37, 159–160.

13. Silverman, *Life and Times of Cotton Mather*, 15–17.

14. Morgan, *American Slavery, American Freedom*, 314; Taylor, *Buying Whiteness*, 269.

15. Silverman, *Life and Times of Cotton Mather*, 41.

16. Slep Stuurman, "Francois Bernier and the Invention of Racial Classification," *History Workshop Journal* 50 (2000): 1–2; Francois Bernier, "A New Division of the Earth," *History Workshop Journal* 51 (2001): 247–250.

第5章 追捕黑人

1. Silverman, *Life and Times of Cotton Mather*, 55–72.

2. Ibid., 53–79.

3. Washington, *Anti-Blackness*, 273; Silverman, *Life and Times of Cotton Mather*, 84–85.

4. Taylor, *Buying Whiteness*, 306–307; Thomas, *Slave Trade*, 454; Hughes, *Versions of Blackness*, xi–xii; Jordan, *White over Black*, 9, 27–28; Washington, *Anti-Blackness*, 228–229.

5. Philip Jenkins, *Intimate Enemies: Moral Panics in Contemporary Great Britain* (New York: Aldine de Gruyter, 1992), 3–5; Silverman, *Life and Times of Cotton Mather*, 84–85.

6. Edward J. Blum and Paul Harvey, *The Color of Christ: The Son of God & the Saga of Race in America* (Chapel Hill: University of North Carolina Press, 2012), 20–21, 27, 40–41; Silverman, *Life and Times of Cotton Mather*, 88–89.

7. Charles Wentworth Upham, *Salem Witchcraft; with an Account of Salem Village, a History of Opinions on Witchcraft and Kindred Subjects*, vol. 1 (Boston: Wiggin and Lunt, 1867), 411–412; Blum and Harvey, *The Color of Christ*, 27–28; Boas and Boas, *Cotton Mather*, 109–110.

8. Silverman, *Life and Times of Cotton Mather*, 94; Williams, *The Pox and the Covenant*, 38; Boas and Boas, *Cotton Mather*, 89.

9. Boas and Boas, *Cotton Mather*, 119.

10. Silverman, *Life and Times of Cotton Mather*, 83–120; Thomas N. Ingersoll, "'Riches and Honour Were Rejected by Them as Loathsome Vomit': The Fear of Leveling in New England," in *Inequality in Early America*, ed. Carla Gardina Pestana and Sharon Vineberg Salinger (Hanover, NH: University Press of New England, 1999), 46–54.

11. Washington, *Anti-Blackness*, 185–186, 257, 280–281; Daniel K. Richter, "'It Is God Who Had Caused Them to Be Servants': Cotton Mather and Afro-American Slavery in New England," *Bulletin of the Congregational Library* 30, no. 3 (1979): 10–11; Greene, *The Negro in Colonial New England*, 265–267.

12. Washington, *Anti-Blackness*, 184–185, 273–277.

13. Cotton Mather, *Diary of Cotton Mather, 1681–1724*, 2 vols., vol. 1 (Boston: The Society, 1911), 226–229; Silverman, *Life and Times of Cotton Mather*, 262–263; Parent, *Foul Means*, 86–89.

14. Samuel Clyde McCulloch, "Dr. Thomas Bray's Trip to Maryland: A Study in Militant Anglican Humanitarianism," *William and Mary Quarterly* 2, no. 1 (1945): 15; C. E. Pierre, "The Work of the Society for the Propagation of the Gospel in Foreign Parts Among the Negroes in the Colonies," *Journal of Negro History* 1, no. 4 (1916): 350–351, 353, 357; Wilder, *Ebony & Ivy*, 42.

15. Morgan, *American Slavery, American Freedom*, 348–351; Parke Rouse, *James Blair of Virginia* (Chapel Hill: University of North Carolina Press, 1971), 16–22, 25–26, 30, 37–38, 40, 43, 71–73, 145, 147–148; Albert J. Raboteau, *Slave Religion: The "Invisible Institution" in the Antebellum South* (New York: Oxford University Press, 1978), 100.

16. Silverman, *Life and Times of Cotton Mather*, 241–242.

第6章　大觉醒

1. Samuel Sewall and Sidney Kaplan, *The Selling of Joseph: A Memorial* (Northhampton, MA: Gehenna Press, 1968).

2. Greene, *The Negro in Colonial New England*, 22.

3. Albert J. Von Frank, "John Saffin: Slavery and Racism in Colonial Massachusetts," *Early American Literature* 29, no. 3 (1994): 254.

4. Greene, *The Negro in Colonial New England*, 259–260, 296–297; Lawrence W. Towner, "The Sewall-Saffin Dialogue on Slavery," *William and Mary Quarterly* 21, no. 1 (1964): 40–52.

5. Parent, *Foul Means*, 120–123; Morgan, *American Slavery, American Freedom*, 330–344; Greene, *The Negro in Colonial New England*, 171.

6. Adams and Sanders, *Alienable Rights*, 39–40.

7. Cotton Mather, *The Negro Christianized* (Boston: Bartholomew Green, 1706), 1–2, 14–16.

8. Silverman, *Life and Times of Cotton Mather*, 264–265; Wilder, *Ebony & Ivy*, 85.

9. Towner, "The Sewall-Saffin Dialogue," 51–52; Juan González and Joseph Torres, *News for All the People: The Epic Story of Race and the American Media* (London: Verso, 2011), 20, 24; Greene, *The Negro in Colonial New England*, 33.

10. A. Judd Northrup, *Slavery in New York: A Historical Sketch*, State Library Bulletin History (Albany: University of the State of New York, 1900), 267–272; Pierre, "Work of the Society," 356–358; Herbert Aptheker, *American Negro Slave Revolts* (New York: International Publishers, 1963), 172–173.

11. Greene, *The Negro in Colonial New England*, 23–30, 73.

12. Williams, *The Pox and the Covenant*, 2–4, 25, 29, 33–34.

13. Arthur Allen, *Vaccine: The Controversial Story of Medicine's Greatest Lifesaver* (New York: W. W. Norton, 2007), 36–37.

14. Silverman, *Life and Times of Cotton Mather*, 197, 254; Cotton Mather, *Diary of Cotton Mather, 1681–1724*, 2 vols., vol. 2 (Boston: The Society, 1911), 620–621; Williams, *The Pox and the Covenant*, 42–43.

15. Williams, *The Pox and the Covenant*, 73–74, 81–82, 117–118.

16. David Waldstreicher, *Runaway America: Benjamin Franklin, Slavery, and the American Revolution* (New York: Hill and Wang, 2004), 40–43; John B. Blake, *Public Health in the Town of Boston, 1630–1822* (Cambridge, MA: Harvard University Press, 1959), 53–61; Williams, *The Pox and the Covenant*, 102.

17. Adams and Sanders, *Alienable Rights*, 25; Williams, *The Pox and the Covenant*, 190–191.

18. Irons, *Origins of Proslavery Christianity*, 30; Greene, *The Negro in Colonial New England*, 260–261; Thomas, *Slave Trade*, 474.

19. Parent, *Foul Means*, 159–162, 236–237, 249–250; Wilder, *Ebony & Ivy*, 43; Irons, *Origins of Proslavery Christianity*, 31–32; Rouse, *James Blair of Virginia*, 32–36.

20. Greene, *The Negro in Colonial New England*, 275–276; Jon Sensbach, "Slaves to Intolerance: African American Christianity and Religious Freedom in Early America," in *The First Prejudice: Religious Tolerance and Intolerance in Early America*, ed. Chris Beneke and Christopher S. Grenda (Philadelphia: University of Pennsylvania Press, 2011), 208–209; Kenneth P. Minkema, "Jonathan Edwards's Defense of Slavery," *Massachusetts Historical Review* 4 (2002): 23, 24, 40; Adams and Sanders, *Alienable Rights*, 40–41.

21. Silverman, *Life and Times of Cotton Mather*, 372–419.

22. Samuel Mather, *The Life of the Very Reverend and Learned Cotton Mather* (Boston: Applewood Books, 2009), 108.

第7章 启蒙运动

1. Parent, *Foul Means*, 169–170.

2. Benjamin Franklin, "A Proposal for Promoting Useful Knowledge Among the British Plantations in America," *Transactions of the Literary and Philosophical Society of New York* 1, no. 1 (1815): 89–90.

3. Benjamin Franklin, *Observations Concerning the Increase of Mankind, Peopling of Countries* (Tarrytown, NY: W. Abbatt, 1918), 10.

4. Thomas, *Slave Trade*, 319, 325–327.

5. Malachy Postlethwayt, *The African Trade, the Great Pillar* (London, 1745), 4.

6. Dorothy E. Roberts, *Fatal Invention: How Science, Politics, and Big Business Re-Create Race in the Twenty-First Century* (New York: New Press, 2011), 29–30; Bethencourt, *Racisms*, 252–253.

7. Harriet A. Washington, *Medical Apartheid: The Dark History of Medical Experimentation on Black Americans from Colonial Times to the Present* (New York: Harlem Moon, 2006), 83; Thomas C. Holt, *Children of Fire: A History of African Americans* (New York: Hill and Wang, 2010), 21.

8. Holt, *Children of Fire*, 19–21; Thomas, *Slave Trade*, 399–402.

9. Voltaire, *Additions to the Essay on General History*, trans. T. Franklin et al., vol. 22, *The Works of M. De Voltaire* (London: Crowder et al., 1763), 227–228, 234.

10. Thomas, *Slave Trade*, 464–465.

11. Bethencourt, *Racisms*, 165–166, 172–173, 178; Roberts, *Fatal Invention*, 31–32.

12. Georges Louis Leclerc Buffon, *Natural History of Man*, new ed., vol. 1 (London: J. Annereau, 1801), 78–79, 83–94; Georges Louis Leclerc Buffon, *Natural History, General and Particular*, trans. William Smellie, 20 vols., vol. 3 (London: T. Cadell et al., 1812), 440–441; Johann Joachim Winckelmann, *History of the Art of Antiquity*, trans. Harry Francis Mallgrave (Los Angeles: Getty Research Institute, 2006), 192–195.

13. Thomas Jefferson, "To John Adams," in *The Writings of Thomas Jefferson*, ed. H. A. Washington (Washington, DC: Taylor and Maury, 1854), 61.

14. Silvio A. Bedini, *Thomas Jefferson: Statesman of Science* (New York: Macmillan, 1990), 12–13.

15. Thomas Jefferson, *Notes on the State of Virginia* (London: J. Stockdale, 1787), 271.

16. Samuel Davies, "The Duty of Christians to Propagate Their Religion Among the Heathens," in *Proslavery and Sectional Thought in the Early South, 1740–1829: An Anthology*, ed. Jeffrey Robert Young (Columbia: University of South Carolina Press, 2006), 113; Peter Kalm, "Travels into North America," in *A General Collection of the Best and Most Interesting Voyages and Travels in All Parts of the World*, ed. John Pinkerton (London: Longman, Hurst, Rees, and Orme, 1812), 503; Landon Carter, *The Diary of Colonel Landon Carter of Sabine Hall, 1752–1778*, 2 vols., vol. 2 (Charlottesville: University Press of Virginia, 1965), 1149.

17. Thomas P. Slaughter, *The Beautiful Soul of John Woolman, Apostle of Abolition* (New York: Hill and Wang, 2008), 94–133.

18. John Woolman, *Some Considerations on the Keeping of Negroes* (Philadelphia: Tract Association of Friends, 1754), 4.

19. Geoffrey Gilbert Plank, *John Woolman's Path to the Peaceable Kingdom: A Quaker in the British Empire* (Philadelphia: University of Pennsylvania Press, 2012), 105–109.

20. Ibid., 110; Slaughter, *Beautiful Soul*, 194–196; John Woolman, "The Journal of John Woolman," in *The Journal and Major Essays of John Woolman*, ed. Phillips P. Moulton (New York: Oxford University Press, 1971), 63.

21. Slaughter, *Beautiful Soul*, 231–236; Plank, *John Woolman's Path*, 175–177.

22. John Woolman, *Considerations on Keeping Negroes: Part Second* (Philadelphia: B. Franklin and D. Hall, 1762), 24, 30.

23. Slaughter, *Beautiful Soul*, 173; Plank, *John Woolman's Path*, 133, 149–153; Woolman, *Journal and Major Essays*, 53–57, 75–78.

24. Jon Meacham, *Thomas Jefferson: The Art of Power* (New York: Random House, 2012), 11–12.

25. Ibid., 39, 44–45; Bedini, *Thomas Jefferson*, 34, 39, 49.

26. Henry Wiencek, *Master of the Mountain: Thomas Jefferson and His Slaves* (New York: Farrar, Straus, and Giroux, 2012), 24–26; Meacham, *Thomas Jefferson*, 47–49.

第8章　展览黑人

1. Henry Louis Gates, *The Trials of Phillis Wheatley: America's First Black Poet and Her Encounters with the Founding Fathers* (New York: Basic Civitas, 2010), 14.

2. Vincent Carretta, *Phillis Wheatley: Biography of a Genius in Bondage* (Athens: University of Georgia Press, 2011), 4–5, 7–8, 12–14; Kathrynn Seidler Engberg, *The Right to Write: The Literary Politics of Anne Bradstreet and Phillis Wheatley* (Lanham, MD: University Press of America, 2010), 35–36.

3. Carretta, *Phillis Wheatley*, 1–17, 37–38.

4. Ibid., 46–47, 58–59, 66–67, 82–83.

5. Gates, *Trials of Phillis Wheatley*, 27–29.

6. Edward Long, *The History of Jamaica*, 3 vols., vol. 2 (London: T. Lowndes, 1774), 476, 483.

7. David Hume, "Of Natural Characters," in *Essays and Treatises on Several Subjects*, ed. David Hume (London: T. Cadell, 1793), 206n512.

8. Silvia Sebastiani, *The Scottish Enlightenment: Race, Gender, and the Limits of Progress* (New York: Palgrave Macmillan, 2013), 103–104.

9. Adams and Sanders, *Alienable Rights*, 26–29.

10. Ignatius Sancho and Joseph Jekyll, *Letters of the Late Ignatius Sancho, an African*, 2 vols. (London: J. Nichols, 1782).

11. Ukawsaw Gronniosaw, *A Narrative of the Most Remarkable Particulars in the Life of James Albert, Ukawsaw Gronniosaw* (Newport, RI: S. Southwick, 1774); Olaudah Equiano, *The Interesting Narrative of the Life of Olaudah Equiano, or Gustavus Vassa, the African*, 2 vols. (New York: W. Durell, 1791).

12. Benjamin Rush, *An Address to the Inhabitants of the British Settlements in America, on the Slavery of Negroes in America* (Philadelphia: John Dunlap, 1773), 2, 3, 8, 15, 16, 26.

13. Carretta, *Phillis Wheatley*, 91, 95–98; Gates, *Trials of Phillis Wheatley*, 33–34; Phillis Wheatley, *Poems on Various Subjects, Religious and Moral* (London: A. Bell, 1773).

14. Peter N. Stearns, *Sexuality in World History* (New York: Routledge, 2009), 108; Lester B. Scherer, "A New Look at Personal Slavery Established," *William and Mary Quarterly* 30 (1973): 645–646; Richard Nisbet, *Slavery Not Forbidden by Scripture, or, a Defence of the West-India Planters* (Philadelphia: John Sparhawk, 1773), 23.

15. Wiencek, *Master of the Mountain*, 26–27, 33–34; Meacham, *Thomas Jefferson*, 69–70, 90–91.

16. Holt, *Children of Fire*, 104; Vincent Harding, *There Is a River: The Black Struggle for Freedom in America* (New York: Harcourt, Brace, Jovanovich, 1981), 43.

17. Long, *History of Jamaica*, 2:356, 364, 371, 475–478.

18. Henry Home of Kames, *Sketches of the History of Man*, 4 vols., vol. 1 (Edinburgh: W. Creech, 1807), 15.

19. Johann Friedrich Blumenbach, "On the Natural Variety of Mankind," in *The Anthropological Treatises of Johann Friedrich Blumenbach*, ed. Thomas Bendyshe (London: Longman, Green, Longman, Roberts, and Green, 1865), 98–100n4.

20. Emmanuel Chukwudi Eze, ed., *Race and the Enlightenment: A Reader* (Cambridge, MA: Blackwell, 1997), 38–64.

21. González and Torres, *News for All the People*, 28–29; Meacham, *Thomas Jefferson*, 97.

22. Waldstreicher, *Runaway America*, 211–212; Samuel Johnson, *Taxation No Tyranny: An Answer to the Resolutions and Address of the American Congress* (London: T. Cadell, 1775), 89.

第9章 生而平等

1. Meacham, *Thomas Jefferson*, 103.

2. Wiencek, *Master of the Mountain*, 27–29 (emphasis added).

3. Jacqueline Jones, *A Dreadful Deceit: The Myth of Race from the Colonial Era to Obama's America* (New York: BasicBooks, 2013), 64.

4. Roediger, *How Race Survived U.S. History*, 31–32, 41–42.

5. Robert L. Hetzel, "The Relevance of Adam Smith," in *Invisible Hand: The Wealth of Adam Smith*, ed. Andres Marroquin (Honolulu: University Press of the Pacific, 2002), 25–29; Adam Smith, *An Inquiry into the Nature and Causes of the Wealth of Nations*, 2 vols., vol. 1 (London: W. Strahan and T. Cadell, 1776), 25; Adam Smith, *An Inquiry into the Nature and Causes of the Wealth of Nations*, 9th ed., 3 vols., vol. 2 (London: A. Strahan, T. Cadell, and W. Davies, 1799), 454.

6. Thomas Jefferson, "Jefferson's 'Original Rough Draught' of the Declaration of Independence," in *The Papers of Thomas Jefferson*, vol. 1, *1760–1776*, ed. Julian P. Boyd (Princeton, NJ: Princeton University Press, 1950), 243–247.

7. Samuel Hopkins, *A Dialogue, Concerning the Slavery of the Africans* (Norwich, CT: Judah P. Spooner, 1776).

8. Joseph J. Ellis, *American Sphinx: The Character of Thomas Jefferson* (New York: Alfred A. Knopf, 1997), 27–71; Meacham, *Thomas Jefferson*, 106.

9. Jefferson, *Notes on the State of Virginia*, 229.

10. Roediger, *How Race Survived U.S. History*, 46.

11. Jefferson, *Notes on the State of Virginia*, 229.

12. Ibid., 232–234.

13. Herbert Aptheker, *Anti-Racism in U.S. History: The First Two Hundred Years* (New York: Greenwood Press, 1992), 47–48.

14. Jefferson, *Notes on the State of Virginia*, 231–232.

15. Ibid., 100, 239; Thomas Jefferson, "To General Chastellux, June 7, 1785," in *The Papers of Thomas Jefferson*, 8:186.

16. Meacham, *Thomas Jefferson*, xxvi, 144, 146, 175, 180.

17. Adams and Sanders, *Alienable Rights*, 88–89; Meacham, *Thomas Jefferson*, 188–189; Thomas Jefferson, "To Brissot de Warville, February 11, 1788," in *The Papers of Thomas Jefferson*, 12:577–578.

18. Fawn McKay Brodie, *Thomas Jefferson: An Intimate History* (New York: W. W. Norton, 2010), 287–288; Constantin-Francois Volney, *Travels Through Syria and Egypt: The Years 1783, 1784, and 1785*, vol. 1 (London: G. G. J. and J. Robinson, 1788), 80–83.

19. Meacham, *Thomas Jefferson*, 208.

20. James Bowdoin, "A Philosophical Discourse Publickly Addressed to the American Academy of Arts and Sciences," *Memoirs of the American Academy of Arts and Sciences* 1 (1785): 8–9; John Morgan, "Some Account of a Motley Colored, or Pye Negro Girl and Mulatto Boy," *Transactions of the American Philosophical Society* 2 (1784): 393.

21. Samuel Stanhope Smith, *An Essay on the Causes of the Variety of Complexion and Figure in the Human Species: To Which Are Added Strictures on Lord Kaim's Discourse, on the Original Diversity of Mankind* (Philadelphia: Robert Aitken, 1787), 17, 32, 58, 72, 111.

22. Ayana D. Byrd and Lori L. Tharps, *Hair Story: Untangling the Roots of Black Hair in America* (New York: St. Martin's Press, 2001), 19–21.

23. Bruce R. Dain, *A Hideous Monster of the Mind: American Race Theory in the Early Republic* (Cambridge, MA: Harvard University Press, 2002), 43; Samuel Stanhope Smith, *Strictures on Lord Kaim's Discourse, on the Original Diversity of Mankind* (Philadelphia: Robert Aitken, 1787), 2, 20.

24. David O. Stewart, *The Summer of 1787: The Men Who Invented the Constitution* (New York: Simon and Schuster, 2007), 68–81.

25. Roediger, *How Race Survived U.S. History*, 47; Adams and Sanders, *Alienable Rights*, 50–66, 78, 80–81.

26. Meacham, Thomas Jefferson, xxvi, 144, 146, 175, 180, 209–210.

27. Ibid., 216–217.

28. Adams and Sanders, *Alienable Rights*, 90–93.

29. Meacham, *Thomas Jefferson*, 216–223.

30. Ibid., 231–235, 239, 241, 249, 254.

第10章 劝善

1. Aptheker, *Anti-Racism in U.S. History*, 15–16; Henry E. Baker, "Benjamin Banneker, the Negro Mathematician and Astronomer," *Journal of Negro History* 3 (1918): 104.

2. Joanne Pope Melish, "The 'Condition' Debate and Racial Discourse in the Antebellum North," *Journal of the Early Republic* 19 (1999): 654–655, 661; Stewart, *Summer of 1787*, 25–27.

3. Roediger, *How Race Survived U.S. History*, 56–57, 142–143; Adams and Sanders, *Alienable Rights*, 28–29.

4. Jordan, *White over Black*, 447–449, 531.

5. Benjamin Banneker, "To Thomas Jefferson, August 19, 1791," in *The Papers of Thomas Jefferson*, 22:49–54.

6. Thomas Jefferson, "To Benjamin Banneker, August 30, 1791," in ibid., 97–98; Thomas Jefferson, "To Condorcet," August 30, 1791," in ibid., 98–99.

7. C. L. R. James, *The Black Jacobins: Toussaint L'ouverture and the San Domingo Revolution*, 2nd ed. (New York: Vintage Books, 1963), 88.

8. Thomas Jefferson, "St. Domingue (Haiti)," *Thomas Jefferson Encyclopedia, Monticello*, www.monticello.org/site/research-and-collections/st-domingue-haiti.

9. Leon F. Litwack, *North of Slavery: The Negro in the Free States, 1790–1860* (Chicago: University of Chicago Press, 1961), 18–19; Melish, "'Condition' Debate," 651–657, 661–665.

10. Melish, "'Condition' Debate," 660–661; Jones, *Dreadful Deceit*, 131.

11. Gary B. Nash, *Forging Freedom: The Formation of Philadelphia's Black Community, 1720–1840* (Cambridge, MA: Harvard University Press, 1988), 127–132.

12. Bedini, *Thomas Jefferson*, 247–248; Meacham, *Thomas Jefferson*, 262–263, 275.

13. Peter Kolchin, *American Slavery*, 1619–1877, rev. ed. (New York: Hill and Wang, 2003), 94–96; Holt, *Children of Fire*, 125.

14. Charles D. Martin, *The White African American Body: A Cultural and Literary Exploration* (New Brunswick, NJ: Rutgers University Press, 2002), 37; Jordan, *White over Black*, 533–534; Joanne Pope Melish, *Disowning Slavery: Gradual Emancipation and "Race" in New England, 1780–1860* (Ithaca, NY: Cornell University Press, 1998), 145.

15. Bethencourt, Racisms, 167; Benjamin Rush, *The Autobiography of Benjamin Rush* (Princeton, NJ: Princeton University Press, 1948), 307; Martin, *The White African American Body*, 19–24; Jefferson, *Notes on the State of Virginia*, 118–119.

16. Benjamin Rush, "To Thomas Jefferson, February 4, 1797," in *The Papers of Thomas Jefferson*, 29:284.

17. Benjamin Rush, "Observations Intended to Favour a Supposition That the Black Color (as It Is Called) of the Negroes Is Derived from the Leprosy," *Transactions of the American Philosophical Society* 4 (1799): 289–297.

18. Jordan, *White over Black*, 502–503; Meacham, *Thomas Jefferson*, 299.

19. *Richmond Recorder*, September 1, 1802.

20. Meacham, *Thomas Jefferson*, 378–380, 418–419, 454.

21. Kimberly Wallace-Sanders, *Skin Deep, Spirit Strong: The Black Female Body in American Culture* (Ann Arbor: University of Michigan Press, 2002), 15–16.

22. Larry E. Tise, *Proslavery: A History of the Defense of Slavery in America, 1701–1840* (Athens: University of Georgia Press, 1987), 36–37; Meacham, *Thomas Jefferson*, 348–350.

23. Jordan, *White over Black*, 349, 368, 375, 379, 385, 401, 403, 410, 425.

24. Meacham, *Thomas Jefferson*, 386–387, 392.

25. Jordan, *White over Black*, 531; Dain, *Hideous Monster*, 58–60.

26. Wilder, *Ebony & Ivy*, 209; Charles White, *An Account of the Regular Gradation in Man, and in Different Animals and Vegetables; and from the Former to the Latter* (London, 1799), iii, 11–40, 61.

27. Jordan, *White over Black*, 505–506, 531.

28. Samuel Stanhope Smith, *An Essay on the Causes of the Variety of Complexion and Figure in the Human Species*, 2nd ed. (New Brunswick, NJ: J. Simpson, 1810), 33, 48, 93–95, 252–255, 265–269, 287–296, 302–305.

第11章 大臀部

1. Thomas Jefferson, "To Pierre Samuel Du Pont de Nemours, March 2, 1809," *Founders Online*, National Archives, http://founders.archives.gov/documents/Jefferson/99-01-02-9936; Meacham, *Thomas Jefferson*, 428–432, 468; Bedini, *Thomas Jefferson*, 396–397.

2. Jordan, *White over Black*, 442; Clement Clarke Moore, *Observations upon Certain Passages in Mr. Jefferson's* Notes on Virginia (New York: 1804), 19–32; Bedini, *Thomas Jefferson*, 379–380, 416, 429–430.

3. Henri Grégoire, *An Enquiry Concerning the Intellectual and Moral Faculties and Literature of Negroes. Followed with an Account of the Life and Works of Fifteen Negroes and Mulattoes*

Distinguished in Science, Literature, and the Arts (College Park, MD: McGrath, 1967), 128, 131, 134, 155–157.

4. Angela Y. Davis, *Women, Race & Class* (New York: Vintage Books, 1983), 7; Thomas, *Slave Trade*, 551–552, 568–572; Kolchin, *American Slavery*, 93–95; Thomas Jefferson, "To John W. Eppes, June 30, 1820," in *Thomas Jefferson's Farm Book: With Commentary and Relevant Extracts from Other Writings*, ed. Edwin Morris Betts (Princeton, NJ: Princeton University Press, 1953), 46.

5. Holt, *Children of Fire*, 105; Jedidiah Morse, *A Discourse, Delivered at the African Meeting-House* (Boston: Lincoln and Edmands, 1808), 18.

6. Thomas Jefferson "To Henri Grégoire, February 25, 1809," *Founders Online*, National Archives, http://founders.archives.gov/documents/Jefferson/99-01-02-9893.

7. Beverly Guy-Sheftall, "The Body Politic: Black Female Sexuality and the Nineteenth-Century Euro-American Imagination," in *Skin Deep, Spirit Strong: The Black Female Body in American Culture*, ed. Kimerbly Wallace-Sanders (Ann Arbor: University of Michigan Press, 2002), 18.

8. Clifton C. Crais and Pamela Scully, *Sara Baartman and the Hottentot Venus: A Ghost Story and a Biography* (Princeton, NJ: Princeton University Press, 2009), 8–10, 24, 25, 37, 40, 50–57, 64, 66, 70, 71, 74, 78–81, 100, 101, 105, 107, 111–113, 124, 126–141.

9. Barbara Krauthamer, *Black Slaves, Indian Masters: Slavery, Emancipation, and Citizenship in the Native American South* (Chapel Hill: University of North Carolina Press, 2013), 17–23, 26, 32, 34–35.

10. Herbert Aptheker, *American Negro Slave Revolts* (New York: International Publishers, 1963), 249–251; Daniel Rasmussen, *American Uprising: The Untold Story of America's Largest Slave Revolt* (New York: Harper, 2011), 1–3.

11. James Kirke Paulding, *Letters from the South by a Northern Man*, new ed., 2 vols., vol. 1 (New York: Harper and Brothers, 1835), 96–98; Kolchin, *American Slavery*, 93–95.

12. Tise, *Proslavery*, 42–52, 142–143, 384; Robert Walsh, *Appeal from the Judgements of Great Britain Respecting the United States of America*, 2nd ed. (Philadelphia, 1819), 397, 409–411.

13. Meacham, *Thomas Jefferson*, xix.

14. Randall, *Thomas Jefferson*, 585; Bedini, *Thomas Jefferson*, 396; Meacham, *Thomas Jefferson*, 446–448.

15. Bedini, *Thomas Jefferson*, 379–380, 402, 403, 416, 429–432, 437.

16. Adams and Sanders, *Alienable Rights*, 107–108.

第12章　殖民化

1. Aptheker, *American Negro Slave Revolts*, 222–223.

2. Tise, *Proslavery*, 58.

3. Philip Slaughter, *The Virginian History of African Colonization* (Richmond: Macfarlane and Fergusson, 1855), 1–8; Eric Burin, *Slavery and the Peculiar Solution: A History of the American Colonization Society* (Gainesville: University Press of Florida, 2005), 10–11.

4. Charles Fenton Mercer, *An Exposition of the Weakness and Inefficiency of the Government of the United States of North America* (n.p., 1845), 173, 284.

5. Douglas R. Egerton, "'Its Origin Is Not a Little Curious: A New Look at the American Colonization Society," *Journal of the Early Republic* 4 (1985): 468–472.

6. Robert Finley, "Thoughts on the Colonization of Free Blacks," *African Repository and Colonial Journal* 9 (1834): 332–334.

7. Scott L. Malcomson, *One Drop of Blood: The American Misadventure of Race* (New York: Farrar, Straus, and Giroux, 2000), 191; Finley, "Thoughts on the Colonization of Free Blacks," 332–334.

8. Tibebu Teshale, *Hegel and the Third World: The Making of Eurocentrism in World History* (Syracuse, NY: Syracuse University Press, 2011), 74–76, 79, 80, 83, 87, 89, 171, 174, 178–179.

9. Egerton, "'Its Origin Is Not a Little Curious,'" 476, 480.

10. Burin, *Slavery and the Peculiar Solution*, 15–16; Douglas R. Egerton, "Averting a Crisis: The Proslavery Critique of the American Colonization Society," *Civil War History* 42 (1997): 143–144.

11. Litwack, *North of Slavery*, 34–39.

12. Myron O. Stachiw, "'For the Sake of Commerce': Slavery, Antislavery, and Northern Industry," in *The Meaning of Slavery in the North*, ed. David Roediger and Martin H. Blatt (New York: Garland, 1998), 35.

13. David Robertson, *Denmark Vesey* (New York: Alfred A. Knopf, 1999), 4–5, 41–42, 47–48, 98, 123; Aptheker, *American Negro Slave Revolts*, 81, 115, 268–275; Adams and Sanders, *Alienable Rights*, 142–143; Tise, *Proslavery*, 58–61.

14. Burin, *Slavery and the Peculiar Solution*, 15–16.

15. Ellis, *American Sphinx*, 314–326; Meacham, *Thomas Jefferson*, 475, 77.

16. Thomas Jefferson, *Autobiography of Thomas Jefferson*, 1743–1790 (New York: G. P. Putnam's Sons, 1914), 77.

17. Edward J. Blum and Paul Harvey, *The Color of Christ: The Son of God & the Saga of Race in America* (Chapel Hill: University of North Carolina Press, 2012), 78–83, 93–100; Meacham, *Thomas Jefferson*, 473.

18. Tise, *Proslavery*, 52–54, 302–303; James Brewer Stewart, "The Emergence of Racial Modernity and the Rise of the White North, 1790–1840," *Journal of the Early Republic* 18, no. 2 (1998): 193–195; Adams and Sanders, *Alienable Rights*, 112–113.

19. Melish, "'Condition' Debate," 667–668.

20. Hosea Easton, "An Address," in *To Heal the Scourge of Prejudice: The Life and Writings of Hosea Easton*, ed. George R. Price and James Brewer Stewart (Amherst: University of Massachusetts Press, 1999), 62.

21. *Freedom's Journal*, March 16, 1827.

22. Frederick Cooper, "Elevating the Race: The Social Thought of Black Leaders, 1827–50," *American Quarterly* 24, no. 5 (1972): 606–608.

23. González and Torres, *News for All the People*, 109–113; Stewart, "The Emergence of Racial Modernity," 193–195.

24. Albert Ebenezer Gurley, Charles Rogers, and Henry Porter Andrews, *The History and Genealogy of the Gurley Family* (Hartford, CT: Press of the Case, Lockwood, and Brainard Company, 1897), 72; Melish, "'Condition' Debate," 658.

25. Thomas Jefferson to Jared Sparks Monticello, February 4, 1824, *The Letters of Thomas Jefferson, 1743–1826*, American History, www.let.rug.nl/usa/presidents/thomas-jefferson/letters-of-thomas-jefferson/jefl276.php.

26. "American Colonization Society," *African Repository and Colonial Journal* 1 (1825): 1, 5; T.R., "Observations of the Early History of the Negro Race," *African Repository and Colonial Journal* 1 (1825): 7–12.

27. Meacham, *Thomas Jefferson*, 488.

28. Bedini, *Thomas Jefferson*, 478–480; Meacham, *Thomas Jefferson*, 48, 492–496.

第13章　逐步平等

1. Ellis, *American Sphinx*, 298.

2. Wilder, *Ebony & Ivy*, 255, 256, 259, 265–266.

3. Henry Mayer, *All on Fire: William Lloyd Garrison and the Abolition of Slavery* (New York: St. Martin's Press, 1998), 3–13; John L. Thomas, *The Liberator: William Lloyd Garrison, a Biography* (Boston: Little, Brown, 1963), 7–20, 27–42.

4. Mayer, *All on Fire*, 51–55.

5. Ibid., 62–68.

6. Ibid., 68–70.

7. William Lloyd Garrison, "To the Public," *Genius of Universal Emancipation*, September 2, 1829.

8. David Walker, *David Walker's Appeal* (Baltimore: Black Classic Press, 1993), 36, 37, 39–42, 70, 91, 95.

9. Mayer, *All on Fire*, 77–78, 83–88, 91–94; Litwack, *North of Slavery*, 233–235.

10. Alexis de Tocqueville, *Democracy in America*, trans. Henry Reeve, 3rd American ed., vol. 1 (New York: G. Adlard, 1839), 340–356, 374.

11. William Lloyd Garrison, "To the Public," *The Liberator*, January 1, 1831.

12. William Lloyd Garrison, *An Address, Delivered Before the Free People of Color, in Philadelphia*, 2nd ed. (Boston: S. Foster, 1831), 5–6; Thomas, *The Liberator*, 152.

13. *Minutes and Proceedings of the Second Annual Convention, for the Improvement of the Free People of Color in These United States* (Philadelphia, 1832), 34.

14. Alexander Saxton, "Problems of Class and Race in the Origins of the Mass Circulation Press," *American Quarterly* 36, no. 2 (1984): 212, 213, 217, 231; Litwack, *North of Slavery*, 113, 119, 126, 131, 168–170; Tise, *Proslavery*, 294–302; Mayer, *All on Fire*, 117–118, 169; González and Torres, *News for All the People*, 50–51.

15. Bruce A. Glasrud and Alan M. Smith, *Race Relations in British North America, 1607–1783* (Chicago: Nelson-Hall, 1982); Litwack, *North of Slavery*, 162–164.

16. Washington, *Medical Apartheid*, 86–90, 94–98; David R. Roediger, *The Wages of Whiteness: Race and the Making of the American Working Class*, rev. ed. (London: Verso, 2007), 115–116.

17. Leonard Cassuto, *The Inhuman Race: The Racial Grotesque in American Literature and Culture* (New York: Columbia University Press, 1997), 139–143; Paula T. Connolly, *Slavery in American Children's Literature, 1790–2010* (Iowa City: University of Iowa Press, 2013), 53, 56–57; David Kenneth Wiggins, *Glory Bound: Black Athletes in a White America* (Syracuse, NY: Syracuse University Press, 1997), 14–15; John Pendleton Kennedy, *Swallow Barn, or, a Sojourn in the Old Dominion*, 2 vols. (Philadelphia: Carey and Lea, 1832).

18. Aptheker, *American Negro Slave Revolts*, 293–295, 300–307; Blum and Harvey, *The Color of Christ*, 123; Nat Turner and Thomas R. Gray, *The Confessions of Nat Turner* (Richmond: T. R. Gray, 1832), 9–10.

19. Mayer, *All on Fire*, 117, 120–123, 129–131; Thomas, *The Liberator*, 131–132, 136–137; Aptheker, *American Negro Slave Revolts*, 313.

20. Mayer, *All on Fire*, 131–134.

21. William Lloyd Garrison, *Thoughts on African Colonization* (New York: Arno Press, 1968), xix, 151; Mayer, *All on Fire*, 134–139, 140.

22. Garrison, *Thoughts on African Colonization*, ix–xi; Thomas R. Dew, *Review of the Debate in the Virginia Legislature of 1831 and 1832* (Bedbord, MA: Applewood Books, 2008), 5, 93.

23. Litwack, *North of Slavery*, 153–158.

24. Chancellor Harper, *Memoir on Slavery* (Charleston: James S. Burges, 1838), 55; Ralph Gurley, "Garrison's Thoughts on African Colonization," *African Repository and Colonial Journal* 8, no. 8 (1832): 277; González and Torres, *News for All the People*, 42–44; Tise, *Proslavery*, 64–74, 267–268; Mayer, *All on Fire*, 139–145, 148, 157, 166–167.

25. Aptheker, *Anti-Racism in U.S. History*, 129; Mayer, *All on Fire*, 170–176.

26. Mayer, *All on Fire*, 195; Russel B. Nye, *William Lloyd Garrison and the Humanitarian Reformers*, Library of American Biography (Boston: Little, Brown, 1955), 81–82.

第14章 野蛮或文明

1. George M. Fredrickson, *The Black Image in the White Mind: The Debate on Afro-American Character and Destiny, 1817–1914* (Middletown, CT: Wesleyan University Press, 1987), 103–104; Connolly, *Slavery in American Children's Literature*, 26–30.

2. Ronald Bailey, "'Those Valuable People, the Africans': The Economic Impact of the Slave(ry) Trade on Textile Industrialization in New England," in *The Meaning of Slavery in the North*, ed. David Roediger and Martin H. Blatt (New York: Garland, 1998), 13; Christine Stansell, *City of Women: Sex and Class in New York, 1789–1860* (Urbana: University of Illinois Press, 1987), 83–100; Jones, *Dreadful Deceit*, 107; Bertram Wyatt-Brown, "The Abolitionists' Postal Campaign of 1835," *Journal of Negro History* 50, no. 4 (1965): 227–238; González and Torres, *News for All the People*, 39–40, 46–47; Mayer, *All on Fire*, 196–199; Adams and Sanders, *Alienable Rights*, 146–147, 149; Tise, *Proslavery*, 279, 308–310.

3. John C. Calhoun, "Speech on Slavery," US Senate, *Congressional Globe*, 24th Cong., 2nd sess. (February 6, 1837), 157–159.

4. Mayer, *All on Fire*, 218.

5. *Colored American*, June 1, 1839.

6. Calvin Colton, *Abolition a Sedition* (Philadelphia: G. W. Donohue, 1839), 126; William Ragan Stanton, *The Leopard's Spots: Scientific Attitudes toward Race in America, 1815–59* (Chicago: University of Chicago Press, 1960), 24–25.

7. Samuel George Morton, *Crania Americana* (Philadelphia: J. Dobson, 1839), 1–7.

8. Ann Fabian, *The Skull Collectors: Race, Science, and America's Unburied Dead* (Chicago: University of Chicago Press, 2010), 24, 81–82, 90; "Crania Americana," *Boston Medical and Surgical Journal* 21, no. 22 (1840): 357; "Review," *American Journal of Science and Arts* 38, no. 2 (1840): 341; Sven Lindqvist, *The Skull Measurer's Mistake: And Other Portraits of Men and Women Who Spoke Out Against Racism* (New York: New Press, 1997), 44–47.

9. Edward Jarvis, "Statistics of Insanity in the United States," *Boston Medical and Surgical Journal* 27, no. 7 (1842): 116–121.

10. "Vital Stastitics of Negroes and Mulattoes," *Boston Medical and Surgical Journal* 27, no. 10 (1842); Stanton, *The Leopard's Spots*, 65–68.

11. Edward Jarvis, "Insanity Among the Coloured Population of the Free States," *American Journal of Medical Sciences* 6, no. 13 (1844): 71–83.

12. Mayer, *All on Fire*, 326; Nye, *William Lloyd Garrison*, 148–149.

13. Stanton, *The Leopard's Spots*, 45–53, 60–65; Fredrickson, *The Black Image in the White Mind*, 74–75; H. Shelton Smith, *In His Image: But . . . Racism in Southern Religion, 1780–1910* (Durham, NC: Duke University Press, 1972), 144; Litwack, *North of Slavery*, 46.

14. Fergus M. Bordewich, *Bound for Canaan: The Underground Railroad and the War for the Soul of America* (New York: Amistad, 2005), 224–226.

15. Frederick Douglass, *Narrative of the Life of Frederick Douglass, an American Slave* (New Haven, CT: Yale University Press, 2001), 3, 4, 6, 8, 9; Mayer, *All on Fire*, 350–352.

16. Connolly, *Slavery in American Children's Literature*, 35, 38; Stanton, *The Leopard's Spots*, 68–72, 97–99; Josiah Clark Nott, *Two Lectures on the Natural History of the Caucasian and Negro Races* (Mobile: Dade and Thompson, 1844), 38; E. G. Squier, "American Ethnology," *American Review* 9 (1849): 385–398.

17. Michael T. Bernath, *Confederate Minds: The Struggle for Intellectual Independence in the Civil War South*, Civil War America (Chapel Hill: University of North Carolina Press, 2010), 83–84; González and Torres, *News for All the People*, 138.

18. Samuel A. Cartwright, "Report on the Diseases and Physical Peculiarities of the Negro Race," *De Bow's Review* 7 (1851), 692–696.

19. Washington, *Medical Apartheid*, 55, 57, 61–68.

20. González and Torres, *News for All the People*, 118–119.

21. Litwack, *North of Slavery*, 47–48; James D. Bilotta, *Race and the Rise of the Republican Party, 1848–1865* (New York: P. Lang, 1992), 83–99.

22. Patricia A. Schechter, "Free and Slave Labor in the Old South: The Tredegar Ironworkers' Strike of 1847," *Labor History* 35, no. 2 (1994): 165–186.

23. William Lloyd Garrison, "Complexional Prejudice," in *Selections from the Writings and Speeches of William Lloyd Garrison* (New York: Negro Universities Press, 1968), 286–288.

24. Mayer, *All on Fire*, 393.

25. John Bachman, *The Doctrine of the Unity of the Human Race Examined on the Principles of Science* (Charleston, SC: C. Canning, 1850), 91, 212.

26. Peter A. Browne, *The Classification of Mankind, by the Hair and Wool of Their Heads* (Philadelphia, 1850), 1, 8, 20; M. H. Freeman, "The Educational Wants of the Free Colored People," *Anglo-African Magazine*, April 1859.

27. Henry Clay, "Remark in Senate," in *The Papers of Henry Clay: Candidate, Compromiser, Elder Statesman, January 1, 1844–June 29, 1852*, vol. 10, ed. Melba Porter Hay (Lexington: University Press of Kentucky, 2015), 815.

28. Henry Clay, "Remark in Senate," in ibid., 815.

第15章　灵魂

1. Joan D. Hedrick, *Harriet Beecher Stowe: A Life* (New York: Oxford University Press, 1994), 202–205.

2. Giddings, *When and Where I Enter*, 54–55, 132–133.

3. Hedrick, *Harriet Beecher Stowe*, 206–207.

4. Harriet Beecher Stowe, *Uncle Tom's Cabin* (London: George Bell and Sons, 1889), iii, 193.

5. *A Key to Uncle Tom's Cabin: Presenting the Original Facts and Documents upon Which the Story Is Founded* (London: Sampson Low, Son and Company, 1853), 52; Stowe, *Uncle Tom's Cabin*, 327.

6. Stephan Talty, *Mulatto America: At the Crossroads of Black and White Culture. A Social History* (New York: HarperCollins, 2003), 22–24.

7. Stowe, *Uncle Tom's Cabin*, 80, 473; Millard Fillmore, "Mr. Fillmore's Views Relating to Slavery," in *Millard Fillmore Papers*, vol. 1, ed. Frank H. Severance (Buffalo: Buffalo Historical Society, 1907), 320–324.

8. William Lloyd Garrison, "Review of Uncle Tom's Cabin; or, Life Among the Lowly," *The Liberator*, March 26, 1852.

9. Frederick Douglass, *The Life and Times of Frederick Douglass: From 1817–1882* (London: Christian Age Office, 1882), 250.

10. Martin Robison Delany, *The Condition, Elevation, Emigration, and Destiny of the Colored People of the United States, Politically Considered* (Philadelphia, 1852), 10, 24–27.

11. Giddings, *When and Where I Enter*, 60–61; Christian G. Samito, *Changes in Law and Society During the Civil War and Reconstruction: A Legal History Documentary Reader* (Carbondale: Southern Illinois University Press, 2009), 17.

12. Connolly, *Slavery in American Children's Literature*, 69–76; "Southern Slavery and Its Assailants: The Key to Uncle Tom's Cabin," *De Bow's Review*, November 1853.

13. Franklin Pierce, "Address by Franklin Pierce, 1853," Joint Congressional Committee on Inaugural Ceremonies, www.inaugural.senate.gov/swearing-in/address/address-by-franklin-pierce-1853; Mayer, *All on Fire*, 425–427.

14. Josiah Clark Nott and George R. Gliddon, *Types of Mankind*, 7th ed. (Philadelphia: J.B. Lippincott, Grambo, 1855), v, 60.

15. John H. Van Evrie, *Negroes and Negro "Slavery": The First an Inferior Race: The Latter Its Normal Condition*, 3rd ed. (New York: Van Evrie, Horton, 1963), 221; Thomas F. Gossett, *Race: The History of an Idea in America*, new ed. (New York: Oxford University Press, 1997), 342–346; Stanton, *The Leopard's Spots*, 174–175.

16. Carolyn L. Karcher, "Melville's 'the 'Gees': A Forgotten Satire on Scientific Racism," *American Quarterly* 27, no. 4 (1975): 425, 430–431.

17. Waldo E. Martin, *The Mind of Frederick Douglass* (Chapel Hill: University of North Carolina Press, 1984), 229.

18. James McCune Smith, "On the Fourteenth Query of Thomas Jefferson's Notes on Virginia," *The Anglo-African Magazine*, August 1859.

19. Frederick Douglass, *The Claims of the Negro, Ethnologically Considered* (Rochester, NY: Lee, Mann, 1854); Wilson Jeremiah Moses, *Afrotopia: The Roots of African American Popular History* (Cambridge, UK: Cambridge University Press, 1998), 111–113.

20. William Lloyd Garrison, "Types of Mankind," *The Liberator*, October 13, 1854.

21. "Frederick Douglass and His Paper," *The Liberator*, September 23, 1853.

22. Mayer, *All on Fire*, 431–434.

第16章 即将到来的危机

1. Eric Foner, *The Fiery Trial: Abraham Lincoln and American Slavery* (New York: W. W. Norton, 2010), 65–67.

2. Mayer, *All on Fire*, 424–425.

3. Foner, *Fiery Trial*, 5, 11, 12, 31, 60–62.

4. James Buchanan, "Inaugural Address," March 4, 1857, at Gerhard Peters and John T. Woolley, The American Presidency Project, www.presidency.ucsb.edu/ws/?pid=25817.

5. *Dred Scott v. John F. A. Sanford*, March 6, 1857, Case Files 1792–1995, Record Group 267, Records of the Supreme Court of the United States, National Archives.

6. Harding, *There Is a River*, 195, 202–204.

7. Abraham Lincoln and Stephen A. Douglas, *Political Debates Between Hon. Abraham Lincoln and Hon. Stephen A. Douglas, in the Celebrated Campaign of 1858, in Illinois* (Columbus, OH: Follett, Foster, 1860), 71, 154, 232, 241.

8. Foner, *Fiery Trial*, 101–111.

9. Mayer, *All on Fire*, 474–477.

10. Hinton Rowan Helper, *The Impending Crisis of the South: How to Meet It* (New York: Burdick Brothers, 1857), 184.

11. Fredrickson, *The Black Image in the White Mind*, 113–115.

12. Adams and Sanders, *Alienable Rights*, 178; Mayer, *All on Fire*, 494–507.

13. William C. Davis, *Jefferson Davis: The Man and His Hour* (Baton Rouge: Louisiana State University Press, 1996), 277–279.

14. Charles Darwin, *On the Origin of Species by Means of Natural Selection, or the Preservation of Favoured Races in the Struggle for Life*, 3rd ed. (London: J. Murray, 1861), 4, 6, 18, 24, 35, 413, 524.

15. Richard Hofstadter, *Social Darwinism in American Thought* (Boston: Beacon Press, 1992), 5, 13, 22, 29, 31–41.

16. Francis Galton, *Hereditary Genius: An Inquiry into Its Laws and Consequences* (New York: D. Appleton, 1891), 338; Gossett, *Race*, 155–158.

17. Carl N. Degler, *In Search of Human Nature: The Decline and Revival of Darwinism in American Social Thought* (New York: Oxford University Press, 1991), 59–61.

18. Charles Darwin, *The Descent of Man, and Selection in Relation to Sex* (New York: D. Appleton, 1872), 163, 192–193, 208.

19. "Free Negro Rule," *De Bow's Review* 3, no. 4 (1860): 440.

20. "Review 2," *De Bow's Review* 3, no. 4 (1860): 490–491; John Tyler Jr., "The Secession of the South," *De Bow's Review* 3, no. 4 (1860): 367.

21. Mayer, *All on Fire*, 508–509; Foner, *Fiery Trial*, 139–142.

22. Mayer, *All on Fire*, 513–514; Litwack, *North of Slavery*, 269–276.

23. Abraham Lincoln, "To John A. Gilmer," in *Collected Works of Abraham Lincoln*, vol. 4 (Ann Arbor: University of Michigan Press, 2001), 152; Aptheker, *American Negro Slave Revolts*, 357–358; Bernard E. Powers Jr., "'The Worst of All Barbarism': Racial Anxiety and the Approach of Secession in the Palmetto State," *South Carolina Historical Magazine* 112, nos. 3–4 (2011): 152–156.

第17章　历史的解放者

1. "Declaration of the Immediate Causes Which Induce and Justify Secession of South Carolina from the Federal Union," The Avalon Project: Documents in Law, History and Diplomacy, Lillian Goldman Law Library, Yale Law School, http://avalon.law.yale.edu/19th_century/csa_scarsec.asp; Roediger, *How Race Survived U.S. History*, 70–71; Eric Foner, *Reconstruction: America's Unfinished Revolution, 1863–1877* (New York: Perennial Classics, 2002), 25; Foner, *Fiery Trial*, 146–147; Myron O. Stachiw, "'For the Sake of Commerce': Slavery, Antislavery, and Northern Industry," in *The Meaning of Slavery in the North*, ed. David Roediger and Martin H. Blatt (New York: Garland, 1998), 33–35.

2. Abraham Lincoln, "First Inaugural Address," March 4, 1861, The Avalon Project: Documents in Law, History, and Diplomacy, Lillian Goldman Law Library, Yale Law School, http://avalon.law.yale.edu/19th_century/lincoln1.asp; Alexander

H. Stephens, "'Corner Stone' Speech," Teaching American History, http://teachingamericanhistory.org/library/document/cornerstone-speech.

3. Connolly, *Slavery in American Children's Literature*, 76, 77, 80, 81, 83, 84; Bernath, *Confederate Minds*, 13; William C. Davis, *Look Away!: A History of the Confederate States of America* (New York: Free Press, 2002), 142–143.

4. Mayer, *All on Fire*, 525–526.

5. See *Weekly Anglo-African*, April 27, 1861.

6. Davis, *Look Away*, 142–143.

7. Andrew Johnson, "Proclamation on the End of the Confederate Insurrection," April 2, 1866, Miller Center, University of Virginia, http://millercenter.org/president/johnson/speeches/proclamation-on-the-end-of-the-confederate-insurrection; Washington, *Medical Apartheid*, 149–150.

8. "The President's Proclamation," *New York Times*, September 26, 1862; Abraham Lincoln, "First Annual Message," December 3, 1861, Messages and Papers of the Presidents, at Gerhard Peters and John T. Woolley, The American Presidency Project, www.presidency.ucsb.edu/ws/?pid=29502; William Lloyd Garrison, "To Oliver Johnson, December 6, 1861," *The Letters of William Lloyd Garrison: Let the Oppressed Go Free, 1861–1867* (Cambridge, MA: Harvard University Press, 1979), 47.

9. Aptheker, *American Negro Slave Revolts*, 359–367; Foner, *Reconstruction*, 15–17.

10. Foner, *Fiery Trial*, 215–220.

11. Ibid., 221–227; William Lloyd Garrison, "The President on African Colonization," *The Liberator*, August 22, 1862; Mayer, *All on Fire*, 531–539; Paul D. Escott, *"What Shall We Do with the Negro?" Lincoln, White Racism, and Civil War America* (Charlottesville: University of Virginia Press, 2009), 53–55; Litwack, *North of Slavery*, 277–278.

12. Horace Greeley, "The Prayer of Twenty Millions," *New York Tribune*, August 20, 1862.

13. Abraham Lincoln, "A Letter from the President," *National Intelligencer*, August 23, 1862.

14. Abraham Lincoln, "Preliminary Emancipation Proclamation," September 22, 1862, National Archives and Records Administration, www.archives.gov/exhibits/american_originals_iv/sections/transcript_preliminary_emancipation.html.

15. Foner, *Fiery Trial*, 227–232; Peter S. Field, "The Strange Career of Emerson and Race," *American Nineteenth Century History* 2, no. 1 (2001): 22–24; Mayer, *All on Fire*, 537–543.

16. Abraham Lincoln, "Second Annual Message," December 1, 1862, Messages and Papers of the Presidents, at Gerhard Peters and John T. Woolley, The American Presidency Project, University of California at Santa Barbara, www.presidency.ucsb.edu/ws/?pid=29503.

17. Foner, *Fiery Trial*, 238–247; Escott, *"What Shall We Do with the Negro,"* 62–63.

18. Mayer, *All on Fire*, 544–547; Thomas, *The Liberator*, 419–420.

19. Escott, *"What Shall We Do with the Negro,"* 62–64.

第18章 为自由准备好了吗?

1. Henry Villard, *Memoirs of Henry Villard, Journalist and Financier, 1863–1900*, 2 vols., vol. 2 (Boston: Houghton, Mifflin, 1904), 14–24, 52–55.

2. Escott, *"What Shall We Do with the Negro,"* 42–50; Fredrickson, *The Black Image in the White Mind*, 233–235.

3. Foner, *Fiery Trial*, 52–53; James Brooks, *The Two Proclamations* (New York: Printed by Van Evrie, Horton, 1862), 6.

4. Forrest G. Wood, *Black Scare: The Racist Response to Emancipation and Reconstruction* (Berkeley: University of California Press, 1968), 40–52.

5. Foner, *Fiery Trial*, 251.

6. Orestes Augustus Brownson, "Abolition and Negro Equality," in *The Works of Orestes A. Brownson*, vol. 17, ed. Henry F. Brownson (Detroit: Thorndike Nourse, 1885), 553.

7. Foner, *Fiery Trial*, 258–260.

8. Foner, *Reconstruction*, 35–37, 46–50, 63–64; Mayer, *All on Fire*, 562–563.

9. William Lloyd Garrison, "To Oliver Johnson," in *The Letters of William Lloyd Garrison: Let the Oppressed Go Free, 1861–1867*, vol. 10, ed. Walter M. Merrill (Cambridge, MA: Harvard University Press, 1979), 201.

10. Abraham Lincoln, "Address at Sanitary Fair, Baltimore, Maryland," in *Collected Works of Abraham Lincoln*, 7:302–303.

11. Foner, *Fiery Trial*, 275–277.

12. Samuel G. Howe, *The Refugees from Slavery in Canada West, Report to the Freedmen's Inquiry Commission* (Boston: Wright and Potter, 1864), 1, 33; Robert Dale Owen, *The Wrong of Slavery: The Right of Emancipation, and the Future of the African Race in the United States* (Philadelphia: J. B. Lippincott, 1864), 219–222.

13. Escott, *"What Shall We Do with the Negro,"* 73–93.

14. William Lloyd Garrison, "To Francis W. Newman," in *The Letters of William Lloyd Garrison*, 10:228–229.

15. Foner, *Fiery Trial*, 302–311.

16. "Account of a Meeting of Black Religious Leaders in Savannah, Georgia, with the Secretary of War and the Commander of the Military Division of the Mississippi," in *Freedom: A Documentary History of Emancipation, 1861–1867*, series 1, vol. 3, ed. Ira Berlin et al. (New York: Cambridge University Press, 1982), 334–335.

17. Nicholas Guyatt, "'An Impossible Idea?': The Curious Career of Internal Colonization," *Journal of the Civil War Era* 4, no. 2 (2014): 241–244.

18. Foner, *Reconstruction*, 59; Guyatt, "'An Impossible Idea?'" 241–244; Foner, *Fiery Trial*, 320–321; Horace Greeley, "Gen. Sherman and the Negroes," *New York Tribune*, January 30, 1865.

19. Foner, *Fiery Trial*, 313, 317–320; Mayer, *All on Fire*, 572–576.

20. Samuel Thomas, "To General Carl Schurz," in *Senate Executive Documents for the First Session of the Thirty-Ninth Congress of the United States of America* (Washington, DC: US Government Printing Office, 1866,) 81; General O. O. Howard, *Report of the Brevet Major General O. O. Howard, Commissioner Bureau of Refugees, Freedmen, and Abandoned Lands, to the Secretary of War* (Washington, DC: US Government Printing Office, 1869), 8; Josiah C. Nott, "The Problem of the Black Races," *De Bow's Review*, new ser., vol. 1 (1866): 266–270.

21. Foner, *Reconstruction*, 73.

22. Ibid., 31, 67–68; Foner, *Fiery Trial*, 330–331.

23. Terry Alford, *Fortune's Fool: The Life of John Wilkes Booth* (New York: Oxford University Press, 2015), 257.

24. Blum and Harvey, *The Color of Christ*, 131.

25. Foner, *Reconstruction*, 67; Adams and Sanders, *Alienable Rights*, 196–197; Hans L. Trefousse, *Andrew Johnson: A Biography* (New York: W. W. Norton, 1989), 183; Clifton R. Hall, *Andrew Johnson: Military Governor of Tennessee* (Princeton, NJ: Princeton University Press, 1916), 102.

第19章 重建奴隶制

1. Foner, *Reconstruction*, 103–106, 110, 132–133, 138, 153–155, 198–205, 209–210, 215.

2. Ibid., 235–237; "The Negro's Claim to Office," *The Nation*, August 1, 1867.

3. James D. Anderson, *The Education of Blacks in the South, 1860–1935* (Chapel Hill: University of North Carolina Press, 1988), 6–7, 11–12.

4. William Lloyd Garrison, "Official Proclamation," *The Liberator*, December 22, 1865; William Lloyd Garrison, "Valedictory: The Last Number of the Liberator," *The Liberator*, December 29, 1865.

5. Mayer, *All on Fire*, 594–603; Foner, *Reconstruction*, 180–181.

6. Matt Wray and Annalee Newitz, *White Trash: Race and Class in America* (New York: Routledge, 1997), 2–3.

7. Adam I. P. Smith, *No Party Now: Politics in the Civil War North* (New York: Oxford University Press, 2006), 54–55; Andrew Johnson, "Veto of the Freedmen's Bureau Bill," February 19, 1866, http://teachingamericanhistory.org/library/document/veto-of-the-freedmens-bureau-bill/.

8. Andrew Johnson's Veto of the Civil Rights Bill, March 27, 1866, America's Reconstruction: People and Politics After the Civil War, www.digitalhistory.uh.edu/exhibits/reconstruction/section4/section4_10veto2.html.

9. Foner, *Reconstruction*, 241–251; C. Vann Woodward, *American Counterpoint: Slavery and Racism in the North-South Dialogue* (Boston: Little, Brown, 1971), 168–171; Roediger, *How Race Survived U.S. History*, 130.

10. Howard N. Rabinowitz, *Race Relations in the Urban South, 1865–1890* (Athens: University of Georgia Press, 1996), 24–182; Foner, *Reconstruction*, 261–264.

11. Wood, *Black Scare*, 120–123, 141–143.

12. Text of Fourteenth Amendment, Cornell University Law School, https://www.law.cornell.edu/constitution/amendmentxiv.

13. Foner, *Reconstruction*, 255, 261.

14. Elizabeth Cady Stanton, Susan B. Anthony, and Matilda Joslyn Gage, eds., *History of Woman Suffrage, 1861–1876*, vol. 2 (Rochester, NY: Charles Mann, 1887), 188, 214; Frances Ellen Watkins Harper, "We Are All Bound Up Together," in *Proceedings of the Eleventh Women's Rights Convention* (New York: Robert J. Johnston, 1866); Giddings, *When and Where I Enter*, 65–67; Davis, *Women, Race & Class*, 64–65, 70–75, 80–81.

15. Gerda Lerner, ed., *Black Women in White America: A Documentary History* (New York: Pantheon Books, 1972), 569–570.

16. Foner, *Reconstruction*, 253–271, 282–285, 288–291, 308–311.

17. Paul D. Moreno, *Black Americans and Organized Labor: A New History* (Baton Rouge: Louisiana State University Press, 2006), 24–26.

18. Ibram H. Rogers, *The Black Campus Movement: Black Students and the Racial Reconstitution of Higher Education, 1965–1972* (New York: Palgrave Macmillan, 2012), 13–15;

National Freedman's Relief Association of New York Annual Report of 1865/66 (New York: Holman, 1866), 22; Anderson, *Education of Blacks in the South*, 28–63.

19. Kathy Russell-Cole, Midge Wilson, and Ronald E. Hall, *The Color Complex: The Politics of Skin Color Among African Americans* (New York: Harcourt, Brace, Jovanovich, 1992), 26–29.

20. Woodward, *American Counterpoint*, 172–176; Andrew Johnson, "Third Annual Message," December 3, 1867, at Gerhard Peters and John T. Woolley, The American Presidency Project, www.presidency.ucsb.edu/ws/?pid=29508.

21. Foner, *Reconstruction*, 340–345; Adams and Sanders, *Alienable Rights*, 211; Wood, *Black Scare*, 116–117, 120, 123–129.

22. Foner, *Reconstruction*, 446–447; Fredrickson, *The Black Image in the White Mind*, 185–186; Woodward, *American Counterpoint*, 177–179.

23. Louise Michele Newman, *White Women's Rights: The Racial Origins of Feminism in the United States* (New York: Oxford University Press, 1999), 65.

24. Giddings, *When and Where I Enter*, 68–70; Moreno, *Black Americans and Organized Labor*, 27–32; Roediger, *How Race Survived U.S. History*, 103–104.

25. Davis, *Women, Race & Class*, 82–86; Giddings, *When and Where I Enter*, 67–71.

26. Wood, *Black Scare*, 102.

第20章　重建批判

1. Mayer, *All on Fire*, 613–614; Foner, *Reconstruction*, 448–449.

2. William A. Sinclair, *The Aftermath of Slavery: A Study of the Condition and Environment of the American Negro* (Boston: Small, Maynard, 1905), 104.

3. Wood, *Black Scare*, 143–153.

4. Adams and Sanders, *Alienable Rights*, 212–215; Woodward, *American Counterpoint*, 179–182.

5. Foner, *Reconstruction*, 316–331, 346–365, 379–390.

6. Fionnghuala Sweeney, *Frederick Douglass and the Atlantic World* (Liverpool: Liverpool University Press, 2007), 175.

7. Adams and Sanders, *Alienable Rights*, 215–217.

8. Henry Ward Beecher, *The Life of Jesus, the Christ* (New York: J. B. Ford, 1871), 134–137.

9. Stetson Kennedy, *After Appomattox: How the South Won the War* (Gainesville: University Press of Florida, 1995), 220–221; Jack B. Scroggs, "Southern Reconstructions: A Radical View," in *Reconstruction: An Anthology of Revisionist Writings*, ed. Kenneth M. Stampp and Leon F. Litwack (Baton Rouge: Louisiana State University Press, 1969), 422–423; Foner, *Reconstruction*, 499–504.

10. LeeAnna Keith, *The Colfax Massacre: The Untold Story of Black Power, White Terror, and the Death of Reconstruction* (New York: Oxford University Press, 2008); Peter H. Irons, *A People's History of the Supreme Court* (New York: Viking, 1999), 202–205.

11. Irons, *A People's History of the Supreme Court*, 197–201; *Slaughterhouse Cases*, 83 US 36, see https://www.law.cornell.edu/supremecourt/text/83/36.

12. Foner, *Reconstruction*, 512–517, 525, 531–532, 537–539; Adams and Sanders, *Alienable Rights*, 219.

13. Foner, *Reconstruction*, 393–411, 536–538.

14. Rabinowitz, *Race Relations in the Urban South*, 237–238, 243–248.

15. Mayer, *All on Fire*, 616; James S. Pike, *The Prostrate State: South Carolina Under*

Negro Government (New York: D. Appleton, 1874), 12.

16. Adams and Sanders, *Alienable Rights*, 219–220; Foner, *Reconstruction*, 525–527, 554; González and Torres, *News for All the People*, 151–153; Mayer, *All on Fire*, 615–616.

17. Irons, *A People's History of the Supreme Court*, 206–207; Foner, *Reconstruction*, 532–534, 563, 590.

18. Foner, *Reconstruction*, 565; Mayer, *All on Fire*, 617.

19. Foner, *Reconstruction*, 571–573; Adams and Sanders, *Alienable Rights*, 223–224.

20. Mary Gibson, *Born to Crime: Cesare Lombroso and the Origins of Biological Criminology*, Italian and Italian American Studies (Westport, CT: Praeger, 2002), 43–44, 249–250; Degler, *In Search of Human Nature*, 35–36; Giddings, *When and Where I Enter*, 79; Washington, *Medical Apartheid*, 247; Cesare Lombroso and William Ferrero, *The Female Offender* (New York: D. Appleton, 1895), 111–113.

21. Moreno, *Black Americans and Organized Labor*, 45–67.

22. Adams and Sanders, *Alienable Rights*, 222–227; Irons, *A People's History of the Supreme Court*, 206–209; Foner, *Reconstruction*, 575–596.

23. George B. Tindall, *South Carolina Negroes, 1877–1900* (Columbia: University of South Carolina Press, 1952), 12; Wade Hampton, "Ought the Negro to Be Defranchised? Ought He to Have Been Enfranchised?" *North American Review* 168 (1879): 241–243.

24. Isabel Wilkerson, *The Warmth of Other Suns: The Epic Story of America's Great Migration* (New York: Random House, 2010), 39.

25. Adams and Sanders, *Alienable Rights*, 228; Foner, *Reconstruction*, 598–602; Mayer, *All on Fire*, 624–626.

第21章 重建南方

1. W. E. B. Du Bois, *Black Reconstruction in America: An Essay Towards a History of the Part Which Black Folk Played in the Attempt to Reconstruct Democracy in America, 1860–1880* (New York: Atheneum, 1971), 30.

2. David Levering Lewis, *W. E. B. Du Bois: Biography of a Race, 1868–1919* (New York: Henry Holt, 1993), 11–37.

3. Washington, *Medical Apartheid*, 152–153.

4. Lewis, *W. E. B. Du Bois, 1868–1919*, 31–40.

5. Irons, *A People's History of the Supreme Court*, 209–215.

6. Henry W. Grady, *The New South* (New York: Robert Bonner's Sons, 1890), 146, 152; Atticus G. Haygood, *Pleas for Progress* (Cincinnati: M. E. Church, 1889), 28; *Our Brother in Black: His Freedom and His Future* (New York: Phillips and Hunt, 1881).

7. Thomas U. Dudley, "How Shall We Help the Negro?" *Century Magazine* 30 (1885): 273–280; George Washington Cable, *The Silent South, Together with the Freedman's Case in Equity and the Convict Lease System* (New York: Scribner's, 1885); Henry W. Grady, "In Plain Black and White: A Reply to Mr. Cable," *Century Magazine* 29 (1885), 911.

8. "Two Colored Graduates," *Philadelphia Daily News*, February 22, 1888.

9. Robert L. Dabney, *A Defense of Virginia* (New York: E. J. Hale and Son, 1867); Thomas Nelson Page, *In Ole Virginia; or, Marse Chan and Other Stories* (New York: Charles Scribner's Sons, 1887); Philip Alexander Bruce, *The Plantation Negro as a Freeman: Observations on His Character, Condition, and Prospects in Virginia* (New York: G. P. Putnam's Sons, 1889), 53–57.

10. Lewis, *W. E. B. Du Bois, 1868–1919*, 51–76.

11. "Review of *History of the Negro Race in America from 1619 to 1880*, by George W. Williams," *Magazine of American History* 9, no. 4 (1883): 299–300.

12. George W. Williams, *History of the Negro Race in America from 1619 to 1880* (New York: G. P. Putnam's Sons, 1885), 1:60, 2:451, 548.

13. Lewis, *W. E. B. Du Bois, 1868–1919*, 76–78; W. E. B. Du Bois, *The Autobiography of W. E. B. Du Bois: A Soliloquy on Viewing My Life from the Last Decade of Its First Century* (New York: International Publishers, 1968), 142.

14. Benjamin Harrison, "First Annual Message," December 3, 1889, in Gerhard Peters and John T. Woolley, The American Presidency Project, www.presidency.ucsb.edu/ws/?pid=29530.

第22章　南方恐怖

1. Fredrickson, *The Black Image in the White Mind*, 262–268.

2. Edward Wilmot Blyden, "The African Problem, and the Method of Its Solution," *African Repository* 66, no. 3 (1890): 69; Henry M. Stanley, *Through the Dark Continent* (New York: Harper and Brothers, 1878); Joseph Conrad, *Heart of Darkness* (New York: Penguin, 2007), 41.

3. Thomas Adams Upchurch, *Legislating Racism: The Billion Dollar Congress and the Birth of Jim Crow* (Lexington: University Press of Kentucky, 2004), 23–45; Keim, *Mistaking Africa*, 47–53.

4. Mary Frances Berry, *My Face Is Black Is True: Callie House and the Struggle for Ex-Slave Reparations* (New York: Alfred A. Knopf, 2005), 33–49, 75–80.

5. Lewis, *W. E. B. Du Bois, 1868–1919*, 100–102.

6. Albert Bushnell Hart, *The Southern South* (New York: D. Appleton, 1910), 99–105, 134; Lewis, *W. E. B. Du Bois, 1868–1919*, 111–113.

7. Lewis, *W. E. B. Du Bois, 1868–1919*, 116.

8. Upchurch, *Legislating Racism*, 85–128.

9. August Meier, *Negro Thought in America, 1880–1915* (Ann Arbor: University of Michigan Press, 1963), 192.

10. Giddings, *When and Where I Enter*, 123–125; Moreno, *Black Americans and Organized Labor*, 68–81, 93–96, 99–100.

11. Giddings, *When and Where I Enter*, 18; Ida B. Wells, *Southern Horrors: Lynch Law in All Its Phases* (New York: New York Age, 1892), www.gutenberg.org/files/14975/14975-h/14975-h.htm; Adams and Sanders, *Alienable Rights*, 231–232.

12. Giddings, *When and Where I Enter*, 81–83; Anna Julia Cooper, *A Voice from the South* (Xenia, OH: Aldine, 1892), 34, 134.

13. Wells, *Southern Horrors*.

14. Deborah Gray White, *Too Heavy a Load: Black Women in Defense of Themselves, 1894–1994* (New York: W. W. Norton, 1999), 22–27, 71, 78, 109.

15. Geoffrey C. Ward, *Before the Trumpet: Young Roosevelt* (New York: Harper and Row, 1985), 215–216.

16. Lewis, *W. E. B. Du Bois, 1868–1919*, 144–149.

17. W. E. B. Du Bois, "My Evolving Program for Negro Freedom," in *What the Negro Wants*, ed. Rayford W. Logan (New York: Agathon, 1969), 70.

18. For Washington's private civil rights activism, see David H. Jackson, *Booker T. Washington and the Struggle Against White Supremacy: The Southern Educational Tours,*

1908–1912 (New York: Palgrave Macmillan, 2008); David H. Jackson, *A Chief Lieutenant of the Tuskegee Machine: Charles Banks of Mississippi* (Gainesville: University Press of Florida, 2002).

19. Booker T. Washington, "Atlanta Compromise Speech," 1895, http://historymatters.gmu.edu/d/39/.

20. Lewis, *W. E. B. Du Bois, 1868–1919*, 174–175.

21. Paula Giddings, *Ida: A Sword Among Lions—Ida B. Wells and the Campaign Against Lynching* (New York: Amistad, 2009), 366–367.

22. Irons, *A People's History of the Supreme Court*, 219–232; Woodward, *American Counterpoint*, 230–232.

23. See Robert H. Wiebe, *The Search for Order, 1877–1920* (New York: Hill and Wang, 1967).

第23章 黑人犹大

1. Havelock Ellis, *Studies in the Psychology of Sex*, vol. 1 (London: Wilson and Macmillan, 1897), x.

2. Siobhan Somerville, "Scientific Racism and the Emergence of the Homosexual Body," *Journal of the History of Sexuality* 5, no. 2 (1994): 244–259.

3. Frederick L. Hoffman, *Race Traits and Tendencies of the American Negro* (New York: Macmillan, 1896), 311–312.

4. W. E. B Du Bois, "Review of Race Traits and Tendencies, by Frederick L. Hoffman," *Annals of the American Academy of Political and Social Science* 9 (1897): 130–132; Khalil Gibran Muhammad, *The Condemnation of Blackness: Race, Crime, and the Making of Modern Urban America* (Cambridge, MA: Harvard University Press, 2010), 61–65, 78.

5. W. E. B. Du Bois, "The Conservation of Races," in *W. E. B. Du Bois: A Reader*, ed. David Levering Lewis (New York: Henry Holt, 1995), 20–27.

6. W. E. B. Du Bois, *The Philadelphia Negro: A Social Study* (Philadelphia: University of Pennsylvania Press, 1899), 68, 387–389; "Review of *The Philadelphia Negro*, by W. E. B. Du Bois," *American Historical Review* 6, no. 1 (1900): 162–164.

7. Lewis, *W. E. B. Du Bois, 1868–1919*, 238–239.

8. González and Torres, *News for All the People*, 157–160; W. Fitzhugh Brundage, "The Darien 'Insurrection' of 1899: Black Protest During the Nadir of Race Relations," *Georgia Historical Quarterly* 74, no. 2 (1990): 234–253; W. E. B. Du Bois, *Dusk of Dawn* (New York: Oxford University Press, 2007), 34; Du Bois, "My Evolving Program," 70.

9. W. E. B. Du Bois, "To the Nation of the World," in *W. E. B. Du Bois: A Reader*, 639–641.

10. Rudyard Kipling, "The White Man's Burden," *McClure's Magazine*, February 1899.

11. Fredrickson, *The Black Image in the White Mind*, 305–310; González and Torres, *News for All the People*, 178–179.

12. Roediger, *How Race Survived U.S. History*, 141–142, 156–158, 160; Douglas S. Massey and Nancy A. Denton, *American Apartheid: Segregation and the Making of the Underclass* (Cambridge, MA: Harvard University Press, 1993), 29.

13. George H. White, "Farewell Speech," in Benjamin R. Justesen, *George Henry White: An Even Chance in the Race of Life* (Baton Rouge: Louisiana State University Press, 2001), 441.

14. Howard K. Beale, "On Rewriting Reconstruction History," *American Historical Review* 45, no. 4 (1940): 807; William Archibald Dunning, *Reconstruction, Political and Economic, 1865–1877* (New York: Harper and Brothers, 1907), 212.

15. Ulrich Bonnell Phillips, *American Negro Slavery* (New York: D. Appleton, 1929), 8; John David Smith, *Slavery, Race, and American History: Historical Conflict, Trends, and Method, 1866–1953* (Armonk, NY: M. E. Sharpe), x–xii, 28, 29.

16. Joseph Moreau, *Schoolbook Nation: Conflicts over American History Textbooks from the Civil War to the Present* (Ann Arbor: University of Michigan Press, 2003), 163–174; Will Kaufman, *The Civil War in American Culture* (Edinburgh: Edinburgh University Press, 2006), 28–29.

17. Booker T. Washington, *Up from Slavery: An Autobiography* (New York: Doubleday, Page, 1901).

18. Lewis, *W. E. B. Du Bois, 1868–1919*, 262–264.

19. William Hannibal Thomas, *The American Negro: What He Was, What He Is, and What He May Become* (New York: Macmillan, 1901), 129, 195, 296, 410; John David Smith, *Black Judas: William Hannibal Thomas and the American Negro* (Athens: University of Georgia Press, 2000), 161–164, 177–178, 185–189.

20. Addie Hunton, "Negro Womanhood Defended," *Voice* 1, no. 7 (1904): 280; Smith, *Black Judas*, xxvi, 206–209; Muhammad, *Condemnation of Blackness*, 79–81.

21. Clarence Lusane, *The Black History of the White House*, Open Media Series (San Francisco: City Lights Books, 2011), 225–233; Seth M. Scheiner, "President Theodore Roosevelt and the Negro, 1901–1908," *Journal of Negro History* 47, no. 3 (1962): 171–172; Stephen Kantrowitz, *Ben Tillman and the Reconstruction of White Supremacy* (Chapel Hill: University of North Carolina Press, 2000); 259; Charles Carroll, *The Negro a Beast; Or, In the Image of God* (Miami: Mnemosyn, 1969).

22. Aptheker, *Anti-Racism in U.S. History*, 25; James Weldon Johnson, *Along This Way: The Autobiography of James Weldon Johnson* (Boston: Da Capo, 2000), 203; W. E. B. Du Bois, *The Souls of Black Folk: Essays and Sketches* (Chicago: A. C. McClurg, 1903), 11–12.

23. Ibid., 3–4, 11.

24. Ibid., 53.

25. W. E. B. Du Bois, "The Talented Tenth," in *The Negro Problem: A Series of Articles by Representative American Negroes of Today* (New York: James Pott, 1903), 43–45.

26. Lewis, *W. E. B. Du Bois, 1868–1919*, 291–294; Carl Kelsey, "Review of *The Souls of Black Folk*, by W. E. B. Du Bois," *Annals of the American Academy of Political and Social Science* 22 (1903): 230–232.

第24章　伟大的白人希望

1. Sander Gilman, *Jewish Frontiers: Essays on Bodies, Histories, and Identities* (New York: Palgrave Macmillan, 2003), 89.

2. W. E. B. Du Bois, ed., *The Health and Physique of the American Negro* (Atlanta: Atlanta University Press, 1906).

3. Michael Yudell, *Race Unmasked: Biology and Race in the Twentieth Century* (New York: Columbia University Press, 2014), 48–49; W. E. B. Du Bois, *Black Folk Then and Now: An Essay in the History and Sociology of the Negro Race* (New York: Henry Holt, 1939), vii.

4. Lewis, *W. E. B. Du Bois, 1868–1919*, 331–333; Theodore Roosevelt, "Sixth Annual Message," December 3, 1906, at Gerhard Peters and John T. Woolley, American Presidency Project, www.presidency.ucsb.edu/ws/?pid=29547.

5. Lester Frank Ward, *Pure Sociology: A Treatise on the Origin and Spontaneous Development of Society* (New York: Macmillan, 1921), 359; James Elbert Cutler, *Lynch Law: An Investigation into the History of Lynching in the United States* (New York: Longman, Green, 1905), 269; W. E. B. Du Bois, "Some Notes on Negro Crime," Atlanta University Publications (Atlanta: Atlanta University Press, 1904), 56.

6. Lewis, *W. E. B. Du Bois, 1868–1919*, 332.

7. Geoffrey C. Ward, *Unforgivable Blackness: The Rise and Fall of Jack Johnson* (New York: Alfred A. Knopf, 2004), 98–100, 130–133, 137–139, 144–145, 422–424.

8. John Gilbert, *Knuckles and Gloves* (London: W. Collins Sons, 1922), 45; González and Torres, *News for All the People*, 209–211; Ward, *Unforgivable Blackness*, 115–116.

9. Keim, *Mistaking Africa*, 48; Emily S. Rosenberg, *Financial Missionaries to the World: The Politics and Culture of Dollar Diplomacy, 1900–1930* (Durham, NC: Duke University Press, 2003), 201–203.

10. Du Bois, *Autobiography*, 227–229.

11. Lewis, *W. E. B. Du Bois, 1868–1919*, 386–402.

12. Charles Benedict Davenport, *Heredity in Relation to Eugenics* (New York: Henry Holt, 1911), 1; Yudell, *Race Unmasked*, 31–40; Dorothy E. Roberts, *Killing the Black Body: Race, Reproduction, and the Meaning of Liberty* (New York: Pantheon Books, 1997), 61–62, 66–68.

13. Lewis, *W. E. B. Du Bois, 1868–1919*, 413–414.

14. Franz Boas, *The Mind of Primitive Man* (New York: Macmillan, 1921), 127–128, 272–273; Lee D. Baker, *Anthropology and the Racial Politics of Culture* (Durham, NC: Duke University Press, 2010), 24.

15. Giddings, *Ida*, 479–480.

16. *The Crisis*, June 1911.

17. W. E. B. Du Bois, "Hail Columbia!" in *W. E. B. Du Bois: A Reader*, 295–296.

18. Nannie H. Burroughs, "Not Color but Character," *Voice of the Negro* 1 (1904), 277–278.

19. Giddings, *When and Where I Enter*, 122–123; N. H. Burroughs, "Black Women and Reform," *The Crisis*, August 1915.

20. Lewis, *W. E. B. Du Bois, 1868–1919*, 419–424; Woodrow Wilson, *Division and Reunion, 1829–1909* (New York: Longman, Green, 1910).

21. Blum and Harvey, *The Color of Christ*, 141–142.

22. Louis R. Harlan, *Booker T. Washington: The Wizard of Tuskegee, 1901–1915* (New York: Oxford University Press, 1983), 431–435; Lewis, *W. E. B. Du Bois, 1868–1919*, 460–463, 501–509; Ed Guerrero, *Framing Blackness: The African American Image in Film* (Philadelphia: Temple University Press, 1993), 10–17; W. E. B. Du Bois, *The Negro* (New York: Cosimo, 2010), 82.

第25章 一个国家的诞生

1. W. E. B. Du Bois, "'Refinement and Love,'" *The Crisis*, December 1916.

2. Wilkerson, *The Warmth of Other Suns*, 8–15, 36–46, 160–168, 177–179, 217–221, 237–241, 249–251, 348–350; Carter G. Woodson, *A Century of Negro Migration* (Washington, DC: Association for the Study of Negro Life and History, 1918), 180.

3. David Levering Lewis, *W. E. B. Du Bois: The Fight for Equality and the American Century, 1919–1963* (New York: Henry Holt, 1993), 50–55.

4. Edward Byron Reuter, *The Mulatto in the United States* (Boston: Gorham Press, 1918), 58.

5. Somerville, "Scientific Racism and the Emergence of the Homosexual Body," 256–263.

6. Madison Grant, *The Passing of the Great Race; Or, The Racial Basis of European History* (New York: Charles Scribner's Sons, 1918), 16, 193, 226.

7. Jonathan Peter Spiro, *Defending the Master Race: Conservation, Eugenics, and the Legacy of Madison Grant* (Lebanon, NH: University Press of New England, 2009), 356–357.

8. Lewis M. Terman, *The Measure of Intelligence: An Explanation of and a Complete Guide for the Use of the Standard Revision and Extension of the Binet-Simon Intelligence Scale* (New York: Houghton Mifflin, 1916), 92.

9. Gossett, *Race*, 374–377.

10. W. E. B. Du Bois, "Reconstruction and Africa," *The Crisis*, February 1919; Du Bois, *Dusk of Dawn*, 137.

11. Ira Katznelson, *When Affirmative Action Was White: An Untold History of Racial Inequality in Twentieth-Century America* (New York: W. W. Norton, 2005), 84–86.

12. Cameron McWhirter, *Red Summer: The Summer of 1919 and the Awakening of Black America* (New York: Henry Holt, 2011), 10, 12–17, 56–59; Claude McKay, "If We Must Die," Poetry Foundation, www.poetryfoundation.org/poem/173960.

13. Giddings, *When and Where I Enter*, 184.

14. Davis, *Women, Race & Class*, 123–125; Moreno, *Black Americans and Organized Labor*, 107–111; Timothy Johnson, "'Death for Negro Lynching!': The Communist Party, USA's Position on the African American Question," *American Communist History* 7, no. 2 (2008): 243–247.

15. Earl Ofari Hutchinson, *Blacks and Reds: Race and Class in Conflict, 1919–1990* (East Lansing: Michigan State University Press, 1995).

16. W. E. B. Du Bois, *Darkwater: Voices from Within the Veil* (New York: Harcourt, Brace, and Howe, 1920), 39, 73.

17. Ibid., 166, 168, 185–186.

18. White, *Too Heavy a Load*, 125–128.

19. Lewis, *W. E. B. Du Bois, 1919–1963*, 20–23.

20. Ibid., 62–67; Edmund David Cronon, *Black Moses: The Story of Marcus Garvey and the Universal Negro Improvement Association* (Madison: University of Wisconsin Press, 1969), 64–67.

21. Russell-Cole et al., *The Color Complex*, 26, 30–32; Giddings, *When and Where I Enter*, 178; Lewis, *W. E. B. Du Bois, 1919–1963*, 66–71.

22. Lewis, *W. E. B. Du Bois, 1919–1963*, 70–76.

23. Ibid., 77–84, 118–128, 148–152.

24. I. A. Newby, *Jim Crow's Defense: Anti-Negro Thought in America, 1900–1930* (Baton Rouge: Louisiana State University Press, 1965), 55; Gossett, *Race*, 407.

25. Robert E. Park, "The Conflict and Fusion of Cultures with Special Reference to the Negro," *Journal of Negro History* 4, no. 2 (1919): 129–130; W. E. B. Du Bois, *The Gift of Black Folk: The Negro in the Making of America* (Millwood, NY: Kraus-Thomson, 1975), iv, 287, 320, 339.

第26章　媒体劝告

1. Lewis, *W. E. B. Dubois, 1919–1963*, 153–159, 161–166; Alain Locke, "The New Negro," in *The New Negro: Voices of the Harlem Renaissance*, ed. Alain Locke (New York: Simon and Schuster, 1992), 15.

2. Rogers, *The Black Campus Movement*, 19, 23, 35–47.

3. Valerie Boyd, *Wrapped in Rainbows: The Life of Zora Neale Hurston* (New York: Simon and Schuster, 1997), 116–119; Wallace Thurman, *The Blacker the Berry* (New York: Simon and Schuster, 1996).

4. Langston Hughes, "The Negro Artist and the Racial Mountain," *The Nation*, June 1926.

5. David L. Lewis, *When Harlem Was in Vogue* (New York: Penguin, 1997), 180–189; W. E. B. Du Bois, "On Carl Van Vechten's *Nigger Heaven*," in *W. E. B. Du Bois: A Reader*, 516; Carl Van Vechten, *Nigger Heaven* (Urbana: University of Illinois, 2000), 50.

6. Van Vechten, *Nigger Heaven*, 89, 90.

7. John Martin, *John Martin Book of the Dance* (New York: Tudor, 1963), 177–189.

8. Wiggins, *Glory Bound*, 183–184.

9. Angela Davis, *Blues Legacies and Black Feminism: Gertrude "Ma" Rainey, Bessie Smith, and Billie Holiday* (New York: Vintage, 1998); Giles Oakley, *The Devil's Music: A History of the Blues* (New York: Da Capo, 1976).

10. Lewis, *W. E. B. Du Bois, 1919–1963*, 214–220.

11. Donald Young, "Foreword," *Annals of the American Academy of Political and Social Science* 140 (1928): vii–viii.

12. Thorsten Sellin, "The Negro Criminal: A Statistical Note," in ibid., 52–64.

13. Walter White, "The Color Line in Europe," in ibid., 331.

14. Moreno, *Black Americans and Organized Labor*, 141–143; Johnson, "'Death for Negro Lynching,'" 247–254; Hutchinson, *Blacks and Reds*, 29–40.

15. Claude G. Bowers, *The Tragic Era: The Revolution After Lincoln* (Cambridge, MA: Riverside, 1929), vi.

16. Lewis, *W. E. B. Du Bois, 1919–1963*, 320–324; W. E. B. Du Bois, *Black Reconstruction*, 700, 725; Roediger, *Wages of Whiteness*.

17. Lewis, *W. E. B. Du Bois, 1919–1963*, 349–378.

18. Ibid., 284–285; Vanessa H. May, *Unprotected Labor: Household Workers, Politics, and Middle-Class Reform in New York, 1870–1940* (Chapel Hill: University of North Carolina Press, 2011), 123.

19. Washington, *Medical Apartheid*, 194–202; Degler, *In Search of Human Nature*, 148–151, 202; Roberts, *Killing the Black Body*, 72–86.

20. Earnest Albert Hooton, *Up from the Ape* (New York: Macmillan, 1931), 593–594.

21. Roberts, *Fatal Invention*, 85–87; Elazar Barkan, *The Retreat of Scientific Racism: Changing Concepts of Race in Britain and the United States Between the World Wars* (Cambridge, UK: Cambridge University Press, 1992), 100–108.

22. Lott, *The Invention of Race*, 10–13; "Monster Ape Pack Thrills in New Talkie," *Chicago Tribune*, April 23, 1933; Blum and Harvey, *The Color of Christ*, 186–188.

23. González and Torres, *News for All the People*, 250–254; Melissa V. Harris-Perry, *Sister Citizen: Shame, Stereotypes, and Black Women in America* (New Haven, CT: Yale University Press, 2011), 88.

第27章 旧政

1. Lewis, *W. E. B. Du Bois, 1919–1963*, 256–265, 299–301, 306–311.

2. Ibid., 310–311; Davis, *Women, Race & Class*, 69; W. E. B. Du Bois, "Marxism and the Negro Problem," *The Crisis*, May 1933; Du Bois, *Dusk of Dawn*, 103.

3. Lewis, *W. E. B. Du Bois, 1919–1963*, 295–297, 300–314; Anderson, *The Education of Blacks in the South*, 276–277; Carter G. Woodson, *The Miseducation of the Negro* (Mineola, NY: Dover, 2005), 55.

4. Robin D. G. Kelley, *Hammer and Hoe: Alabama Communists During the Great Depression* (Chapel Hill: University of North Carolina Press, 1990), 107–109, 116.

5. Jacqueline Jones, *American Work: Four Centuries of Black and White Labor* (New York: W. W. Norton, 1998), 344.

6. Katznelson, *When Affirmative Action Was White*, 36–61.

7. Degler, *In Search of Human Nature*, 167.

8. W. E. B. Du Bois, "On Being Ashamed," *The Crisis*, September 1933; W. E. B. Du Bois, "Pan-Africa and New Racial Philosophy," *The Crisis*, November 1933; W. E. B. Du Bois, "Segregation," *The Crisis*, January 1934.

9. W. E. B. Du Bois, "A Free Forum," *The Crisis*, February 1934.

10. W. E. B. Du Bois, "Segregation in the North," *The Crisis*, April 1934; Lewis, *W. E. B. Du Bois, 1919–1963*, 330–331, 335–349.

11. Lewis, *W. E. B. Du Bois, 1919–1963*, 395–396.

12. Chris Mead, *Joe Louis: Black Champion in White America* (Mineola, NY: Dover, 1985), 68.

13. "Adolf Hitler, Jesse Owens, and the Olympics Myth of 1936," History News Network, July 8, 2002, http://historynewsnetwork.org/article/571; M. Dyreson, "American Ideas About Race and Olympic Races in the Era of Jesse Owens: Shattering Myths of Reinforcing Scientific Racism?," *International Journal of the History of Sport* 25, no. 2 (2008): 251–253.

14. Dean Cromwell and Al Wesson, *Championship Techniques in Track and Field* (New York: Whittlesey House, 1941), 6; W. Montague Cobb, "Race and Runners," *Journal of Health and Physical Education* 7 (1936): 3–7, 52–56; Patrick B. Miller, "The Anatomy of Scientific Racism: Racialist Responses to Black Athletic Achievement," *Journal of Sport History* 25, no. 1 (1998): 126–135.

15. Lewis, *W. E. B. Du Bois, 1919–1963*, 422–423; Robert L. Fleeger, "Theodore G. Bilbo and the Decline of Public Racism, 1938–1947," *Journal of Mississippi History* 68, no. 1 (2006): 8–11; Degler, *In Search of Human Nature*, 203–204.

16. Ruth Benedict, *Race: Science and Politics* (New York: Viking, 1940), v–vi.

17. W. E. B. Du Bois, ed., *The Negro American Family* (Atlanta: Atlanta University Press, 1908), 41; E. Franklin Frazier, *The Negro Family in the United States* (Chicago: University of Chicago Press, 1939), xix.

18. Frazier, *Negro Family*, 41, 331, 355, 487–488.

19. Russell-Cole et al., *The Color Complex*, 51–54, 66; Byrd and Tharps, *Hair Story*, 44–47; Malcolm X and Alex Haley, *The Autobiography of Malcolm X* (New York: Ballantine Book, 1999), 55–57.

20. Guerrero, *Framing Blackness*, 17–31.

21. Harris-Perry, *Sister Citizen*, 76–77; Patricia Morton, *Disfigured Images: The Historical Assault on Afro-American Women* (Westport, CT: Greenwood, 1991), 6–7.

22. Lewis, *W. E. B. Du Bois, 1919–1963*, 471–472; Richard Wright, *Black Boy* (New York: HarperPerennial, 1998), 37.

23. Richard H. King, *Race, Culture, and the Intellectuals: 1940–1970* (Baltimore: Johns Hopkins University Press, 2004), 139; Melville J. Herskovits, *The Myth of the Negro Past* (Boston: Beacon Press, 1990), 1, 298.

24. Zora Neale Hurston, *Mules and Men* (New York: HarperPerennial, 2008).

25. Zora Neale Hurston, *Their Eyes Were Watching God: A Novel* (New York: Perennial Library, 1990), 14, 98–99, 144–145.

26. Mary Helen Washington, "Foreword," in ibid., ix–xvii; Ralph Thompson, "Books of the Times," *New York Times*, October 6, 1937; Sheila Hibben, "Book Review," *New York Herald Tribune*, September 26, 1937.

27. Zora Neale Hurston, "How It Feels to Be Colored Me," *World Tomorrow*, May 1928.

28. Washington, "Foreword," ix–xvii.

29. King, *Race, Culture, and the Intellectuals*, 138–144.

30. Boyd, *Wrapped in Rainbows*, 345; James Baldwin, "Everybody's Protest Novel," *Partisan Review* 16 (1949): 578–585.

第28章 自由烙印

1. Jerry Gershenhorn, *Melville J. Herskovits and the Racial Politics of Knowledge* (Lincoln: University of Nebraska Press, 2004), 142–152; Lewis, *W. E. B. Du Bois, 1919–1963*, 435–436.

2. Ibid., 448–449.

3. Gunnar Myrdal, *An American Dilemma: The Negro Problem and Modern Democracy*, vol. 1 (New York: Harper and Brothers, 1944), 48.

4. Lewis, *W. E. B. Du Bois, 1919–1963*, 451–452; King, *Race, Culture, and the Intellectuals*, 132–133.

5. Gunnar Myrdal, *An American Dilemma: The Negro Problem and Modern Democracy*, vol. 2 (New York: Harper and Brothers, 1944), 751–752, 928–929.

6. Lewis, *W. E. B. Du Bois, 1919–1963*, 510–515.

7. Fleeger, "Theodore G. Bilbo and the Decline of Public Racism," 2–3.

8. Ibid., 1–4, 8, 13–27; Theodore G. Bilbo, *Take Your Choice: Separation or Mongrelization* (Poplarville, MS: Dream House, 1947), 7–8.

9. Morton, *Disfigured Images*, 90–91.

10. M. F. Ashley Montagu, *Man's Most Dangerous Myth: The Fallacy of Race* (New York: Columbia University Press, 1945), 150–151; Degler, *In Search of Human Nature*, 80, 216–218; Zoë Burkholder, *Color in the Classroom: How American Schools Taught Race, 1900–1954* (New York: Oxford University Press, 2011), 4–11, 39–95; Yudell, *Race Unmasked*, 132–137.

11. Theodosius Dobzhansky and Ashley Montagu, "Natural Selection and the Mental Capacities of Mankind," *Science* 105, no. 2736 (1947): 587–590; Hamilton Cravens, "What's New in Science and Race Since the 1930s? Anthropologists and Racial Essentialism," *The Historian* 72, no. 2 (2010): 315–318; Yudell, *Race Unmasked*, 111–132, 201–202.

12. UNESCO, *Four Statements on the Race Question*, UNESCO and Its Programme (Paris: UNESCO, 1969), 30–43; Yudell, *Race Unmasked*, 148–167; Roberts, *Fatal Invention*, 43–45.

13. Harry S. Truman, "Address Before a Joint Session of Congress," March 12, 1947, The Avalon Project: Documents in Law, History, and Diplomacy, Lillian Goldman Law Library, Yale Law School, http://avalon.law.yale.edu/20th_century/trudoc.asp; Mary L. Dudziak, *Cold War Civil Rights: Race and the Image of American Democracy* (Princeton, NJ: Princeton University Press, 2000), 26–46.

14. President's Committee on Civil Rights, *To Secure These Rights*, 1947, 139, 147, Harry S. Truman Library and Museum, www.trumanlibrary.org/civilrights/srights1.htm#contents; Lewis, *W. E. B. Du Bois, 1919–1963*, 529.

15. Harry S. Truman, "Special Message to the Congress on Civil Rights," February 2, 1948, at Gerhard Peters and John T. Woolley, The American Presidency Project, www.presidency.ucsb.edu/ws/?pid=13006; Robert A. Caro, *Means of Ascent: The Years of Lyndon Johnson*, vol. 2 (New York: Vintage, 1990), 125; Francis Njubi Nesbitt, *Race for Sanctions: African Americans Against Apartheid, 1946–1994* (Bloomington: Indiana University Press, 2004), 9–10.

16. Lewis, *W. E. B. Du Bois, 1919–1963*, 522–524, 528–534; Hutchinson, *Betrayed*, 62–70; Dudziak, *Cold War Civil Rights*, 43–46, 79–86.

17. Dudziak, *Cold War Civil Rights*, 91–102.

18. Thomas J. Sugrue, *The Origins of the Urban Crisis: Race and Inequality in Postwar Detroit*, Princeton Studies in American Politics (Princeton, NJ: Princeton University Press, 1996), 181–258; Massey and Denton, *American Apartheid*, 49–51.

19. Massey and Denton, *American Apartheid*, 44–49; Katznelson, *When Affirmative Action Was White*, 113–141.

20. Karen Brodkin, *How Jews Became White Folks and What That Says About Race in America* (New Brunswick, NJ: Rutgers University Press, 1998), 35–36; Burkholder, *Color in the Classroom*, 137–170; Nell Irvin Painter, *The History of White People* (New York: W. W. Norton, 2010), 366–372.

21. Lewis, *W. E. B. Du Bois, 1919–1963*, 545–554; Dudziak, *Cold War Civil Rights*, 6, 11–15, 28–29, 88–90.

22. Dudziak, *Cold War Civil Rights*, 63–66.

23. Ibid., 47–77.

24. Ibid., 77–78.

25. Ibid., 79, 90–91; Hutchinson, *Betrayed*, 75–76.

26. Abrahm Kardiner and Lionel Ovesey, *The Mark of Oppression* (New York: W. W. Norton, 1951).

27. *Brown v. Board of Education of Topeka*, 347 U.S. 483 (1954), https://supreme.justia.com/cases/federal/us/347/483/case.html#T10.

28. Zora Neale Hurston, "Court Order Can't Make Races Mix," *Orlando Sentinel*, August 11, 1955; Boyd, *Wrapped in Rainbows*, 423–425.

29. Dudziak, *Cold War Civil Rights*, 102–114; Lewis, *W. E. B. Du Bois, 1919–1963*, 557; Giddings, *When and Where I Enter*, 261.

第29章　大规模反抗

1. Lewis, *W. E. B. Du Bois, 1919–1963*, 557; Lewis V. Baldwin, *There Is a Balm in Gilead: The Cultural Roots of Martin Luther King, Jr.* (Minneapolis, MN: Fortress Press, 1991), 45.

2. E. Franklin Frazier, *Black Bourgeoisie* (New York: Free Press, 1962), 4, 221; E. Franklin Frazier, "The Failure of the Negro Intellectual," in *On Race Relations: Selected Writings of E. Franklin Frazier*, ed. G. Franklin Edwards (Chicago: University of Chicago Press, 1968), 270, 277; Stanley M. Elkins, *Slavery: A Problem in American Institutional and Intellectual Life* (Chicago: University of Chicago Press, 1959).

3. Malcolm X. "The Root of Civilization," Audio Clip, http://shemsubireda.tumblr.com/post/55982230511/africa-is-a-jungleaint-that-what-they-say.

4. Evelyn Brooks Higginbotham, *Righteous Discontent: The Women's Movement in the Black Baptist Church, 1880–1920* (Cambridge, MA: Harvard University Press, 1994); Frazier, *Black Bourgeoisie*, 25.

5. Hutchinson, *Betrayed*, 84–87, 93; Dudziak, *Cold War Civil Rights*, 115–151; Adams and Sanders, *Alienable Rights*, 277–278.

6. Lewis, *W. E. B. Du Bois, 1919–1963*, 558–566.

7. Ibid., 557–558; Blum and Harvey, *The Color of Christ*, 205–213.

8. Lewis, *W. E. B. Du Bois, 1919–1963*, 566.

9. Isaac Saney, "The Case Against *To Kill a Mockingbird*," *Race & Class* 45, no. 1 (2003): 99–110.

10. Michaal Harrington, *The Other America* (New York: Simon and Schuster, 1997), 72, 76.

11. Lewis, *W. E. B. Du Bois, 1919–1963*, 565–570.

12. Adams and Sanders, *Alienable Rights*, 281–283; Dudziak, *Cold War Civil Rights*, 155–166.

13. Dan T. Carter, *The Politics of Rage: George Wallace, the Origins of the New Conservatism, and the Transformation of American Politics* (Baton Rouge: Louisiana State University Press, 2000), 96.

14. "The Inaugural Address of Governor George C. Wallace," January 14, 1963, http://media.al.com/spotnews/other/George%20Wallace%201963%20Inauguration%20Speech.pdf.

15. Oscar Handlin, "All Colors, All Creeds, All Nationalities, All New Yorkers," *New York Times*, September 22, 1963.

16. Nathan Glazer and Daniel P. Moynihan, *Beyond the Melting Pot: The Negroes, Puerto Ricans, Jews, Italians, and Irish of New York City* (Cambridge, MA: M.I.T. Press, 1963), 11, 35, 50–53, 84–85.

17. Martin Luther King Jr., "Letter from a Birmingham Jail," April 16, 1963, https://www.africa.upenn.edu/Articles_Gen/Letter_Birmingham.html.

18. Dudziak, *Cold War Civil Rights*, 169–187.

19. Ibid., 187–200, 216–219; Du Bois, *W. E. B. Du Bois, 1868–1919*, 2.

第30章 《民权法案》

1. Angela Y. Davis, *Angela Davis: An Autobiography* (New York: International Publishers, 1988), 128–131.

2. Ibid., 77–99.

3. Ibid., 101–112.

4. James Baldwin, *The Fire Next Time* (New York: Vintage, 1963).

5. Davis, *Autobiography*, 117–127.

6. Ibid., 128–131.

7. John F. Kennedy, "Statement by the President on the Sunday Bombing in Birmingham," September 16, 1963, Gerhard Peters and John T. Woolley, The American Presidency Project, www.presidency.ucsb.edu/ws/?pid=9410.

8. Lyndon B. Johnson, "Address to a Joint Session of Congress," November 27, 1963, *Public Papers of the Presidents of the United States: Lyndon B. Johnson, 1963–64*, vol. 1, entry 11 (Washington, DC: US Government Printing Office, 1965), 8–10.

9. Ossie Davis, "Eulogy for Malcolm X," in *Say It Loud: Great Speeches on Civil Rights and African American Identity*, ed. Catherine Ellis and Stephen Smith (New York: New Press, 2010).

10. Malcolm X and Alex Haley, *The Autobiography of Malcolm X* (New York: Ballantine, 1999), 369.

11. Adams and Sanders, *Alienable Rights*, 290.

12. Moreno, *Black Americans and Organized Labor*, 252–258.

13. Michael K. Brown et al, *Whitewashing Race: The Myth of a Color-Blind Society* (Berkeley: University of California Press, 2003), 168–174.

14. Dudziak, *Cold War Civil Rights*, 208–214, 219–231; Malcolm X, "Appeal to African Heads of State," in *Malcolm X Speaks: Selected Speeches and Statements*, ed. George Breitman (New York: Grove Press, 1965), 76.

15. Carter, *The Politics of Rage*, 344.

16. Adams and Sanders, *Alienable Rights*, 287–291; Barry M. Goldwater, *The Conscience of a Conservative* (Washington, DC: Regnery, 1994), 67.

17. Chana Kai Lee, *For Freedom's Sake: The Life of Fannie Lou Hamer*, Women in American History (Urbana: University of Illinois Press, 1999), 89, 99; Cleveland Sellers and Robert L. Terrell, *The River of No Return: The Autobiography of a Black Militant and the Life and Death of SNCC* (Jackson: University Press of Mississippi, 1990), 111.

18. "Baldwin Blames White Supremacy," *New York Post*, February 22, 1965; Telegram from Martin Luther King Jr. to Betty al-Shabazz, February 26, 1965, The Martin Luther King Jr. Research and Education Institute, Stanford University, http://kingencyclopedia.stanford.edu/encyclopedia/documentsentry/telegram_from_martin_luther_king_jr_to_betty_al_shabazz/.

19. Ossie Davis, "Eulogy for Malcolm X," 29.

20. Eliot Fremont-Smith, "An Eloquent Testament," *New York Times*, November 5, 1965; Malcolm X and Haley, *Autobiography*.

21. Lyndon B. Johnson, "Commencement Address at Howard University: 'To Fulfill These Rights,'" in *Public Papers of the Presidents of the United States: Lyndon B. Johnson, 1965*, vol. 2, entry 301 (Washington, DC: US Government Printing Office, 1966), 635–640.

22. Daniel Patrick Moynihan, *The Negro Family: The Case for National Action* (Washington, DC: Office of Policy Planning and Research, US Department of Labor, 1965), 29–30, http://web.stanford.edu/~mrosenfe/Moynihan's%20The%20Negro%20Family.pdf.

23. US House of Representatives, "Voting Rights Act of 1965," House Report 439, 89th Cong., 1st sess. (Washington, DC: US Government Printing Office, 1965), 3.

第31章　黑人权力

1. "New Crisis: The Negro Family," *Newsweek*, August 9, 1965; James T. Patterson, *Freedom Is Not Enough: The Moynihan Report and America's Struggle over Black Family Life—from LBJ to Obama* (New York: Basic Books, 2010), 65–70.

2. Davis, *Autobiography*, 133–139; Russell-Cole et al. *The Color Complex*, 59–61.

3. Massey and Denton, *American Apartheid*, 3, 18–19, 167; Kenneth Clark, *Dark Ghetto: Dilemmas of Social Power* (New York: Harper and Row, 1965).

4. "Success Story, Japanese-American Style," *New York Times Magazine*, January 9, 1966; "Success Story of One Minority Group in the U.S.," *US News and World Report*, December 26, 1966; Daryl J. Maeda, *Chains of Babylon: The Rise of Asian America* (Minneapolis: University of Minnesota Press, 2009).

5. Byrd and Tharps, *Hair Story*.

6. Peniel E. Joseph, *Waiting 'Til the Midnight Hour: A Narrative History of Black Power in America* (New York: Henry Holt, 2006), 141–142.

7. "Dr. King Is Felled by Rock: 30 Injured as He Leads Protesters: Many Arrested in Race Clash," *Chicago Tribune*, August 6, 1966.

8. Joseph, *Waiting 'Til the Midnight Hour*, 146.

9. Roy Wilkins, "Whither 'Black Power'?" *The Crisis*, August–September 1966, 354; "Humphrey Backs N.A.A.C.P. in Fight on Black Racism," *New York Times*, July 7, 1966.

10. Joshua Bloom and Waldo E. Martin, *Black Against Empire: The History and Politics of the Black Panther Party* (Berkeley: University of California Press, 2013), 70–73.

11. Malcolm McLaughlin, *The Long, Hot Summer of 1967: Urban Rebellion in America* (New York: Palgrave Macmillan, 2014), 6–9, 12; Jonathan M. Metzl, *The Protest Psychosis: How Schizophrenia Became a Black Disease* (Boston: Beacon Press, 2010); Marvin E. Wolfgang and Franco Ferracuti, *The Subculture of Violence: Toward an Integrated Theory in Criminology* (London: Tavistock, 1967).

12. Premilla Nadasen, *Welfare Warriors: The Welfare Rights Movement in the United States* (New York: Routledge, 2005), 135–138.

13. Davis, *Autobiography*, 149–151.

14. "New Black Consciousness Takes Over College Campus," *Chicago Defender*, December 4, 1967.

15. Davis, *Autobiography*, 156–161.

16. Martin Luther King Jr., "Where Do We Go from Here?" in *Say It Loud*, 41.

17. Joseph, *Waiting 'Til the Midnight Hour*, 197–201.

18. Lyndon B. Johnson, "Annual Message to the Congress on the State of the Union, January 17, 1968," in *Public Papers of the Presidents of the United States: Lyndon B. Johnson, 1968–1969* (Washington, DC: US Government Printing Office, 1970), 30.

19. Eldridge Cleaver, *Soul on Ice* (New York: Dell, 1968), 101–111, 134, 159–163, 181, 187–188, 205–206.

20. Franz Fanon, *Black Skin, White Masks* (New York: Grove Press, 2008), 45; William H. Grier and Price M. Cobbs, *Black Rage* (New York: BasicBooks, 1968).

21. Andrew Billingsley, *Black Families in White America* (New York: Simon and Schuster, 1968), 33, 37.

22. *Report of the National Advisory Commission on Civil Disorders* (New York: New York Times Publications, 1968), 1–2, 389.

23. Report of the Select Committee on Assassinations of the US House of Representatives, Findings in the Assassination of Dr. Martin Luther King Jr., 277, National Archives, www.archives.gov/research/jfk/select-committee-report/part-2-king-findings.html; Adams and Sanders, *Alienable Rights*, 299–300; Hutchinson, *Betrayed*, 136–137, 144–145; González and Torres, *News for All the People*, 303–304.

24. Martin Luther King Jr., "Mountaintop Speech," April 3, 1968, video, https://vimeo.com/3816635.

25. Davis, *Autobiography*, 160–178; Spiro T. Agnew, Opening Statement of Conference with Civil Rights and Community Leaders," April 11, 1968, http://msa.maryland.gov/megafile/msa/speccol/sc2200/sc2221/000012/000041/pdf/speech.pdf.

26. Rogers, *The Black Campus Movement*, 114; Hillel Black, *The American Schoolbook* (New York: Morrow, 1967), 106; Moreau, *Schoolbook Nation*.

27. Pablo Guzman, "Before People Called Me a Spic, They Called Me a Nigger," in *The Afro-Latin@ Reader: History and Culture in the United States*, ed. Miriam Jimenez Roman and Juan Flores (Durham, NC: Duke University Press), 235–243; Hutchinson, *Blacks and Reds*, 257–258.

28. Frances Beale, "Double Jeopardy: To Be Black and Female," in *The Black Woman: An Anthology*, ed. Toni Cade Bambara (New York: Washington Square Press, 2005), 109–122.

29. Davis, *Autobiography*, 180–191.

第32章 法律与秩序

1. Dan T. Carter, *From George Wallace to Newt Gingrich: Race in the Conservative Counterrevolution* (Baton Rouge: Louisiana State University Press, 1996), 27; John Ehrlichman, *Witness to Power: The Nixon Years* (New York: Simon and Schuster, 1982), 223.

2. Carter, *From George Wallace to Newt Gingrich*, 27; Ehrlichman, *Witness to Power*, 223.

3. Davis, *Autobiography*, 216–223; Hutchinson, *Betrayed*, 145–149.

4. Davis, *Autobiography*, 250–255, 263–266.

5. "Academic Freedom and Tenure: The University of California at Los Angeles," *AAUP Bulletin* 57, no. 3 (1971): 413–414; Arthur R. Jensen, "How Much Can We Boost IQ and Scholastic Achievement," *Harvard Educational Review* 39, no. 1 (1969): 82.

6. Davis, *Autobiography*, 270–273.

7. Ibid., 3–12, 277–279.

8. Byrd and Tharps, *Hair Story*, 60–63.

9. Guerrero, *Framing Blackness*, 69–111.

10. Cheryll Y. Greene and Marie D. Brown, "Women Talk," *Essence*, May 1990; "President Nixon Said It Was 'Necessary' to Abort Mixed-Race Babies, Tapes Reveal," *Daily Telegraph*, June 24, 2009.

11. Giddings, *When and Where I Enter*, 304–311; Toni Morrison, "What the Black Woman Thinks of Women's Lib," *New York Times Magazine*, August 1971; Toni Morrison, *The Bluest Eye* (New York: Penguin, 1970); Maya Angelou, *I Know Why the Caged Bird Sings* (New York: Random House, 1969).

12. Joseph, *Waiting 'Til the Midnight Hour*, 273–275.

13. Brown et al., *Whitewashing Race*, 164–192.

14. Massey and Denton, *American Apartheid*, 60–62.

15. Joseph, *Waiting 'Til the Midnight Hour*, 283–293.

16. Davis, *Autobiography*, 359.

17. Michelle Alexander, *The New Jim Crow: Mass Incarceration in the Age of Colorblindness* (New York: New Press, 2010), 8; *National Advisory Commission on Criminal Justice Standards and Goals, Task Force Report on Corrections* (Washington, DC: US Government Printing Office, 1973), 358.

18. "15000 at NY Angela Davis Rally," *The Militant*, July 14, 1972.

19. Charles Herbert Stember, *Sexual Racism: The Emotional Barrier to an Integrated Society* (New York: Elsevier, 1976).

20. Audre Lorde, "Age, Race, Class, and Sex: Women Redefining Difference," in *Sister Outsider: Essays and Speeches*, ed. Audre Lorde (Berkeley, CA: Crossing Press, 2007), 115.

21. Salamishah Tillet, "Black Feminism, Tyler Perry Style," *The Root*, November 11, 2010, www.theroot.com/articles/culture/2010/11/a_feminist_analysis_of_tyler_perrys_for_colored_girls.html.

22. Alice Walker, *The Color Purple: A Novel* (New York: Harcourt, Brace, Jovanovich, 1982).

23. Robert Staples, "The Myth of Black Macho: A Response to Angry Black Feminists," *The Black Scholar* 10, no. 6/7 (March/April 1979): 24–33; Michele Wallace, *Black Macho and the Myth of Superwoman* (New York: Verso, 1990), 23, 107.

24. June Jordan, "To Be Black and Female," *New York Times*, March 18, 1979; Angela Y. Davis, "Black Writers' Views of America," *Fredomways* 19, no. 3 (1979): 158–160; Wallace, *Black Macho and the Myth of Superwoman*, xxi, 75.

25. Byrd and Tharps, *Hair Story*, 100–107.

26. Guerrero, *Framing Blackness*, 113–138.

27. Alex Haley, *Roots: The Saga of an American Family* (Garden City, NY: Doubleday, 1976).

第33章 里根的毒品

1. "'Welfare Queen' Becomes Issue in Reagan Campaign," *New York Times*, February 15, 1976; "The Welfare Queen," *Slate*, December 19, 2013, www.slate.com/articles/news_and_politics/history/2013/12/linda_taylor_welfare_queen_ronald_reagan_made_her_a_notorious_american_villain.html.

2. Massey and Denton, *American Apartheid*, 61, 83–114; Manning Marable, *Race, Reform, and Rebellion: The Second Reconstruction and Beyond in Black America, 1945–2006* (Jackson: University Press of Mississippi, 2007), 151–154.

3. Brown et al., *Whitewashing Race*, 164–192.

4. *Regents of Univ. of California v. Bakke*, 438 U.S. 265 (1978).

5. Phyllis Ann Wallace, Linda Datcher-Loury, and Julianne Malveaux, *Black Women in the Labor Force* (Cambridge, MA: MIT Press, 1980), 67; William J. Wilson, *The Declining Significance of Race: Blacks and Changing American Institutions*, 2nd ed. (Chicago: University of Chicago Press, 1980), 2–3; Michael Harrington, *The Other America: Poverty in the United States* (New York: Simon and Schuster, 1997), 76.

6. John Langston Gwaltney, *Drylongso: A Self-Portrait of Black America* (New York: Random House, 1980), xix; Mel Watkins, "Books of the Times: Blacks Less 'Hateful' Enlightened Interviews," *New York Times*, September 2, 1980.

7. William Julius Wilson, "The Declining Significance of Race: Revisited & Revised," *Daedalus* 140, no. 2 (2011): 67.

8. *Regents of Univ. of California v. Bakke*; Robert Bork, "The Unpersuasive Bakke Decision," *Wall Street Journal*, July 21, 1978; Sean F. Reardon, Rachel Baker, and Daniel Klasik, *Race, Income, and Enrollment Patterns in Highly Selective Colleges, 1982–2004* (Stanford, CA: Center for Education Policy Analysis, 2012), https://cepa.stanford.edu/sites/default/files/race%20income%20%26%20selective%20college%20enrollment%20august%203%202012.pdf.

9. Marable, *Race, Reform, and Rebellion*, 165–171.

10. "Gus Hall and Angela Davis Lead Communist Party's Ticket for '80," *New York Times*, November 20, 1979; Hutchinson, *Blacks and Reds*, 297–298.

11. Marable, *Race, Reform, and Rebellion*, 171–175; "Angela Davis Says Get Tough with E. Bay Nazis," *Sun Reporter*, September 20, 1979.

12. "Angela Davis Brings Vice Preisdential Campaign to UCLA—Where It All Began," *Los Angeles Times*, August 7, 1980; Poster, "People Before Profits: A Campaign Rally Featuring Angela Davis," 1980, Oakland Museum of California Collection, http://collections.museumca.org/?q=collection-item/201054471.

13. "Transcript of Ronald Reagan's 1980 Neshoba County Fair Speech," *Neshoba Democrat*, November 15, 2007, http://web.archive.org/web/20110714165011/http://neshobademocrat.com/main.asp?SectionID=2&SubSectionID=297&ArticleID=15599&TM=60417.67.

14. Guerrero, *Framing Blackness*, 113–138.

15. Adams and Sanders, *Alienable Rights*, 311–312; Moreno, *Black Americans and Organized Labor*, 276–279; Marable, *Race, Reform, and Rebellion*, 179–181.

16. Edward O. Wilson, "What Is Sociobiology?," *Society*, September/October 1978, 10; Edward O. Wilson, *Sociobiology: The New Synthesis* (Cambridge, MA: Harvard University Press, 1975).

17. Yudell, *Race Unmasked*, 179–200.

18. Davis, *Women, Race & Class*, 14, 18–19, 23, 31, 178–182; bell hooks, *Ain't I a Woman: Black Women and Feminism*, 2nd ed. (New York: Routledge, 2014), 99.

19. Brown et al., *Whitewashing Race*, 136–137; Alexander, *The New Jim Crow*, 5–7, 49; Julian Roberts, "Public Opinion, Crime, and Criminal Justice," in *Crime and Justice: A Review of Research*, vol. 16, ed. Michael Tonry (Chicago: University of Chicago Press, 1992); Ronald Reagan, "Remarks on Signing Executive Order 12368, Concerning Federal Drug Abuse Policy Functions," June 24, 1982, Gerhard Peters and John T. Woolley, The American Presidency Project, www.presidency.ucsb.edu/ws/?pid=42671.

20. "Davis Addresses Women's Confab," *Washington Informer*, August 22, 1984.

21. Alexander, *The New Jim Crow*, 5–7, 51–53, 86–87, 206.

22. "Reagan Signs Anti-Drug Measure; Hopes for 'Drug-Free Generation,'" *New York Times*, October 28, 1968, www.nytimes.com/1986/10/28/us/reagan-signs-anti-drug-measure-hopes-for-drug-free-generation.html.

23. Marc Mauer, *Race to Incarcerate*, 2nd rev. ed. (New York: New Press, 2006), 30–36; Human Rights Watch, *Punishment and Prejudice: Racial Disparities in the War on Drugs*, vol. 12, HRW Reports (New York: Human Rights Watch, 2000); Christopher Ingraham, "White People Are More Likely to Deal Drugs, But Black People Are More Likely to Get Arrested for It," *Washington Post*, September 30, 2014, www.washingtonpost.com/news/wonkblog/wp/2014/09/30/white-people-are-more-likely-to-deal-drugs-but-black-people-are-more-likely-to-get-arrested-for-it/.

24. The Sentencing Project, "Crack Cocaine Sentencing Policy: Unjustified and Unreasonable," April 1997.

25. William Julius Wilson, *When Work Disappears: The World of the New Urban Poor* (New York: Vintage Books, 1997), 22.

26. Gail Russell Chaddock, "U.S. Notches World's Highest Incarceration Rate," *Christian Science Monitor*, August 18, 2003; Christopher Uggen and Jeff Manza, "Democratic Contradiction? Political Consequences of Felon Disenfranchisement in the United States," *American Sociological Review* 67 (2002): 777.

27. Craig Reinarman, "The Crack Attack: America's Latest Drug Scare, 1986–1992," in *Images of Issues: Typifying Contemporary Social Problems* (New York: Aldine de Gruyter, 1995), 162; Marc Maeur, *Race to Incarcerate*, 150–151; National Institute

on Drug Use, *Data from the Drug Abuse Warning Network: Annual Data 1985*, Statistical Series I, #5 (Washington, DC: National Institute on Drug Abuse, 1986); US Census Bureau, "Table 308: Homicide Trends," https://www.census.gov/compendia/statab/11s0308.xls; "Deaths from Drunken Driving Increase," *New York Times*, October 29, 1987, www.nytimes.com/1987/10/29/us/deaths-from-drunken-driving-increase.html; Alexander, *The New Jim Crow*, 200–201.

28. CBS News, "The Vanishing Family: Crisis in Black America," first aired in January 1986, https://www.youtube.com/watch?v=6VHMHmhUdHs; Angela Y. Davis, *Women, Culture & Politics* (New York: Vintage Books, 1990), 75–85.

29. Gary Bauer, *The Family: Preserving America's Future* (Washington, DC: US Department of Education, 1986), 35.

30. Eleanor Holmes Norton, "Restoring the Traditional Black Family," *New York Times*, June 2, 1985.

第34章 新民主党

1. Henry Louis Gates Jr., "TV's Black World Turns—but Stays Unreal," *New York Times*, November 12, 1989.

2. Charles Krauthammer, "Children of Cocaine," *Washington Post*, July 30, 1989.

3. Washington, *Medical Apartheid*, 212–215; "'Crack Baby' Study Ends with Unexpected but Clear Result," *Philadelphia Inquirer*, July 22, 2013, http://articles.philly.com/2013-07-22/news/40709969_1_hallam-hurt-so-called-crack-babies-funded-study.

4. Marable, *Race, Reform, and Rebellion*, 212–213; Hutchinson, *Betrayed*, 189–190.

5. *McCleskey v. Kemp*, 481 U.S. 279, 1981; "New Look at Death Sentences and Race," *New York Times*, April 29, 2008, www.nytimes.com/2008/04/29/us/29bar.html.

6. Jeffrey O. G. Ogbar, *Hip-Hop Revolution: The Culture and Politics of Rap*, CultureAmerica (Lawrence: University Press of Kansas, 2007), 105–109, 146–155.

7. Molefi Kete Asante, *Afrocentricity*, new rev. ed. (Trenton, NJ: Africa World Press, 1988), 1, 104–105.

8. Russell-Cole et al., *The Color Complex*, 37–39, 51–54, 90–101, 107–109, 166; Byrd and Tharps, *Hair Story*, 112; J. Randy Taraborrelli, *Michael Jackson: The Magic, the Madness, the Whole Story, 1958–2009* (New York: Grand Central, 2009), 351.

9. Crenshaw, "Demarginalizing the Intersection of Race and Sex"; Kimberlé Crenshaw, "Mapping the Margins: Intersectionality, Identity Politics, and Violence Against Women of Color," *Stanford Law Review* 43, no. 6 (1991): 1242; Mari J. Matsuda, *Where Is Your Body? And Other Essays on Race, Gender, and the Law* (Boston: Beacon Press, 1996), 47; Richard Delgado and Jean Stefancic, *Critical Race Theory: An Introduction*, 2nd ed. (New York: New York University Press, 2012), 7–10.

10. Dalton Conley, *Being Black, Living in the Red: Race, Wealth, and Social Policy in America* (Berkeley: University of California Press, 1999), 25; Robert S. Ellyn, "Angela Davis' Views," *Los Angeles Times*, March 10, 1990; *Sunday Times*, December 6, 1992.

11. "Poverty and Norplant: Can Contraception Reduce the Underclass?" *Philadelphia Inquirer*, December 12, 1990; Roberts, *Killing the Black Body*, 17–18, 106–110, 116, 122, 244–245; Washington, *Medical Apartheid*, 206–212; Angela Davis, "Black Women and the Academy," *Callaloo* 17, no. 2 (1994): 425–426.

12. Patricia Hill Collins, *Black Feminist Thought: Knowledge, Consciousness, and the Politics of Empowerment* (Boston: Unwin Hyman, 1990); Michele Wallace, "When Black Feminism Faces the Music, and the Music Is Rap," *New York Times*, July 29, 1990.

13. Guerrero, *Framing Blackness*, 157–167.

14. Hutchinson, *Betrayed*, 192–198.

15. Jeffrey Toobin, "The Burden of Clarence Thomas," *New Yorker*, September 27, 1993; Nancy Langston, "Clarence Thomas: A Method in His Message?" *Holy Cross Journal of Law and Public Policy* 1 (1996): 10–11; Clarence Thomas, *My Grandfather's Son: A Memoir* (New York: Harper, 2007).

16. Marable, *Race, Reform, and Rebellion*, 216–217; Earl Ofari Hutchinson, *The Assassination of the Black Male Image* (New York: Simon and Schuster, 1996), 63–70; Duchess Harris, *Black Feminist Politics from Kennedy to Clinton*, Contemporary Black History (New York: Palgrave Macmillan, 2009), 90–98; White, *Too Heavy a Load*, 15–16.

17. Adams and Sanders, *Alienable Rights*, 314; Brown et al., *Whitewashing Race*, 184–185; Lawrence M. Mead, *The New Politics of Poverty: The Nonworking Poor in America* (New York: Basic Books, 1992), 142.

18. Washington, *Medical Apartheid*, 330–332, 337–346.

19. Joy James, "Introduction," in *The Angela Y. Davis Reader*, ed. Joy James (Malden, MA: Blackwell, 1998), 9–10.

20. Alexander, *The New Jim Crow*, 55; Adams and Sanders, *Alienable Rights*, 316–317.

21. Marable, *Race, Reform, and Rebellion*, 223; "'Cosby' Finale: Not All Drama Was in the Streets," *Los Angeles Times*, May 2, 1992, http://articles.latimes.com/1992-05-02/entertainment/ca-1105_1_cosby-show.

22. Andrew Hacker, *Two Nations: Black and White, Separate, Hostile, Unequal* (New York: Scribner's, 1992); Hutchinson, *Assassination*, 55–60; Guerrero, *Framing Blackness*, 197–208; Derrick Bell, *Faces at the Bottom of the Well: The Permanence of Racism* (New York: Basic Books, 1992); Cornel West, *Race Matters* (Boston: Beacon Press, 1993).

23. "Was It a 'Riot,' a 'Disturbance,' or a 'Rebellion'?," *Los Angeles Times*, April 29, 2007; Aldore Collier, "Maxine Waters: Telling It Like It Is in LA," *Ebony*, October 1992; "Excerpts from Bush's Speech on the Los Angeles Riots: 'Need to Restore Order,'" *New York Times*, May 2, 1992; David M. Newman and Elizabeth Grauerholz, *Sociology of Families*, 2nd ed. (Thousand Oaks, CA: Pine Forge Press, 2002), 18; "Clinton: Parties Fail to Attack Race Divisions," *Los Angeles Times*, May 3, 1992; Washington, *Medical Apartheid*, 271–277.

24. "Sister Souljah's Call to Arms," *Washington Post*, May 13, 1992.

25. Marable, *Race, Reform, and Rebellion*, 217.

26. Ibid., 226–227; Charles Murray, "The Coming White Underclass," *Wall Street Journal*, October 29, 1993.

27. Tupac Shakur, "Keep Ya Head Up," 1994, www.songlyrics.com/tupac/keep-ya-head-up-lyrics/.

28. Angela Y. Davis, "Black Women and the Academy," in *The Angela Y. Davis Reader*, ed. Joy James (Malden, MA: Blackwell, 1998), 222–231.

29. Alexander, *The New Jim Crow*, 55–59; Marable, *Race, Reform, and Rebellion*, 218–219; Bill Clinton, "1994 State of the Union Address," January 25, 1994, www.washingtonpost.com/wp-srv/politics/special/states/docs/sou94.htm; Ben Schreckinger and Annie Karni, "Hillary's Criminal Justice Plan: Reverse Bill's Policies,"

Politico, April 30, 2014, www.politico.com/story/2015/04/hillary-clintons-criminal-justice-plan-reverse-bills-policies-117488.html.

30. Hutchinson, *Assassination*; The Notorious B.I.G., "Juicy," 1994, www.songlyrics.com/the-notorious-b-i-g/juicy-clean-lyrics/.

第35章　新共和党人

1. Richard J. Herrnstein and Charles A. Murray, *The Bell Curve: Intelligence and Class Structure in American Life* (New York: Free Press, 1994), xxv, 1–24, 311–312, 551; Roberts, *Killing the Black Body*, 270.

2. "Republican Contract with America," 1994, see http://web.archive.org/web/19990427174200/http://www.house.gov/house/Contract/CONTRACT.html.

3. Richard Lynn, "Is Man Breeding Himself Back to the Age of the Apes?," in *The Bell Curve Debate: History, Documents, Opinions*, ed. Russell Jacoby and Naomi Glauberman (New York: Times Books, 1995), 356; Ulrich Neisser, Gwyneth Boodoo, Thomas J. Bouchard Jr., A. Wade Boykin, Nathan Brody, Stephen J. Ceci, Diane F. Halpern, John C. Loehlin, Robert Perloff, Robert J. Sternberg, and Susana Urbina, "Intelligence: Knowns and Unknowns," *American Psychologist* 51 (1996): 77–101.

4. Marina Budhos, "Angela Davis Appointed to Major Chair," *Journal of Blacks in Higher Education* 7 (1995): 44–45; Manning Marable, "Along the Color Line: In Defense of Angela Davis," *Michigan Citizen*, April 22, 1995.

5. Dinesh D'Souza, *The End of Racism: Principles for a Multiracial Society* (New York: Free Press, 1995), vii–viii, 22–24, 441.

6. Hutchinson, *Assassination*, 152–161.

7. "Professors of Hate: Academia's Dirty Secret," *Rolling Stone*, October 20, 1994; Jessie Daniels, *Cyber Racism: White Supremacy Online and the New Attack on Civil Rights*, Perspectives on a Multiracial America (Lanham, MD: Rowman and Littlefield, 2009), 41–53, 61–63, 96, 159–167, 174–182.

8. B. W. Burston, D. Jones, and P. Roberson-Saunders, "Drug Use and African Americans: Myth Versus Reality," *Journal of Alcohol and Drug Education* 40 (1995), 19–39; Alexander, *The New Jim Crow*, 122–125; John J. Dilulio Jr., "The Coming of the Super Predators," *Weekly Standard*, November 27, 1995.

9. Allen Hughes and Albert Hughes, *Menace II Society*, May 26, 1993.

10. "Black Women Are Split over All-Male March on Washington," *New York Times*, October 14, 1995.

11. Mumia Abu-Jamal, *Live from Death Row* (New York: HarperCollins, 1996), 4–5.

12. "August 12 'Day of Protest' Continues Despite Mumia's Stay of Execution," *Sun Reporter*, August 10, 1995; Kathleen Cleaver, "Mobilizing for Mumia Abu-Jamal in Paris," in *Liberation, Imagination, and the Black Panther Party: A New Look at the Panthers and Their Legacy*, ed. Kathleen Cleaver and George N. Katsiaficas (New York: Routledge, 2001), 51–68.

13. Marable, *Race, Reform, and Rebellion*, 228–231.

14. Michael O. Emerson and Christian Smith, *Divided by Faith: Evangelical Religion and the Problem of Race in America* (Oxford: Oxford University Press, 2000), 63–133; Bill Clinton, "Remarks at the University of Texas at Austin, October 16, 1995," in *Public Papers of the Presidents of the United States: William J. Clinton, 1995*, bk. 2 (Washington, DC: National Archives and Records Administration, 1996), 1600–1604.

15. John Mica and Barbara Cubin, "Alligators and Wolves," in *Welfare: A Documentary History of U.S. Policy and Politics*, ed. Gwendolyn Mink and Rickie Solinger (New York: New York University Press, 2003), 622.

16. Randall Kennedy, *Nigger: The Strange Career of a Troublesome Word* (New York: Pantheon, 2002), 41–43.

17. Marable, *Race, Reform, and Rebellion*, 220–221; "Prop. 209 Backer Defends Use of King in Ad," *Los Angeles Times*, October 24, 1996.

18. Roger Ebert, "Set It Off," November 8, 1996, www.rogerebert.com/reviews/set-it-off-1996.

19. William J. Clinton, "Commencement Address at the University of California San Diego in La Jolla, California," June 14, 1997, Gerhard Peters and John T. Woolley, The American Presidency Project, www.presidency.ucsb.edu/ws/?pid=54268.

20. "At Million Woman March, Focus Is on Family," *New York Times*, October 26, 1997.

21. Jim Sleeper, *Liberal Racism* (New York: Viking, 1997); Brown et al., *Whitewashing Race*, 5–17, 21, 153–160; Peter Collier and David Horowitz, *The Race Card: White Guilt, Black Resentment, and the Assault on Truth and Justice* (Rocklin, CA: Prima, 1997); Stephan Thernstrom and Abigail M. Thernstrom, *America in Black and White: One Nation, Indivisible* (New York: Simon and Schuster, 1999), 494, 500, 539.

第36章　99.9%一样

1. Nathan Glazer, *We Are All Multiculturalists Now* (Cambridge, MA: Harvard University Press, 1997).

2. Angela Y. Davis, *Blues Legacies and Black Feminism: Gertrude "Ma" Rainey, Bessie Smith, and Billie Holiday* (New York: Pantheon Books, 1998); David Nicholson, "Feminism and the Blues," *Washington Post*, February 12, 1998; Francis Davis, "Ladies Sing the Blues," *New York Times*, March 8, 1998.

3. "Angela Davis, Still Carrying the Torch in 2000," *Lesbian News*, April 2000; Angela Y. Davis, *Are Prisons Obsolete?* (New York: Seven Stories Press, 2003), 7–8, 15–16.

4. John H. McWhorter, *Losing the Race: Self-Sabotage in Black America* (New York: Free Press, 2000), 13; "Original Oakland Resolution on Ebonics," December 18, 1996, http://linguistlist.org/topics/ebonics/ebonics-res1.html.

5. Robert Williams, "Ebonics as a Bridge to Standard English," *St. Louis Post-Dispatch*, January 28, 1997.

6. "Black English Is Not a Second Language, Jackson Says," *New York Times*, December 23, 1996, www.nytimes.com/1996/12/23/us/black-english-is-not-a-second-language-jackson-says.html; "LSA Resolution on the Oakland 'Ebonics' Issue," 1997, Linguistic Society of America, www.linguisticsociety.org/resource/lsa-resolution-oakland-ebonics-issue.

7. Albert C. Baugh and Thomas Cable, *A History of the English Language*, 5th ed. (Upper Saddle River, NJ: Prentice-Hall, 2002).

8. McWhorter, *Losing the Race*, x, 124–125, 195.

9. John H. McWhorter, *Authentically Black: Essays for the Black Silent Majority* (New York: Gotham Books, 2003), xii–xiii, 33–35, 262–264.

10. "Remarks Made by the President, Prime Minister Tony Blair of England (via satellite), Dr. Francis Collins, Director of the National Human Genome Research

Institute, and Dr. Craig Venter, President and Chief Scientific Officer, Celera Genomics Corporation, on the Completion of the First Survey of the Entire Human Genome Project," June 26, 2000, https://www.genome.gov/10001356.

11. Nicholas Wade, "For Genome Mappers, the Tricky Terrain of Race Requires Some Careful Navigating," *New York Times*, July 20, 2001.

12. Reanne Frank, "Forbidden or Forsaken? The (Mis)Use of a Forbidden Knowledge Argument in Research on Race, DNA, and Disease," in *Genetics and the Unsettled Past: The Collision of DNA, Race, and History*, ed. Alondra Nelson, Keith Wailoo, and Catherine Lee (New Brunswick, NJ: Rutgers University Press, 2012), 315–316; Roberts, *Fatal Invention*, 4, 50–54; Nicholas Wade, *A Troublesome Inheritance: Genes, Race, and Human History* (New York: Penguin, 2014); Yudell, *Race Unmasked*, ix–xi.

13. United States, *Initial Report to the Committee on the Elimination of Racial Discrimination*, September 2000, www1.umn.edu/humanrts/usdocs/cerdinitial.html; Bob Herbert, "In America; Keep Them Out!" *New York Times*, December 7, 2000, www.nytimes.com/2000/12/07/opinion/in-america-keep-them-out.html; Marable, *Race, Reform, and Rebellion*, 236–237.

14. Ibid., 249–250; Randall Robinson, *The Debt: What America Owes to Blacks* (New York: Dutton, 2000).

15. Marable, *Race, Reform, and Rebellion*, 240–243.

16. Dave Chappelle, "Black White Supremacist," Comedy Central, https://www.youtube.com/watch?v=rQtysS7fB4k.

17. Roediger, *How Race Survived U.S. History*, 215; Marable, *Race, Reform, and Rebellion*, 243–246.

18. Marable, *Race, Reform, and Rebellion*, 247.

19. Donna Lieberman, "School to Courthouse," *New York Times*, December 8, 2012, www.nytimes.com/2012/12/09/opinion/sunday/take-police-officers-off-the-school-discipline-beat.html?_r=0; P. L. Thomas, *Ignoring Poverty in the U.S.: The Corporate Takeover of Public Education* (Charlotte, NC: Information Age Pub, 2012), 186–187.

20. Marable, *Race, Reform, and Rebellion*, 247–248; Michael Eric Dyson, *Is Bill Cosby Right? Or Has the Black Middle Class Lost Its Mind?* (New York: BasicCivitas, 2005); Micheal E. Dyson, "The Injustice Bill Cosby Won't See," *Washington Post*, July 21, 2006.

21. "Transcript: Illinois Senate Candidate Barack Obama," *Washington Post*, July 27, 2004.

第37章　非凡的黑人

1. Barack Obama, *Dreams from My Father: A Story of Race and Inheritance* (New York: Three Rivers Press, 2004), 98–100.

2. Ta-Nehisi Coates, "Worst Movie of the Decade," *The Atlantic*, December 30, 2009, www.theatlantic.com/entertainment/archive/2009/12/worst-movie-of-the-decade/32759/; John McWhorter, "Racism in America Is Over," *Forbes*, December 30, 2008, www.forbes.com/2008/12/30/end-of-racism-oped-cx_jm_1230mcwhorter.html.

3. "Washing Away," *New Orleans Times-Picayune*, June 23–27, 2002; Daniels, *Cyber Racism*, 117–155; Naomi Klein, *The Shock Doctrine: The Rise of Disaster Capitalism* (New York: Metropolitan Books / Henry Holt, 2007).

4. "'Racist' Police Blocked Bridge and Forced Evacuees Back at Gunpoint," *Independent* (London), September 11, 2005.

5. George W. Bush, *Decision Points* (New York: Crown, 2010), 325–326; Marable, *Race, Reform, and Rebellion*, 251–256.

6. Larry Elder, "Katrina, The Race Card, and the Welfare State," *WND*, September 8, 2005, www.wnd.com/2005/09/32236/.

7. Harris-Perry, *Sister Citizen*, 157–179.

8. Angela Locke, "Angela Davis: Not Just a Fair-Weather Activist," *Off Our Backs* 37, no. 1 (2007): 66–68.

9. "Imus Isn't the Real Bad Guy," *Kansas City Star*, April 11, 2007.

10. "NAACP Symbolically Buries N-Word," *Washington Post*, July 9, 2007.

11. "Biden's Description of Obama Draws Scrutiny," CNN, February 9, 2007, www.cnn.com/2007/POLITICS/01/31/biden.obama/; Roediger, *How Race Survived U.S. History*, 216; H. Samy Alim and Geneva Smitherman, *Articulate While Black: Barack Obama, Language, and Race in the U.S.* (Oxford: Oxford University Press, 2012), 31–44.

12. Harris-Perry, *Sister Citizen*, 273–277; *The New Yorker*, July 21, 2008.

13. "Obama's Pastor: God Damn America, U.S. to Blame for 9/11," ABC News, March 13, 2008, http://abcnews.go.com/Blotter/DemocraticDebate/story?id=4443788.

14. Robert M. Entman and Andrew Rojecki, *The Black Image in the White Mind: Media and Race in America* (Chicago: University of Chicago Press, 2000), 33–60.

15. Joy DeGruy, *Post Traumatic Slave Syndrome: America's Legacy of Enduring Injury and Healing* (Portland: Joy DeGruy, 2005); Jay S. Kaufman and Susan A. Hall, "The Slavery Hypertension Hypothesis: Dissemination and Appeal of a Modern Race Theory," *Epidemiology* 14, no. 1 (2003): 111–118; "Doctors Claim 'Hood Disease' Afflicts Inner-City Youth," NewsOne, May 17, 2014, http://newsone.com/3010041/doctors-claim-hood-disease-afflicts-inner-city-youth/.

16. Barack Obama, "Transcript: Barack Obama's Speech on Race," NPR, March 18, 2008, www.npr.org/templates/story/story.php?storyId=88478467.

17. "What Should Obama Do About Rev. Jeremiah Wright?" *Salon*, April 29, 2008, www.salon.com/2008/04/29/obama_wright/; "Huckabee Defends Obama . . . and the Rev. Wright," *ABC News*, March 20, 2008, http://blogs.abcnews.com/politicalpunch/2008/03/huckabee-defend.html; Michelle Bernard, "Hardball with Chris Mathews," MSNBC, March 21, 2008; John McCain, "Hardball College Tour at Villanova University," MSNBC, April 15, 2008; Charles Murray, "Have I Missed the Competition?" *National Review Online*, March 18, 2008; Newt Gingrich, "The Obama Challenge: What Is the Right Change to Help All Americans Pursue Happiness and Create Prosperity," speech at the American Enterprise Institute, Washington, DC, March 27, 2008, transcript, https://web.archive.org/web/20080404112807/http://newt.org/tabid/102/articleType/ArticleView/articleId/3284/Default.aspx.

18. "Text of Obama's Fatherhood Speech," *Politico*, June 15, 2008, www.politico.com/story/2008/06/text-of-obamas-fatherhood-speech-011094; Michael Eric Dyson, "Obama's Rebuke of Absentee Black Fathers," *Time*, June 19, 2008.

19. "Life Expectancy Gap Narrows Between Blacks, Whites," *Los Angeles Times*, June 5, 2012, http://articles.latimes.com/2012/jun/05/science/la-sci-life-expectancy-gap-20120606; "Michelle Alexander: More Black Men Are in Prison Today Than

Were Enslaved in 1850," *Huffington Post*, October 12, 2011, www.huffingtonpost.com/2011/10/12/michelle-alexander-more-black-men-in-prison-slaves-1850_n_1007368.html; Alexander, *The New Jim Crow*, 174–176.

20. "On Revolution: A Conversation Between Grace Lee Boggs and Angela Davis," March 2, 2012, University of California, Berkeley, video and transcript, www.radioproject.org/2012/02/grace-lee-boggs-berkeley/.

21. John McWhorter, "Racism in America Is Over," *Forbes*, December 30, 2008, www.forbes.com/2008/12/30/end-of-racism-oped-cx_jm_1230mcwhorter.html.

结语

1. "Dissecting the 2008 Electorate: Most Diverse in U.S. History," Pew Research Center, April 30, 2009, www.pewhispanic.org/2009/04/30/dissecting-the-2008-electorate-most-diverse-in-us-history/; "Youth Vote May Have Been Key in Obama's Win," NBC News, November 5, 2008, www.nbcnews.com/id/27525497/ns/politics-decision_08/t/youth-vote-may-have-been-key-obamas-win/#.VgyfvstVhBc.

2. "Obama Hatred at McCain-Palin Rallies: 'Terrorist!' 'Kill Him!'" *Huffington Post*, November 6, 2008, www.huffingtonpost.com/2008/10/06/mccain-does-nothing-as-cr_n_132366.html.

3. Michael C. Dawson, *Not in Our Lifetimes: The Future of Black Politics* (Chicago: University of Chicago Press, 2011), 91; Jones, *Dreadful Deceit*, 290–292; Jill Lepore, *The Whites of Their Eyes: The Tea Party's Revolution and the Battle over American History*, Public Square Book Series (Princeton, NJ: Princeton University Press, 2010), 3–4; Daniels, *Cyber Racism*, 3–5; "White Supremacists More Dangerous to America Than Foreign Terrorists," *Huffington Post*, June 24, 2015, www.huffingtonpost.com/2015/06/24/domestic-terrorism-charleston_n_7654720.html.

4. Barack Obama, "Remarks by the President to the NAACP Centennial Convention," July 16, 2009, https://www.whitehouse.gov/the-press-office/remarks-president-naacp-centennial-convention-07162009; "Obama: Police Who Arrested Professor 'Acted Stupidly,'" CNN, July 23, 2009, www.cnn.com/2009/US/07/22/harvard.gates.interview/; Glenn Beck, "Fox Host Glenn Beck: Obama Is a 'Racist,'" July 28, 2009, www.huffingtonpost.com/2009/07/28/fox-host-glenn-beck-obama_n_246310.html.

5. Ta-Nehisi Coates, "The Case for Reparations," *The Atlantic*, June 2014; Janet Mock, *Redefining Realness: My Path to Womanhood, Identity, Love & So Much More* (New York: Atria Books, 2014), 258.

6. Alexander, *The New Jim Crow*, 6–7, 138, 214–222.

7. "Richard Sherman: Thug Is Now 'The Accepted Way of Calling Somebody the N-Word,'" *Huffington Post*, January 22, 2014, www.huffingtonpost.com/2014/01/22/richard-sherman-thug-n-word-press-conference_n_4646871.html.

8. "Meet the Woman Who Coined #BlackLivesMatter," *USA Today*, March 4, 2015, www.usatoday.com/story/tech/2015/03/04/alicia-garza-black-lives-matter/24341593/.

9. Garrison, *An Address, Delivered Before the Free People of Color*, 5–6.

10. Du Bois, "My Evolving Program for Negro Freedom," 70; Myrdal, *An American Dilemma*, 1:48.

11. W. E. B. Du Bois, "A Negro Nation Within the Nation," *Current History* 42 (1935): 265–270.

索　引

（索引中的页码为本书页边码）

索 引

索 引

图书在版编目(CIP)数据

天生的标签：美国种族主义思想的历史 / （美）伊布拉姆·X. 肯迪（Ibram X. Kendi）著；朱叶娜，高鑫译. -- 北京：社会科学文献出版社，2020.5

书名原文：Stamped from the Beginning：The Definitive History of Racist Ideas in America

ISBN 978 - 7 - 5201 - 6122 - 0

Ⅰ. ①天… Ⅱ. ①伊… ②朱… ③高… Ⅲ. ①种族主义 - 历史 - 美国 Ⅳ. ①D771.262

中国版本图书馆 CIP 数据核字（2020）第 029587 号

天生的标签

——美国种族主义思想的历史

著　　者 / ［美］伊布拉姆·X. 肯迪（Ibram X. Kendi）
译　　者 / 朱叶娜　高　鑫

出 版 人 / 谢寿光
组稿编辑 / 董风云
责任编辑 / 沈　艺
文稿编辑 / 朱露茜

出　　版 / 社会科学文献出版社·甲骨文工作室（分社）（010）59366527
地址：北京市北三环中路甲 29 号院华龙大厦　邮编：100029
网址：www.ssap.com.cn
发　　行 / 市场营销中心（010）59367081　59367083
印　　装 / 三河市东方印刷有限公司

规　　格 / 开 本：889mm × 1194mm　1/32
印 张：22.375　字 数：478 千字
版　　次 / 2020 年 5 月第 1 版　2020 年 5 月第 1 次印刷
书　　号 / ISBN 978 - 7 - 5201 - 6122 - 0
著作权合同登记号 / 图字 01 - 2017 - 4124 号
定　　价 / 102.00 元